"十三五"国家重点图书出版规划项目
国家自然科学基金重点项目群
现代农业发展的政策研究丛书

现代农业发展战略与政策研究

主　编：黄季焜

副主编：张俊飚　顾海英　黄祖辉
　　　　罗必良　周应恒　解　伟

科学出版社
北　京

内 容 简 介

本书围绕农业发展中基础性和前瞻性的重大战略问题开展了深入研究。在回顾改革开放以来中国农业发展与改革的经验教训与政策取向基础上，重点回答了农业科技创新体系与政策、食物安全保障战略与政策、低碳农业发展战略与政策、现代农业产业组织体系创新、土地与相关要素市场的培育与改革、现代农业发展国家政策支持体系六大专题中的关键科学和重大政策问题。

本书对农业相关的管理部门具有重要参考价值，同时适合从事农业经济管理及相关专业的研究人员、高校教师和研究生参考。

图书在版编目（CIP）数据

现代农业发展战略与政策研究 / 黄季焜主编. —北京：科学出版社，2019.12

（现代农业发展的政策研究丛书）

ISBN 978-7-03-060589-4

Ⅰ.①现… Ⅱ.①黄… Ⅲ.①现代农业-发展战略-研究-中国 ②现代农业-农业政策-研究-中国 Ⅳ.①F32

中国版本图书馆 CIP 数据核字（2019）第 033907 号

责任编辑：王丹妮 / 责任校对：陶 璇
责任印制：张 伟 / 封面设计：蓝正设计

科学出版社 出版
北京东黄城根北街 16 号
邮政编码：100717
http://www.sciencep.com

北京虎彩文化传播有限公司 印刷
科学出版社发行 各地新华书店经销

*

2019 年 12 月第 一 版　开本：720×1000 B5
2019 年 12 月第一次印刷　印张：28
字数：560 000

定价：218.00 元
（如有印装质量问题，我社负责调换）

本书受到国家自然科学基金重点项目群"现代农业发展的政策研究"中如下六个课题的联合资助：现代农业科技发展创新体系研究（项目编号：71333006）；国家食物安全预测预警和发展战略研究（项目编号：71333013）；气候变化背景下低碳农林业发展战略及政策研究（项目编号：71333010）；农业产业组织体系与农民合作社发展（项目编号：71333011）；农村土地与相关要素市场培育与改革研究（项目编号：71333004）；新时期农业发展的国家政策支持体系研究（项目编号：71333008）。

"现代农业发展的政策研究"项目指导专家组

组　长：

  钟甫宁　　教　授　　南京农业大学
  黄季焜　　教　授　　北京大学

成　员：

  程国强　　教　授　　同济大学
  宋洪远　　研 究 员　　农业农村部农村经济研究中心
  温思美　　教　授　　华南农业大学
  顾海英　　教　授　　上海交通大学
  黄祖辉　　教　授　　浙江大学
  罗必良　　教　授　　华南农业大学
  张俊飚　　教　授　　华中农业大学
  周应恒　　教　授　　南京农业大学

总　序

中国农业发展取得了令世人瞩目的巨大成就。然而，要实现中国这一14亿人口国家的农业现代化，仍然面临着一系列严峻挑战。综合考虑管理学科发展的重要基础性问题与国家重大发展战略需求等因素，国家自然科学基金委员会管理科学部在"十二五"发展规划部署中，将"新农村建设中的农业与农村发展政策"列为优先发展领域之一。在优先资助领域的框架下，于2013年底启动了"现代农业发展的政策研究"重点项目群。经过5年多的努力，该项目群实施进展顺利，于2019年初组织了结题验收工作并获得良好评价。

国家自然科学基金委员会管理科学部遴选重点项目群的原则是适应管理科学基础研究的规律和特点，针对核心科学问题，在前期研究基础较好、有望形成特色或取得重要突破的领域，形成具有统一目标或方向的重点项目群，实施相对长期的多个重点项目支持，以激励创新、推动某一领域的跨越式发展。重点项目群是属于重点项目的一种资助方式，其研究既注意项目群内项目的相互联系性，又注重与其他类型资助项目的互补关系。

"现代农业发展的政策研究"重点项目群围绕农业发展中的基础性和前瞻性的重大战略问题，下设"现代农业科技发展创新体系研究"、"国家食物安全预测预警和发展战略研究"、"气候变化背景下低碳农林业发展战略及政策研究"、"农业产业组织体系与农民合作社发展"、"农村土地与相关要素市场培育与改革研究"和"新时期农业发展的国家政策支持体系研究"6个重点项目。该项目群的指导专家组汇集了国内农林经济管理领域的顶尖学者，承担单位包括国家自然科学基金委员会管理科学部支持的首批创新群体团队和国家双一流学科建设单位等七家研究机构，研究基础雄厚。5年来，项目群既鼓励协作攻关又倡导自由探索，既坚持目标导向又强调重点突破，在现代农业发展领域开展了一系列的政策研究，产生了一大批在国内外具有良好影响力的原创性成果。

该套学术丛书即"现代农业发展的政策研究"重点项目群的创新性研究成果的集成。丛书基于中国特殊的国情与农情，重点围绕新时期农业发展所面临的新形势和新挑战，采用科学的理论与分析方法，对与现代农业发展紧密相关的现代农业科技发展政策与改革、国家粮食安全战略与管理、气候变化对农业影响与适应策略、现代农业产业组织体系、土地与相关要素市场的培育与改革、现代农业发展国家政策支持体系等重大的理论与政策问题，开展了全局性、战略性与前瞻性的研究，提出了实现农业现代化的新目标、新思路和新举措。该重点项目群的实施，在一定程度上提升了农业经济管理学科的国际学术地位和影响，也为国家制定农业农村发展战略和政策提供了科学依据，并培养了一批在国内外学术界有成长性和影响力的中青年人才。

希望该套丛书的出版能够对我国管理科学尤其是农林经济管理的理论研究起到促进与深化作用，对政府有关决策部门进一步落实"乡村振兴"战略和加快现代农业发展起到政策咨询作用，同时也能对广大"三农"工作者及所有关心中国农业现代化发展的人士有所启迪。

国家自然科学基金委员会管理科学部主任

吴启迪

2019 年 9 月

目 录

第一篇 绪 论

第一章 研究项目概述 ……………………………………………………… 3
  第一节 背景介绍 ……………………………………………………… 3
  第二节 研究目标与研究内容 ………………………………………… 5
  第三节 专著系列介绍 ………………………………………………… 7
  第四节 主要创新 ……………………………………………………… 9
  第五节 本书结构 ……………………………………………………… 16

第二章 中国农业发展与改革：经验教训与政策取向 ……………… 18
  第一节 改革开放以来中国农业发展成就 …………………………… 19
  第二节 农业发展的主要驱动力和改革经验 ………………………… 22
  第三节 现代农业发展面临的挑战、政策演变及其影响 …………… 27
  第四节 未来农业发展展望与政策取向 ……………………………… 29

第二篇 中国现代农业发展和科技创新体系

第三章 中国农产品供需市场与食物安全的政策研究 ……………… 33
  第一节 背景介绍 ……………………………………………………… 33
  第二节 城乡居民食物需求变动规律的新探索 ……………………… 39
  第三节 农业生产与农产品供给反应的新探索 ……………………… 47
  第四节 农产品市场价格形成和传导机制 …………………………… 62
  第五节 国家食物安全预测模型系统及政策模拟 …………………… 73
  第六节 主要结论和政策建议 ………………………………………… 83

第四章　中国农业科技创新体系与发展研究 …… 84
- 第一节　背景介绍 …… 84
- 第二节　中国农业科技发展：历程、现状与驱动因素 …… 91
- 第三节　激励政策对促进私人农业技术创新的影响 …… 104
- 第四节　农业研发投入、空间溢出与农业增长 …… 110
- 第五节　农户需求表达对公益性农业技术服务可得性的影响路径 …… 121
- 第六节　农业技术推广体系改革的效果及问题 …… 132
- 第七节　主要结论和政策建议 …… 146

第五章　气候变化背景下低碳农业发展研究 …… 149
- 第一节　背景介绍 …… 149
- 第二节　极端天气对经济与农业产出的影响 …… 153
- 第三节　不同施肥方式对稻田温室气体排放的影响 …… 166
- 第四节　基于DNDC模型的稻田温室气体排放及减排措施 …… 174
- 第五节　政府主导型低碳农业发展项目补偿标准研究 …… 186
- 第六节　低碳农业发展战略及政策建议 …… 196

第三篇　中国现代农业产业组织与要素制度创新

第六章　现代农业的产业组织体系及创新研究 …… 209
- 第一节　背景介绍 …… 209
- 第二节　农业产业组织的三维视角和SSCP分析框架 …… 211
- 第三节　农业产业组织体系创新的国际经验 …… 220
- 第四节　中国农民合作社的制度特殊性及其地位 …… 229
- 第五节　互联网发展对农业产业组织体系的影响 …… 244
- 第六节　主要结论和政策建议 …… 256

第七章　农地产权及相关要素市场发育研究 …… 259
- 第一节　背景介绍 …… 259
- 第二节　农地流转及市场发育的特殊性 …… 263
- 第三节　农业要素市场的互动机理与契约逻辑 …… 271
- 第四节　农业分工、要素匹配与农业规模经营 …… 286
- 第五节　产权制度、要素流动与中国粮食安全 …… 299
- 第六节　主要结论和政策建议 …… 315

第四篇　中国现代农业发展的政策支持体系和改革取向

第八章　现代农业发展的国家政策支持体系研究 ································ 319
　第一节　背景介绍 ·· 319
　第二节　中国农业支持政策变迁分析 ·· 323
　第三节　中国粮食价格支持政策分析 ·· 340
　第四节　中国农业补贴政策分析 ·· 351
　第五节　中国农业一般服务支持政策分析 ·· 363
　第六节　国际农业支持政策经验分析 ·· 385
　第七节　新时代完善农业支持政策的政策建议 ·· 404

第九章　全书总结与未来研究展望 ·· 410

参考文献 ·· 413

第一篇
绪　　论

第一章 研究项目概述

第一节 背景介绍

本书是国家自然科学基金重点项目群"现代农业发展的政策研究"的成果之一。该项目群的研究期限为 2014 年 1 月~2018 年 12 月。国家自然科学基金委员会在酝酿这一项目群时,中国已历经了 30 多年的改革过程。当时总结认为:改革 30 多年来,中国在农业发展上取得了令世人瞩目的巨大成就;然而,国内外经济环境发生了重大的变化,中国在工业化和城镇化过程中要同时实现农业现代化,还面临着一系列重要挑战。

收入增长和城镇化将使未来食物和纤维需求总量显著增长,食物消费结构、质量和食品安全需求将发生根本变化;而国内的水资源短缺和土地等资源的退化,将使中国农业安全面临巨大的挑战。虽然 30 多年改革促进了农产品市场的一体化,但劳动力、土地和资金等要素市场改革长期滞后,深刻影响着资源的配置效率和农村社会经济的健康发展。与此同时,全球能源安全危机必将诱导农业生物燃料发展与食物在水资源和土地利用上的竞争日益激烈,威胁全球的粮食安全。全球气候变化(尤其是极端气候变化的频发)又对农业发展提出新的挑战。在这样的大背景下,农业发展需要新的思路。

21 世纪初,十七届五中全会提出同步推进工业化、城镇化和农业现代化建设。在农业发展面临严峻挑战的同时实现"三化"同步是极其艰巨的任务,国家自然科学基金委员会及时准确地把握国家这一重大战略要求,围绕现代农业发展中的基础性和前瞻性的重大战略问题,开展"现代农业发展的政策研究",在推动农业经济管理学科发展的同时,为政府制定农业农村发展政策提供科学的决策依据。

为更好地判断和凝练现代农业发展中的基础性和前瞻性的重大战略问题,国家自然科学基金委员会管理科学部和国内农业经济管理学界同仁组织召开了多次研讨会，最终确定了 8 个重大战略研究问题（图 1.1）。具体包括：①农业资源和环境政策与管理；②现代农业科技发展创新体系；③食物与食品安全战略与保障体系；④全球生物燃料发展和农产品市场；⑤气候变化与农业：影响/适应/减缓；⑥现代农业产业组织体系和农民合作组织；⑦土地与相关要素市场的培育与改革；⑧现代农业发展国家政策支持体系。

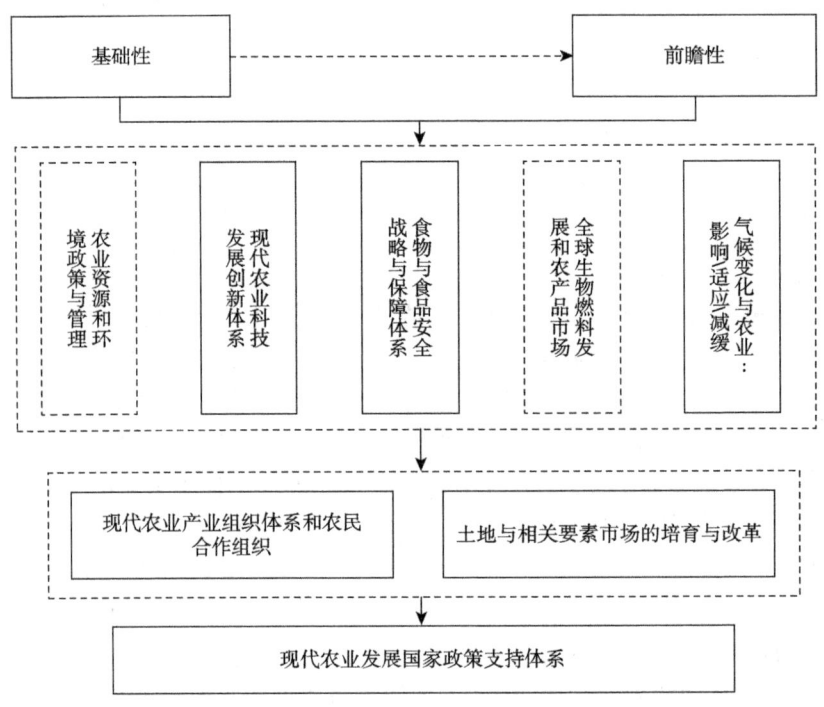

图 1.1　现代农业发展中基础性和前瞻性的重大战略研究问题

实际上，国家自然科学基金委员会管理科学部的"十二五"规划已经把"新农村建设中的农业与农村发展政策"列为 12 个优先资助领域中的第 9 个优先领域。在过去多年已经在资源与环境保护政策（如水资源管理，生态环境、农村环境治理等）和农村金融等领域安排了相应的重点项目；同时，在全球生物燃料发展和研究方面也安排了一个应急项目，所以"现代农业发展的政策研究"重点项目群没有把这些领域的研究重复列入。另外，由于食品安全管理和绩效研究涉及面广，国家自然科学基金委员会管理科学部领导和参会专家建议食品安全管理的研究以其他项目形式设立。

为此，该重点项目群包括了现代农业发展的如下 6 个重大战略问题的研究（或 6 个重点项目）。

（1）现代农业科技发展创新体系。

（2）食物安全战略与预警体系。

（3）全球气候变化对农业影响与适应策略。

（4）现代农业产业组织体系和农民合作组织。

（5）土地与相关要素市场的培育与改革。

（6）现代农业发展国家政策支持体系。

这里值得说明的是，十九大提出了"乡村振兴战略"[①]，当时我们研究的主要内容已基本完成，且研究内容符合《乡村振兴战略规划（2018-2022年）》提出的"产业兴旺、生态宜居、乡风文明、治理有效、生活富裕"总要求，研究结论和政策建议对落实乡村振兴战略同样有重要的借鉴价值，为此在出版本书时我们没有对原来的内容做较大调整。

第二节 研究目标与研究内容

根据"现代农业发展的政策研究"重点项目群酝酿时期的国家重大战略要求，项目围绕农业发展中的基础性和前瞻性的重大战略问题开展了深入研究，推动农业经济管理学科发展，并为政府制定农业发展政策提供科学的决策依据。同时提升农经管理学科的国际学术地位，培养了一批在国内外学术界有影响的优秀人才。

为实现上述目标，本书开展了如下三大方面的6个重大战略问题研究。

一、中国现代农业发展和科技创新体系

首先，开展了食物安全保障的战略与政策研究。从需求侧分析食物消费演变过程和主要驱动力对食物需求的影响，揭示我国食物消费演变规律。从供给侧分析食物和其他农产品生产的主要驱动力及其对农业生产的影响，揭示我国农产品供给及其演变规律。在市场方面，结合政策干预及改革背景分析农产品价格形成和传导机制，揭示我国农业供给侧结构性改革的关键问题。基于对食物安全主要驱动力及其对食物安全影响的机理，建立国家食物安全的预测系统和分析平台，同时利用所建立的模型分析系统，预测在不同情景下的国家食物安全状况。

其次，开展了农业科技发展创新体系研究。从对世界农业科技体系演变的一般规律分析入手，来探索我国农业科技发展与创新的未来目标。分析不同部门、

---

① 习近平. 决胜全面建成小康社会 夺取新时代中国特色社会主义伟大胜利——在中国共产党第十九次全国代表大会上的报告[R]. http://cpc.people.com.cn/19th/n1/2017/1027/c414395-29613458.html?from=groupmessage&isappinstalled=0，2017-10-28.

不同类别科研主体的科技创新能力与创新效率及农业科技转化应用过程中的技术采纳问题;与此同时,对影响农业科研创新效率和技术推广转化应用效果的体制机制问题开展系统研究,分析不同情形下我国农业科技创新体系的发展方向,结合国外发达国家农业科技发展创新的经验做法,提出适宜于我国特点的现代农业科技发展创新的政策保障体系。

最后,开展了低碳农业发展战略与政策研究。评估我国农业温室气体(greenhouse gas,GHG)排放状况,分析不同地区农业温室气体排放的差异、驱动因素等。在我国种植业温室气体排放源中,化肥和稻田是最主要的。本书主要以稻田为研究对象,实证考察肥料施用及相关条件对稻田温室气体排放的影响。此外,计算1997~2014年我国31个省(自治区、直辖市)农业二氧化碳(CO_2)的影子价格,从中预估出农业温室气体减排平均补偿标准,为以经济手段激励农业减排提供了研究支撑。在总体研究的基础上,提出我国发展低碳农业的战略选择及具体的政策。

二、中国现代农业产业组织与要素制度创新

首先,开展了现代农业的产业组织体系创新研究。揭示农业发展进程中产业组织体系演进的一般规律、组织模式、基本功能与优化特征。揭示农业产业组织体系演进过程中农民合作组织的作用机理与制度特征。构建农业产业组织体系评价指标体系,测评不同类型农业(产品)产业组织体系、组织模式、服务体系、经营机制的效率。提出适应我国农业转型发展的现代农业产业组织体系创新与优化的路径与对策。厘清农民合作社在小农户与现代农业发展有机衔接中的作用、农民合作社在减缓贫困中的作用、政府支持对农民合作社发展的影响、互联网发展对农业产业组织体系的影响等,提出我国农业产业组织发展与政策建议。

其次,开展了现代农业的土地与相关要素市场的培育与改革研究。基于我国特殊的国情与农情,试图对我国工业化和城镇化背景下的农村土地与相关要素市场培育及改革进行综合研究。着重研究农地经营权流转市场与相关要素市场的培育与改革问题。农地流转及市场发育的特殊性是逻辑起点;农业要素市场的互动机理与契约逻辑农业分工,要素匹配与农业规模经营,产权制度、要素流动与我国粮食安全分别是重点研究的三大逻辑。

三、中国现代农业发展的政策支持体系和改革取向

总结我国农业政策支持体系建设的发展历程,分析我国农业支持政策现状;

基于农业政策支持体系框架，对我国农业支持政策结构进行定量刻画；从价格支持、生产者补贴和一般服务支持等维度把握国际发达国家农业支持政策走向；开展农产品价格支持、农业生产者补贴、农业一般服务支持等政策的评估及优化，对我国农业支持政策进行国际比较与总体评价，并对部分重点政策进行深入剖析；研究并提出我国农业支持政策发展方向、政策体系优化和政策措施的优先顺序。

第三节 专著系列介绍

国家自然科学基金重点项目群现代农业发展的政策研究丛书共包含七部专著。其中，每个项目撰写一部专著，共六部；六个项目综合形成项目群层面的一部专著。

第一卷《现代农业发展战略与政策研究》：集合六个项目成果，形成的项目群层面的综合性著作（本书），分四篇共九章内容。第一篇为绪论，除了本章介绍该项目群的研究背景、研究目标、研究内容和专著出版系列外，还包括第二章中国农业发展与改革：经验教训与政策取向；第二篇为中国现代农业发展和科技创新体系，包含中国农产品供需市场与食物安全的政策研究（第三章）、中国农业科技创新体系与发展研究（第四章）和气候变化背景下低碳农业发展研究（第五章）共三章内容；第三篇为中国现代农业产业组织与要素制度创新，包含现代农业的产业组织体系及创新研究（第六章）和农地产权及相关要素市场发育研究（第七章）两章内容；第四篇为中国现代农业发展的政策支持体系和改革取向，包括现代农业发展的国家政策支持体系研究（第八章）和全书总结与未来研究展望（第九章）两章内容。

第二卷《中国农业科技创新体系与发展研究》：该书遵循问题导向原则，围绕现代农业科技创新发展领域的重大政策问题，在农业科研创新和农业技术推广创新两大领域，分别从宏观与微观的视角，深入开展了发展趋势、典型案例分析和实证研究，并系统梳理了国内外农业科技创新体系的运行轨迹与发展实践过程。在农业科研方面，按照定性和定量分析相结合的原则，系统分析了我国以政府公共部门为主导的农业研发体系的创新能力、创新效率与农业科研创新的体制机制等问题；在农业技术推广方面，按照多视角、多层次的研究思路，实证分析了农业技术推广体系的体制与机制、农民技术需求、技术推广效率、农业社会化服务体系等问题。基于以上研究结果，提出适合我国国情的现代农业科技发展创新的政策保障体系。

第三卷《中国农产品供需市场与食物安全的政策研究》：该书从食物需求与供给、市场价格和农产品供需预测等方面系统地研究了我国的食物安全与政策问题。在食物需求方面，创新性地开展了居民在家、在外食物消费变化和驱动因素研究，并揭示了异质性收支冲击、城镇化及消费者对转基因食物态度等非传统因素对食物消费的影响；在农业生产与供给方面，重点分析了现代生物技术对未来粮食安全的影响，探索了新型经营主体与土地、劳动力及资金配置等对粮食生产力的影响，构建并计量估计了主要农产品供给反应系统（supply response system）及自然灾害和市场风险等非传统因素对农业生产的冲击和影响；在农产品市场方面，重点分析了农产品市场价格的形成和传导机制，并结合我国农产品市场存在的主要问题探讨了我国农业供给侧结构性改革的关键问题和对策；在以上研究的基础上，建立了国家食物安全预测系统，模拟不同情景下我国未来食物安全状况及变动趋势；提出保障国家食物安全和农业可持续发展的主要政策取向。

第四卷《气候变化背景下低碳农业发展研究》：农业是重要的温室气体排放源之一，促进低碳农业发展已成为全球现代农业发展的重要内容。该书在论述低碳农业发展特征与趋势的基础上，对气候变化的经济效应进行了检验，分析了农业温室气体排放的总体状况和变动趋势，论证了低碳农业发展的必要性及基本机制；在实证和案例分析方面，采用实验研究与模拟分析方法，研究选取了我国种植业温室气体排放较为突出的稻田及化肥领域，采用田间实验及反硝化-分解（denitrification-decomposition，DNDC）模型的模拟，测度了不同肥料管理、外部条件对稻田温室气体排放的影响，进而提出了相应的减排路径措施；该书在以上研究的基础上，提出了我国低碳农业发展的战略构想与相关政策建议，包括我国农业温室气体减排的补偿标准和政策措施。

第五卷《现代农业的产业组织体系及创新研究》：该书首先系统梳理了我国农业产业组织的历史变迁、发展阶段、变迁过程的基本规律及成效和存在问题。其次，通过对美国、德国、丹麦、日本和以色列的产业组织发展的分析与比较，总结了国外产业组织发展的主要经验和对我国的启示与借鉴。在以上研究基础上，该书重点对我国农业产业组织绩效、农民合作社、信息通信技术等开展了深入研究。在农业产业组织绩效方面，设计了比较完整和合意的农业产业组织与组织体系的效率评价指标，并从多个维度做了实践测评应用和分产业、分类型的农业产业组织模式的比较；在农民合作社方面，论述了其制度特殊性，揭示了我国农业组织的多类型特征和异化现象，评析了现阶段我国农民合作社在农业产业组织体系中的地位和作用；在信息通信技术方面，研判了信息技术和互联网发展对农业产业组织发展的影响和政策含义。最后，该书提出我国农业产业组织的创新优化路径对策和发展前瞻。

第六卷《农地产权及相关要素市场发育研究》：该书按照"农地产权特性—

要素市场发育—农业分工深化—农业转型发展"的逻辑线索，展开讨论与研究。首先，阐释我国农地产权及流转市场的特殊性，分别从分工、契约、要素匹配三个维度分析要素市场互动的理论逻辑，从时间、空间、农户三个层面分析要素市场发育的现实格局。其次，阐明要素市场培育的内在逻辑，一方面实证分析农业要素市场的发育机制，理解不同要素相互依存关系，揭示农业规模经营的不同出现方式，另一方面对农业要素的匹配机理进行实证检验，挖掘农地产权的制度性含义。最后，揭示产权细分与分工深化的决定机理，一方面将农业三大要素市场延伸到农业服务市场，阐明要素流动、产权细分、农业分工的作用机制，由此揭示农业规模经济的不同实现路径；另一方面从农地经营权的流转转换为农地经营权的产权细分与盘活，通过分工深化与交易，阐明推进农业家庭经营向多元化经营主体及多样化、多形式分工经济的转型线索，为小农生产融入现代农业发展进程提供制度创新空间。

第七卷《新时期农业发展的国家政策支持体系研究》：该书在总结我国农业政策支持体系建设发展历程的基础上，运用国际上成熟的农业政策支持体系框架，对我国农业支持政策结构进行定量刻画，从农业价格支持、生产者补贴和一般服务支持等维度把握国际发达国家农业支持政策走向，对我国农业支持政策进行国际比较与总体评价；同时，该书对我国近期的国家支农的主要政策，特别是农产品价格与收购政策、生产者补贴等政策开展了深入剖析，并基于统计和调研数据，实证分析了这些政策的影响和存在的问题。结合现代经济社会发展形势，尤其是在十九大国家提出的乡村振兴战略大背景下[①]，针对我国现代农业发展的需要，研究了我国农业支持政策发展方向、政策体系优化和政策措施的优先顺序，为完善我国农业政策支持体系提供政策参考。

第四节　主要创新

该项目主要创新之一是系统地就现代农业发展中的基础性和前瞻性的重大战略问题在统一的研究框架下开展了深入的理论和应用研究。在前期安排了农业资源与环境治理、全球生物质燃料发展与粮食安全等领域的重点项目基础上，国家自然科学基金委员会管理科学部又启动了涉及现代农业发展六大领域的政策研究，包括现代农业科技发展创新体系研究、食物安全战略与预警体系研究、全球

---

① 习近平. 决胜全面建成小康社会 夺取新时代中国特色社会主义伟大胜利——在中国共产党第十九次全国代表大会上的报告[R]. http://cpc.people.com.cn/19th/n1/2017/1027/c414395-29613458.html?from=groupmessage&isappinstalled=0，2017-10-28.

气候变化对农业影响与适应策略研究、现代农业产业组织体系和农民合作组织研究、土地与相关要素市场的培育与改革研究及现代农业发展国家政策支持体系研究。以上各领域的综合研究成果对系统了解我国农业发展改革的成就、经验和存在问题，展望未来我国现代农业发展趋势和改革取向有重要理论价值和实践借鉴意义。

"现代农业发展的政策研究"除了其整体研究的系统性，六大领域的专题也都分别系统地研究了该领域具有基础性和前瞻性的重大战略问题，每个领域的主要创新成果总结如下。

一、中国农产品供需市场与食物安全的政策研究

在研究思路上，除了系统分析影响农产品供需市场与食物安全主要因素外，重点对现有文献所忽视的非传统因素的影响开展深入研究，完善了食物安全的形成机理和研究范畴。特别是把在外饮食、异质性冲击和转基因技术等对消费者食物需求行为的影响，以及现代生物技术、长期与极端气候变化和农业经营主体等对农产品生产与供给反应的影响，引入食物安全研究领域，扩展了食物安全研究的内容。

在研究方法上，构建了食物供需计量经济系统模型，基于实证研究结果完善了国家食物安全预测系统模型及其关键参数的动态变化，使预测方法更有实证依据和前瞻性。在食物需求系统、农产品供给系统和市场价格传导机制等计量经济模型方面，充分考虑了传统和非传统因素及短期与长期的影响；基于以上计量经济模型实证研究结果，提取关键参数引入国家食物安全预测模型，并连接我国市场与国际市场，从而可深入分析我国与全球食物安全之间的相互影响，使模型更具前瞻性。

在研究结论上，发现了农产品供需演变、市场传导及未来食物安全状况变化的新现象和新规律。在消费方面，揭示了在家与在外饮食的收入弹性随收入而变化的规律，揭示了受收入与支出等巨大冲击后的消费者食物消费总量与结构动态调整过程和变化规律；在生产方面，揭示了农作物面积和价格弹性在极端气候下的变动规律并为构建短期预测模型提供理论和实证依据，进一步论证了生物技术对粮食安全的影响，同时揭示了经营规模效益与土地、劳动力和资本市场的动态关系；在市场方面，论证了我国蔬菜和水果垂直市场的完全竞争性与有效性，厘清了国际农产品市场对国内市场价格的传递过程及其受国内市场干预政策的影响；在预测方面，预计到2030~2035年我国人均食物总需求将逐渐趋于稳定，加速城镇化对粮食总需求和食物安全的总体影响不大，适度进口食物将不但显著提

升国内农业可持续发展能力,而且提高全球水土利用效率。

在政策思考上,从食物消费、生产、贸易和保障食物安全等方面提出了未来我国农业发展的新思路。在消费方面,政府实施居民生活救助项目应从以往的以粮食为主向以动物性食品为主转变;在生产方面,提出制度创新、技术进步、市场改革和农业投入是过去 40 年我国改革的主要驱动力,也将是未来保障食物安全的最主要驱动力;在市场方面,建议深入推进主要农产品市场改革和加大对农产品市场软硬件建设是今后一段时期改革与发展的关键;在食物安全方面,提出粮食安全概念全面向食物安全概念转变,提出加强国际贸易同我国和世界资源有效利用及食物安全保障都是"双赢"的举措。

二、中国农业科技创新体系与发展研究

在研究思路上,从国际和国内两个维度出发,在系统分析农业科技创新发展现状,明确农业科技创新发展总体目标的基础上,从农业科技研发、农业技术推广两个视角出发,全面深入地解构了农业研发体系与农业技术推广体制,分析了农业研发能力、研发投资和研发体系的运行情况,农业技术推广体制改革及农业社会化服务体系的基本状况,并面对当前农业发展面临的绿色化、城镇化、老龄化、气候变化等新形势,尽可能地全面考虑在各种情形下我国农业科技创新的发展趋势,探究了我国未来农业科技创新及其发展的演进方向。

在研究方法上,首先,利用宏观时序与面板数据等统计分析方法,详细描述了我国农业科技研发与管理体系改革的现实状况,准确把握了我国农业科研体系改革与发展的基本事实、基本特征和主要问题,并对产生这些问题的深层原因进行了剖析。其次,利用微观数据和案例分析方法,从公共和私人部门农业研发合作模式的特征出发,剖析了私人部门参与农业科技创新的基本情况,设计了改进与优化农业研发合作机制的最优路径。最后,运用泰尔指数、核密度函数等计量方法,对我国农业科技创新投入与产出的空间格局进行了实证分析,探究了绿色化、城镇化、老龄化和气候变化对我国农业技术创新方向与技术运用的现实影响,并得出了相应的研究结论。

在研究结论上,通过对处于转型期我国农业科技创新的时代背景及所面临诸多环境变化的全方位分析,发现了未来我国农业科技创新必须关注资源短缺、城镇化与老龄化所带来的农村人口结构变化及气候变化给农业发展所带来的巨大挑战。这就要求必须注重对资源节约型和环境友好型的绿色技术创新,必须根据农户对农业绿色技术的认知情况及采纳需求的优先顺序,确立绿色农业技术创新重点。同时要求农业技术创新必须充分考虑城镇化、老龄化所带来的农村人口数

量与质量的结构变化及其与土地资源经营的匹配性问题。此外，应对和适应气候变化以缓解对农业发展的不利影响，也是未来农业科技创新必须予以考虑的重要内容。

在政策思考上，要在深化农业研发体制改革、完善农业技术推广体系的基础上，依据绿色化、城镇化、老龄化和气候变化的新形势、新变化，围绕农业研发体系运行效率提升、农业科技进步贡献率提高和现代农业国际竞争力增强等目标，在不断增加农业研发投资、明确实施农业科技创新人才战略的情况下，切实优化农业科技资源配置结构，鼓励和引导公私部门的研发合作，加大建设各类农业科技创新平台和公共基础设施，积极发展农业社会化服务组织，构建运行顺畅的农业研发与技术推广的体制机制。

三、气候变化背景下低碳农业发展研究

在研究思路上，除了从宏观层面分析气候变化对农业的影响及农业温室气体排放现状、驱动因素外，还重点从微观实验层面研究了稻田的减排路径。研究选取我国农业碳排放较为突出的稻田及施肥领域，深入分析了有机肥、氮肥减量化和硝化抑制剂（dimethyprazole plosphate，DMPP）对稻田温室气体排放的影响，模拟分析了肥料管理、田间管理对减少稻田温室气体排放的作用，从不同尺度分析了农业温室气体的减排路径。

在研究方法上，采用小尺度田间实验测定了不同条件下稻田温室气体排放状况，并引入 DNDC 模型对稻田温室气体的减排进行了模拟分析。研究基于经济学、生态学等多学科的交叉，利用宏观统计数据、田间实验数据，以计量分析、DNDC 模型、可计算一般均衡（computable general equilibrium，CGE）模型等方法，对我国农业温室气体的排放现状、影响因素进行了研究；引入 DNDC 模型并通过参数的矫正，模拟了不同田间管理下稻田的减排效果。

在研究结论上，检验了气候变化对农业产出的影响，测度了不同施肥方式下稻田温室气体的排放情况，模拟了农田管理措施对稻田温室气体减排的效果。在气候变化影响的检验方面，揭示了极端高温天气对农业部门的负面影响，进而冲击了总体经济；在施肥方式对稻田温室气体排放影响测度方面的实验表明，施用有机肥会显著增加稻田甲烷（CH_4）的排放，所产生的全球增温潜能（global warming potential，GWP）为 7.24×10^3 kg CO_2/hm^2。在保证产量前提下，合理的氮肥减量化对稻田氧化亚氮（N_2O）的减排具有显著的作用。与单施尿素相比，施入 DMPP 后水稻生长季节的 CH_4 及 N_2O 排放总量均降低了 30% 以上。在稻田减排路径模拟方面，基于 DNDC 模型对上海稻田的模拟表明，最佳施肥方

式为 150 kg N/hm^2 的尿素和 100 kg N/hm^2 的有机肥混合施用，不仅能够维持最大水稻产量，同时还能最大限度地降低稻田氮素流失。

在政策思考上，从观念、减排路径及配套政策方面提出了促进我国低碳农业发展的建议。在观念方面，要充分重视农业减排在人类活动减排中的重要性。在减排路径方面，一是要明确应该怎么做，即要对低碳农业技术、操作规范进行研究；二是要让行为主体获知应该怎么做，即要消除信息不对称，使减排作业信息有效传递到相应的行为主体；三是要促使行为主体按要求去做，即建立有效的约束与激励机制，改善行为主体行为。在配套政策方面，要通过风险管理、金融支持、信息技术引入及农业改革等为低碳农业发展提供良好条件。

四、现代农业的产业组织体系及创新研究

在研究思路上，主要有三方面的创新。第一，本书跳出合作社本身，将合作社纳入整个农业产业组织体系之中，系统地研究以合作社为中心的农业产业组织体系创新与优化的内在机理，并将重点放在以合作社为核心的产业组织模式创新、多元服务体系创新、农业经营机制创新三个既有联系，又有差异的创新实践上，使理论研究与实践探索紧密结合、层次分明、结构清晰。这一研究设计特色鲜明，具有创新性。第二，项目设计了完整而合意的农业产业组织体系效率与优化的特征变量与测评体系。用农业集约化发展、专业化分工、多元化服务、产业化经营、组织化协调、区域化拓展、市场化竞争七个特征变量，充分考虑了农业产业组织体系的效率与优化特征，并将其体系化、指标化和模型化，建构了适用于不同类型农业产业（产品）组织体系现状与发展的评价指标与综合评价方法。这在国内外尚属首例，具有创新性和突破性。第三，本书将近年来出现的新的制度和技术环境因素纳入研究范围，主要包括互联网在农业和农村的广泛应用、小农户与现代农业有机衔接的新型农业组织体系的构建、政府对农民合作社的支持的变化趋势、精准扶贫背景下农民合作社的作用等，讨论新的环境下农业产业组织体系的发展和变革，以填补以往文献中相关内容的空白，同时提出具有前瞻性的理论依据和政策建议。

在研究方法上，项目结合不同类型农业产业（产品）的技术特性，分地区、分产品，采用案例研究、统计分析、数理分析、区域比较研究等形式和方法进行分类、比较与综合相结合的实证研究，特别是对黑龙江、内蒙古、吉林、山东、河南、四川、浙江、陕西等省区的粮食产业，蔬果茶产业，奶业、生猪、水产等养殖业的农业产业组织体系的实际运行进行定点观察与调研，从具体农产品产业链的各个环节的组织体系、经营机制、服务体系等方面进行实证分析，这种将产

品特性、区域特性、组织特性等相结合的实证研究，具有一定特色和创新性。

在研究结论上，本书提出，需辩证性地看待农民合作社在农业产业组织体系中的作用。当前我国的农民合作社是产业化和制度性色彩鲜明的股份合作制的改进型和过渡型中间组织，这是由我国农业和农村发展路径及进入新阶段的现实要求所决定的，这些合作社的治理模式尽管与理想中的合作社具有一定差异，但或多或少地具有合作制属性。因此，学者应结合农业发展实际，适当释放合作社的定义域。其中，在合作制基础上引入股份制的股份合作组织还将进一步发展。具体来说，随着农村土地股份合作改革的深化，村集体和农民承包土地的股份合作组织会获得较快的发展。此外，在产业化经营的发展过程中，纵向一体的股份合作组织也将进一步发展。就农业供给侧结构性改革而言，通过政府职能的进一步转换，既发挥市场机制的作用，又发挥行业组织的作用，建立政府、市场、行业组织"三位一体"的农业供给侧调控结构是必然趋势。

五、农地产权及相关要素市场发育研究

在研究思路上，按照"农地产权特性—要素市场发育—农业分工深化—农业转型发展"的逻辑线索对农地产权及相关要素市场发育进行综合研究。基于对我国农地产权及流转市场特殊性的理解，以分工、契约、要素匹配三个维度为经，分析农业要素市场互动的理论逻辑；以时间、空间、农户三个层面为纬，对农业要素市场发育的现实格局进行考察。由此聚焦研究主题，一方面揭示不同要素的相互依存关系，从而厘清实现农业规模经营的不同方式与农户卷入分工经济的可能性路径，另一方面对农业要素匹配机理进行实证检验，从而阐明农地产权的制度性含义及其对农业转型发展的决定性作用。

在研究方法上，既重视综合性问题的研究，从而把握农业要素市场发育的宏观依存关系，又突出具体问题的分析，从而把握各种关键问题、关键变量及其作用机理。在具体分析中，本书在问卷调查与案例分析的同时，广泛使用了STATA软件（Software for Statistics and Data Science）、矩阵实验室（Matrix Laboratory，MATLAB）分析软件，运用双重差分估计、倾向评分匹配（propensity score matching，PSM）、工具变量等计量经济模型，以及准自然试验和随机对照试验（randomized controlled trials，RCTs）方法进行实证检验。

在研究结论上，认为农业要素流动与市场发育并不是一个独立的事件。其中，农业及要素市场的特殊性，有着重要的制度经济学含义。试图简单地通过农地流转与集中来推进农业的规模经营，或许是一个约束较多且相对缓慢的过程。在理解农业家庭经营性质与农地产权特性的基础上，将农业要素市场的发育置于

农业分工深化的开放格局，能够揭示农业规模经营的实现路径、农户卷入分工经济的融合方式及通过要素配置与组织匹配改善农业转型发展绩效的决定机制。将产权理论与分工理论统合，能够发现农业家庭经营转向规模经营的两类实现路径：一是农地规模经营。农户扩大规模并走向规模经营，与农业要素市场的发育紧密关联。二是服务规模经营。以经营权细分及交易为基础的农业服务规模经营，能够显著改善农业家庭经营的外部规模经济和分工经济。

在政策思考上，从产权实施与分工组织方面提出了农村土地及相关要素市场培育与改革的未来方向。在产权实施方面，通过产权细分以盘活农民的土地经营权，诱导农业生产性服务市场的发育。重点培育新型农业服务主体，培育职业化、专业化、组织化的农业劳动力雇工队伍与新型职业农民群体。在分工组织方面，优先投资农机具装备，着力培育外包服务市场，构建农机跨区作业服务的绿色通道，并由此促进农业生产布局的连片化与组织化，能够有效诱导小农卷入分工经济，从而将小农生产引入现代农业的发展轨道。

六、现代农业发展的国家政策支持体系研究

在研究理论与方法上，本书的创新有以下两个方面。在理论创新方面，本书综合比较了世界贸易组织（World Trade Organization，WTO）和经济合作与发展组织（Organization for Economic Co-operation and Development，OECD）农业支持政策分析框架，结合我国国情，构建了我国农业支持政策系统框架。在实证创新方面，本书既从总量上计算了农业支持财政投入水平，也对主要的支持政策做了评估分析。同时，本书也通过构建农产品供需模型来模拟价格政策对粮食生产等的影响，构建粮食生产模型来检验粮食补贴的影响，构建农民培训对教育的倾向匹配得分模型计算一般公共服务支出的影响，等等。

在研究结论上，主要得出以下四方面结论：①我国农业支持政策目标多元、种类繁多，但支持水平仍较低，且存在结构性不平衡问题。我国农业支持政策对农业的总体支持水平仍然较低，且存在重价格支持、轻一般服务支持的结构性不平衡问题。②价格支持政策短期效果显著，长期不能偏离市场定价。价格支持政策是一项重要的农业支持政策，具有易操作、见效快的优点，但是长期使用会有很强的副作用。③农业补贴是精准支持的载体，但其效果取决于政策设计好坏。农业补贴是农业支持政策中的基础性工具，具有目标导向、副作用小的优点，但是存在操作成本较高、易引起国际争议的问题。我国应该用足从 WTO 谈判中争取来的黄箱额度。④一般服务支持日益重要，对提高农业竞争力具有全局影响。

在政策思考上，提出以下六方面政策建议：①加快推进农业科技体制机制创

新，提高农业科技水平。加快推进农业科研机构和科技人员资金配置的去行政化，构建以公共产品属性为导向的资金配置方式和以成果为导向的考核激励方式。加快推进不同农业科研机构合理分工，提高农业科研机构协同创新能力。②加快建立基于市场化的农产品价格形成机制，优化资源配置。要建立多层次的粮食安全保障体系，以保障国家粮食安全。坚持短期市场定价和长期政府调控相结合。完善配套政策体系，增强补贴政策合力。③优化农业补贴措施，用足从WTO谈判中争取来的黄箱额度，发挥政策精准优势和效力。④探索支持设立农业保险制度，稳定农民收入。加快农业保险立法，增加农业保险补贴方式，扩大农业保险补贴规模。结合强制投保和经济手段提高农业保险覆盖率。⑤加快推进农村一二三产业融合，提高农业竞争力。完善利益联结机制，发挥农民主体作用。突出产品的差异化，通过建立品牌实现优质优价。明确一二三产业融合重点，培育农村新业态。完善工商资本进入农业相关政策。实施农村一二三产业融合的扶持政策。⑥减少市场扭曲政策支持措施。对龙头企业、合作社的支持应该是一次性的非对称支持，发挥市场机制的作用进而提高竞争力。加强对小农和农村集体经济组织经营活动中的公共产品供给。

第五节 本书结构

第一章，研究项目概述。该章介绍了本书研究背景、研究目标和内容及研究框架；对专著系列内容做了简要概括，并阐述了本书的主要创新点。

第二章，中国农业发展与改革：经验教训与政策取向。该章通过梳理过去 40 年中国的农业发展改革来总结经验与教训，并结合对农业发展方向的判断，提出未来农业发展与改革的政策建议。

第三章，中国农产品供需市场与食物安全的政策研究。该章紧紧围绕食物消费、农业生产、农产品市场价格形成和传导机制及国家食物安全预测等基础性与前瞻性问题开展研究，基于一系列实证研究结果和模型预测与政策模拟分析，提出保障国家食物安全战略和政策等建议。

第四章，中国农业科技创新体系与发展研究。该章系统分析了中国农业科技创新发展过程及现状，研究了农业研发体系及其效率、农业技术推广体系改革及农业社会化服务体系等，最后提出适合中国国情的现代农业科技发展创新的政策保障体系。

第五章，气候变化背景下低碳农业发展研究。该章分析了种植业温室气体的排放状况，重点研究了施肥对稻田温室气体排放的影响，最后提出了中国低碳农业发展的主要战略举措与政策建议。

　　第六章，现代农业的产业组织体系及创新研究。该章系统梳理了国内外农业产业组织的历史变迁和国际农业产业组织体系创新的经验，根据中国农民合作社的特殊性和重要性并联系互联网发展背景，对中国农业产业组织体系发展提出政策建议。

　　第七章，农地产权及相关要素市场发育研究。该章阐述了中国农地产权及流转市场的特殊性，介绍了土地、劳动力和资金三要素市场培育的内在逻辑，揭示了土地产权细分与生产分工深化的决定机理，最后提出土地等生产要素的改革建议。

　　第八章，现代农业发展的国家政策支持体系研究。该章总结了中国农业政策支持体系发展历程，研究了中国农业政策支持的变动趋势和国际比较，分析了主要农业支持政策的影响，最后提出完善国家农业政策支持体系的政策建议。

　　第九章，全书总结与未来研究展望。该章对全书进行总结。

第二章　中国农业发展与改革：
经验教训与政策取向

中华人民共和国成立后，农业经历了 70 多年的曲折发展过程。在取得解放初期的土地改革和第一个"五年计划"（1952~1957 年）的成功后，我国先后经历了"大跃进"、人民公社化和"文化大革命"的历史，走过了艰难而缓慢的发展过程。20 世纪的 50 年代至 70 年代的 30 年间，农业生产总值年均增长率只有 2%[①]。1957 年农村居民人均纯收入 73 元，20 年后的 1977 年才达到 117 元，扣除同期消费品物价增长（13.5%）后，实际人均纯收入年增长率只有 1.75%（每年增长 1.5 元）。贫困的农村呼唤着改革，1978 年安徽凤阳小岗村 18 位农民冒险开展家庭联产承包责任制是典型案例，更是穷则思变的必然。小岗村土地承包的成效得到中央肯定之后，从此我国开始了 40 年的改革历程。

40 年的发展与改革，深刻改变了我国的农业农村面貌。过去 40 年，农业生产总值年均增长率达 4.6%，远高于同期人口年均 0.93%的增长率。虽然食物需求随着收入提高而显著增长，但我国只用世界 5%的淡水资源和 8%的耕地，到 2016 年还能为 18.5%（13.8 亿）的世界人口提供高达 95%的食物。农业生产结构也随着食物需求结构的变化而不断优化，在粮食生产增长的同时，经济作物和养殖业得到更快的发展。与此同时，农村劳动力非农就业不断增长，2016 年农民工总量超过 2.81 亿人，其中外出农民工达 1.69 亿人[②]。农村贫困人口显著下降，我国成为首个提前实现联合国千年发展减贫目标（全球极度贫困人口在 1990~2015 年减少一半）的国家；我国政府还承诺在 2020 年实现农村人口的全面脱贫。

虽然过去的成就举世瞩目，但农业发展也面临诸多挑战。21 世纪初以来，能否确保农业资源环境可持续发展，能否确保粮食安全和能否确保农民持续增收

---

① 本章的数据，是基于国家统计局历年《中国统计年鉴》的数据计算所得。
② 国家统计局，《2016 年农民工监测调查报告》，2017 年。

等已成为我国农业农村发展面临的主要挑战（韩俊，2014；Lu et al., 2015）。同时，近年来农业供给侧又呈现突出的结构性问题，但每当农业农村发展遇到困难的时候，"三农"问题都会引起政府和社会更多的关注和得到更大的支持。例如，十九大再次明确必须始终把解决好"三农"问题作为全党工作重中之重①。要坚持农业农村优先发展，同时首次提出实施乡村振兴战略①。

过去 40 年我国农业发展经历巨变，不但见证了改革的成就和一系列政策的利弊影响，而且为未来农业发展改革提供重要的经验与借鉴。在农村改革 40 周年之际，在向实现十九大提出的"两个一百年"奋斗目标①的道路迈步之时，回顾过去经历，总结经验教训，展望未来趋势，对落实乡村振兴战略，加速实现农业农村现代化具有重要的理论和现实意义。

农业农村问题涉及面广，受篇幅限制，本章以农业为重点，通过梳理过去 40 年我国的农业发展改革来总结经验与教训，并结合对未来农业发展方向的判断，提出未来农业发展与改革的政策建议。本章结构如下：第一节简要总结改革开放以来中国农业发展成就；第二节分析农业发展的主要驱动力和改革经验；第三节分析现代农业发展面临的挑战、政策演变及其影响；第四节展望未来农业的发展方向，并在总结主要观点的基础上，提出农业发展改革的政策建议。

第一节　改革开放以来中国农业发展成就

一、同改革开放前相比，农业增长速度大幅提高，人均生产增长更加显著

改革开放以来农业增长速度是改革开放前的 1 倍多。农业生产总值年均增长率从 1952~1978 年的 2.2%提高到 1978~2016 年的 4.5%（表 2.1）。增长速度最快的发生在改革开放初期（1978~1984 年），农业生产总值年均增长率高达 6.9%；20 世纪 80 年代中期以来，年均增速基本保持在 4%左右（表 2.1）；虽然近年来整体经济增速减缓，但是国家统计局公布的数据表明，2017 年的农业生产总值增速也达到 3.9%。过去 40 年，农林牧渔业产值更以年均 5.4%的速度增长（表 2.1）。我国农业在数十年内以如此高的速度增长是世界农业发展的奇迹。

---

① 习近平. 决胜全面建成小康社会 夺取新时代中国特色社会主义伟大胜利——在中国共产党第十九次全国代表大会上的报告[R]. http://cpc.people.com.cn/19th/n1/2017/1027/c414395-29613458.html?from=groupmessage&isappinstalled=0，2017-10-28.

表 2.1 改革开放前后中国农业及主要农产品、人口年均增长率

指标	改革开放前	改革开放时期[1]					
	1952~1978 年	1978~1984 年	1984~2000 年	2000~2005 年	2005~2010 年	2010~2016 年	平均
农业生产总值	2.2%	6.9%	3.8%	3.9%	4.5%	4.0%	4.5%
农林牧渔业产值	3.4%	5.9%	5.9%	5.3%	4.8%	4.2%	5.4%
粮食产量	2.5%	5.5%	0.9%	1.0%	2.5%	2.0%	2.1%
棉花	4.0%	17.9%	−0.6%	6.4%	2.0%	−1.7%	3.8%
油料作物	1.4%	17.6%	6.4%	0.9%	1.5%	2.0%	6.4%
糖料作物	7.8%	13.6%	3.7%	4.8%	5.3%	0.5%	5.3%
水果	4.0%	8.5%	12.5%	26.2%	5.8%	4.8%	11.5%
蔬菜[2]		4.6%	8.3%	3.1%	1.5%	2.2%	5.2%
肉类		7.8%	9.1%	2.9%	2.7%	1.3%	6.0%
猪牛羊肉	4.4%	11.4%	7.5%	2.9%	2.4%	1.0%	5.9%
禽肉			14.9%	2.9%	4.2%	2.3%	8.8%
奶产品			8.2%	25.6%	5.7%	−0.1%	9.0%
水产品	4.7%	4.2%	12.1%	3.6%	4.0%	4.3%	7.3%
人口	2.0%	1.4%	1.2%	0.6%	0.5%	0.5%	1.0%

1）肉类产量统计数据开始于 1979 年；禽肉和奶产品产量统计数据开始于 1985 年。
2）蔬菜数据为种植面积，开始于 1978 年
 注：年均增长率为每个时期内年增长率的均值。单个产品和大类产品的增长率基于产量数据；部门的增长率是基于可比价的计算
 资料来源：国家统计局历年的《中国统计年鉴》、《中国农业年鉴》、《中国农村统计年鉴》和《新中国六十年统计资料汇编》

得益于人口增长速度的下降，人均农业生产增长更为显著。在 1952~1978 年，农业生产总值年均增长率（2.2%）仅略高于人口增长率（2.0%）（表 2.1），人均农产品供给水平基本没有多大变化。改革开放以来的 40 年，人均农产品供给的年均增长率（生产增长−人口增长）达 3.5%（4.5%−1.0%）（表 2.1）。

二、农业生产结构不断优化，农民的农业就业更加充分

土地密集型的粮棉油糖作物生产显著增长。1978~2016 年，粮食产量年均增长率为 2.1%，明显高于同期的人口年均增长率（1.0%，表 2.1），人均占有量逐

年提高。棉花、油料和糖料作物产量也显著增长,虽然在不同时期增幅有所波动,但在 1978~2016 年的年均增长率分别达到 3.8%、6.4% 和 5.3%(表 2.1)。粮棉油糖生产的增长,解决了中国人的温饱问题。

劳动与资金密集型的高价值农产品生产以更快的速度增长。水果生产增长更加显著,1978~2016 年的年均增长率达 11.5%,是所有农作物中增长最快的(表 2.1);同期,蔬菜面积也以年均 5.2% 的增速显著增长;如果加上单产和质量的提高,其产值增长更快。畜牧业和水产养殖业在 20 世纪 80 年代经历了快速增长后,于 90 年代以来保持较平稳的增长;在 1978~2016 年,猪牛羊肉和禽肉年均增长率分别达到 5.9%、8.8%,水产品生产增长速度超过 7%(表 2.1)。

劳动密集型的高价值农业的发展促进了农民的充分就业与农业增收。在改革前"以粮为纲"的年代,农民的农业就业极不充分,农村存在大量的季节性剩余劳动力;改革初期,虽然大宗农产品(如粮棉油糖等)的发展在某种程度上也提高了农民一年中的劳动实际天数,但真正显著提升农民从事农业生产活动时间的是劳动密集与资金投入强度高的农产品,这些产品主要包括蔬菜、水果、畜产品(猪牛羊肉、禽肉、奶产品)和水产品。在非农就业机会有限的 20 世纪 80~90 年代,农民在农业上有效劳动时间的提高,对农民增收、社会稳定和农民勤劳美德的发挥等方面都起到了重要作用。

三、农业的稳定发展,促进了农民增收和农村减贫[①]

农业生产增长和生产结构改善显著提高了农民收入。1978 年改革以来,中国农村居民人均纯收入从 1978 年的 133.6 元增加到 2017 年的 13 432 元,扣除价格因素,实际增长了 15 倍多,年均增长率为 7.4%。在农村居民人均纯收入中,虽然农业收入占比从 1978 年的 80% 降低到 2016 年的 26.4%,但从农业获得的纯收入则从 1978 年的 107 元提高到 2016 年的 3 270 元,扣除价格因素,实际增长了接近 4 倍,年均增长率为 4.3%,为农民收入的稳定提高起到了重要的作用。

农民农业收入的提高,对农村减贫起到极其重要的作用。农业增长最快时期是在 1978~1984 年,这个时期的农业生产总值年均增长率达 6.9%(表 2.1),农民收入增长的 65% 来自农业增收;同时这一时期也是农村贫困人口下降最快的时期,按照 1978 年农村贫困标准,农村贫困人口从 1978 年的 2.5 亿(占农村人口的 30.7%)下降到 1984 年的 1.28 亿(占农村人口的 15.1%)(国家统计局,2017),6 年内农村贫困人口下降了一半左右。

---

① 这部分内容采用的数据来自国家统计局历年的《中国统计年鉴》和 2018 年 1 月 18 日公布的 2017 年统计数据。

第二节　农业发展的主要驱动力和改革经验

过去 40 年，中国如何在水土资源相当短缺的情况下，农业增加值保持年均 4.5%的快速增长以满足不断增长的食物需求并大幅度地减少农村贫困人口？针对这些问题，几十年来国内外学者做了大量研究；总结以往研究，我们认为中国农业发展的主要驱动力如下：农村制度创新、农业技术进步、农产品市场改革和农业投入增长，黄季焜（2018）将之称为"四大驱动力"，这也是中国 40 年农业发展改革最成功的经验。

一、农村制度创新

中国改革是从农村家庭联产承包责任制开始的。这项改革在不改变土地村集体所有制的前提下，按照农户人口、劳动力数量，将土地分给农户自主经营，使农业生产的经营模式从生产队和生产大队转向农户。1978 年底开始的这项改革迅速地在各省推开，到 1984 年全国有 99%的农户实施了家庭联产承包责任制（Lin，1992）。

家庭联产承包责任制显著提高了农业生产率，是改革初期（1978~1984 年）农业增长的重要驱动力。许多研究表明，家庭联产承包责任制因为赋予了农民对生产的决策权和收益权，调动了农民生产的积极性，提高了农业生产力（McMillan et al.，1989；Lin，1992；Huang and Rozelle，1996）。例如，Lin（1992）的研究表明，在改革初期的农业增长中，大约有一半增长来自家庭联产承包责任制。Huang 和 Rozelle（1996）的研究也发现，在改革初期大约有 35%的粮食单产增长来自家庭联产承包责任制，其从如下三个方面影响着农业生产：生产积极性、投入效率和技术采用成本；虽然家庭联产承包责任制提高了农户新技术采用的成本，但它显著提高了生产效益和资源配置效益，从而促进了农业生产。

20 世纪 90 年代以来家庭联产承包责任制的不断完善，对农业增长继续起着促进的作用。例如，针对农地产权稳定性存在的问题，国家逐渐推进农地制度的改革完善。土地承包期从第一轮的 15 年延长到第二轮的 30 年；进入第二轮土地承包期后，承包权的稳定性得到显著提高（冀县卿和黄季焜，2013）；进一步研究还表明，承包权的稳定性促进了农户对农地的长期投资（黄季焜和冀县卿，2012；Gao et al.，2012）和农业生产力的提高（Deininger et al.，2014）。十九大报告提出完善承包地"三权"分置制度及第二轮土地承包到期后再延长30年的土地制度安排①，我们预计这些改革还将在促进农地流转和农地生产力的提高方面产生积极的影响。

在深化农地制度改革的同时，中国也在不断地推进其他一系列制度创新以促进农业发展。例如，户籍制度改革在促进农村劳动力的非农就业和在区域间的流动的同时，也促进了农地的流转和规模化经营；乡镇综合改革与基层政府转型等制度创新提升了乡村治理能力和农业生产力；农民合作经济组织的制度创新和农村信贷制度等改革在农业农村发展上也产生了积极影响（黄季焜等，2008）。

但中国的农村制度还需继续创新和改革。农村土地制度还将是未来农村改革的重点，建立土地和劳动力等要素市场还需要不断进行制度创新和改革（具体见本书第七章和"现代农业发展的政策研究"系列丛书第六卷《农地产权及相关要素市场发育研究》），农民合作经济组织的作用还没有得到有效发挥（具体见本书第六章和"现代农业发展的政策研究"系列丛书第五卷《现代农业的产业组织体系及创新研究》）。

二、农业技术进步

过去40年，中国农业科技（科研和推广）体系在改革中得到不断完善和发展，取得了一系列成就，对农业生产力的提高起到极其重要的作用。下面分别简要介绍和评价农业科研和技术推广发展改革及其成效②。

农业科研经历了如下四个发展改革阶段：①1978~1985年的迅速恢复与发展时期；②1986~1998年的商业化和拨款方式从计划分配向竞争制转变改革时期；③1999~2006年的科研单位转制（社会公益类、科技服务类和技术开发类）和企业投资萌芽时期，但改革受到很大阻力而最终没有被完全推进；④2007年以来的农业创新体系建设时期，建立了50个产业的技术创新体系，并显著加大了农业科研投入。

农业技术推广体系改革在经历了1978~1988年的机构和队伍迅速发展时期后，进入了如下几个改革和政策调整时期：①1989~1992年的农业技术推广商业化和基层乡镇农业技术站人、财、物"三权"由县下放到乡的衰弱时期（全国农业技术推广人员从1988年的45万人降到1992年的30万人）；②1993~2000年

---

① 习近平. 决胜全面建成小康社会 夺取新时代中国特色社会主义伟大胜利——在中国共产党第十九次全国代表大会上的报告[R]. http://cpc.people.com.cn/19th/n1/2017/1027/c414395-29613458.html?from=groupmessage&isappinstalled=0，2017-10-28.

② 农业科研和技术推广发展改革及其成效的讨论主要来自黄季焜等（2009）、胡瑞法和黄季焜（2011）。

"三权"上收的发展时期（人员扩大到106万人）；③2001~2003年的"三权"再次下放时期（人员减少到84.9万人）；④2004年以来分离公共推广部门的商业活动和"三权"上收及各地多种改革模式的推进，从此在编的农业技术人员稳定在70多万人。

农业科技体制在艰辛的改革进程中取得了显著的成就。首先，中国建立了庞大的、学科分类齐全的公共农业科研体系，为加速国家农业科技创新提供了技术保障。其次，建立了覆盖全国所有乡镇的国家农业技术推广体系，为加速农业技术采用提供了基层技术服务的体系保障。再次，农业科技运行机制得到了改善，特别是以工资制度和绩效评价改革为核心，提高了科研人员的收入水平和科研积极性。最后，政府投入不断增加为农业科技进步提供了资金保障。根据对相关统计数据的分析，政府对农业的科技投入从1978年的7.2亿元增加到2000年的50亿元，并迅速提高到2015年的550多亿元，其中农业研发投入从1978年的1.4亿元逐渐增加到2000年的24亿元，之后快速增长到2015年的260亿元左右。同时，在过去十多年，吸引了大批企业参与农业科技的投资，为科技创新注入了新的生命力。

农业科技创新为中国农业增长起到极其重要的作用。已有研究表明，即使在改革初期（1978~1984年），技术进步对水稻单产增长的贡献也接近40%，而在1985~1990年，水稻单产的增长几乎都来自技术进步（Huang and Rozelle，1996）。对主要农产品全要素生产率（total factor productivity，TFP）增长的研究也表明，在1985~2004年，各种农产品TFP年均增长率都达3%左右，棉花更高达4.2%（Jin et al.，2010）。在国际上，一个国家有2%的长期TFP增长率就已经是非常了不起的；进一步研究表明，该时期的TFP增长主要来自技术进步（Jin et al.，2010）。棉花TFP增长率最高，是因为棉花从1997年开始比其他农作物多采用了一项技术，那就是转基因技术（黄季焜等，2011）。另外，Jin等（2010）对水果和蔬菜的TFP也做了研究，得出的结论是一致的，即技术进步是这些农产品生产力增长的主要驱动力。

但农业科技体制改革是一项未尽的改革事业，中国农业科技的创新潜力还有待提升（具体见本书第四章和"现代农业发展的政策研究"系列丛书第二卷《中国农业科技创新体系与发展研究》）。国家公共部门主导的农业科研体系还难以很好满足农民对技术的需求；公共农业科研单位的公益性和商业性研究还相当混淆，影响了大型企业参与农业科技创新的积极性；农业科研投资强度还有待进一步提高。与此同时，基层农业技术推广体系还面临不少挑战，特别是基层农业技术推广体制和激励机制还有待进一步的创新，技术推广人力建设和推广能力也有待提升。要建立国家公共和私有企业相辅相成的农业科技创新体系，并逐渐使企业成为未来中国农业科技创新的主体，改革任重道远。

三、农产品市场改革

中国改革是从农村土地制度创新开始的,市场改革也是从农业开始的。市场改革从农村走向城市,从农业到工业与服务业,采用的是渐进性的改革模式。即使在农业内部,市场改革也是先易后难,逐渐推开。在改革初期,并没有废除计划经济体制,而是把市场当作对计划经济体制的补充;在改革中后期,才逐渐退出国家购销和国家定价的市场体系。

在农产品种类方面,改革从副食农产品开始逐渐推向具有战略意义的大宗农产品。改革刚开始时,只允许蔬菜、水果、水产品和部分畜产品等在本地范围内进行市场交易;到20世纪80年代中期才逐步放松了市场交易的地域限制,当时的农村市场仍然以当地的周期性赶集市场为主。80年代中期以后,市场改革分阶段地推向粗粮、主要畜产品、糖料、油料、大豆、棉花和三大粮食(水稻、小麦和玉米),并从90年代初开始加速了农产品的市场改革进程。

对于粮棉油糖等大宗农产品,国家采用双轨制的市场改革模式。因为其市场化经历了相当长的改革历程,这里以粮食为例进行说明。国家于1985年废除了统购制度,启动粮食收购双轨制改革,在逐渐降低国家的定购量和提高国家议购量的同时,不断提高国家收购粮食的议购价来促进粮食市场发育和农民增收。到1990年,超过30%的粮食由私人经营,其余的粮食交易由半商业化的国有粮食企业执行(Rozelle et al.,2000),但随着粮食产量不断提高并于1996年突破5亿t后,粮价开始下降,国家库存剧增,为保护农民利益,政府于1998年进行粮食流通体制改革:按保护价敞开收购农民余粮、粮食收储企业实行顺价销售粮食、粮食收购资金实行封闭运行的"三项政策"。这项政策执行3年后因困难重重于2004年正式退出,最终再次实施粮食市场化的改革。

市场改革的效果和影响是显著的。在1989~1995年,只有不到30%的区域粮食市场是整合的;但到21世纪初,几乎百分之百的国内不同地区的粮食市场趋于整合,市场运行效率显著提高(Huang et al.,2004;Huang and Rozelle,2006)。对粮食以外的其他农产品,因为改革比较顺利、改革期间干预少,所以它们更早地建立了全国一体化的市场。农产品市场改革主要通过如下三个渠道影响农业发展和农民增收:①市场改革提高了农业资源的配置效益,促进了农业生产结构的调整和优化,提高了农产品市场竞争力;②市场改革降低了农民购买农业生产资料的价格,促进了农民对农业生产的投入和增收;③市场改革降低了市场的交易成本,提高了农民销售农产品的价格,促进了农民扩大生产的积极性,增加了农民收入。

虽然农产品对外开放改革稍迟于国内市场改革，但中国农业对外开放步伐是相当快的。农产品对外开放主要体现在如下两个方面：放宽农产品进出口贸易的准入条件和许可证；降低农产品进口关税，即在减少国营贸易商控制进出口的同时，逐渐削减农产品进口关税。农产品进口平均税率从 1992 年的 42%下降到 1998 年的 24%和 2001 年的 21%；2001 年加入 WTO 后，又降到 11%。加入 WTO 后，中国还承诺取消对农产品的出口补贴。

农业对外开放使中国农产品市场逐渐同国际市场整合起来。已有研究表明，在 20 世纪 90 年代之前，许多农产品的名义保护率（同等质量情况下，国内外价格差价的百分比）要么高达 30%~80%，要么低至-60%~-20%，但是随着市场改革的推进，到 21 世纪初（2002~2005 年）国内农产品市场已基本上跟国际市场接轨，农产品价格差异最高不超过 20%（Huang et al., 2008）。以上改革对国内农业生产结构调整产生了积极影响，同时也改善了农产品的贸易结构：一方面，劳动密集型的农产品出口不断增长，这相当于中国"出口"的劳动力在上升；另一方面，土地密集型产品进口不断增长，这相当于中国"进口"短缺的水土资源在不断增加。

中国农产品市场的渐进性改革模式在国内外市场改革中都有重要的借鉴价值。首先，农产品市场改革的成功，对推进中国工业和服务业市场的渐进性改革起到借鉴的作用。其次，中国的市场改革与苏联等国家的改革模式不同，这些国家奉行的是激进式的改革来快速实现市场的自由化，但它们都付出了沉重的代价。最后，中国农产品的国内市场改革和对外开放，对其他发展中国家的市场改革和对外开放也有重要的借鉴价值，但中国农产品市场改革也是未竟的改革事业，需要更好地发挥市场配置资源作用和建立更加有效的国家农业支持体系以保障国家食物安全与农民增收，改革需要继续推进，具体见本书第三章和第八章及"现代农业发展的政策研究"系列丛书第三卷《中国农产品供需市场与食物安全的政策研究》和第七卷《新时期农业发展的国家政策支持体系研究》。

四、农业投入增长

过去 40 年，政府和农民不断增加农业生产投入也是中国农业保持较高增长的重要驱动力。在政府投入中，对农业生产起最重要作用的是农业基础设施建设和科技投入，这些投入提高了农业综合生产力。长期以来，农业基础设施（特别是农田水利）建设一直都是国家财政支农的最大支出，耕地灌溉面积从 1978 年的 4 496.5 万 hm^2，增加到 2016 年的 6 714.1 万 hm^2（国家统计局，2017），对提高土地生产力起到重要的作用。农民对农业生产的投入也显著增长，如化肥的使用量从 1978 年的 884 万 t，提高到 2016 年的 5 984 万 t，对粮食等主要农产品的增产起到极其重要的作用。因为农业投入对农业增长的促进作用是显而易见的，受篇幅限制，这里就不展开具体的分析和讨论；政府支农投入方面，具体见本书第八章和"现代农业发展的政策研究"系列丛书第七卷《新时期农业发展的国家政策支持体系研究》。

第三节 现代农业发展面临的挑战、政策演变及其影响

中国农业发展从 21 世纪初进入了新阶段，过去长期积累下来的一些问题日益严重。在农业农村发展面临的诸多问题中，确保农民增收、粮食安全和农业可持续发展是 21 世纪初以来中国农业发展面临的最大挑战。首先，虽然 40 年来农民收入不断增长，但如何加快农民增收、缩小城乡差距，成为 2004 年以来中共中央农村工作的重点。其次，中国曾经是食物的净出口国，但自 2004 年开始变成净进口国，而且进口增长开始显著高于出口增长，到 2015 年食物自给率降到 94.5%（Huang et al.，2017），粮食安全问题再次引起政府的高度关注。最后，伴随过去几十年农业持续快速增长的是环境资源的退化，许多农区出现地下水下降、土壤肥力衰退、农业面源污染加重、生态和环境压力日益严峻等现象（Zhang et al.，2013；Lu et al.，2015），到了 21 世纪初，农业可持续发展问题已再也无法回避。

为应对以上挑战，从 2004 年开始中共中央出台了一系列强有力的政策措施。最能体现中共中央对农业农村发展关注的是，中央一号文件从 2004 年开始重新聚焦"三农"问题，一系列重大惠农惠民政策出台。在保障粮食安全和农民增收方面，最主要的政策包括如下四个方面：①2004 年在全国范围内取消了农业税；②2004 年启动了农业直接补贴；③2004 年开始先后启动大宗农产品的托市政策，包括 2004 年启动的水稻和小麦的最低收购价政策，2008 年启动的玉米、大豆和油菜籽的临时收储政策，2011 年和 2012 年分别启动的棉花和食糖临时收储政策；④21 世纪初以来政府加大了对农业农村的财政投入，特别是农业基础设施建设和农业的科技投入。

以上许多政策对农业增长和农民增收起到了积极的作用。首先，中国粮食产量实现了破纪录的"十二连增"，粮食产量年均增长率从 2000~2005 年的 1.0%提高到 2010~2016 年的 2.0%（表 2.1）。其次，农林牧渔业产值在扣除物价增长因

素后，2005年以来年均实际增长保持在4.5%左右（表2.1）。最后，城乡居民人均可支配收入比在2009年达到顶峰（3.3∶1）后，终于从2010年开始出现了下降趋势，到2017年城乡居民人均可支配收入比降到2.7∶1（国家统计局，2018）。

但农业补贴难以实现长期的农民增收和农业增长目标。再多的补贴分摊到两亿多个农户，对农民增收的效果也是有限的；同时，农业补贴与实际生产"脱钩"，对粮食生产没有产生正面影响（黄季焜等，2011）。

对大宗农产品托市政策的实际效果更有不少争议。托市政策在促进农民增收的同时，也产生了不少问题，最突出的是玉米临时收储政策带来的一系列供给侧结构性问题（黄季焜，2018）：不但使玉米库存高企，而且影响玉米生产替代品（如大豆和其他农作物）、消费替代品（如高粱、大麦、玉米干酒糟饲料等）和玉米下游产业（如畜牧业和玉米加工业等）的生产。玉米临时收储政策导致供给侧一系列问题是典型案例，所有其他实施了托市政策的粮油棉糖农产品在过去一段时期内也或多或少产生了供给侧结构性问题。

2013年发现以上问题后，农业逐渐开始了新一轮改革，改革已初见成效。在农业补贴方面，在经历了2012~2014年的基本保持总量不变的时期后，在2015年开始调减农业直补政策，把部分补贴支出转向对农业生产方式转变和提高生产力方面的投入，2016年把除农机具补贴以外的其他三项补贴合并为综合支持补贴。在农产品市场政策方面，从2014年开始，政府取消了大豆临时收储政策，在经历了短暂的目标价格政策后，最终于2017年取消了大豆目标价格政策；而油菜籽和食糖的临时收储政策则先后于2014年和2015年被取消。在玉米市场改革方面，政府于2016年实施了"价补分离"的市场改革，改革效果立竿见影：玉米价格立马下降，玉米生产开始回落，国内外玉米价格开始持平，所有玉米替代品的进口都迅速下降；2017年玉米、玉米替代品和玉米的所有下游产业都进入了正常的市场运行环境。从之前的市场干预到市场改革，我们走过了一段弯路，这一经历再次验证了前面提到的观点：市场改革是中国农业发展的关键和重要驱动力之一。

在促进农业可持续发展方面，近年来政府做出巨大努力。在水资源方面，加大了水利基础设施建设等供给侧投入，推进了水价与水市场构建等需求侧的改革。在耕地资源方面，提出"藏粮于地"的发展思路，实施了基本农田保护制度，加大了农田保护性耕作等投入力度。在科技方面，提出"藏粮于技"的发展战略，加大了科技投入水平。在农业农村环境方面，实施了2020年前化肥施用零增长计划，推进了低碳农业发展、农村环境建设和农村生态建设。这些政策和措施无疑将对未来中国保障食物安全和农业可持续发展起到积极的促进作用；有关生物技术等科技进步与保障食物安全、农业资源可持续利用等研究详见本书第三章和"现代农业发展的政策研究"系列丛书第三卷《中国农产品供需市场与食物安全的政策研究》，在低碳农业发展政策研究方面详见本书第五章和"现代农业发展的政策研究"系列丛书第四卷《气候变化背景下低碳农业发展研究》。

第四节　未来农业发展展望与政策取向

一、未来农业发展展望

中国农业已进入新时代，虽然我们需要始终关注国家食物安全，但中国未来食物自给率能够保持较高的、可接受的安全水平。2016年以来多项预测研究表明，虽然粮棉油糖肉奶进口逐渐增长的格局在未来十多年是难以改变的，但除个别农产品外，中国多数农产品的自给率将保持较高的水平（Huang et al.，2017；OECD-FAO，2016；USDA，2016）。

我们的预测也得出如下几个主要结论（具体见本书第三章和"现代农业发展的政策研究"系列丛书第三卷《中国农产品供需市场与食物安全的政策研究》）。首先，中国的食物自给率将从现在的95%下降到2030年的90%~91%，下降4~5个百分点。增加进口的主要是大豆、玉米、食糖等水土密集型生产的农产品，而这些农产品进口增长完全处于北美、南美和东欧等目前中国主要贸易伙伴的生产和出口能力之内。其次，因为口粮需求将呈现下降趋势，未来15年中国的大米和小麦能保持基本自给，但饲料需求将继续超过生产，进口将不断增长，增加饲料粮进口有利于国内畜牧业的发展和畜产品的供给安全。再次，消费者对畜产品、水产品、蔬菜、水果和食品质量与安全的需求将显著增长，国家与社会对农业的多功能需求（如生态、景观、旅游、文化等）也将成为农业新的增长点，高价值农产品和多功能农业的发展是未来农业增长和农民农业增收的主要增长源。最后，如果2030年有10%的食物净进口，其隐含的虚拟水净进口将相当于目前中国灌溉水总用量的35%~40%，其隐含的虚拟土地净进口将相当于目前全国耕地面积的49%（Ali et al.，2017）。

二、未来农业发展政策取向

中国农业40年的发展和改革，见证了改革的成就和政策的影响。1978年开始的以家庭联产承包责任制为核心的农村土地制度改革，启动了中国农村40年的改革，极大地提高了农民的生产积极性，提高了土地和劳动生产率，改革中后期的许多农村制度创新,也都提升了农业生产力和促进了农民增收;农业科技发展与改革显著促进了农业技术进步和农业 TFP 的稳步增长;市场改革和对外开放,提高了资源配置效益,促进了农业生产结构调整,增加了农民收入;农村基础设施建设等投入的不断增长,显著改善了农业的生产条件,为提高农业生产力奠定了基础。虽然 40 年农业发展与改革并不是一帆风顺的,部分时期也走过一些弯路,但中国农业发展与改革的成就是举世瞩目的。中国 40 年的农业发展和改革证明,农村制度创新、农业技术进步、农产品市场改革和农业投入增长,是中国农业增长的"四大驱动力",也是中国农业发展与改革的四大法宝。

中国农业在向实现十九大提出的"两个一百年"奋斗目标[①]迈进之时,未来 30 多年的农业如何发展与改革?实际上,在发展战略和发展路径方面,中共中央已经做出总体部署,提出要加快农业供给侧结构性改革,并把实施乡村振兴战略列入建设中国特色社会主义强国的重大战略,但如何更好地推进农业供给侧结构性改革,如何有效地落实乡村振兴战略,可能我们不能再像过去一样,摸着石头过河。

我们认为,过去 40 年农业发展改革的成功经验,也包括一些时期走过的一些弯路,都将是未来中国农业发展改革难以估价的法宝。目前农业供给侧结构性改革的关键问题是要处理好市场和政府的关系,厘清市场和政府各自不可替代但又相辅相成的作用,让市场更好地发挥配置资源的作用,政府的主要职能是改善市场环境、弥补市场失灵和提供公共物品,从而提高农业生产力和竞争力并促进农业的转型。在农产品方面,因为水土资源有限,要在全球背景下解决中国的农业发展和食物安全问题,农业发展要有所为有所不为,要把提升高值高效农业的生产力、食品安全和培育这些产品的市场作为未来国家支农的重点。

在政策领域,未来农业发展与改革靠什么?这是本章也是"现代农业发展的政策研究"系列丛书(共七卷)所论述的核心内容——要牢记过去 40 年中国农业发展与改革的主要成功经验,即我们的四大法宝:通过农村制度创新(第五卷和第六卷)、农业技术进步(第二卷)、农产品市场改革(第三卷和第七卷)和农业投入增长(第七卷),来保障粮食安全与促进现代农业可持续发展(第三卷和第四卷)。

[①] 习近平. 决胜全面建成小康社会 夺取新时代中国特色社会主义伟大胜利——在中国共产党第十九次全国代表大会上的报告[R]. http://cpc.people.com.cn/19th/n1/2017/1027/c414395-29613458.html?from=groupmessage&isappinstalled=0,2017-10-28.

第二篇

中国现代农业发展和科技创新体系

第三章 中国农产品供需市场与食物安全的政策研究

第一节 背景介绍

一、研究背景

"民以食为天",食物安全事关国家全局,是国际社会长期关注的问题。联合国系统内最早的常设专门机构就是旨在提高人民营养水平、生活标准和保障食物安全的联合国粮食及农业组织(Food and Agriculture Organization of the United Nation,FAO)。食物安全问题一直是FAO、各国政府、国际学术界和社会广泛关注的问题。FAO把食物安全定义如下:所有人在任何时候都能够在物质上和经济上获得足够、安全和富有营养的食物,来满足其积极和健康生活的膳食需要和食物偏好。

近年来,食物安全更引起全球关注,成为各种全球性论坛的重大议题。特别是从2006年以来,全球农产品价格经历了两次大幅度的波动,粮食等主要农产品价格在波动中不断上升,这些现象引起了社会各界对食物安全的高度关注。为此,2008年"世界经济论坛"专门成立食物安全全球议程委员会(Global Agenda Council on Food Security),食物安全首次成为世界最具影响力的论坛的主要议题。之后,"八国集团"(又称G8)和"二十国集团"(又称G20)也先后在2009年和2010年首次把解决全球食物安全问题列入其峰会的重要议题。同时,FAO与世界粮食安全委员会于2010年也专门成立粮食安全和营养问题高级专家组以加强科学应对全球食物安全问题,并于2018年提出"依托多利益相关方伙伴关系,在《2030年可持续发展议程》框架内为实现粮食安全和营养筹措资金并推动进展"等相关报告与建议,持续重视粮食与营养安全。

自21世纪初我国成为世界上主要粮食进口国以来，我国的粮食安全更引起国内外的广泛关注。我国政府一直都高度重视粮食安全，随着居民收入增长和食物消费多样性的增加，也开始重视包括所有农产品的食物安全。从20世纪80年代初到2003年，我国食物自给率一直都保持在100%以上，食物出口额大于进口额；但从2004年开始中国从农产品净出口国转变为净进口国，而且农产品贸易逆差有逐渐扩大的趋势。2008年我国的粮食自给率已经下降到95%以下，2017年更下降到90%以下（基于国家统计局和海关总署的统计数据）。我国农产品供需形势已从"总量平衡、略有剩余"转向"总量难以平衡、结构明显短缺"阶段（黄季焜，2017）。由于我国粮食安全状况会对全球粮食安全和世界农产品市场产生重要的影响，农产品的大量进口也使我国在国际上面临一些舆论压力。

确保我国粮食安全和保障重要农产品的供给始终是我国政府工作的重中之重。《中华人民共和国国民经济和社会发展第十三个五年规划纲要》提出，提高粮食产能，确保谷物基本自给、口粮绝对安全。2018年中央一号文件指出，"确保国家粮食安全，把中国人的饭碗牢牢端在自己手中"。然而，虽然粮食生产经历了"十二连增"，但我国粮食净进口却显现明显的增长趋势，2017年稻谷进口（403万t）达到历史新高，小麦、玉米和大豆的进口量更分别达到442万t、283万t和9553万t；在粮食进口增加的同时，其他食物如畜禽产品的进口也加快增长（海关总署，2018）。近期我国粮食等主要农产品进口的增长引起了政府部门和社会各界的广泛关注。

对于我国未来粮食供需变动趋势，国内外已有不少研究，但研究结果对粮食安全的判断存在较大的差异。例如，柯炳生（2007）预测认为在2030年我国粮食需求将保持在5.7亿t，国内生产基本能够满足国内需求。以上的研究结果同FAO（2002）早期的研究基本相似，即我国的粮食需求和生产的增长速度基本相当，甚至连玉米也基本能达到供需平衡。OECD和FAO在2012年联合开展的一项研究也表明，到2020年我国的谷物粮食供需总体基本平衡（OECD-FAO，2012），但它们预测我国2020年的玉米等粗粮的产量仅为2.1亿t。而Huang等（2017）的预测表明，过去的研究可能低估了我国的粮食需求，特别是饲料粮的需求，未来虽然大米和小麦需求将下降，但粮食总需求到2025年将达到6.9亿t；与此同时，国内生产增长将显著低于需求增长，我国食物总体自给率水平将从2015年的94.5%下降至2025年的91%左右。Huang等（2017）与OECD-FAO（2016）的预测结果较为一致，都认为未来中国的粮食安全自给率将逐渐下降。从进口的主要农产品来看，有关学者或机构（Huang et al.，2017；OECD-FAO，2016；USDA，2016）的预测结果也较为接近，这些研究都认为中国未来将主要进口大豆和玉米，预测到 2020 年大豆进口量为 9 000 万 t 以上。

随着我国居民消费多样性的增加，包括粮食及其他农产品的食物安全越来越受到重视，但目前学术界对粮食以外的食物安全问题研究甚少。除粮食供需以外，食物安全还涉及其他许多方面的重要内容。从产品上看，食物安全包括粮食和其他能够满足人体消费和健康需求的所有食物的安全；从尺度上看，包括宏观（如国家）和微观（如家庭或个人）层面的食物安全；从领域上看，食物安全包括供给能力、购买能力、安全营养、价格稳定。现有的研究多数侧重于宏观层面的粮食生产、需求和贸易，粮食以外的食物供需安全、微观层面的贫困群体食物安全等问题的研究并没有得到足够的重视。但蔬菜、水果、食油、肉蛋奶等高附加值农产品人均消费从稳定增长转变为较快增长，农产品结构性短缺特征日益凸显，食糖、奶制品、牛羊肉等农产品进口迅速提高（海关总署的历年统计数据），粮食以外的许多食物安全也面临挑战。更值得一提的是，我国始终把解决温饱问题作为头等大事，在减少贫困和营养不良人口方面做出了举世瞩目的成就。

从现有的食物安全预测方法来看，分析工具多样，但同时把国内市场与国际市场预测系统融为一体的研究并不多。虽然国内外发展了不同的预测分析工具，但这些模型都存在不足之处，难以很好地模拟现实和预测未来发展趋势。例如，许多国家均衡模型系统无法将国际发生的各类重大冲击传递到国内市场；而全球均衡模型系统虽然能够把中国和国际市场联系起来，但往往缺乏准确和详细刻画中国食物供需状况的数据。因此，必须要将权威的国际均衡模型系统与国家均衡模型系统连接起来研究中国的食物安全状况；同时各类预测方法取决于各种外生假设和关键参数设定的准确程度，为此必须要有准确、可靠的参数，这些参数一般需要通过大量的实证计量模型估计。另外，目前针对影响食物需求和供给的传统因素（如价格、收入、科技和基础设施投入、生产要素等）的研究方法较多，但是对一些非传统市场因素，如生物能源发展、极端气候变化等对食物安全影响的研究方法还相对缺乏。对于这些新的影响食物安全的因素，需要在理论与实证研究基础上，开发新的研究方法。

综上所述，要保障国家食物安全，还有一系列的理论、方法和政策问题需要研究。影响食物安全的主要驱动力是什么？这些驱动力影响食物安全的机理和途径有哪些？它们如何影响食物的消费、生产、贸易和价格？各种驱动力的变动对食物安全的影响有何区别？如何综合地、科学地评估和预测国家食物安全状况？政府如何应对食物安全危机和制定保障国家食物安全战略？

因此，系统地开展国家食物安全研究，不但是弥补和丰富食物安全形成机理和研究方法的学术需要，而且是满足国家社会经济发展和食物安全保障的重大政策需求。本书将在探讨食物供需与食物安全影响因素及其影响分析的基础上，建立国家食物安全的预测系统，希望在理论和方法上取得突破，并有较大的推广和应用前景；同时将基于分析结果提出保障食物安全的应对策略和发展战略，为政府部门决策提供科学依据。

二、研究目的

在深入分析食物安全主要驱动力及其对食物安全影响的机理和规律的基础上，建立国家食物安全的预测系统，为国家食物安全的预测提供分析工具，同时利用所建立的模型分析系统，预测在不同情景下的国家食物安全状况，为政府决策部门应对食物安全策略和制定国家保障食物安全战略提供科学的决策依据。

三、研究内容

本书开展从食物需求到食物生产、价格和贸易，从基准方案到不同情景方案，从市场预测到政策评估分析等一系列研究。综合起来，包括以下四方面的主要研究内容。

1. 分析食物消费演变过程和主要驱动力对食物需求的影响，揭示中国食物消费演变规律

分析我国城乡居民的食物消费特征及其演变过程；分析影响城乡居民食物消费的影响机理及其主要驱动因素；探讨各主要驱动力对城乡居民在家食物消费的影响机理和途径；实证分析各主要驱动力对在外食物消费的影响；揭示我国城乡居民对各种食物需求、消费偏好和消费结构的演变规律；研究异质性收入支出冲击对居民食物消费支出与不同种类食物消费的影响；分析消费者对转基因食物的知晓度、接受态度和购买意愿及其决定因素。

2. 分析食物和其他农产品生产的主要驱动力及其对农业生产的影响，揭示中国农产品供给及其演变规律

分析影响食物和其他农产品生产的主要驱动力变动特征；探讨主要驱动力对农产品生产影响的机理和途径；实证研究各种生产的主要驱动力对食物和非食物农产品生产的影响；揭示我国农产品短期和中长期生产（供给）反应特征和结构演变规律。

3. 结合政策干预及改革背景分析农产品价格形成和传导机制，揭示中国农业供给侧结构性改革的关键问题

分析主要农产品市场政策干预、改革及价格形成机制；研究主要农产品国内外市场价格的传导机制；在此基础上揭示我国农业供给侧结构性改革的关键问题和对策。

4. 建立国家食物安全预测模型系统，开展保障国家食物安全重大政策与发展战略研究，为政府制定相关政策提供科学的决策依据

建立国家食物供给、需求和价格的预测模型；构建国家均衡模型与全球均衡模型的连接模块；整合国家食物均衡模型与全球食物均衡模型，建立国内-国际市场联动的食物安全预测模型系统；设置未来可能出现的各种情景方案；开展食物安全预测和预警研究；提出不同情景下保障国家食物安全的重大政策与战略选择。

四、研究框架和研究思路

根据本项目的研究目标、研究内容和关键科学问题，我们设置了如下总体技术路线（图3.1）。

首先，开展主要驱动力和突发事件等因素对食物安全的影响机理研究。重点关注主要驱动力和突发事件等因素对食物安全（如需求、供给和价格等）影响途径和影响程度的判断。一方面，机理分析是基于理论研究和对文献的再分析，研究结果为后面的数据收集、计量经济模型实证分析和预测模型提供理论依据；另一方面，实证分析和预测模拟结果将反馈到理论分析，补充和完善理论和实证分析系统。

其次，基于食物安全影响机理的定性分析结果，有针对性地开展数据收集，建立数据库。总体上，建立的数据库主要包括如下七方面的内容：①影响食物安全的主要驱动力、突发事件（如自然灾害和国际贸易封锁等）和其他可能影响食物安全的各种因素的历史数据和未来可能的变动依据；②国内大规模的城乡居民分产品的食物消费数据和家庭特征及国内外非食物的农产品的需求数据；③各省区市历年来各种农产品分产品的生产和投入数据；④历年来农产品及其加工品的进口和出口数据；⑤国家农产品储存数据，这是比较难公开获取的数据，在没有现实数据的情况下，国际惯例是在充分调查的基础上，结合农产品供需平衡表做"科学+艺术"的估计；⑥各种食物和非食物农产品的价格，包括收购价、批发价、零售价和进出口价格，根据分析需要，价格有分月（或旬）、分季节和分年度的；⑦全国各地自然资源（如耕地和水资源等）和气候变化等数据。以上数据

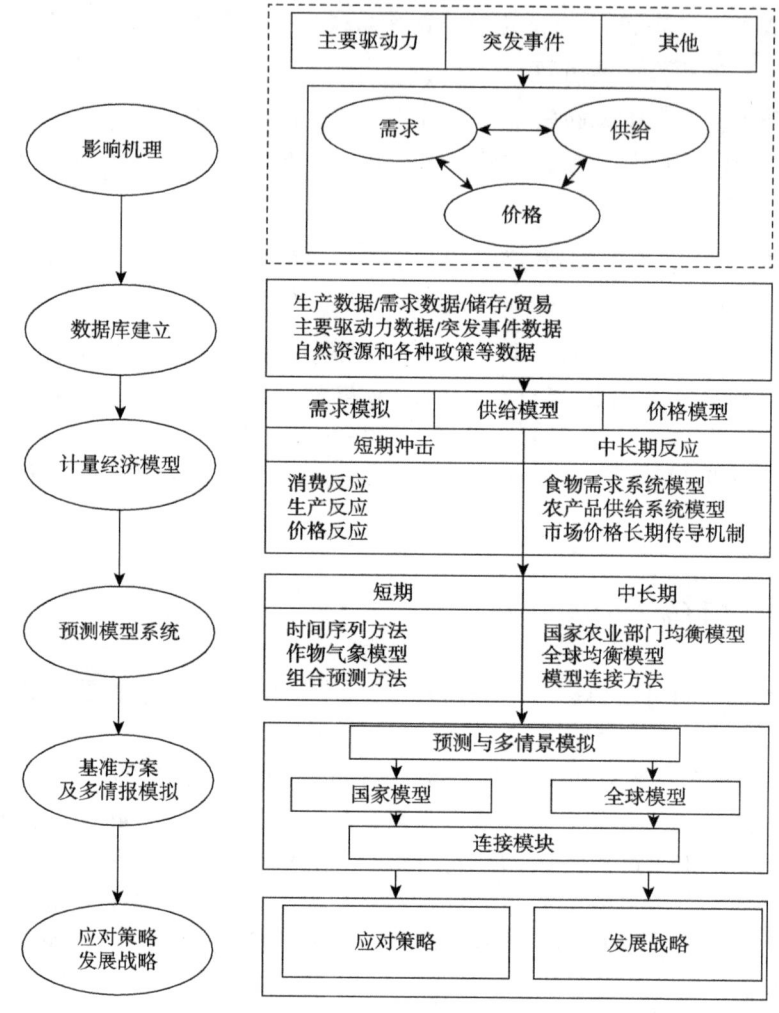

图 3.1 总体技术路线

有的来自国家统计数据,也有的来自实地调查数据。数据收集的目的是为计量模型分析(或实证研究)和建立食物安全预测模型服务。

再次,建立计量经济模型,基于所收集的数据,开展三方面的实证分析:食物需求系统模型、农产品供给系统模型及市场价格长期传导机制。我们也特别分析了突发事件和市场受到长期政策冲击后对食物安全的影响。

最后,在以上计量经济模型的分析基础上,建立食物安全预测模型系统并开展政策模拟分析研究。这一模型系统包括国家农业部门均衡模型、全球均衡模型和模型连接方法。利用这一模型系统,开展国家食物安全的预测分析和对策研究,并根据模型的研究结果,提出国家食物安全的应对策略或发展战略。不同于以往的许多研究（以简单的线性判断或时间序列分析等为主），我们的研究全部都基于食物供需市场均衡预测模型的预测结果，使预测研究模型化。

本项研究涉及面广，具体的研究成果见"现代农业发展的政策研究"系列丛书第三卷《中国农产品供需市场与食物安全的政策研究》，本章简要介绍该项研究的四个方面的创新成果。

第二节 城乡居民食物需求变动规律的新探索

一、食物需求领域的新探索

满足消费者的食物消费需求是食物安全的最终目的，同时食物需求的变动也会对食物安全产生重要影响。以往对农产品需求的研究主要关注影响食物需求的传统因素（如价格、收入和人口结构等），对一些非传统的影响因素（如突发事件、在外饮食等）对农产品需求影响的关注不够。

（一）传统因素对农产品需求的影响

收入和价格是决定消费者食物需求的主要因素。对我国的实证研究表明，我国居民对粮食的需求价格弹性保持在 0.2~0.6，即价格上升 1%，需求下降 0.2%~0.6%。其他农产品的价格弹性都在 0.5 以上（Fan et al., 1995；Huang and Rozelle, 1998；黄季焜和罗斯高, 1998；陈永福, 2004）。多数实证研究表明，我国粮食需求的收入弹性小于 1，并且随着收入的提高，该弹性还存在下降趋势（黄季焜, 2004）。与粮食相比，肉类、水产品、奶类和水果等"高档"食物收入弹性较高，意味着随着收入的提高，其居民消费的增速高于粮食产品（Burggraf et al., 2015）。

市场发育和城镇化也会对农产品需求产生显著影响。随着市场的发展，消费者对商品选择的自由度也加大。Huang 和 Rozelle（1998）指出，市场发育不但影响食品支出的平均水平，同时也影响着食品支出的边际费用。另外，市场发育也会对农产品需求结构和区域格局产生显著改变。城镇化的发展会通过改变居民的生活和消费习惯等改变对食品的需求（蔡昉和杨涛, 2000；Huang and Bouis, 2001），在收入和价格水平相同的条件下，农村居民转移到城市，其直接粮食需求量将出现下降，而畜禽产品的需求会增加。

大量研究表明，随着收入增长、市场发育和城镇化进程的加快，农产品需求结构发生显著的变化（黄季焜等, 2012；Huang and Rozelle, 1998）。总体来看，最近几年我国消费者人均粮食直接和间接需求总量保持在 380~400kg，但需求结构发生了明显变化（韩俊，2003；柯炳生，2007）。20 世纪末期以来，我国城市和农村居民的粮食直接消费量（主要是大米和小麦）都呈现明显的下降趋势（国家统计局，2000~2015），但是肉蛋奶的消费数量呈现显著增长趋势。随着收入增长和城镇化的发展，这一趋势还将继续延续。因此，一些学者也提出未来我国的粮食安全更应该关注饲料粮的安全问题（黄季焜等，2012；Huang et al.，2017）。

（二）非传统因素对农产品需求的影响

居民在外饮食的收入弹性相对较大，远高于在家食物需求的收入弹性，而且低收入家庭的收入弹性要高于中等收入和高收入家庭。较高的收入弹性说明居民对外出饮食具有强烈的需求，而且随着收入提高，居民在外饮食将快速增加。Liu 等（2015）认为我国城镇居民在外饮食将在 2050 年之前保持增长趋势。在外食物消费的结构明显不同于在家食物消费的结构，居民在外食物消费会更多消费肉类、水产品等食物。Ma 等（2004）认为，对肉类和酒水在外消费的收入弹性要高于在家食物消费的收入弹性。

在分析异质性收入或支出冲击对于食物消费影响时，已有的文献主要关注食物消费的总支出。研究发现，当家庭遭遇家庭成员的疾病、死亡或者失业时，家庭食物支出可能会显著降低。Asfaw 和 von Braun（2004）关于在印度的一项重大疾病的研究发现，家庭成员发生重大疾病之后，其家庭食物消费会显著下降。Bentolila 和 Ichino（2008）发现，主要劳动力失业会减少其家庭的食物消费，有的研究甚至发现，哪怕只是存在失业的风险，也会显著减少家庭的食物消费。尽管很多研究分析了家庭在遭遇异质性冲击之后采取的适应措施，但是已有研究在家庭能否平滑其食物消费方面仍然存在着较大分歧（Islam and Maitra，2012）。

已有研究的完成时间大多较早，对于当前我国城乡居民在家食物消费研究的借鉴意义相对有限。因此，有必要识别、分析城乡居民在家食物消费的影响因素及其影响。本章的目的是识别城乡居民在家食物消费结构，实证分析收入、价格、人口结构等因素对我国城乡居民在家食物消费的影响，估计城乡居民对各类食物在家消费的收入弹性和价格弹性，并为开展我国食物需求预测提供关键参数。

二、实证分析

（一）收入增长对城乡居民在家食物消费的影响

在估计了二次型的近乎理想的需求系统（quadratic almost ideal demand

system，QUAIDS）模型的参数及收入弹性的平均值之后，我们研究不同食物在家消费的收入弹性如何随着人均收入的增长而变化。按照 de Agostini（2014）的方法，在估计 QUAIDS 模型的参数之后，可以计算不同收入水平的家庭对不同食物在家消费的支出弹性，将其与城乡家庭食物支出的收入弹性相乘，便可以获得食物在家消费的收入弹性的变化趋势。图3.2和图3.3分别为城镇与农村居民对不同食物在家消费的收入弹性的模拟结果。

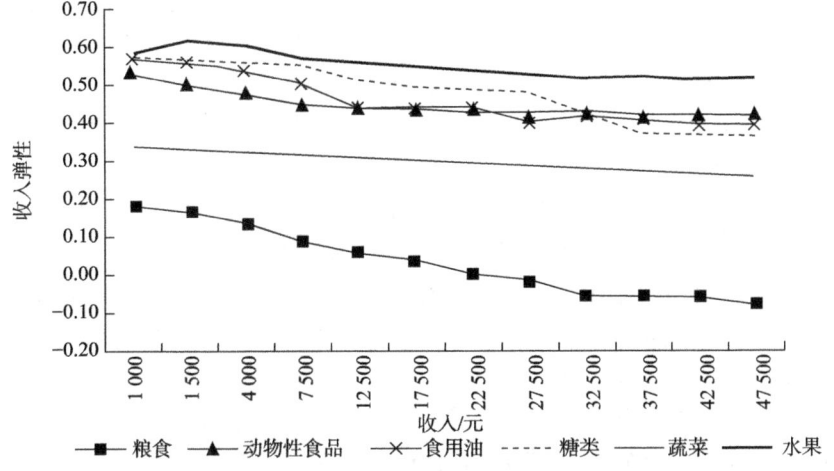

图 3.2 不同收入水平城镇居民在家食物需求的收入弹性

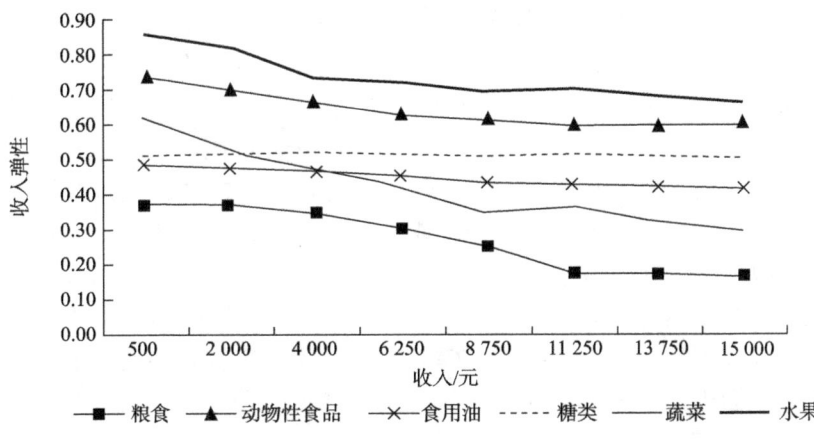

图 3.3 不同收入水平农村居民在家食物需求的收入弹性

随着人均收入水平的提高，城乡居民对不同食物消费的收入弹性都呈下降趋势。当城镇人均收入小于 7 500 元时，对粮食消费的收入弹性大于 0.10；超过 22 500 元之后，粮食消费的收入弹性将变为负，意味着当城镇人均收入较高时，粮食的需求将会下降。城镇居民对蔬菜消费的收入弹性保持在0.30左右，糖类、食用油和动物性食品消费的收入弹性随着人均收入提高快速下降，从0.55左右下降到0.40左右。水果消费的收入弹性比较大，均超过0.50，未来城镇居民对水果的需求还将继续快速增长。

从整体上看，由于收入水平差距和食物消费习惯的差异，农村居民不同食物在家消费收入弹性均高于城镇居民，但其与城镇居民具有类似的变化趋势。当农村人均收入小于6 000元时，粮食在家消费的收入弹性大于0.30；但人均收入超过10 000元后，收入弹性下降到0.20以下。农村居民对蔬菜在家消费的收入弹性随着人均收入的提高而快速下降，当人均收入小于2 000元时，收入弹性超过0.50；当人均收入超过6 000元后，收入弹性下降到0.40以下。与城镇居民不同，食用油、糖类在家需求收入弹性的变化较小。农村居民水果和动物性食品在家需求的收入弹性较大，未来农村居民对这两类食物在家消费还将继续快速增长。

我们还可以判断不同时期城乡居民不同食物在家消费的收入弹性。2015年城镇居民食物在家消费的收入弹性小于2005年的估计值。粮食在家消费的收入弹性已经为负，但仅仅略小于0。蔬菜在家消费的收入弹性在0.30左右。动物性食品、食用油、糖类在家消费的收入弹性均在0.40~0.50。水果在家消费具有最高的收入弹性，超过0.50。到2020年，城镇居民不同食物在家消费的收入弹性将进一步下降，特别是粮食在家消费的收入弹性将下降到-0.05左右。我们的结果意味着，未来粮食在家消费将会逐渐下降，特别在2020年以后下降速度将会加快；城镇居民蔬菜在家消费仍将小幅增加；动物性食品、食用油、糖类在家消费将保持较快的增长速度；城镇居民水果在家消费将以较快的速度增长。

按照2015年农村人均可支配收入（8 253元，2005年不变价格）计算，2015年不同食物在家消费的收入弹性小于2005年的估计值。粮食在家消费的收入弹性在0.30以下。蔬菜在家消费的收入弹性接近0.40。食用油、糖类在家消费的收入弹性在0.40~0.50。动物性食品和水果在家消费具有较高的收入弹性，超过了0.60。2020年农村居民不同食物在家需求的收入弹性将进一步下降，特别是粮食在家消费的收入弹性将下降到0.20以下。农村居民粮食在家消费的收入弹性仍然为正，但将随收入增加逐渐下降，在2020年以后将下降到0.20以下。伴随着城镇化进展，部分农村居民将迁移到城镇，将部分抵消粮食人均消费的增加。而蔬菜、食用油、糖类在家消费将保持较快的增长速度；动物性食品和水果在家消费将以较快的速度增长。

（二）城镇居民在外食物消费的决定因素及影响

使用QUAIDS模型构建城镇居民食物QUAIDS模型，研究城镇居民在外食物消费的决定因素。在获得QUAIDS模型的参数之后，可以计算家庭对不同食物需求的收入弹性（表3.1）。

表 3.1 城镇居民对各类食物在家与在外消费的支出弹性和收入弹性的估计值

消费弹性	粮食		肉蛋奶		水产品		蔬菜		水果	
	在家	在外	在家	在外	在家	在外	在家	在外	在家	在外
支出份额	0.14	0.05	0.32	0.13	0.07	0.02	0.13	0.04	0.10	0.01
支出弹性	−0.02	1.22	0.93	2.78	1.92	3.88	0.31	2.15	2.03	5.15
收入弹性	−0.005	0.24	0.18	0.54	0.38	0.76	0.06	0.42	0.40	1.01

从表 3.1 中可以获得以下主要结论：①对所有种类食物在外消费的支出弹性和收入弹性都远高于在家消费。随着收入的增加，在外食物消费的比例将会进一步提高。例如，肉蛋奶在家消费的收入弹性为 0.18，而在外消费的收入弹性为 0.54，因此当收入提高 1%时，在家消费的肉蛋奶将只增加 0.18%，而在外消费的肉蛋奶将会提高 0.54%。②各类食物在家消费的收入弹性都比较小，甚至粮食在家需求的收入弹性已经为负（−0.005）。肉蛋奶、水产品和水果在家消费的收入弹性分别为 0.18、0.38 和 0.40。③各类食物在外消费都具有较大的收入弹性。水果在外消费中具有最大的收入弹性（1.01），水产品在外消费的收入弹性也达到了 0.76。当城镇居民人均可支配收入增长时，水果和水产品在外消费将会快速增长。肉蛋奶在外消费的收入弹性为 0.54，低于 Ma 等（2004）对肉类在外饮食收入弹性的估计（0.9788），这与当前食物中肉蛋奶在外消费的预算份额已经较大的事实相一致。粮食和蔬菜在外消费的收入弹性相对较低，也与我们的预期保持一致。

在使用 QUAIDS 模型估计城镇家庭不同种类食物消费的支出弹性之后，可以获得不同收入水平的家庭对不同食物在外消费的收入弹性（图 3.4）。

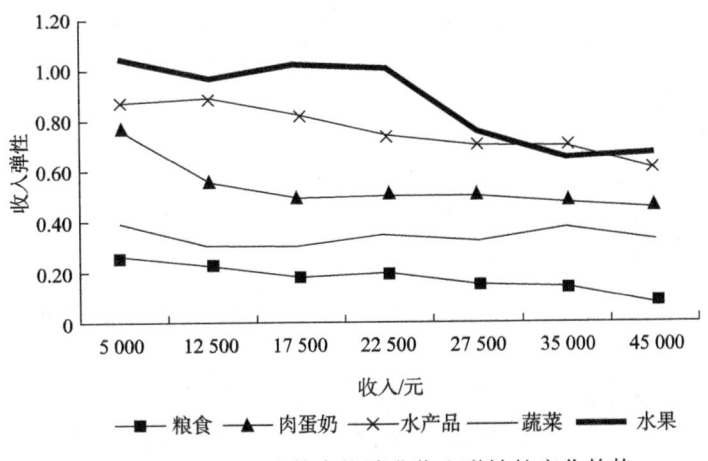

图 3.4 城镇居民在外食物消费收入弹性的变化趋势

随着人均收入的增加，城镇居民在外食物消费收入弹性将逐渐下降，但不同食物消费的收入弹性的变化趋势差异较大。当人均收入超过45 000元时，粮食在外消费的收入弹性将会下降到0.10以下。肉蛋奶和蔬菜在外消费的需求弹性均随着人均收入的增加而缓慢下降，但是总体相对稳定。水果和水产品两类食物在外消费的收入弹性都快速下降，当人均可支配收入超过35 000元时，二者将下降到0.7以下。我们还可以判断城镇居民不同食物消费的收入弹性。2015年的城镇人均可支配收入（31 195元，按照2010年不变价格计算为26 314元）。2015年城镇居民粮食在外消费的收入弹性大约为0.20，蔬菜在外消费的收入弹性仍在0.30以上。肉蛋奶在外消费的收入弹性在0.50左右。水产品和水果消费的收入弹性都比较高，二者在外消费的收入弹性均超过0.70。

基于各类食物在外消费收入弹性的模拟结果，推断未来城镇居民食物消费结构的变动方向：①粮食的在家消费将会逐渐减少，而在外消费只会轻微增加。②蔬菜和肉蛋奶的在家消费将只会缓慢增加，但是，在外消费还将快速增加。③水果和水产品的在家与在外消费都会快速增加。

（三）异质性的收入与支出冲击对居民食物消费的影响

首先研究不同较大冲击对于家庭食物消费总支出和在外食物消费比例的影响。可以发现：①收入冲击影响食物消费支出的两条影响渠道，一是传统的食物消费对于收入变化的反应，体现在收入弹性上；二是通过食物消费的短期调整，这部分影响无法通过收入变化捕捉到。较大的负支出冲击的影响幅度与较大负收入冲击的影响幅度相近。②较大冲击对于不同财富水平家庭的食物消费的影响。低收入家庭和中等收入家庭遭遇较大的负收入冲击（收入下降一半以上），它们将减少1/3以上的食物支出。③在冲击发生之后，食物支出的动态变化。家庭具有逐渐平滑其食物消费支出的能力，在遭遇较大的负异质冲击之后，经过24个月能够大部分恢复其食物消费。

除了一般的收入效应以外，较大异质冲击对在家食物消费和在外食物消费的影响并没有很大的差异。在在外食物支出比例的方程中，除了收入变量外，所有与冲击相关的变量都没有显著的回归系数。在在外食物支出比例的方程中，$\ln Y$ 具有显著为正的回归系数（0.032），表明相比于在外食物消费支出，较大的负收入冲击将会更多地减少在外食物消费支出。此外，正收入冲击将会更大比例地提高在外食物消费支出。

除了通过食物消费对收入变化的一般反应外，较大的收入支出冲击对于在家食物支出和在外食物支出的影响没有显著的差异，并且单个食品均存在大量零消费的家庭，因此考虑较大冲击对主要食物消费影响时，只考虑粮食、动物性食品、蔬菜、水果和其他食物的消费总量。可以发现：①除动物性食品外，任何较大收入支出冲击对粮食、蔬菜、水果和其他食物消费的影响都不显著。②较大收入支出冲击对家庭食物支出的影响主要是来自对动物性食品消费的影响。例如，对于低收入家庭，相对于没有发生任何冲击的家庭，当遭遇较大负异质冲击时，动物性食品的人均每日消费将减少 0.104kg，下降 35%（104/296）。③家庭在遭遇负收入冲击后，将会用廉价的食物替代更加昂贵的动物性食品。遭遇负收入冲击后，家庭将会用相对便宜的粮食替代更加昂贵的食品，如动物性食品。④在较大收入支出冲击发生后，家庭可以逐渐平滑其对动物性食品的消费。低收入和中等收入家庭受到支出增加 1 倍的冲击，21 个月之后将会完全恢复其对动物性食品的消费（0.104/0.005）；高收入家庭，只需要 7 个月就可以恢复其对动物性食品的消费〔（0.104-0.068）/ 0.005=7.2〕。假如家庭的收入下降一半以上，中低收入家庭在遭遇支出冲击后 22 个月可以恢复其对动物性食品的消费，遭遇收入冲击后 26 个月可以恢复其对动物性食品的消费，对于高收入家庭，则只需要花费 9~12 个月就可以恢复其消费。

（四）城镇化对居民食物消费行为的影响

为了分析城乡居民在家人均食物消费差异，首先来分析在不考虑收入影响的情况下，城乡居民平均消费差异。研究结果表明，在不控制收入的情况下，城镇居民在家人均谷物消费量显著低于农村居民，而其他食物消费明显高于农村居民（表 3.2）。平均来说，城镇居民比农村居民在家人均谷物消费量少 109.03kg；与此同时，猪肉、禽肉、禽蛋和水产品，城镇居民都要比农村居民高 5.83~7.41kg，特别是奶制品和水果，它们的消费差异分别达到 18.19kg 和 42.78kg。这结果与前面的图形数据分析结果基本一致。

表 3.2　城镇居民与农村居民的在家食物消费差异

食物消费	平均差异量（1）	控制收入后差异量（2）
谷物	-109.03	-115.62
植物油	7.50	6.43
食糖	1.28	0.80
水果	42.78	24.36
畜禽肉	16.15	7.98
猪肉	5.95	1.42
牛肉	2.48	1.89
羊肉	1.49	1.01
禽肉	5.83	3.36
禽蛋	6.87	5.12
奶制品	18.19	11.37
水产品	7.41	4.10

资料来源：根据 2005 年国家统计局城乡住户调查数据计量模型分析结果

城乡居民人均收入是影响其食物消费的重要因素。结果表明,在控制城乡居民人均收入的情况下,在2005年城乡居民的在家谷物人均消费差异(-115.62kg)比简单平均数(-109.03kg)要高,但其他食物消费要比简单平均数低。在控制收入的情况下,城镇居民在家消费的植物油、食糖、水果、畜产品和水产品都比农村居民的高;其中,城镇居民在家人均消费比农村居民在猪、牛、羊肉上分别高 1~2 kg,禽肉、水产品和禽蛋的在家人均消费城乡差异达 3.36~5.12 kg,而对奶制品和水果的城乡居民在家人均消费差异更分别高达 11.37 kg 和 24.36 kg。除谷物外,城乡居民在家其他所有食物消费差异要比简单的平均数低,主要是受收入的影响,因为城镇居民的人均可支配收入在 2005 年是农村人均纯收入的 3 倍多。

在综合分析在家食物消费和在外食物消费这两方面的研究结果的基础上,我们计算了平均一个人从农村到城镇生活,其主要食物消费和粮食总需求的变化,即城镇化的影响(表 3.3),这种变化主要是工作职业和生活环境等的变化而导致的消费方式改变。

表 3.3 在控制收入情况下,一个农民从农村转移到城市主要食物消费及粮食总需求的变化

单位: kg

食物消费	控制收入后的城乡消费差异			折成粮食
	在家消费差异	在外饮食差异	总差异量	
谷物	-115.62	5.39	-110.23	-110.20
植物油	6.43	1.37	7.80	3.90
食糖	0.80	0.24	1.04	
水果	24.36	2.95	27.31	
畜禽肉	7.98	6.61	14.59	38.30
猪肉	1.42	3.12	4.54	18.10
牛肉	1.89	0.82	2.71	2.70
羊肉	1.01	0.72	1.73	1.40
禽肉	3.36	1.86	5.22	15.70
其他肉	0.30	0.09	0.39	0.39
禽蛋	5.12	2.03	7.15	18.50
奶制品	11.37	3.63	15.00	6.00
水产品	4.10	2.22	6.32	1.90
粮食总需求				-41.70

注:表中的所有粮食都折算为原粮。各种食物转换为粮食的比例如下:猪肉的肉粮比为 1:4,牛肉的肉粮比为 1:1,羊肉的肉粮比为 1:0.8,禽肉的肉粮比为 1:3,其他肉的肉粮比为 1:1,蛋粮比为 1:2.58,奶粮比为 1:0.4,鱼粮比为 1:0.3

主要结果总结如下：第一，在控制收入情况下，一个农民从农村转移到城市，工作职业和生活环境等的变化导致消费方式（成为城市同样收入的居民的消费方式）改变，将使以能量为主的谷物消费显著降低。第二，植物油、食糖和水果消费的增加，在部分替代粮食消费（能量摄入）的同时，增加了脂肪和维生素等其他营养的摄入量。第三，城镇化显著增加以蛋白质为主的畜产品和水产品的人均消费量。畜产品和水产品消费的增加在替代粮食消费下降的同时，也显著增加了蛋白质等营养的摄入量。第四，城镇化在食物消费方面并没有对我国粮食安全造成威胁，城镇化在增加对饲料粮需求的同时，人们的工作和生活方式变化，人均粮食的直接消费的显著下降使人均粮食总需求不增反减。第五，即使考虑城镇化增加了进城农民的收入，也改变不了城镇化减少人均粮食总需求的结论。

（五）城乡消费者对转基因食品的态度和消费意愿

基于北京大学中国农业政策研究中心（China Center for Agricultural Policy，CCAP）于 2002~2016 年在不同城市开展的问卷调查，分析城市消费者对转基因食品的态度、消费意愿，根据 2016 年在全国九个省区市开展的农村调查，分析农村消费者对转基因食品的态度和消费意愿及描述性分析和计量经济模型分析，主要研究消费者对转基因食品态度和消费意愿的影响因素。消费者对转基因食品的态度分为支持、中立和反对。

主要结论：①对于城市消费者，听说过转基因食品的人数逐渐增加，但是对于转基因食品安全的看法越来越负面；对于农村消费者，听说过转基因食品的农村居民比没有听过转基因食品的居民更加反对转基因食品。②城市消费者对转基因食品的支持比例由 2003 年的 60%减少到 2016 年的 25%，反对比例则由 2003 年的 10%增加到 2016 年的 62%，其中，媒体对转基因食品的报道是影响消费者态度转变的重要因素。③城乡消费者选购转基因食品考虑的主要因素是品牌和价格，对于是否为转基因原料生产的产品考虑较少。④城乡消费者对转基因豆油、大米、小麦和转基因饲料喂养的畜产品等转基因食品的支持人数比例没有明显差异，并且都低于 30%。⑤城乡消费者对转基因食品的接受意愿和实际购买能力不能等同。农村消费者接受转基因豆油比例为 23%，但是实际食用转基因豆油的比例为 42%。

第三节　农业生产与农产品供给反应的新探索

保障食物安全的最根本途径是有足够的食物供给，而生产是供给的主要来源和保障。农产品供给中长期驱动力方面的文献已十分翔实,本书将重点分析农业生产中出现的新问题,如大田生产中使用玉米转基因技术的经济效益问题、新型农业经营主体与农业生产力问题。在影响农产品生产的主要驱动力方面,本书除了通过建立农产品供给反应系统分析产出品和投入品价格等传统因素对各种农产品生产的影响机理和影响程度外,还将重点分析短期极端气候事件因素及其对农产品供给的影响。

一、农业生物技术与农业生产力

农业生物技术的发展可以减少要素投入,提高作物产量,进而提高农业的生产力。本书选择农业生物技术发展最为成熟的玉米作为研究对象,分析转基因玉米对杀虫剂施用、劳动力投入和单产的影响。

(一)理论线索

虽然我国政府还没有批准转基因玉米产业化生产,但是我们了解到在吉林省和辽宁省等地方有部分农户种植了转基因玉米。这部分种植转基因玉米的农户正好提供了转基因玉米在大田生产的数据。本次调查一共选取了两个省的四个县或县级市,分别是辽宁省的彰武县、昌图县和吉林省的梨树县、德惠市。研究数据是2013年、2015年和2016年的追踪调查数据。根据调查数据,得出的描述性分析主要有以下三个方面。

1. 转基因玉米可减少杀虫剂施用

与非转基因玉米相比,采用转基因玉米的农户可以减少更多施用杀虫剂的次数。调查显示,2013年、2015年和2016年采用转基因玉米的农户比没有采用转基因玉米的农户平均减少杀虫次数分别为0.32次、0.44次、0.35次,三年每户平均少施用0.37次。从杀虫剂施用量上看,2015年和2016年种植转基因玉米的农户比没有种植转基因玉米的农户平均每 hm^2 分别减少杀虫剂使用量0.86kg和0.51kg。种植转基因玉米的农户比没有种植转基因玉米的农户分别节约50.38%和52.92%。从施用杀虫剂费用看,2013年、2015年和2016年种植转基因玉米的农户比没有种植转基因玉米的农户平均每 hm^2 玉米少使用杀虫剂费用分别为43.7元、42.4元和30.6元,减少比例分别是43.3%、38.9%和45.9%,见表3.4。

表 3.4 转基因和非转基因玉米在杀虫剂施用上的差异

调查地	打药次数对比/次						杀虫剂使用量对比/(kg/hm²)				杀虫剂费用对比/(元/hm²)					
	2013年		2015年		2016年		2015年		2016年		2013年		2015年		2016年	
	非转基因	转基因	非转基因	转基因	非转基因	转基因	非转基因	转基因	非转基因	转基因	非转基因	转基因	非转基因	转基因	非转基因	转基因
德惠市	0.79	0.63	1.13	0.89	0.49	0.29	2.49	1.85	1.00	0.78	148.5	75.0	180.7	105.3	78.6	41.2
梨树县	1.07		1.24	0.17	0.96	0.67	2.29	0.33	0.83	0.33	246.2		186.4	25.0	119.8	100.0
昌图县	0.56	0.67	0.51	0.63	0.42	0.54	0.95	0.58	0.85	0.58	76.8	55.0	64.4	79.0	62.0	57.7
彰武县	0.75	0.36	0.63	0.23	0.56	0.13	1.11	0.63	1.22	0.14	77.3	41.6	82.0	15.7	59.8	9.6
全部	0.80	0.49	0.94	0.50	0.64	0.29	1.71	0.85	0.97	0.46	100.9	57.2	109.0	66.6	66.8	36.2
节省次数/节约百分比	0.32次		0.44次		0.35次		50.38%		52.92%		43.3%		38.9%		45.9%	

注：表 3.4 最后一行中，打药次数对比按节约次数统计，杀虫剂使用量和杀虫剂费用按节约百分比统计；因为在 2013 年调查时，没有统计杀虫剂使用量的数据，因此只汇报 2015 年和 2016 年的调查数据

资料来源：笔者调查，2013~2016 年

2. 转基因玉米与劳动力投入

与非转基因玉米相比，采用转基因玉米的农户可以节省更多杀虫工时。调查结果显示，2013 年、2015 年和 2016 年采用转基因玉米的农户比没有采用转基因玉米的农户平均减少杀虫剂分别为 1.94 h/hm²、3.23 h/hm² 和 1.70 h/hm²，节省比例分别为 36.2%、66.3% 和 42.0%，见表 3.5。

表 3.5 2013~2016 年转基因与非转基因玉米杀虫剂工时对比

单位：小时/hm²

调查地	2013年		2015年		2016年	
	非转基因	转基因	非转基因	转基因	非转基因	转基因
德惠市	5.56	5.47	3.46	1.76	3.51	1.11
梨树县	8.04		7.29	0.36	5.98	2.28
昌图县	5.80	3.27	2.79	3.08	2.71	4.88
彰武县	4.72	1.52	5.93	1.36	4.02	1.15
全部	5.36	3.42	4.87	1.64	4.05	2.35
节约	36.2%		66.3%		42.0%	

资料来源：笔者调查，2013~2016 年

3. 转基因玉米和作物单产

转基因玉米的单产明显高于非转基因玉米单产。8个样本乡的3年数据都显示转基因玉米的单产比非转基因玉米高。2013年、2015年和2016年转基因玉米比非转基因玉米的每 hm^2 产量分别提高 1 313kg、1 188kg 和 1 309kg，单产分别提高 13.8%、13.7% 和 13.8%，见表3.6。

表3.6　2013~2016年转基因玉米和非转基因玉米单产对比　单位：kg/hm^2

地区	2013年		2015年		2016年	
	非转基因	转基因	非转基因	转基因	非转基因	转基因
吉林省						
德惠市天台镇	9 404	10 623	7 179	7 773	9 750	11 758
德惠市布海镇	8 924	9 997	8 508	9 563	10 045	10 882
梨树县梨树乡	7 465		10 328	10 873	10 310	13 312
梨树县小宽乡	10 001		10 359		11 414	12 000
辽宁省						
昌图县四面城镇	10 603	12 250	11 108	12 585	11 054	
昌图县亮中桥镇	9 599	11 000	11 296	12 501	11 055	11 711
彰武县五峰镇	9 103	10 329	4 031	6 129	6 375	6 973
彰武县兴隆堡镇	8 970	10 285	8 278	9 616	7 459	8 937
平均产量	9 527	10 840	8 675	9 863	9 487	10 796
提高率	13.8%		13.7%		13.8%	

资料来源：笔者所在单位调查数据

（二）实证分析

1. 转基因玉米对杀虫剂费用和工时的影响

根据已有文献的研究，转基因玉米可以减少施用的杀虫剂和工时，同时灾害、播种规模等也会影响农户使用杀虫剂的费用和工时。因此，我们通过构建计量经济模型来定量估计转基因玉米在杀虫剂费用和工时上的经济效益。

采用Tobit模型进行估计。主要得出两个结论：

第一，转基因玉米可以明显节省杀虫剂费用。估计结果显示，种植转基因玉米可以使农户在每 hm^2 的玉米种植中减少杀虫剂费用101.3元。相对于非转基因玉米，每 hm^2 转基因玉米可以减少农户施用杀虫剂费用77.7%。

第二，转基因玉米可以显著减少施用杀虫剂的工时。在控制其他变量不变的情况下，使用转基因玉米可以在每 hm^2 玉米上节省劳动力 3.55 个小时。相对于非转基因玉米，每 hm^2 转基因玉米可以减少农户施用杀虫剂工时 67.5%。相对于整个玉米的生产环节，可以节省农户劳动力投入 2.94%。

2. 转基因玉米对作物单产的影响

首先，构建基准模型，采用固定效应模型估计转基因玉米对作物单产的影响。其次，笔者选取杀虫剂价格和购买转基因玉米的难易程度作为杀虫剂费用和转基因玉米的工具变量，采用两阶段回归模型进行了估计。

估计结果显示，相对于非转基因玉米，转基因玉米具有较高的单产。在控制了其他变量的情况下，通过生产函数的基准模型得出转基因玉米可以提高单产 11.4%。在考虑杀虫剂费用的内生性情况下，转基因玉米可以提高单产 17.2%。在考虑农户种植转基因玉米自选择的情况下，转基因玉米可以提高单产 13.3%。因此，我们可以得出转基因玉米可以提高单产比例为 11.4%~17.2%。

二、农业经营规模与农业生产力

中国呈现的农地经营规模的扩大已引起国内外学术界的广泛关注（Otsuka et al.，2013；Otsuka et al.，2016）。在解析农业生产经营模式扩大的影响因素方面，过去研究多数是定性的或判断性的。许多学者认为，农业制度、市场和政策等是农业经营规模扩大的主要原因，特别是农地流转平台和非农就业的增长（刘强和杨万江，2016）。在农业生产经营规模和经营模式方面，争论最为激烈的是农业经营规模与生产力的关系。除了传统观点所认为的"小而美"外，国内的部分研究表明，农业经营规模与农业生产力之间存在正向关系（梅建明，2002）；但更多的研究则认为，农地经营规模同农作物生产力要么呈现倒"U"形要么呈现"L"形的关系，单位产品生产成本则呈现"U"形或者倒"L"形的关系，即随着农地经营规模的扩大，在平均生产力方面，呈现先上升后下降趋势或后阶段维持在较低水平上；在平均单位产品生产成本方面，正好呈现相反趋势（朱文珏和罗必良，2016；Huang and Ding，2016）。随着中国农业生产农地经营规模的不断扩大，有一系列学术和政策问题需要深入研究。本书以中国东北和华北粮食主产区为研究对象，研究旨于在分析以上问题的基础上，提出构建现代农业生产经营模式的政策建议。

（一）理论线索

根据北京大学中国农业政策研究中心两轮（2013 年和 2016 年）实地调查数

据,基于东北和华北是中国的主要粮食产区,我们选择其作为调查地点。通过分析调研数据,发现如下现象。

第一,从东北地区来看,玉米和水稻的农户经营规模与单产之间基本呈现倒"U"形关系。从图3.5和图3.6中可以看出,玉米在规模50亩(1亩≈666.67 m²)左右单产达到最高,水稻在规模30~50亩单产达到最高。

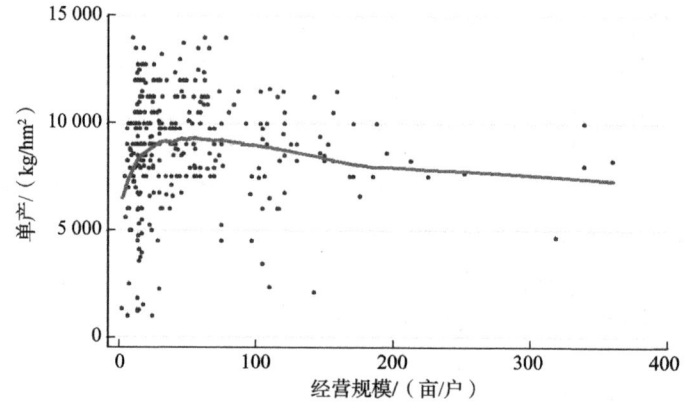

图3.5　东北地区玉米农户的经营规模与单产
资料来源:课题组的实地调查

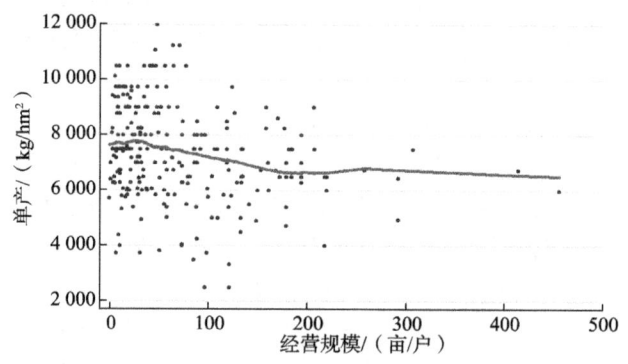

图3.6　东北地区水稻农户的经营规模与单产
资料来源:课题组的实地调查

第二,从华北地区来看,玉米和小麦的经营规模同样与单产呈现先升高后降低的倒"U"形关系,并且在规模10~30亩时产量达到最高。不同于东北地区,我们观察到华北地区玉米和小麦单产最高值水平出现在10~30亩水平档(图3.7和图3.8)。玉米和小麦从10亩以下到30亩时平均单产水平分别增加了0.2%和3.4%,规模从30亩扩大到800亩,平均单产水平分别下降了26%和14%。

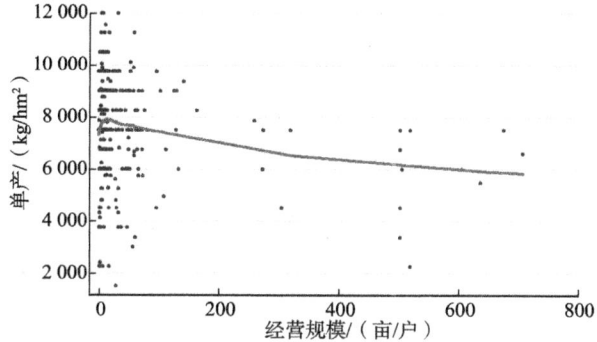

图 3.7 华北地区玉米农户的经营规模与单产
资料来源：课题组的实地调查

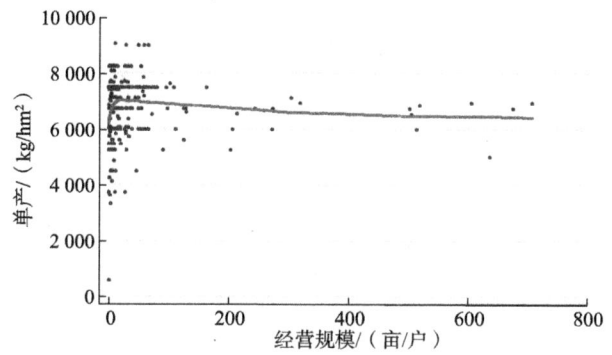

图 3.8 华北地区小麦农户的经营规模与单产
资料来源：课题组的实地调查

第三，从总体上看，东北地区的玉米单产水平高于华北地区，平均产量达到 $8t/hm^2$ 左右。这可能是由于东北地区本身黑土地土壤较华北地区黄土地更为肥沃。同时，东北地区玉米每年只播种一次，实际上土地有整个冬天的休耕期。然而，华北地区多数为玉米和其他作物进行轮作，土地基本没有任何休耕阶段，因此土壤质量相对较为贫瘠。

此外，东北和华北三种作物播种面积与单产之间的倒"U"形关系在不同时间（2003年、2008年和2013年）保持了基本一致的态势，这也佐证了上述经营规模与单产之间关系的稳定性。后续我们将以玉米为例，实证研究农户农地经营规模与玉米单产的关系。水稻和小麦的农地经营规模同它们单产关系的研究结果同本节讨论的玉米研究结果类似，因此不做具体介绍。

（二）实证分析

农户单产与经营规模呈现反向相关关系。如图 3.9 所示，与完全不考虑其他因素影响的结果相比，农户单产与经营规模在去除与农户特征相关的固定因素所带来的内生性问题后恢复成了反向的相关关系，从而与在其他发展中国家所发现的农户单产与经营规模之间的负向关系基本保持一致。这一结果表明，与农户特征相关的某些因素可能是农户单产与经营规模和实际负向的农户单产与经营规模呈现倒"U"形关系的主要原因。也有学者将上述与农户特征相关的固定因素归结为土壤质量和土地市场扭曲对不同经营规模的农户所造成的影响，但是这些因素在我们的分析中到底起到怎样的作用，还需要更加细致地分析。

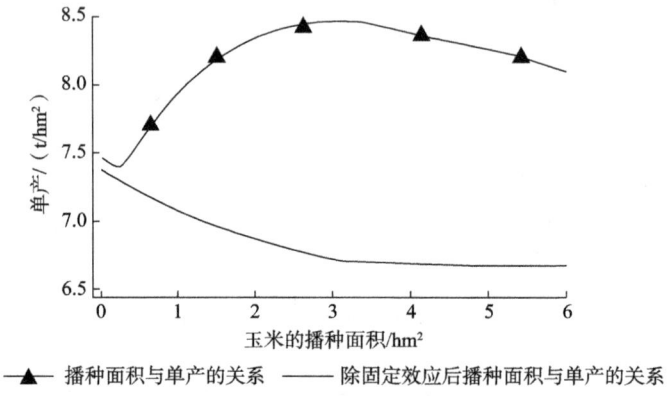

图 3.9　固定效应前后玉米单产与播种面积之间的关系（播种面积在 6hm² 以下）

资料来源：Sheng 等（2019）

农户特征相关因素对单产和农户经营规模之间存在的倒"U"形关系的解释力有限。土壤质量等与农户特征相关的自然因素对解释单产和农户经营规模之间存在的倒"U"形关系具有一定的作用，但是其影响效果非常有限。扣除这些因素的影响后所得到的单产和农户经营规模之间的关系基本平行于使用基本模型（固定效应模型）所得到的关系，且移动的距离不大（图 3.10）。这一结果表明，仅仅使用土壤质量和相关的自然因素无法有效地揭示农户单产随经营规模先增后降的趋势与土地边际收益递减之间的矛盾结果。

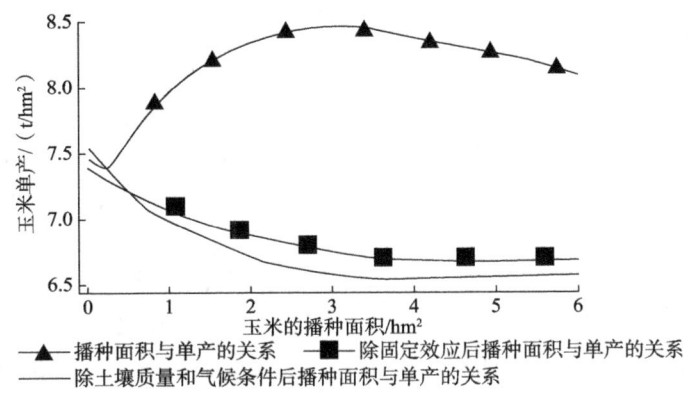

图 3.10 土壤质量和气候条件对玉米单产与播种面积关系的影响

资料来源：Sheng 等（2019）

随着经营规模的变化，农户对劳动密度和质量的选择在很大程度上会影响单产，从而形成单产与农户经营规模的倒"U"形关系，并且这种农户的劳动选择效果对小农户影响比对大型农户更加明显。如图3.11所示，当控制了农户选择的劳动密度和质量，估计的单产与经营规模负向相关关系更明显，但是其影响效果主要集中在生产规模 1hm² 以下的农户。

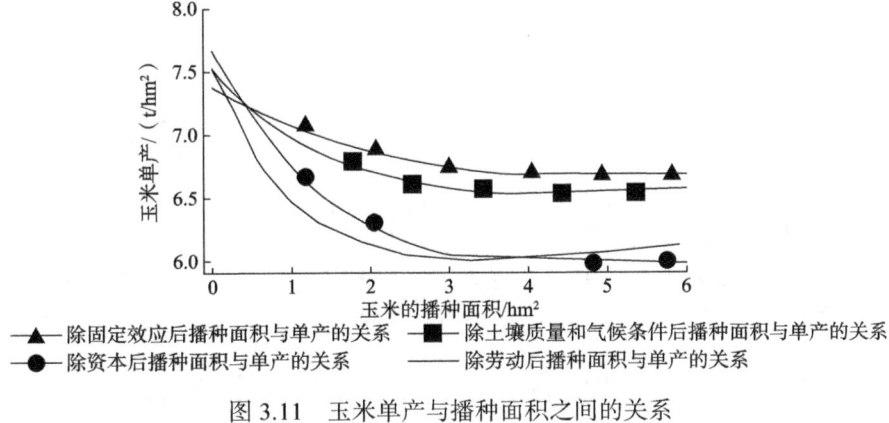

图 3.11 玉米单产与播种面积之间的关系

资料来源：Sheng 等（2019）

三、极端气候与农产品供给反应

近年来，自然灾害（如干旱、热浪、洪水和强烈风暴等极端事件）发生的频繁和严重程度在不断上升（IPCC，2012）。国家统计局近60年（1950~2008年）的数据也表明，全国平均每年有近 4 000 万 hm² 的受灾面积，其中成灾率接近 50%。自然灾害造成的损失中以干旱和洪涝灾害最为严重，二者所占比重达 70% 以上（国家统计局，2009）。虽然关于气候变化对农业生产的长期影响尚无定论，但是气候变暖引起的极端气候事件会给农业生产带来巨大风险和重大损失是不争的事实（Ciais et al.，2005；Lesk et al.，2016；Lobell et al.，2011）。极端气候事件不仅直接导致农产品供给量的下降，还会增加农产品价格的波动性（Tadasse et al.，2014）。有关极端气候事件对农业生产的直接灾损情况的文献有很多（Ciais et al.，2005；Lobell et al.，2011；Porter and Semenov，2005；Schlenker and Roberts，2009；Lesk et al.，2016），但是上述研究都忽视了极端气候事件对农产品价格的影响。极端气候事件带来农产品价格上涨的事例非常普遍。一些有关极端气候事件对农产品价格影响的预测研究也认为，大规模极端气候事件的发生往往能引发农产品价格的大幅上涨（Willenbockel，2012）。而农产品价格又是农业生产者进行农田管理和制定种植决策的依据，因此极端气候事件除了直接造成生产损失外，还可以通过影响农产品价格间接影响农产品的供给。通过相关文献梳理发现，目前尚未有文献从这一视角出发研究极端气候事件对农产品供给的影响。

（一）理论线索

为研究极端气候事件对农产品供给反应的影响，本书构建了1998~2013年的省级面板数据。省级面板数据中的数据主要来自《中国统计年鉴》《中国农村统计年鉴》《中国农业统计资料》《全国农产品成本收益资料汇编》。

在具体对农作物极端灾害年进行界定时，我们不仅需要考虑不同极端气候事件对农业生产（单产和播种面积）影响不同的问题，还需要考虑数据可得性、不同农作物对气候冲击的敏感性和定义标准的一致性等问题。最终本书采用农作物主产区的受灾率来定义极端气候事件，可以在一定程度上反映解决现有数据无法将受灾细化到作物上和单一极端气候灾害样本量不足的问题，并且农作物主产区的主要气象灾害比较单一，部分减轻了多种灾害对农作物（播种面积或者单产）影响不一的顾虑，不同农作物的受灾率及极端受灾年情况见表3.7。

表3.7 不同农作物的受灾率及极端受灾年分布表

农作物	平均受灾率	极端受灾年最低受灾率	极端受灾年
水稻	26.7%	35.6%	1998，2000
小麦	23.3%	34.0%	1997，2000，2003
玉米	27.7%	34.0%	1997，2000，2001，2002，2003，2007，2009
棉花	24.2%	33.5%	1997，2000
油料作物	26.0%	34.0%	1998，2000，2003

资料来源：笔者根据国家统计局数据计算得出

在对极端灾害年进行定义后,还需要对极端气候事件、农作物价格,进而对农业生产的影响进行一个描述性分析,为后续的实证分析寻找思路和依据。图 3.12 为政策支持价格前后农作物实际价格[经农村居民消费价格指数(consumer price index,CPI)折算]增长率和农作物主产区的平均受灾率之间的关系,同时我们也在图中标注了作物的极端灾害年。从图 3.12 中可以看出,在水稻执行最低收购价格之前,水稻的平均收购价格和平均受灾率之间存在着正向关系,但是政策价格实施后二者则呈现了负向的关系。2004 年以来全国极端气候灾害的发生频率有所降低,而水稻的最低收购价格却在逐年增加,所以收购价格的增长率和受灾率均呈现负向关系,这也进一步表明区分政策支持价格的必要性。从小麦实际价格增长率与受灾率之间的关系图看,在极端灾害年政策干预前实际价格增长率都是较高的。从玉米实际价格增长率与受灾率之间的关系图看,极端灾害年实际价格增长率往往是最高的。总体来看,在政策价格干预前,农作物实际价格的增长率与受灾率均呈现正向关系,但政策干预后,受灾率和价格增长率之间的关系则涨跌不一,并没有统一的规律。以上观测结果,由于没有控制其他因素的影响,可能是不稳定的,后续我们将会对此进行严谨地实证分析。

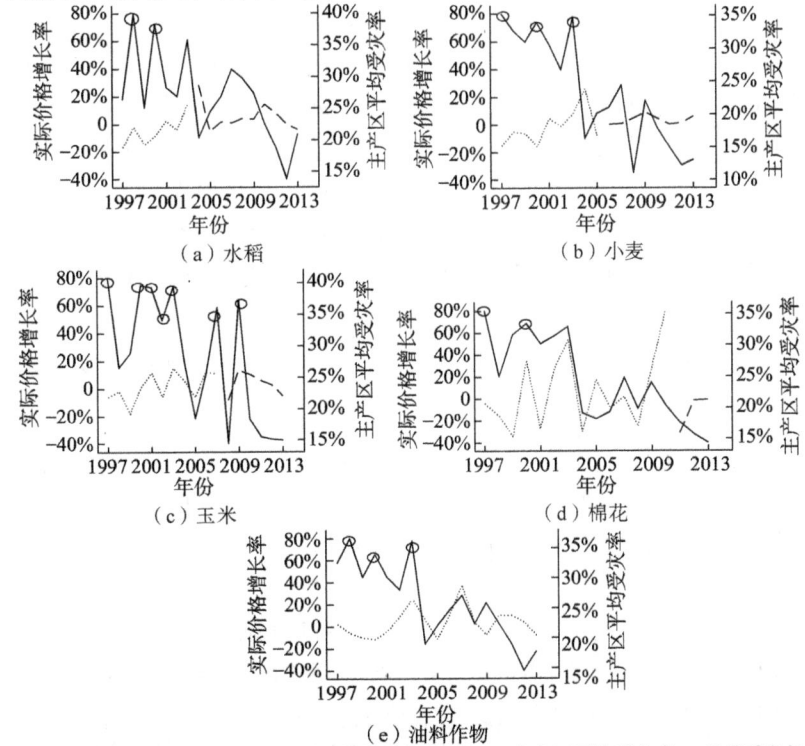

—— 干预前价格增长率 --- 干预后价格增长率 —— 主产区平均受灾率 ○ 极端受灾年
图 3.12　农产品实际价格增长率与主产区平均受灾率之间的关系
资料来源:笔者根据《中国统计年鉴》和《全国农产品成本收益资料汇编》的原始数据计算而得

（二）实证分析

根据描述统计中的现象及研究内容，我们设定的计量模型主要用来验证以下三个研究问题：第一，在自然条件更适应农作物种植的地区，播种面积对产出价格的正向反应会更明显。第二，遭受极端气候事件冲击后，面临资源约束的农户的播种面积短期内不能达到最优规模，已有模型高估了极端灾害下的面积价格弹性。第三，政策支持价格的出现，可能会影响极端气候事件通过农作物价格间接影响农户种植面积分配的决策。实证结果有以下几个方面。

1. 面积价格弹性矩阵：作物的主要种植区 vs 非主要种植区

表 3.8 中对角线部分为每种农作物面积的自价格弹性。通过观察对角线上自价格弹性值的大小可以发现，作物主要种植区省区市的弹性值比非主要种植区省区市的弹性值大。例如，在水稻为非主要种植作物的地区，水稻的面积价格弹性为 0.420，在水稻为主要种植作物的地区，水稻的面积价格弹性为 0.475；在小麦为非主要种植作物的地区，小麦的面积价格弹性为 0.155，但不显著，在小麦为主要种植作物的地区，小麦的面积价格弹性为 0.649，且在 1% 的显著性水平上显著；在玉米为非主要种植作物的地区，玉米的面积价格弹性为 0.199，但不显著，在玉米为主要种植作物的地区，玉米的面积价格弹性为 0.498，且在 1% 的显著性水平上显著。同样的现象在棉花和油料作物上也有体现，即在非主要种植作物的地区面积价格弹性比主要作物产区小但不显著，在主要种植作物的地区面积价格弹性分别为正，且在 1% 的显著性水平上显著。其他作物涉及的作物种类较多，但是我们仍观测到其他作物价格对其播种面积的正向影响。以上估计结果证实了我们的第一研究问题，即产出价格对农作物播种面积的正向刺激作用，在适宜农作物种植的地区更加明显。

2. 面积的价格弹性矩阵：正常情况 vs 平均情况 vs 极端受灾情况（1998~2013 年）

表 3.9 比较了五类农作物在适宜种植的省区市的面积价格弹性正常情况、平均情况和极端受灾情况下的差异。通过观察对角线上的自价格弹性的大小可以发现，极端受灾情况下的面积价格弹性小于正常年份的面积价格弹性，忽略极端受灾情况（平均情况）的弹性介于两者之间。正常情况下，水稻、小麦、玉米、棉花和油料作物适宜种植的省区市的面积价格弹性分别为 0.475、0.649、0.498、0.649 和 0.248。在极端受灾情况下，五类农作物的面积价格弹性分别为 0.471、0.531、0.381、0.584 和 0.012，相比正常情况分别下降了 0.8%、18.2%、23.5%、10.0% 和 95.2%。此外，在极端受灾情况下，除了油料作物其他四类农作物的面积

表3.8 农作物面积价格弹性矩阵：主要种植作物区 vs 非主要种植作物区（忽略极端受灾情况）

农作物类型	水稻		小麦		玉米		棉花		油料		其他
	非主要种植物区	主要种植物区	非主要种植物区	主要种植物区	非主要种植物区	主要种植物区	非主要种植物区	主要种植物区	非主要种植物区	主要种植物区	全国25省份平均
水稻	0.420*** (0.108)	0.475*** (0.119)	0.092 (0.111)	-0.152* (0.085)	-0.263*** (0.098)	0.032 (0.078)	-0.109*** (0.036)	-0.034 (0.044)	-0.200*** (0.048)	-0.093 (0.058)	0.112 (0.069)
小麦	0.160 (0.163)	0.353* (0.180)	0.155 (0.169)	0.649*** (0.128)	0.085 (0.149)	-0.366*** (0.118)	-0.023 (0.054)	-0.038 (0.067)	0.311*** (0.072)	-0.124 (0.087)	-0.328*** (0.104)
玉米	0.496*** (0.134)	0.220 (0.148)	-0.002 (0.138)	-0.673*** (0.105)	0.199 (0.122)	0.498*** (0.097)	0.010 (0.044)	-0.009 (0.055)	-0.073 (0.059)	-0.072 (0.071)	-0.498*** (0.085)
棉花	-1.371*** (0.498)	-0.647 (0.550)	-0.132 (0.514)	-0.433 (0.392)	-0.327 (0.454)	-0.203 (0.361)	0.269 (0.164)	0.649*** (0.203)	-0.321 (0.220)	-0.441* (0.266)	0.594* (0.318)
油料作物	-0.240 (0.181)	-0.251 (0.200)	0.107 (0.187)	0.247* (0.142)	-0.311* (0.165)	-0.140 (0.131)	-0.067 (0.060)	-0.149** (0.074)	0.008 (0.080)	0.248** (0.097)	0.554*** (0.116)
其他	-0.725*** (0.169)	-0.770*** (0.187)	-0.261 (0.174)	0.194 (0.133)	0.230 (0.154)	-0.106 (0.122)	0.123** (0.056)	0.069 (0.069)	0.064 (0.075)	0.191** (0.090)	0.244** (0.108)

***、**、*分别表示在1%、5%、10%水平下显著

注：括号内为标准差

表3.9 主要作物区面积价格弹性矩阵：正常情况vs平均情况vs极端受灾情况

农作物类型	水稻			小麦			玉米			棉花			油料作物		
	正常	平均	极端受灾	正常	平均	极端受灾	正常	平均	极端受灾	正常	平均	极端受灾	正常	平均	极端受灾
水稻	0.475*** (0.119)	0.467*** (0.112)	0.471*** (0.121)	-0.152* (0.085)	-0.139* (0.079)	-0.070 (0.086)	0.032 (0.078)	-0.014 (0.067)	-0.023 (0.069)	-0.034 (0.044)	-0.015 (0.04)	-0.036 (0.046)	-0.093 (0.058)	-0.041 (0.051)	-0.141* (0.073)
小麦	0.353* (0.180)	0.516*** (0.175)	0.454** (0.183)	0.649*** (0.128)	0.544*** (0.124)	0.531*** (0.129)	-0.366*** (0.118)	-0.429*** (0.105)	-0.296*** (0.105)	-0.038 (0.067)	0.017 (0.063)	0.019 (0.069)	-0.124 (0.087)	-0.214*** (0.08)	-0.001 (0.110)
玉米	0.220 (0.148)	0.192 (0.14)	0.156 (0.150)	-0.673*** (0.105)	-0.596*** (0.099)	-0.575*** (0.106)	0.498*** (0.097)	0.404*** (0.083)	0.381*** (0.086)	-0.009 (0.055)	-0.018 (0.05)	-0.010 (0.056)	-0.072 (0.071)	0.021 (0.064)	-0.111 (0.090)
棉花	-0.647 (0.550)	-0.920* (0.516)	-0.627 (0.559)	-0.433 (0.392)	-0.119 (0.367)	-0.144 (0.395)	-0.203 (0.361)	-0.202 (0.309)	-0.415 (0.320)	0.649*** (0.203)	0.596*** (0.186)	0.584*** (0.210)	-0.441* (0.266)	-0.116 (0.237)	0.025 (0.335)
油料作物	-0.251 (0.200)	-0.253 (0.194)	-0.221 (0.203)	0.247 (0.142)	0.062 (0.138)	0.113 (0.144)	-0.140 (0.131)	0.063 (0.116)	0.075 (0.116)	-0.149** (0.074)	-0.117* (0.07)	-0.169** (0.076)	0.248*** (0.097)	0.063 (0.089)	0.012 (0.122)

****、**、*分别表示在1%、5%、10%水平下显著

注：括号内为标准差

价格弹性依然在 1%的显著性水平上显著。在忽略极端受灾情况（平均状况）下，五类农作物的面积价格弹性分别为 0.467、0.544、0.404、0.596 和 0.063，相比正常情况分别下降了 1.7%、16.2%、18.9%、8.2%和 74.6%，即三种情况下农作物面积价格弹性的大小关系如下：正常情况 > 平均情况 > 极端受灾情况。

为了更加直观地观察和对比正常情况、极端受灾情况和平均情况下面积价格弹性的差异，我们将重点关注的数据进行了图示化，即图 3.13。图中可以很直观地看到三种情况的大小关系，即正常情况 > 平均情况 > 极端受灾情况。极端气候事件对五类农作物的面积价格弹性均有负面影响。从影响程度看，极端气候事件对不同农作物的影响程度是有差异的，这可能与极端气候事件发生期和作物关键生长季的重叠度有关。为了更加深刻地理解其中的机理，下面就五类农作物的生长季与极端气候灾害之间的关系进行一下介绍。从图 3.13 中可以看出，极端气候灾害对水稻面积价格弹性的影响最不明显，可能的解释是水稻主要种植在南方地区，而南方地区的主要极端气候灾害是洪涝灾。一般而言，洪涝灾持续时间较短，同时水稻又具有耐淹水的特征，因此对水稻市场影响有限。极端气候事件对油料作物的播种面积影响最大，使得油料作物的面积价格弹性由 0.25 下降到 0.01，降幅达 96%。油料作物品种繁多，包括花生、油菜籽、芝麻、向日葵和胡麻籽，其中油菜籽和花生占比最大，二者播种面积之和占油料作物播种面积的 86.7%（国家统计局，2013）。从农业农村部公布的农时信息来看，油菜一般在 9~10 月播种，3~4 月开花结荚；花生一般在 4 月播种 9 月成熟。在我国一般每年 3~4 月是旱灾的高发期，7~8 月是水灾的高发期。也就是说我国最主要的两种极端气候事件的高发期和油料作物的关键生长期几乎是重合的，因此对油料作物的影响也最大。极端气候事件对面积价格弹性影响第二大的作物是玉米。在我国典型季风性气候条件下，玉米的生长季和雨季是基本重合的，对降水量的依赖度高，因而极端气候冲击对其的影响更大。

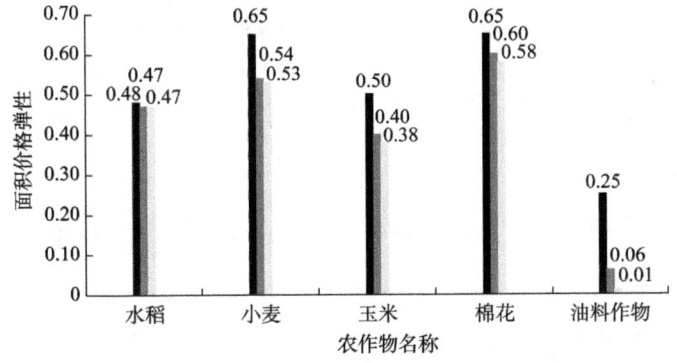

图 3.13 水稻、小麦、玉米、棉花和油料作物的面积价格弹性：正常情况 vs 平均情况 vs 极端受灾情况

资料来源：笔者计算

第四节 农产品市场价格形成和传导机制

一、市场政策干预、改革对主要农产品价格形成影响

21世纪初以来,国家出台了一系列支持"三农"、保障粮食等农产品供给和稳定农产品市场的政策。在这些政策中,农产品"托市"政策尤为突出并占据着极为重要的地位,其中包括政府于2004年和2006年先后启动的稻谷和小麦最低收购价政策,以及2008年启动的玉米、大豆和油菜籽临时收储政策,2011年启动的棉花临时收储政策,2012年启动的食糖临时收储政策。然而,最低收购价和临时收储政策在保护农民利益的同时也面临着严峻挑战。最低收购价和临时收储这两项"托市"政策无疑对保护农民利益和稳定市场起到了重要作用(贺伟,2010;王士海和李先德,2013),但多年的"托市"政策干扰了市场的价格形成机制,削弱了农产品的市场竞争力(徐志刚等,2010)。不断抬高的农产品价格也提高了下游加工业的生产成本,不少加工企业出现开工不足和工人失业现象(徐志刚等,2010;贺伟,2010)。特别是2013年以来,实施"托市"政策的粮棉油糖这些大宗农产品都出现了国内市场价格显著高于国际市场价格的"堰塞湖"现象,进口压力剧增,中国更成为世界粮棉油糖的"库存地",两项"托市"政策已到难以为继的局面(黄季焜,2014),形成了库存、生产和进口同时增长等供给侧结构性突出问题。在以上背景下,完善农产品价格形成机制成为当务之急。为此,2014年中央一号文件明确提出,"逐步建立农产品目标价格制度,在市场价格过高时补贴低收入消费者,在市场价格低于目标价格时按差价补贴生产者,切实保证农民收益"。建立农产品目标价格制度成为当前完善农产品价格形成机制的改革重点。

本节内容分别讨论了市场政策干预和改革对粮食和棉花市场价格形成的影响。

(一)粮食

我们以玉米为例,分析政府市场干预对粮食价格形成的影响。

1. 市场干预政策的影响

实际上,过去中国玉米在国际市场上还具有一些竞争力,中国从玉米的净出口国转变为净进口国发生在2010年之后。在2008年启动玉米临时收储政策之前,国内玉米批发价显著低于玉米进口到岸的报价;2008年后,虽然玉米批发价随着临时收储价同步上升,但在2013年前的批发价格总体上都低于进口到岸

价（图 3.14）。

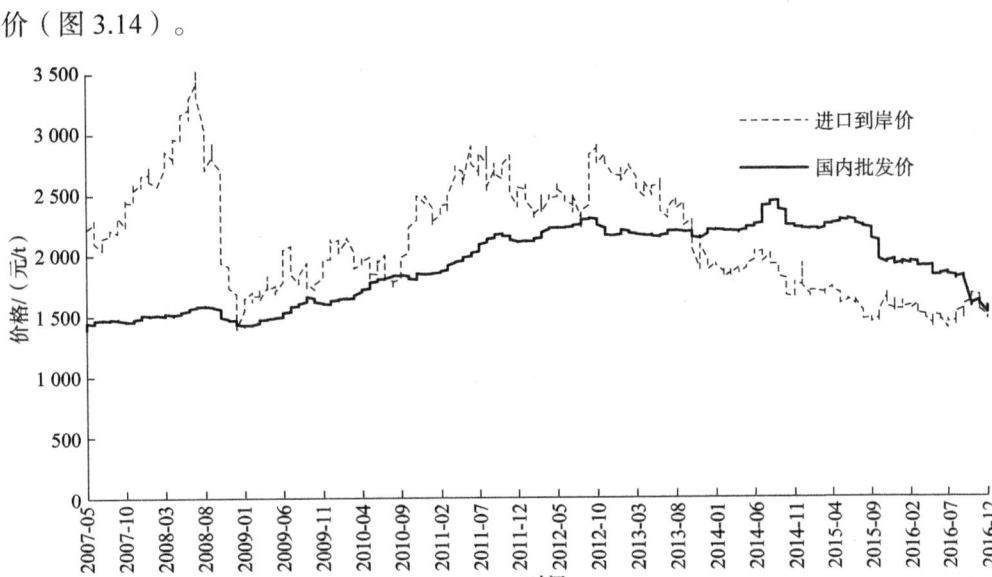

图 3.14　2007~2016 年玉米国内批发价与进口到岸价
资料来源：进口到岸价来自《中国进出口贸易统计月报》；国内批发价格来自国家粮油信息中心

玉米国内外市场价格倒挂，库存、生产和进口同时增长等供给侧结构性突出问题主要是在 2013 年之后发生的。特别是 2014~2015 年的"价格倒挂"（图 3.14），这是国内临时收储政策和国际市场价格下降共同作用的结果。外因虽然无法改变，但内因是可以避免的。从外因上看，2012 年底以来，国际市场玉米需求疲软导致玉米价格呈现逐年下降的趋势（图 3.14）。但在国内，玉米收购价则从玉米临时收储政策实施初期（2008~2009 年）的 1 500 元/t 提高到 2013 年的 2 240 元/t，增长了 49.33%；收购价格的大幅提高刺激了农民玉米生产的积极性，从 2012 年开始国内玉米生产出现明显的供过于求局面，之后国内玉米价格本应同国际价格同步下降，但为了稳定玉米市场价格，根据笔者的分析，国家从 2013 年开始又显著加大玉米临时收储量，从 2013 年底到 2016 年底，估计三年内临时收储政策净增加的库存达 2.3 亿 t，这一数量超过了 2015 年玉米破历史纪录的产量 2.246 亿 t。

玉米市场干预政策也对玉米下游产业产生巨大的冲击。首先，玉米主要用作饲料，其价格上升必然会对畜牧业生产产生负面影响；其次，高价玉米冲击了玉米加工业；最后，受国内玉米价格上涨影响，畜牧业比较优势显著下降，从而也出现各种畜产品出口下降而进口上升的局面。

玉米市场的干预还对许多玉米替代品产生显著的负面影响。玉米国内外价格的差价的扩大，使玉米进口压力增大，但为了减缓国内玉米库存压力，国家实施了限制玉米进口政策,这导致了玉米替代品(如高粱、大麦、玉米干酒糟高蛋白饲料、木薯等)进口的剧增,同时还对国内生产杂粮地区的农民造成了生产和价格的冲击。

2. 市场改革及其影响

随着国际玉米价格的持续低迷和下降,政府对玉米市场干预带来的一系列市场问题和临时收储政策已经难以持续,改革势在必行,于是2016年取消玉米临时收储,实施"价补分离"改革政策。政府不再按保护价收购玉米,让价格随行就市;同时给予生产者一定的补贴。

那么,实施玉米"价补分离"改革政策效果如何?总的来说,玉米市场改革使玉米供需开始逐渐恢复平衡。首先,玉米市场改革转变了玉米产需剩余不断扩大的局面。例如,当玉米临时收储价格首次出现下降时,从2014年的2 240元/t下降到2015年的2 000元/t,之后继续下降;与此同时,玉米产量从2016年开始首次逆转了21世纪初以来年年增长的趋势。其次,玉米价格的下降促进了各行业对玉米需求的增长,市场供需严重不平衡的格局得到显著改善。最后,玉米市场改革不但为玉米去库存减少了压力,而且玉米价格的下降避免了过去玉米库存拍卖常常流拍的局面。

玉米市场的力量是巨大的,玉米市场改革的效果是极其显著的。首先,玉米回归市场价格,价格下降促进了畜牧业的生产,改变了畜产品进口显著上升的趋势。其次,有迹象表明,2016年以来玉米加工业又出现了发展势头。再次,玉米价格的下降结束了过去几年高粱、大麦、干酒糟高蛋白饲料和木薯等许多玉米替代品进口急剧上升的局面,2016年这些农产品进口开始迅速下降。最后,玉米实施"价补分离"政策后,玉米的批发价格也迅速回落,从2016年10月开始,国内玉米批发价已等于进口到岸价,国内外玉米价格倒挂现象消失(图3.14)。国内玉米价格同国际价格趋同具有极其深远的意义,这意味着中国玉米生产可能不像某些学者所认为的"没有市场竞争力",这也意味着过去几年玉米及相关产业出现的种种问题不是来自生产本身,而主要是来自国家对市场的干预。

3. 市场改革的中长期影响

本节利用中国农业政策分析模型(China agricultural policy simulation model,CAPSiM)模拟分析玉米市场改革(玉米去库存)的中长期影响,模拟从2017年开始调减中国玉米库存。2017~2021年玉米库存需减少1.2亿t,其中,每年玉米库存分别减少1 000万t、3 000万t、4 000万t、3 000万t、1 000万t。

对模拟结果分析结论如下:①玉米去库存将会降低中国玉米播种面积,减少玉米产量,将在中短期内对中国玉米生产带来负面影响,然而影响比较有限。②玉米去库存将小幅刺激玉米需求,但对玉米国内需求的不同成分的影响存在较大差异。与玉米的口粮需求相比,饲料的需求增加较多,这是由两方面因素共同作用的。一方面,玉米价格降低,饲料成本下降,促进了畜产品的生产;另一方面,玉米价格的下降促使畜牧业生产中更多使用玉米,减少了高粱、大麦等玉米替代品的使用。③玉米去库存调整将会显著减少中国的玉米净进口,提高玉米的自给率。④在玉米库存调整结束后,玉米库存-消费比最终将恢复正常水平。

总体来说,玉米库存调减政策将导致玉米生产短期内小幅下降,玉米价格下降将刺激玉米需求增长,最终玉米库存调减并不会显著冲击国内的玉米产业,但是本书假设 5 年内完成玉米库存调减任务,如果政府追求更短时间(如 2~3 年)完成玉米调减任务,对国内玉米产业的影响可能会大于本书估计的结果。因此在玉米调减政策实施时,需要制定稳妥、切实可行的玉米去库存路径。

(二)棉花

1. 市场政策干预影响

在实施棉花临时收储政策之前,国内外棉花价格的变动基本同步,即使由于气候变化全球棉花生产在 2010~2011 年价格出现巨大的波动期间,国内外价格的变动趋势也是一致的(图 3.15)。本来 2011~2012 年国际市场价格回落是价格回归正常年景的过程,即使价格回落幅度大,2012~2013 年的价格也还略高于 2010 年前的价格;但此时国家出台了棉花临时收储政策,2011 年和 2012 年的棉花收购价格分别高达 19 800 元/t 和 20 400 元/t,并于 2013 年继续保持在 2012 年的水平,这大大高于 2005~2010 年棉花生产正常年份的平均价格(图 3.15)。当国际棉花价格在 2012~2014 年回归到正常年份水平的时候,国内实施了高价收购棉花的临时收储政策,从而导致了国内棉花市场价格严重偏离国际价格,从 2012 年 6 月至 2014 年初国内外价差高达 50%(图 3.15)。

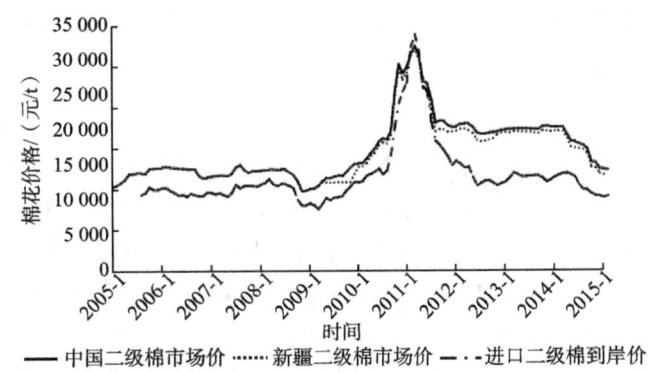

图 3.15 2005~2015 年全国及新疆二级棉花价格和进口二级棉价格

资料来源:黄季焜等(2015)

2011~2013年执行的棉花临时收储政策，虽然保护了新疆棉农的利益，但出现了如同玉米一样的"三量齐增"现象。在政策执行期间，维持高位运作的棉花收储价格，促进了新疆棉花的生产，但影响了当地的粮食生产，资源配置向本以逐渐失去比较优势的棉花生产转移。另外，巨大的国内外价差，加大了棉花的进口压力；同时高价收购的棉花难以销售，棉花库存压力和国家财政负担加大。

棉花的临时收储政策对棉花的下游企业产生更大的负面影响，特别是国内的纺织服装行业。高价棉花提高了纺织和服装产品生产的原料成本，使这些行业的产品在国际市场上的竞争力显著下降，不少产品出口增速甚至出口总量开始下降，进而影响到劳动密集型的纺织服装行业的就业，影响到相关产业的农民非农就业和收入。

2. 市场改革及其影响

在2014年，新疆棉花和东北与内蒙古大豆临时收储政策被对市场干预程度较低的目标价格政策所替代，在市场价格低于目标价格时按价差补贴生产者。2015年彻底取消了油菜籽和食糖的临时收储政策，价格形成回归实施临时收储价格政策前的市场机制。

棉花市场的力量是巨大的，改革的效果也是显著的。2014年在新疆开始用目标价格政策取代临时收储政策，这一政策迅速改变了棉花价格的走势。图3.15表明，2005~2010年，新疆棉花价格比同等质量的进口棉花到岸价格高20%左右，进口棉花完税（5%关税+13%增值税）后同新疆棉花几乎没有价差。在2011~2013年执行棉花临时收储政策期间，国内价格比进口价格高40%~50%。在2014年启动目标价格政策的一年内，国内外价差又迅速回归到20%左右，值得一提的是，棉花目标价格政策虽然促进了棉花市场价格形成机制，稳定了新疆棉花生产和棉农增收，也避免了棉花临时收储政策对下游棉花加工企业和纺织业的负面影响，但目标价格政策的实际执行成本、对水土资源错配影响和巨大的财政风险等不可忽视（黄季焜等，2015）。

3. 改革问题和经验

本节从政策目标、财政成本与操作成本、政策执行中遇到的问题和经验等方面评估目标价格改革试点的成效。研究表明，棉花目标价格改革试点工作基本达到了预期目标。棉花目标价格改革试点完善了棉花价格形成机制，保护了新疆棉农的利益，稳定了新疆棉花生产，同时对下游棉花加工业和纺织业产生了积极的影响，对新疆社会稳定也具有一定的政治意义，但是，棉花目标价格改革试点暴露了许多值得关注的问题。这些问题主要包括：①财政成本和风险巨大；②政策执行成本高昂（核查棉花种植面积和销售数量的工作量大），并影响地方各级政府的日常中心工作；③容易滋生腐败现象（如难以避免"转圈棉"现象出现）；④可能造成干群矛盾，成为新的社会不稳定因素。

基于研究结果，政府要慎重出台农产品目标价格政策；如果要执行目标价格政策，其政策目标不宜过多，实现农民增收和农产品增产应该有更好的政策和措施。为完善农产品市场政策，政府可以从以下几个方面着手。

（1）目标价格、农民增收和农产品增产。

要慎重实施目标价格政策，有所为有所不为。首先，中国目前开展的目标价格改革试点，既要完善农产品市场价格形成机制、减缓农产品市场价格风险，又要增加农民收入，还要促进农业生产，这不太现实。其次，试图通过将目标价格政策推广到粮棉油糖等主要作物，从而同时提高粮棉油糖总产量的目标是很难实现的，因为农作物生产是相互替代的。再次，在中国现阶段国情下，实行目标价格政策不但财政成本与风险巨大，而且实施成本高，还存在滋生腐败和导致社会不稳定等隐患。最后，保障农民增收，有比目标价格政策更有效的政策和措施。这些政策和措施包括：加快城乡一体化进程，让更多农民从中受益；加速城镇化，促进农村劳动力非农就业；加大农村义务教育投入，提高农村人力资本水平、缩小城乡收入差距；促进土地流转，扩大农户生产经营规模；加大对中西部贫困地区的投入和转移支付力度，提高弱势群体的收入水平，等等。此外，增加粮食等主要农产品供给有许多比目标价格政策更有效的政策和措施。在水土资源约束条件下，促进农业生产和降低农产品生产成本的根本措施是提高农业生产力，而提高农业生产力主要依靠农业技术进步、水利基础设施改善、土壤改良（如中低产田改造）和农业资源优化利用等方面的政策。增加对以上领域的投入，不但能提高农产品供给能力，还可显著降低农产品生产成本，缓解农产品成本（"地板"）上升的趋势。

（2）目标价格制度的设计和完善。

第一，目标价格政策所涉及的产品不宜过广。第二，目标价格的政策目标应以抵御市场风险为主，以促进农民增收为辅。目标价格政策中的目标价格不宜采取"生产成本+基本收益"的原则来确定，对拟实施目标价格政策的产品，目标价格应依据其长期价格变动趋势而定，主要目的是抵御市场风险。赋予目标价格政策过多的目标，将对未来长期执行这一政策带来挑战。第三，建立目标价格补贴专项基金。这是因为，目标价格政策一旦启动，就有产生高昂的财政成本的可能，而国家只能在收购采价期结束后才知道具体的财政成本。第四，完善补贴方式。可以借鉴美国和韩国经验，仅以过去固定年份的种植面积为基础来确定补贴额，并保持多年不变，而不是按照当期的种植面积和产量进行补贴。这样做既可降低政策实施成本，又减少对农户当年优化资源配置的干预，也可规避"转圈棉"问题，还可消除年年核查面积可能造成的干群矛盾等社会不稳定问题。第五，推广新疆棉花目标价格改革试点的成功经验。改革试点的许多经验值得总结。例如，村民委员会对核查棉花种植面积的公示，既能震慑弄虚作假行为，又能促进村民相互监督；使用全球定位系统（global positioning system，GPS）核查面积，能显著提高核查效率和准确性；领导重视和各部门通力合作，推动相关工作适时完成。

二、市场干预和改革对主要农产品国内外市场价格传导机制影响

（一）研究背景

2006~2008年上半年全球粮食价格出现大幅上涨，但2011年和2012年又大幅回落，紧接着在2011年和2012年又经历了两个小高峰。为了防止国际粮食价格大幅波动对国内粮食市场的影响，各个国家都采取了一系列政策措施。我国政府也采取了一系列政策干预措施，并成为少数几个成功应对粮食危机影响的国家之一。此次全球粮食危机，为衡量政策干预对空间价格传递机制的影响提供了良好的契机。

（二）数据选择及区间划分

本书选取大豆（完全开放农产品）和玉米（不完全开放农产品）两种开放程度不同的产品，用以比较政策实施效果在不同市场开放程度的商品上的差异。玉米贸易量和价格趋势与大豆进口量和价格趋势分别见图3.16和图3.17。

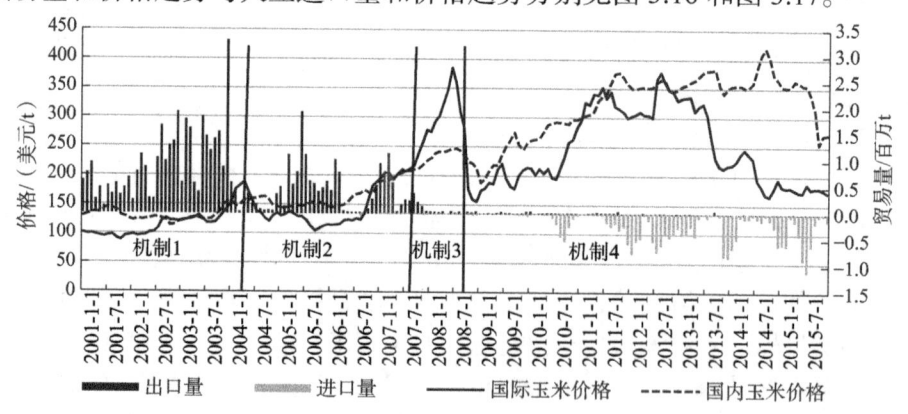

图3.16 玉米贸易量和价格趋势（2001~2015年）

国际市场的玉米价格为伊利诺伊州港口2号黄色玉米的FOB价格，加上从伊利诺伊州港口到中国主要港口的平均运费。国内市场价格为郑州批发市场2号黄玉米的批发价。我们使用郑州批发市场的价格，是因为它是中国最主要的批发市场之一，自20世纪90年代末以来，国内市场基本上就已经整合在一起。所有的价格单位均使用官方汇率换算成美元/t

资料来源：FOB价格数据来自Bloomberg，运费数据来自中国石油网，国内批发价格数据来自郑州批发市场，出口和进口数据来自中国海关总署

第三章　中国农产品供需市场与食物安全的政策研究　·69·

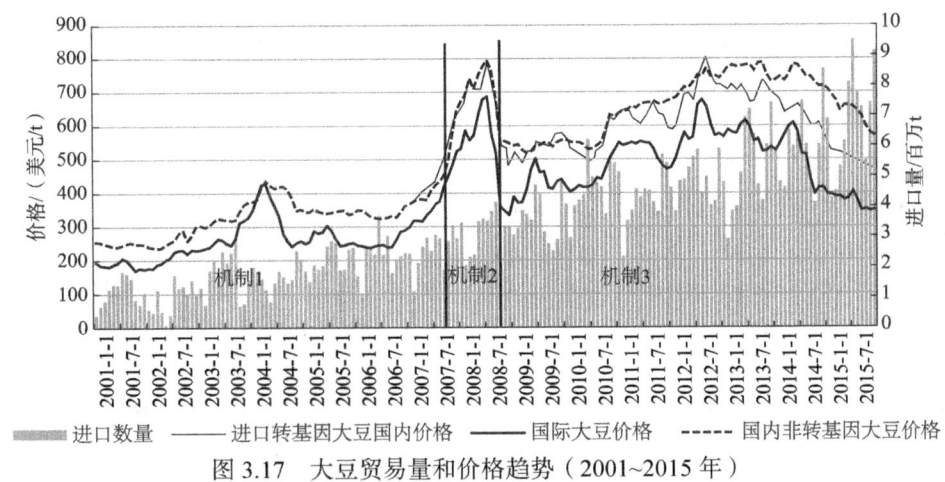

图 3.17　大豆贸易量和价格趋势（2001~2015 年）

国际市场大豆价格为伊利诺伊州港口 1 号黄大豆（主要是转基因大豆）的 FOB 价格，加上从伊利诺伊州港口到中国主要港口的平均运费。国内大豆价格有两个：一个是郑州批发市场 3 号非转基因黄大豆的批发价，另一个是进口转基因大豆的价格，进口大豆主要通过国境贸易卖到中国市场，其周度价格数据仅从 2007 年 1 月开始
资料来源：FOB 价格数据来自 Bloomberg，运费和进口转基因大豆的价格来自中国石油网，国内批发价格来自郑州批发市场，进口数据来自中国海关总署

首先根据各市场采取的政策干预措施划分不同的政策区间，其次分别用政策区间误差修正模型研究政策干预对国际国内市场整合程度的影响。具体讲大豆市场分为以下几个时期：2001 年 1 月~2007 年 8 月放开市场阶段；2007 年 9 月~2008 年 9 月应对粮食危机阶段；2008 年 10 月~2015 年 12 月国内政策价格支持阶段。玉米市场分为以下几个时期：2001 年 1 月~2004 年 4 月出口促进阶段；2004 年 5 月~2007 年 8 月消除政策扭曲阶段；2007 年 9 月~2008 年 9 月应对粮食危机阶段；2008 年 10 月~2015 年 12 月国内政策价格支持阶段，具体的区间划分见表 3.10。

表 3.10　2001~2005 年玉米和大豆的政策区间划分

玉米		大豆	
政策区间	时期	政策区间	时期
区间 1	2001/1~2004/4	区间 1	2001/1~2007/8
区间 2	2004/5~2007/8	区间 2	2007/9~2008/9
区间 3	2007/9~2008/9	区间 3	2008/10~2015/12
区间 4	2008/10~2015/12		

（三）计量模型及结果

研究政策干预对价格传导机制影响的计量模型主要有机制转换模型、马尔可夫转换误差修正模型和平滑转移协整模型，但是后两者在政策区间过多时的效果仍存有异议，故而本书直接在不同的政策区间上使用 Johansen 的误差修正模型进行计量分析。误差修正模型如下：

$$\begin{pmatrix} \Delta y_t \\ \Delta x_t \end{pmatrix} = \begin{pmatrix} \mu_t \\ \mu_t \end{pmatrix} + \begin{pmatrix} \alpha_t \\ \alpha_t \end{pmatrix}(y_{t-1} - \beta x_{t-1}) + A_1 \begin{pmatrix} \Delta y_{t-1} \\ \Delta x_{t-1} \end{pmatrix} + \cdots + A_K \begin{pmatrix} \Delta y_t - K \\ \Delta x_t - K \end{pmatrix} + \begin{pmatrix} \Delta \varepsilon_t \\ \Delta \varepsilon_t \end{pmatrix} \quad (3.1)$$

式中，β 为长期协整系数，β 越接近1（$\beta=1$ 意味着一个市场的价格波动能完全传导到另一个市场），市场整合程度越高；α 为误差调整系数（α 越接近-1，表示短期波动能越快地恢复到长期均衡状态），用来衡量当变量之间的关系偏离长期均衡时，恢复到均衡状态的速度；$A_1,\cdots,A_K$ 表示滞后项的短期传导系数。2001~2015 年迹统计量检验如表 3.11 所示，检验结果表明，所有价格序列都是非平稳的或者 I（1）。

表 3.11　2001~2015 年迹统计量检验

市场组合	样本数	迹统计量	最大阶数
玉米：国际价格向国内批发价格的传导			
全样本			
H_0: $r=0$ vs H_1: $r \geq 1$	728	14.67	0
H_0: $r \leq 1$ vs H_1: $r \geq 2$		2.50	
机制 1			
H_0: $r=0$ vs H_1: $r \geq 1$	162	4.79	0
H_0: $r \leq 1$ vs H_1: $r \geq 2$		0.97	
机制 2			
H_0: $r=0$ vs H_1: $r \geq 1$	169	15.88*	1
H_0: $r \leq 1$ vs H_1: $r \geq 2$		1.44	
机制 3			
H_0: $r=0$ vs H_1: $r \geq 1$	53	13.85	0
H_0: $r \leq 1$ vs H_1: $r \geq 2$		5.71	
机制 4			
H_0: $r=0$ vs H_1: $r \geq 1$	344	10.71	0
H_0: $r \leq 1$ vs H_1: $r \geq 2$		1.23	
大豆：国际价格向国内非转基因大豆价格的传导			
全样本			
H_0: $r=0$ vs H_1: $r \geq 1$	728	36.31**	1
H_0: $r \leq 1$ vs H_1: $r \geq 2$		3.37	
机制 1			
H_0: $r=0$ vs H_1: $r \geq 1$	331	31.50**	1
H_0: $r \leq 1$ vs H_1: $r \geq 2$		1.20	
机制 2			
H_0: $r=0$ vs H_1: $r \geq 1$	53	20.52**	1
H_0: $r \leq 1$ vs H_1: $r \geq 2$		5.51	

续表

市场组合	样本数	迹统计量	最大阶数
机制 3			
$H_0: r=0$ vs $H_1: r \geq 1$	344	15.63*	1
$H_0: r \leq 1$ vs $H_1: r \geq 2$		3.18	
大豆：国际价格向国内转基因大豆价格的传导			
机制 2			
$H_0: r=0$ vs $H_1: r \geq 1$	53	16.55*	1
$H_0: r \leq 1$ vs $H_1: r \geq 2$		2.77	
机制 3			
$H_0: r=0$ vs $H_1: r \geq 1$	344	28.82**	1
$H_0: r \leq 1$ vs $H_1: r \geq 2$		2.28	

**、*分别表示在 5%、10%的水平下显著

根据以上检验结果，我们进行 Johansen 协整分析，分析结果见表 3.12。

表 3.12 2001~2015 年玉米和大豆国际市场向国内市场的价格传导

机制	长期关系存在（是或否）	如果是	
		长期协整系数（β）	调整速度系数（α）
玉米			
全样本	否		
机制 1	否		
机制 2	是	0.55*	-0.03*
机制 3	否		
机制 4	否		
非转基因大豆			
全样本	是	1.04**	-0.03**
机制 1	是	0.86**	-0.05**
机制 2	是	0.98**	-0.23**
机制 3	是	1.20**	-0.01**
转基因大豆			
机制 2	是	0.97**	-0.29**
机制 3	是	0.82**	-0.08**

**、*分别表示在 5%、10%的水平下显著

第一，基于全样本和各政策机制分析得出的不同结果进一步表明，如果在一段时期内政策发生巨大的变化，那么就需要对不同政策机制下的价格传导进行检验。第二，没有证据可以表明玉米价格从国际市场向国内市场进行传导。第三，尽管政策区间 2（2004~2007 年）存在玉米价格的国际国内传导，但其调整速度相当缓慢。α 的估计参数仅为-0.03，且在 10%的显著性水平下显著。这意味着，在 2004~2007 年，国际市场价格受到一单位的冲击，即使比较温和（β=0.55），国内市场价格仍然需要较长的时间才能回归均衡点。第四，与玉米不同，国内与国际大豆市场价格高度协整，估计结果表明存在国际到国内大豆市场的价格传导。第五，虽然在大豆的各子区间内，其调整速度的估计参数都为负且在 5%的显著性水平下显著，但价格调整的速度在各政策机制上都有显著的差异。

（四）主要结论

无论是全样本分析，还是按政策区间分段研究，国内大豆市场均与国际市场整合，任何对大豆市场或价格的干预政策都基本无效；临时收储政策实施之后，国内非转基因大豆和国际转基因大豆市场的整合程度降低；全球粮食危机期间，由于空间套利机制更加活跃，国内国际大豆市场高度整合。大豆市场国际国内长期协整系数为 0.98，即国际市场的价格波动 1%会带来国内大豆市场价格波动 0.98%，国际大豆价格波动几乎可以完全传导到国内；调整速度系数均负向显著，意味着遭受短期冲击均衡被打破后，可以靠市场自身恢复到原来的均衡状态。国内玉米市场和国际市场的整合程度完全取决于政策干预程度，只有取消政策扭曲的阶段，国际价格才可以传导到国内，对玉米市场或者价格的干预才有效。玉米市场在机制 2 长期协整系数为 0.55，远小于 1，且调整速度系数较小。当外界冲击使得价格偏离均衡状态后，单靠市场力量需要很长时期才能使二者回到原来的均衡水平。

玉米和大豆估计结果的不同及国内非转基因大豆与转基因大豆估计结果的类似具有重要的政策启示。尽管 2008~2013 年，中国政府对玉米和大豆都实行了临时收储政策，但事实上只提高玉米的国内价格（图 3.16），而没有提高大豆的国内价格（图 3.17）。尽管大豆的临时收储政策在短期内提高了国内非转基因大豆的价格，但过不了多久它就会回归到与国际价格一致的节奏。此外，国内非转基因大豆和转基因大豆的价格与国际市场转基因大豆的价格高度协整，如果中国政府提高了国内非转基因大豆的价格，那么这将不仅有利于国内的转基因大豆生产者，也有利于国外的大豆出口商和生产者。

第五节 国家食物安全预测模型系统及政策模拟

一、国家食物安全预测模型系统构建

国家食物安全中长期预测模型系统包括 CAPSiM、全球一般均衡（global trade analysis project，GTAP）模型和两模型连接传导机制三部分组成。国家农业部门均衡模型基于作者团队已有的 CAPSiM，对其食物需求系统、供给系统和价格传导系统做了全面地改进。GTAP 模型是美国普渡大学开发的多国家可计算一般均衡模型，本书对标准的 GTAP 模型在农民类型、城乡二元结构、关键参数和空间互动等方面做了较大的改进。

本书重点构建了国家模型与全球模型之间的软连接模块、动态软连接模块及在国家 CGE 模型与 GTAP 模型之间构建了硬连接模块。在具体应用过程中，根据研究问题及数据可获得性等，选择相应的模块开展研究。

软连接模块构建的主要思路是在调整国家 CAPSiM 的出口供给和进口需求模块基础上，分别将 GTAP 模型中世界其他国家对中国农产品的出口需求价格和进口供给价格传导到国家 CAPSiM 中。

动态软连接模块构建的主要思路是通过贸易/国际价格的动态反馈，充分发挥全球模型和国家模型的优点，并克服了两个模型在针对特定问题研究时存在的理论和方法上的缺陷。全球和国家模型的动态连接方法框架图见图 3.18。

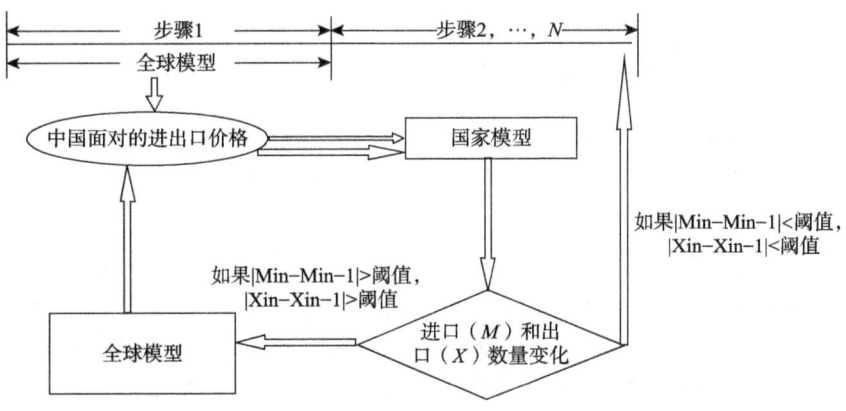

图 3.18 全球和国家模型的动态连接方法框架图

硬连接模块构建的主要思路是将全球模型和国家模型的商品进出口部门关联起来，实现双向价格传导，同时求得两个模型的均衡结果，从本质上讲，是将两个独立的模型整合为一个新模型。在实施硬连接方法时，关联全球模型和国家模型中商品进出口价格、进出口量的变化，"关闭"全球模型的中国部分，"打开"国家模型，从而利用国家模型替代全球模型的中国部分（图3.19）。

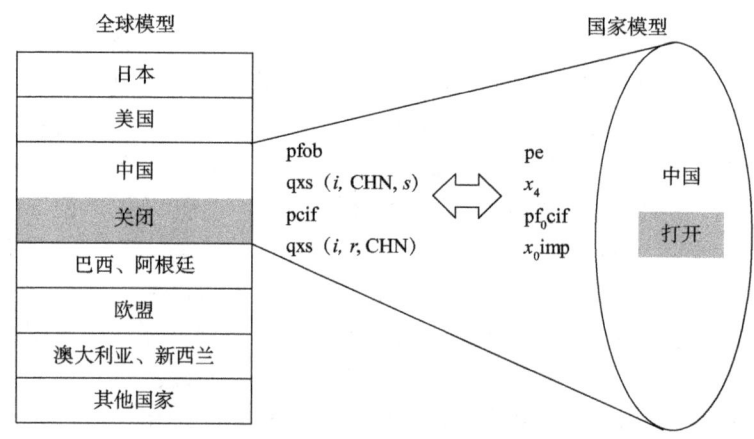

图 3.19　国家模型与全球模型硬连接模块

二、至 2035 年中国农产品供需预测与食物安全

我们采用 CAPSiM 对中长期（2015~2035 年）中国农产品供给与需求进行预测分析。

（一）基准方案宏观经济与社会指标设定

为了分析至 2035 年中国不同农产品供需变化，我们对经济增长、城镇化率、未来工资增长率、城乡收入价格弹性和不同产品的技术进步做了一系列假设和判断。这主要包括以下六个方面。

（1）GDP 增长率：在 2021~2025 年，年均 GDP 增长 5%~6%；在 2026~2030 年，年均 GDP 增长 4%~5%；在 2031~2035 年，年均 GDP 增长保持在 4% 以上。

（2）居民收入：未来农村和城镇居民之间的收入差距会逐渐减小。与此同时，最近 5 年的变化趋势表明农村居民收入增长快于城市居民。因此，我们假设在 2020~2025 年，农村居民人均可支配收入年均实际增长 6.2%，2026~2035 年，年均实际增长 5.3%；2016~2025 年，城镇居民人均可支配收入年均实际增长 5.6%，2020~2035 年，年均实际增长 4.8%，低于农村居民人均实际可支配收入增长率。

（3）人口增长率：根据《国家人口发展规划（2016—2030 年）》，中国总人口将在 2030 年前后达到峰值。为此，预计 2021~2025 年，年均人口增长率为 0.21%；2026~2030 年，年均人口增长率为 0.10%，到 2030 年人口达到 14.5 亿；2031~2035 年，人口总量略微下降，维持在 14 亿~14.5 亿的水平。

（4）城镇化率：中国的城镇化率不断提高。2021~2025 年城镇化率预计年均提高 1.5%，城镇化率到 2025 年达到 64%；2025~2030 年城镇化率年均提高 1.6%，城镇化率到 2030 年达到 70%；2031~2035 年城镇化率年均提高 1.7%，城镇化率到 2035 年达到 75%左右。

（5）技术进步：国家将继续加大农业科技投入，但是随着单产提高边际成本增加，科技水平的贡献率有下降趋势。

（6）国际贸易影响：国际农产品价格在 2020~2025 年主要参考美国农业部（United States Department of Agriculture，USDA）和 OECD-FAO 农业展望的预测结果，在 2026~2035 年国际农产品价格平稳。

（二）中国主要农产品供需趋势预测

预测结果见表 3.13 和表 3.14。主要结论如下：在现有农业发展方式和政策背景下，未来许多农产品供需失衡将更为突出，进口增长的局面将延续到 2035 年。

表 3.13 主要农作物至 2025 年、2035 年供需平衡（万 t）及播种面积（$10^3 hm^2$）的预测

指标	大米	小麦	玉米	大豆	棉花	油籽	食糖	蔬菜	水果
2025 年									
播种面积	26 231	20 812	36 281	5 225	3 212	13 201	1 308	21 331	15 370
产量	13 546[1)	11 669	23 526	1 134	521	918[2)	1 284	40 153	24 277
进口	282	207	2 022	9 856	183	145	929	24	339
出口	34	18	1	11	3	2	4	1 437	388
净进口	248	190	2 022	9 845	180	143	925	-1 414	-49
总需求	13 792	11 858	25 591	10 980	702	1 061	2 208	38 740	24 228
居民消费	10 051	8 256	642	10 742	0	995	1 333	28 425	13 169
人均消费/kg	70	58	4	75	0	7	9	199	92
饲料粮需求	796	1 157	15 216	66	0	0	0	0	0
种子需求	214	554	182	48	0	14	0	0	0
工业需求	1 510	1 355	8 481	96	696	29	775	1 767	6 696
产后损失	1 222	535	1 070	29	6	24	100	8 547	4 363
自给率	98%	98%	92%	10%	74%	87%	58%	104%	100%

续表

指标	大米	小麦	玉米	大豆	棉花	油籽	食糖	蔬菜	水果
2035 年									
播种面积	23 445	18 997	35 469	5 061	2 691	12 076	918	20 337	14 728
产量	12 575[3)]	11 038	24 789	1 156	469	893[4)]	944	41 726	27 695
进口	271	205	5 624	10 502	232	131	1 405	21	323
出口	36	18	0	10	2	2	3	1 598	407
净进口	235	187	5 624	10 491	229	129	1 402	-1 577	-84
总需求	12 782	11 213	30 452	11 669	698	1 026	2 351	40 168	27 637
居民消费	9 077	7 494	450	11 412	0	956	1 369	29 669	14 705
人均消费/kg	62	52	3	79	0	7	9	204	101
饲料粮需求	581	1 093	17 949	65	0	0	0	0	0
种子需求	209	543	181	47	0	14	0	0	0
工业需求	1 752	1 573	10 855	117	693	33	882	1 952	8 782
产后损失	1 162	509	1 018	28	6	22	100	8 547	4 150
自给率	98%	98%	82%	10%	67%	87%	40%	104%	100%

1）表示按照 70%出米率计算，换算为水稻产量 19 351 万 t（2025 年）
2）表示按照 25%出油率计算，换算为油料产量 3 672 万 t（2025 年）
3）表示按照 70%出米率计算，换算为水稻产量 17 964 万 t（2035 年）
4）表示按照 25%出油率计算，换算为油料产量 3 572 万 t（2035 年）
资料来源：CAPSiM 模拟结果

表 3.14 畜产品和水产品至 2025 年、2035 年供需平衡预测：在大量进口饲料粮的情况下

单位：万 t

指标	猪肉	牛肉	羊肉	禽肉	禽蛋	牛奶	水产品
2025 年							
生产	5 814	623	451	2 007	2 387	5 121	3 511
进口	104	111	47	51	0	1 978	522
出口	20	0	0	52	7	5	432
净进口	84	111	47	-1	-7	1 973	90
总需求	5 801	717	424	1 996	2 269	6 996	3 601
居民需求	5 705	701	350	1 987	2 158	6 899	36 012
人均消费/kg	41	5	3	14	16	49	25
自给率	99%	85%	91%	100%	100%	72%	98%
2035 年							
生产	6 415	696	492	2 166	2 389	5 652	3 883
进口	132	211	89	65	0	2 677	594
出口	16	0	0	41	6	4	380
净进口	116	211	89	24	-6	2 673	214
总需求	6 538	906	586	2 188	2 384	8 362	4 114

续表

指标	猪肉	牛肉	羊肉	禽肉	禽蛋	牛奶	水产品
居民需求	6 442	889	512	2 178	2 273	8 264	4 114
人均消费/kg	44	6	4	15	16	57	28
自给率	98%	77%	85%	99%	100%	68%	95%

资料来源：CAPSiM 模拟结果

我国粮食饲料需求增长到 2035 年将显著高于国内生产增长，自给率将不断下降。除口粮（大米和小麦）能基本自给外，玉米和大豆进口需求将不断增长。如果不采用玉米关税配额制管理，2025 年和 2035 年玉米进口将分别达到 2 022 万 t（自给率92%）和 5 624 万 t（自给率82%）；大豆进口也将从2015年的 8 100 多万 t 增加到 2035 年的 1.1 亿万 t。如果实施玉米进口关税配额制（7.2 万 t 配额内关税 1%，配额外关税 65%），畜产品进口将显著增长。

除蔬菜和水果外，其他农作物产品供需缺口将逐渐扩大。食糖自给率将由 2015 年的 76%降低到 2035 年的 40%；同期，棉花的自给率从 76%下降到 67%，但蔬菜和水果将继续保持较弱的比较优势，自给率将保持在 100%以上。

养殖业除水产品外，其他畜产品的生产和供需缺口将很大程度上取决于饲料粮贸易政策和草牧业发展。到 2035 年水产品供需基本平衡，但畜产品供需平衡存在不确定性。在限制玉米进口和不重视草牧业发展的情况下，猪禽肉、牛羊肉和奶制品进口将显著增长，并高度依赖于国际市场供给。如果放开饲料粮市场，通过进口饲料发展国内畜牧业，猪禽产品供需能基本保持平衡，牛羊肉和奶制品进口增加，到 2035 年自给率在 2015 年基础上下降 10%~20%。

（三）主要政策方案情景下未来食物安全状况模拟

本节就中长期对农产品供需影响较大的政策方案开展评估研究，主要包括：①影响种植业生产力的技术方案（以抗虫转基因玉米产业化为例）；②不同城镇化进程；③不同温升的气候变化情景；④食物安全与资源安全政策方案（如完全自给还是适度进口食物的战略选择，提高灌溉效率政策方案）。

1. 抗虫转基因玉米产业化的经济影响

首先基于田间实验数据和专家判断法，获得转基因抗虫玉米在不同病虫害严重程度下的主要特性。其次利用 GTAP 模型，设置不同病虫害严重程度情景模拟抗虫转基因玉米产业化种植的潜在经济影响。

如果未来能够推动农业生物技术的发展，将在一定程度上提高我国玉米自给率。在农田层面，抗虫转基因玉米将提高玉米单产，减少杀虫剂和劳动力使用。整体而言，抗虫转基因玉米技术的采用能够提高玉米产量，降低玉米价格，提高玉米自给率。玉米自给率在一般虫害情境下能够提高约 2%。转基因玉米完全商业化对玉米供需的影响见表 3.15。

表 3.15 2025 年转基因玉米对我国玉米产业的影响

影响指标		基线方案	不同虫害严重程度下转基因玉米的影响		
			较轻	一般	较重
百分比变化	价格		−3.93	−8.33	−12.32
	产量		2.39	5.03	7.70
	单产		3.09	6.18	9.26
	播种面积		−0.59	−0.94	−1.25
	进口		−11.31	−19.81	−33.23
	出口		10.17	17.62	30.39
数量变化	产量/10^3t	234 590	5 607	11 802	18 066
	单产/（t/hm^2）	6.50	0.20	0.40	0.60
	播种面积/$10^3 hm^2$	36 200	−214	−340	−452
	进口/10^3t	19 890	−2 250	−3 940	−6 609
	出口/10^3t	10	1	2	3

注：基线方案下不执行关税定额政策
资料来源：笔者计算

转基因抗虫玉米技术的采用不仅对玉米产业产生影响，而且对整个社会经济产生正面效应。在国家层面，在一般的病虫害情况下，转基因抗虫玉米的商业化将提高我国 GDP 约 534 亿元（表 3.16）。另外，转基因抗虫玉米商业化将增加消费者福利和畜牧业的收益。转基因抗虫玉米种植将节约农地，其他作物也将从中受益（表 3.16），但是，由于杀虫剂使用的减少，化工部门的收益将减少。

表 3.16 2025 年转基因抗虫玉米产业化对我国宏观经济的影响

宏观经济指标	不同虫害严重程度下转基因抗虫玉米的影响		
	较轻	一般	严重
实际 GDP 变化比例	0.03%	0.05%	0.08%
实际 GDP 变化/亿美元	41.3	85.8	137.2

注：基线方案下不执行关税定额政策
资料来源：笔者计算

2. 城镇化进程对中国食物安全的影响

城镇化将使农产品进口增长，食物自给率下降，但是进口增长幅度相对较小，不会对进出口造成很显著的影响。虽然国内部分定性研究指出，城镇化会加剧农业用水竞争、侵占耕地和提高劳动成本从而对农业生产造成显著影响。然而，我们数量研究的结果并不支持这一观点。

城镇化将导致国内多数农产品产出下降，价格上涨，国际竞争力降低，从而促使多数农产品进口增长，出口下降。如表 3.17 所示，农产品出口除大豆小幅增长外，其他农产品都有不同幅度的下降；与此相反，农产品进口除大豆少量降低外，其他农产品进口都有所增长，但是从变化幅度来看，相对于基准方案的变化幅度都较小。例如，城镇化提高 1 个百分点，农产品出口的变化幅度在 −2.83%~0.12%波动，而进口为 −0.11%~2.75%。由于城镇化率对生产的影响不大，贸易上的变化与生产变化是相一致的。而且，这种变化在净进口量再次得到体现，除了大豆净进口降低以外，其他农产品净进口都有所增长，但是增长量很有限。例如，相对于基准方案，城镇化增加 1 个百分点粮食净进口增长 27.5 万 t（表 3.17），这种增长相对于基准方案 10 583 万 t 的净进口量而言是很小的，并不会对贸易的总体趋势产生显著影响。

表 3.17 相对于基准方案，城镇人口增长 1 个百分点对中国农产品贸易的影响

作物种类	出口		进口		净进口/10^3t
	百分比	出口量/10^3t	百分比	进口量/10^3t	
粮食	−0.93	−26.69	0.23	248.58	275.3
大米	−2.83	−14.6	2.75	35.2	49.8
小麦	−1.94	0	1.89	50.9	50.9
玉米	−0.57	−0.8	1.18	233.5	234.3
大豆	0.12	0.4	−0.11	−95.8	−96.2
植物油	−0.87	−0.2	0.88	17.8	18.0
食糖	−0.90	−0.6	0.87	26.3	26.9
蔬菜	−0.69	−44.5	0.70	4.5	49.1
水果	−0.58	−21.2	0.60	25.3	46.5
猪肉	−0.46	−0.3	0.46	3.4	3.7
牛肉	−1.00	0	0.95	1.6	1.6
羊肉	−0.80	0	0.81	2.7	2.7
禽肉	−0.48	−0.9	0.50	0.3	1.2
禽蛋	−0.45	−0.2	0.46	0	0.2
牛奶	−0.23	−0.1	0.20	23.6	23.7
水产品	−0.30	−9.2	0.27	8.1	17.3

资料来源：CAPSiM 模拟结果

3. 气候变化对中国农业的影响

为了评估气候变化对中国农业的影响及分析贸易和市场反应的作用，本章使用了 CAPSiM 来评估国内市场反应下气候变化对农业的影响；然后使用考虑国内市场和国际贸易反应的 CAPSiM-GTAP 来评估气候变化对农业的影响。

气候变化将对中国未来的作物生产产生不同程度的影响。根据 CAPSiM 结果，在 RCP 2.6 和 RCP 8.5 情景下，大米、小麦和糖料将因气候变化而遭受减产（表 3.18），其中预测小麦到 2050 年的减产率最为严重（RCP 2.6 情景下减产率

为1.61%，RCP 8.5情景下减产率为4.28%）。需要指出的是，气候变化对这些作物生产的影响小于计量经济模型所估计的减产率。2050年，小麦在RCP 8.5情景下的减产率（4.28%）不到气候变化导致的减产率（9.39%）的一半。当气候变化影响农作物产量时，农民可以根据其在以往类似情况下的经验，通过改进生产实践，如增加田间管理的频率和强度、灌溉、除草、采用抗旱品种，至少弥补部分气候变化造成的产量损失。这表明，国内市场在减缓气候变化影响方面发挥着重要作用。

表3.18　在RCP 2.6和RCP 8.5情景下，气候变化对中国作物产量的影响

作物种类	RCP 2.6				RCP 8.5			
	CAPSiM		CAPSiM-GTAP		CAPSiM		CAPSiM-GTAP	
	2030年	2050年	2030年	2050年	2030年	2050年	2030年	2050年
水稻	−0.27%	−0.46%	−0.28%	−0.55%	−0.30%	−0.67%	−0.21%	−0.22%
小麦	−0.92%	−1.61%	−0.97%	−2.21%	−1.95%	−4.28%	−1.92%	−4.03%
玉米	0.24%	0.20%	0.40%	3.58%	−0.11%	−0.64%	1.01%	1.93%
大豆	0.38%	0.29%	1.48%	2.98%	0.00%	−1.47%	4.26%	16.75%
棉花	−0.48%	0.74%	−0.10%	2.35%	2.07%	3.57%	2.49%	9.30%
油料作物	0.06%	0.17%	0.11%	0.23%	0.19%	−0.10%	0.41%	0.72%
糖料作物	−0.11%	−0.21%	−0.15%	−0.45%	−0.32%	−0.66%	−0.53%	−1.53%

注：基准年为2012年

资料来源：CAPSiM和CAPSiM-GTAP模拟结果

此外，其他国家的气候变化影响将造成跨境涟漪效应，并进一步减缓气候变化对中国农业的影响（图3.20）。例如，CAPSiM预测，在RCP 8.5情景下，2050年的大豆产量将略微下降（−1.47%）；而CAPSiM-GTAP预测的大豆产量将显著增加（16.75%）。这种效应可能归因于气候变化对中国和其他国家大豆产量的相反影响：虽然中国的大豆产量预计将略微增加（表3.18），但巴西、阿根廷和美国等主要出口国的产量预计将大幅减少。这些出口国的大豆减产将导致全球市场供给量严重短缺，而这将进一步激励中国的大豆种植户提高大豆产量。因此，CAPSiM-GTAP预测中国的大豆产量将增加。玉米生产中也发现了类似的国际贸易效应，CAPSiM预测2050年，RCP 8.5情景下的玉米产量将略微下降（−0.64%），但CAPSiM-GTAP预测玉米产量将略微增加（1.93%）（图3.20）。虽然，在RCP 8.5情景下，CAPSiM模拟结果显示水稻和小麦产量均会下降，但CAPSiM-GTAP预测的减产率少于CAPSiM（图3.20）。例如，CAPSiM预测，RCP 8.5情景下2050年的小麦产量将减少4.28%，而CAPSiM-GTAP预测的减产率为4.03%。这些结果表明，考虑到国际贸易在气候变化评估中的作用，气候变化对中国农业的负面影响将进一步（至少部分会）减少。

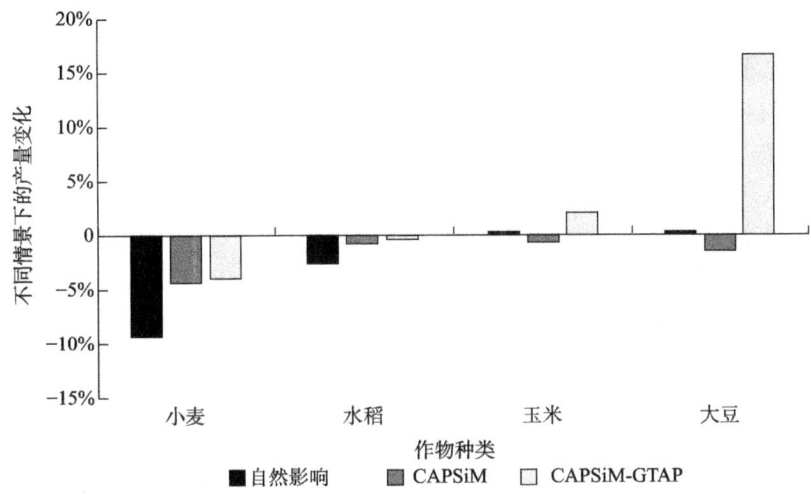

图 3.20 2050 年,CAPSiM 和 CAPSiM-GTAP 预测的 RCP 8.5 情景下,作物自然影响和产量变化比较(基准年为 2012 年)

4. 资源安全与食物安全政策方案

中国保障粮食安全背后是以水土资源的耗竭和环境不可持续发展为代价的。近年来,中国提出了统筹用好国内外"两个市场、两种资源"。这里分析食物贸易对保障资源安全的贡献,将帮助回答如何平衡食物安全与资源安全,如何科学调整食物生产结构,如何促进现代农业转型。

1)食物贸易与资源安全

2000 年以来,不断增加的食物净进口帮助中国节约了大量水土资源。在 2000 年,食物贸易帮助中国节约了 183 亿 m^3 的水资源(作物所需灌溉水和降水之和)。到 2015 年,食物贸易帮助中国节约了 2 155 亿 m^3 水资源。在 2000 年,食物贸易所节约的土地资源量为 360 万 hm^2(占当年耕地面积的 2.8%);到 2015 年,土地资源节约量达 4 670 万 hm^2(占当年耕地面积的 34.6%)(表 3.19)。如果 2015 年进口的大豆全部在国内生产,所需耕地面积将达当年国内大豆播种面积的 7 倍左右。

表 3.19 2000~2015 年中国食物贸易带来的国内资源节约量及对全球的贡献

年份	国内资源节约量		全球资源节约量	
	水/亿 m^3	土/万 hm^2	水/亿 m^3	土/万 hm^2
2000	183	360	114	190
2005	614	1 410	288	490
2010	1 401	3 100	620	1 170
2015	2 155	4 670	954	1 520

中国食物贸易也为全球的资源安全有所贡献。其原因是中国每生产一单位的食物所需水土资源超过主要贸易伙伴国。表 3.19 显示,全球水资源节约量从 2000 年的 114 亿 m³ 增加到了 2015 年的 954 亿 m³,增长了约 7.4 倍。中国食物贸易为全球的土地资源节约量从 2000 年的 190 万 hm² 增加到 2015 年的 1 520 万 hm²。

2)未来食物贸易与水土资源安全

在基准情景基础上,构建了两个政策情景:①情景 S1,中国的灌溉效率每年都提高 0.5%;②情景 S2,灌溉效率每年都提高 1.0%。预测表明,国内和全球未来都将保持虚拟水、虚拟土资源节约的趋势。2035 年,随着农产品供需结构的变化,中国农产品进出口数量将发生显著变化。农产品贸易中隐含的虚拟水、虚拟土资源净进口也将为中国节约大量的水土资源。

在基准情景下,2035 年虚拟水的进口将为中国节约水资源 2 948 亿 m³;2035 年中国食物贸易也显著地节约了国内的土地资源,约 5 931 万 hm²(表 3.20),如果这些农产品在国内生产,占 2015 年全国耕地面积的 44%。

表 3.20　2035 年中国农产品进口对本国和全球资源节约预测

情景	水资源节约/亿 m³		土地资源节约/万 hm²	
	本国	全球	本国	全球
基准情景	2 948	1 276	5 931	1 403
情景 S1	2 821	1 144		
情景 S2	2 752	1 059		

预测表明,由于中国是水土资源高强度利用的国家,而出口国多数是水土资源低强度利用国家,2015 年的中国食物贸易为全球节约了 954 亿 m³ 虚拟水和 1 520 万 hm² 耕地,2035 年由于中国增加了食物的进口,更为全球节约 1 276 亿 m³ 的淡水资源和 1 403 万 hm² 耕地。中国未来食物的适度进口不但保障了中国的水土资源安全,还将为全球农业可持续发展做出重要贡献。

灌溉效率的提高会改变中国农产品贸易对本国和全球虚拟水资源节约的影响,但总体而言,2035 年农产品进口将帮助中国节约 30%~40%的灌溉水,对全球水资源节约 1 059 亿~1 144 亿 m³。具体来讲,假如中国每年都提高灌溉效率 0.5%(情景 S1),国内虚拟水资源节约下降到 2 821 亿 m³,较没有灌溉效率提高的基准情景低 4.3%。灌溉效率的提高对全球虚拟水资源节约的影响更加明显,下降 10.3%(从 1 276 亿 m³ 下降到 1 144 亿 m³)(表 3.20)。在情景 S2 下,假如中国到 2035 年每年都提高灌溉效率 1%,相对于基准情景,国内和全球虚拟水节约将分别下降 6.6%和 17.0%。同时,中国农业灌溉效率的提高将显著节约国内农业生产需要的灌溉水。

第六节　主要结论和政策建议

"民以食为天",食物安全事关国家全局,是国际社会长期关注的问题,但保障国家食物安全,还有一系列的理论、方法和政策问题需要研究。本章总体目标是在分析主要因素对食物安全影响机理的基础上,建立国家食物安全预测系统,研究并提出保障食物安全的短期应对策略和中长期发展战略,主要围绕食物消费演变规律、农产品供给及其演变规律、食品价格波动规律、国家食物安全预测模型系统及保障国家食物安全重大政策与发展战略模拟五方面内容开展研究。研究结果表明,在食物需求方面,随着收入水平提高,城乡居民食物消费呈现明显不同的趋势,而且城市居民在外消费快速增长。城镇化将减少口粮需求,间接增加饲料粮需求,总体上有利于保障粮食安全。在不利的收入或支出重大冲击下,食物需求系统表现出不同的响应机制。在农产品生产方面,技术、投入、资源禀赋是约束农业生产的传统因素,但是生物技术、新型农业经营主体、气候变化等对农业生产的影响值得关注,尤其是在极端气候事件等非常规因素冲击下,需要重新估计农产品供给价格弹性。在食品市场方面,粮食市场政策干预改革对粮食价格形成产生重要影响,尤其是目标价格政策、供给侧结构性改革政策将对食品价格产生深刻影响,应渐进审慎实施,处理好政府与市场的关系。基于新构建的食物安全预测模型系统开展的多情景模拟,要逐渐从以粮棉油糖为主的财政支持体系向粮食、养殖业和其他高值农业同时并进的财政支持体系转变;通过食物的适度进口,减缓国内水土资源短缺压力;坚持技术创新等是提升中国农业生产力和竞争力的原动力。

第四章 中国农业科技创新体系与发展研究

第一节 背景介绍

一、研究背景

科技兴农是中国农业经济发展的必要条件,是夯实农业发展基础、提升农业发展能力和提高人民生活水平的根本途径。中国政府历来重视创新驱动现代农业发展这一工作。十六大以来,在连续多年出台的中央一号文件中都强调了大力推进农业科技进步的重要性,颁布了一系列促进农业科技创新和成果转化应用的相关政策,积极探索农业科研管理体制机制的改革与创新,并取得系列成就。据统计,农业科技进步贡献率由2012年的53.5%提高到2017年的57.5%[①],良种在粮食增产中的贡献率达到43%以上,2017年主要农作物耕种收的综合机械化率达到了67%,农业高新技术产业持续壮大、蓬勃发展。总体来说,农业农村科技发展取得的重大成就不仅为创新驱动乡村振兴发展奠定了良好基础,同时也证明了科技创新是推动"四化同步"、解决"三农"问题的路径所在。

虽然农业科技创新对中国现代农业发展的重要作用已成为社会各界的普遍共识,但伴随着国家整体实力的提升及产业结构的调整,中国农业科技创新体系存在的不足之处亦逐渐显现,具体体现以下几个方面。

(一)农业科研体制和运行机制尚不健全,未能适应创新驱动发展的战略要求

一是农业科研综合实力薄弱,整合能力差。具体表现如下:在学科结构、专

---

① http://www.gov.cn/shuju/2018-09/21/content_5324151.htm。

业设置上不尽合理。存在种植业学科多、其他学科少，传统学科多、新兴学科少，产中领域研究学科多、产前产后领域研究学科少的情形。在科技队伍上，人力资源总量大，但总体实力不强，缺少能够把握世界科技前沿和发展趋势及确定突破方向的领军人物和优秀团队。在农业科研项目上，常规技术研究多、高新和实用技术研究少，技术引进多、消化吸收形成自主知识产权的创新性成果少。在成果产出上，原始创新性成果少，已有成果的转化应用率低，科技成果供需脱节，不能满足现代农业发展的需求。

二是农业科技创新资金不足。资金不足是制约所有科技创新主体提升创新能力的重要原因，在农业科技创新中的表现尤为突出。从国际经验来看，农业领域研发经费占农业总产值的比重只有超过 2%，才有可能迈向全面自主创新的阶段和进军农业发达国家行列。2016 年，我国农业领域科技投入仅占农业总产值比重的 0.6%，这不仅显著低于发达国家 2%以上的水平，与农业科技公共性、基础性、社会性等特点不尽适应，更难以支撑我国农业科技实现"弯道超车"、跨越发展。同时，与发达国家对国家级农业科研机构稳定投入占比达 70%~80%的情况不同，我国主要以竞争性经费为主，缺乏可持续的稳定保障投入机制。

三是农业科技创新体制机制不完善。具体表现如下：农业科研力量的部门所有制突出，多侧重于纵向联系，横向沟通不够，导致农业科技创新效率低、浪费大。此外，农业产学研脱节，教学、科研、推广之间不协调，农业创新链、产业链衔接不紧和运行不畅，创新资源配置结构不优，农业科研方向、任务的调整尚未适应新阶段农业发展的需要，较少体现产业的发展需求及企业与用户的实际需要。农业科技单位中的公益性研究和经营性开发相互交织，造成分类管理不便，而技术推广和扩散中的市场化机制作用未能充分发挥和调动起来。

四是企业的技术创新主体地位尚未真正形成。具体表现如下：在创新动力上不足，大多倾向利用高校或科研院所的成熟技术来获得收益，不愿或无力承担农业科技创新投资大、见效慢、不确定性强的风险。创新能力不强、发展时间短、科技人员少，农业科技资源主要分布于公共科研教学机构，以利益联结机制为纽带的科企合作尚未全面铺开，企业借力公共科技资源、提升自主创新能力的意识不强。在创新投入上不够，我国农业企业技术创新投入在销售额中占比不到 1%，远低于发达国家 3%~5%的投入水平，难以同跨国农业企业相抗争。

（二）农业技术推广体制和运行机制有待完善

农业技术推广是传播科技创新成果和促进创新成果转化为实际生产力的重要手段，在确保农业技术从实验室到达田间地头的过程中起着关键作用。虽然近年来中央在支持农业技术推广体系发展和加大推广体系建设方面，投入了许多资金，也取得了显著成效，但由于各类原因，农业技术的供需矛盾仍然存在。具体表现如下：政府的技术供给内容、供给形式与农户实际需求之间存在较大差距，未能满足农户生产实际需要，这一问题在公益性农业技术服务中尤为突出。就供给而言，现有公益性农业技术服务供给组织均缺乏对农户实际需求、需求动机、积极性的了解；就需求而言，农户受限于群体身份的弱势地位，不愿意表达自己的技术需求意愿。农业技术供需矛盾的长期存在将最终影响农业现代化的顺利实现。

此外，农业技术推广事业发展的激励机制缺失。一是农业技术推广部门经费增长缓慢，经费总量极其有限。无论是县级还是乡级农业技术推广机构，其经费主要用于人员费用，而非开展农业技术推广活动（孙生阳等，2018），加之大部分地区取消了对农业技术人员的下乡补贴，这不仅严重打击了农业技术人员为农民提供技术服务的积极性，更导致农业技术服务这一行业对专业人员缺乏吸引力。二是选人用人实行公开招聘和考试制度，虽然在一定程度上限制了非正当途径向事业单位安排人员的情况，但是从实际运行来看，这一状况并未得到有效改善。同时，事业单位能进不能出、能上不能下的制度约束，亦限制了人员的自由流动。三是严格的编制管理和岗位设置，导致基层农业技术推广单位不仅无法对人员招录负责，同时亦缺乏制定招录人数及标准的权力，这极大地限制了专业人才的能力范围，制约了基层农业科技推广工作效率的提高。

（三）农业科技创新需要顺应社会发展新形势，满足农业经济发展新需要

农业科技创新的目标是不断提供并满足日益增长的农业农村经济社会发展对技术成果的需要。随着农业农村发展环境的不断变化，农业科技创新的方向亦应从实际出发，顺应经济社会发展对基础性、前沿性和适用性科技成果的真实需求。目前，我国正处于由传统农业向现代农业转变的特殊时期，面临乡村振兴、绿色化、城镇化、老龄化、气候变化等新情景，这些农业发展中的现实问题对农业科技创新的方向、成果转化应用工作提出了前所未有的新需求。

一是乡村振兴战略实施下的农业科技创新。乡村振兴战略的本质是推进农业农村现代化，农业农村现代化的关键在于科技的创新与进步。2018 年《中共科学技术部党组关于创新驱动乡村振兴发展的意见》指出：必须强化创新驱动能力，加快农业科技进步，为乡村振兴插上科技的翅膀。那么，如何基于"科技支撑"来实现"产业兴旺、生态宜居、乡风文明、治理有效、生活富裕"的乡村振兴目标，这应是今后农业科技创新与发展必须考虑的重要内容。

二是绿色化发展目标下的农业科技创新。随着居民收入增长和社会消费结构升级，人们对农产品质量安全提出了更高要求，加上大农业、大食物观念的确立，以往粗放经营的传统农业并不能实现农业的可持续发展，这就迫切需要加大对绿色、低碳、循环农业发展的技术创新。农业绿色化发展的目的是节约能源、

节约资源、节约资金、精耕细作、人畜结合和降低与减少环境损害，为农业健康持续发展奠定基础。然而，目前农业绿色发展中所需要的适用性科技成果相对较少，已有的部分成果在推广的过程中亦存在低投入、低产出、低效益等问题，尚不能为农业生产经营者所认同与采纳，这无疑加大了农业科技创新发展需求的迫切性。

三是气候变化应对下的农业科技创新。积极应对气候变化已上升为国家重大战略，而农业作为对气候变化较为敏感的产业，必须强化科技创新以应对气候变化，在诸多领域加大技术创新工作。例如，农业基础设施建设方面的技术创新，资源与生态环境保育领域的技术创新，省级主体功能区划框架下的区域性突出问题的技术创新，农业生产与水资源、土地资源多个领域交叉协同的技术创新。

四是城镇化快速推进下的农业科技创新。城镇化的快速推进对农村经济社会产生了直接影响，导致农村人口的减少和农业劳动力数量的降低、城镇空间扩张和耕地资源占用、农村劳动力流失等，从而使土地集约节约利用、劳动力替代技术、城乡资源配置等方面的技术需求增加，这就对农业科技创新形成了新的挑战。

五是老龄化发展下的农业科技创新。2016 年，全国有 65 岁及以上人口 15 003 万人，全国平均老龄化水平为 10.8%，其中，农村达 12.53%，城市为 9.60%，农村比城市高 2.93 个百分点，我国农村人口"老龄化"趋势愈发明显。加上城镇化进程加快与农村外出务工人员增多，导致"老年农业"问题凸显。这种情形致使农业劳动力不足、先进耕种工具与技术推广困难及对农业资本的投入及其利用效率的提升的限制，从而阻碍了现代农业的发展。

总的来说，我国农业农村科技正处于可以大有作为的关键时期，既有加速发展推进整体实力率先进入世界前列的良好机遇，也面临着竞争优势与比较优势逐步丧失的重大风险。因此，在牢牢把握机遇，树立创新自信、增强忧患意识的同时，要勇于攻坚克难，加快农业农村科技创新，深化科技体制改革，为农业结构升级、方式转变、动力转换及农业综合效益和竞争力的提升提供新动能。

二、研究目标与主要内容

（一）研究目标

我们将从宏观与微观的视角入手，运用宏观数据和微观调研资料及实证研究方法，对我国现代农业科技发展创新体系进行系统的分析，在此基础上，对我国现代农业科技发展创新体系的构建进行政策设计。具体目标如下：①对典型国家农业科技发展与创新体系的历史演进进行系统梳理和综合分析，基于宏观视野对世界农业科技发展创新的演变规律与发展趋势予以把握；②系统分析我国农业科研体系的运行轨迹与发展实践，明晰我国农业科研的创新能力、创新效率与农业科研创新的体制机制特征及不同创新主体行为的差异性，以判断农业科技创新改革的未来方向；③揭示现代农业技术推广的一般机理，并对我国现代农业技术推广体制中存在的问题和运行机制的优劣势进行剖析，科学设计现代农业科技推广的运行机制；④构建适合我国国情的现代农业科技发展创新的政策保障体系。

（二）研究内容

探寻现代农业科技发展创新之路，既需要从宏观层面对现代农业科技创新发展的基本数据进行定量测算，准确把握农业科研体系演变历程、创新能力与效率、科技推广的组织体系、运行机制和基本特征及农业科技与现代农业发展之间的相互关系，也需要从微观层面上研究公共部门、私人部门的农业科技创新动力与资源配置结构及其配置效率，以及农户对农业科技的真实需求，以便提出符合我国国情的现代农业科技发展创新的政策支持体系。因此，我们将在全面梳理国内外研究文献和收集整理相关统计数据及调查资料的基础上，从世界农业科技体系演变的一般规律分析入手，来探索我国农业科技发展与创新的未来目标，通过运用计量分析工具和实证研究方法，来分析不同部门、不同类别科研主体的科技创新能力与创新效率及农业科技转化应用过程中的技术采纳问题。同时，对影响农业科研创新效率和技术推广转化应用效果的体制机制这一核心问题开展系统的探究工作，分析不同情形下我国农业科技创新体系的发展方向，结合国外发达国家农业科技发展创新的经验做法，提出适宜于我国特点的现代农业科技发展创新的政策保障体系。

三、研究框架与研究思路

（一）研究框架

根据国家自然科学基金"现代农业科技发展创新体系研究"的项目计划书，我们围绕四个部分的主要内容展开，研究框架及其逻辑关系如下。

1. 世界现代农业科技创新体系与中国农业科技发展

通过对中国农业科技创新的发展历程、现状与未来的深度思考与研究分析，提出现代农业科技创新体系发展理论。中华人民共和国成立70多年来，国家农业科技发展与创新工作取得了一系列重大技术成果，从过去极其落后的技术水平跃升到当前的在个别领域进入世界先进行列，为国家现代农业建设提供了强大支持并为未来发展奠定了坚实基础。但客观分析，现阶段中国农业科技发展创新仍然面临着诸多矛盾，如丰富的科技创新成果与相对缓慢的农业增长速度、较高的科技进步贡献率与较低的科技成果转化率等。一方面，虽然已建立较为完备的农业科技创新体系，但农业科技创新各要素的合力都尚未得到充分发挥，强大的科技创新资源并没有高效率的转化为现实生产力，致使农业增速依然缓慢。另一方面，随着经济全球化进程的日益加快，农业科技创新必然要面对更为强烈的国际市场竞争与农业科技创新全球化的冲击。加之制度、资金、市场风险等多方面的制约，中国现代农业科技创新体系发展还将面临新的严峻挑战。从中国农业科技创新布局的现实出发，充分借鉴先进国家农业科技创新体系发展的成功经验，遵循农业科技创新的客观规律，科学配置并高效利用农业科技创新资源，走中国特色的农业科技创新之路，是中国现代农业科技创新体系发展的必然选择。

基于此，我们将按照不同资源禀赋特点，选择机械化、规模化程度较高的美国、日本等农业经济较为发达的国家及部分人多地少的发展中国家，系统分析它们农业科技创新的组织体系、运行机制等方面的特征及其典型的实践模式，总结它们农业科技发展中创新投入、创新激励、绩效评价等环节的具体实施方案，归纳总结典型国家现代农业科技创新的基本经验。与此同时，通过对中国农业科技创新发展历程的系统分析及运用泰尔指数、核密度函数等计量方法对中国农业科技创新投入与产出的空间格局实证研究，从定性与定量两个维度，对现阶段中国农业科技创新发展的主要特征进行归纳总结，进而结合国际经验，提出中国现代农业科技创新发展的总体思路。

2. 中国农业科研体制与运行机制研究

促进农业科技创新体系发展，必须有效激发创新主体和科学配置创新要素，而这些都需要进一步完善农业科研体制与运行机制，即在既定的评价机制下，通过体制创新、机制完善和制度激励等措施的实施，实现农业科技创新主体的微观利益目标与农业科技创新的宏观发展目标的一致化或者趋同化。首先是对公共部门农业科研创新能力与管理体制进行分析，通过构建相应的指标体系来对公共部门的农业科技创新能力进行测度，并分析其地区差异、变化特征与影响因素，进而揭示公共部门的农业科技创新特征。其次是依据相关的指标体系对私人部门农业科技创新能力进行测度，研究和了解私人部门的农业科技创新能力水平。最后是对农业科技创新的动力机制展开分析，运用计量分析工具，从多层次、多角度选择指标，实证研究影响农业科技创新能力的相关因素并对其影响路径予以解析，从整体上对科研机构的管理体制、动力机制与风险分担机制等相关问题进行全面系统的分析研究。

3. 中国农业技术推广体制和运行机制研究

较高的科技进步贡献率与较低的科技成果转化率是中国农业科技创新及成果转化应用所面临的突出矛盾之一。研究并建立有效的农业技术推广与运行机制，提高农业科技创新成果的转化效率是未来农业科技创新体系发展所需要解决的一个关键问题。基于农业技术推广体制机制创新应以农业技术供需对接为核心，实现技术供给与技术需求的有效衔接。为此，我们首先从农户需求表达的视角对农业技术需求状况及其影响因素进行实证分析，提出农业技术推广体制的创新思路。其次从农业技术供给主体协同创新福利评价出发，探讨不同主体技术供给的绩效水平及其影响因素，据此建立多元化、分工明确、结构优化和管理完善的农业技术供给机制。再次从外部激励和内部激励入手研究农业技术推广的激励机制。最后在详细梳理农业技术推广监督与约束机制构成的基础上，从内外部的两个维度切入，重点分析市场约束机制及各类技术推广主体的自我约束机制的运行特点，为实现农业技术推广体制机制的创新奠定基础。

4. 不同情景下中国农业科技创新发展

在资源环境压力日益加大的背景下，依靠创新驱动实现农业高质量发展已经成为社会各界的共识。无论是农业发展的绿色转型还是乡村振兴战略的顺利实施都离不开农业科技创新的重要驱动力。而面对这些新形势、新要求，农业科技创新体系的发展思路也必然要做出及时地调整和变革。由此，本部分将首先从知识溢出的视角探讨农业科技创新的经济效应，明晰在乡村振兴战略背景下农业科技创新发展的作用效果；其次分别从农业绿色化、气候变化、城镇化、老龄化等方面分析不同情形下中国农业科技创新的发展状况，明确未来农业科技创新的发展方向与实现路径。第一，在厘清中国乡村振兴战略的内容体系及战略实施对农业科技创新发展具体要求的基础上，运用空间计量经济模型实证检验中国农业科技创新对农业增长（产业兴旺）的影响效应及这种效应在不同区域内部与区域之间的具体表现。第二，围绕绿色化与中国农业科技发展问题，在了解农业绿色转型对农业科技发展提出新要求的基础上，探讨如何通过科技创新来实现农业绿色发展这一基本问题；进而运用数据包络分析方法（data envelopment analysis，DEA）与非射线模型（slack based model，SBM）效率测算等计量模型来测度中国农业绿色生产效率及科技发展对农业绿色转型的影响路径，为未来绿色农业技术发展政策设计提供依据。第三，基于气候变化的事实，探讨气候变化对中国农业科技发展的影响，通过分析中国粮食主产地区气候变化特征，辨明气候变化与农业科技发展的关系（气候变化对农业科技成果产出、技术类型等的影响），进而构建知识生产函数模型分析气候变化对农业科技产出及科技资源配置利用的影响，为确立应对气候变化的科技政策制定提供参考依据。第四，受城镇化进程不断加快的强烈驱动，必然会由于农村劳动力资源的流出及城镇化和工业化所提供的成果，形成对中国农业科技发展的影响，如土地节约型路径下的劳动密集型和生物化学技术研发与应用、土地经营规模扩张下的农户生产技术选择与采纳行为等。第五，随着老龄化程度的不断加深，农业劳动力的数量和结构都发生了深刻的变化，必将诱使农户改变其生产经营方式和技术选择行为，为此，农业生产技术需要与时俱进地予以创新并做出适应性调整，以减轻劳动力变化对农业生产发展的不利影响。

（二）研究思路

项目在研究思路及内容的设计上，依据问题导向原则，基于理论分析与实证研究相衔接、定性与定量分析相结合的基本遵循，围绕现代农业科技发展创新体系这一核心，通过多视角、多层次的研究导入，将农业科技创新发展现状、农业科技创新体制机制和农业科技创新发展方向进行系统梳理，从国际和国内两个视角分别对农业科技创新发展现状展开了深入分析，明晰了当前农业科技创新发展的基本特征和演进轨迹，进而从农业科研管理、农业技术推广两个角度对农业科技创新体制机制进行系统分析，全面深入地对农业技术的供需、农业技术推广的激励与约束情况等问题开展研究。根据研究结论，结合当前中国农业发展面临的新形势，对不同情形下中国农业科技创新发展的演进趋势及未来政策进行了探讨，设计并提出了支撑引领中国现代农业发展的科技创新政策体系。

研究主体部分共包括五个方面：世界现代农业科技创新体系与中国农业科技发展、中国农业科研体制与运行机制研究、中国农业技术推广体制和运行机制研究、不同情景下中国农业科技创新发展，最后阐述主要结论与政策建议。

第二节　中国农业科技发展：历程、现状与驱动因素

新经济增长理论认为，科技创新是促进经济增长，提高社会福利水平的主要驱动力（陈向东和王磊，2007）。从长期来看，受到人口与资源两方面的强烈约束，中国的农业增长需要依靠科技（李强和刘冬梅，2011）。

国内外学者已从多个角度对中国农业科技创新问题进行了大量的研究，主要包括农业科技创新绩效评价（刘玉春等，2016；姚林香和黄菊萍，2014；赵芝俊

等，2005)、科技投入与产出的结构特征（黄季焜和胡瑞法，2002)、变化趋势（胡瑞法等，2007；旷宗仁等，2012）及其影响因素（胡慧英等，2010）等多个方面。从研究成果看，学者对中国农业科技创新的研究表现为"重效率轻结构"的特征，即更加关注于投入产出效率的测算，仅有少数学者对农业科研投入产出结构进行了分析，且多停留在现象的描述，而定量分析其内部构成、区域差异及科技创新效率的影响因素等方面的研究则少之又少。

为了进一步厘清中国农业科技发展水平，本节在系统分析中国农业科技创新发展历程基础上，分别从投入、产出、效率等角度辨明中国农业科技创新体系发展的水平，同时采用超越对数生产函数模型对中国各省区市农业科技创新效率进行测度，并从社会、经济、资源禀赋等多个方面选择评价指标，构建计量经济模型研究农业科技创新效率的影响因素。

一、理论框架与研究假设

人们习惯性地将科学与技术统称为科技，事实上科学与技术两者既相互区别又相互联系。农业科技是科技的一个具体表现形式，是科技与产业结合的产物，农业科技对农业生产发展的作用亦不容小觑。本节沿用钟甫宁（2000）的观点，将农业科技归纳概括为揭示农业生产领域发展规律的知识理论体系，且包括在生产实践中应用农业发展规律所获得的各种实践应用成果。

农业科技创新包含创新主体、创新投入、创新产出等要素。参与农业科技创新的主体众多，主要包括企业单位、事业单位及行政单位与个人等，且各个创新主体的功能与定位都具有差异性；投入要素是农业科技创新坚实的基础与必要的前提，广义的投入要素主要是指在农业科技创新过程中所投入的各种社会资源，狭义的投入要素主要是指人员与资金两项投入；农业科技创新产出可以作为鉴定农业科技创新成功与否的直接观测指标，对验收农业科技创新成果至关重要，既包括农业科技创新过程中创造出的各种有形的物质产出，又涉及各种无形的知识及服务产出。

因此，综合已有研究，引入科技创新投入与产出相关指标，构建以下研究框架（参见图4.1）及理论假设。

H_1："农村生产力发展水平"正向影响农业科技创新效率；

H_2："农村经济发展水平"正向影响农业科技创新效率；

H_3："农村文化教育发展状况"正向影响农业科技创新效率；

H_4："农民生活信息化程度"正向影响农业科技创新效率。

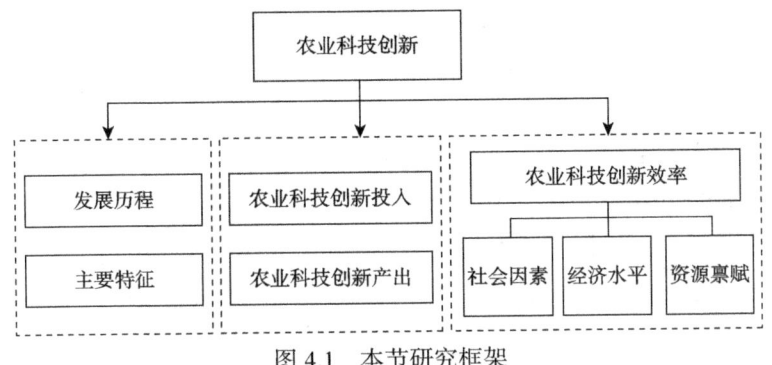

图 4.1 本节研究框架

二、数据、变量与模型

（一）数据来源

本节所用农业科研资金、人员投入数量、农业科研机构数量、专利授权数均来源于《全国农业科技统计资料汇编》和《中国科技统计年鉴》，农村生产力发展水平、农村经济发展水平、农村文化教育发展状况和农民生活信息化程度等来源于《中国统计年鉴》。研究时段为2002~2016年，数据覆盖中国31个省（自治区、直辖市，不包括香港、澳门和台湾）。

（二）变量说明

1. 投入指标：农业科技经费、人员投入

资金和人员是科技生产的基本要素，本节选取农业科技经费与人员投入两个指标来表征农业科技创新投入，其中农业科研资金投入采用农业科研机构经常性收入表示，包括政府资金、非政府资金及其他资金等所有经费来源，更好地体现出了对农业科研的资金投入力度；人员投入选择农业科研机构从业人员数量进行分析，全面考虑了科研人员和科研辅助人员等所有农业科研从业人员（不包含离退休人员），有利于全面分析农业科研的人员投入。此外，在分析资金投入力度时，为消除年际物价上涨与通货膨胀的影响，均以2002年为基准年，利用消费者价格指数进行了转换处理。

2. 产出指标：农业科研专利授权数

专利是一个国家或地区科技资产的核心和最具经济价值的部分，专利的拥有量既能反映区域科技成果的原始创新能力，也能体现出科技成果的市场应用潜力，是衡量一个国家或地区综合实力的一项重要标志。因此，本节选取农业科研专利授权数指标来表征农业科技创新产出水平。

（三）模型设定与分析方法

1. 区域差异度量

本节选择泰尔指数 T 来测度农业科技创新投入/产出水平的区域差异。泰尔指数从信息量与熵的概念出发考察不均衡性和差异性，它把总体差异性分解为各部分间的差异性和各部分内部的差异性，在分析和分解差异性、不平等性方面有广泛的应用。

本节根据农业发展水平的不同将中国划分为四大区域。东部地区包括北京、天津、河北、山东、江苏、上海、浙江、福建、广东和海南；中部地区包括山西、河南、安徽、湖北、湖南和江西；西部地区包括内蒙古、新疆、甘肃、宁夏、陕西、重庆、四川、青海、西藏、云南、贵州和广西；东北地区包括黑龙江、吉林和辽宁；香港、澳门和台湾不在区划之列。中国四大区域农业科技创新投入/产出水平空间差异的泰尔指数可以表示为区域间（T_{br}）和区域内（T_{wr}）两大组成部分的泰尔指数之和，即

$$T = T_{br} + T_{wr} \tag{4.1}$$

反映农业科技创新投入/产出水平地区内部差异的泰尔指数T_{wr}具体计算公式如下：

$$T_{wr} = \sum_{p=1}^{n}\left(\frac{1}{n} \times \frac{y_p}{\mu_y} \times \ln\frac{y_p}{\mu_y}\right) \tag{4.2}$$

式中，n 为省级行政单位的个数；y_p 为 p 省农业科技创新投入/产出水平；μ_y 为中国平均农业科技创新投入/产出水平。反映农业科技创新投入/产出水平区域间差异的泰尔指数T_{br}的计算公式为

$$T_{br} = \sum_{i=1}^{m}\left(\frac{p_i}{p} \times \frac{y_i}{\mu} \times \ln\frac{y_i}{\mu}\right) \tag{4.3}$$

式中，m 为区域的数量；p_i 为区域 i 中省级行政单位的数量；p 为所有省域的数量；y_i 为区域 i 农业科研经费投入/人员投入/专利授权数的平均值；μ 为农业科研经费投入/人员投入/专利授权数的平均值。

2. 农业科技创新的效率测算

1978 年，美国著名运筹学家 A. Charnes 和 W. W. Cooper 首次提出了 DEA，该方法是一种非参数的相对效率评价，决策单元包括多个投入、产出指标，用于评价具有多输入、输出决策单元间的相对有效性，以判断数据模拟是否为 DEA 有效、是否位于有效生产的前沿面。本节运用随机前沿分析方法测度我国农业科技

创新效率。

3. 农业科技创新效率的影响因素分析

运用超越对数生产函数对 2002~2016 年我国省级面板数据进行分析，以测度我国农业科技创新效率及其影响因素，具体模型如下：

$$\ln Y_{it} = \beta_0 + \beta_1 \ln R_{it} + \beta_2 \ln C_{it} + \beta_3 \times t + \frac{1}{2}\beta_4 \times (\ln R_{it} \times \ln R_{it}) + \beta_5 \ln R_{it} \ln C_{it}$$
$$+ \beta_6 \ln R_{it} \times t + \frac{1}{2}\beta_7 (\ln C_{it} \times \ln C_{it}) + \beta_8 \ln C_{it} \times t + \frac{1}{2}\beta_9 \times t \times t + V_{it} - U_{it} \quad (4.4)$$

$$m = \sum_k \delta_k Z_k \quad (4.5)$$

在式（4.4）中，i=1,2,3,…,31；t=1,2,3,…,15；R 和 C 分别表示投入变量农业科技人员投入和农业科技经费投入；Y 表示各省区市的农业科研专利授权数；误差项由 V 和 U 两部分组成，其中 $V \in$ iid（独立同分布），并服从半正态分布 $N(0, \sigma_v^2)$，表示农业科技创新效率的外部影响因素和统计数据上的误差；$U \in$ iid（独立同分布），并服从截尾正态分布 $N(m, \sigma_u^2)$，它是反映农业科技创新的技术效率损失的非负随机变量。

式（4.5）为农业科技创新的无效率项函数，其中 k = 1,2,3,4；Z_k 表示影响农业科技创新效率的因素，分别为农村生产力发展水平、农村经济发展水平、农村文化教育发展状况及农民生活信息化程度；δ 表示影响因素的系数。负值意味着该变量对技术效率有正影响，正值意味着该变量对技术效率有负影响。

三、结果与分析

（一）中国农业科技创新的发展历程与主要特征

改革开放之初，邓小平阐述了科学技术的重要地位，明确提出"科学技术是生产力"（1988 年 9 月 5 日，邓小平在会见捷克斯洛伐克总统胡萨克时第一次提出）的重要观点。改革开放至 20 世纪 90 年代末，农业科技创新战略以实现农业现代化为主要目标，十一届四中全会通过的《中共中央关于加快农业发展若干问题的决定》明确提出："我们一定要集中力量抓好农业技术改造，发展农业生产力。"2001 年以来，农业科技创新目标呈现多元化，国务院 2001 年 4 月 28 日发布的《农业科技发展纲要（2001—2010 年）》，将积极稳妥地推进农业推广体系的改革，建立新型农业科技创新体系定为当时农业科技发展的基本目标。目前，中国政府较为重视农业科技的发展，尤其注重农业科技在促进农业生产、提高农产品竞争力、增加农民收入等方面的作用。

中国农业科技创新主要包括公共物品特性、区域性与季节性、周期长且过程复杂、不确定性与高异质性四个主要特征。

(二) 中国农业科技创新投入与产出的时空格局分析

1. 中国农业科技创新投入的时空格局

1) 时序变化

中国农业科研要素投入的总体变化(表 4.1)显示,农业科研经费投入大幅增加,从 2002 年的 49.397 亿元增加到 2016 年的 308.588 亿元(现价),年均增幅为 10.61%(不变价);2002~2013 年农业科研人员投入增长平稳,从 48 201 人增加到 93 085 人,而 2013~2016 年农业科研人员投入略有下降,从 93 085 人下降到 83 784 人,总体而言平均增幅为 40.28%。人员投入的整体增幅低于资金投入,表明随着科研体制改革的深化,国家更加注重提升科研人员素质,在加大农业科研人员投入力度的同时,并不一味追求数量的增加,而是重点精简了行政人员与科研辅助人员,使农业科研人员的数量与质量得到整体提高。

表 4.1 中国农业科研要素投入总体变化

年份	经费投入(现价)/亿元	经费投入(不变价)/亿元	人员投入/人
2002	49.397	49.397	48 201
2003	57.682	57.019	50 909
2004	61.881	58.971	52 096
2005	69.663	65.261	52 621
2006	77.855	71.859	53 076
2007	89.505	78.929	54 214
2008	109.277	90.992	54 990
2009	123.250	103.311	55 696
2010	141.576	115.023	57 521
2011	206.608	160.132	67 686
2012	226.218	170.333	93 029
2013	247.325	181.211	93 085
2014	253.597	185.806	90 642
2015	293.042	213.852	88 972
2016	308.588	224.300	83 784

注:经费投入不变价为笔者计算所得

从四大区域对比(图 4.2)看,农业科研两大要素投入从高到低排序依次均为东部>西部>中部>东北。对于资金投入而言,东部地区投入力度最大,年均增幅也最大;西部地区仅次于东部地区,中部地区农业科研资金投入均略高于东北地区,东北地区农业科研资金投入水平位于最末,年均增幅也最小。对于人员投入而言，研究期末相对于研究期初，除东部地区有小幅上升以外，其余三个地区均有不同幅度的下降。

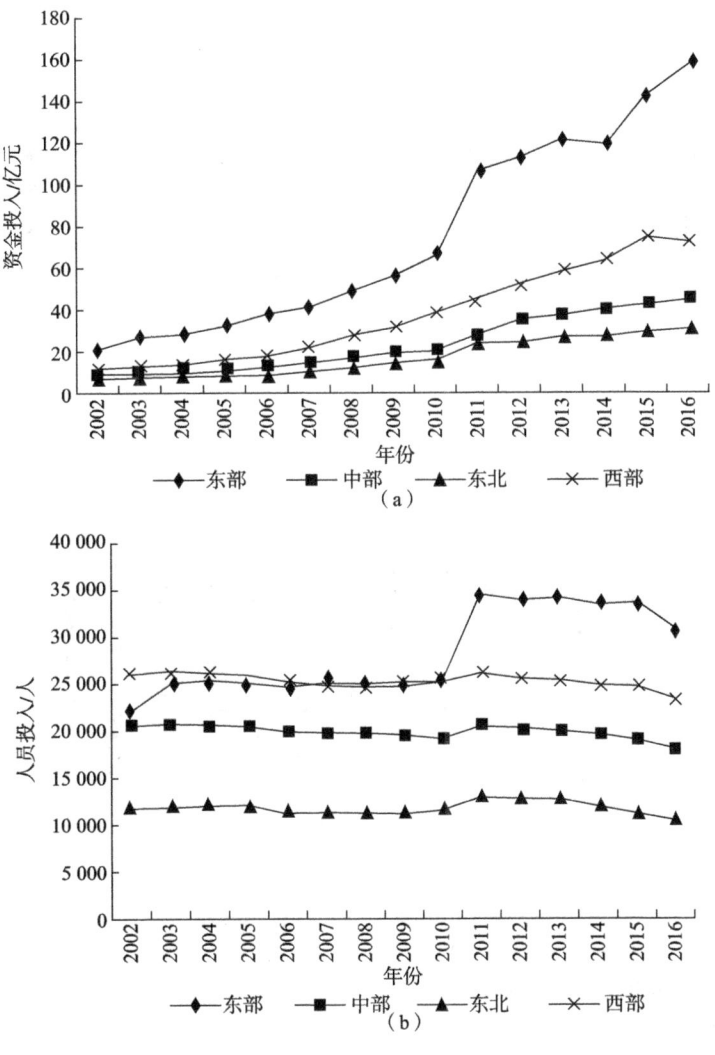

图 4.2 四大区域农业科研要素投入变化

2）空间差异

图 4.3 显示，2002~2016 年中国农业科研两大要素投入均呈现明显的区域差异，其中人员投入泰尔指数平稳降低，而资金投入泰尔指数则波动较大，且研究期末相较于研究期初有小幅上升趋势；从数值上看，农业科研资金投入的区域差异明显大于人员投入的差异。

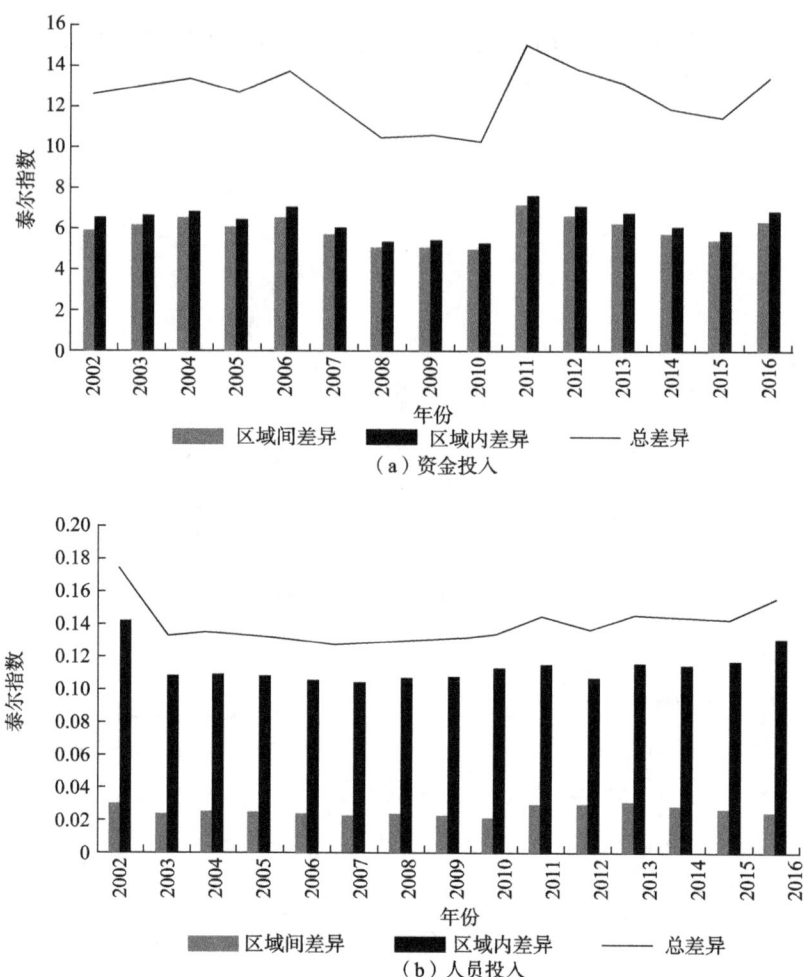

图 4.3　2002~2016 年中国农业科研要素投入泰尔指数变化趋势

2. 农业科技创新产出的时空格局

1）时序变化

表 4.2 显示，中国农业科技专利产出呈总体增加趋势，专利授权数从 2002 年的 143 件增加到 2016 年的 5 700 件，年均增幅为 30.11%。从 2010 年开始农业科技创新产出水平出现了一个大幅增长阶段，以年均增幅 37.46%的速度持续增长，这主要是因为中共中央于 2011 年正式颁布了《中华人民共和国国民经济和社会发展第十二个五年规划纲要》，明确提出了加快农业科技创新的重点任务。

表 4.2 中国农业科技创新产出水平总体变化　　　　　单位：件

年份	东部地区	中部地区	东北地区	西部地区	合计
2002	50	24	14	55	143
2003	91	28	47	55	221
2004	101	89	62	49	301
2005	147	44	32	47	270
2006	204	52	50	64	370
2007	201	57	59	77	394
2008	263	49	87	89	488
2009	352	80	66	139	637
2010	488	83	81	193	845
2011	1 308	197	115	280	1 900
2012	2 013	299	173	368	2 853
2013	2 711	360	263	565	3 899
2014	2 937	462	275	761	4 435
2015	3 342	684	224	1 167	5 417
2016	3 199	782	390	1 329	5 700

从四大区域对比（图 4.4）看，农业科技创新平均产出水平最高的是东部地区，中部与东北地区的平均产出水平不相上下，西部地区的农业科技创新平均产出水平最低。从涨幅来看，东部＞中部＞东北＞西部。

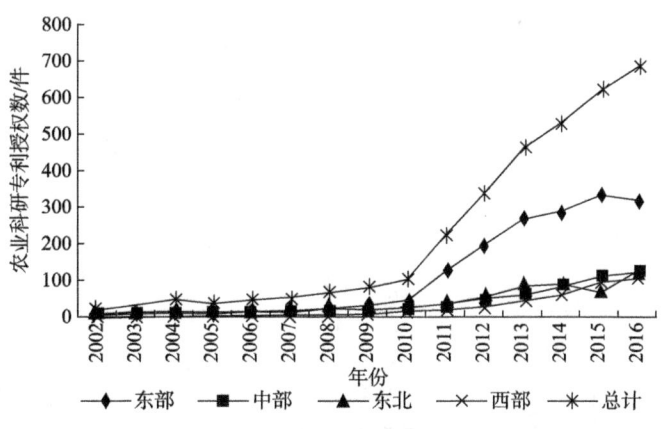

图 4.4　四大区域农业科技创新产出水平变化

2）空间差异

运用泰尔指数测算 2002~2016 年各地区科技创新产出水平的区域差异，结果如图 4.5 所示。2002~2016 年中国农业科技创新产出水平呈现一定的区域差异，专利授权数泰尔指数表现为波动变化的趋势。从图 4.5 中可以看出，我国农业科技创新水平的总体差异主要来源于区域内部差异。2002~2016 年，区域内差异波动较大，但总体上呈现出微弱的缩小趋势。而区域间差异却在波动上升，使得总体差异表现出了一定的阶段性变化特征。

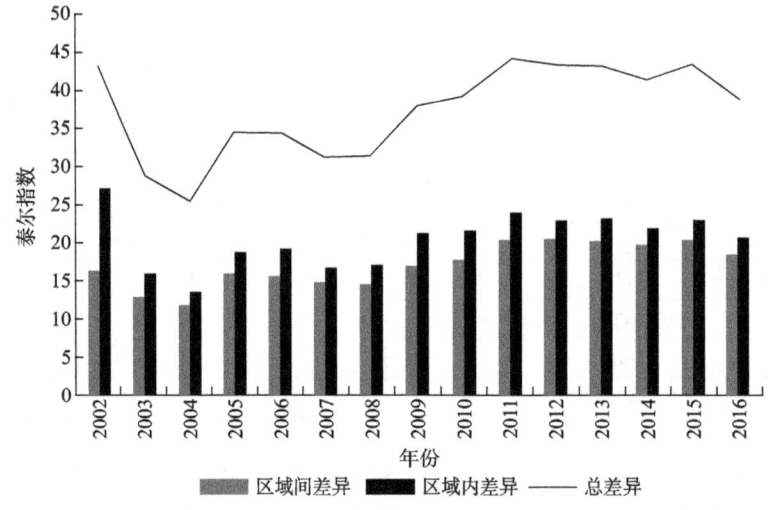

图 4.5　2002~2016 年中国农业科技创新产出水平泰尔指数变化趋势

3. 农业科技创新的效率测算

（1）中国农业科技创新效率均值为 31.77%，表明中国农业科技创新效率总体处于较低水平，全国大部分省市的农业创新效率有待提高；此外，样本省区市中技术效率最高的为 100%，技术效率最低的为 0，这说明中国各省之间技术效率差别都较大（表 4.3），因此地区之间的投入产出比例差别也会拉大，农业发展水平也会更加不均衡。

表 4.3　具体区域农业科技创新效率

技术效率分组	占总样本数的比例	技术效率分组	技术效率
<0.1	22.37%	平均值	31.77%
0.1~0.2	18.71%	最大值	100%
0.2~0.3	14.84%	最小值	0
0.3~0.4	13.12%	东部	51.53%
0.4~0.6	14.62%	中部	25.24%
0.6~0.8	7.10%	东北	28.24%

续表

技术效率分组	占总样本数的比例	技术效率分组	技术效率
0.8~1	9.25%	西部	22.07%
观察值个数	465	时间跨度（年）	15

（2）对四大区域而言，在 2003~2009 年，农业科技创新效率由高到低的大体排序为东部＞东北＞中部＞西部，见表 4.4，值得强调的是，进一步分析可以发现，四大区域的农业创新效率排序与各区域经济发展水平大体一致。东部沿海地区发展较快，是高素质人才的主要聚集地，同时科研机构较多，科研氛围浓厚，使得该地区农业科技创新效率处于领先地位；东北地区耕地经营面积大，适宜机械等省工性技术的推广和应用，其农业科技创新效率也较高。

表 4.4　四大区域 2002~2016 年农业科技创新效率

年份	东部均值	中部均值	东北均值	西部均值	全国均值
2002	0.249 2	0.138 0	0.132 7	0.229 8	0.187 4
2003	0.390 6	0.202 5	0.462 7	0.157 8	0.303 4
2004	0.219 0	0.396 3	0.462 7	0.192 3	0.317 6
2005	0.572 1	0.362 5	0.346 7	0.232 6	0.378 5
2006	0.510 6	0.264 5	0.355 0	0.168 9	0.324 8
2007	0.576 1	0.303 2	0.443 3	0.264 6	0.396 9
2008	0.559 9	0.232 0	0.522 7	0.230 6	0.386 3
2009	0.629 2	0.233 2	0.262 7	0.264 8	0.347 4
2010	0.556 9	0.171 0	0.217 7	0.256 3	0.300 5
2011	0.398 3	0.130 8	0.105 0	0.118 9	0.188 3
2012	0.496 8	0.163 5	0.134 3	0.133 5	0.232 0
2013	0.570 6	0.179 5	0.172 7	0.183 8	0.276 7
2014	0.621 8	0.258 7	0.192 3	0.211 8	0.321 2
2015	0.691 6	0.331 5	0.153 7	0.296 2	0.368 2
2016	0.687 0	0.418 5	0.272 0	0.369 3	0.436 7

（3）农业科技人员投入和资金投入要素的产出弹性分别为 2.939 9、−1.597 4，且高度显著，表明农业科技人员投入的增加会有力地促进农业科技创新发展，而农业科技经费使用过程中没有充分发挥应有的作用，存在着边际报酬为负的可能。由此说明：在农业科技产出增长的过程中，科技人员投入比科技经费投入占有更重要的地位。

（4）从时间上来看，农业科技创新效率呈现波动上升趋势（图 4.6）。2002~2003 年，除西部地区效率下降外，其余三个地区农业科技创新效率均有明显上升；2003~2009年，东部地区农业科技创新效率呈波动上升态势，中部地区略微有所下降，东北和西部地区大致处于稳定阶段；2009~2011年，四大区域农业科技创新效率均有较大幅度的下降；随后，2011~2016年，四大区域农业科技创新效率大部分保持较高的增长率且持续增长。

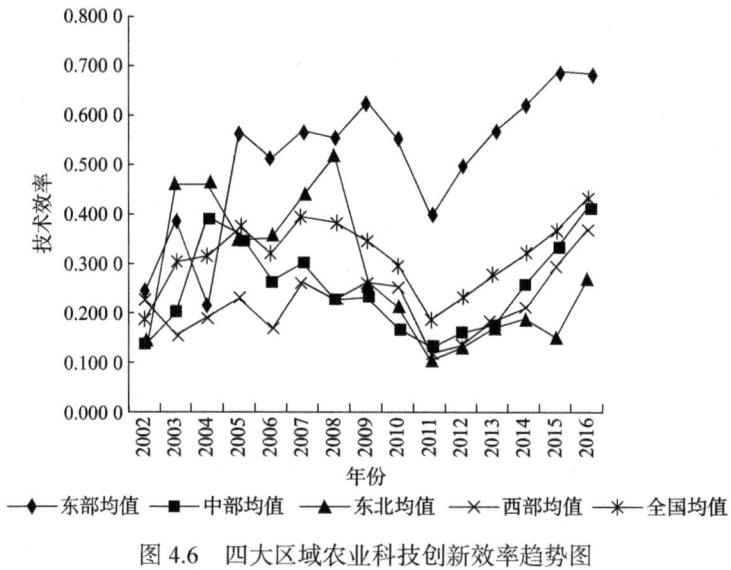

图 4.6 四大区域农业科技创新效率趋势图

4. 农业科技创新效率的影响因素分析

农村生产力发展的水平和农村科技对经济发展影响程度对农业科技创新效率均有显著的正向影响。农村文化教育发展状况和农民生活信息化程度对农业科技创新效率均有显著的负向影响，与实证理论假说相悖，可能是接受教育程度高的劳动者不愿意从事农业劳动而离开农村进城务工以获得更高的收入，即农村较高素质劳动力的外流所致。此外，农民没有很好利用现代信息手段或者一些农业电视节目不能满足农民的实际科技需求，导致"农民生活信息化程度"对农业科技创新效率产生了负向影响，见表4.5。

表 4.5 随机前沿生产函数的估计结果

变量	系数	t 值	变量	系数	t 值
常数项	-5.9688^{***}	-3.8850	$\ln C \times t$	0.0388^{***}	2.6167
$\ln R$	2.9399^{***}	7.6081	$1/2t^2$	-0.0083^{*}	-1.8694
$\ln C$	-1.5974^{***}	-4.5894	σ^2	0.4192^{***}	11.5090
t	0.4385^{***}	5.1320	γ	0.9772^{***}	105.9278
$1/2(\ln R)^2$	-0.5993^{***}	-11.8174	Z_1	-0.0006^{***}	-20.8980
$\ln R \times \ln C$	0.4679^{***}	10.1859	Z_2	-0.0004^{***}	-7.0129
$\ln R \times t$	-0.0739^{***}	-6.6004	Z_3	0.0631^{***}	5.5644

续表

变量	系数	t 值	变量	系数	t 值
$1/2(\ln C)^2$	-0.3265^{***}	-4.2601	Z_4	0.0190^{***}	5.9921
对数似然函数			-141.2499^{***}		
LR test of the one sided error			138.4017^{***}		

***、*分别表示在1%、10%的水平下显著

注：LR 为似然比检验统计量，在此符合混合卡方分布

四、结论与启示

（一）主要结论

（1）2002~2016 年中国农业科研投入稳定增长，其中，资金投入的年均增幅高于人员投入。就区域而言，东部地区总体投入最大，西部地区次之，中部和东北地区最低。就区域差异而言，资金要素和人员要素投入的总体差异均呈减少态势，且前者大于后者；两大要素投入的区域差异结构特征均表现为区域内差异对其总差异的贡献较大。

（2）2002~2016 年中国农业科技创新产出水平持续提高，其中，东部地区农业科技创新水平最高，西部地区次之，中部和东北地区最低，但从增幅上看，东部地区仍是最高，东北和西部地区次之，中部地区最低。就区域差异而言，中国农业科技创新产出水平的总差异呈小幅下降趋势，其中区域内差异对其总差异的贡献较大。

（3）全国大部分省区市的农业科技创新效率有待提高且区域差异较大。就四大区域而言，东部地区农业科技创新效率最高，西部地区最低，四大区域的农业科技创新效率排序与各区域经济发展水平大体一致。就产出弹性而言，科技人员投入对于农业科技创新的作用比科技经费投入更重要。农业科技创新效率受农村生产力发展水平、农村经济发展水平的正向影响，受农村文化教育发展水平、农民生活信息化程度的负向影响。

（二）政策建议

（1）应进一步加大对农业科研投入较低地区尤其是东北粮食高产地区的农业科研投入，以适应现代农业发展的需求。与此同时，应对其要素投入结构和投入效益进行科学评估，促进其农业科技创新的成果产出和应用，实现科技经费投入的效率最大化。

（2）在中共中央协调控制的原则下，准许地方充分发挥自主性。应因地制宜制定适合不同地区的农业政策，在关注区域间差异的同时也要关注各区域内部

不同省区市的差异。对农业创新效率落后的地区加大科技投入规模,增强自主创新能力,缩小与先进地区农业科技创新效率水平的差距,努力实现农业科技整体协调发展。

(3)注重农业科技人才培养。人才是第一资源,必须充分发挥农业科技人才的作用。同时,结合各个农村区域的特点和生产条件,适度地推进农业机械化,运用有效措施,实现农村居民收入的可持续增长,切实改善农民生活状况,以更大幅度地强化对农业科技创新效率的提升。

第三节 激励政策对促进私人农业技术创新的影响

多年来,中国农业研发多依赖公共研究机构和大学,但从发达国家的经验看,私人部门农业科技创新效率和成果转化率更高,同时也能弥补公共部门的研发投入不足。中国政府已经逐渐意识到这一点,并逐步采取一系列激励措施以期改变目前私人部门参与科技创新不足的问题,但现实及许多已有的研究都表明,受诸多因素影响,这些激励政策的实施效果和预期目标存在一定差距,因此,如何科学评估这些政策的实际实施效果就成为政策制定者和研究人员关注的重点。

为了进一步检验实施的激励政策对农业私人部门的创新激励效果,研究选择了专利保护和加计扣除政策(2018年《中华人民共和国企业所得税法》中规定的研发费用加计扣除政策)对农业企业的研发投入影响进行研究。

一、理论框架与研究假设

专利保护与优惠补贴政策作为政府促进私人技术创新的重要手段,一直都是学者们关注的热点。通常认为专利保护会刺激研发投入增长,也会导致专利申请增加。虽然这一理论被广泛接受和运用,但在理论和实证研究中并没有得到一致的支持。

本书在对相关文献进行回顾分析的基础上发现,专利保护与优惠补贴政策分别从缓解市场失灵、保护创新收益和减少创新成本等方面促进企业技术创新。在企业研发投入决策中,一方面,企业的期望创新收益会随着专利保护的加强而增加,因而在更好的专利保护条件下,企业倾向增加研发投入。另一方面,优惠补贴政策的实施,将会进一步降低企业研发投入的成本和企业研发投入的资金压力,同时政府的支持也对缓解企业的融资约束有积极作用。企业的创新行为还面临着企业自身能力的约束。例如,大型企业的创新投入更高,市场空间方面也更有优势，存在更好的规模效应。因此，综合已有研究，引入体现私人研发与投入能力相关指标，控制私人个体因素的影响。基于此，构建研究框架及理论假设。

H_1：专利保护促进企业技术创新；

H_2：税收优惠能够激励企业创新。

理论框架见图 4.7。

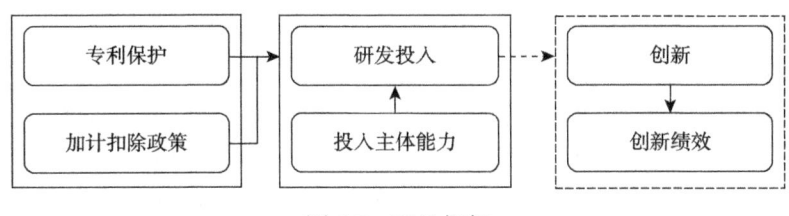

图 4.7　理论框架

二、数据、变量与模型

（一）数据来源

数据选取 2005~2015 年所有农林牧渔类上市企业的相关数据，选择这一期间的主要原因是，2006 年企业开始披露研发费用。其中，删除研发费用全部为零和特别处理（special treatment, ST）企业，剩余 77 家企业。为了获得足够的样本量，本书采用 11 年间所有符合条件的企业数据，构成非平衡面板数据。以上数据均来自 wind 数据库。

（二）变量

1. 被解释变量：创新投入

研发投入和研发投入强度是直接衡量企业创新投入的关键变量，利用上市农业企业公布的研发费用，通过延长公布年限方式获得更多的企业研发支出数据，构成非平衡面板，在分析中直接纳入模型进行估计，可以降低替代变量造成的不足。其中研发投入直接用获得的企业研发费用，并进行对数化处理；研发投入强度用研发费用/营业总收入表示，同样采用对数化处理。

2. 解释变量：专利保护和加计扣除政策

国内专利保护测度方法通常采用许春明和单晓光（2008）修正后的 GP（Ginarte-Park）方法，即知识产权综合执法强度和立法强度的乘积。考虑数据获取难度，采用国内外三种专利申请受理数代替专利保护强度，数据来自历年《中国统计年鉴》。根据许春明和单晓光（2008）的研究，采用立法和执法强度计算所得的专利保护强度与国内外三种专利申请受理数的相关系数高达 0.929。

加计扣除政策定义为研发费用加计扣除率。由于国内尚无企业研发获得补贴数据的完善统计,因此,根据研发费用加计扣除政策,采用"(研发支持×税前扣除率 50%×企业所得税税率 25%)/固定资产总额"计算得到。

3. 控制变量

企业研发的投入还受企业自身因素影响,因此本书控制了表征企业属性、经营情况的个体因素。具体包括企业年龄、所有权性质、企业规模、营利能力、资产管理效率、股权结构、营业成本、技术储备和市场范围,详见表 4.6。对不满足正态分布的企业规模和资产管理效率采用对数化处理。在相关性分析中发现,研发投入和投入强度滞后一期与被解释变量高度相关,因此引入一阶滞后项。

表 4.6 变量说明(一)

变量	变量名	变量含义	均值	标准差
被解释变量				
lnrd	研发投入	研发费用(万元)取对数	6.79	1.67
lnrds	研发投入强度	研发支出/营业总收入取对数	−4.87	1.53
解释变量				
lnapply	专利保护强度	国内外三种专利申请受理数取对数	14.12	0.57
subrate	研发费用加计扣除	(研发投入×税前扣除率 150%×企业所得税税率 25%)/固定资产总额	0.01	0.01
控制变量				
age	企业年龄	数据年—成立时间	13.09	5.31
ownership	所有权性质	国有=1;非国有=0	0.35	0.48
lnsize	企业规模	员工总数,取对数	7.48	1.25
profit	营利能力	利润率=利润总额/营业收入总额	0.08	0.14
tat	资产管理效率	资产周转率	0.95	0.76
share	股权结构	前十大股东持股比例合计	57.28	15.39
cost	营业成本	营业总成本/营业总收入	0.95	0.14
ability	技术储备	无形资产/资产总额	0.05	0.05
market	市场范围	有海外业务收入时,取值为 1,否则为 0	0.51	0.50

(三)模型设定与分析方法

本书主要目的在于分析专利保护与优惠补贴政策对企业研发投入决策的作用。因此,选择企业研发投入作为被解释变量构建以下投入决策模型:

$$\ln RD_{it} = \beta_1 \ln apply_t + \beta_2 \ln subrate_{it} + \beta_3 \ln RD_{it-1} + \sum \beta_i X_{it} + \mu_i + \xi_{it} \quad (4.6)$$

$$\ln\text{RDS}_{it} = \beta_1 \ln\text{apply}_t + \beta_2 \ln\text{subrate}_{it} + \beta_3 \ln\text{RDS}_{it-1} \\ + \beta_4 \text{apsub}_{it} + \sum \beta_i X_{it} + \mu_i + \xi_{it} \tag{4.7}$$

式中，RD 表示研发投入，定义为上市公司财务报表中的研发费用；RDS 表示研发投入强度，采用"研发费用/营业总收入"计算；模型中同时引入研发投入和研发投入强度的一阶滞后项；apply 表示专利保护强度，定义为国内外三种专利申请受理数的对数形式；subrate 表示优惠补贴政策，定义为研发费用加计扣除率；apsub 表示专利保护和优惠补贴的交叉项；X_{it} 表示其他企业研发投入影响因素；i 表示企业；t 表示时间；μ 在混合回归中表示常数项，在面板数据模型中表示企业个体异质性的截距项；ξ 表示随个体和时间变化的扰动项。

面板数据回归存在异方差、组内自相关和截面相关等问题。由于本书采用的是 76 家企业 5~11 年（平均 $T=7.2$）的非平衡短面板数据，因此可以不考虑组内自相关和截面相关问题；对异方差的检验发现 p 值显著为 0，表示存在异方差，拒绝接受混合回归，应采用固定效应模型；非平衡面板不影响计算离差形式的组内估计量，因此固定效应的估计可以照样进行。在 Hausman 检验中发现卡方值为负，可以确定使用固定效应模型，但结果也反映模型可能存在内生性问题，结合面板数据的特点，通常采用内生解释变量的滞后项作为工具变量来解决内生性问题。因此在回归过程中，将被解释变量的一阶滞后项纳入模型进行回归。在控制变量的选择上，由于总体的 R^2（within）值均已经超过 0.9，能够很好地说明模型的解释力，对回归过程中始终不显著的变量进行删除，对比结果并不影响关键解释变量结果的稳健性。

三、数据分析

（一）专利保护和加计扣除政策对研发投入总量的影响

表 4.7 中，利用式（4.6）实证检验了专利保护与加计扣除政策对研发投入总量的影响。结果（1）采用聚类稳健混合回归，结果表明专利保护和加计扣除政策对研发投入均在 0.05 的水平上显著，似乎肯定了两种政策的积极作用。企业规模结果显著且为正，说明大型企业的绝对研发投入总量更高。研发投入总量的滞后项在 1% 的水平上显著，说明企业研发投入具有明显的延续性。结果（2）、（3）采用聚类稳健混合回归的固定效应模型回归，在加入研发投入滞后项之后，加计扣除政策始终显著，但专利保护政策始终不显著，表明专利保护政策并没有促进企业的研发投入。对比结果（1），采用固定效应回归的结果可信度更高，表示专利保护没有促进企业研发投入，这与吴欣望等（2006）的研究结论一致。

表 4.7　研发支出影响因素回归结果

变量	（1）ols	（2）xtreg1	（3）xtreg3
lnapply	0.370*** (0.095)	−0.006 (0.174)	0.043 (0.169)
lnsubrate	0.790*** (0.054)	0.979*** (0.032)	0.957*** (0.027)
lnrd	0.213*** (0.046)		0.035* (0.018)
age	−0.008 (0.012)	0.093*** (0.026)	0.078*** (0.026)
lnsize	0.451*** (0.043)	0.422*** (0.085)	0.359*** (0.081)
profit	0.017 (0.405)	−0.499** (0.239)	−0.484*** (0.181)
lntat	−0.143* (0.086)	−0.117 (0.088)	−0.186*** (0.073)
share	−0.003 (0.003)	−0.006** (0.003)	−0.007** (0.003)
cost	−0.616 (0.418)	−0.924*** (0.342)	−0.989*** (0.260)
ability	0.317 (1.162)	−2.238** (1.031)	−1.621 (1.178)
constant	2.592** (1.285)	10.036*** (2.673)	9.685*** (2.414)
observations	383	427	383
R^2	0.945	0.960 1)	0.963 1)
number of group		75	73

***、**、*分别表示在 1%、5%、10%水平下显著

1）表示 Within R^2

注：括号中为聚类稳健标准误

从控制变量分析结果来看，企业年龄增长和规模提高促进了企业研发投入，而企业营利能力、资产管理效率、营业成本、股权结构和技术储备均与研发投入呈负相关关系。企业年龄、企业规模及营业成本对研发投入的影响容易理解和解释，而企业营利能力、资产管理效率及技术储备对研发投入的负向影响则不易解释。一种可能是经营状况较好并且技术储备较多的企业具有较小的绩效压力和创新动力。

（二）专利保护和加计扣除政策对研发投入强度的影响

表 4.8 中利用式（4.7）实证检验了专利保护和加计扣除政策对研发投入强度的影响。结果（1）仍采用聚类稳健混合回归，结果（2）~（5）采用聚类稳健混合回归的固定效应模型回归，并逐步引入研发投入滞后项和两种政策的交互项。结果表明，加计扣除政策的作用始终显著且为正，专利保护政策仍然呈负向作用。在 21 世纪初期，一些学者认为专利保护不能促进企业研发的原因是中国的

企业发展层次较低，专利保护抑制了企业"复制型"创新行为。引入交互项之后，专利保护和加计扣除的作用均明显增强，进一步证明专利保护政策并没有促进企业的研发投入，反而削弱了加计扣除政策的激励效果，这一结论与张杰（2019）的研究结论一致。

表 4.8　研发投入强度影响因素回归结果

变量	（1）ols	（2）xtreg1	（3）xtreg2	（4）xtreg3	（5）xtreg4
lnapply	−0.307* （0.158）	−0.120* （0.071）	−0.643** （0.245）	−0.092 （0.074）	−0.634** （0.267）
lnsubrate	1.620*** （0.375）	0.928*** （0.037）	2.059*** （0.424）	0.898*** （0.042）	2.119*** （0.504）
lnrds	0.074*** （0.021）			0.045*** （0.013）	0.044*** （0.013）
appsub	−0.050* （0.028）		−0.079** （0.032）		−0.085** （0.037）
age	−0.001 （0.002）	0.029 （0.018）	0.035* （0.020）	0.019 （0.019）	0.024 （0.020）
lnsize	−0.041** （0.020）	−0.033 （0.033）	−0.009 （0.027）	−0.051 （0.035）	−0.031 （0.031）
lntat	−0.903*** （0.035）	−0.955*** （0.030）	−0.924*** （0.033）	−0.942*** （0.030）	−0.900*** （0.035）
share	0.002*** （0.001）	0.004** （0.002）	0.004** （0.002）	0.003* （0.002）	0.004** （0.002）
ability	−0.192 （0.305）	−2.047*** （0.473）	−2.121*** （0.484）	−1.823*** （0.620）	−1.715*** （0.602）
constant	5.496** （2.311）	2.029*** （0.734）	9.285*** （3.004）	2.012** （0.766）	9.561*** （3.378）
observations	383	427	427	383	383
R^2	0.987	0.964[1)]	0.967[1)]	0.962[1)]	0.965[1)]
number of group		75	75	73	73

***、**、*分别表示在1%、5%、10%水平下显著
1）表示 Within R^2
注：括号中为聚类稳健标准误

从控制变量的结果来看，企业年龄总体上仍和研发投入强度呈正相关关系，但总体并不显著；随着企业规模的增加，虽然研发投入增加，但并不能带来研发投入强度的同步提高；虽然股权结构的集中度提高不利于企业研发投入的增加，但对研发投入强度则有积极作用。资产管理效率和技术储备依然与研发投入强度呈负相关关系，结合表 4.7 中的结果，认为经营状况好的企业创新投入的动力较低。

对比式（4.6）和式（4.7）的分析结果，专利保护政策并没有促进企业的研发投入，也没有提高企业的研发投入强度。而加计扣除政策则明显促进了企业的研发投入和投入强度。专利保护政策和加计扣除政策的交互项表明，专利保护的增强存在削弱加计扣除政策激励效果的可能。

(三) 稳健性检验

为了保证本书研究核心结论的可靠性，本书通过替换控制变量的方式对以上模型重新估计，估计方法仍采用聚类稳健混合回归的固定效应模型进行估计，结果证明前文的回归结果是稳健的。在具体检验过程中，我们对检验结果增加了营利能力和海外市场的滞后一期项，并对原有的企业规模、资产管理效率、营业成本和技术储备进行一阶滞后处理。处理的依据是消除原模型中可能存在的内生性问题。回归结果表明，专利保护强度和加计扣除政策的估计系数和显著性仍然和前文的结果保持高度相似，说明模型具有较好的稳健性。结果（3）~（6）采用了同样的处理方式，回归结果与前文的结论一致。因此，可以判定本书研究的结论是可靠的。

四、结论与建议

研究结果表明：①加计扣除政策可以显著促进企业研发投入与投入强度的提高，与本书研究原假设相同；②专利保护政策对企业创新的促进作用并不明显，实证分析结果表明企业在面临较强的专利保护时反而降低了研发投入强度，与本书研究的理论假设相反。受限于研究材料和知识，本书实际上并没有解开专利保护和加计扣除政策效果的"迷雾"，仅从农业领域对现有的两项政策效果进行了初步的探索，在未来的研究中希望能够获得更多更全面的数据进行更深度的研究和揭示。

基于以上结论，提出以下政策建议：①提高研发费用加计扣除政策实施力度和覆盖范围，强化对私人创新投入的激励，这主要针对目前政策实施的覆盖面还很有限、政策规定还存在诸多不合理等问题。例如，一些已经享受所得税减免的农业企业可能无税可抵，无法实现加计扣除政策的创新激励目标。②完善专利保护制度与体系，加强专利执法力度，充分发挥专利保护制度在保护私人创新者权益和对公共研究机构的激励作用。本书研究中对专利保护政策的实证结论没有支持原假设，但结合当前国际竞争形势，加强专利保护已经成为实现建设科技强国的必由之路。③尽快明确不同部门机构的职能定位，大力推进公共事业单位和国有企业分类改革；充分发挥私人创新主体优势，促进公共和私人创新主体的平等合作；推动公共科研资源开放、共享与整合，实现创新资源优化配置。

第四节 农业研发投入、空间溢出与农业增长

随着要素投入驱动作用的逐渐减弱和资源环境约束不断增强，科技创新对我

国农业经济增长的贡献日益显化(李强和刘冬梅,2011)。研发是农业科技创新活动的核心(谢兰云,2013),在加快转变农业发展方式的关键时期,增加农业研发投入无疑对提升我国农业科技创新能力,促进农业经济增长具有重要的作用,农业研发投入的经济效应也因此受到了社会各界的广泛关注(李兆亮等,2017)。

研发活动通过产生技术成果应用于农业生产实践来作用于农业经济增长(吴林海和彭宇文,2013)。由于知识和技术成果具有较强的公共物品特性,较易发生空间上的扩散和转移(李晨等,2017),因而,农业研发投入不仅会直接作用于本地区农业经济增长,也会对周边地区产生溢出效应。忽视这种空间上的溢出效应会导致对农业研发投入作用效果的评估产生偏差。

在进行农业科研投入经济效应估算时,许多研究所采用的经典计量模型仍多建立在空间均质或独立的假设上,虽考虑了样本的异质性,却无法明确空间异质性产生的影响,尤其是将农业科研投入的直接效应与溢出效应纳入同一分析框架的研究还较为缺乏,而对其效应在不同区域间存在差异的深层次分析则更为少见。

基于此,本书借助技术溢出理论,以1999~2015年为研究时段,运用空间计量经济模型实证研究我国农业研发投入的经济效应(包括直接效应、溢出效应与总效应),并进一步分析其在不同区域内部及区域之间的差异,旨在准确评价我国农业研发投入对区域农业经济增长的作用效果,为科学制定区域农业科技发展政策和措施提供相应依据。

一、研究方法与数据来源

(一)研究方法

1. 农业研发投入存量的计算

农业研发投入的作用发挥具有滞后性,且研发成果存在知识折旧的特征。因此,本书以存量的形式表征农业研发的投入水平。参考学者们的研究(Griliches,1998;Jefferson et al.,2006),采用永续存盘法(perpetual inventory method,PIM)将1999~2015年中国31个省区市(不含香港、澳门、台湾)的农业研发投入流量值转换为存量值,基本估计式为

$$\text{RD}_t = \sum_{k=1}^{n} \mu_k r_{t-k} + (1-\delta)\text{RD}_{t-1} \tag{4.8}$$

式中,RD_t和RD_{t-1}分别为t期和$t-1$期形成的农业研发投入存量;r_t为t期农业研发投入的现值;k为滞后期;μ为滞后贴现系数;δ为折旧率。由于农业研发投入

的滞后期难以获得，式（4-8）隐含了以下假定：假定农业研发投入发挥作用的平均滞后期为 θ，并假定 t 期农业研发投入存量的增量由 $t-\theta$ 期农业研发投入的现值直接构成。因此，k 与 μk 的关系可以表示如下：

$$\mu = \begin{cases} 1, & k = \theta \\ 0, & k \neq \theta \end{cases} \quad (4.9)$$

进而可以得到：

$$\sum_{k=1}^{n} \mu_k r_{t-k} = r_{t-\theta} \quad (4.10)$$

假定平均滞后期 $\theta=1$，则可以将式（4.8）转化为下式：

$$\mathrm{RD}_t = r_t + (1-\delta)\mathrm{RD}_{t-1} \quad (4.11)$$

利用式（4.11）进行农业研发投入存量计算时，需要解决以下几个问题。

（1）确定农业研发投入现值的平减指数。农业研发投入的现值需要以不变价格进行折算，由于没有现成的价格指数，本书综合固定资产投资价格指数和消费者价格指数，将其加权和作为农业研发投入的价格指数，权重均为0.5。

（2）确定农业研发投入的折旧率 δ。农业研发投入需要通过一定的折旧率来扣减折旧（Pakes，1987）。结合 Coe 和 Helpman（1995）的研究，本书将农业研发投入的折旧率 δ 定为 15%。

（3）确定农业研发投入的基期存量。借鉴相关学者（李谷成，2014）的估算方法，即 $\mathrm{RD}_0 = r_0/(g+\delta)$。$\mathrm{RD}_0$ 为农业研发投入的基期存量；r_0 为1999年农业研发投入的现值；g 为农业研发投入存量和农业研发投入现值的平均增长率；由于算数平均增长率可以消除宏观经济环境对研发投入的影响（吴延兵，2008），因此，本书研究的 g 为 1999~2015 年农业研发投入对数形式的算术平均增长率。

2. 空间相关性分析

利用空间计量模型分析应首先检验研究对象是否具有空间关联关系，一般通过 Moran's I 指数进行估算，公式如下：

$$I = \frac{n\sum_{i=1}^{n}\sum_{j\neq i}^{n}W(x_i-\bar{x})(x_j-\bar{x})}{\sum_{i=1}^{n}\sum_{j\neq i}^{n}W\sum_{i=1}^{n}(x_i-\bar{x})^2} \quad (4.12)$$

式中，x_i 和 x_j 分别为观测值 x 在相邻点的具体值；$\bar{x}$ 为观测值的平均数；W 空间权重矩阵；n 为研究区域数量。

Moran's I 指数的显著性需要通过 Z 值来检验：

$$Z = \frac{I - E(I)}{\sqrt{\mathrm{VAR}(I)}} \quad (4.13)$$

式中，$E(I)$ 与 $\mathrm{VAR}(I)$ 分别为 Moran's I 指数的期望值与方差。一般来说，$|Z|>1.96$，表示所研究对象存在显著的相互关联性。除此之外，还能够通过 Moran 散点图更加直观描述研究对象间的局部相关性特征。

3. 空间经济效应测度

采用空间杜宾模型（spatial Dubin model，SDM）测度农业研发投入的空间经济效应，参照 Lesage 和 Pace（2009）的研究，将 SDM 表达为

$$Y = \rho WY + \beta X + \theta WX + \varepsilon \tag{4.14}$$

式中，Y 为因变量；WY 为被解释变量的滞后项；X 为解释变量；WX 为各解释变量的滞后项；ρ、β、θ 分别为各回归系数；W 为空间权重矩阵；ε 为随机扰动项，与时间变量和地区变量无关。

模型各变量具体假设包括以下几点。

（1）被解释变量：农业 GDP。选取第一产业增加值表征各地区的农业经济情况。

（2）解释变量：农业研发投入。以农业研发投入存量来反映各地区的农业研发投入水平。

（3）控制变量：①土地投入，选取农作物播种面积来衡量各地区的土地投入差异；②劳动力投入，选取第一产业从业人员数作为劳动力投入的指标；③资本投入，选取农业机械总动力来衡量各地资本投入水平的差异；④自然资源禀赋，选取有效灌溉面积来衡量不同地区自然资源的差异；⑤科研基础条件，选取农业科研机构数来反映各地区科研基础条件的强弱。

选定适合的空间权重矩阵。为保证结果的稳健性，本书同时考虑了空间邻接矩阵与地理距离矩阵，计算公式详见参考文献（钟祖昌，2013）。

在进行模型估计时，需检验 SDM 能否简化，当 H01：$\theta=0$ 时，模型可简化为空间滞后模型（spatial lag modal，SLM）；当 H02：$\theta+\rho\beta=0$ 时，模型可简化为空间误差模型（spatial error model，SEM）。SDM 是否可以简化为 SLM 或 SEM，将由 Wald 检验和似然比检验判定。

与传统线性回归模型不同，模型中各回归系数不再是解释变量影响程度的直接反映，而需要通过空间计量模型的总效应、直接效应和间接效应来测度。直接效应表示解释变量 X 对本地区因变量 Y 造成的平均影响，间接效应反映本地区解释变量 X 对邻近地区因变量 Y 产生的平均影响，即溢出效应，总效应表示解释变量 X 对所有研究单元造成的平均影响，等于直接溢出和间接溢出效应之和。据此，式（4.14）可以改写成以下形式：

$$(I_n - \rho W) = \beta X + \theta WX + \varepsilon \tag{4.15}$$

对式（4.15）两边乘以 $(I_n - \rho W)^{-1}$，并展开记为

$$Y = \sum_{r=1}^{k} S_r(W)x_r + V(W)\varepsilon \qquad (4.16)$$

式中，$S_r(W) = V(W)(\ln\beta_r + W\theta_r)$，$V(W) = (I_n - \rho W)^{-1}$，展开式（4.16），得

$$\begin{pmatrix} Y_1 \\ Y_2 \\ \vdots \\ Y_n \end{pmatrix} = \sum_{r=1}^{k} \begin{pmatrix} S_r(W)_{11} & S_r(W)_{12} & \cdots & S_r(W)_{1n} \\ S_r(W)_{21} & S_r(W)_{22} & \cdots & S_r(W)_{2n} \\ \vdots & \vdots & & \vdots \\ S_r(W)_{n1} & S_r(W)_{n2} & \cdots & S_r(W)_{nn} \end{pmatrix} \begin{pmatrix} x_{1r} \\ x_{2r} \\ \vdots \\ x_{nr} \end{pmatrix} + V(W)\varepsilon \qquad (4.17)$$

$$\overline{M}(r)_{总效应} = n^{-1}l_n^{-1}S_r(W)l_n \qquad (4.18)$$

$$\overline{M}(r)_{直接效应} = n^{-1}\mathrm{tr}(S_r(W)) \qquad (4.19)$$

$$\overline{M}(r)_{间接效应} = \overline{M}(r)_{总效应} - \overline{M}(r)_{直接效应} \qquad (4.20)$$

式中，$\overline{M}(r)_{总效应}$、$\overline{M}(r)_{直接效应}$、$\overline{M}(r)_{间接效应}$分别表示总效应、直接效应、间接效应，其中，$l_n = (1\cdots1)^T_{1\times n}$。

（二）数据来源

本书所使用的科研投资数据来源于 1999~2015 年《全国农业科技统计资料汇编》和《中国科技统计年鉴》，其中，农业研发投入现值以农业研发经常费支出表示；社会经济数据来源于《中国统计年鉴》《中国农村统计年鉴》等相关年鉴。同时，为消除年际物价上涨与通货膨胀的影响，均以 1999 年为基准年，利用平减指数对相关数据进行了转换处理。

二、结果与分析

（一）空间相关性检验

由表 4.9 可知，第一，1999~2015 年，我国农业研发投入和农业 GDP 的全局 Moran's I 指数在绝大多数年份显著为正，表明农业研发投入与农业经济增长在空间上的分布并非随机，而是表现为较高值省区市趋向于与相对较高效益的省区市相邻，或较低值省区市趋向于与相对较低效益的省区市相邻的空间分布特征，这与李谷成等（2014）、李兆亮等（2016）的研究结论一致。第二，以 2010 年为转折点，农业 GDP 全局 Moran's I 指数开始出现下降趋势，这表明我国各省区市农业经济增长的空间依赖性出现减弱的态势。

表 4.9　农业研发经费投入和农业 GDP 的全局 Moran's I 指数

年份	lnR&D		lnGDP	
	Moran's I	Z 值	Moran's I	Z 值
1999	0.100**	2.104	0.175**	3.277
2000	0.099**	2.079	0.183**	3.402
2001	0.089*	1.922	0.177**	3.299
2002	0.073*	1.672	0.172**	3.225
2003	0.055	1.384	0.135**	2.651
2004	0.091**	1.967	0.132**	2.610
2005	0.075*	1.709	0.115**	2.328
2006	0.100**	2.100	0.111**	2.273
2007	0.109**	2.238	0.100**	2.090
2008	0.106**	2.197	0.097**	2.057
2009	0.109**	2.242	0.101**	2.110
2010	0.098**	2.072	0.087*	1.900
2011	0.088*	1.908	0.086*	1.894
2012	0.126**	2.523	0.077*	1.751
2013	0.115**	2.356	0.070	1.641
2014	0.102**	2.153	0.068	1.620
2015	0.091**	1.986	0.067	1.603

**、*分别表示在 5%、10%水平下显著

从图 4.8 可知，无论是 1999 年还是 2015 年，多数省区市农业研发经费投入和农业 GDP 均位于第一、三象限，进一步表明了中国农业研发投入和农业经济增长在空间上存在显著的集聚特征，因而在研究农业研发投入的经济效应时不能忽视空间溢出，否则会导致估计结果出现偏差。

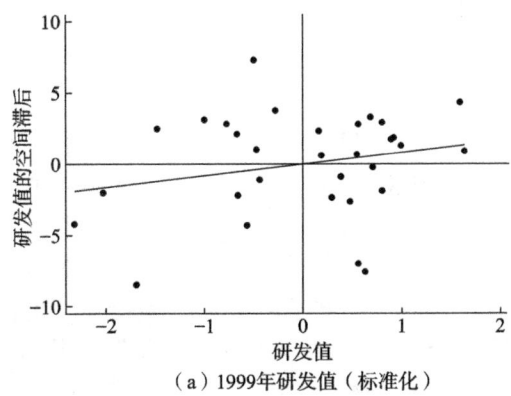

（a）1999年研发值（标准化）

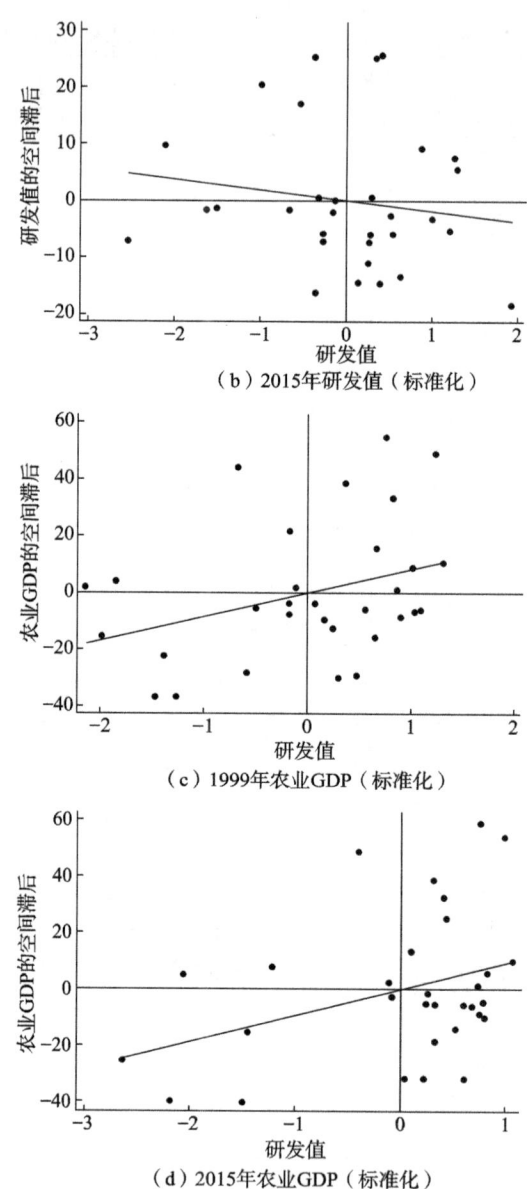

图 4.8 1999 年和 2015 年中国农业研发经费投入和农业 GDP 的 Moran 散点图

(二) 全样本空间计量模型估计与检验

由表 4.10 可知,地理距离矩阵的极大似然比略微高于空间邻接矩阵,表明相对而言,地理距离矩阵具有更好的拟合优度。为提高结果的稳健性,本书综合两种权重矩阵设定下的模型进行分析。在空间随机效应 SDM 下,两种权重矩阵模

型的 ρ 值分别为 0.122 和 0.268，且在 10%水平下显著，表明农业研发投入产生的经济效应存在显著的空间集聚特征，这种空间特性也与之前的空间相关性分析结果相一致。

表 4.10 两种权重下 SDM 估计结果

变量	空间邻接矩阵		地理距离矩阵	
	空间固定效应模型	空间随机效应模型	空间固定效应模型	空间随机效应模型
研发	0.113***（0.025）	0.112***（0.025）	−0.015（0.022）	−0.014（0.023）
土地	0.774***（0.121）	0.605***（0.103）	0.740***（0.105）	0.551***（0.090）
劳动力	−0.183*（0.096）	−0.154*（0.090）	0.280***（0.083）	0.269***（0.079）
资本	0.651***（0.053）	0.662***（0.053）	0.246***（0.052）	0.281***（0.052）
资源禀赋	0.023（0.064）	−0.023（0.065）	0.122**（0.055）	0.092*（0.055）
科研基础条件	−0.117**（0.044）	−0.149***（0.042）	−0.121***（0.037）	−0.150***（0.036）
$W\times$研发	0.094***（0.037）	0.110***（0.037）	0.234***（0.048）	0.238***（0.049）
$W\times$土地	−0.544***（0.209）	−0.337**（0.168）	−0.907***（0.339）	−0.642*（0.341）
$W\times$劳动力	−0.649***（0.182）	−0.561***（0.178）	−1.745***（0.584）	−0.392（0.392）
$W\times$资本	0.789***（0.101）	0.768***（0.102）	0.699***（0.217）	0.847***（0.207）
$W\times$资源禀赋	−0.087（0.113）	−0.129（0.113）	0.325（0.289）	0.062（0.282）
$W\times$科研基础条件	0.097（0.080）	0.133*（0.068）	0.378***（0.119）	0.472***（0.117）
ρ	0.122*（0.060）	0.122**（0.060）	0.189*（0.116）	0.268*（0.108）
σ^2	0.030***（0.002）	0.032***（0.002）	0.021***（0.001）	0.023***（0.001）
R^2	0.944 9	0.944	0.961	0.960
Log-likelihood	176.78	83.07	265.73	167.29
WALD-err	194.92	208.59	35.79	45.31
WALD-lag	112.45	151.52	74.33	61.92
LR-err	303.59	290.2	113.51	101.94
LR-lag	109.3	130.19	89.65	74.42
Hausman Test	9.36	P=0.746	4.85	P=564

***、**、*分别表示在 1%、5%、10%的水平下显著

通过偏微分方法进一步将结果分解为直接效应、间接效应和总效应。结果见表 4.11。

表 4.11 各变量对农业经济增长的直接效应、间接效应与总效应

变量	空间邻接矩阵			地理距离矩阵		
	总效应	直接效应	间接效应	总效应	直接效应	间接效应
研发	0.244***	0.116***	0.129***	0.301***	−0.010	0.311***
土地	0.306	0.587***	−0.281*	−0.115	0.534***	−0.649*
劳动力	−0.794***	−0.160*	−0.634***	−0.164	0.273***	−0.437
资本	1.618***	0.690***	0.928***	1.573***	0.300***	1.273
资源禀赋	−0.190	−0.039	−0.151	0.166	0.082	0.084
科研基础条件	−0.018	−0.145***	0.127*	0.458***	−0.142***	0.600***

***、*分别表示在1%、10%的水平下显著

（1）总体上看，在两种权重矩阵设定下，农业研发投入的间接效应均大于直接效应。相较于本地区而言，农业研发投入对周边地区农业经济增长的影响更为强烈。

（2）其他变量的表现。从表4.11可以看出，在两种权重设定下，土地、劳动力和资本等传统要素投入对农业经济增长的直接效应均通过了10%水平下的显著性检验，表明传统要素投入对本地区农业经济增长具有较为明显的影响。与空间邻接矩阵不同，在地理距离矩阵的设定下，三要素中仅有土地投入的间接效应在10%显著性水平下通过了检验，表明地理距离因素弱化了传统要素投入对周边地区的间接影响。科研基础条件在两种权重设定下的直接效应与间接效应均显著，且在地理距离矩阵设定下的间接效应更为强烈，说明地理距离强化了科研基础条件的溢出影响；而资源禀赋对农业经济增长的三种效应则均不显著。

（三）四大区域内部农业研发投入对农业经济增长的空间效应

如表4.12所示为1999~2015年四大区域子样本估计结果。

表 4.12 1999~2015年四大区域子样本估计结果

	指标	研发	土地	劳动力	资本	资源禀赋	科研基础条件
东部	总效应	0.405***	−1.861***	1.560	2.048**	−0.235***	0.598***
	直接效应	−0.032	−0.390***	−0.177	1.105***	0.693***	0.148***
	间接效应	0.437***	−1.471***	1.737***	0.943**	−0.928	0.450***
中部	总效应	0.421***	1.803**	−0.641	1.206***	−0.334	−0.001
	直接效应	−0.146	0.887***	0.393	0.182***	0.045	−0.050
	间接效应	0.567***	0.916	−1.034	1.024***	−0.379	0.049
西部	总效应	0.349***	−0.514	−1.522**	0.915**	0.334*	−0.152
	直接效应	0.020**	0.949***	−0.041	−0.232***	−0.101	−0.021
	间接效应	0.329	−1.463	−1.481**	1.146***	0.435***	−0.131

续表

	指标	研发	土地	劳动力	资本	资源禀赋	科研基础条件
东北	总效应	2.245	−0.559	−4.631***	−0.047	0.858	−0.206
	直接效应	0.288***	−0.595***	−0.743	−0.052	0.779	0.045
	间接效应	1.957***	0.036	−3.888***	0.005	0.079	−0.251

***、**、*分别表示在1%、5%、10%的水平下显著

根据表4.12估计结果可以得出以下结论。

（1）总体而言，农业研发投入和农业机械化水平的提高对多数区域农业经济增长均产生正向促进作用；农业劳动力投入、资源禀赋条件对各区域农业经济增长存在一定的负面影响；由于耕地经营规模状况差别较大，因而土地要素投入的影响在四大区域间表现各不相同；除东部地区外，科研机构数量的增加对各区域农业经济增长并未表现出显著的影响。

（2）从四大区域比较上看，农业研发投入对农业经济增长的总效应从大到小依次为中部＞东部＞西部，东北地区不显著；东北地区直接效应最高，其次是西部，东部和中部不显著；东、中和东北地区农业研发投入对农业经济增长的溢出效应均显著为正，效应值由大到小依次为东北＞中部＞东部，西部地区农业研发投入则未能表现出明显的溢出效应。

（四）四大区域间农业研发投入的空间溢出效应分析

由表4.13可知，农业研发投入在东-中、东-西、东-东北、中-西、中-东北和西-东北地区的溢出效应值依次为0.166、0.195、0.237、0.246、0.182和0.151，其中，中-西部溢出效应作用强度最大，其次为东-东北，东-西部和中-东北的溢出效应则并不显著。中-西部相近的地理位置和相似的资源禀赋条件促使其具有趋同的农业技术选择偏好，由农业研发投入所产生的技术成果较易在两大区域间进行扩散和转移，因而其区域间溢出效应最强；东-西部溢出效应不明显的可能是西部地区人力资本水平相对较低，未能达到技术吸收的"门槛"，导致其无法在短期内对东部地区先进的农业生产技术进行吸收应用，影响其与东部地区间溢出效应的发挥；而中-东北地区溢出效应表现较弱则是由相对较远的地理距离和较弱的农业科技创新能力综合作用的结果。

表4.13 四大区域间农业研发投入的空间溢出效应

解释变量	东-中	东-西	东-东北	中-西	中-东北	西-东北
研发	0.166*	0.195	0.237***	0.246***	0.182	0.151*
ρ	−0.932***	−0.793***	0.457***	−1.205***	0.347***	0.192***
σ^2	0.012***	0.022***	0.016***	0.009***	0.009***	0.014***

***、*分别表示在1%、10%的水平下显著

三、研究结论与讨论

（一）研究结论

（1）1999~2015 年，中国农业研发投入和农业 GDP 在空间上均存在显著的集聚特征，在研究农业研发投入的经济效应时不能忽视空间间接效应，否则会导致估计结果出现偏差。

（2）从全国层面上看，农业研发投入对区域农业经济增长的直接效应、间接效应与总效应均显著为正，且间接效应大于直接效应。

（3）从区域比较来看，中部地区农业研发投入的总效应最大，其次是东部，东北地区则不显著；东北地区农业研发投入的直接效应与间接效应则为四大区域之首。

（4）从区域间相互作用上看，农业研发投入在四大区域间均产生了正向间接效应，其中，中-西部溢出效应最大，东-东北紧随其后，而东-西部和中-东北间接效应则并不显著。

（二）讨论

（1）农业研发投入不仅对本地区农业经济增长起到正向促进作用，也同时对周边地区产生了更为强烈的溢出效应，在制定区域农业科技创新战略时应具有全局观念，不仅要结合各区域自身的发展特点，更应充分考虑周边地区发展的间接影响，以全面提升农业科技创新效率水平。

（2）经济发达地区科技创新能力强，农业研发投入的经济增长效应明显，应借助自身优势，有目的地加大农业研发投入，进一步提高区域自主创新能力，转变农业发展方式，促进农业经济增长；同时，还应完善农业科技创新环境，加快科研成果的转化应用，为周边地区形成良好的示范效应，通过农业科技创新活动的空间溢出促进周边地区农业经济增长。

（3）地理位置相近的区域间往往具有相似的资源禀赋条件和更为强烈的溢出效应，因此，中、西部等欠发达地区应加强与发达地区，尤其是邻近地区的交流合作，采取"看中学"模式加速本地区农业经济发展，分阶段逐步缩小与发达地区的发展差距；同时，还应强化人力资本培育，提升区域技术吸收能力，以有效利用农业科研活动空间溢出的积极效应，充分发挥自身特点，努力形成新的区域集聚和农业经济"发展极"。全面提升农业研发投入对区域农业经济增长的贡献水平。

第五节 农户需求表达对公益性农业技术服务可得性的影响路径

一、分析框架及理论基础

基于公共物品需求表达理论，公共物品由于其自身属性，供给和需求难以做到像私人物品一样在市场上自由交易。为避免出现公共资源低效配置，设计有效的、可靠的公共物品个人偏好表达机制显得十分必要，这种机制能像私人物品竞争市场一样发挥作用（Sproule-Jones and Hart, 1973；刘书明, 2016）。这种机制不仅能为需求者提供意愿表达的机会，而且为供给者和公共管理者获取公民需求偏好提供一种有效的途径（Thomas and Melkers, 1999），有利于架起公共服务供给方和需求方之间的沟通桥梁，从而提高供给效率和供给质量（涂圣伟, 2010）。

需求表达是实现公共服务有效供给的前提和基础，需求主体的表达是发挥这一要素作用的重要前提。农民群体中的绝大部分并不善于表达，已经养成沉默的习惯，更不会积极带动周围的农户一起表达，而是被动地接收现状（邓念国和翁胜杨, 2012），使得部分需求表达主体难以表达自己的需求，这样也会增加需求信息搜集的难度。需求主体是否表达服务需求，对于农业技术服务供给主体搜集需求信息和识别有效需求具有重要的影响。需求主体在进行需求表达时，会表现出不同的偏好选择，即表达方式、表达渠道及表达对象会出现差异。例如，李义波（2004）的研究表明，农村居民对道路建设与维护、义务教育、基本医疗服务等基本性公共物品的偏好强度高于水土治理和环境保护、基础设施建设等非基本性公共物品。农户在进行不同类型农业技术服务需求表达时，会选择不同的表达对象和表达渠道。对不同的表达对象而言，得到的反馈效果存在差异，在农业社会化服务供给主体选择中，农户对营利性服务组织或者非营利性服务主体选择存在偏好差异（李容容等, 2015），非营利组织作为一种新型的表达途径，能够弥补弱势群体的表达不足，能够更好地表达需求主体的真实需求（张宇, 2011）。有研究表明，农民利益表达群体的规模会影响表达效果，进行集体合作的表达往往比个体单独表达具有更强的说服力，也会取得更好的反馈效果（万红斌, 2016）。个人理性并不是集体理性的充分条件，个体行为并不会向集体行为转化，集体不行动才是自然结果（奥尔森, 1995）。此外，通过大众媒体或代表人物的表达方式进行表达，公共物品供给效率的改进应采取不同的措施（涂圣伟，2010）。根据以上分析，农户需求表达对公益性农业技术服务供需状况的影响必须基于需求表达决策，并选择合适的表达方式、有效的表达渠道及有针对性的对象进行表达，才能得到需求反馈，最后才能使得供给者根据需求信息调整供给策略，从而改善供需不匹配的状况（具体影响路径见图4.9）。

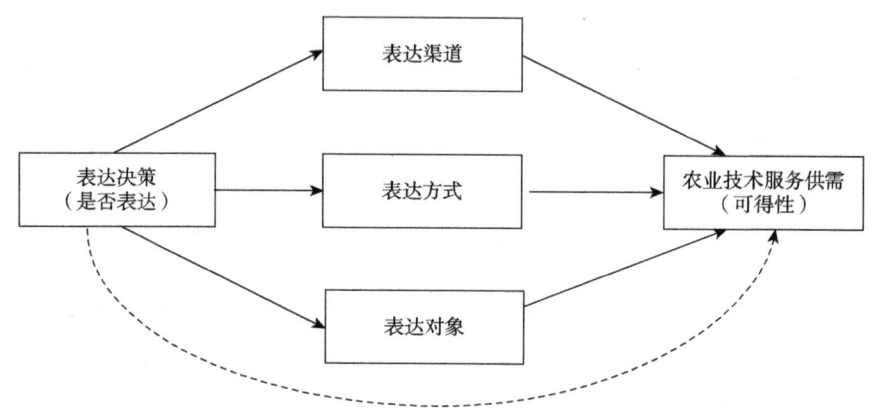

图4.9 农户需求表达对公益性农业技术服务可得性的影响机理分析

二、研究方法与数据来源

（一）研究方法

本节采用中介检验模型进行分析。

构建中介效应检验模型，检验表达方式、表达渠道及表达对象的中介效应。其具体的检验步骤包括以下几点。

1. 基础回归方程的构建

设 Y 为因变量，X 为自变量，如果 X 通过影响变量 M 从而影响 Y，则称 M 发挥中介效应。中介效应检验可以表示为以下三个回归方程：

$$Y = i + cX + e_1 \quad (4.21)$$

$$M = i + aX + e_2 \quad (4.22)$$

$$Y = i + c'X + bM + e_3 \quad (4.23)$$

在式（4.21）中，c 为总效应，即自变量 X 对因变量 Y 的影响；在式（4.22）中，则主要考察中介变量 M 和自变量 X 的关系，影响效应由 a 表示；在式（4.23）中，不仅考察控制中介变量 M、自变量 X 与因变量 Y 之间关系。不仅考察控制自变量 X 后，因变量 Y 与中介变量 M 之间的关系，则影响效应用 c' 表示，还考察控

制中介变量 M 之后,因变量 Y 与自变量 X 的直接影响关系,用 b 来表示。本书根据研究的实际情况,为进一步控制其他因素的影响,在基本回归方程中,加入了控制变量,以此来保证研究结论的可靠性,加入控制变量后的回归方程及中介模型的示意图(图4.10)如下:

$$Y_i = \beta_{01} + \sum_{j=1}^{n} c_j x_{ij} + \sum_{l=1}^{r} \beta_l x_{il} + e_2 \quad (4.24)$$

$$M_i = \ln\frac{p_i}{1-p_i} = \beta_{02} + \sum_{j=1}^{n} a_j x_{ij} + \sum_{l=1}^{r} \beta_l x_{il} + e_2 \quad (4.25)$$

$$Y_i = \beta_{03} + \sum_{j=1}^{n} c'_j x_{ij} + b_l m_{it} + \sum_{l=1}^{r} \beta_l x_{il} + e_2 \quad (4.26)$$

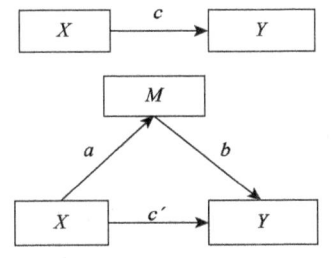

图 4.10 中介效应示意图

在式(4.24)中,Y_i 表示农户 i 的供给服务可得性;β_{01} 表示常数项;x_{ij} 表示需求表达决策,即新技术推广示范类服务、病虫防治类服务、投入品检测类服务、技术宣传培训类服务及防灾减灾类服务决策;c_j 表示影响效应;n 表示自变量的个数,在该模型中,$n=5$;x 表示第 i 个自变量;e 表示误差项;x_{il} 表示控制变量对农业技术服务可得性的影响,即控制户主年龄、户主受教育程度、户主务农年限、种植面积、农业收入占比、农业劳动力数量、提高种植技能、增加农业收入及所在省区市的影响;r 表示控制变量的个数,在该模型中,$r=10$;β_l 表示控制变量对自变量可得性 Y_i 的影响效应。在式(4.25)中,M_i 表示中介变量,即农户 i 需求表达方式、表达渠道及表达对象的选择行为,由于这些变量是二分类变量,因此需要选用二元 logistic 回归模型来进行估计;用 a_j 来表示自变量对中介变量的影响效应,其他变量含义与式(4.24)中的相同。在式(4.26)中,c'_j 表示控制中介变量和控制变量后,自变量对因变量的影响效应;m_{it} 则表示中介变量,即需求表达方式、表达对象及表达,为更好地剥离中介效应,每次只纳入一个中介变量进行回归;b_l 表示影响效应,其他变量含义与式(4.24)中的相同。

2. 借鉴 Iacobucci 提出的检验方法来检验中介变量为分类变量的中介效应

Iacobucci（2012）指出，在分析中介变量对因变量的影响时，其回归系数为 b，可以用 t 检验显著性，即 $t=b/SE_b$，当样本容量的自由度超过 30 时，Z 检验与 t 检验基本可以等同，即 $Z_b=b/SE_b$。在检验自变量对中介变量的影响时，主要采用 logistics 回归模型，因此，回归系数 a 的检验主要是运用卡方检验，统计量为 $\chi^2 = (b/SE_b)^2$，其平方根是 b/SE_b，则是一个 t 统计量，因此，将系数 a 和系数 b 转换成 Z_a 和 Z_b 后，其尺度是一样的，可以用 $Z_a \times Z_b$ 来检验中介效应。具体计算和判定方式如下，依次计算出下列指标：

$$Z_a = a/s_a \tag{4.27}$$

$$Z_b = b/s_b \tag{4.28}$$

$$Z_{ab} = Z_a Z_b \tag{4.29}$$

$$\hat{\sigma}_{Z_{ab}} = \sqrt{Z_a^2 + Z_b^2 + 1} \tag{4.30}$$

$$Z_{\text{Mediation}} = \frac{Z_{ab}}{\hat{\sigma}_{Z_{ab}}} = \frac{Z_a Z_b}{\sqrt{Z_a^2 + Z_b^2 + 1}} \tag{4.31}$$

以上公式中的参数，主要是根据上述回归模型得到的参数，其中 a 表示自变量对中介变量的回归系数，在本书中则为 a_j；b_t 表示中介变量对因变量的回归系数，在本书中则为 b_t；s_a 和 s_b 分别表示对应的自变量和中介变量的标准误，在本书中则为 a_j、b_t 的标准误。依据 $Z_{\text{Mediation}}$ 属于正态分布检验中介效应的显著性，在 5%的显著性水平下，若 $Z_{\text{Mediation}}$ 的绝对值大于 1.96，则表明中介效应显著。

（二）数据来源与变量说明

1. 数据来源

研究数据来自课题组 2017 年 7~8 月在湖南省常德和衡阳、湖北黄冈和荆州开展以水稻种植户为主的公益性农业技术服务供给和需求方面的调查。调研内容主要包括基本概况、公益性农业技术服务需求、农户对公益性农业技术服务认知及需求表达情况、公益性与营利性农业技术服务供给情况、农业技术服务的服务特性等。课题组调研员主要为在校的硕士生和博士生，在正式调研活动开展前，开展预调研，对农业技术服务供需情况进行了解，并了解农户的公益性农业技术服务的供给和需求状况，对问卷进行了进一步的修改和完善。与此同时，课题组成员对所有调研员进行了培训，重点讲解各个问项主要考察的重点，并解决调研员存在的一些疑惑和难题，保证调研员在调研过程中公正客观的询问和记录问项答案。在调研中，主要是采取面对面、一问一答的形式进行。为保证调研对象对农业生产情况足够熟悉，研究调研对象主要以家庭户主为主。此次调研共发放调研问卷 650 份，收回有效问卷 631 份，剔除主要问项回答不完整、回答项前后矛盾的问卷，获得本书研究适用样本 626 份，其中黄冈武穴市获取调研问卷 173 份，荆州沙市区获取调研问卷 120 份，常德津市获取调研问卷 157 份，衡阳祁东县获取调研问卷 176 份。我们依据不同区域种植大户的发展情况，并咨询当地农业部门主要负责人，将种植 50 亩以上的农户确定为调查区域的种植大户。

2. 变量说明

核心自变量：①表达行为是表达渠道、表达方式及表达对象选择的前提条件，也是进一步分析表达影响机理的基础。对于需求表达行为测量而言，农户表示有咨询农业技术服务则认为该农户有需求表达的行为，如果没有咨询过农业技术服务，则认为没有需求表达行为。②可得性。主要是采用可得性程度进行测算。我们在描述性分析中，已经对不同公益性农业技术服务的可得性进行了统计，对不同类型公益性农业技术服务的可得性有了清晰的了解。为更好把握公益性农业技术服务可得性整体状况，了解公益性农业技术服务需求得到满足的状况，我们进一步测算了公益性农业技术服务的整体可得性，主要采用比例来测算，即在我们考察的 14 种主要的公益性农业技术服务中，农户可以得到几种农业技术服务，其所占的比重则为我们所考察的公益性农业技术服务的可得性，以此来反映公益性农业技术服务的整体可得性，也可以在一定程度上反映出我国公益性农业技术服务的供给水平。③对于需求表达决策而言，我们主要考察的农业技术服务类型有新品种技术示范服务、高产高效技术示范服务、病虫测报服务、病虫防治服务、农药残留检测服务、重金属污染检测服务、土肥检测服务、安全用药服务、种子质检服务、农机质检服务、农业技术政策宣传服务、农业技术培训服务、防汛抗旱服务、水资源管理服务共 14 项。由于这些服务中服务特性存在一定的相似性，并且不同服务类型农户的需求表达偏好存在差异，因此将服务进行分类处理，以减少重复性的工作。因此我们主要从特性和服务目的出发，将服务特性和服务目的具有相似性的服务划分为一类。具体而言，由于新品种技术示范服务和高产高效技术示范服务都属于以提高种植产量产出的服务，因此将其归类为新技术推广示范服务；病虫防治服务和病虫测报服务以防治病虫害为目的，因此归为病虫防治服务；重金属污染检测服务、农药残留检测服务、土肥检测服务、安全用药服务、种子质检服务、农机质检服务都是检测类农业技术服务，多与农业生产环节的投入品相关，以保证产品安全提供的服务，因此将这些服务归为投入品检测服务；农业技术政策宣传服务主要以宣传技术为主，与农业技术培训服务相似，都是与农业技术推广相关的服务，因此将这两类服务划分为技术宣传培训服务；防汛抗旱服务、水资源管理服务，都是以防范水旱灾害为目的，为保障农业生产的水条件，因此将这些服务划分为防灾减灾服务。根据分类情况，将只要表达了分类服务中的某一项服务即认为该农户有表达这类服务。④需求表达方式主要从个人表达和集体表达两个方面来测量。对于表达方式主要是考察表达对象的规模出发，单个个体的表达与集体表达其表现出来的表达效果存在差异，因此我们将需求表达方式划分为个体表达和集体表达，以此来了解不同表达方式对公益性农业技术服务可得性的影响。⑤需求表达渠道主要从制度化表达和非制度化表达来测量。对于制度化表达渠道，主要是将通过向村组织、党组织、人民代表大会代表及信访等制度体系相关的组织表达的途径称为制度化表达渠道，其他向媒体、合作社、网站及个人等表达渠道称为非制度化表达渠道。表达渠道的畅通与否直接关系到需求表达信息是否能够顺利传递给农业技术服务供给者，制度化的表达渠道与非制度化的表达渠道在需求信息传递中发挥的作用存在差异，不同表达渠道信息传递效果也存在差异，进而会影响农业技术服务供给者信息的有效识别。⑥表达对象则依据表达对象是否具有营利性属性进行划分，将不具备营利性目的的服务主体定义为非营利性服务组织或人员，将以营利为目的的服务主体则定义为营利性推广组织或个人。以非营利为目的的组织，其肩负着公益性的职能和义务，但是服务供给动机不足，也会影响这些服务组织对农户需求的重视情况。而对于营利性服务组织，以追求利润为目的，虽然也会注重相关公益性服务的提供，但是多和营利性服务捆绑，势必会对公益性农业技术服务的服务效果和供给的积极性造成一定的影响。因此，农户选择对不同服务组织表达自己的农业技术服务需求，其可能得到的服务供给会因为服务组织的属性而存在差别，也会影响需求双方和供给双方的需求和供给匹配实现的程度。

控制变量。首先，控制户主年龄、户主受教育程度、户主务农年限及干部身份表征的个体特征变量，其次，种植特征变量主要控制了农业收入占比、种植面积及农业劳动力数量变量，在农户公益性农业技术服务的认知方面，主要对农业技术服务增加收入及提高种植技能两个方面的认识来测量。此外，控制了区域差异的影响。

三、实证结果分析

从基础回归方程估计结果来看，模型具有较好拟合效果，存在表达渠道、表达方式及表达对象的中介效应。具体来说，模型 1 为式（4.21）估计，考察需求表达决策对公益性农业技术服务可得性的影响，即自变量对因变量的总效应，模型卡方检验值为 26.361，并通过 1%的显著性水平检验。模型 2、模型 3 和模型 4 为式（4.22）估计，分别考察农户需求表达决策对表达方式、表达渠道和表达对象三个中介变量偏好选择的影响,因三者均为二分变量,故采用二元回归模型,模型 F 统计值分别为 70.612、122.357 和 189.735,均通过 1% 的显著性水平检验。模型 5、模型 6 和模型 7 则为式(4.23)估计,分别检验需求表达决策自变量与表达渠道、表达方式及表达对象三个中介变量对公益性农业技术服务可得性因变量的影响,模型采用伪 R^2 统计值,模型卡方检验也均通过 1% 的显著性水平。因此,综合来看,存在农户需求表达渠道、表达方式及表达对象三者对表达决策作用于公益性农业技术服务可得性的中介效应。见表 4.14。

表 4.14 变量说明(二)

变量	变量测量	均值	方差
表达行为	是否有表达行为?1=是,0=否	0.81	0.39
农业技术服务的可得性	可得的农业技术服务数量/总农业技术服务数量	0.56	0.26
表达决策	是否表达了新技术推广示范类的服务需求?1=是,0=否	0.68	0.47
	是否表达了病虫防治类的服务需求?1=是,0=否	0.90	0.30
	是否表达了投入品检测类的服务需求?1=是,0=否	0.58	0.49
	是否表达了防灾减灾类的服务需求?1=是,0=否	0.65	0.48
	是否表达了技术宣传培训类的服务需求?1=是,0=否	0.59	0.49
表达方式	您主要采用哪种方式表达自己的农业技术服务需求? 1=个人表达,0=集体表达	0.82	0.38
表达渠道	您主要通过何种渠道表达自己的农技服务需求? 1=制度化渠道,0=非制度化渠道	0.64	0.48
表达对象	你向哪类主体咨询和表达过农业技术服务需求? 1=非营利性服务组织或人员,0=营利性推广组织或人员	0.61	0.49
户主年龄	年龄(年)	52.25	9.58
户主受教育程度	受教育年限(年)	8.22	2.89
户主务农年限	务农年限(年)	27.36	14.33
个人身份	是否拥有村干部、党员等其他身份?1=是,0=否	0.24	0.43
种植面积	家庭种植面积(亩)	133.26	226.51
农业收入占比	农业收入(元)/家庭总收入(元)	0.69	0.35
农业劳动力数量	家庭农业劳动力数量(个)	1.98	0.86
增加收入	提供的农业技术服务是否有利于增加农业收入?1=是,0=否	3.96	0.75
提高种植技能	提供的农业技术服务是否有利于提高种植技能?1=是,0=否	3.84	0.87
所在省份	1=湖北省,0=湖南省	0.36	0.48

（一）表达决策、表达方式对公益性农业技术服务可得性的影响

检验表达方式在表达决策与公益性农业技术服务可得性之间的中介效应，主要通过计算 Z 值，计算结果见表 4.15。根据 Z 值结果可知，表达方式在病虫防治类服务表达决策与公益性农业技术服务可得性之间的中介效应检验结果的 Z 值大于 1.96，表示表达方式在是否表达病虫防治服务需求与公益性农业技术服务可得性之间的中介效应显著，说明农户在采取表达病虫防治服务决策之后，采用个人表达方式将有利于提高公益性农业技术服务的可得性。

表 4.15 表达方式在表达决策与公益性农业技术服务可得性之间的影响

变量	表达方式（Z）	中介效应检验
新技术推广示范类服务表达决策	−0.331	不显著
病虫防治类服务表达决策	2.044	显著
投入品检测类服务表达决策	1.674	不显著
技术宣传培训类服务表达决策	−1.319	不显著
防灾减灾类服务表达决策	−1.725	不显著

以上影响路径用图 4.11 表示。

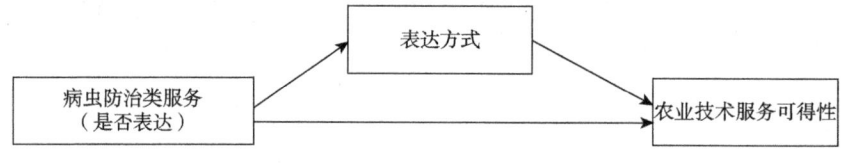

图 4.11 表达方式的中介效应影响路径

（二）表达决策、表达渠道对公益性农业技术服务可得性的影响

检验表达渠道在表达决策与公益性农业技术服务可得性之间的影响，Z 值计算结果见表 4.16。根据 Z 值计算结果可知，表达渠道在新技术推广示范类服务表达决策、投入品检测类服务表达决策及技术宣传培训类服务表达决策与公益性农业技术服务可得性之间的中介效应显著，Z 值分别为 2.763、−2.530 和 3.272，绝对值都大于 1.96。其影响结果表示，农户表达新技术推广示范类服务对公益性农业技术服务的可得性具有显著的影响，并且通过选择不同的表达渠道从而来影响农业技术服务可得性。农户表达投入品检测类服务需求，对公益性农业技术服务可得性具有直接的影响，还会通过表达渠道差异间接影响公益性农业技术服务可得性。此外，表达技术宣传培训类服务需求不仅对于公益性农业技术服务具有显著的影响，还通过需求表达渠道选择的差异而影响公益性农业技术服务的可得性。

表 4.16　表达渠道在表达决策与公益性农业技术服务可得性之间的影响

变量	表达渠道（Z）	中介效应检验
新技术推广示范类服务表达决策	2.763	显著
病虫防治类服务表达决策	−1.581	不显著
投入品检测类服务表达决策	−2.530	显著
技术宣传培训类服务表达决策	3.272	显著
防灾减灾类服务表达决策	−0.520	不显著

以上的影响路径用图 4.12 表示。

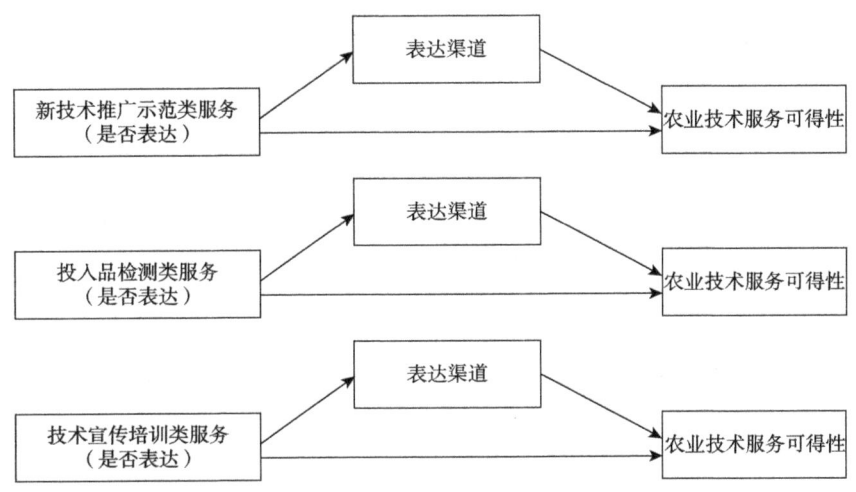

图 4.12　表达渠道的中介效应影响路径

（三）表达决策、表达对象对公益性农业技术服务可得性的影响

本书计算了不同路径检验上的 Z 值，检验表达决策通过表达对象的选择传导作用来影响公益性农业技术服务可得性。结果见表 4.17。根据 Z 值测算结果可知，表达对象在病虫防治类服务表达决策、投入品检测类服务表达决策与公益性农业技术服务可得性之间的中介效应检验的 Z 值分别为 2.685 和 2.260，均大于 1.96，表示中介效应显著，即农户表达投入品检测类服务需求不仅对公益性农业技术服务可得性具有直接的影响，还通过选择不同的表达对象来间接影响公益性农业技术服务可得性。农户表达病虫防治类服务需求不仅对公益性农业技术服务可得性具有直接的影响，还通过选择不同的表达对象来间接影响公益性农业技术服务可得性。

表 4.17　表达对象对表达决策与公益性农业技术服务可得性之间的影响

变量	表达对象（Z）	中介效应检验
新技术推广示范类服务表达决策	1.116	不显著
病虫防治类服务表达决策	2.685	显著
投入品检测类服务表达决策	2.260	显著
技术宣传培训类服务表达决策	-0.634	不显著
防灾减灾类服务表达决策	-0.486	不显著

以上的影响路径用图 4.13 表示。

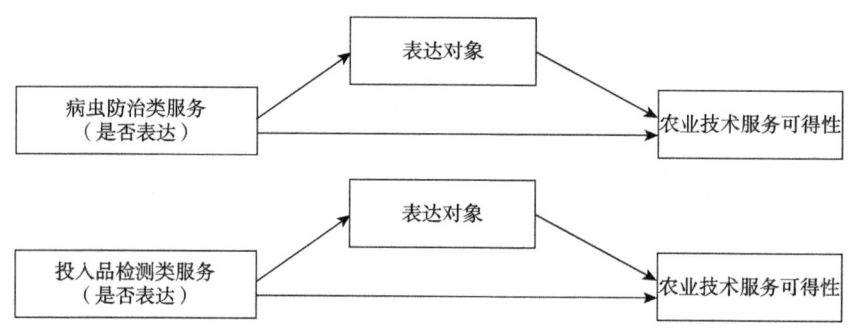

图 4.13　表达对象的中介效应影响路径

四、研究结论与政策启示

（一）主要研究结论

（1）农户在采取表达病虫防治类服务表达决策之后，采用个人表达方式将有利于提高公益性农业技术服务可得性。

（2）农户表达新技术推广示范类服务对公益性农业技术服务可得性具有显著的影响，还通过选择不同的表达渠道从而影响农业技术服务可得性。农户表达投入品检测类服务需求，对公益性农业技术服务可得性具有直接的影响，还通过选择不同的表达渠道间接影响公益性农业技术服务可得性。此外，对于是否表达技术宣传培训类服务需求不仅对公益性农业技术服务可得性具有显著的直接影响，还通过选择不同的需求表达渠道间接影响公益性农业技术服务可得性。

（3）农户表达投入品检测类服务需求不仅对公益性农业技术服务可得性具有直接的影响，还通过选择不同的表达对象来间接影响公益性农业技术服务可得性。农户表达病虫防治类服务需求不仅对公益性农业技术服务可得性具有直接的影响，还通过选择不同的表达对象来间接影响公益性农业技术服务可得性。

（二）政策启示

1. 加强农户需求表达渠道建设，提高渠道的畅通性

建立公益性农业技术服务民意需求调查制度，切实掌握农户对农业技术服务的真实需求，为建设农户需求表达渠道提供现实指导。一方面，确保民意调查内容的准确性和实用性，无论是通过设计问卷结构式访谈还是利用调查提纲半结构式访谈，关键要保证所调查内容的实用性，能根据调查结果对现实农业技术服务供给提供指导。另一方面，加强公益性农业技术服务民意调查开展的常态化。制定一套从内容设计、调查实施到结果反馈的完整制度框架，使各主体行为都有标准可依，提高民意调查执行效率。各地区都应依据地方农业种植结构、农业经营方式等特征，确定农业技术服务民意调查的周期和规模，并严格按照计划定期进行需求信息收集。

2. 提高需求表达的组织化程度和表达方式的有效性

首先，强化基层组织建设，发挥基层组织在公益性农业技术服务供给中的协调引导作用。乡镇一级农业技术政府部门，尤其是村民委员会理应承担起为广大农民群众向相关政府部门表达农业技术服务需求的责任，反映农户的利益诉求。为什么现实情况中普遍反映出农户不信任村干部、抱怨其不作为，关键在于村干部与普通农户缺乏联系，未能设身处地地为农户办事、谋福利。其次，鼓励农村经营主体开展组织创新，通过经营主体之间的协作，提高需求表达的组织化程度。相对而言，农户在整个农业产业链中属于较为弱势的群体，基数庞大却缺乏一个可以为农户"发声"的组织，使得多数农户难以享受到农业技术进步所带来的福利，在利益日益分化的背景下农民组织的发展显得尤为重要。

3. 创新公益性农业技术服务组织体系，实现农户需求表达对象的多元化

现有公益性农业技术服务需求表达主体以公益性农业技术服务为主，选择向经营性农业技术服务主体表达需求的比例较小。为更好地保障公益性农业技术服务需求主体的需求能在最大限度上得到满足，应该创新我国公益性农业技术服务体系，促使公益性农业技术服务需求主体在表达自己的需求时有更多的选择。首先，坚持公益性农业技术推广组织的主导地位，发挥其引导职能。农业技术推广需要资金、技术和人员等方面的投入，很多经营性组织无法负担起这部分费用，因此必须坚持公益性农业技术推广组织的主导地位。其次，鼓励各类经营性主体发展，满足经营主体对公益性农业技术服务多元化的需求。在农业技术推广上，由于农业技术服务需求主体规模较大，以政府为主导提供的公益性农业技术服务将难以满足农户需求。最后，加强建设农业技术推广综合服务体系，促进公益性和

经营性服务组织融合发展。经营性农业技术服务组织虽有较强的灵活性，但服务内容比较单一、组织机构建设不规范、服务能力和信息化水平较低。而公益性农业技术推广组织虽然在服务能力和信息化方面有较大的优势，但是缺乏灵活性和市场的敏锐性。

第六节　农业技术推广体系改革的效果及问题

一、研究数据与方法

为了研究不同类型农作物主产区农业技术推广服务的状况及改革效果，本书分别选取了长江中下游、华南和西南地区的水稻和茶叶，以及黄土高原和环渤海苹果及设施蔬菜共四大农作物主产区的 7 个省 28 个县 62 个乡 118 个行政村开展调查。所调查的省份包括湖北、江苏（水稻），浙江、广东、贵州（水稻、茶叶），陕西（苹果）和山东（苹果和设施蔬菜）。在样本省中，采取随机方法（stochastic method）选取样本县和样本户，即在所选择的每个样本省内，都按照农民人均纯收入对所有县从高到低进行排序，采取等距抽样方法随机抽取四个县作为样本县，并采用同样的方法在每个样本县及样本乡，都分别随机抽取两个乡及两个村；在每个样本村内，都按照村民委员会提供的全部农户名单随机选择 20 个农户作为样本户。

对于随机选择的样本县和样本乡，除了调查其政府农业技术推广基本情况外，还对调查当天在其境内的县乡两级政府部门农业技术人员进行问卷调查。平均每个样本县都调查了约 19 位政府农业技术人员，共计调查 531 人，其中包括农业技术专业站站长 276 人（县级和乡级专业站站长分别为 191 人和 85 人），普通专业技术推广人员 255 人（县级和乡级技术推广人员分别为 192 人和 63 人）。对于样本村的样本户，我们采取一对一的形式逐个进行入户调查，共计调查了 2 293 个农户。

对于每一个样本县、乡和村，除调查了人口、耕地、农民人均纯收入、种植制度等基本情况外，也调查了各样本县、乡及其相应的农业技术推广专业站的投资和技术推广人员结构情况，共调查了 28 个县的 148 个专业站，其中包括 93 个县级专业站和 55 个乡级专业站。

需要说明的是，为了研究农业技术推广体系的改革效果，本次调查将与我们 2003 年初采用同样方法的调查结果相比较。前次调查共对全国 7 个省 28 个县 84 个乡的 363 个农业技术专业站、1 245 位技术推广人员和 420 个农户开展了调查

（胡瑞法等，2004），其中浙江、广东和湖北三个省的 12 个县为本次调查的跟踪县。

二、研究结果与分析

（一）中国农业技术推广体系改革的阶段特点

为了解决 20 世纪 80 年代末期的商业化改革给基层农业技术推广体系所带来的问题，在试点的基础上，国家启动了一系列政府农业技术推广体系改革（Hu et al., 2009, 2012；黄季焜等，2008），主要包括以下几个方面。

1. 三权管理制度改革

2006 年国务院出台《国务院关于深化改革加强基层农业技术推广体系建设的意见》（国发〔2006〕30 号），提出"县级派出到乡镇或按区域设置机构的人员和业务经费由县级主管部门统一管理"，同时鉴于乡级农业技术站面向农村、定位农村、服务基层的特点，认为各个地方都应该加快推进基层农业技术推广机构的改革，构建顺畅的管理体制。以该文件为标志，乡镇农业技术单位的人、财、物的管理权（三权）改革开始。此后，在所有政府部门人员的工资管理全部调整为由财政统一发放的条件下，不同省区市采用了不同的管理方式，一些省区市实行了对乡镇农业技术单位的"三权"直接由县级管理，而多数省区市则仍由乡镇管理的体制。

2. 财政保障制度改革

《国务院关于深化改革加强基层农业技术推广体系建设的意见》提出了将经营性服务系统从农技推广体系中割离，重新定义了农业技术推广单位的公益性性质，此后，各地陆续开始了对 20 世纪 90 年代开展的农业技术单位与人员工资财政"全额拨款"、"差额拨款"和"自筹自支"制度的改革，逐渐将"差额拨款"和"自筹自支"回复至"全额拨款"，实现了对农业技术推广的全额财政保障。该项改革在 2011 年 3 月中共中央、国务院颁发的《中共中央 国务院关于分类推进事业单位改革的指导意见》（中发〔2011〕5 号）和 2012 年中央一号文件《中共中央 国务院关于加快推进农业科技创新持续增强农产品供给保障能力的若干意见》等文件中又加以明确，2012 年 8 月 31 日修订的《中华人民共和国农业技术推广法》对该项保障以法律的形式固定。

3. 推广单位行政化改革

上述文件及《中华人民共和国农业技术推广法》在明确管理体制及财政保障的同时，均明确规定了农业技术推广单位为农民提供"公益性"技术服务的事业单位性质。然而，在调查中发现，鉴于各地的经费状况及人员压力，许多地方在保障财政经费及事业单位性质的基础上，对其乡镇农业技术事业单位实行了行政化改革，即按照行政单位的设置将事业单位进行了整合。一些乡镇取消了专业的农业技术站，经合并成立农业办公室，行使农业行政与推广服务职能；另一些乡镇将农业技术推广和司法、工商机构整合为乡镇综合服务站。所有改革均是将推广服务行政化。

（二）中国农业技术推广体系改革的基本效果

1. 农民接受政府部门农业技术推广服务的比例增加

新一轮改革以来，中央和各地方启动的农业技术推广体系改革提高了接受政府部门农业技术推广服务的农户比例（图4.14）。据我们2003年对全国7省28县的调查数据，2000~2002年，接受过政府部门农业技术培训的农户比例仅为21.9%，其中浙江、广东、湖北3省为14.5%。新一轮农业技术推广体系改革之后，该比例显著提高。2016年的调查结果显示，2014~2016年，接受过政府部门农业技术培训的农户比例为25.2%，其中浙江、广东、湖北3省为24.2%，分别提高了3.3个和9.7个百分点。表明新一轮农业技术推广体系改革显著提高了政府农业技术部门为农户提供农业技术推广服务的比例。

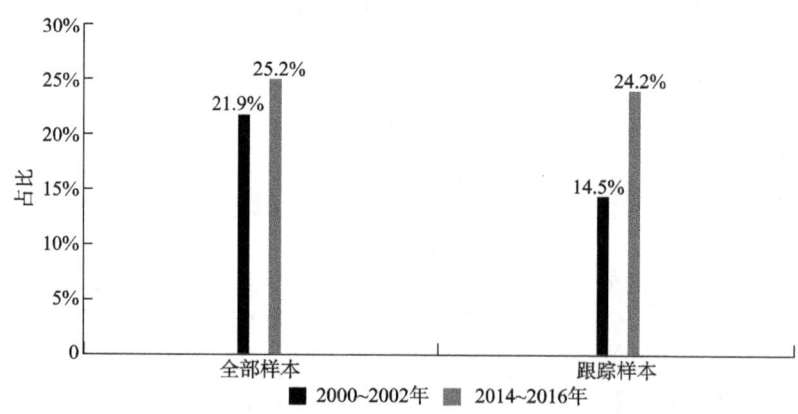

图4.14 2000~2002年和2014~2016年接受政府部门农业技术推广服务的农户比例
资料来源：笔者实地调查

2. 政府农业技术推广经费快速增长

即使不考虑改革，政府农业技术推广机构的经费也显著提高。与2010年相比，2015年县级农业技术部门的经费（现价）翻了一番还多（表4.18），扣除物价上涨因素，由2010年的918.1万元增长为2015年的1 812.2万元，增长了近1倍。然而，不同地区间差异较大。其中山东县级政府农业技术部门经费收入扣除物价因素后 2015 年比 2010 年增长了 307.96%,浙江、江苏和湖北政府农业技术部门的经费收入增长均翻了一番还多;但陕西省政府农业技术部门的经费收入在扣除物价因素后 2015 年仅比 2010 年增长了 45.42%,广东省仅增长了 60.87%。表明自 21 世纪初开始的改革虽然显著改变了县级农业技术部门改革之前经费增长缓慢的状况,但地区间仍然存在着一定的差异。需要指出的是,农业技术推广经费的增长并非都与地区的财政状况有关,作为财政收入大省的广东,不仅县级政府部门农业技术推广经费低于大部分省份,其增长率也低于其他省份。

表 4.18 2010 年、2015 年县乡两级农业技术推广单位经费收入

类别	经费总收入(现价)			经费总收入(2015 年不变价)		
	2010 年	2015 年	增长	2010 年	2015 年	增长
县级						
合计	6 146.9	14 491.4	135.75%	7 053.9	14 491.4	105.44%
均值	878.1	2 070.2		1 007.7	2 070.2	
小计	800	1 812.2	126.53%	918.1	1 812.2	97.39%
陕西	486.1	706.9	45.42%	557.9	706.9	26.71%
山东	435.7	1 777.5	307.96%	500	1 777.5	255.50%
江苏	1 766.5	4 417.2	150.05%	2 027.1	4 417.2	117.91%
湖北	860.5	2 132.7	147.84%	987.5	2 132.7	115.97%
浙江	497.5	1 303.4	161.99%	570.9	1 303.4	128.31%
贵州	1 572.9	3 304.8	110.11%	1 805	3 304.8	83.09%
广东	527.7	848.9	60.87%	605.5	848.9	40.20%
乡级						
合计	249.1	397.5	59.57%	285.9	397.5	39.03%
均值	35.6	56.8		40.8	56.8	
小计	47.4	72	51.90%	54.5	72	32.11%
陕西	5.5	3.9	−29.09%	6.3	3.9	−38.10%
山东	3.7	54.6	1 375.68%	4.2	54.6	1 200.00%
江苏	35.6	25	−29.78%	40.9	25	−38.88%
湖北	30.2	33.5	10.93%	34.6	33.5	−3.18%
浙江	35.6	56.8	59.55%	40.9	56.8	38.88%
贵州	50.9	64.6	26.92%	58.4	64.6	10.62%
广东	87.6	159.1	81.62%	100.6	159.1	58.15%

需要说明的是,虽然乡级政府农业技术推广机构经费显著增长,但增长显著低于县级。与 2010 年相比,2015 年乡级农业技术部门的经费则增长缓慢(表 4.18)。扣除物价上涨因素后,由 2010 年的 54.5 万元增长到 2015 年的 72.0 万元,仅增长了 32.11%。除了山东省的乡级农业技术部门经费在扣除物价因素后呈现爆发性增长外,仅广东省的乡级政府农业技术部门经费增长超过了 50%,

浙江省增长了 38.88%，而江苏、陕西和湖北甚至不增反降。这表明自 21 世纪初开始的改革虽然显著增加了县级农业技术部门的经费，除个别地区外，乡级政府农业技术部门的经费仍增长缓慢，甚至在一些地区出现了负增长。

3. 改革显著改善了政府部门农业技术推广人员结构

（1）政府部门农业技术机构农业技术人员人数显著减少，主要为乡镇农业技术人员。在政府农业技术部门为农户提供了更多农业技术推广服务的同时，政府部门农业技术人员人数则显著减少（表4.19）。根据调查，2002年平均每个样本县的政府部门农业技术人员都为 415 人，其中县级 118 人，乡级 237 人，非正式编制 60 人，但是，2010年和2015年政府部门农业技术人员分别大幅度减少至239 人和238 人，减少比例分别高达42.4%和42.7%，其中县级政府部门农业技术人员从 2002 年的 118 人减少到 2010 年的 98 人和 2015 年的 96 人，分别减少了16.9%和18.6%；乡级政府部门农业技术人员从 2002 年的 237 人减少到 2010 年的118 人和 2015 年的 121 人，减少幅度在 50%左右；与此同时，非正式编制人员分别减少到 23 人和 21 人，减少了将近 2/3。

表 4.19　2002~2015 年县乡两级政府部门农业技术人员人数变化

年份	合计	县级正式编制	乡级正式编制	非正式编制
全部样本				
2002	415	118	237	60
2010	239	98	118	23
2015	238	96	121	21
跟踪样本				
2002	441	84	293	64
2010	183	59	76	48
2015	175	59	74	42

资料来源：笔者实地调查

对浙江、广东和湖北 3 省跟踪调查数据的分析，也发现了相同的趋势（表4.19）。2002 年，上述 3 省平均每个样本县的政府部门农业技术人员 441 人，其中县级 84 人，乡级 293 人，非正式编制 64 人。2010 年和 2015 年，政府部门农业技术人员总数分别减少至 183 人和 175 人，其中，县级政府部门农业技术人员减少到 59 人，减少了 29.8%；乡级政府部门农业技术人员分别减少到2010 年的 76 人和 2015 年的 74 人，减少了近 3/4；非正式编制人员减少了 34%。

（2）政府部门农业技术人员学历结构显著改善（图 4.15）。同 2002 年相比，无论是全部样本还是跟踪样本，政府部门农业技术人员中拥有本科及以上学历的人数均稳步增加。2002 年，政府部门农业技术人员具有中专学历的人数最多，而中专以下学历人数位列第二。这种局面在 2010 年转变为具有大专学历的农业技术人员数量位居第一,中专学历人数次之。到了 2015 年,具有大专、本科及以上学历的农业技术人员人数占绝对优势。表明随着新一轮农业技术推广体系改革的不断深化和老一代农业技术人员逐步退休,新一代农业技术人员受教育程度不断提高,政府部门农业技术人员的学历结构得到显著改善。

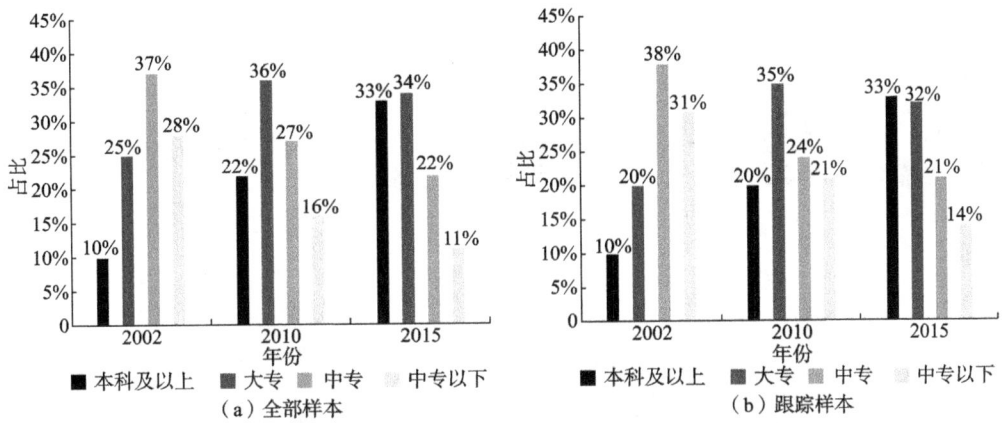

图 4.15 2002~2015 年政府部门农业技术人员学历结构变化

资料来源:笔者实地调查

(3)政府部门农业技术人员知识老化、人才断层现象得到根本改善。据我们 2003 年调查,2002 年仅有 34%的政府部门农业技术人员参加了相关的技术培训或进修,而浙江、广东和湖北 3 省甚至仅为 28%(图 4.16)。相比而言,2016年上述比例大幅度增加到 63%,而浙江、广东和湖北 3 省则增加到 58%,均在 2002 年基础上增加了 30 个百分点左右。

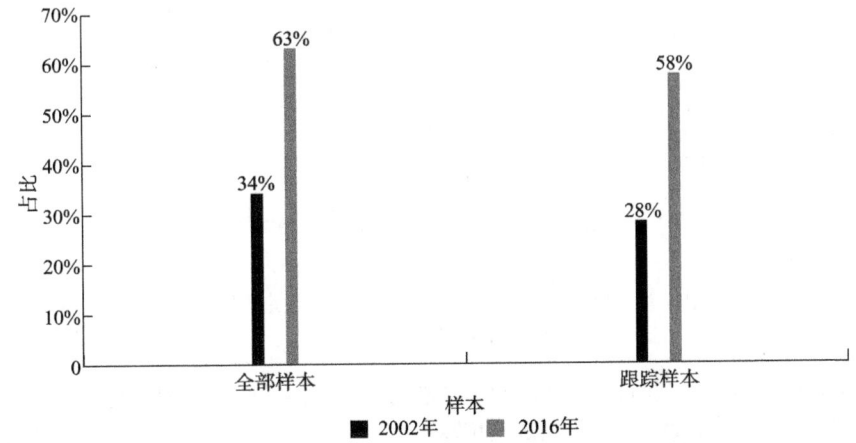

图 4.16 2002 年和 2016 年参加技术培训或进修的政府部门农业技术人员比例

资料来源:笔者实地调查

与此同时，所调查样本县均通过考试新招了较大比例的农业技术人员，更新了农业技术人员队伍。据 2003 年调查，全国分别有 68% 的县级和 46% 的乡级农业技术单位在 1996~2002 年未新进本科及以上农业院校毕业生（《中国农业技术推广体制改革研究》课题组，2004）。本次调查发现，2010 年和 2015 年，所调查农业技术推广专业站的全部农业技术人员中，分别有 8% 和 11% 的人员为新招录的农业技术人员，其中通过招录考试新进人员分别占总人数的 4% 和 7%（图 4.17）。另外，调查发现，2015 年农业技术推广专业站在职农业技术人员中，31~50 岁年龄段人员占 68.5%（图 4.18），表明 2003 年调查所发现的政府部门农业技术队伍知识老化和人才断层现象得到了根本改善。

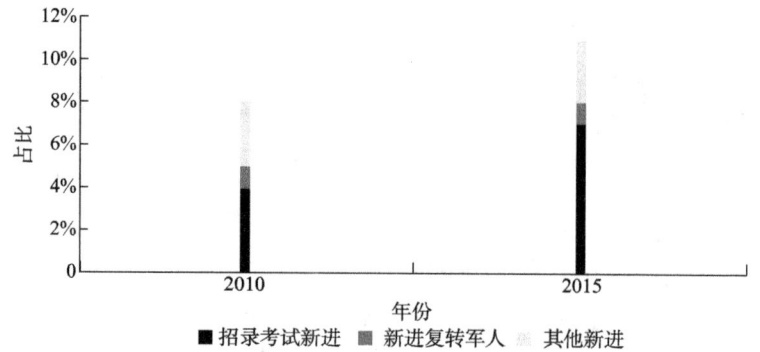

图 4.17　2010 年和 2015 年政府农业技术部门新进人员占总人数比例
资料来源：笔者实地调查

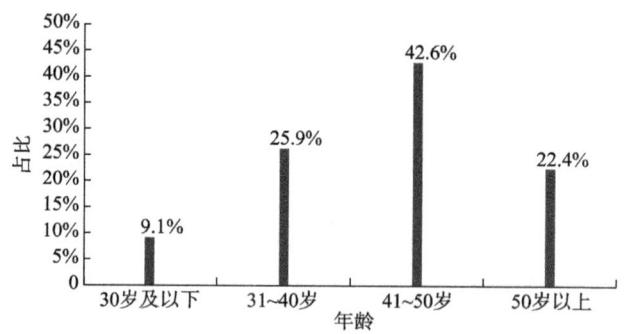

图 4.18　2015 年政府部门农业技术人员的年龄结构
资料来源：笔者实地调查

（4）政府部门农业技术人员身份问题得到有效解决。作为 20 世纪 80 年代末政府农业技术部门商业化改革的配套措施之一，各地政府农业技术部门大多形成了"给编制不给钱"或"少给钱"的自收自支和差额拨款人事管理制度，即将政府农业技术单位或人员划分为全额拨款、差额拨款和自收自支事业单位，试图通过允许政府农业技术单位农业生产资料经营创收活动来维持农业技术单位的职工工资和日常费用（《中国农业技术推广体制改革研究》课题组，2004；黄季焜等，2008）。研究表明，上述改革是农民过量施用化肥、农药的重要原因之一（Huang et al., 2001）。为了改变这一状况，作为重要内容之一，新一轮改革恢复国家给所有政府农业技术单位发放全额事业经费的政策（黄季焜等，2008）。与此同时，以差额拨款和自收自支身份招收的政府农业技术人员，国家开始发放全额事业工资（黄季焜等，2008）。调查结果表明，这一改革得到了较好的执行（图4.19）。全额拨款人员由2002年的占全部人员总数的58%上升到2010年的90%和2015年的93%；而差额拨款人员则由2002年的16%分别下降到2010年的9%和2015年的6%；自收自支人员减少最显著，由2002年的25%，减少到2010年和2015年的1%。

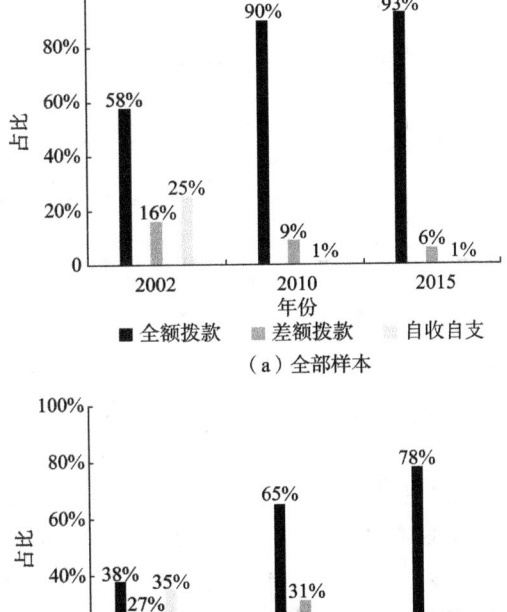

图4.19 政府部门农业技术人员经费来源结构

资料来源：笔者实地调查

4. 多元化社会服务体系开始初显成效

在政府农业技术部门改革增加了为农民提供技术服务的同时，农村多元化社会服务体系已经初步形成并逐渐成为为农民提供技术服务的重要技术来源。在所调查的样本中（表 4.20），2014~2016 年，接受过政府农业技术部门农业技术培训的农户比例为 25.2%；而接受过企业或农资销售店、农民合作组织、村民委员会、媒体及其他非政府部门组织培训的农户比例则达 15.7%，接近接受政府部门培训的 2/3；其中接受过企业或农资销售店农业技术培训的农户比例为 9.0%，超过接受政府部门培训的 1/3，表明非政府农业技术部门已逐渐成为为农民提供技术服务的重要部门，多元化社会服务体系已初具规模。

表 4.20 2014~2016 年不同地区接受农业技术推广培训农户的比例

服务部门	合计	陕西	山东	江苏	湖北	浙江	贵州	广东
政府农业技术部门	25.2%	33.4%	22.7%	26.0%	34.9%	16.3%	22.1%	21.2%
政府非农部门	0.3%	0	0.3%	0	0.3%	0	0.6%	0.7%
科研单位	1.0%	1.2%	2.1%	0.3%	0.6%	0	1.1%	1.3%
媒体	0.5%	0.9%	0.3%	0.3%	1.2%	0	0.6%	0
企业或农资销售店	9.0%	23.0%	19.0%	4.5%	7.5%	0.9%	4.1%	3.6%
村民委员会	1.4%	3.4%	2.1%	0.3%	0.3%	0.6%	2.2%	0.3%
农民合作组织	2.2%	4.0%	4.5%	0	0.6%	0.9%	4.1%	0.7%
其他非政府部门组织	2.6%	6.1%	5.7%	1.5%	1.2%	0.3%	1.9%	1.0%
合计	34.3%	50.6%	46.8%	30.5%	39.3%	17.5%	29.6%	25.2%

资料来源：笔者调查

然而，为农民提供技术服务的多元化社会服务体系在不同地区间的发展并不平衡（表 4.20），其中，2014~2016 年陕西接受政府农业技术部门培训的农户高达 33.4%，接受企业或农资销售店和其他非政府部门培训的农户也分别高达 23.0%和 6.1%；山东接受政府农业技术部门、企业或农资销售店和其他非政府部门培训的比例分别为 22.7%、19.0%和 5.7%；而浙江接受所有培训的农户比例仅为 17.5%（其中接受政府农业技术部门培训的农户比例为 16.3%）。表明不同省区市间对农民的培训活动存在差异。在多数省区市仍是以政府农业技术部门为主的条件下，山东的企业对农户的培训活动较为活跃。据我们调查，许多企业对农民的培训是与产品销售捆绑在一起的。企业培训是否有效，以及是否能够提高农民的农业生产效率等仍有待观察。

（三）农业技术推广体系存在的问题

虽然政府部门农业技术推广体系改革取得了一系列成就，然而调查发现，一些老问题仍然没有得到有效解决,与此同时更出现了一些新问题。主要表现在以下几个方面。

1. 老问题：农业技术推广行政化

调查发现,近十年来,虽然各地农业技术部门均加强了对农民的农业技术推广服务工作,然而,其过分的行政化特征,使推广工作变成了一项基础行政工作,弱化了农业技术人员对农民的技术服务。

1) 乡镇农业技术人员以开展行政工作为主,推广服务为辅

调查发现,虽然乡镇农业技术部门为农民提供技术服务的次数增加了,但乡镇农业技术人员以乡镇中心行政工作为主的状况并未得到有效改善(《中国农业技术推广体制改革研究》课题组,2004),只不过与 2003 年的调查发现不同,在乡镇农业技术人员下乡执行乡镇中心行政工作(包括维稳、扶贫、环保等)的同时,采用行政手段培训农民已成为乡镇农业技术推广的常态,即在县乡两级政府确定了推广的技术后,乡镇政府便组织人员到指定的行政村对农民进行培训,政府为参加培训的农民支付务工费,培训人员按照统一的讲义讲课。需要说明的是,由于这些培训活动绝大多数已列入行政工作计划,所提供的培训不一定是农民最需要的技术。相应地,为农民提供自发技术服务的农业技术人员则较少。

2) 乡镇农业技术推广单位的行政化改革

在所调查的样本中,有 21%的乡镇取消了乡镇农业技术站的专业设置,成立农业或农村工作办公室(图 4.20)。调查发现,这些乡镇新机构的职能已完全变为行使农业管理为主,农业技术人员执行行政职能(包括培训等推广活动)。即使没有转变为农业行政机构的乡镇,仍有 37%实行了综合服务机构的改革,将农民农业技术推广的专业服务职能转变为类似的行政服务,使推广服务弱化,推广工作转变为以采取行政手段为主的服务。事实上,从事农业技术推广服务的人员几乎一半为非农业技术专业人员,而农业技术人员所从事的工作也多与自己所学专业不相符合。因此,这一改革虽然有利于乡镇行政管理,却使乡镇农业技术推广服务无法达到其应有效果。

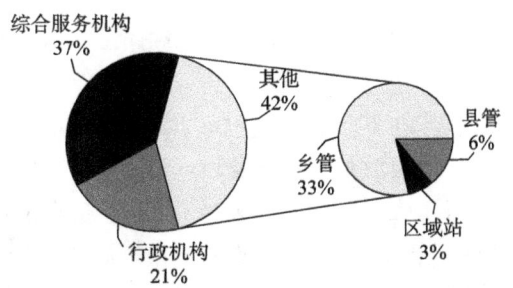

图 4.20 2016 年乡级政府农业技术单位性质结构

资料来源：笔者实地调查

3）推广活动行政化失去了对农民的吸引力

调查发现，各地县级农业技术推广部门均加强了对农民的农业技术培训，多数县级部门为此制定了详细的农业技术培训服务计划。然而，68%的农业技术培训活动需要向农民付费才能吸引足够的农民参加培训，从而丧失了农业技术推广的服务性质，使农业技术推广服务逐渐演变成了行政职能。一方面表明农业技术推广活动缺乏对农民的吸引力，另一方面表明在一些地方推广活动已流于形式。事实上，调查发现部分地区的乡镇农业技术人员对农业新技术的掌握程度甚至比不上农民所具备的农业技术水平。

2. 新问题：激励机制丧失，缺乏对专业人员的吸引力

调查发现，乡级农业技术人员的工资均由县财政统一发放，保障了农业技术人员的工资及收入。然而，许多地方取消了对农业技术人员的下乡补贴，从而丧失了激励农业技术人员做好为农民技术服务的激励机制（图 4.21）。虽然有下乡补贴农业技术人员的比例由 2002 年的 20.5%提高到 2015 年的 23.2%，但主要是县级农业技术单位更多的农业技术人员获得了下乡补贴，由 2002 年的 24.0%提高到 2015 年的 28.5%；而有下乡补贴的乡级农业技术人员则由 2002 年的 14.7%下降到 2015 年的 9.5%。需要指出的是，多数农业技术人员的下乡补贴并不是对实际下乡人员的激励，而是作为一项福利对单位所有人员（包括下乡人员和未下乡人员）发放的补贴。

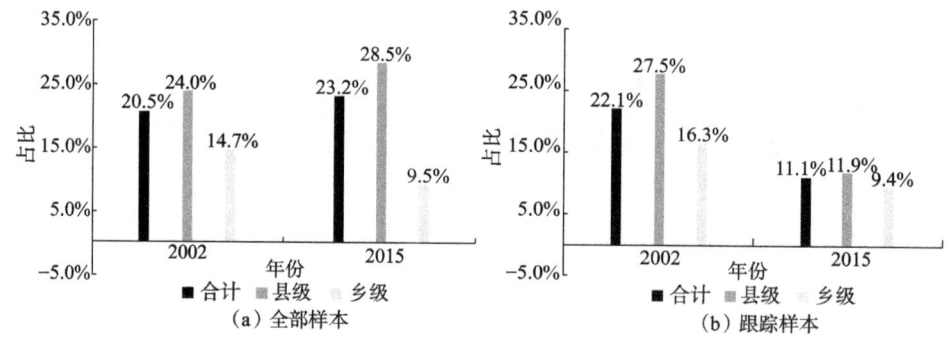

图 4.21 2002 年和 2015 年获得下乡补贴政府部门农业技术人员比例

资料来源：笔者实地调查

激励机制的缺失和辛苦的下乡服务工作，降低了政府农业技术部门对专业人员的吸引力。调查发现，政府农业技术部门专业不对口人员的比例从 2002 年的 27%提高到 2015 年的 36%（图 4.22），其中县级政府农业技术部门专业不对口人员比例从 2002 年的 29%提高到 2015 年的 39%，提高了 10 个百分点，即县级农业技术人员中，有近 40%人员为非专业对口人员；乡镇农业技术部门的专业不对口人员比例则从 2002 年的 26%提高到 2015 年的 29%，提高了 3 个百分点

（图 4.22）。需要指出的是，县级政府农业技术部门是一县农业技术的主要决策者，其过多的非专业农业技术人员对农业技术推广服务的开展存在的负面影响需要高度注意。

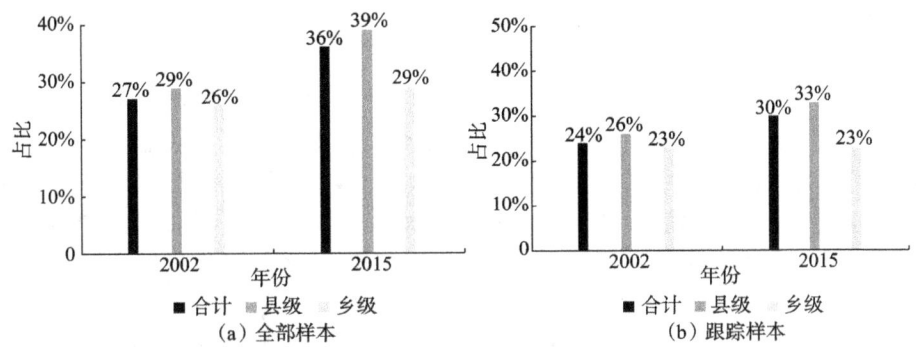

图 4.22　2002 年和 2015 年政府农业技术部门专业不对口人员比例
资料来源：笔者实地调查

非专业农业技术人员比例较高的原因除与激励机制的缺失和辛苦的下乡服务工作有关外，也与招录体制有关。据我们调查发现，一方面在新毕业的农业院校大学生中，愿意从事基层一线技术推广工作的比例不高；另一方面，在同样条件下部分农业院校毕业生竞争不过非农院校毕业生而未能被农业技术部门招录。此外，并非全部是农业院校毕业生的素质低于非农业院校毕业生，其原因与当地招录部门未能从当地发展考虑的行为有关。

3. 人事制度改革未能达到预期效果

调查发现，自 21 世纪初开始的人事制度改革在某种程度上已成为限制基层政府效率提高的一个重要因素。一是"逢进必考"制度虽然在一定程度上防止了部分人凭借个人关系进入政府行政及事业单位，但该制度的设计决定了其多数基层单位用人的"一考定终身"制度，从而导致了政府农业技术部门等行政及事业单位人员能进不能出，限制了人员的合理流动，使部分不具备岗位胜任力的人员长期不能有效履职。二是严格的编制管理和岗位设置，限制了关键岗位人员的调整，使得部分缺乏足够能力的人员较难被能力更强人员所替代，从而限制了整个部门的工作效率。三是多数地区县级以下官员退位即"退休"，占编制拿工资但不工作，造成极大的人才浪费。

三、研究结论与政策建议

我们的调查表明，新一轮政府农业技术推广体系改革取得了显著的成效。一是提高了农民接受政府部门农业技术推广服务的比例,同时非政府部门也为农民提供了大量的农业技术推广服务。二是显著改善了农业技术推广人员的队伍,解决了改革前农业技术队伍知识老化和人才断层的问题,使农业技术队伍年龄结构更趋于合理。三是显著增加了农业技术人员的下乡时间,促进了政府部门为农民提供更多的技术服务。

然而,在一些老问题仍然存在的同时,改革也带来了一些新问题。一是农业技术推广的行政化不仅未能减弱反而显著加强,这不仅限制了农业技术推广人员更好地做好农业技术推广服务工作,使他们丧失了为农民提供技术服务的主观能动性;同时,推广活动的行政化,使推广手段单一化,失去了对农民的吸引力。二是许多地区取消了激励农业技术人员下乡为农民服务的激励机制,使为农民提供技术推广服务成为乡镇行政工作的一部分,不仅降低了农业技术人员做好为农民提供技术服务的积极性,更重要的是使农业技术推广单位缺乏对专业人员的吸引力,从而导致农业技术单位非专业人员比例过高,降低了政府农业技术单位为农民提供技术服务的能力。三是自 21 世纪初开始的人事制度改革已成为限制基层政府效率提高的一个重要因素,其"逢进必考"的制度和严格的编制管理,极大地限制了人才的流动,同时,各地官员退位即"退休"的做法,也导致了极大的人才浪费。

据我们调查,以老年人和妇女为主要劳动力的农业经营户正在或者已经发生变化。主要包括三种类型农户:一是长期从事农业生产活动的农户,这类农户由于从未离开过农村,对已有农业技术比较熟悉,具有较丰富的农业生产经验;二是曾经务农,但又较长时间外出从事非农工作,其后因年龄等各方面原因返乡务农的农户,这类农户虽然有一定的务农经验,但由于长期在外,未能及时掌握农业新技术;三是长期在外从事非农工作,无任何务农经验,由于各种原因返乡务农的农户。我们的调查表明,三种类型农户中均有不低比例的农户严重缺乏农业经营理念,需要政府农业技术部门提供及时、全面的农业技术服务,避免由于经营不善而产生新的农村贫困户。维持一支政府公共部门的技术推广服务队伍,为这些农户提供有效的技术服务将是未来较为长期的任务。而如果不对现行政府农业技术推广体系进行深化改革,在农村和农业经济结构快速变化的条件下,农村社会的稳定和国家粮食安全将受到不可避免的冲击。为此,提出以下几点政策建议。

(一)强化政府的公共信息服务能力

虽然中共中央在不同地方建立了农作物病虫害防治预测预警系统,但与 20 世纪 80 年代相比,县级农业部门的农作物病虫害防治预测预警系统受到了极大地削弱甚至破坏。一半以上的县级农业技术部门缺乏农作物病虫害防治预测预警的能力（包括人力及设备）；80%以上的县级农业技术部门缺乏日常的预测预警工作计划或安排。研究表明，在政府部门提供及时公共服务的条件下，可以有效降低生产上农作物病虫害所造成的损失（Zhang et al., 2015）。因此，重建县级农作物病虫害防治预测预警等公共信息服务系统已刻不容缓。另外，基层政府在食品安全、环境与生态等领域的公共信息服务能力有待加强。

（二）建设一支稳定的基层政府农业技术推广队伍

作为一项工作地点在乡下，又面对着千家万户农民的服务对象，农业技术推广服务工作不仅辛苦，而且需要较为扎实的专业知识。调查发现，辛苦的工作性质和激励机制的缺失，不仅导致了农业技术推广单位对专业人员的吸引力下降，使农业技术推广队伍非专业人员比例过高，同时也使农业技术人员丧失了主动为农民服务的积极性。事实上，20世纪80年代，由于国家采取了乡镇级比县级农业技术人员工资高半级等激励措施，吸引了一大批优秀的农业技术人员从事一线的农业技术推广服务工作，也有效激励了农业技术人员主动下乡为农民提供技术服务的积极性（胡瑞法和李立秋，2004）。然而，允许农业技术推广单位销售农业生产资料等商业化改革及乡镇级农业技术人员工资激励等政策的取消，极大地削弱了农业技术人员的积极性（《中国农业技术推广体制改革研究》课题组，2004）。研究发现，即使未进行行政化改革的乡镇级农业技术单位，其从事乡镇中心工作的时间也远高于下乡为农民提供技术服务的时间。因此，重建一支稳定的专门从事农业技术服务的农业技术推广服务人员队伍，对于保障国家未来的粮食安全、防止与减少农户分化所造成的贫困等具有重要的现实意义。

（三）农业技术推广去行政化

调查表明，一些地方的农业技术推广单位行政化改革已使农业技术推广服务的专业化程度降低，从而影响了农业技术推广服务的效率。为此，应重建专业的农业技术推广服务队伍，并改革体制，实行农业技术推广人员的县级管理（Hu et al., 2009；《中国农业技术推广体制改革研究》课题组，2004；胡瑞法等，2006），使其从事为农民服务的专业技术工作。此外，改革农业技术推广人员管理机制（胡瑞法等，2006），促使其主动做好为农民服务的专业技术工作。

（四）改革人事制度

改革人员编制等限制人员流动的人事制度，鼓励农业技术人员的自由流动，允许农业技术人员流动到其最适合的岗位工作，在减少非专业人员的同时，精简农业技术人员队伍；同时，可以借鉴湖北省已采取的"花钱买服务"的做法，在保障农业技术人员基本工资的基础上，将服务工作量与农业技术人员收入挂钩，并允许农业技术人员跨乡镇为农民提供服务（黄季焜等，2009；王家年，2008）；另外，应建立国家公职人员"离职不离岗"的制度，充分发挥其丰富的管理与服务经验，为农民提供更广泛和更好的服务。

第七节　主要结论和政策建议

一、主要研究结论

本书在全面梳理国内外研究文献和收集整理相关统计调查数据的基础上，从世界农业科技体系演变规律的分析入手，探讨了我国农业科技发展与创新的现实状况，通过构建科学的测算指标体系，来分析不同部门、不同类别科研主体的科技创新能力与创新效率，系统研究了现代农业科研创新、农业技术推广创新的体制与机制，并对不同情形下农业科技创新体系的发展方向进行了初步研究，提出适宜我国特点的现代农业科技发展创新的政策体系。依据上述思路，通过大量调查和数据分析，初步得出如下结论。

（1）我国农业科研投入稳定增长，其中，资金投入的年均增幅高于人员投入。就区域而言，东部地区总体投入最大，西部地区次之，中部和东北地区最低。资金要素和人员要素投入的总体差异均呈减少态势，且前者大于后者；农业科技创新产出水平持续提高，其中，东部地区农业科技创新水平最高，西部地区次之，中部和东北地区最低。东部地区农业科技创新效率最高，西部地区最低，四大区域的农业科技创新效率排序与各区域经济发展水平大体一致。农业科技创新效率受农村生产力发展水平、农村经济发展水平的正向影响，受农村文化教育发展水平、农民生活信息化程度的负向影响。

（2）加计扣除政策可以显著促进企业研发投入与投入强度的提高，专利保护政策对企业创新的促进作用并不明显，实证分析结果表明，企业在面临较强的专利保护时反而降低了研发投入强度。受限于研究材料，本书仅从农业领域对两项政策效果进行了初步的探索，尚未解开专利保护和加计扣除政策效果的现实"迷雾"，需要在未来的研究中予以深化。

（3）我国农业研发投入和农业 GDP 在空间上均存在显著的集聚特征，在研究农业研发投入的经济效应时不能忽视空间溢出，否则会导致估计结果出现偏差。农业研发投入对区域农业经济增长的直接效应、溢出效应与总效应均显著为正，且溢出效应大于直接效应。中部地区农业研发投入的总效应最大，其次是东部地区，东北地区则不显著；东北地区农业研发投入的直接效应与溢出效应则为四大区域之首。农业研发投入在四大区域间均产生了正向溢出效应,其中,中-西部地区溢出效应最大,东-东北地区紧随其后,而东-西部和中-东北地区溢出效应则并不显著。

(4)农户在采取病虫防治类服务表达决策之后,采用个人表达方式有利于提高公益性农业技术服务可得性。农户表达新技术推广示范类服务对公益性农业技术服务可得性具有显著的影响,还通过选择不同的表达渠道从而影响公益性农业技术服务可得性。农户表达投入品检测类服务需求不仅对公益性农业技术服务可得性具有直接的影响,还通过选择不同的表达对象来间接影响公益性农业技术服务可得性。

(5)研究表明,农业技术推广的行政化发展趋势不断加强,严重削弱了农业技术推广人员服务农业技术推广工作为农民提供技术服务的主观能动性;同时,推广活动的行政化导致推广手段的单一化,失去了对农民的吸引力。而许多地区对农业技术人员下乡为农民提供技术服务的激励措施取消,极大程度地降低了农业技术人员做好为农民提供技术服务的积极性,更重要的是使农业技术推广单位缺乏对专业人员的吸引力,从而导致农业技术单位非专业人员比例过高,降低了政府农业技术单位为农民提供技术服务的能力。

二、政策建议

(1)应进一步加大对农业科研投入较低地区尤其是东北粮食高产地区的农业科研投入,以适应现代农业发展的需求。与此同时,应对其要素投入结构和投入效益进行科学评估,促进其农业科技创新的成果产出和应用,实现科技投入效率的最大化。此外,以四大区域作为划分标准制定农业科研投入政策会更具有针对性,在关注其区域间差异的同时不能忽略区域内部省际差异的影响,应考虑对各区域内部投入滞后的省区市予以重点扶持,加大对其农业科研的投入力度,以减小农业科研投入的整体差异。另外,结合各个农村区域的特点和生产条件,适度地推进农业机械化,运用有效措施,实现农村居民收入的可持续增长,切实改善农民生活状况,以更大幅度地提升农业科技创新效率。

(2)不断提高研发费用加计扣除政策实施的力度和覆盖范围,以强化对私人创新投入的激励效果。针对政策实施过程中的覆盖面较小、政策内容不完善的情况,如一些已经享受所得税减免的农业企业可能无税可抵,无法实现加计扣除政策的创新激励目标,应该对相关政策予以系统思考和不断完善。此外,强化专利保护制度,完善体系和专利执法力度,充分发挥专利保护制度在保护私人创新者权益和对公共研究机构的激励作用,这是实现科技强国建设的必由之路。与此同时，尽快明确不同部门机构的职能定位，大力推进公共事业单位和国有企业分类改革；充分发挥私人创新主体优势，促进公共和私人创新主体的平等合作；推动公共科研资源开放、共享与整合，实现创新资源优化配置。

（3）面对农业研发投入不仅对本地区农业经济增长起到正向促进作用，也同时对周边地区产生了更为强烈溢出效应的情况，在制定区域农业科技创新战略时，应强化全局观和系统观，既要结合各区域自身的发展特点，更应充分考虑对周边地区发展的间接影响，以全面提升我国农业科技创新效率。对于经济发达地区来说，基于科技创新能力强和农业研发投入经济增长效应明显特点，应激励其加大研发投入，进一步提高区域自主创新能力，为转变农业发展方式和促进农业经济增长提供支撑；同时，还应完善农业科技创新环境，加快科研成果的转化应用，为周边地区形成良好的示范效应，通过农业科技创新活动的空间溢出促进周边地区农业经济增长。对于中、西部等欠发达地区应加强与发达地区，尤其是邻近地区的交流合作，可以采取"看中学"模式加速本地区农业经济发展，分阶段逐步缩小与发达地区的发展差距；此外，应强化人力资本培育，提升区域技术吸收能力，以有效利用农业科研活动空间溢出的积极效应，充分发挥自身特点，努力形成新的区域集聚和农业经济发展极。全面提升农业研发投入对区域农业经济增长的贡献水平。

（4）建立公益性农业技术服务民意需求调查制度，切实掌握农户对农业技术服务的真实需求，为建设农户需求表达渠道提供现实指导。制定一套从内容设计、调查实施到结果反馈的完整框架，使各个主体行为都有标准可依。各地区应依据地方农业种植结构、农业经营方式等特征，确定农业技术服务民意调查的周期和规模，并严格按照计划定期进行需求信息收集。应强化基层组织建设，发挥基层组织在公益性农业技术服务供给中的协调引导作用。应不断强化乡镇一级农业技术部门，尤其是村民委员会为广大农民群众向相关政府部门表达农业技术服务需求的责任意识，充分反映农户的利益诉求，为农业技术供需对接提供坚定基础。

（5）面对农业技术推广服务体系新老问题的同时存在，必须加大建设一支稳定的基层政府农业技术推广队伍，不断强化政府的公共信息服务能力，同时，改革农业技术推广人员管理机制，促使他们积极、主动地为农民和农业生产做好技术服务工作。理顺管理体制、放活激励机制，使农业技术推广服务体系运行更为顺畅，农业科技成果转化应用更为高效，支撑农业农村现代化更为有力有效。

第五章 气候变化背景下低碳农业发展研究

第一节 背 景 介 绍

一、研究背景

全球气候变化作为当今人类社会面临的重大挑战,其引发的一系列全球性生态、环境问题正威胁着人类的生存和发展。目前,减缓和适应气候变化已成为世界各国共同关注的热点议题。有越来越多的证据表明,气候变化主要是由人类活动排放过量的二氧化碳、甲烷、氧化亚氮等温室气体引发"全球温室效应"导致的。2017 年世界气象组织(World Meteorological Organization,WMO)发布的《温室气体公报》显示,2016 年大气中二氧化碳浓度以破纪录的速度飙升至 80 万年的最高水平。报告还显示,全球最主要三类温室气体平均地面摩尔分数较工业化前大幅增加(表 5.1)。此外,值得指出的是,上述三种气体都属于长生命期的温室气体(long-lived greenhouse gases,LLGHGs),化学性质稳定,可在大气中留存十年到数百年甚至更长时间,它们将对气候产生长期影响。

表 5.1　2016 年与工业化前全球主要温室气体浓度情况比较

温室气体	2016 年	工业化前	增加值
二氧化碳	403.3ppm	288ppm	+115ppm
甲烷	1 853ppb	715ppb	+1 138ppb
氧化亚氮	328.9ppb	270ppb	+58.9ppb

资料来源:根据世界气象组织《温室气体公报》(2017 年 10 月)资料整理

人类活动导致了大量温室气体的排放,其中,农林业源温室气体也是全球温室气体的主要构成部分。IPCCAR4 提供的资料显示，农林业源排放的温室气体当量占全球人为温室气体排放量的 30.9%（其中林业占 17.4%，农业占 13.5%），分别大于能源供应、工业、交通、住宅和商业建筑等所占比例。FAO 也同时指出，耕地释放出大量的温室气体，占全球温室气体排放总量的 30%，相当于 150 亿 t 的二氧化碳。可见，农业，包括林业活动对全球气候变化有着重要影响。

从我国来看，为应对全球气候变化的形势，我国政府在 2009 年举行的联合国气候变化大会上已做出重要承诺，即到 2020 年我国单位 GDP 的 CO_2 排放量比 2005 年下降 40%~45%，并将其作为约束性指标纳入了国民经济和社会发展中长期规划。然而，"全球碳项目"（global carbon project）2016 年 11 月发布的《2016 全球碳预算报告》指出，2015 年我国排放了 104 亿 t 二氧化碳，占全球排放总量的 29%；美国和欧盟分别排放了 54 亿 t 和 35 亿 t 二氧化碳，分别占全球排放总量的 15% 和 10%。2015 年全球人均二氧化碳排放量为 4.9t，我国为 7.5t，美国和欧盟分别为 16.8t 和 7.0t。《联合国气候变化框架公约》（United Nations Framework Convention on Climate Change，UNFCCC）显示，附件 B 国家（发达国家）2015 年的人均排放量为 10.6t，非附件 B 国家（发展中国家）为 3.5t。我国人均二氧化碳排放量明显高于非附件 B 国家的平均水平和全球平均水平。虽说我国的人均碳排放量与美国相比还相对较低，但已高于欧盟的平均水平。虽说出台这样的报告或许存有政治、经济利益等方面的原因，在度量的方法等方面也有很多值得商榷的地方，但至少可以说明我国在温室气体减排方面的严峻形势。

毋庸讳言，在全球气候变化背景与全球经济形势复杂、多变的态势下，碳排放空间已成为我国经济发展重要的资源约束。怎么办？亟待实施低碳发展战略，采取政策措施减少温室气体排放。"面对我国资源约束趋紧、环境污染严重、生态系统退化的严峻形势"，2015 年 10 月十八届五中全会上，将绿色发展理念作为了"五大发展理念"之一。十九大报告指出，"加快建立绿色生产和消费的法律制度和政策导向，建立健全绿色低碳循环发展的经济体系"[①]。我国人多地少的基本国情及长期以来形成的"资源无限、环境无价"的观念定势，使我国农业成为世界上受人为活动控制最强烈的生产系统，土地利用变化剧烈，这也决定了农业是我国温室气体排放的主要来源。在 2017 年公布的《中华人民共和国气候变化第一次两年更新报告（2012）》中，测算的我国农业活动温室气体排放量占总排放量的 7.9%，但甲烷和氧化亚氮的排放量分别占到了总排放量的 41.0% 和 71.6%。值得指出的是，这一数据仅仅包含了畜禽粪便、秸秆燃烧、农田释放等直

---

① 习近平. 决胜全面建成小康社会 夺取新时代中国特色社会主义伟大胜利——在中国共产党第十九次全国代表大会上的报告 [R]. http://cpc.people.com.cn/19th/n1/2017/1027/c414395-29613458.html?from=groupmessage&isappinstalled=0，2017-10-28.

接排放因素，而没有考虑农业依靠化肥、农药、饲料等外部投入品的间接碳排放因素。如果加上这些间接碳排放因素，那么，我国现实的农业源温室气体排放量将更高，而这往往被人们所忽视。因此，在全面展开温室气体减排、缓解气候变化的过程中，如何审视我国农业活动对温室气体排放的贡献？在保障生存与发展的刚性需求约束下，我国的农业在温室气体减排中能否降低碳排放？如何寻求和制定适合我国基本国情的低碳农业发展战略？亟待对这些问题进行研究，并做出理性、科学的回答。

二、研究目标

降低温室气体的排放已成为人类应对气候变化的必然选择，也是我国作为一个负责任大国对世界的承诺。由于农业在人为性温室气体排放中占有较大的比重，因此，若要按期达到减排目标，离不开农业部门的参加。立足这一宏观背景，本书通过对低碳农业发展状况的评估，引入田间实验的方法，借助 DNDC 模型，重点以稻田为研究样本，深入分析稻田温室气体排放的状况及影响因子，进而分析降低农业温室气体排放的潜力与路径。在此基础上，从总体层面提出我国发展低碳农业的战略与政策。具体来说，本书的主要目标包括以下几点。

首先，分析气候变化对我国农业产出、经济发展的影响。降低农业温室气体排放的目的在于减缓气候变化，然而，为什么要减缓气候变化？主要的原因在于气候变化或将对生态、经济、社会等多个层面造成负面影响。为了进一步检验这一逻辑的合理性，本书深入分析了气候变化对我国经济的影响，从而回应本书研究的背景与意义。

其次，考察我国农业温室气候排放状况。了解我国农业温室气体排放状况是减排的基础。本书在分析 FAO 关于农业温室气体排放状况及排放源的基础上，进一步采用 DNDC 模型、CGE 模型等对我国农业温室气体的排放进行评估，分析不同地区农业温室气体排放的差异和驱动因素等，从而为温室气体的减排提供研究支持。

再次，以稻田为例深入研究农业的减排潜力。在我国农业温室气体的排放过程中，化肥和稻田是两个最主要排放源。因此，研究以稻田为主要研究对象，利用田间实验，以科学的方法实证测度肥料施用等对稻田温室气体排放的影响，并利用 DNDC 模型模拟不同条件下的温室气体排放差异，从而提出我国稻田温室气体减排的主要潜力与路径。

最后，提出我国农业减排、发展低碳农业的主要战略与措施。本书在田间实验、经济分析的基础上，结合我国现实条件，提出降低我国农业温室气体排放、发展低碳农业的主要战略及相应的措施。例如，从激励视角，测算 CO_2 的影子价格，分析对农户的低碳生产进行补偿的相应成本及可行性等。

三、研究框架内容和思路

本项研究属交叉学科研究，基于生态学、经济学等理论对中国农业温室气体的减排议题进行深入研究，并提出相应的战略和政策建议。研究采用定性分析与定量分析相结合、统计研究与实验研究相结合的研究方法，特别是采用小尺度田间实验的方法，对不同条件下稻田温室气体排放进行实证测度，并应用 DNDC 模型对农业温室气体排放进行模拟分析。除此之外，研究过程中广泛应用统计分析、计量分析、CGE 模型分析等方法。多学科的结合及多种方法的采用，力图使研究具有科学性与可信性。

从研究的整体框架内容（图 5.1）来看，本项研究主要分为四部分。

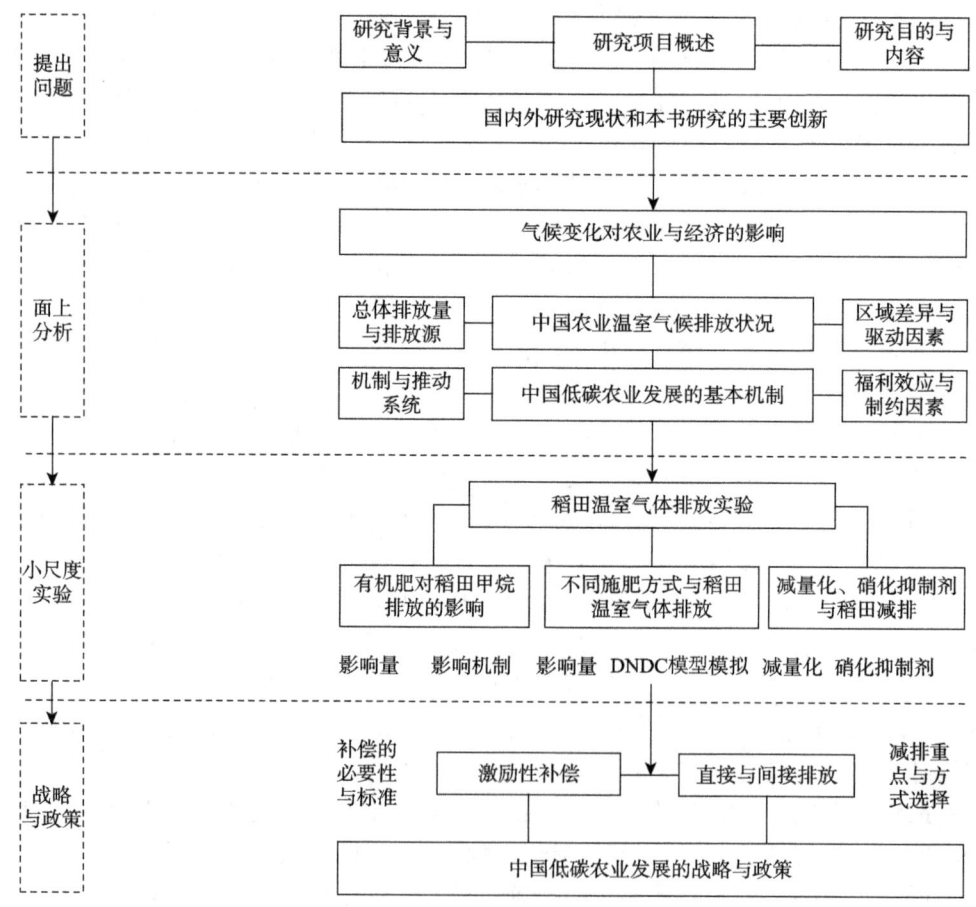

图 5.1 研究的整体框架内容

第一部分为提出问题，主要对研究背景与意义、研究目标、研究方法及研究框架内容和本书研究的主要创新等进行了说明；对国内外研究现状进行了梳理，并凝练了需进一步研究的问题。

第二部分为面上分析，主要研究了气候变化背景下的农业排放概况及低碳农业发展机制。具体内容包括气候变化对农业与经济的影响、中国农业温室气体排放状况、中国不同区域农业温室气体的排放与驱动因素、低碳农业发展的推动系统与制约因素、推进低碳农业发展的福利效应等。

第三部分为小尺度实验研究，主要研究了农业减排潜力与路径。主要选取中国农业碳排放较为突出的稻田及肥料领域，借助田间实验及 DNDC 模型模拟，分析肥料管理、田间管理对稻田温室气体排放的影响，进而提出相应的减排对策。具体内容包括有机肥对稻田甲烷排放量影响的测度、基于 ^{13}C 示踪的有机肥影响稻田甲烷排放机理、不同施肥方式对稻田温室气体排放的影响、不同稻田施肥方式的氮流失及温室气体排放模拟、氮肥减量化对稻田温室气体排放的影响、DMPP 对稻田温室气体排放的影响、上海地区稻田温室气体排放清单及减排措施等。

第四部分为战略与政策，主要研究了低碳农业发展的战略举措。具体内容包括农业 CO_2 的影子价格与低碳农业的经济激励、基于减排目标的氮肥减施项目补偿标准探讨、农业直接减排与间接减排效应对比等。在此基础上，提出了发展中国低碳农业的战略构想与基本路径，从经济补偿、直接与间接减排协同等层面给出了相应的政策建议。

本章余下部分（第二节至第五节）将主要选取项目研究的四个主要结论予以介绍。

第二节 极端天气对经济与农业产出的影响

气候变化作为人类社会共同面临的一个全球性环境问题，受到了越来越广泛的关注。政府间气候变化专门委员会（Intergovernmental Panel on Climate Change，IPCC）第五次评估报告指出，全球气候变暖已经使 20 世纪中叶以来极端天气（气候）事件的发生频率出现了明显的变化，高温极端事件增多，区域性强降水事件、极高海平面事件及飓风（台风）等灾难性气象事件不断增多（Pachauri et al.，2014）。毋庸置疑，全球气候发生的这一系列变化将会对自然系统和人类系统造成深远的影响。与全球气候情况相似，过去几十年来中国的气候同样发生了显著的变化，总体上增温趋势明显，局部地区极端天气事件频发。

极端天气事件与中国经济存在怎样的关系，它是通过何种渠道作用于经济生产的呢？对这一问题的回应将使我们更清楚地了解气候变化的影响，进而为减排目标的提出提供相应的背景支撑。本书首先分别构建了农业部门和非农业部门生产函数，刻画了每一天各个部门的产出和天气因子之间的函数关系。其次，对各个部门的两个生产函数在时间维度上进行了加总处理（加总到年度层面），从而建立起了年度总产出与天气因子（日值）的函数关系。最后，利用中国（不包括香港、澳门和台湾地区）县级层面（年度）经济统计数据和地面气象日值观测数据估计了天气因子和经济总产出的非线性关系，并着重分析了极端天气的不利影响。

一、理论框架和模型设定

（一）模型

假设一个经济体由农业（a）和非农业（n）两个生产部门构成，整个社会的总劳动力资源为 $L = L_a + L_n$，其中，L_a 表示配置到农业生产的劳动；L_n 表示配置到非农业生产的劳动。总资本存量为 $K = K_a + K_n$，其中，K_a 表示配置到农业生产的资本；K_n 表示配置到非农业生产的资本。假设两个部门的生产函数均为柯布-道格拉斯型，那么非农业部门在任意一天 t 结束时的产出可表示为

$$Y_n(w_\tau) = A_n(w_\tau) K_n(w_\tau)^\alpha L_n(w_\tau)^{1-\alpha} \tag{5.1}$$

式中，Y_n 表示非农业部门产出；α 表示产出弹性；w_τ 表示该日的天气状况，包括气温、降水等影响生产的天气因素。假设非农业劳动供给 L_n、非农业资本投入 K_n 及非农业部门的生产率 A_n 都会反映当天的天气状况 w_τ[①]。定义生产率 A_n 的表达式为

$$A_n(w_\tau) = \omega_K A_n^K(w_\tau) + \omega_L A_n^L(w_\tau) + \sigma_n \tag{5.2}$$

式中，ω_K 和 ω_L 表示权重因子；A_n^K 和 A_n^L 分别表示非农业部门的资本生产率和劳动生产率，即本书假定天气因子既能够通过作用于非农业部门的资本和劳动投入来影响非农业产出，也能够通过作用于非农业部门的资本生产率和劳动生产率来影响非农业产出；σ 表示其他可能影响生产率的因素。相似地，定义农业部门的生产函数如下：

$$Y_a(w_\tau) = A_a(w_\tau) K_a(w_\tau)^\beta L_a(w_\tau)^{1-\beta} \tag{5.3}$$

尽管式（5.3）所刻画的农业部门的生产函数与非农业部门的生产函数[即

---

① 虽然固定资本（如厂房、机器）投入不会反映天气变化，但可变资本投入可能会对短期天气波动做出反应。

式（5.1）]相似，但二者存在以下两点差异：首先，土地作为农业生产过程中的一项重要的固定投入，它并不会反映短期天气变化，为了简化分析本书把它当作一项固定资本投入内嵌至 K_a 之中；其次，由于天气因素（如温度、降水等）是农业生产过程中重要的外生要素投入，它不仅能够影响农业部门的资本和劳动投入，还能够直接作用于农作物生长来影响农业部门产出。因此，农业部门生产率 A_a 的表达式实质为

$$A_a(w_\tau) = \varphi_K A_a^K(w_\tau) + \varphi_L A_a^L(w_\tau) + g(w_\tau) + \sigma_a \tag{5.4}$$

式中，$g(w_\tau)$ 表示天气因子对农业产出的直接影响。因此，对于农业部门来说，天气因子既能够通过作用于资本和劳动及二者的生产率来影响农业部门产出，也能够通过函数关系 $g(\cdot)$ 直接影响农业部门的产出。本书预计农业部门产出对天气变化的边际反应大于非农业部门，即 $\left|\dfrac{\partial Y_a(w_\tau)}{w_\tau}\right| > \left|\dfrac{\partial Y_n(w_\tau)}{w_\tau}\right|$。这个推断的原因有两个：一是农业生产大多发生在户外，露天环境下的劳作（劳动时间和劳动生产率）极易受到天气因素的影响；二是天气因素（光、温度、水等）是农业生产过程的一项直接要素投入，农作物产量极易受到天气波动的影响。

本书研究假定，每一天生产者都能够观测到当天的天气状况并及时地做出反应，调整资本和劳动力在部门内及不同部门间的配置，从而实现利润最大化。令 $Y^*(w_\tau) = Y_a^*(w_\tau) + Y_n^*(w_\tau)$，表示给定天气状况生产者的最优总产出。如果我们能够观察到一个经济体逐日的总产出，那么只需简单地对总产出（日值）和天气因子（日值）进行回归分析，便可以精确地估计出天气因子和产出的关系。遗憾的是，经济统计数据并没有提供总产出和部门产出的日值数据，但历年的统计年鉴都提供了总产出和部门产出的年度值。为了能将日值天气状况和年度产出联系起来，本书研究假设生产者在一年 365 天（或闰年的 366 天）中每天都能根据当年的天气状况做出最优反应，那么年度产出可以直接由每日（最优）产出简单求和运算得出：

$$\text{annual outputs} = \sum_{\tau=1}^{365}\left[Y_a^*(w_\tau) + Y_n^*(w_\tau)\right] \tag{5.5}$$

式（5.5）实际上描述了年度产出与日度天气的关系，即一年的总产出取决于天气因子在该年中分布状况及天气因子对日度产出的作用力度。例如，一年中的某一天出现了极端异常的天气（其余 364 天的天气都正常），并且这一极端天气可能导致该日农业部门和非农业部门产出下降，那么即使该年剩余的 364 天的产出不受任何影响，该年的总产出仍会因这一极端天气的出现而下降。

(二) 日值天气和年度产出

由于天气是随机且严格外生的,因此天气与经济绩效的实证研究中面临的挑战并不在于模型的因果识别上,而是在于如何在无法观测到每天产出的情况下利用年度产出数据准确地识别天气变化对日均产出的影响。实证研究中常常使用区间回归方法来识别日值天气变化与年度产出的非线性关系。

(三) 回归模型设定

为了估计出天气因子和总产出二者的数量关系,本书建立了下述形式的计量回归方程:

$$\log(Y_{it}) = \rho \log(Y_{it-1}) + \sum_N \beta^n T\_bin_{it}^n + \sum_M \gamma^m P\_bin_{it}^m + \mu_i + \delta_t + \varepsilon_{it} \quad (5.6)$$

式中,i 表示县(市);t 表示年;Y_{it} 表示因变量,如地区生产总值、规模以上工业总产值和粮食产量等;μ_i 表示县(市)固定效应,反映了各县(市)不随时间变化的异质性特征,如海拔、地形和地貌等;δ_t 表示时间固定效应,反映了样本期内各县(市)经济生产活动面临的共同时间趋势;ε_{it} 表示随机干扰项。县(市)层面的随机干扰项可能存在任意形式的序列相关,并且对于给定的一年,位于同一省(自治区、直辖市)内的县(市)的随机干扰项之间也可能存在任意形式的空间相关性。因此,遵照 Cameron 等(2011)的方法,本书分别在省×年(province-by-year)和县两个维度对标准误进行了聚类处理。

解释变量 $T\_bin_{it}^n$ 表示在第 t 年某一个县 i 的日平均气温落在第 n 个温度区间的天数。本书设置了 11 个($N=11$)跨度为 5℃的温度区间,定义第 1 个温度区间为 $(-\infty, -15℃)$;$T\_bin_{it}^1$ 表示第 t 年县 i 的日平均气温 $t_\tau < -15℃$ 的天数,定义第 2 个温度区间为 $[-15℃,-10℃)$;$T\_bin_{it}^2$ 表示第 t 年县 i 的日平均气温 $t_\tau \in [-15℃,-10℃)$ 的天数……定义第 11 个温度区间为 $[30℃,+\infty)$;$T\_bin_{it}^{11}$ 表示第 t 年县 i 的日平均气温 $t_\tau \geq 30℃$ 的天数。研究设定第 7 个温度区间 $[10℃,15℃)$ 作为参照温度区间。因此,回归方程中其他温度区间的估计系数表示该温度区间对产出的影响与参照区间的差异,即相对于参照温度区间,某一年中平均气温落在某一区间的频数每增加一天,因变量 Y 所受到的影响。相似地,本书设置 12 个($M=12$)跨度为 5mm 的降水区间,定义第 1 个降水区间为 0mm,$P\_bin_{it}^1$ 表示第 t 年县 i 零降水($p_\tau = 0$mm)的天数;定义第 2 个降水区间为 $(0,5$mm$]$;$P\_bin_{it}^2$ 表示第 t 年县 i 的日降水量 $p_\tau \in (0,5$mm$]$ 的天数……定义第 12 个降水区间为 $[50$mm$,+\infty)$;$P\_bin_{it}^{12}$ 表示第 t 年县 i 的日降水量 $p_\tau \geq 50$ mm 的天数。本书选择 $P\_bin_{it}^1$,即零降水区间作为参照区间。回归系数 β^n 拟合了年度总产出对日值

平均气温变化的反应程度：日平均气温落在第 n 个温度区间的天数每增加一天，年度总产出将变化多少。回归系数 γ^m 精确地拟合了年度总产出对日降水量变化的反应程度：日降水量落在第 m 个降水区间的天数每增加一天，年度总产出将变化多少。由于县级层面的平均气温和降水等天气因子很可能存在序列相关，因此，实际操作中本书通过在回归方程中控制其天气因子（温度区间和降水区间）的滞后期来检验前一年天气状况的波动是否会直接影响本年度的经济总产出[①]。

由于县级层面的总产出、农业产出和非农业产出等也可能存在高度自相关，本书在回归模型中控制了因变量的滞后期 $\log(Y_{it-1})$，其中 ρ 表示自相关系数。

二、数据来源

本书研究的天气数据由中国气象局国家气象信息中心资料服务室编制和提供。它精确地记录了中国地面水平日值平均气温和降水数据（分辨率为 $0.5°\times 0.5°$），本书选取的样本时间跨度为 1980 年 1 月 1 日至 2012 年 12 月 31 日。研究利用地理信息系统空间分析软件将格点化的中国地面水平日值平均气温和降水数据加总到县级层面，剔除掉那些观测值存在缺失和严重失真的样本，最终获得了一个由 1 330 个县地面水平日值平均气温和降水量组成的平衡面板数据集。本书研究的经济社会统计数据来自中国统计数据应用支持系统——县级年度库[②]。该数据库涵盖了中国县级层面（包含县级市但不包括地级市内的区）的土地资源及基本情况、国民经济核算、人口、就业、工资与收入、投资、金融、财政、农业、国内贸易、电信、工业、教育、卫生及社会福利等一系列统计指标。该数据集共包含中国（不包括台湾、香港、澳门）的 1 749 个县（市），时间跨度为 1996~2012 年。

由于社会经济统计数据为年度数据而地面气象数据为日值数据，本书首先根据前述的计量经济模型设定中介绍的方法，构造了一系列温度区间和降水区间（具体的温度区间和降水区间参见表 5.2），其次计算出每一年内日平均气温和降水量落入每个区间的天数，最后根据县名和县行政代码将县级层面的气温、降水区间的年度数据和社会经济统计年度数据进行一对一横向匹配，最终合并得到一个包含 1 172 个县（市）的天气和经济统计信息的面板数据集。本书所关注的关键变量的描述性统计见表 5.2。

---

① 例如，前一年度降水量的骤减可能会导致地下水减少或水库干涸，接下来一年的农业生产可能会因为缺乏灌溉用水而减产。

② 数据库网址为 Info.acmr.cn/index.aspx。

表 5.2 变量的描述性统计

变量	样本量	均值	标准差	最小值	最大值
<−15℃	37 951	9.671	21.303	0.000	140.000
[−15℃,−10℃)	37 951	12.053	18.641	0.000	93.000
[−10℃,−5℃)	37 951	18.205	23.386	0.000	137.000
[−5℃,0℃)	37 951	27.134	25.167	0.000	191.000
[0℃,5℃)	37 951	44.012	39.510	0.000	366.000
[5℃,10℃)	37 951	50.494	25.068	0.000	295.000
[10℃,15℃)	37 951	51.106	25.929	0.000	338.000
[15℃,20℃)	37 951	57.856	31.019	0.000	226.000
[20℃,25℃)	37 951	57.916	36.647	0.000	226.000
[25℃,30℃)	37 951	33.757	39.785	0.000	221.000
≥30℃	37 951	3.068	7.132	0.000	64.000
0mm	37 951	116.940	28.734	28.000	366.000
(0mm,5mm]	37 951	205.855	27.837	0.000	313.000
(5mm,10mm]	37 951	19.029	9.562	0.000	58.000
(10mm,15mm]	37 951	8.998	5.793	0.000	38.000
(15mm,20mm]	37 951	5.020	3.928	0.000	26.000
(20mm,25mm]	37 951	3.044	2.788	0.000	19.000
(25mm,30mm]	37 951	1.947	2.062	0.000	15.000
(30mm,35mm]	37 951	1.296	1.578	0.000	14.000
(35mm,40mm]	37 951	0.876	1.221	0.000	9.000
(40mm,45mm]	37 951	0.612	0.969	0.000	9.000
(45mm,50mm]	37 951	0.433	0.781	0.000	7.000
>50mm	37 951	1.224	1.819	0.000	15.000
地区生产总值/亿元	18 461	67.195	124.494	0.136	3 706.320
第一产业增加值/亿元	18 856	10.593	11.338	0.010	114.960
第二产业增加值/亿元	18 846	24.318	52.990	0.000	1 443.910
第三产业增加值/亿元	18 161	16.490	31.569	0.020	1 043.780
非农总产值/亿元	12 914	44.502	113.494	0.002	3 588.595
农林牧渔业总产值/亿元	12 984	22.369	26.092	0.000	265.832
粮食产量/万t	18 841	24.676	28.408	0.000	320.540
棉花产量/万t	14 234	0.859	4.844	0.000	200.900
油料产量/万t	18 255	1.342	2.531	0.000	53.040
肉类产量/万t	18 272	3.343	4.250	0.000	90.000

注：天气因子（日值）的时间跨度为 1980 年 1 月 1 日~2012 年 12 月 31 日，由中国气象局国家气象信息中心资料服务室编制和提供；经济统计数据的时间跨度为 1996~2012 年，来源于中国统计数据支持系统——县级年度库；我们按 1995 年不变价对其名义值进行了平减处理

三、估计结果

首先,本书通过估计回归方程,即式(5.6)来考察天气因子(日平均气温、日降水量)对县(市)年度总产出的影响。其次,分别考察天气因子对非农业部门和农业部门总产出的影响。

(一)回归结果

表 5.3 给出了回归方程,即式(5.6)的估计结果,第(4)列在回归方程中同时控制了滞后因变量和滞后天气因子(基准结果),第(3)列回归方程中控制了滞后因变量但不包含滞后天气因子。分析发现,日平均气温对县(市)生产总值的影响呈现出一定程度的非对称特征。表 5.3 的第(3)和第(4)列的结果一致显示,平均气温在 20℃以上的天气对县(市)地区生产总值的影响显著为负,并且天气越炎热经济总产出遭受的负面冲击越大。相对于先决的参照区间[10℃,15℃),日平均气温介于[20℃,25℃)的天数每增加一天将使得该年度总产出下降 0.055%,介于[25℃,30℃)的天数每增加一天将导致当年总产出下降 0.064%,≥30℃的日子每增加一天将使得当年总产出下降 0.075%。与此形成鲜明对照的是,低温天气并不会对县(市)地区生产总值造成显著的负面影响,如极端低温天气[<-15℃、[-15℃,-10℃)]对县(市)总产出的影响(与参照区间影响的差异)在统计上并不显著[①]。

表5.3 日值天气因子对地区生产总值的影响

变量	(1) log(地区生产总值)	(2) log(地区生产总值)	(3) log(地区生产总值)	(4) log(地区生产总值)
<-15℃	0.00117* (0.00063)	0.00084 (0.00065)	-0.00004 (0.00036)	-0.00016 (0.00037)
[-15℃,-10℃)	0.00045 (0.00060)	0.00035 (0.00062)	0.00046 (0.00033)	0.00046 (0.00034)
[-10℃,-5℃)	-0.00004 (0.00054)	-0.00044 (0.00056)	0.00066** (0.00033)	0.00059* (0.00034)
[-5℃,0℃)	-0.00180*** (0.00039)	-0.00222*** (0.00042)	0.00000 (0.00023)	-0.00002 (0.00023)
[0℃,5℃)	-0.00183*** (0.00029)	-0.00160*** (0.00031)	-0.00003 (0.00016)	0.00007 (0.00017)

① 除了[-10℃,-5℃)温度区间的系数为正并且统计上显著外,其余的低于参照区间[5℃,10℃)的所有的温度区间的系数统计上均不显著。研究认为[-10℃,-5℃)单一温度区间的显著性并不具备代表性,很可能是某些随机因素造成的。

续表

变量	(1) log（地区生产总值）	(2) log（地区生产总值）	(3) log（地区生产总值）	(4) log（地区生产总值）
[5℃,10℃)	-0.000 26 (0.000 25)	-0.000 13 (0.000 26)	-0.000 05 (0.000 14)	-0.000 03 (0.000 15)
[10℃,15℃)	0 (—)	0 (—)	0 (—)	0 (—)
[15℃,20℃)	-0.000 15 (0.000 26)	-0.000 05 (0.000 26)	-0.000 02 (0.000 14)	0.000 01 (0.000 14)
[20℃,25℃)	-0.000 25 (0.000 32)	-0.000 23 (0.000 32)	-0.000 56*** (0.000 17)	-0.000 55*** (0.000 17)
[25℃,30℃)	-0.001 58*** (0.000 42)	-0.001 29*** (0.000 43)	-0.000 73*** (0.000 24)	-0.000 64*** (0.000 24)
≥30℃	-0.001 97*** (0.000 61)	-0.001 74*** (0.000 62)	-0.000 80** (0.000 35)	-0.000 75** (0.000 35)
0mm	0 (—)	0 (—)	0 (—)	0 (—)
(0mm,5mm]	0.001 08*** (0.000 25)	0.001 10*** (0.000 25)	0.000 60*** (0.000 13)	0.000 64*** (0.000 14)
(5mm,10mm]	0.002 06*** (0.000 44)	0.001 99*** (0.000 44)	0.000 38 (0.000 24)	0.000 43* (0.000 24)
(10mm,15mm]	0.003 17*** (0.000 56)	0.003 15*** (0.000 56)	0.000 99*** (0.000 30)	0.001 08*** (0.000 30)
(15mm,20mm]	0.002 20*** (0.000 77)	0.002 40*** (0.000 78)	0.000 75 (0.000 48)	0.000 94* (0.000 48)
(20mm,25mm]	0.001 92** (0.000 95)	0.001 89** (0.000 95)	-0.000 13 (0.000 57)	0.000 05 (0.000 57)
(25mm,30mm]	0.002 56** (0.001 14)	0.002 63** (0.001 15)	0.000 54 (0.000 67)	0.000 73 (0.000 67)
(30mm,35mm]	0.000 07 (0.001 36)	0.000 50 (0.001 38)	0.001 52** (0.000 77)	0.001 78** (0.000 78)
(35mm,40mm]	-0.000 52 (0.001 61)	-0.000 11 (0.001 61)	0.000 65 (0.000 91)	0.000 87 (0.000 91)
(40mm,45mm]	0.001 62 (0.001 99)	0.002 22 (0.001 99)	0.000 69 (0.001 33)	0.000 97 (0.001 33)
(45mm,50mm]	-0.001 44 (0.002 23)	-0.000 76 (0.002 24)	-0.001 57 (0.001 18)	-0.001 31 (0.001 17)
>50mm	0.001 86 (0.001 24)	0.002 71** (0.001 26)	0.000 39 (0.000 72)	0.000 57 (0.000 71)
log（地区生产总值）			0.830 22*** (0.011 34)	0.828 22*** (0.011 49)
滞后天气因子	N	Y	N	Y
Observations	17 080	18 151	17 080	17 080
R^2	0.991 88	0.973 49	0.991 91	0.991 93

***、**、*分别表示在1%、5%、10%的水平下显著

注：所有的模型设定都控制了县（市）固定效应、年度时间固定效应；括号中报告了估计系数的稳健标准误，本书对标准误在县（市）和省份×年份两个维度进行了聚类处理；为了节省空间，表5.2中并未报告滞后天气因子的估计系数。其中，[10℃,15℃)和0mm分别为参照温度区间和参照降水区间

如果一年365天中每一天的总产出都保持一致,那么任意一天的生产将会贡献年度产出总量的0.27%(1/365),≥30℃的高温天气每增加一天使得年度总产出下降0.075%,意味着这一天相较于平常的一天生产效率降低了约27.8%。假定效率的下降是线性的,并且给定日平均气温为15℃时的回归系数为0,意味着温度上升对日生产效率的边际影响为 $\frac{-27.8\%}{15℃} \approx -1.85\%/℃$。

表5.3的下半部分显示,日降水量的变化同样会影响经济总产出。与零降水的情形相比,低强度的降水天气对县(市)生产总值具有显著的正面影响。具体来说,日降水量介于0~20mm的4个跨度为5mm降水区间的估计系数基本显著为正,介于这些降水区间的天数每减少一个单位(天),当年县(市)地区生产总值将降低0.04%~0.11%。与此形成鲜明对照,高强度降水或极端降水(>50mm)天气的变化对县(市)当年的经济总产出影响相对较小。

(二)作用渠道

本书在农业和非农业两部门框架下对县(市)地区生产总值实施进一步分解,试图深入探寻天气变化作用于经济总产出的主要渠道。分析发现,尽管天气波动会在一定程度上影响非农业部门产出,但总的来说农业部门才是天气因素作用于经济总产出的主要渠道。

1. 农业部门

为了检验农业部门产出对天气变化的反应,本书依次以第一产业增加值、粮食产量、棉花产量、油料产量和肉类产量作为因变量重新估计了回归方程,即式(5.6),具体结果见表5.4[①]。研究发现,以第一产业增加值为因变量的估计结果与基准结果(以地区生产总值为因变量)高度相似:$[20℃,25℃)$、$[25℃,30℃)$和$\geq30℃$ 3个温度区间的系数均显著为负,介于$(0mm,20mm]$的4个低强度降水区间的估计系数显著为正。这表明,相较于参照区间,高温和极端高温天气的增加和低强度降水天气的减少将会给农业部门带来显著的不利影响。与基准结果的唯一不同之处在于,以第一产业增加值为因变量的回归中,$(45mm,50mm]$和$>50mm$两个高强度(极端)降水区间的系数显著为负,表明极端降水天气的增加会对农业部门产生不利影响。

[①] 农林牧渔业总产值包括农、林、牧、渔业产值及农林牧渔服务业产值,而第一产业增加值则是农林牧渔业总产值扣除中间投入后的增加值部分(净值)。三次产业分类中,农林牧渔业服务业一般被归类为第三产业。

表 5.4 天气因子对农业部门的影响

变量	(1) log（第一产业增加值）	(2) log（粮食产量）	(3) log（棉花产量）	(4) log（油料产量）	(5) log（肉类产量）
<−15℃	0.000 61 (0.000 55)	0.000 34 (0.000 75)	0.002 29 (0.003 83)	−0.000 02 (0.001 46)	−0.000 91 (0.000 55)
[−15℃,−10℃)	0.000 47 (0.000 51)	−0.000 48 (0.000 67)	−0.001 46 (0.002 89)	0.000 92 (0.001 34)	0.000 62 (0.000 54)
[−10℃,−5℃)	0.000 62 (0.000 41)	0.000 38 (0.000 56)	−0.001 33 (0.002 39)	0.002 62** (0.001 13)	−0.000 44 (0.000 48)
[−5℃,0℃)	0.000 99*** (0.000 32)	0.000 21 (0.000 45)	−0.005 77*** (0.001 86)	0.004 02*** (0.000 86)	−0.000 57 (0.000 38)
[0℃,5℃)	0.000 47** (0.000 21)	−0.000 04 (0.000 29)	−0.002 00 (0.001 31)	0.003 48*** (0.000 61)	−0.000 23 (0.000 29)
[5℃,10℃)	0.000 29* (0.000 17)	−0.000 19 (0.000 23)	−0.000 75 (0.001 08)	0.000 88* (0.000 49)	−0.000 07 (0.000 24)
[10℃,15℃)	0 (—)	0 (—)	0 (—)	0 (—)	0 (—)
[15℃,20℃)	0.000 18 (0.000 22)	−0.000 03 (0.000 27)	−0.002 09* (0.001 18)	−0.000 99* (0.000 52)	0.000 48** (0.000 23)
[20℃,25℃)	−0.000 91*** (0.000 24)	−0.001 53*** (0.000 42)	−0.001 11 (0.001 61)	−0.002 68*** (0.000 68)	0.000 73*** (0.000 29)
[25℃,30℃)	−0.002 76*** (0.000 32)	−0.003 91*** (0.000 53)	−0.000 67 (0.001 61)	−0.004 49*** (0.000 83)	0.001 23*** (0.000 36)
≥30℃	−0.005 09*** (0.000 46)	−0.006 65*** (0.000 66)	−0.007 15*** (0.002 08)	−0.007 35*** (0.001 12)	0.000 74 (0.000 56)
0mm	0 (—)	0 (—)	0 (—)	0 (—)	0 (—)
(0mm,5mm]	0.000 74*** (0.000 18)	0.000 71*** (0.000 25)	0.002 06** (0.000 97)	0.002 91*** (0.000 50)	0.000 14 (0.000 21)
(5mm,10mm]	0.000 77** (0.000 31)	0.001 08** (0.000 42)	0.003 20* (0.001 72)	0.000 80 (0.000 78)	0.000 05 (0.000 36)
(10mm,15mm]	0.001 39*** (0.000 40)	0.001 97*** (0.000 52)	0.005 20** (0.002 05)	0.002 57** (0.001 03)	0.000 01 (0.000 49)
(15mm,20mm]	0.001 89*** (0.000 56)	0.002 35*** (0.000 81)	0.003 56 (0.003 03)	0.001 98 (0.001 49)	0.000 38 (0.000 81)
(20mm,25mm]	−0.000 21 (0.000 68)	0.002 18** (0.000 87)	0.006 65* (0.003 59)	0.001 65 (0.001 76)	0.001 44 (0.001 01)
(25mm,30mm]	−0.000 31 (0.000 81)	0.003 08*** (0.001 07)	0.002 26 (0.004 73)	−0.001 13 (0.002 06)	0.000 97 (0.001 09)
(30mm,35mm]	0.000 34 (0.000 92)	−0.000 30 (0.001 26)	0.004 26 (0.004 73)	0.002 05 (0.002 36)	0.001 02 (0.001 31)
(35mm,40mm]	0.000 20 (0.001 13)	−0.001 64 (0.001 53)	0.003 68 (0.005 81)	−0.004 79 (0.002 93)	0.000 62 (0.001 63)
(40mm,45mm]	−0.001 13 (0.001 49)	−0.002 14 (0.001 97)	0.001 28 (0.006 62)	−0.008 17** (0.003 78)	−0.000 80 (0.002 25)
(45mm,50mm]	−0.004 06*** (0.001 43)	−0.004 95** (0.002 10)	−0.009 91 (0.007 83)	−0.005 82 (0.003 62)	−0.000 56 (0.002 07)
>50mm	−0.001 82** (0.000 89)	−0.008 84*** (0.001 18)	−0.010 07** (0.004 79)	−0.004 59* (0.002 43)	0.000 92 (0.001 35)
Observations	17 469	17 572	7 133	16 347	17 179

续表

变量	(1) log（第一产业增加值）	(2) log（粮食产量）	(3) log（棉花产量）	(4) log（油料产量）	(5) log（肉类产量）
R^2	0.980 51	0.967 55	0.972 08	0.934 87	0.974 95

***、**、*分别表示在1%、5%、10%的水平下显著

注：所有回归方程都控制了滞后因变量、滞后期的温度、降水区间、县（市）固定效应和年份固定效应；括号中报告了估计系数的稳健标准误，我们对标准误在县（市）和省份×年份两个维度进行了聚类处理。其中，参照温度区间和降水区间分别为[10℃,15℃) 和 0mm

除了以肉类产量为因变量的回归方程之外，其他几个回归方程中 20℃以上的温度区间的系数均显著为负 [尽管棉花产量在[20℃,30℃) 上无显著下降，但在日均气温≥30℃的极端高温天气下其产量显著下降]，几个低强度降水区间的系数显著为正，表明高温天气的增加和低强度降水天气的减少将会显著降低当年的种植业产量。此外，研究发现，高强度降水尤其是日降水量>50mm 的极端降水天气的增加同样会降低种植业产量。肉类产量对天气波动的反应明显不同于粮食作物和经济作物，以肉类产量为因变量的回归方程的估计结果显示，相较于参照区间，暖温和高温天气（不包含≥30℃极端高温天气）的影响显著为正，降水天气的影响不显著，这或许与中国肉类产品结构及其生产与加工过程大多发生在室内有关。

表 5.4 中还有两个地方值得特别指出。一是表（2）~（4）列的因变量为农业相关子部门的产量，第（1）列的因变量为第一产业增加值（包含价格因素）。表 5.4 的结果表明，相对于温和天气（参照区间），极端高温和极端降水天气不仅会对粮食作物和经济作物的产量造成显著的负面影响，最终还降低了整个部门的增加值。因此，价格因素的变化只能部分地弱化极端天气对农业部门的负面影响[1]。二是日平均气温大于 20℃的天气对农业部门的负面影响远大于其对经济总体的影响，以第一产业增加值为因变量的回归方程中，[20℃,25℃)、[25℃,30℃) 和≥30℃这三个温度区间的系数分别是基准模型的对应系数的 1.55 倍、4.13 倍和 6.32 倍。因此，与理论部分的推断相符，农业部门的生产活动对极端天气（气候）事件的反应的确更为敏感。

2. 非农业部门

为了检验非农业部门产出是否也会对天气变化做出相似的反应，本书分别以第二、三产业增加值、规模以上工业总产值和非农业部门增加值（二、三产业增加值总和）为被解释变量重新估计了回归方程[即式（5.6）]，具体的估计结果见

---

[1] 从几个高温区间的系数上看，高温天气对粮食作物和经济作物产量（不包括肉类产量）的负面影响大于其对农业产值的负面影响，说明价格上涨部分地抵消了高温天气对农业部门的负面影响。

表 5.5。研究发现,非农业部门对天气变化的反应与农业部门及经济整体的反应存在明显的差异①。首先,平均气温≥30℃的极端高温天气的增加并不会显著降低第二、三产业增加值和规模以上工业总产值,相反,它甚至还会增加非农业部门产值②。其次,日降水量≥50mm 的极端降水天气的增加有助于提高非农业部门产业增加值(包括第二产业增加值和规模以上工业总产值)③。最后,对于第三产业而言,没有明显的证据表明极端高温或极端降水天气会对其年度增加值产生显著的负面影响。总的来说,天气波动对非农业部门的影响明显小于其对农业部门的影响。此外,本书选择 3℃的温度区间宽度和 10mm 的降水区间宽度对此部分的结果进行了稳健性检验,上述基本结论维持不变。

表 5.5 天气因子对非农业部门的影响

变量	(1) log(第二产业增加值)	(2) log(规模以上工业总产值)	(3) log(第三产业增加值)	(4) log(非农业部门产业增加值)
<-15℃	0.000 46 (0.000 70)	0.005 35*** (0.001 79)	-0.000 52 (0.000 46)	-0.000 24 (0.000 44)
[-15℃,-10℃)	0.001 63** (0.000 68)	0.002 40 (0.001 69)	0.000 16 (0.000 45)	0.000 59 (0.000 43)
[-10℃,-5℃)	0.000 55 (0.000 64)	0.000 74 (0.001 61)	0.000 04 (0.000 42)	0.000 55 (0.000 40)
[-5℃,0℃)	0.000 17 (0.000 49)	0.001 40 (0.001 07)	-0.000 73** (0.000 32)	-0.000 25 (0.000 29)
[0℃,5℃)	-0.000 14 (0.000 37)	0.000 59 (0.000 72)	-0.000 15 (0.000 22)	-0.000 08 (0.000 21)
[5℃,10℃)	0.000 32 (0.000 29)	0.000 82 (0.000 59)	-0.000 46** (0.000 18)	-0.000 12 (0.000 18)
[10℃,15℃)	0 (—)	0 (—)	0 (—)	0 (—)
[15℃,20℃)	-0.000 42 (0.000 28)	0.000 96 (0.000 61)	-0.000 17 (0.000 18)	-0.000 25 (0.000 17)
[20℃,25℃)	0.000 08 (0.000 37)	0.000 45 (0.000 76)	-0.000 65*** (0.000 22)	-0.000 58*** (0.000 22)
[25℃,30℃)	0.000 44 (0.000 45)	0.000 08 (0.000 97)	-0.000 26 (0.000 29)	-0.000 09 (0.000 29)
≥30℃	0.001 84*** (0.000 65)	-0.000 35 (0.001 46)	-0.000 42 (0.000 47)	0.000 83* (0.000 44)
0mm	0 (—)	0 (—)	0 (—)	0 (—)

① 一个相同之处表现在[0mm,5mm]的低强度降水天气对农业和非农业生产都存在显著的正面影响。

② ≥30℃的极端高温天气的增加甚至有助于提高第二产业增加值,<-15℃的极端低温天气的增加甚至有助于提高规模以上工业总产值。当然,这或许是伪结果(spurious result),因为在估计 11 个温度区间系数的过程中即使真实的关系是不显著的,可能也会随机地出现一个显著的系数。

③ 对于一些办公室工种来说,良好的天气可能是一个干扰因素,有研究发现,男性员工在降水天气发生时显著增加了劳动时间(Connolly,2008)。此外,Cunningham 等(2014)发现,当室外天气不太好(不太适合户外活动)时,银行员工的劳动生产率反而更高。

续表

变量	(1) log(第二产业增加值)	(2) log(规模以上工业总产值)	(3) log(第三产业增加值)	(4) log(非农业部门产业增加值)
(0mm,5mm]	0.000 85*** (0.000 29)	0.001 39** (0.000 60)	0.000 84*** (0.000 18)	0.000 65*** (0.000 17)
(5mm,10mm]	0.000 70 (0.000 49)	-0.000 27 (0.001 09)	0.000 32 (0.000 34)	0.000 36 (0.000 30)
(10mm,15mm]	0.001 26** (0.000 61)	0.000 03 (0.001 32)	0.001 21*** (0.000 40)	0.001 01*** (0.000 38)
(15mm,20mm]	0.000 68 (0.000 87)	0.000 06 (0.001 79)	0.001 01* (0.000 59)	0.000 59 (0.000 58)
(20mm,25mm]	0.000 28 (0.001 06)	0.002 40 (0.002 14)	0.000 25 (0.000 68)	0.000 47 (0.000 66)
(25mm,30mm]	0.002 45* (0.001 25)	0.000 06 (0.002 67)	0.000 35 (0.000 85)	0.001 70** (0.000 81)
(30mm,35mm]	0.002 08 (0.001 46)	0.003 24 (0.002 82)	0.001 20 (0.000 97)	0.001 95** (0.000 93)
(35mm,40mm]	0.001 04 (0.001 88)	0.006 75* (0.003 60)	0.001 57 (0.001 15)	0.001 85* (0.001 11)
(40mm,45mm]	0.000 75 (0.002 29)	0.001 00 (0.004 28)	0.002 63* (0.001 59)	0.001 99 (0.001 53)
(45mm,50mm]	-0.001 98 (0.002 67)	0.000 39 (0.004 93)	-0.000 46 (0.001 65)	-0.000 14 (0.001 50)
>50mm	0.003 22*** (0.001 25)	0.005 98** (0.002 78)	0.000 13 (0.000 84)	0.002 15*** (0.000 83)
Observations	17 379	15 340	16 758	16 758
R^2	0.978 30	0.945 34	0.985 40	0.987 45

***、**、*分别表示在1%、5%、10%的水平下显著

注：所有回归方程都控制了滞后因变量，滞后期的温度、降水区间，县（市）固定效应和年份固定效应。括号中报告了估计系数的稳健标准误差，本书对标准误差在县（市）和省份×年份两个维度进行了聚类处理。其中，参照温度区间和降水区间分别为[10℃,15℃)和0mm

四、研究结论

本书利用1996~2012年中国县级层面地面气象数据和经济统计数据考察了天气因子（日值）分布的年际变化对年度经济总产出的影响。研究的主要结论可归纳为三点。首先，平均气温对地区生产总值的（非线性）影响存在不对称性特征：高温和极端高温天气的增加会对地区生产总值造成显著的负面影响，相较于日平均气温为[10℃,15℃)的参照温度区间，一年之中日平均气温介于[20℃,25℃)、[25℃,30℃)的高温天气和≥30℃的极端高温天气每增加一天将使得该地区年度生产总值分别降低0.055%、0.064%和0.075%。与此形成鲜明对照的是，极端低温（如<-15℃）天气的变化并不会对地区生产总值产生显著的负面影响。此外，降水量的变化会影响经济总产出。与零降水的情形相比，一年中介于

[0mm,20mm]的低强度降水天气的减少将会导致该地区年度生产总值出现下滑，而日降水量>50mm 的极端降水天气的变化并不会对该地区年度生产总值造成显著影响。其次，对地区生产总值实施进一步分解后发现，尽管天气波动会对非农业部门经济生产造成一定的影响，但经济中的农业部门（包括粮食、棉花、油料和肉类等子部门）才是天气因子作用于经济总产出的主要渠道，高温、极端高温和极端降水天气的增加都会显著地降低农业部门的总产量和总产值。最后，人类社会的经济生产活动能在一定程度上适应极端气候事件。例如，频繁地经历极端高温天气的地区在适应极端高温天气事件方面表现得更好，以农业为主县（市）的农业生产活动抵御极端天气的能力更强。

第三节　不同施肥方式对稻田温室气体排放的影响

稻田是最重要的农业温室气体排放源。在水稻生长过程中，土壤微生物呼吸和作物呼吸会产生 CO_2，其中一部分的 CO_2 会被作物的光合作用所利用，而另一部分将会释放进入大气。稻田长期处于淹水状态，厌氧的环境有利于产甲烷菌的活动，此时，土壤中的有机碳会被产甲烷菌分解利用从而产生 CH_4，其中小部分的 CH_4 会被甲烷氧化菌利用，而大部分的 CH_4 将会排放到空气中。N_2O 是硝化-反硝化过程的中间产物，在稻田水分管理发生变化时，稻田土壤常常处于干湿交替的状态，这样的条件有利于中间产物 N_2O 的产生与释放。稻田系统 CO_2、CH_4 和 N_2O 三种温室气体的排放均是土壤微生物在特定条件下分解利用土壤有机碳氮的结果，因此，不同的施肥条件将会显著影响稻田温室气体的排放。本书采用静态箱采集-气相色谱测定的方法，研究不同施肥方式对稻田 CO_2、CH_4 和 N_2O 三种温室气体排放特征的影响，并估算三种温室气体的季节排放通量，在此基础上，比较不同施肥方式的稻田的 GWP，以期为稻田系统中温室气体的减排提供科学依据。

一、实验方法

（一）实验设计

实验共设 4 种处理，包括空白对照（CK）和 3 种施肥处理，每种处理重复 3 次，随机区组设计。3 种施肥处理控制施氮总量相等，施肥量参照当地常规水平，为 300 kg N/hm^2。实验中所使用的有机肥是以鸡粪为原料发酵生产的有机肥，其氮含量为1.66%，有机物总量为51.97%。施肥时，有机肥以基肥的方式一次性施入稻田，尿素则分为基肥和两次追肥（比例为3:1:1），两次追肥分别在水稻拔节期和抽穗期，具体施肥方案如表5.6所示，具体实验的4种处理：一是CK，不施肥；二是无机肥处理（CT），施用尿素；三是混施肥处理（MT），80%尿素+20%有机肥（按N比例）；四是有机肥处理（OT），施用有机肥。不同处理施肥方案见表5.6。

表 5.6 不同处理施肥方案　　　　　　　　单位：kg N/hm²

实验处理	基肥		追肥1	追肥2
	尿素	有机肥	尿素	尿素
CK	0	0	0	0
CT	180	0	60	60
MT	144	60	48	48
OT	0	300	0	0

（二）样本的采集

CO_2、CH_4和N_2O三种温室气体的采集与分析测定采用静态箱采集-气相色谱测定方法进行。采样频率为每周1次，当稻田水分和养分管理发生变化时（如烤田和施肥等），则增加采样频率，为每1~2天1次，采样时间为上午8:00~10:00。

二、数据处理与统计分析

三种温室气体排放通量采用以下公式进行计算：

$$F = \rho \cdot H \cdot \frac{dC}{dt} \cdot 273/(273+T) \tag{5.7}$$

$$E_s = \sum \frac{F_{i+1}+F_i}{2} \cdot 24 \cdot (d_{i+1}-d_i) \tag{5.8}$$

式中，$F\left[mg/(m^2 \cdot h) 或 \mu g/(m^2 \cdot h)\right]$为温室气体排放通量；$\rho$为标准状态下的气体密度（$CO_2$为1.816 kg/m³，$CH_4$为0.714 kg/m³，$N_2O$为1.964 kg/m³）；$H(m)$为采样箱高度；$dC/dt\left[mL/(m^3 \cdot h) 或 \mu L/(m^3 \cdot h)\right]$为气体排放速率；$T$（℃）为采样过程中采样箱内的平均气温；$E_s$（kg/hm²）为温室气体季节排放通量；$d$为采样日期；$i=1,2,\cdots,n$，为温室气体采样次数。

GWP可用于描述三种温室气体对于全球气候变暖的综合贡献，即将三种温室气体均转化成以CO_2当量来表示，计算公式如下：

$$GWP = CO_2 + CH_4 \times 25 + N_2O \times 298 \quad (5.9)$$

式中，25 和 298 为 100 年尺度上 CH_4 和 N_2O 的 GWP 系数，表示在 100 年尺度上 CH_4 和 N_2O 的 GWP 分别是 CO_2 的 25 倍和 298 倍。由于实验中所采用的温室气体采集箱为暗箱，检测到的 CO_2 不包含植物的光合作用对 CO_2 的消耗，并不是稻田系统 CO_2 的净排放，而是土壤呼吸作用和作物呼吸作用共同排放的结果，因此，GWP 的计算仅考虑 CH_4 和 N_2O 的综合效应。

本书研究中，稻田氮素流失负荷采用以下公式进行计算：

$$Q_i = C_i \cdot q_i /100 \quad (5.10)$$
$$Q = \sum Q_i \quad (5.11)$$

式中，$Q_i \left(\text{kg N/hm}^2 \right)$ 为氮素流失负荷；$C_i (\text{mg/L})$ 为水样中 TN 浓度；$q_i (\text{mm})$ 为渗漏水或径流水的排水量；$i=1,2,\cdots,n$，为渗漏水或径流水的采样次数；100 为单位换算系数。

本书研究中，野外观测数据均以平均值加标准偏差的方式来表示。数据的记录与处理分析采用 Excel 2010 进行；统计分析中处理间的显著性差异检验采用 SPSS 17.0 中的 one-way ANOVA（$P=0.05$）完成；相关性分析与图的绘制则采用 Origin 8.0 完成。

三、结果与分析

（一）施肥对稻田 CO_2 排放的影响

不同的施肥方式会影响稻田土壤的营养状态，进而对土壤中微生物呼吸和作物呼吸造成影响。不同施肥方式下稻田系统呼吸作用的 CO_2 排放动态如图 5.2 所示（图中纵向箭头表示施肥时间，横向箭头之间的区域表示烤田期）。从图 5.2 中可以看出，两个水稻季稻田 CO_2 排放的动态变化特征相似。在水稻移栽后的一个月内，各处理稻田 CO_2 的排放通量均处在较低水平，上升缓慢；在第一次追肥之后，水稻的生长进入拔节期，此时稻田 CO_2 的排放迅速升高并在稻田进入烤田期时达到峰值；之后，稻田 CO_2 的排放缓慢下降；当水稻黄熟稻田进行排水后，稻田 CO_2 的排放再次出现峰值，但该峰值低于烤田期的排放峰；此后稻田 CO_2 的排放持续降低并最终稳定在较低水平。分析其主要原因，可能是在水稻刚移栽后，水稻秧苗生长较弱，土壤与作物系统相对不稳定，土壤微生物活动不活跃，因此稻田 CO_2 的排放较低；而在水稻进入拔节期后，水稻迅速生长，呼吸作用增强，同时根系产生大量分泌物，对土壤微生物活动具有刺激作用；当稻田进入烤田期时，土壤通气性增强，进入的大量 O_2 成为土壤呼吸作用的电子接收体，因

此产生了大量的 CO_2，而 8 月较高的气温也是 CO_2 排放峰值出现的重要原因；当稻田复水之后，土壤通气性降低，稻田 CO_2 的排放也随之降低，同时，前期作物的生长和土壤微生物活动消耗了土壤中大量的营养元素，底物的减少也是稻田 CO_2 排放降低的主要原因；第二次排放峰值的出现也是稻田土壤通气性增强的原因，但土壤中营养元素不足，使得该峰值低于第一次排放峰。不同处理之间，三种施肥方式 CO_2 的排放明显高于不施肥的 CK，但三种施肥处理之间无明显差异。整个实验期间，各处理稻田 CO_2 的排放在 $-4.71\sim3\,040.64$ mg/（$m^2 \cdot h$）范围内波动，最高峰值出现在 2013 年烤田期的 OT 处理中。值得注意的是，2013 年稻田烤田期的 CO_2 排放明显高于 2012 年，这可能是不同的气候条件和农事条件所造成的。根据野外观测结果，CK、CT、MT 和 OT 四种处理稻田 CO_2 的平均排放分别为 404.54 mg/（$m^2 \cdot h$）、766.50 mg/（$m^2 \cdot h$）、809.65 mg/（$m^2 \cdot h$）和 831.82 mg/（$m^2 \cdot h$）。结果表明，施肥会明显增加稻田系统 CO_2 的排放，但不同施肥方式对稻田 CO_2 排放的影响差异不明显。

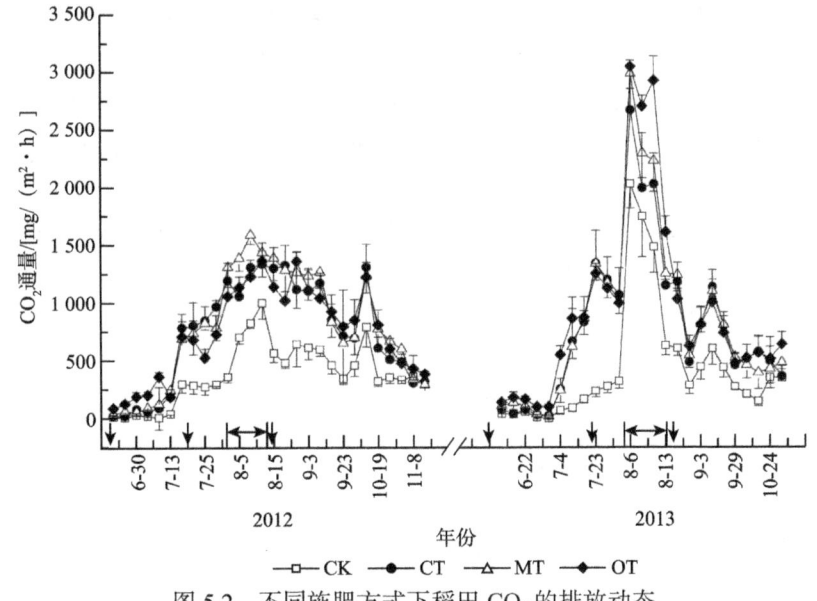

图 5.2　不同施肥方式下稻田 CO_2 的排放动态

（二）施肥对稻田 CH_4 排放的影响

稻田 CH_4 主要是产甲烷菌在厌氧条件下进行发酵分解土壤有机碳的产物，因此，稻田不同有机碳的投入将会对稻田 CH_4 的排放产生影响。不同施肥方式下稻田 CH_4 的排放动态如图 5.3 所示（图中纵向箭头表示施肥时间，横向箭头之间的区域表示烤田期）。与稻田 CO_2 的排放相似，稻田 CH_4 的排放在施肥之后一个月一直处于较低的水平，当水稻进入拔节期后生长加快，土壤中产甲烷菌的活动也开始变得活跃，稻田 CH_4 的排放开始升高并出现峰值，其中，2012 年的峰值出现在第一次追肥时，而 2013 年的峰值出现在第一次追肥前，该差异可能与当年的气候条件有关。当稻田进入烤田期后，CH_4 的排放急剧下降并接近零排放，因为产甲烷菌为厌氧微生物，稻田曝气的环境不利于产甲烷菌的活动和 CH_4 的产生。稻田复水后，2012 年水稻季 CH_4 的排放一直都处于较低水平，并未受第二次追肥的影响，而 2013 年水稻季 CH_4 的排放在第二次追肥之后再次出现了微小的排放峰。从图 5.3 中可以看出，2012 年和 2013 年稻田 CH_4 的排放动态略有差别，2012 年的排放峰值明显高于 2013 年，且后期并未再次出现排放峰。分析其主要原因，可能是 2012 年较高的 CH_4 排放峰值土壤中大量的有机碳在水稻生长前期被消耗，而之后的烤田期又大大抑制了土壤中产甲烷菌的活动，稻田复水后短时间内较难恢复，虽然稻田进行了追肥，但并没有新的有机碳投入，较低的底物浓度使得稻田 CH_4 的排放并未再次升高；而 2013 年水稻生长前期，稻田 CH_4 的排放峰值相对 2012 年较低，土壤中剩余的有机碳在追肥的刺激作用下被产甲烷菌分解利用，并再次出现了微弱的 CH_4 排放峰。整个野外观测期间，各处理稻田 CH_4 的排放在 $-4.34\sim98.49\ mg/(m^2\cdot h)$ 波动，其中，最高峰值出现在 2012 年水稻季第一次追肥的 OT 处理中。结果表明，不同施肥方式对稻田 CH_4 排放的影响有明显差异，CK、CT、MT 和 OT 四种处理观测到的稻田 CH_4 平均排放通量分别为 $1.42\ mg/(m^2\cdot h)$、$1.98\ mg/(m^2\cdot h)$、$4.84\ mg/(m^2\cdot h)$ 和 $8.41\ mg/(m^2\cdot h)$，这表明施肥会增加稻田 CH_4 的排放通量，尤其是施用有机肥。

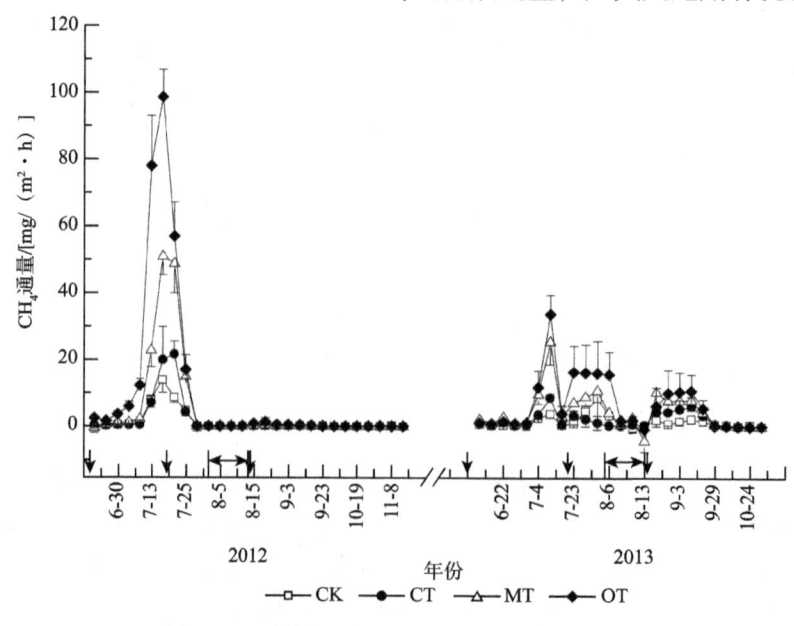

图 5.3　不同施肥方式下稻田 CH_4 的排放动态

（三）施肥对稻田 N_2O 排放的影响

稻田 N_2O 是土壤中氮循环相关微生物进行硝化作用和反硝化作用的中间产物。不同施肥方式下稻田 N_2O 的排放动态如图 5.4 所示（图中纵向箭头表示施肥时间，横向箭头之间的区域表示烤田期）。从图 5.4 中可以看出，稻田 N_2O 的排放不仅与施肥有关，稻田水分管理也是影响稻田 N_2O 排放的重要因素。2012 年和 2013 年水稻季各出现了 5 次 N_2O 的排放峰，其中，三次出现在施肥之后，一次出现在烤田期，一次出现在水稻黄熟排水之后。两个水稻季 N_2O 的排放规律基本相同，其波动范围为 $-78.88 \sim 624.66$ μg/（$m^2 \cdot h$），基肥施用后及烤田期的 N_2O 排放峰明显高于其他几次峰值，且最高峰值均出现在水稻烤田期的 CT 处理中，其中，2012 年的最高峰值为 458.33 μg/（$m^2 \cdot h$），2013 年则高达 624.66 μg/（$m^2 \cdot h$）。不同处理之间，CT 处理稻田的 N_2O 平均排放通量最高，为 96.35 μg/（$m^2 \cdot h$），MT 处理次之，为 65.06 μg/（$m^2 \cdot h$），而 OT 处理和 CK 处理则分别为 22.12μg/（$m^2 \cdot h$）和 13.42μg/（$m^2 \cdot h$）。由此可知，施用尿素会明显增加稻田 N_2O 的排放通量，其主要原因可能与肥料的种类和施肥量有关。相对于有机肥来说，无机态的氮较不稳定，易于分解和转化，进而被土壤微生物和植物所吸收利用，而有机态的氮则需要相对较长的时间来进行分解释放，这可能是不同施肥处理之间 N_2O 排放差异的主要原因；而不同时期 N_2O 排放的差异则可能是基肥和追肥施肥量的不同所引起的。除了施肥之外，稻田水分管理也是影响稻田 N_2O 排放的重要因素。由于 N_2O 是反硝化过程中的中间产物，干湿交替的环境最有利于 N_2O 的产生，因此，两个水稻季 N_2O 排放的最高峰值均出现在水稻的烤田期。结果表明，施用尿素的稻田其 N_2O 的排放通量最高，而施用有机肥可有效地降低稻田 N_2O 的排放。

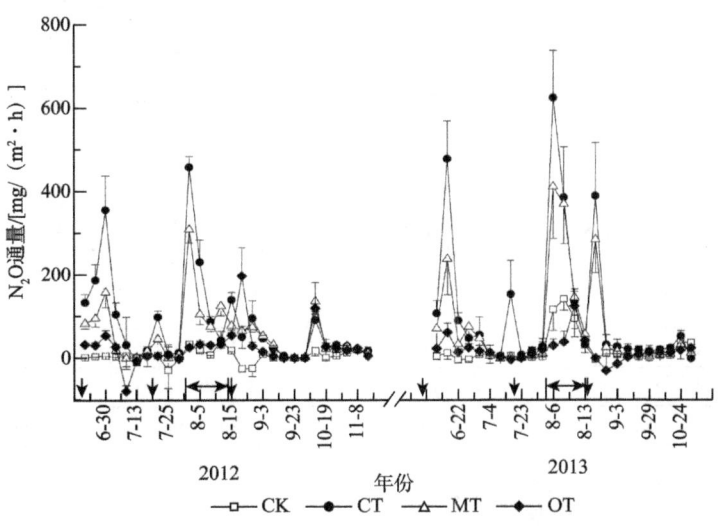

图 5.4　不同施肥方式下稻田 N_2O 的排放动态

四、稻田温室气体的季节排放通量及 GWP

根据野外观测结果,本书计算了不同施肥方式下稻田系统三种温室气体的季节排放通量,如表 5.7 所示。从表 5.7 中可以看出,施肥能显著增加稻田系统的 CO_2 的季节排放通量,其中,2012 年为 MT 处理最高,而 2013 年为 OT 处理最高,但三种不同施肥方式之间均无显著差异;施用有机肥能显著增加稻田 CH_4 的季节排放通量,两个水稻季均为 OT 处理最高,MT 处理次之;而施用尿素能显著增加稻田 N_2O 的季节排放通量,两个水稻季均为 CT 处理最高,MT 处理次之。根据稻田系统温室气体的季节排放通量计算了稻田对全球气候变化的综合贡献,即 GWP。由于本书中所检测到的 CO_2 排放并不是稻田系统的净排放,因此 GWP 的计算只考虑 CH_4 和 N_2O 的综合贡献,计算结果如表 5.8 所示。结果表明,施肥能显著增加稻田 CO_2、CH_4 和 N_2O 三种温室气体的年均排放通量,其中,CO_2 的年均排放通量为 OT 处理最高,但与 CT 和 MT 处理无显著差异;而不同处理方式对稻田 CH_4 和 N_2O 年均排放通量的影响差异显著,其中,OT 处理的 CH_4 年均排放通量最高,而 CT 处理的 N_2O 年均排放通量为最高。若不考虑稻田 CO_2 的平衡,则施肥会显著增加稻田系统的 GWP;三种施肥方式下的稻田 GWP 差异显著,其中 CT 处理的 GWP 最低,OT 处理的 GWP 最高,这表明与传统的无机施肥方式相比,施用有机肥会显著增加稻田生态系统对全球气候变暖的贡献。

表 5.7 不同施肥方式下稻田温室气体季节排放通量　　单位:kg/hm^2

实验处理	2012 年			2013 年		
	CO_2($\times 10^4$)	CH_4	N_2O	CO_2($\times 10^4$)	CH_4	N_2O
CK	1.37±0.16a	43.97±6.32a	0.10±0.07a	1.16±0.14a	49.68±7.32a	0.48±0.10a
CT	2.59±0.12b	57.34±8.18a	1.52±0.11d	2.48±0.25b	80.83±11.37b	2.10±0.18c
MT	2.72±0.26b	155.20±12.97b	1.27±0.05c	2.51±0.15b	172.15±18.79c	1.32±0.12b
OT	2.63±0.23b	329.94±10.28c	0.76±0.15b	2.73±0.21b	236.09±18.57d	0.34±0.08a

注:同一列不同字母表示在 $p<0.05$ 水平有显著性差异

表 5.8 稻田温室气体年均排放通量及增温潜能　　单位:kg/hm^2

实验处理	年均排放通量			GWP($\times 10^3$)
	CO_2($\times 10^4$)	CH_4	N_2O	
CK	1.26±0.15a	46.82±6.81a	0.29±0.08a	1.26±0.16a
CT	2.54±0.18b	69.09±9.75b	1.81±0.15d	2.27±0.25b
MT	2.61±0.21b	163.68±15.72c	1.30±0.09c	4.48±0.23c
OT	2.68±0.22b	283.02±14.33d	0.55±0.12b	7.24±0.47d

注:同一列不同字母表示在 $p<0.05$ 水平有显著性差异

五、讨论

稻田系统 CO_2 的排放是许多过程综合作用的结果，包括土壤微生物的呼吸排放、作物根茎叶的呼吸排放及植物光合作用对 CO_2 的消耗等。本书所采用的温室气体采集箱为暗箱，阻挡了太阳光，温室气体采样过程中作物的光合作用受阻，因此检测到的 CO_2 排放并不是稻田系统 CO_2 的净排放，而是整个生态系统呼吸作用的综合排放，所以本书无法讨论稻田系统 CO_2 的平衡及稻田 CO_2 净排放对全球气候变暖的贡献。对于稻田系统呼吸作用所产生的 CO_2，不同施肥条件的稻田差异不显著，稻田 CO_2 的排放特征主要受土壤通气条件和气温的影响。相反，不同的施肥方式对稻田 CH_4 和 N_2O 排放的影响较为明显，不同种类的肥料所包含的碳氮形态差别较大，底物可利用性的差别决定了不同施肥条件的稻田 CH_4 和 N_2O 排放的差异。很多研究也证明了施用有机肥会导致较高的稻田 CH_4 排放，而施用无机肥的稻田其 N_2O 排放较高（Kim et al.，2014a，2014b；Pathak et al.，2003）。不同的水分条件也是决定稻田 CH_4 和 N_2O 排放的关键因素，因为不同的水分条件决定了稻田水土环境的氧化还原电位，而氧化还原电位的不同直接决定了土壤中产生 CH_4 和 N_2O 的化学过程是否能够发生（Kögel-Knabner et al.，2010）。CH_4 的产生依赖于厌氧的还原环境，当土壤氧化还原电位足够低的时候，产甲烷菌就会分解利用土壤有机碳从而产生 CH_4，这也是在水稻烤田期时几乎没有 CH_4 排放的原因。近 20 多年来，由于中期烤田的增加，我国水稻种植业中水分管理方式的改变为世界 CH_4 的减排做出了非常重要的贡献（李长生等，2003）。与 CH_4 的产生机理不同，N_2O 是硝化作用和反硝化作用的中间产物，而水稻田长期处于淹水状态，氮循环主要以反硝化作用为主（Ishii et al.，2011）。当稻田处于淹水状态时，氧化还原电位足够低，此时反硝化反应将进行到底，产物为 N_2 而非 N_2O；而当稻田处于曝气状态时，由于氧化还原电位过高，反硝化反应就不会发生，因此干湿交替的过渡态环境才有利于 N_2O 的产生，这也是稻田 N_2O 排放的绝对通量较低的主要原因。

六、研究小结

首先，施肥会显著增加稻田系统呼吸作用的 CO_2 排放通量，但不同的施肥方式对其影响差异不显著；稻田 CO_2 的排放主要与气候条件和土壤通气量有关，排放峰值均出现在水稻烤田期。

其次，稻田 CH_4 的排放与施肥和田间水分管理关系密切。施肥会显著增加稻田 CH_4 的排放，尤其是施用有机肥的稻田，整个实验期间，全部施用有机肥的

OT 处理其稻田 CH_4 的季节排放通量最高,达 283.02 kg/hm² 左右;稻田 CH_4 的排放主要集中在水稻生长前期的淹水期,在烤田期和水稻生长后期稻田 CH_4 的排放通量处于较低水平。

再次,施肥和灌溉是影响稻田 N_2O 排放的关键因素。与施用有机肥相比,施用尿素会显著增加稻田 N_2O 的排放通量,其中,全部施用尿素的 CT 处理其稻田 N_2O 的季节排放通量最高,为 1.81 kg/hm² 左右;稻田 N_2O 的排放通常出现在施肥之后或田间水分管理发生变化时,其中最高排放峰值均出现在水稻烤田期。

最后,GWP 的计算结果显示,三种施肥稻田的 GWP 均显著高于不施肥的稻田;不同施肥处理的稻田之间 GWP 差异显著;与传统的无机施肥方式相比,施用有机肥会显著增加稻田生态系统的 GWP,整个实验期间,OT 处理的 GWP 最高,为 $(7.24 \pm 0.47d) \times 10^3$。

第四节 基于 DNDC 模型的稻田温室气体排放及减排措施

农业生态系统是全球最重要的温室气体排放源之一。稻田不仅是重要的 CH_4 排放源,亦是 N_2O 的重要排放源。CH_4 和 N_2O 均是微生物生存的副产品,即微生物利用环境中存在的有机质作为底物发生反应,产生温室气体。当该生态系统环境中的氧化还原电位(Eh)在 -0.25~0.75 V 变化时,将会激发不同的氧化还原反应。在这些反应中,微生物将电子借助体内的酶从电子供体传递给电子受体,使参与反应的底物(C、N 化合物)改变原有形态,并产生一系列的中间产物,其中气体形态的 CO_2、CH_4 和 N_2O 也从中产生(Li,2007)。在各生态系统中,只要满足了 Eh、电子供体和电子受体这三种条件,就会产生温室气体。已有研究证实,通过改变农业管理措施,如灌溉、施肥及耕作等,来改变土壤中的 Eh、电子供体浓度或电子受体浓度,将会影响到温室气体的排放通量(Fließbach and Mäder,2000)。因此,明确农作物管理措施对稻田生态系统 CH_4 和 N_2O 排放的影响及减排效果,对于减少稻田温室气体排放与减少 GWP 具有重要意义。

影响稻田温室气体排放的农田管理措施很多,其中主要有水分管理、施肥管理、农作方式等。有研究结果表明,灌溉控制稻田 CH_4 排放通量较淹水稻田降低了 83.5%(彭世彰等,2013)。李长生等(2003)利用 DNDC 模型对我国农田温室气体排放进行了研究，结果表明，农田种植、翻耕、施肥情况及灌溉控制等农田管理措施不仅长期改变着农田生态系统的化学元素循环过程，而且将会通过 CO_2、CH_4 及 N_2O 的土壤-大气交换对全球气候变暖做出贡献；大面积推广控制灌溉后，我国稻田 CH_4 排放通量将会进一步下降，秸秆还田比例的增加将会有效增加农田土壤的碳储存，通过控制施肥量降低 N_2O 高排放的状况。

本书以上海稻田为例，利用 DNDC 模型及上海稻田数据库，建立了以乡镇为基本单元的上海稻田地理信息系统数据库；数据库包含上海主要的四种稻田轮作系统（单季水稻系统、水稻-冬小麦轮作系统、水稻-油菜轮作系统及水稻-苜蓿绿肥轮作系统）；利用 DNDC 模型对上海稻田温室气体排放清单进行估算，并模拟可替代性的农田管理措施对上海稻田温室气体的减排效果，为进一步确定减排措施提供理论依据。

一、数据来源

DNDC 模型是在实测数据基础上与物理化学理论相结合建立的过程模型，是一个存在于计算机上的虚拟生态系统，模型模拟精确度的确定需要观测值和模拟值相结合进行评估验证。模型是用实测的土壤、气候及农田管理等参数来验证，检验模拟结果与田间观测结果的吻合程度，通过调整模型参数，并最终确定应用地区的实际模型参数。

（一）上海稻田温室气体排放案例收集

为了应用 DNDC 模型对上海地区水稻田温室气体排放（CH_4 和 N_2O 排放）情况进行模拟，首先必须对模型的模拟精度及稳定性进行验证。本书在利用 DNDC 模型完成对原位试验观测结果验证后显示，DNDC 模型能够准确估算稻田温室气体排放。在此基础上，本书对上海及周边地区稻田已有的研究案例进行了收集整理，并从中选取 3 个研究案例（表 5.9）进行进一步的验证工作。主要工作是，以田间观测的气象数据、土壤、作物及农田管理等为输入参数，利用 DNDC 模型模拟了这些稻田生态系统的温室气体排放通量，并将模拟值与观测值进行比较。

表 5.9 DNDC 模型点位验证案例的土壤输入数据

地点	经纬度	土壤质地	SOC/(kg C/kg)	pH	容重/(g/cm)	黏粒含量	来源
崇明	31.55 °N 121.82 °E	粉质壤土	0.015	7.21	1.37	14%	(Hou et al., 2012)

续表

地点	经纬度	土壤质地	SOC/(kg C/kg)	pH	容重/(g/cm)	黏粒含量	来源
嘉定	31.32 °N 121.30 °E	黏质壤土	0.015	7.00	1.35	25%	(Huang and Tang, 2010)
青浦	31.20 °N 121.13 °E	砂质黏土	0.019	7.57	1.30	43%	(Zhao et al., 2014)

注：SOC，soil organic carbon content，即土壤有机碳含量

（二）上海稻田气象、土壤及管理数据的收集

上海稻田面积约 10.9 万 hm^2，占上海农田种植总面积的 28.7%。上海稻田主要以四种轮作方式为主，其中以水稻-冬小麦轮作系统种植面积最多，单季水稻系统种植面积最少（表 5.10）。在上海各区中，崇明水稻种植面积最多，可占上海稻田总面积的 35%。

表 5.10 上海地区各区稻田轮作系统种植面积　　单位：$\times 10^3 hm^2$

类别	单季水稻	水稻-蚕豆	水稻-油菜	水稻-冬小麦	总面积
宝山	0	0.12	0	1.08	1.20
崇明	1.20	1.91	4.15	30.98	38.24
奉贤	2.23	1.22	2.02	4.73	10.2
嘉定	0	0.02	0.16	4.13	4.31
金山	0	2.11	4.82	12.51	19.44
闵行	0.16	0.24	0.02	0.65	1.07
浦东	3.17	2.14	1.90	5.19	12.40
青浦	1.38	2.45	1.19	5.99	11.01
松江	0.31	4.47	0.17	5.70	10.65
上海	8.45	14.68	14.43	70.96	108.51

为了构建 DNDC 模型所需的上海区域稻田输入文件，本书按照上海各区地理位置和土壤类型，收集上海各格点数据，包括各格点的气象数据、土壤理化性质数据及农田管理数据等，并按照 DNDC 模型的要求整理，最后利用 DNDC 模型模拟完成上海稻田温室气体排放清单的估算工作。

本书所需气象数据来源于上海市气象局。主要收集的是 2012~2014 年的气象数据，包括每日的最高气温（°C）、最低气温（°C）和降水量（cm）。土壤数据主要来自上海市测土配方普查数据，指标包括土壤有机质含量、土壤 pH 值、土壤黏粒含量及土壤容重等。通过查询各区农业推广中心及相关部门，获得上海农田耕作类型及相应的农田管理措施；收集的指标主要包括各格点对应的各种植轮作系统面积、作物类型、最大作物生长量、生长有效积温及生长肥水需求量、

淹水时间及方式、灌溉面积等。

（三）上海区域稻田数据库的构建

本书将上海稻田按照乡镇格点进行划分。每一个格点内都可视作气象、土壤、作物及农田管理措施数据相同。为了使软件输出的结果更加符合并支持我国减排效果认证平台的需求，数据库的构建主要从 DNDC 模型输入的要求进行指标分类和统计，最终数据库共包括 11 个数据库，分别表示如下。

（1）各格点相关的地理信息数据，包括格点的地区名称、地理位置、对应的气象台站号及相应的土壤特性。其中，土壤特性包括氮沉降比例、土壤有机碳含量范围、土壤黏土含量范围、土壤酸碱度变化范围、土壤容重范围、土地坡度、土壤盐度指数等。

（2）各格点对应的各作物种植系统面积。

（3）各格点对应的种植作物参数，包括最大作物生长量（kg C/hm^2）、生长有效积温（°C）及生长需水量（m^3）。

（4）各格点对应的各种植系统的氮肥施用量（kg N/hm^2）。

（5）各格点对应的各种植系统的淹水时间，包括起始日期和终止日期。

（6）各格点对应的灌溉面积百分比。

（7）各格点对应的各种植系统的有机肥施用量（kg N/hm^2）。

（8）各格点对应的作物播种、收获日期。

（9）各格点对应的各种植系统的作物残留百分比。

（10）各格点对应的各种植系统的耕作日期及方式等。

（11）各格点 2012~2014 年的逐日气象数据。每个气象文件都包含每日的最高气温（°C）、最低气温（°C）和降水量（cm）。而地理位置相近的格点在一定情况下可共有同一个气象站数据，如宝山、嘉定及青浦共用宝山气象站数据，闵行、松江和金山共用闵行气象站数据，浦东及奉贤共享浦东气象站数据。

二、稻田减排措施筛选及模型模拟应用

CH_4 的产生是产甲烷菌活动的结果。产甲烷菌是一种古菌，只能在深度还原的条件下（Eh < −150 V）进行代谢活动，并以可溶性有机碳（dissolved organic carbon, DOC）或 CO_2 作为碳源。当环境中存在高 Eh 的氧化物（如 O_2、NO_3^-、Mn^{4+}、Fe^{3+}、SO_4^{2-} 等）时，由于深度还原环境被破坏，CH_4 的产生将会被终止。同样，减少土壤中产甲烷菌的底物浓度也可以有效减少 CH_4 的排放。目前常用的减少稻田 CH_4 排放的农业管理措施有：通过中耕晒田或干湿交替提高土壤 Eh

值;通过改变施入有机肥的时间减少淹水时土壤中的易分解有机物含量,减少DOC的产生,达到降低稻田中CH_4排放通量的目的。

大多数的N_2O年总排放量主要是由一些突发性排放高峰集成,这些排放高峰往往可以持续几个小时或几天时间。研究数据表明,N_2O的排放高峰是土壤中Eh及反应底物(DOC、可给态N,即铵态氮和硝态氮)恰好同时满足的结果。当引起土壤中Eh变化,如降水、施肥、灌溉等发生时,或土壤中DOC或可给态N匮乏时,N_2O的排放将会受到影响。稻田中减少N_2O排放的农田管理措施主要有:减少稻田淹灌-排水的频率以降低有机物分解、硝化和反硝化反应速率;优化氮肥施用量和施费时间、配施DMPP减少硝化和反硝化菌可获得的氮量;在水稻生长结束后利用闲置作物轮作吸收土壤中剩余氮量。

因此,本书选取氮肥控制处理、秸秆还田、水分管理及耕作措施作为模型探讨的农田管理措施,并研究减排效果。

三、模拟结果

(一)点位案例CH_4及N_2O排放动态的模拟验证

从对比图 5.5 中可以看出,模型不仅能够较为准确地模拟稻田CH_4排放通量,还能够准确再现CH_4变化趋势及波动峰值,模型模拟结果与田间观测结果非常接近。

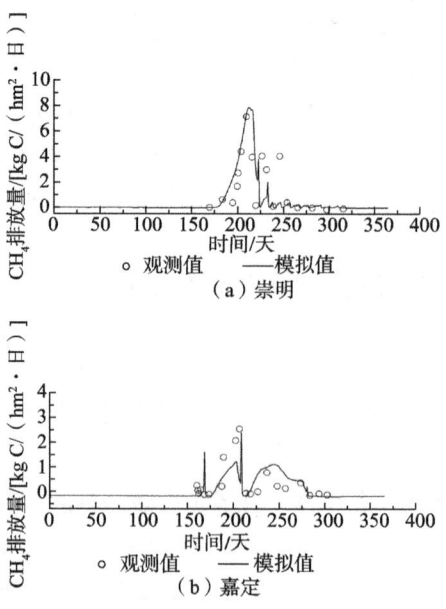

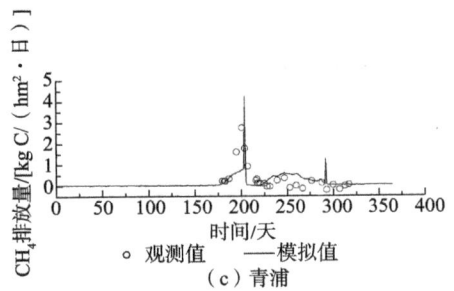

图 5.5　DNDC 模型 CH$_4$ 日排放量模拟结果与田间观测结果对比

稻田中 N$_2$O 排放量较低,从对比图 5.6 中可以看出,模型能够较为准确地再现 N$_2$O 变化趋势及波动峰值,模型模拟结果与田间观测结果非常接近。

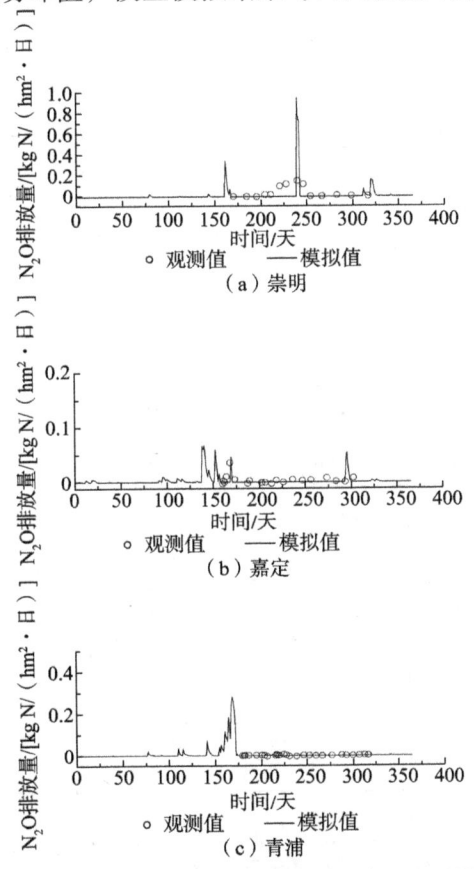

图 5.6　DNDC 模型 N$_2$O 日排放量模拟结果与田间观测结果对比

(二) 点位案例 CH$_4$ 和 N$_2$O 排放总量的验证

在利用收集到的上海不同地区稻田生态系统研究案例及本书田间实测案例

中，其土壤质地及田间管理的差异，导致稻田中 CH_4 及 N_2O 排放通量格局及总量的差异，其中青浦稻田试验样地 CH_4 总排放量最低，而闵行绿肥的种植使得水稻生长季节的 CH_4 总排放量较高。田间观测数据表明，由于农田管理措施、土壤质地等的不同，上海水稻生长季节稻田 CH_4 排放总量为 4.25~478.23kg C/hm^2（表5.11）；模型模拟值与田间观测值呈线性相关关系（如图5.7所示。$V_{Simulated}$=1.008$V_{Observed}$，R^2=0.997，其中，$V_{Simulated}$ 为模型模拟值，$V_{Observed}$ 为田间观测值，在图中 $V_{Simulated}$ 以 y 表示，$V_{Observed}$ 以 X 表示），MBE 与 RMSE 分别为 0.012 和 0.064，结果表明模型能够很好地模拟上海稻田生态系统中的 CH_4 排放总量。

表5.11　上海稻田模型验证 CH_4 与 N_2O 排放总量模拟值与田间观测值比较

类别	年份	CH_4 排放总量/（kg C/hm^2）		N_2O 排放总量/（kg N/hm^2）	
		观测值	模拟值	观测值	模拟值
150 kg N/hm^2	2011	4.25	4.28	0.283	0.253
210 kg N/hm^2	2011	4.30	4.30	0.320	0.377
300 kg N/hm^2	2011	4.73	4.73	0.590	0.612
0.25% DMPP	2013	318.23	318.17	0.056	0.059
0.5% DMPP	2012	250.10	247.18	0.101	0.065
	2013	220.27	246.46	0.056	0.070
1% DMPP	2012	246.95	247.18	0.050	0.033
	2013	271.68	246.46	0.011	0.044
1.5% DMPP	2012	297.17	279.76	0.159	0.076
	2013	253.56	278.33	0.030	0.082
CK	2012	464.97	483.39	0.112	0.151
	2013	478.23	477.51	0.107	0.117
崇明	2011	176.85	177.64	2.270	2.560
嘉定	2005	76.60	80.40	0.280	0.210
青浦	2012	39.26	40.41	0.010	0.020
模拟值与实测值吻合程度					
MBE		0.012		0.34	
RMSE		0.064		0.29	

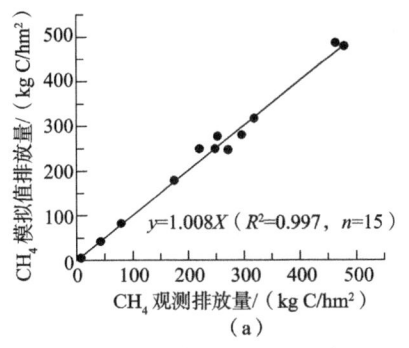 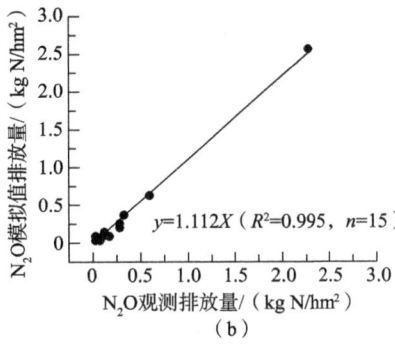

图 5.7 上海稻田模型验证 CH_4 与 N_2O 排放通量模拟值与田间观测值相关性分析

由于持续淹水,稻田土壤长期处于厌氧状态,氧化还原电位较低,因而 N_2O 排放较低,排放峰值均是施肥或稻田排水所致。上海水稻生长季节稻田 N_2O 排放总量为 0.010~2.270 kg N/hm² (表5.11),MBE 与 RMSE 分别为 0.34 和 0.29,模型模拟值与田间实测值亦线性相关(如图 5.7 所示,$V_{Simulated}=1.112V_{Observed}$,$R^2=0.995$,其中 $V_{Simulated}$ 为模型模拟值,$V_{Observed}$ 为田间观测值,在图中 $V_{Simulated}$ 以 y 表示,$V_{Observed}$ 以 X 表示),结果显示模型能够较好地模拟上海稻田生态系统中的 N_2O 排放情况。

(三)上海区域稻田温室气体排放清单估算

由于上海地区稻田基本位于郊区,本书选取了 9 个稻田主要分布区作为样地,通过 DNDC 模型模拟得出了上海地区各区的温室气体排放总量的结果(表5.12)。结果表明,利用 DNDC 模型进行模拟时使用的土壤有机质为各样点的最大/最小值,因而稻田生态系统中 CH_4 与 N_2O 排放总量均有较高的异质性,各区温室气体均表现出最高/最低排放量,差异可达两倍之多。DNDC 模型模拟上海地区 CH_4 及 N_2O 排放均值分别为 78.77~145.67 kg C/hm² 及 7.02~13.03 kg N/hm²;排放总量分别为 9.51~17.25 Gg C 及 0.78~1.56 Gg N。

表 5.12 DNDC 模型对上海地区各区稻田温室气体排放总量的模拟结果

类别	CH_4 排放通量/(kg C/hm²)	CH_4 总排放量/(Gg C)	N_2O 排放通量/(kg N/hm²)	N_2O 总排放量/(Gg N)
宝山	85.68~159.68	0.11~0.22	7.63~12.91	0.01~0.01
崇明	73.58~139.10	3.33~6.31	4.00~6.91	0.17~0.26
奉贤	72.35~133.77	0.79~1.43	5.44~15.23	0.06~0.15
嘉定	63.99~134.56	0.33~0.68	8.11~23.39	0.03~0.09
金山	81.52~150.17	1.72~3.09	7.21~19.29	0.14~0.36
闵行	79.19~162.02	0.10~0.20	9.12~12.22	0.01~0.01
浦东	91.12~159.66	1.24~2.14	6.69~8.68	0.09~0.11
青浦	62.03~122.60	0.79~1.49	12.18~30.37	0.14~0.33

续表

类别	CH₄排放通量/(kg C/hm²)	CH₄总排放量/(Gg C)	N₂O排放通量/(kg N/hm²)	N₂O总排放量/(Gg N)
松江	87.52~140.25	1.10~1.70	10.30~20.73	0.12~0.23
上海	78.77~145.67	9.51~17.25	7.02~13.03	0.78~1.56

四、减排措施对上海稻田温室气体排放的影响

（一）氮肥控制对稻田温室气体排放的影响

上海地区目前水稻生长季施肥情况分别为 317.7 kg N/hm²（浦东新区）、337.8 kg N/hm²（闵行）、321.3 kg N/hm²（宝山）、347.1 kg N/hm²（嘉定）、331.4 kg N/hm²（金山）、288 kg N/hm²（松江）、299 kg N/hm²（青浦）、287 kg N/hm²（奉贤）及 390 kg N/hm²（崇明）。本书利用 DNDC 模型对 10 种不同氮肥施用量（分别为无氮肥施用、10%原氮肥施用量、20%原氮肥施用量、30%原氮肥施用量、40%原氮肥施用量、50%原氮肥施用量、60%原氮肥施用量、70%原氮肥施用量、80%原氮肥施用量及 90%原氮肥施用量）及施用 DMPP 的处理进行温室气体排放情况模拟，并将模拟结果与当前氮肥施用情况基准（baseline）进行比较，结果见图 5.8 及图 5.9。在考虑稻田减排的同时，综合考虑经济产量是非常必要的。DNDC 模型模拟结果表明，当降低氮肥施入量为原施入量的 50%时，水稻产量略有下降，而 GWP 显著低于原施肥处理效果。施用 DMPP 后，水稻产量未有明显变化，而 GWP 显著降低。

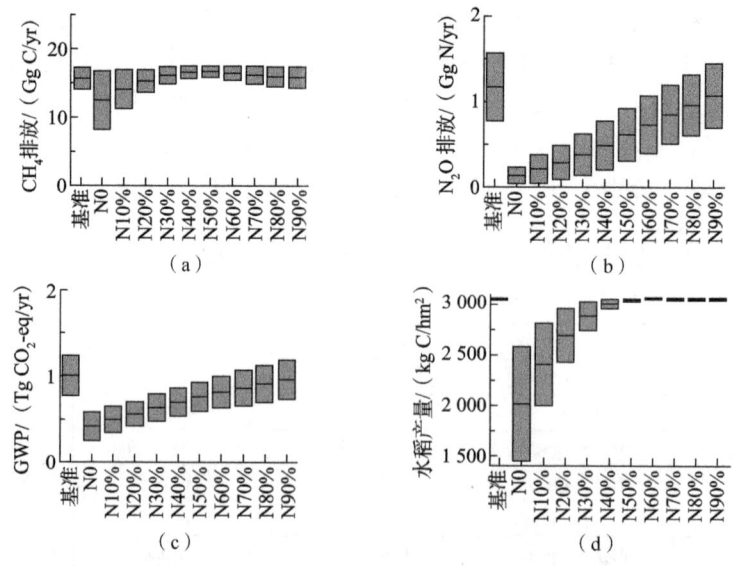

图 5.8 氮肥减量化对上海各区稻田温室气体排放量及水稻产量的影响

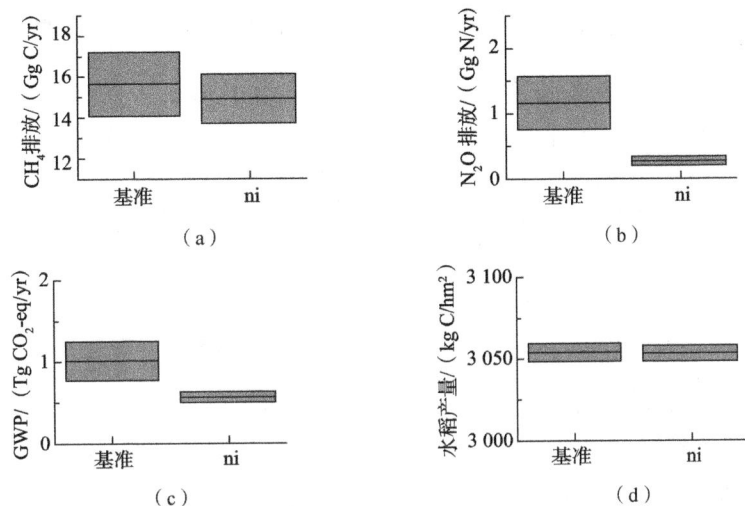

图 5.9 DMPP 对上海各区稻田温室气体排放量及水稻产量的影响
ni 表示施用硝化抑制剂的结果

(二) 秸秆还田对稻田温室气体排放的影响

图 5.10 表明,秸秆还田对水稻产量、GWP 贡献较小。上海区域稻田的秸秆还田率为 55%~87%,在秸秆全部还田后的模拟结果显示,作物产量未有明显变化,GWP 增加幅度较小。

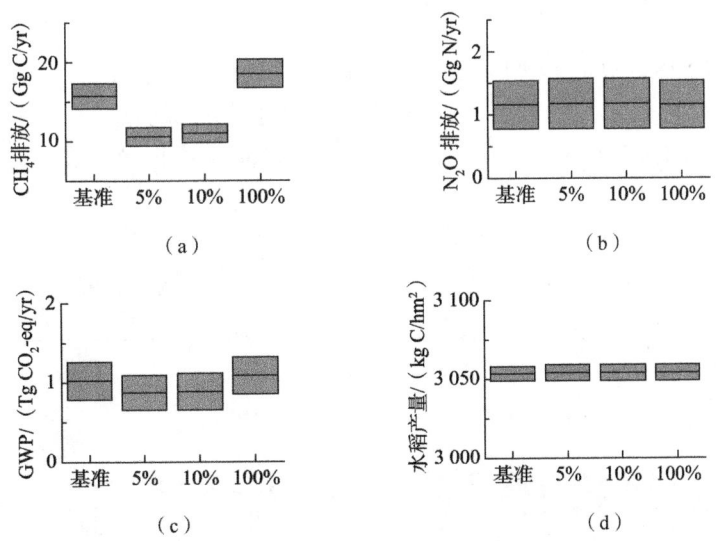

图 5.10 不同秸秆还田比例对上海各区稻田温室气体排放量及水稻产量的影响

（三）水分管理对稻田温室气体排放的影响

图5.11表明，在满足水稻生长水分需求后，在不同水分管理措施下，水稻产量没有明显变化，与当地采用的水分管理措施相比（插秧后淹水，分蘖后期烤田10d，复水约1个月后进行水分干湿交替管理），持续淹水及干湿交替对水稻产量影响不大，且在采取干湿交替的水分管理措施后GWP降低。

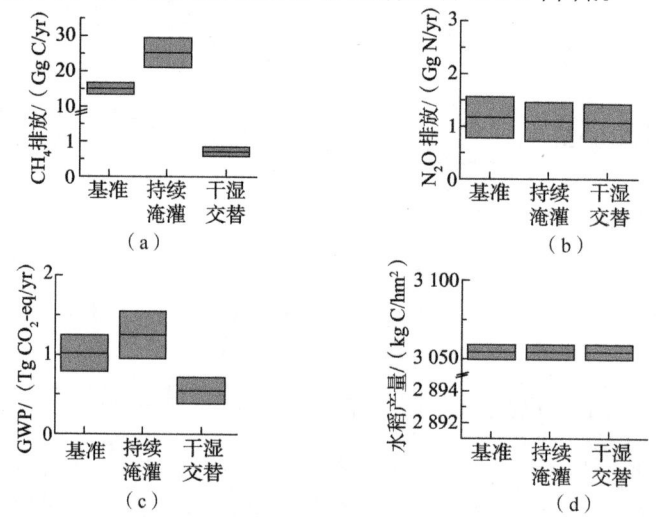

图5.11 水分管理对上海各区稻田温室气体排放量及水稻产量的影响

（四）农田耕作对稻田温室气体排放的影响

研究中利用DNDC模型对免耕下稻田温室气体排放进行了模拟，模拟结果表明（图5.12），免耕促进了CH_4的排放抑制了N_2O的排放，与当地耕作管理（水稻移栽前深耕30 cm）相比，GWP及作物产量基本保持不变。

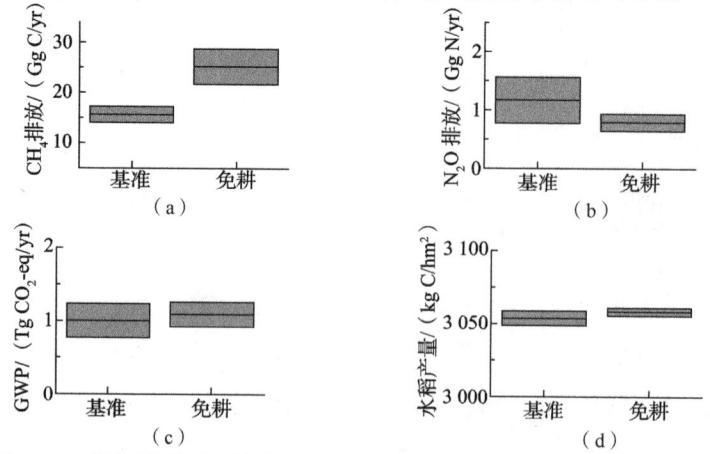

图5.12 耕作管理对上海各区稻田温室气体排放量及水稻产量的影响

（五）基于模拟结果的减排优化措施评价

科学评估稻田温室气体减排措施需要综合考虑该管理措施对水稻产量及温室气体净排放量的影响，应该在保证作物产量不受影响的前提下实现减排的目标。

通过不同减排措施对稻田温室气体的影响研究发现，综合考虑作物经济产量、GWP 及经济投入，采取氮肥控制、秸秆全部还田及免耕的农田管理措施可以有效实现稻田减排目的。本书设立情景 S1（秸秆全部还田，施肥水平降低 50%）及 S2（秸秆全部还田，施肥水平降低 50%，免耕）。利用 DNDC 模型进行模拟分析，结果如图 5.13 所示。在保持作物产量基本不变的前提下，S1 及 S2 均可以降低 GWP，秸秆还田及免耕还能显著增加稻田土壤碳汇功能，有利于减少温室效应。

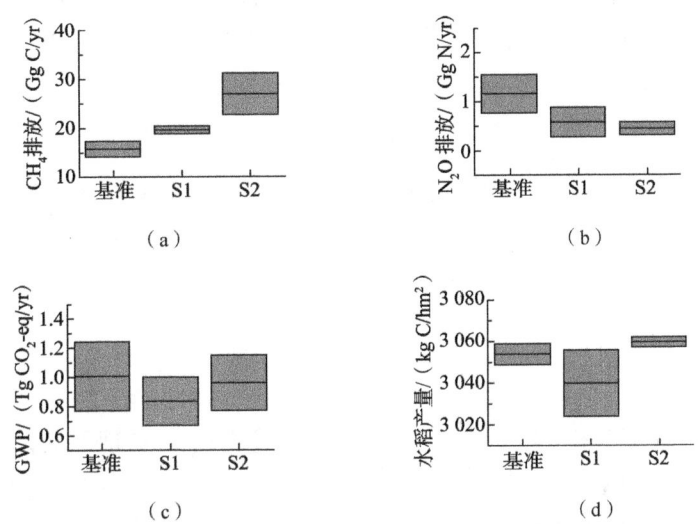

图 5.13　不同情景下农田管理措施对上海各区稻田温室气体排放量及水稻产量的影响

五、研究小结

本书收集了上海市稻田温室气体排放典型观测案例，用于对 DNDC 模型的验证。模拟结果表明，观测值与模拟值吻合度较高，DNDC 模型具备了准确模拟稻田 CH_4 和 N_2O 排放的能力，为进一步在区域尺度上使用模型估算稻田温室气体排放提供了坚实的基础。

在完成 DNDC 模型本地化工作后，本书在上海稻田区域数据库的支持下利用 DNDC 模型对上海稻田温室气体排放进行了模拟，定量分析了上海各区的 CH_4 和 N_2O 排放总量。在上海区域，浦东、闵行、宝山及金山区的稻田 CH_4 排放通量较高，青浦、嘉定区的 N_2O 排放通量较高。上海稻田 CH_4 总排放量为 9.51~17.25 Gg C，N_2O 总排放量为 0.78~1.56 Gg N。对不同减排措施进行情景分析后表明，在上海地区优化施氮的基础上采取秸秆还田、干湿交替的管理措施，能够在保障作物产量的基础上同时有效降低稻田的温室气体排放。

不同农田管理措施所排放的温室气体均不相同。在综合考虑作物产量、经济投入的基础上，可以通过降低氮肥施肥量、增加氮肥的利用率、选择合适的耕作管理措施等方法来实现减排的目的。在不改变其他农田管理措施的前提下，降低氮肥施入量可以有效实现减排的目的，干湿交替及中期晒田可以有效降低稻田甲烷的排放，在增加秸秆还田的基础上减少 50%的原氮肥施肥量可以实现协同减排的目的。免耕可以减少农田经济的投入，达到间接减排的目的。与上海稻田原有农田管理措施相比，实施氮肥控制、秸秆还田及免耕措施，一方面可以降低农田经济及劳动力投入，另一方面可以在保持产量不变的前提下实现稻田减排目标。

第五节 政府主导型低碳农业发展项目补偿标准研究

一、引言

农业温室气体的减排问题不仅关系到低碳农业和生态农业的转型发展，而且在很大程度上决定了我国全局减排目标能否得以实现。之所以农业会出现温室气体过度排放的问题，主要是因为传统的"高碳"生产技术及管理模式（Foucherot and Bellassen，2011；Norse，2012）。为此，许多专家学者建议改用"低碳"技术和模式，因为它们不但能够减少温室气体的排放，而且可以保证农作物及牲畜的产量。然而，仅仅从"技术"的角度考虑"低碳"技术和模式是不够的。当农户采用"低碳"技术和模式之后，其生产成本会发生变化。假设农户生产农产品的边际收益在短期内不变或是变化较小，新均衡中的生产利润可能会较之前有所减少，从而使得农户不会或很难自愿采用相关的"低碳"技术和模式。

为了克服这一潜在的经济障碍，本书认为，可以借鉴环境或生态服务补偿项目的理论和实践经验，对农户（补偿客体）采用"低碳"生产技术和模式所导致的"额外"温室气体减排量（补偿对象）进行补偿，弥补农户利润的潜在损失。就补偿渠道来看，大致分为市场驱动型及政府主导型（Wunder et al.，2008；Farley and Costanza，2010；Vatn，2010）。前者除了配额交易市场以外，还包括为符合《京都议定书》相关要求的减排（碳汇）项目所建立的地方交易市场；后者主要以政府主导并资助的生态、环境保护项目为主。就我国农业减排补偿来看，本书认为，适合通过政府主导型项目低碳农业发展（政府作为补偿主体）得以实现。首先，除新西兰以外，各国因农业减排收集的碳汇并不被允许参与配额交易。其次，《京都议定书》针对碳汇制定的严格识别标准及地方交易市场关于农业减排项目的吸纳与否，决定了我国农业减排是否在短期内通过市场渠道解决补偿问题。

补偿标准是补偿项目的焦点问题。由于政府主导型低碳农业发展项目仍处于设想阶段，所以本书参考并总结了环境、生态服务项目针对负外部性的补偿标准。该补偿标准主要体现"额外"负外部性的减少给整个社会带来的经济效益，即负外部性的经济价值（Crossman et al., 2011; Alexander et al., 2015）。其制定规则大致可以分为以下两类：第一，参考配额交易及地方交易市场在内的碳交易市场价格，将其作为森林碳汇的补偿标准；第二，在特定模型的基础上，通过赋值模型参数，运用（动态）一般均衡的方法，求解负外部性的经济价值。就第一类制定规则来说，由于农业温室气体减排不参与配额交易，加之合适的国内地方交易市场在短期内不存在，用现有的碳交易市场价格表示农业减排的经济价值或补偿标准并不恰当；针对第二类制定规则，参数赋值需要成熟的研究案例作为基础，不同模型的选择也会决定最终的结果，该制定规则对于处在探索阶段的我国低碳农业发展项目来说并不适合。此外，相关研究表明，市场缺位情形下的负外部性经济价值不但难以求得，而且容易被过分高估（Wunder et al., 2008; Gómez-Baggethun et al., 2010; Corbera, 2015）。

值得一提的是，假设将温室气体减排量看作"产品"，将农户和政府分别看作产品的"供给者"和"需求者"，并将补偿标准看作产品的最终"价格"，此时，如果补偿标准高于减排量的单位经济价值，那么政府将会负担过度的财政支出压力；如果补偿标准低于减排量的边际成本，即温室气体的边际减排成本，那么农户为农业减排付出的经济代价无法得到充分的补偿，其实际利益将会受损。如前所述，尽管单位经济价值不易被估计，但是边际减排成本是可以通过参考现有的研究方法估算得到。作为配额交易中许可证价格的形成基础及环境税制定的参考标准，影子价格常常被用来描述如温室气体、污染物等非合意产出的边际减排成本（Färe et al., 2005; Murty et al., 2007; Wei et al., 2013）。从本质上来看，影子价格反映了农户为减少一单位非合意产出所需付出的合意产出的产值。具体之于农业减排项目，影子价格反映了农户为减少一单位农业温室气体排放量所付出的成本或经济代价，可以作为补偿标准制定的基础和参考。

二、理论模型

（一）生产集合

参照 Färe 等（2005），本书将农户的生产凸集合定义为

$$P(x) = \{(y,b): x \text{生产}(y,b)\} \quad (5.12)$$

式中，投入要素 $x = (x_1, \cdots, x_N) \in R_+^N$；合意产出 $y = (y_1, \cdots, y_M) \in R_+^M$；非合意产出 $b = (b_1, \cdots, b_J) \in R_+^J$。

生产集合具备四个性质，分别如下。

性质1：要素的随意处置性，当 $x' \leq x$ 时，$P(x') \subseteq P(x)$。

性质2：合意产出的随意处置性，如果 $(y,b) \in P(x)$ 并且 $y' \leq y$，那么 $(y',b) \in P(x)$。

性质3：合意产出及非合意产出集合的弱处置性，如果 $(y,b) \in P(x)$ 并且 $0 \leq \theta \leq 1$，那么 $(\theta y, \theta b) \in P(x)$。

性质4：零效应，如果 $(y,b) \in P(x)$ 并且 $b=0$，那么 $y=0$。

（二）方向产出距离函数

基于对农户生产集合的假设，进一步将方向产出距离函数定义为

$$\vec{D}_0(x,y,b;\boldsymbol{g}) = \max\{\beta : (y+\beta g_y, b-\beta g_b) \in P(x)\} \quad (5.13)$$

式中，距离向量 $\boldsymbol{g} = (g_y, -g_b)$，且 $\boldsymbol{g} \in R_+^M \times R_+^J$

方向产出距离函数具有六个性质，分别如下。

性质1：$\vec{D}_0(x,y,b;\boldsymbol{g})$ 是凹的。

性质2~4：如果 $x' \leq x$，那么 $\vec{D}_0(x',y,b;\boldsymbol{g}) \leq \vec{D}_0(x,y,b;\boldsymbol{g})$；如果 $y' \leq y$，那么 $\vec{D}_0(x,y',b;\boldsymbol{g}) \leq \vec{D}_0(x,y,b;\boldsymbol{g})$；如果 $b' \leq b$，那么 $\vec{D}_0(x,y,b';\boldsymbol{g}) \leq \vec{D}_0(x,y,b;\boldsymbol{g})$。

性质5：如果 $\vec{D}_0(x,y,b;\boldsymbol{g}) \geq 0$ 并且 $0 \leq \theta \leq 1$，那么 $\vec{D}_0(x,\theta y, \theta b;\boldsymbol{g}) \geq 0$。

性质6：转换性，$\vec{D}_0(x,y+\alpha g_y, b+\alpha g_b;\boldsymbol{g}) = \vec{D}_0(x,y,b;\boldsymbol{g}) - \alpha, \alpha \in R$。

（三）影子价格

参考 Färe 等（2006）提供的方法，本书令 $p = (p_1, \cdots, p_M) \in R_+^M$ 表示合意产出的价格，$q = (q_1, \cdots, q_M) \in R_+^M$ 表示非合意产出的价格。假设第 m 个合意产出的价格已知，那么第 j 个非合意产出的影子价格可以表达为

$$q_j = -p_m \left(\frac{\partial \vec{D}_0(x,y,b;\boldsymbol{g})/\partial b_j}{\partial \vec{D}_0(x,y,b;\boldsymbol{g})/\partial y_m} \right) \qquad (5.14)$$

三、实证模型

（一）模型的设定

方向产出距离函数具体由三个部分组成，它们分别是资本、劳动力、土地与其他中间投入品在内的四类投入要素 x，种植业和畜牧业产值加总而成的合意产出 y，以及二氧化碳当量为代表的非合意产出 b。研究年份跨度为1997~2014年，研究区域包括了中国31个省区市。

除此之外，本书将距离向量设置为 $\boldsymbol{g}=(1,-1)$。该向量满足政府对于农业减排的要求，即增加合意产出的同时减少非合意产出。综上，参数化的方向产出距离函数被定义如下：

$$\vec{D}_0(x_{nkt}, y_{kt}, b_{kt}; 1,-1) = \alpha_0 + \sum_{n=1}^{4}\alpha_n x_{nkt} + \beta_1 y_{kt} + \gamma_1 b_{kt} + \frac{1}{2}\sum_{n=1}^{4}\sum_{n'=1}^{4}\alpha_{nn'} x_{nkt} x_{n'kt} + \frac{1}{2}\beta_2 y_{kt}^2$$
$$+ \frac{1}{2}\gamma_2 b_{kt}^2 + \sum_{n=1}^{4}\delta_n x_{nkt} y_{kt} + \sum_{n=1}^{4}\eta_n x_{nkt} b_{kt} + u_1 b_{kt} y_{kt} \qquad (5.15)$$

根据方向产出距离函数的转换性和对称性，本书对函数的参数约束设置如下：

$$\beta_1 - \gamma_1 = -1; \beta_2 = \gamma_2 = u_1; \eta_n - \delta_n = 0; \alpha_{nn'} = \alpha_{n'n}; n \neq n'(n=1,2,3,4) \qquad (5.16)$$

（二）模型估计之确定性方法

为了估计方向产出距离函数中的未知参数，本书首先参考了 Aigner 和 Chu (1968)、Färe 等 (2005) 使用的确定性方法（deterministic approach）。具体来说，通过最小化观测到的方向产出距离函数值与零的差异，运用线性规划（linear programming, LP）法估计未知参数：

$$\min \sum_{k=1}^{31}\sum_{t=1997}^{2014}\left[\vec{D}_0(x_{nkt}, y_{kt}, b_{kt}; 1,-1) - 0\right] \qquad (5.17)$$

s.t.

（1） $\vec{D}_0(x_{nkt}, y_{kt}, b_{kt}; 1,-1) \geqslant 0, n=1,2,3,4, k=1,2,\cdots,31, t=1997,1998,\cdots,2014$；

（2）

$$\frac{\partial \vec{D}_0(x_{nkt}, y_{kt}, b_{kt}; 1, -1)}{\partial x_{nkt}} \geq 0, n=1,2,3,4, k=1,2,\cdots,31, t=1997,1998,\cdots,2014;$$

（3）

$$\frac{\partial \vec{D}_0(x_{nkt}, y_{kt}, b_{kt}; 1, -1)}{\partial y_{kt}} \leq 0, n=1,2,3,4, k=1,2,\cdots,31, t=1997,1998,\cdots,2014;$$

（4）

$$\frac{\partial \vec{D}_0(x_{nkt}, y_{kt}, b_{kt}; 1, -1)}{\partial b_{jkt}} \geq 0, n=1,2,3,4, j=1,2, k=1,2,\cdots,31, t=1997,1998,\cdots,2014;$$

（5） $\beta_1 - \gamma_1 = -1; \beta_2 = \gamma_2 = u_1; \eta_n - \delta_n = 0; \alpha_{nn'} = \alpha_{n'n}; n \neq n'(n=1,2,3,4)$。

（三）模型估计之随机性方法

随机方法也可以被用来估计方向产出距离函数的系数（Murty et al., 2007; Wei et al., 2013）。此时，可以得到如下关系式：

$$-b_{kt} = \alpha_0 + \sum_{n=1}^{4} \alpha_n x_{nkt} + \beta_1(y_{kt} + b_{kt}) + \frac{1}{2}\sum_{n=1}^{4}\sum_{n'=1}^{4} \alpha_{nn'} x_{nkt} x_{n'kt} \\ + \frac{1}{2}\beta_2(y_{kt} + b_{kt})^2 + \sum_{n=1}^{4} \delta_n x_{nkt}(y_{kt} + b_{kt}) + \varepsilon_{kt} \quad (5.18)$$

针对式（5.18）的系数，适合运用极大似然（maximum likelihood, ML）法估计得到。

四、数据及结果

（一）数据来源介绍及分析

本书从相关年鉴及参考资料中收集了 1997~2014 年 31 个省区市的相关数据，小结详见表 5.13。

表 5.13　投入要素、合意及非合意产出

变量		平均值	标准差	最小值	最大值	观测样本
x_1	overall	717.44	747.74	10.51	4 838.72	$N=558$
	between		556.27	29.39	2 295.33	$n=31$
	within		509.04	−832.92	3 260.83	$T=18$
x_2	overall	966.70	751.36	33.38	3 558.55	$N=558$
	between		752.19	59.95	2 998.33	$n=31$
	within		126.59	530.97	1 526.92	$T=18$

续表

变量		平均值	标准差	最小值	最大值	观测样本
x_3	overall	5 517.68	3 709.46	230.79	15 147.12	N=558
	between		3 741.46	237.75	14 421.14	n=31
	within		434.59	3 691.99	7 231.71	T=18
x_4	overall	311.99	225.30	3.16	1 182.56	N=558
	between		213.50	6.42	863.07	n=31
	within		81.03	61.60	735.94	T=18
y	overall	1 412.13	1 369.57	42.34	7 461.35	N=558
	between		1 054.72	76.78	3 972.57	n=31
	within		892.88	−661.86	4 900.90	T=18
b_1	overall	61.36	39.59	2.69	183.06	N=558
	between		38.58	4.07	141.53	n=31
	within		11.17	19.07	104.16	T=18
b_2	overall	2.10	1.41	0.14	5.67	N=558
	between		1.42	0.18	5.16	n=31
	within		0.20	1.12	2.86	T=18
b	overall	2 186.13	1 370.46	119.93	6 309.27	N=558
	between		1 355.72	158.38	5 105.76	n=31
	within		310.29	1 026.01	3 389.65	T=18

注：x_1 表示除去价格因素后的农村生产性固定资产总值，单位：亿元；x_2 表示第一产业劳动力，单位：10^6 人；x_3 表示主要农作物、果园、瓜园及茶园面积之和，单位：$10^3 hm^2$；x_4 表示如农药、化肥、农膜及化石能源等其他投入要素，单位：万 t；y 表示除去价格因素后种植业和畜牧业的产值之和[①]，单位：亿元；b_1 表示农业甲烷排放量，b_2 表示农业氧化亚氮排放量，b 表示由农业甲烷和氧化亚氮折算的二氧化碳当量，单位：万 t

由于没有非合意产出 b 即农业二氧化碳当量的数据，本书参照《2006 年 IPCC 国家温室气体清单指南》和《中国温室气体清单研究》提供的计算公式、参数及排放因子，借鉴米松华（2013）及漆雁斌和王刚（2013）的研究方法和结果，估算了农业氧化亚氮和甲烷排放量，并将其折算成二氧化碳当量[②]。全国范围（不包括港澳台地区）和省级层面农业二氧化碳当量的结果分别如图 5.14 和表 5.14 所示。

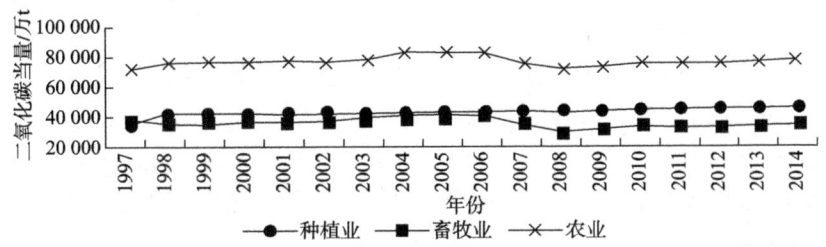

图 5.14 1997~2014 年全国范围种植业、畜牧业和农业二氧化碳当量的变化趋势

---

① 此时，合意产出的价格被设置为 1。
② 根据气体对地球温室效应的贡献程度，1t 甲烷=25t 二氧化碳，1t 氧化亚氮=310t 二氧化碳。

表 5.14　2009~2014 年各省区市种植业和畜牧业二氧化碳当量平均变化率

省区市	种植业	畜牧业	省区市	种植业	畜牧业	省区市	种植业	畜牧业
北京	-3.04%	-1.59%	安徽	0.46%	3.36%	四川	-0.38%	-0.73%
天津	-0.60%	2.57%	福建	0.29%	-0.59%	贵州	1.23%	7.07%
河北	0.74%	1.48%	江西	1.01%	12.24%	云南	3.47%	8.19%
山西	1.27%	3.18%	山东	-0.21%	1.43%	西藏	-0.54%	-0.79%
内蒙古	2.78%	2.18%	河南	1.32%	0.15%	陕西	3.07%	5.79%
辽宁	0.14%	4.49%	湖北	1.09%	7.61%	甘肃	4.51%	8.11%
吉林	2.66%	2.13%	湖南	0.91%	9.38%	青海	1.10%	0.93%
黑龙江	4.79%	2.29%	广东	0.20%	1.22%	宁夏	1.81%	5.80%
上海	-3.30%	0.74%	广西	-0.15%	-7.01%	新疆	5.93%	4.67%
江苏	-0.30%	0.59%	海南	-0.26%	-1.36%			
浙江	-2.27%	-1.25%	重庆	0.67%	7.32%			

然后，本书按照种植业和畜牧业对农业二氧化碳当量进行划分。其中，畜牧业的二氧化碳当量由粪便管理产生的氧化亚氮和甲烷、肠道发酵产生的氧化亚氮折算得到，种植业的二氧化碳当量由土壤直接和间接排放的氧化亚氮、稻田排放产生的甲烷折算得到。如图 5.14 所示，两类二氧化碳当量的变化过程可以分为三个阶段。

第一阶段：1997~2003 年，种植业二氧化碳当量不断下降（除 1997~1998 年），畜牧业二氧化碳当量逐步上升。粮食作物到 1998 年实现了连年增产，出现结构性过剩。由于种粮比较收益低，全国农作物的种植结构发生变化，"非粮化"及"非农化"的现象显现。同时，从 1998 年开始启动畜禽良种工程，政府着手推动畜牧业规模化和标准化发展。一方面，粮食作物经营面积及其他投入要素的减少促成这一期间二氧化碳当量的下降。另一方面，畜禽饲养量的大幅提高导致二氧化碳当量的上升。

第二阶段：2004~2008 年，种植业二氧化碳当量逐步回升，畜牧业二氧化碳当量先增后降。为了应对"非粮化"和"非农化"给粮食安全造成的严重威胁，政府从 2000 年开始陆续出台了一系列支农、惠农政策。在政策的引导下，我国粮食产量从 2004 年起实现了恢复性增长。与粮食生产有关的投入要素使用量在这一时期不断提高，促使种植业二氧化碳当量逐步上升。与此同时，牲畜生产规模在此之前扩张过快，造成牲畜供给大于市场需求，导致 2006~2007 年畜禽产品市场价格出现波动。不少农户压缩生产规模，促使畜牧业二氧化碳当量在此期间急剧下降。

第三阶段：2009~2014 年，种植业二氧化碳当量不断上升，畜牧业二氧化碳当量波动回升。随着粮食作物产量的不断增长，饲料供给及价格趋于稳定。加之畜禽市场价格的企稳回升，城镇化推进过程中居民对于畜禽产品需求的不断升级，我国畜牧业从 2009 年开启新一轮发展。随着如化肥特别是氮肥等投入要素使用量的进一步提高，以及畜牧业生产规模的恢复性扩大，与之对应的二氧化碳当量在此期间都呈现出逐步上升的趋势。

本书进一步从省级层面的角度出发，计算 2009~2014 年种植业和畜牧业二氧化碳当量的平均变化率。根据表 5.14 的结果，本书将 31 个省区市划分为两类。

第一类，种植业和畜牧业二氧化碳当量的平均变化率都为负或一正一负。其中，北京、天津、上海、江苏、浙江、福建、山东地处沿海，经济发展和城镇化推进速度较快。随着当地农业生产结构的调整或农业生产规模的收缩，两类二氧化碳当量缓慢增加甚至逐步减少。此外，广西、海南和四川等省区重视并尝试低碳农业转型发展，促使两类二氧化碳当量不断减少。

第二类，种植业和畜牧业二氧化碳当量的平均变化率都为正。其中，辽宁、吉林、黑龙江、江西、湖北、湖南等都是农业大省，其种植业规模较大，从而带动了当地畜牧业特别是耗粮型牲畜产业的发展。山西、内蒙古、陕西、甘肃、宁夏、新疆等省区畜牧业标准化、规模化的水平较高，其中食草型牲畜生产规模较大。此外，广东省虽然两类二氧化碳当量的平均变化率为正，但因种植业和畜牧业规模的下降，平均变化率的值都比较低。随着种植业生产要素使用量的提高及畜牧业生产规模的扩大，这些省区两类二氧化碳当量具备进一步上升的趋势。

（二）方向产出距离函数的估计结果

系数的估计结果如表 5.15 所示。

表 5.15　运用 LP 法和 ML 法得到的方向产出距离函数系数

系数	LP 法	ML 法	系数	LP 法	ML 法
α_0	0.054 4	0.366 6*** (0.077 2)	α_{22}	-0.050 0	-0.445 1*** (0.093 4)
α_1	0.106 7	0.103 3** (0.055 2)	$\alpha_{23} = \alpha_{32}$	-0.115 4	-0.331 6* (0.173 4)
α_2	0.025 7	0.273 3* (0.079 2)	$\alpha_{24} = \alpha_{42}$	0.007 7	-0.178 5** (0.083 5)
α_3	0.104 0	-0.069 2 (0.110 7)	α_{33}	-0.575 7	0.083 5 (0.157 9)
α_4	0.026 9	-0.015 1 (0.051 1)	$\alpha_{34} = \alpha_{43}$	0.061 2	0.186 3 (0.187 5)
β_1	-0.473 5	-0.615 1*** (0.048 7)	α_{44}	-0.340 2	-0.390 7*** (0.047 5)
$\gamma_1 = \beta_1 + 1$	0.526 5	0.384 9	$\beta_2 = \gamma_2 = \mu_1$	-0.272 7	-0.016 2 (0.057 6)
α_{11}	-0.263 2	-0.019 3 (0.036 9)	$\eta_1 = \delta_1$	0.190 3	-0.188 3*** (0.042 3)
$\alpha_{12} = \alpha_{21}$	-0.041 4	0.330 0*** (0.092 5)	$\eta_2 = \delta_2$	0.059 2	0.194 3*** (0.052 0)

续表

系数	LP 法	ML 法	系数	LP 法	ML 法
$\alpha_{13} = \alpha_{31}$	−0.183 6	0.290 4* (0.173 9)	$\eta_3 = \delta_3$	0.243 7	−0.120 5 (0.081 2)
$\alpha_{14} = \alpha_{41}$	0.181 0	0.153 1* (0.079 4)	$\eta_4 = \delta_4$	0.115 3	0.201 3*** (0.038 0)

***、**、*分别表示在 1%、5%、10%的水平下显著

注：括号内的数字为标准误

本书对两种方法估计得到的方向产出距离函数进行性质检验。结果表明，将二次型设置为方向产出距离函数的具体形式，并用 LP 法对其进行估计，得到的函数能够较好地用于计算各省区市的农业二氧化碳影子价格；用 ML 法估计得到的函数只适合于部分省区市。

（三）影子价格的估算结果

本书估算了 1997~2014 年各省区市农业二氧化碳当量的影子价格，并在此基础上计算得到了全国范围农业二氧化碳当量平均影子价格，结果如图 5.15 所示。平均影子价格在 1997~2001 年呈现缓慢上升的趋势，从 6 736.86 元/t 提高到 8 209.72 元/t；在 2002 年经历了短暂回落后，平均影子价格在 2003~2007 年实现快速增长，从 7 339.68 元/t 大幅提高到 17 158.88 元/t；尽管平均影子价格在 2008~2009 年有所反复，但是从 2010 年开始企稳并逐步上升至 2014 年的 24 148.99 元/t。

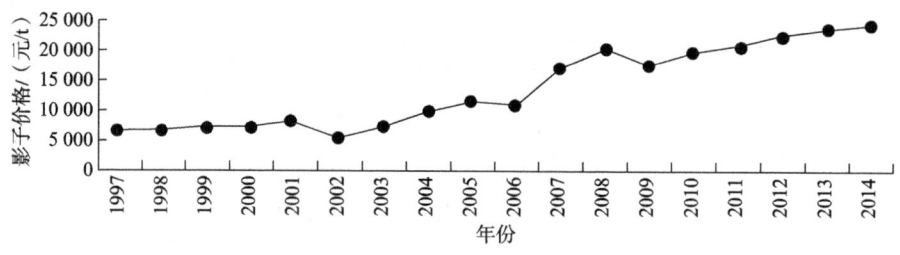

图 5.15　1997~2014 年全国范围农业二氧化碳当量平均影子价格

根据影子价格的总体上升趋势，本书列出了 2014 年各省区市农业二氧化碳当量的影子价格，结果如表 5.16 所示。从中可知，不同省区市的平均影子价格差异较大，最高者（山东）是最低者（西藏）的 11 倍以上。

表 5.16　2014 年各省区市农业二氧化碳当量影子价格　　单位：元/t

省区市	影子价格	省区市	影子价格	省区市	影子价格	省区市	影子价格
北京	15 434.70	上海	13 966.59	湖北	15 723.00	云南	24 352.27
天津	15 207.82	江苏	16 597.28	湖南	10 474.23	西藏	8 052.59

续表

省区市	影子价格	省区市	影子价格	省区市	影子价格	省区市	影子价格
河北	58 018.98	浙江	71 211.69	广东	12 400.88	陕西	22 569.94
山西	35 880.32	安徽	49 235.74	广西	16 831.18	甘肃	19 694.31
内蒙古	18 063.96	福建	14 231.04	海南	11 925.72	青海	8 162.07
辽宁	13 175.88	江西	10 539.03	重庆	19 147.57	宁夏	15 339.71
吉林	16 121.42	山东	95 079.17	四川	10 954.77	新疆	15 500.60
黑龙江	16 818.79	河南	32 369.62	贵州	27 308.42	平均值	23 560.94

（四）补偿标准的应用

2015 年《政府工作报告》提出当年全国二氧化碳排放强度，即碳强度较上一年计划降低 3.1%以上。基于该减排目标，本书首先从全国范围的角度出发，假设2015年种植业和畜牧业产值延续其2014年的变化趋势增长或减少，记为预期产值。其次，假设 2015 年种植业和畜牧业二氧化碳当量存在两种情形。情形1：按照 2014 年变化率增长或减少的两类二氧化碳当量记为预期当量。情形2：基于预期产值，实现减排目标时的二氧化碳当量记为目标当量。当预期当量大于目标当量时，两者之差记为目标减排量；当预期当量小于或等于目标当量时，减排目标已实现，无须额外补偿。基于此，本书估算了全国种植业和畜牧业的目标减排量，结合 2014 年全国平均二氧化碳当量的影子价格即补偿标准，进一步计算了预期补偿额。如表 5.17 所示，种植业实现减排目标；畜牧业需额外减排 1 182.94 万t，补偿额为 2 856.67 亿元，占全国种植业和畜牧业预期产值之和的比例为 3.26%。

表 5.17 2015 年全国和省级种植业和畜牧业预期补偿额   单位：亿元

范围	种植业	畜牧业	范围	种植业	畜牧业	范围	种植业	畜牧业
北京	3.14	4.69	安徽	0	98.15	四川	0	132.24
天津	0	0	福建	0	0	贵州	0	0
河北	360.49	0	江西	0	23.35	云南	0	278.91
山西	0	70.57	山东	0	207.10	西藏	0	0
内蒙古	44.76	449.67	河南	0	375.63	陕西	0	95.78
辽宁	0	0.60	湖北	0	45.70	甘肃	0	82.72
吉林	0	37.69	湖南	0	67.72	青海	0	0
黑龙江	0	27.81	广东	0	31.71	宁夏	0.86	28.49
上海	1.53	0	广西	0	14.83	新疆	115.74	51.65
江苏	0	61.94	海南	0	0	省级总和	526.52	2 242.40
浙江	0	0	重庆	0	55.45	全国	0	2 856.67

从省级层面的角度出发，本书在沿用上述假设和方法的前提下得到了各省区市种植业和畜牧业的目标减排量、预期补偿额，结果如表5.17所示。就种植业而言，只有北京、河北等6个省区市存在目标减排量，总计165.28万t。补偿额较高的省份分别为河北360.49亿元和新疆115.74亿元；补偿总额为526.53亿元，占省级种植业和畜牧业预期产值总和的比例为0.61%。就畜牧业而言，除去天津、河北等9个省区市之外，其他地区都存在目标减排量，总计1 057.89万t。补偿额较高的省区依次为内蒙古449.67亿元、河南375.63亿元、云南278.91亿元、山东207.10亿元；补偿总额为2 242.40亿元，占省级两类预期产值总和的比例为2.75%。

五、研究结论和建议

本书认为，在规划低碳农业发展项目时需关注以下三点。第一，如果全国范围农业二氧化碳当量平均影子价格保持继续上升的态势，那么平均减少单位农业二氧化碳当量，政府需要至少支付24 148.99元。第二，不同省区市的补偿标准区别较大。在各省区市2014年农业二氧化碳当量影子价格中，最高者是最低者的11倍以上。值得注意的是，农户收入的稳中有升仍然是政府和社会各界当下关注的重点，低碳农业的发展不能以牺牲农户的收入为代价。因此，针对不同地区的农户，政府需要制定不同的补偿标准。第三，基于碳强度的减排目标，从全国范围得出的目标减排总量低于省级层面的结果，然而前者的补偿总额预期却高于后者；全国范围和省级层面畜牧业的总体减排任务都要重于种植业，且前者的补偿总额预期高于后者。显然，从省级层面规划农业减排及其补偿优于直接从全国范围考虑该问题。此外，一些中西部省区市和传统农业大省所需的减排补偿额较高，对应的财政支出压力较大。因此，政府需要权衡减排目标（如碳强度、减排量等[①]）和补偿额之间的关系，对不同地区种植业和畜牧业减排及其补偿有所侧重。

第六节　低碳农业发展战略及政策建议

在上述研究框架内容下，本书从整体层面提出了我国低碳农业发展的战略原

---

① 碳强度即单位产值二氧化碳排放量。除了碳强度外，不少专家学者提出将减排量作为减排目标的制定标准。如果用减排量衡量减排目标，种植业的总体减排任务从全国范围和省级层面来看都将重于畜牧业。

则、目标、重点、思路及其政策建议等。

一、低碳农业发展的战略原则

鉴于我国的基本国情和农业发展的基础，研究认为，我国低碳农业发展应遵循以下几个原则。

（一）适度低碳化原则

总体上，农业发展最首要、最根本的目的是解决粮食问题。低碳农业是纠正农业发展过程中对环境造成"负作用"的重要手段，也是支持农业、农村长远持续发展的基本方向，但是，低碳农业发展需要适度推进。

适度低碳化可以在不危及粮食安全的前提下形成较大的溢出效应，增加总体福利。过度的低碳农业发展或许会动摇粮食安全的基础，削弱其正外部溢出效应，甚至降低总体福利水平（图5.16）。一些实证研究的结果表明，适度低碳的现代农业能够实现"低碳化高增长"。因此，发达大城市的郊区农村、中小城市的外围农村、发达的农村地区，以及落后的农村地区，都应当因地制宜，选择最适合的低碳农业发展模式。

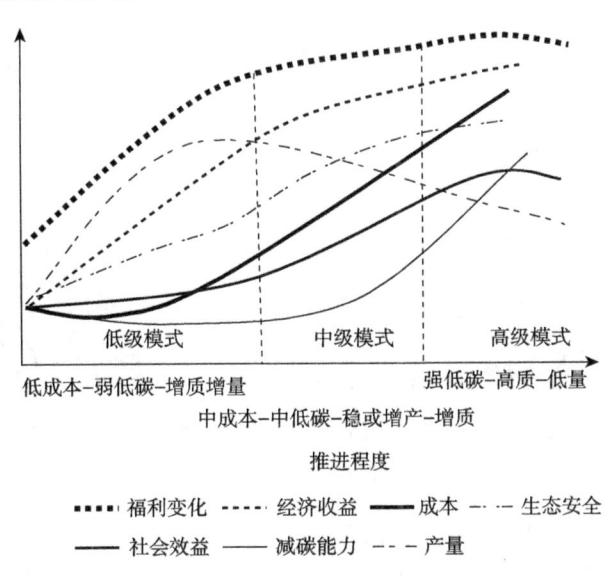

图 5.16 低碳农业的推进程度及关键维度变化示意图

（二）集体行动原则

从成本收益来看，低碳农业发展的重要障碍之一是其具有很强的外部性。这一外部性常常表现为私人成本高于社会成本，私人收益大大低于社会收益，致使农户或农业公司不愿意积极发展低碳农业。因此，解决外部性是发展和推进低碳农业的必要步骤。

根据环境经济学原理，对于私人成本低于社会成本的负外部性可以征收庇古税，对于私人成本高于社会成本的正外部性通常表现为生产不足，可以通过补贴来激发农户的积极性，弥补生产不足，但关键是基于量益补偿原则下补贴的额度和补贴主体问题。由于低碳农业的福利外溢分为 4 个层次：农村-地方-国家-全球，对低碳农业溢出明显的农户所在农村村域及更高一级的城乡区域，可以通过乡镇-市县或省市级政府给予补贴，通常这一层级的补贴会在一定程度上得到大部分或全部的应分的补偿。当全国层次和全球层次外溢时，通常难以对应具体的收益对象、收益份额和收益量得到补偿，因此低碳农业只能在私人成本大于社会成本的条件下运行，难以激励和有效推动其迅速发展。地区低碳农业的福利结构示意图见图 5.17。

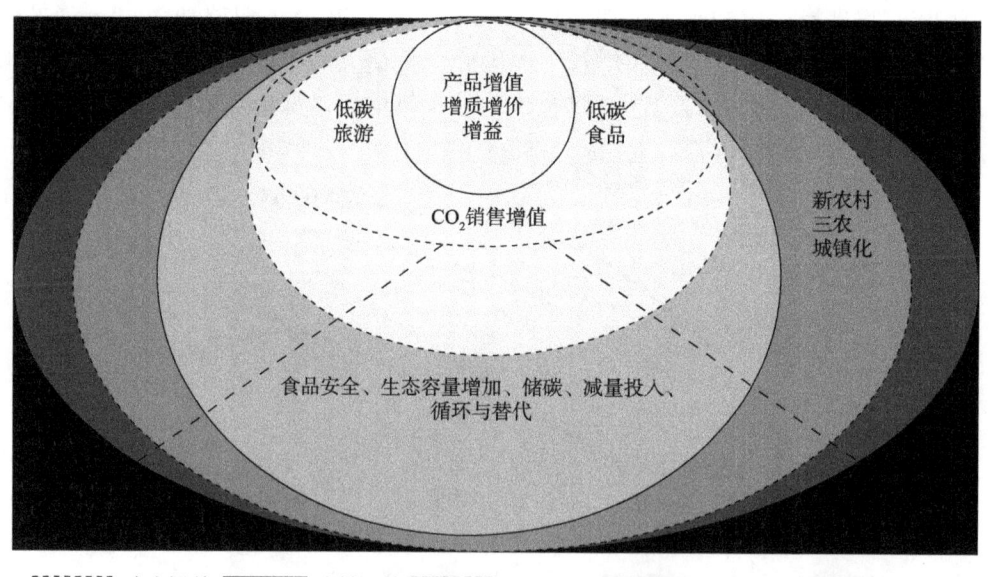

图 5.17 地区低碳农业的福利结构示意图

另外，根据环境经济学原理构建农业碳交易市场，通过计量和认证低碳农业活动产生的 CO_2 减排量，然后交由市场交易，通过市场机制补偿减排成本，同时激发低成本的低碳农业主体或项目形成增长优势，促进低碳农业的发展，但目前中国推进这一机制的力量不足，支持设施和交易主体都不成熟，而且这一机制无法促使国家、国际层次的受益者自愿自动地进入市场完成交易和补偿。通常情况下，低碳农业的减排点分散，其正外部性所涉及的溢出受益主体群庞大模糊，致使私人解决机制很难成效，且交易成本很高，阻碍了低碳农业的顺利发展。如果采用行政命令的办法，由于很高的行政成本，且农户和农业公司等行为主体推行低碳农业，同样难以得到足够的经济激励，最终也难以形成有效的推动机制。

低碳农业的核心内容之一是减排温室气体，为全球提供共同的公共物品，即减缓全球气体变化。温室气体排放是全人类共同的行动，或者看成不同规模层次的集体或联合行动，而社区层次的行动则是降低碳排放的重要途径。可见，低碳农业的有效实施需要形成政府、私人部门、非政府组织和居民等不同主体的多层次合作。因此，从集体行动理论的视角，低碳农业发展必须坚守集体行动原则。

（三）协同原则

低碳农业发展的内在机理在于资源约束下的农业生态系统、经济系统和社会系统的协同发展。根据协同理论，农业生态系统、经济系统和社会系统三者之间是一个动态的协同发展的过程，其整体作用的发挥是由低级逐渐向高级发展的。目前，中国农业仍处于三者整体作用不能充分发挥的初级协同发展阶段，石油农业的发展模式不仅使农业进入了高成本时代，而且其化学投入品和农机具的低效利用所带来的土壤、水体、空气的立体交叉污染和食品不安全等严重的负外部性，亦使农业生态系统、经济系统和社会系统三者之间的矛盾不断深化。随着低碳农业等环境友好型发展模式的采纳推广，农业生态系统、经济系统和社会系统的整体作用将得到基本发挥，三者将进入中级协同发展阶段。随着低碳农业的全面推广，三者的整体作用将得到充分发挥，这也将标志着三者开始进入协同发展的高级阶段。

可见，协同理论可以成为构筑农业生态系统、经济系统和社会系统同步发展的基础原则，低碳农业的发展就是在三者协调发展的基础上，使农业向更高一级的可持续发展方向演进的一种协同效应。因此，低碳农业发展必须坚持协同原则。协同创新思想应体现在低碳农业发展的全过程，尤其是筛选和推广确定性强、可行性强、减排潜力大、对产量有增产或稳产影响、农户易于采纳的适用性减排技术和管理措施，并倒逼带动农业相关投入品转型，实现农业全产业链减排增效及农业低耗低排和高产高效。

（四）综合效益最大化原则

就农业生产而言，世界各国均十分关注其综合效益的提升。鉴于此，低碳农业发展的模式选择应当因地制宜，选择最适合当地的发展模式，以培育和发挥农业的多功能效应。另外，农业各种废弃物是发展可再生能源的主要原料，通过开发和利用可再生能源，优化农村生产生活能源结构，从而直接体现低碳农业经济的核心内涵。因此，低碳农业不仅仅是要实现农业的基本目标——增加和保障粮食生产与供应，还要充分发挥低碳技术、理念和实践活动所产生的其他生态效应和社会效应，力求开发农业的多种有益功能，以实现综合效应最大化这一农业发展的最终目标。

（五）促进乡村振兴原则

图 5.17 显示，低碳农业的效应首先应当直接促进农业生产的发展，其次则应深刻影响农村的建设。因此，低碳农业的首要目标应该是改善农村发展动力，改善农村落后的土地利用方式，改善农村地区的环境破坏和污染，推动农村的可持续发展，缩小城乡差距。可见，低碳农业的发展应当坚持有利于解决"三农"问题、促进乡村振兴的原则。

二、低碳农业发展的战略目标与重点

低碳农业是一个复杂的工程，应当因时因地制宜、逐渐推进、分步实施，依靠低碳技术的装备和低碳理念的培育，发挥其直接效应和广泛的溢出效应，逐步把中国农业建设成低碳化、高产量、高品质和高效率的现代农业，使其在保证粮食安全、食品安全的基础上发挥更大的社会和环境效应。在此，基于低碳农业的特点、发展的制约因素和可行性，本书制定了低碳农业发展的分期步骤和目标：

2020~2022 年，基于《乡村振兴战略规划（2018-2022 年）》，在东部发达农业区及中西部的都市农业区和示范区，积极推进低碳农业的发展战略，全面实现初级水平的低碳与农业结合，力求实现零排放，全部农业碳排放比 2005 年减排 40%以上。

2023~2028 年，继续深入推进低碳农业发展战略，将东部发达农业区和部分中西部的都市农业区建设成中等水平的低碳农业区，将其余中西部农业区建设成低等水平的低碳农业区，全部农业区碳排放比 2005 年减排 60%~70%。

2029~2033 年，因地制宜，强力推进低碳农业发展战略，将东部及中西部部分发达农业区建成高水平低碳农业区，提高其余中西部地区农业区低碳农业发展水平，将农业转变为提供净碳汇的产业部门。

从战略重点来看，首先要将低碳技术创新作为实施低碳农业发展战略的重点；其次要加强低碳农业基础设施和政策的制度建设；最后，要构建激励机制，因地因时制宜，采用多样化的灵活模式，推进低碳与农业产量、产值和品质的多重目标的实现。

三、低碳农业发展的战略思路

图 5.18 为低碳农业发展战略思路示意图。

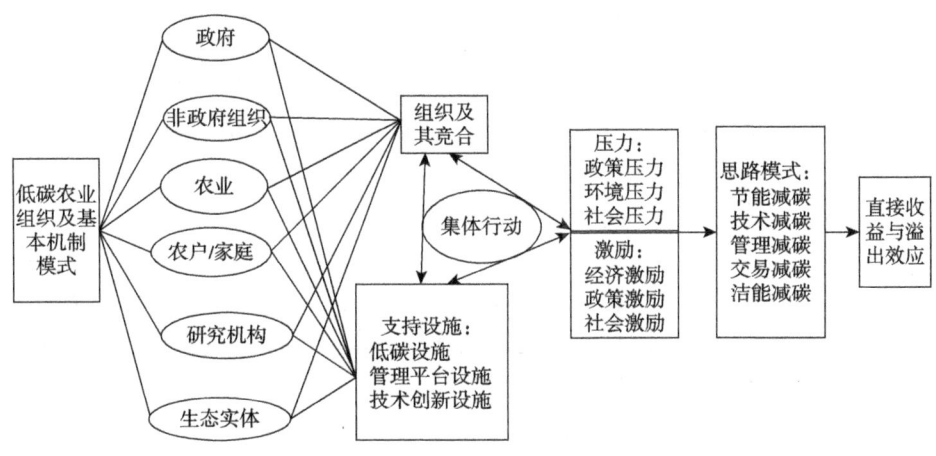

图 5.18　低碳农业发展战略思路示意图

（一）初步构筑多元的低碳农业支持主体

低碳农业支持主体群主要包括政府、企业、非政府组织、农户/家庭、低碳农业技术研究机构和生态实体等。这个主体群应该是一个以政府为主导关键力量、农户/家庭为核心载体和根本力量、研发机构为推动引擎和创造性推动力量、相关企业为核心力量、生态实体为重要辅助力量、非政府组织为监督和随机推动力量的综合体（图 5.18）。

政府组织由垂直和水平两个维度分化为具有很强体系化的组织，它是参与低碳农业活动的关键，其一方面提供各种制度化政策化的安排，制定调整低碳农业进程的积极激励性或消极激励性框架，另一方面直接承担着部分低碳农业的社会经济类的低碳化活动，是低碳农业最重要的补贴源。

企业包括低碳农业公司、低碳农产品批发零售企业、低碳农产品加工企业、低碳农业技术支持企业等。农业企业是低碳农业发展的核心力量，它们既是管理者，又是被管理者。农业企业能够通过自身的内部战略安排和生态伦理文化的发展形成内部一致的、稳定的低碳化治理结构，是低碳农业发展的关键。这种低碳化治理结构既包括低碳、节能技术的研发和交易，也包括生产、运输、销售等一系列行为的低碳化，当然也包括其作为合格的企业公民而进行的慈善或公益性的低碳化活动。

非政府组织作为一种有益的补充力量，近年来在低碳农业发展中的作用不断增大。例如，非官方的低碳协会、环境保护协会、低碳论坛、低碳农业网、节能协会、节能网（论坛）等，作为松散的组织，其往往在宣传教育、自愿减排、舆论倡导低碳农业生产生活等方面起到了越来越重要的作用。

农户/家庭主要从生产及吃、穿、住、行等生活的诸多层面产生碳排放，进而影响低碳农业的发展进程，是低碳农业的根本力量。社区层面上的宣传、教育、引导促进了农户生产过程中减少不必要的化学物质投入，培育了社区家庭低碳产品的消费理念，日益将家庭/社区变成重要的农业低碳化治理中心。

低碳农业技术研发机构既是低碳技术的研发供给者，也是重要的推广、示范组织，还是实施低碳农业发展的重要创造性推动力量。

生态实体主要指生态保护区、生态园、生态农业园、有机绿色食品基地等公共资源或纯公共品。这类生态实体往往在大都市制度的构架下，以私人物品性或俱乐部产品性的方式治理，具有吸纳二氧化碳和若干污染物的功能，日益成为低碳农业发展中不可忽视的力量。

（二）形成多种低碳农业发展渠道

从低碳化发展的实践中可以看出，低碳农业治理渠道可通过风电、光热发电、太阳能光热发电等洁能项目替代火电，形成洁净能源，支持农业减碳；发展有机肥生产、秸秆利用、沼气工程、生态园建设、公益林等，推进替代减碳、延迟碳排放、农林固碳等低碳农业发展。另外，完善能源和环境交易中心，进而引导碳交易，鼓励企业资源发展碳汇林、碳汇农业，以碳中和、碳交易的形式减少碳排放，进而支持低碳农业的发展。

四、推进低碳农业发展的政策建议

（一）成立低碳农业发展基金

低碳农业发展中的资金需求主要包括研发低碳农业技术的投入、对低碳农业进行生态补偿的投入、相关低碳基础设施的投入，以及碳汇交易费用的支出等。目前，我国低碳农业发展存在融资困境，其主要表现为金融机构对低碳农业技术项目的支持不够，信贷放款数量极其有限，部分低碳农业技术示范项目主要是依靠政府临时性拨款和政府贷款或国际机构的捐款和贷款，尚没有形成稳定的政策性低碳农业投入机制。这一局面形成的主要原因是低碳农业发展具有资金投入成本高、资金需求大、效益周期较长、盈利水平低，以及公共产品属性等特点。金融支农投入是一种市场行为，对效率和效益比较敏感（刘泉君，2011）。同时，低碳农业在推进过程中外部性补偿通常不足，地方政府由于认知、财力等，对低碳农业的补贴也常常十分有限。因此，需要成立专门的基金对低碳农业发展提供资金支持。低碳农业发展基金可以给予低碳农户适度的补偿，扩大其利润空间，激发他们采用低碳技术的热情，坚定低碳理念，进而促进低碳农业的发展。

（二）制定补贴及投融资支持政策

农业碳减排及固碳行为与特定环境结果间存在的不确定性、难以准确对应性，以及减排固碳效果的时滞性，都使得通过碳市场交易激发农户碳减排行为变得困难。同时，农业非点源污染的自然属性和农业重要的基础地位，亦使得对农业"高碳"行为征税存在困难。因此，低碳农业巨大的正外部性需要财政转移支付来支持。从世界各国农业环境政策的实践经验来看，对农户减排固碳的正外部性给予补贴，从而激发农户"抑源促汇"的办法可行。具体而言，可以通过给予科学管理、精准配方施肥、提高氮的使用效率、减量施肥与农药投入、作物轮作固碳、施肥时间的选择、增加土壤固碳能力、粪肥应用技术、投资禽畜粪便利用设备、少耕免耕和秸秆还田、农林复合生态系统增加土壤固碳能力、恢复泥沼质土增加土壤固碳能力、恢复退化质土增加土壤固碳能力等方面一定补贴，提高农户或农业公司发展低碳农业的积极性。同时，鉴于低碳农业需要较传统农业更多的资金支持，而发展碳金融为适应和减排提供了资金来源，尤其是帮助发展中国家和贫困地区农户降低了其对环境和经济的依赖，增强了农业生产系统弹性并有效减排温室气体，应当出台专门支持低碳农业的绿色金融政策，构建低碳农业的绿色信贷支持体系。

（三）强化低碳农业基础设施建设与示范工程建设

目前，低碳农业发展存在基础设施不足的严重问题，如许多农业地区的清洁能源型低碳农业缺乏良好的发电上网链接，适用于小型供电系统的区域缺乏分布式电网；几乎所有的粗放农业区都缺乏系统管理和低碳农业技术供给，对于农业污染区缺乏修复支持等。究其原因，主要在于低碳农业具有很大的外部性，承担着一定公共物品的重任，需要以政府为主导投建低碳农业基础设施，进而体现农业作为市民休闲旅游、生态保障和环境安全品的特性。具体而言，应尽快在以下几方面开展工作：一是按照农业区特点建设一批国家低碳农业技术研发创新和转移孵化技术工程中心；二是建设低碳农产品监测、认证中心和服务网络平台；三是建构全国低碳农业数据库、低碳农业技术数据库、有机农业数据库等；四是扩大国家级有机农业基地、生态农业基地和低碳农业基地建设；五是建设全国统一的有效的规范管理低碳农业的法律法规体系，以及对非规范经营迅速做出反应并予以打击的反应机制，为低碳农业发展创造良好的市场环境；六是积极构建低碳农业技术服务系统，建设发展低碳农业的水利设施、科技设施、市场交易设施等；七是加大与低碳农业相关的科学管理理念与方法的普及推广力度及促进创新技术扩散政策的执行力度；八是注重低碳农业示范区建设，推出一系列低碳农业发展的范式和途径展示，引导农户、涉农企业及基层政府重视并积极参与低碳农业的建设，进而促进其发展。

（四）建立统一的农业碳排放规则和认证体系

农产品认证制度是国外农业碳汇交易的形式之一，而其认证标准制定的科学性及度量、监测、认证费用的合理性是影响整个碳补偿或碳交易项目实施的重中之重。从长远角度看，设立农业统一的碳排放及交易标准和规则极其重要。

2007年6月，由美国环保协会和杜克大学等机构共同出版的《农业林业低碳经济应用》（简称《杜克标准》）正式发布。该标准为农业减排项目提供了全面的温室气体减排认证和测量方法。美国环保协会已经在中国新疆、四川开展多项农业减排项目试验，而这其中的认证测量办法都要求依据美国《杜克标准》核算碳排放额度。可借鉴《杜克标准》，并结合中国农业生产和农产品市场特点及消费者特点，建立统一的农业碳排放规制，建构低碳农业的认证体系，进而保障低碳农业健康推进。

（五）加强低碳农业技术的创新与集成推广

农业碳源具有非点源性，碳排放产生于农业产业链的各个环节，如各类农资生产、农产品加工运输、农业废弃物处置等。实验证明，采用低碳集成技术，会产生明显的低碳农业的协同效应（Fan et al., 1995）。中国具有许多适宜性的低碳农业技术，如分布式电网、储能技术、配方施肥、清洁能源、有机肥生产与低碳化肥使用、生物防虫、低残毒农药、高效化肥、氮肥深施、稻田管理、农田（旱田）N_2O减排、降低化肥投入、土壤固碳、使用控释肥长效肥、秸秆饲料化、秸秆能源化等（米松华，2013）。因此，应加强在上述这些领域的创新支持，形成创新能力和实用技术，并因地制宜，将其中的部分或全部集成应用和推广，从而提高低碳农业的综合效应，促进低碳农业的发展。

（六）显化农户CO_2减排的间接收益

鉴于低碳农业的外部性强，农户收益占有的直接受益只是总收益的很小一部分，更大部分的收益农户自己无法直接获取，需要通过多重补贴来补偿外部性损失，构建农户的农业碳排放计量、测算系统，建设农业、农户碳排放交易机制，调动各层相关利益主体根据受益原则形成对应补偿机制。为此，应着力培育低碳农产品市场，培养消费者低碳农产品消费偏好和习惯。要注重将农业碳汇置于对全球人类的正外部性的基础上,将农业碳汇推入全球交易市场和交易体系中,形成其对全球生态贡献和外部性收益或成本的评价。

(七)结合乡村振兴战略规划,发展低碳农业

低碳农业与乡村振兴、解决"三农"问题密切相关,应将低碳农业的发展建立在这些问题的解决和建设上。首先,应以低碳文化和技术装备农民,提高农民的低碳知识水平、节能意识、耕作技术、施肥技术,转变农户的认知与态度,使之从根本上重视化肥农药管理及低碳化管理,进一步探索建立农户关于低碳农业知识和技能培训效果的考评与激励机制,调动农民参与培训的主动性,提高农民素质与综合培训效果。其次,在农业农村发展中,建立健全低碳技术推广支撑体系,如深化沼气工程、秸秆利用、节能节水节肥减(农)药技术和分布式电网技术的应用,开发农村清洁能源技术(光热利用技术、风能利用技术等)。最后,创新化肥农药施用模式,提高化肥农药利用率,探索农业补贴的交叉承诺机制(只有在满足化肥农药规范使用的基础上才能申请生态补偿、农业综合补贴、土地流转费用补贴及各类农业项目补贴等),规范农户化肥农药投入,从而在降低碳排放的同时,降低农业投入成本,增加农民收入,缩小城乡差距,扩大社会和生态效益,改造并美化农村环境,推进美丽乡村建设,进而推动城乡融合发展。

第三篇

中国现代农业产业组织与要素制度创新

第六章 现代农业的产业组织体系及创新研究

第一节 背景介绍

一、研究背景

在中国农业现代化发展过程中,一个难以回避的问题是,农业的家庭经营能否适应现代农业的发展和现代市场的竞争(小农户能否与现代农业有机衔接)?对这一命题进行深入研究与科学求证,不仅对农业经济理论与管理实践的发展有重要意义,而且对中国农业的转型和现代农业的发展具有重要的应用价值。

始于20世纪80年代的中国农业的家庭承包经营制度,虽然赋予了农民比较稳定的土地承包经营权,调动了农民的生产积极性与创造性,促进了农业与农村经济的迅速发展,但形成了农业生产小规模、分散化的格局,导致了农业产业组织体系不顺、组织化程度不高、专业化服务和产业化经营水平不高、国际竞争力不足等问题。

当前,以小农为主体的家庭经营制度与产业组织体系面临着重大挑战。这种挑战主要表现在三个方面:一是小规模、分散化的农业家庭经营制度与产业组织体系难以实现农业的集约化、专业化和规模化。二是小规模、分散化的农业家庭经营制度与产业组织体系难以适应日益激烈的市场竞争。三是小规模、分散化的农业家庭经营制度与产业组织体系难以实现农业的产业化经营和纵向一体化。

尽管小规模、分散化的农业家庭经营制度与产业组织体系在现代农业发展和现代市场竞争中面临不少挑战、存在不少劣势和局限,但是,建立与现代农业发展和现代市场竞争相适应的农业产业组织体系,并不意味着要抛弃农业的家庭经营,而是要在农业家庭经营的基础上,完善农业的家庭经营,建立既能发挥农业家庭经营制度优势，又能克服其内在不足的现代农业产业组织体系。因此，本章对农业产业组织的理论视角和分析框架进行了理论性思考，梳理了农业产业组织发展的先进国际经验，考察了农民合作社在农业产业组织中的地位和作用，并讨论互联网发展环境下农业产业组织的演变。

二、研究目的与主要内容

本章的研究目的和内容主要体现在以下四个方面。

（1）揭示农业产业组织理论的多维视角和理论框架，分析每一理论视角下的组织特征、发展规律与研究现状。

（2）基于农业产业组织发展现状和规律的国际经验，提出适合我国农业产业组织发展的模式。

（3）揭示我国农民合作组织的制度特征及其在农业产业组织体系演进过程中的作用机理。

（4）揭示互联网发展对农业产业组织发展和演变的影响。

三、研究框架和研究思路

基于上述研究目的和内容，本章的研究框架和思路如图 6.1 所示。本节介绍了本章的研究背景、目的、内容和思路。

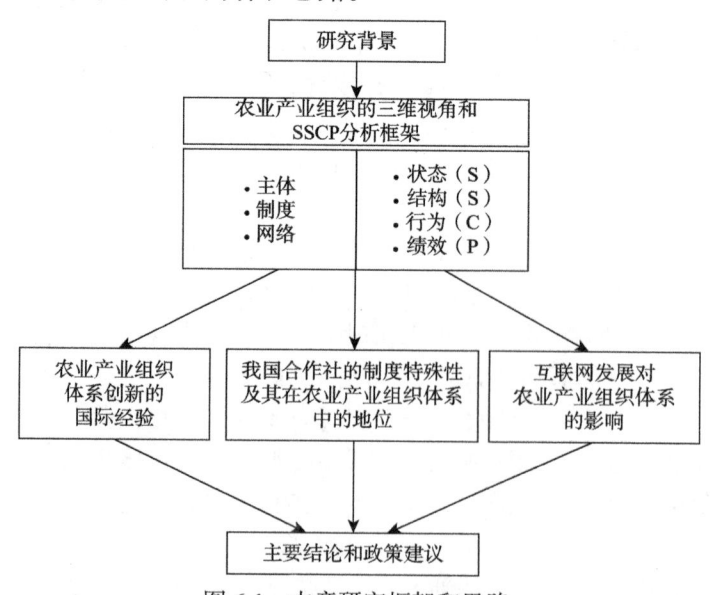

图 6.1 本章研究框架和思路

第二节是主要创新性成果 1，阐述了农业产业组织的三维视角和 SSCP 分析框架，首先，分别将组织视为一个主体、一种制度和一种网络，从各个视角揭示产业组织与组织体系的本质及其演变；其次，介绍了 SSCP 分析框架及其理论价值。

第三节是主要创新性成果 2，介绍了德国、丹麦两国农业产业组织体系的发展和创新，并根据我国农业发展的实践和农民的资源禀赋，提出适合我国农业产业组织体系的发展模式。

第四节是主要创新性成果 3，从理论视角分析了我国农民合作社的制度特殊性，讨论了合作社在农业产业组织体系中的地位。

第五节是主要创新性成果 4，描述了我国互联网在农村和农业的发展，分析互联网发展对农业产业组织及体系发展和演变的影响。

第六节是主要结论和政策建议，基于上述四个创新性成果，概括本章的主要结论，并提出具有理论和实践意义的政策建议。

第二节　农业产业组织的三维视角和 SSCP 分析框架

构建我国现代农业的产业体系、生产体系和经营体系，离不开农业产业组织与组织体系的发展与支撑。现代农业的产业组织主要包括农户家庭经营组织、农民合作社组织、公司与企业组织，而现代农业的产业组织体系是指这些组织的相互联系所形成的产业组织链、组织结构和组织模式。回顾与研究中华人民共和国成立以来，尤其是改革开放 40 多年来国家农业产业组织与组织体系的演变、存在问题及未来发展，对于构建现代农业三大体系、发展产业组织理论和推进我国农业产业组织与组织体系的健康发展具有重要意义。

一、农业产业组织的三维视角

产业组织一词，最早是由英国经济学家马歇尔提出。马歇尔（1997）在《经济学原理》一书中，把组织视为一种能够强化知识作用的新的生产要素，其内容包括企业内部组织、同一产业中各种企业间的组织、不同产业间的组织形态及政府组织等。本书认为，产业组织实际上具有多重属性，任何产业组织都可以从主体、制度、网络的视角进行观察。相应地，可以运用不同的理论与方法对产业组织进行分析，以揭示产业组织与组织体系的本质及其演变规律。本节首先从三个维度视角分析了产业组织的本质与机理，其次，从新制度经济学的视角，建构了有助于分析产业组织制度的 SSCP 分析框架。

（一）作为主体的组织

从新古典经济学的角度看，组织就是主体，在经济活动中，任何组织都是一种主体，从这个意义上讲，主体的状态与行为决定着组织的状况与行为。由此，作为主体的农业组织，也就是农业产业发展的行为主体。产业组织理论是 20 世纪 30 年代诞生和发展起来的一门新兴的应用性经济理论，其在新古典经济学基础上，从市场角度研究企业行为或从企业角度研究市场结构，如分析不同的市场结构（完全竞争、寡头、垄断等）下企业的行为和不同产业组织类型（如投资者所有的企业和社员所有的合作社等）的市场行为。新古典经济学对农业组织的研究，通常是在制度给定下的农业组织的市场行为研究，研究组织如何在一定制度条件下合理地配置资源与要素，即资源与要素配置中的数量边际调整，以达到资源与要素的边际效率均等的状态。同时，关注不同类型的农业组织的市场行为和组织效率的差异问题。

（二）作为制度的组织

从新制度经济学的视角看，组织就是制度，而不同的组织形式就是不同的制度安排。制度是游戏规则和人类行为的指南，因而是作为主体的组织的行为指南。进一步看，在技术一定条件下，作为制度的农业组织，决定农业产业主体的行为和农业产业的效率。新制度经济学正在被广泛地用于该视角下的产业组织制度的研究。如果说新古典经济学的产业组织理论主要是关注组织和市场的关系，以及组织本身的经济效率，那么，新制度经济学的产业组织理论所关注的是作为制度的组织的产生和变迁及其制度的效率。与新古典经济学相比，新制度经济学在保留新古典经济学的边际分析和均衡分析的同时，对新古典经济学的研究假设进行了修正，将制度纳入分析框架，同时引入交易成本、交易特性等变量，并吸收了西蒙的"有限理性"假设，形成了新制度经济学的人性假设和环境特征假设。新制度经济学及其衍生的契约经济学倾向将各类组织看成由一系列合约关系联结的结构（Jensen and Meckling, 1976）。Williamson（1981）将组织形式视作在交易复杂性与绩效评估难度双维度上的函数，并探讨了长期关系中的特异性风险交换。此时，由于合约缔结后，买卖双方具有双边垄断性和缺乏竞争性，进而引出对"敲竹杠"和机会主义现象的讨论。不完全契约理论则把企业组织看成"解决签约时无法预测到的状态出现时应该如何行动的特殊方式"，并强调企业和契约是并不相同的治理模式（Tirole, 1988）。

(三) 作为网络的组织

从管理学的视角看,组织是网络,在信息化和互联网时代,作为网络的农业组织,是一个相互协调的动态网络,在农业产业发展中发挥着桥梁、纽带和载体的作用。多数组织会依据其对环境的适应情况调整组织的目标和策略。从管理层级结构讲,作为网络的组织实际上是一种介于完全科层式管理和完全竞争式管理(市场谈判式管理)之间的一种组织模式。

社会网络理论认为个体和组织都是"社会人",嵌入一定的社会网络当中,其行为不仅取决于经济上的理性考量,还受到认知、文化、社会结构和政治制度等社会环境的影响,这与新古典经济学的自利"理性人"假设有很大不同。经济行为由"社会人"嵌入的各种文化、习俗等非经济行为促成,不只是出于谋利的动机。Granovetter(1985)指出,个人和组织的行为受到所在社会关系网络和社会结构的影响。Zukin(1990)提出了四重嵌入观,即个体的经济行为被嵌入认知、文化、结构和政治四种不同的外部环境中。也有学者提出经济行为的社会嵌入应该包括时间、空间、社会、政治、市场与技术(Halinen and Törnroos,1988),在这些社会网络中,从个体决策的内外部影响角度考量,则政治、文化、结构、关系等属于社会网络的外部嵌入,而认知则是个体自身的思想意识或组织文化受到外部影响之后形成的,属于社会网络的内部嵌入。因此,从社会网络理论的视角看,组织具有特殊的社会网络特征:一方面,组织嵌入文化、政治和结构环境中,其经济行为受到文化、政治和结构的多重影响;另一方面,组织中的成员嵌入组织中,个体的认知与行为决策同样受到来自组织的文化和内部成员关系结构的影响。

(四) 中国农业产业组织的制度特征

实践表明,不同的农业组织形式往往具有自身独特的制度特征。从我国农业发展的实际看,主要存在六种类型的产业组织。一是农业的家庭组织,其典型的制度特征是劳动自我雇佣,也就是不存在合约劳动制度,但是在我国,近几年兴起的不少家庭农场存在劳动雇佣的合约安排,因而不应该属于真正意义上的家庭农场组织。二是农业的合作社,经典的农民合作社应该也不存在劳动雇佣的合约安排,它应该是农民社员共同所有与经营的组织制度。三是农业的企业或者公司组织,企业往往是投资者所有的组织,股份制与雇佣制是企业最重要的制度特征。四是农业的股份合作社,当合作社的业务向下游加工领域延伸或者农民以土地(或土地承包经营权)作为股份投入合作社时,股份合作社就产生了,它实质上是合作制与股份制相互兼容的农业组织制度。五是农业的国家或集体经营组织,在我国,土地和主要农业设施通常是国家或社区集体所有,并且由所有者

（owner）或者代理人直接运营的农业产业组织，也可以称作公有或共有产权主导的农业产业组织制度，具体包括国有农场、集体农场及少数的村集体所有并统一经营的农业组织。六是农业的行业组织，行业组织本质上不是经营组织，而是同业主体参与、共同发声、相互协同与自律的组织制度。

二、中国农业产业组织的变革与轨迹

（一）中国农业产业组织变革的阶段与轨迹

观察事物的变革及其轨迹，需要考虑从什么视角观察才能准确反映事物变革的本质与轨迹，从本书以主体、制度和网络为产业组织的观察视角及其含义看，制度的组织及其组织形式的变化，既相对容易观察，又能反映农业产业组织的本质特征，因此，本书将农业经营制度及其组织形式的重要变化作为观察线索，考察中华人民共和国成立以来国家农业产业组织的变革与轨迹。具体的变革及其相应时段，见表6.1。

表6.1　我国农业产业组织的变革与轨迹

时间	农业产业组织制度特征
1950~1953 年	农户所有的家庭经营与农业互助组织
1954~1956 年	农户所有的家庭经营与农业初级合作社组织
1956~1957 年	集体所有、集体统一经营的农业高级合作社组织
1958~1978 年	集体所有、集体统一经营的人民公社组织
1962~1978 年	出现了集体"三级所有、队为基础"的人民公社组织体系
1978 年至今	集体所有与农户家庭承包经营相结合的农业双层经营体系，并且成为我国农村改革以来所坚持的农业基本经营制度
1992~2007 年	从农业产业化（agricultural integration）经营的组织形式看，出现了"公司（企业）+农户"的农业产业组织体系和组织模式
2007 年至今	从农业产业化经营的组织形式看，出现了"公司（企业）+合作社+农户"的农业产业组织体系和组织模式；在集体所有基础上，形成了农户家庭承包经营和农民专业合作组织相结合的农业新型双层经营体系

根据表 6.1 所对应的时段描述，本书将中华人民共和国成立以来的农业产业组织的变革轨迹，按照组织制度的维度概括为三个重要阶段。

第一阶段是 1949~1978 年。也就是中华人民共和国成立至改革开放。这一期间，通过农业的社会主义改造，我国农业产业组织制度与组织形式从农户所有的家庭经营与初级合作社并存的组织制度逐渐演变成了农村集体所有并且由集体统一经营的农业组织制度。这一演变是渐进的，却是本质性的变革，它不仅将农村土地产权制度从农户家庭所有演变为农村集体所有，而且将农业的家庭经营制度演变为农村集体统一的经营制度，还异化了农业合作组织，使 20 世纪 50 年代初期由农民建立、农民拥有的农业生产合作社（初级社）、农业信用合作社和农业供销合作社，分别异化成为由集体或集体企业统一经营，而农民已经不是所有者社员，而仅仅是集体组织成员，但这些组织仍冠名为合作社的农业生产、农业信用、农业供销的合作组织。

第二阶段是 1978~2007 年。也就是从改革开放到国家施行《中华人民共和国农民专业合作社法》的那一年。毫无疑问，起始于 1978 年的改革开放是中华人民共和国成立以来经济体制从计划体制开始转向市场体制的元年，并且改革从农业经营制度的变革开始。在此期间，伴随着我国农业家庭承包经营制度的推行，农业产业组织制度从农村集体所有和统一经营的制度，演变为土地仍然由集体所有，但经营权则通过土地农户家庭承包的制度，归农民长期（二轮以后又改为长久）经营，形成了农村土地所有权和经营权相分离、村集体和承包农户相结合、双层化的农业经营体系，这一体系就是我们现在一直坚持，并且要巩固和完善的我国农村基本经营制度（习近平，2017）。20 世纪 80 年代，农业家庭经营组织成为农业产业具有主导性的组织形式，然而随着城乡居民温饱问题的解决和农产品市场供给的不断增加，我国农产品开始出现持续性的结构性过剩，分散的农户家庭经营组织开始普遍面临农产品"卖难"问题。针对这一问题，1992~1993 年，在总结山东潍坊寿光、诸城等地农业产业化发展实践与经验的基础上，国家出台了推进农业产业化经营的相关文件，鼓励农业龙头企业与农户建立紧密关系，帮助农民解决农产品"卖难"问题。由此，从农业产业化经营的组织体系看，我国出现了以"公司（企业）+农户"为主要特征的农业产业组织体系和组织模式。

第三阶段是 2007 年至今。之所以将 2007 年作为第二阶段的起点，在于农民合作组织是当今世界各国农业领域都不可或缺的产业组织形式与制度，《中华人民共和国农民专业合作社法》在 2007 年施行，无疑是我国农业产业组织制度变革的重要时间节点。相应地，从 2007 年开始，我国农业产业组织体系和经营体系都发生了重要变化，农业经营体系从村集体和承包农户双层化的经营体系，进一步演变为农户家庭与农民专业合作社相结合、双层化的新型农业经营体系。从农业产业化经营的组织体系看，则出现了以"公司（企业）+合作社+农户"为主要特征的农业产业化组织体系和组织模式。

（二）中国农业合作组织的变革与演化

对于我国农业合作组织发展问题的研究，有必要基于三个方面考虑。首先，要将合作组织置于整个农业产业组织体系中去观察和研究。其次，要上升到产业组织理论的高度去观察和研究农业合作组织。最后，要从中华人民共和国 70 多年的历史长度来观察和研究农业合作组织自 2007 年以来的发展。换言之，鉴于农业合作组织在整个农业产业组织体系中的重要性、在产业组织理论研究中的独特性和在我国合作社发展历史中的曲折性，研究当前我国农民合作社的发展问题，不能就合作社论合作社，不能弱化理论指导，不能脱离我国历史和现实情景，而是要用系统观、理论观和历史观去观察、分析和把握。

（1）改革开放前 30 年我国农业合作组织的形成与异化。20 世纪 50 年代中期，在政府的支持下，我国农民先后建立了农业生产合作社、农业供销合作社和农业信用合作社，这些合作组织在一开始都是真正意义上的农民合作组织，在农业生产、农资供销和农民信贷等方面发挥了重要作用，在当时，由于对农业合作组织的本质及社会主义的阶段性的特征缺乏科学的认识，社会主义公有制生产关系的先行在整个经济社会发展中占据主导地位，政府在农村很快开启了合作化运动，仅用了短短一两年时间，就将绝大多数的农民所有、农民惠顾的初级合作社演变成了集体所有、集体统一经营的高级合作社，与此同时，农业供销合作社和农业信用合作社逐渐演变成了乡镇集体所有并统一运营的组织，尽管这些组织仍然冠以合作社的牌子，但实际上已偏离合作社的农民所有、农民惠顾的合作本质，异化成了"一大二公"、产权不清、农民激励不足的集体化组织。20 世纪五六十年代我国农业产业组织异化的教训是深刻的，它直接导致了农民产权和主体性的失去、农业生产的低效率和基本农产品供给的持续匮乏。回顾这一历程，当时农民合作组织异化的基本原因可以归结如下：在追求社会主义理想道路的过程中，公有制生产关系的强势先行大大超越了农业生产力的水平。

（2）改革开放后 30 年我国农业合作组织的缺位与成因。从 1978 年开启中国农村改革到 2007 年施行《中华人民共和国农民专业合作社法》，法律意义上的我国农业合作组织在这 30 年是缺位的。作为农业家庭经营孪生体的农业合作组织在这一期间之所以没能在我国得到法律层面的支持和相应的发展，原因主要在于两个方面，一是相较于过剩市场，短缺市场对产业组织变革的内在压力不大。从产业组织和供给侧的演变规律看，在市场供大于求或者说买方市场的情况下，供方竞争往往会加大，进而加大产业组织变革的内在压力，反之则相反。从 20 世纪 80 年代的我国情况来看，计划经济遗留的市场供给短缺和卖方市场现象是我国经济的基本特征，农产品市场也是如此，供给不足是普遍现象。当改革引入农业家庭承包经营制度后，农民生产积极性被充分激发，尽管当时农户很分散并且经营规模不大，但效率仍很高，基本不存在农产品"卖难"问题，在这种情况下，农民对合作组织的需求并不大。二是对合作组织的发展存在认识误区。20 世纪 90 年代以后，随着农产品供给的不断增加和居民温饱问题的解决，我国农产品供给开始出现比较普遍的结构性过剩现象，解决农产品过剩和农民农产品

"卖难"问题被提到政府重要议事日程。主要的举措是推进农业产业化经营，在产业组织层面，则是培育农业龙头企业，寄希望于下游的农业龙头企业与农民结成利益链接，形成"公司+农户"的产业组织模式，帮助农民解决农产品"卖难"问题。尽管这一产业组织模式对缓解农产品"卖难"问题发挥了一定的作用，但仍然存在农户和企业的合约成本偏高和交易不确定性较大等问题。按理说农民合作组织应该应运而生并且充分发展，实践中却并非如此，尽管当时一些地区有农民合作组织的存在，但在法律层面得不到认可。其原因主要在于，政府和学界在当时对农民合作组织的认识仍存在一定的误区，存在"谈合色变"心理，认为发展合作社可能是走过去合作社发展的老路，以至于我国农民合作组织在改革开放后农产品买方市场的情况下，依然处于法律缺位的状态。

（3）2007年以来我国农业合作组织的迅速发展及其特征。应该说，浙江省对改革后我国农民合作组织的发展做出了重要贡献。2004年5月，台州市人民政府和浙江大学农业现代化与农村发展研究中心在台州市联合举办了"农民专业合作组织制度建设和立法安排国际研讨会"，有16位国内外著名的合作社专家从法律、理论和实践角度研讨了合作社发展和立法的必要性，向政府部门提出建议。2005年1月浙江省在全国率先施行了《浙江省农民专业合作社条例》，这一地方性法规在一定意义上推动了2007年的《中华人民共和国农民专业合作社法》的出台。2007年以来，我国农业合作组织开启了新的发展历程。农民专业合作组织之所以能获得迅速发展，有两个基本原因，一是各级政府的大力支持。尽管合作社的法律体系还不是很完善，但总体上地方政府在政策层面对农民专业合作组织的发展还是支持的。二是市场竞争环境的变化对产业组织变革的压力。首先是分散的农户家庭经营难以适应买方市场的竞争；其次是"公司+农户"的产业组织模式存在企业与农户交易成本过高和交易不确定性的问题，而"农户与村集体"的双层经营体系则存在村集体功能受制于社区空间及村集体功能多样，难以倾力于经济活动。

2007年以来，我国农民合作社在数量规模（表6.2）、行业分布、类型与功能方面形成了一定特征。这些特征既体现了农民合作组织发展的一般性，又体现了农民合作组织发展的我国制度特征。

表 6.2 2007~2017 年我国农民合作社发展

年份	合作社总数/万家	注册资产/万亿元	成员数/万户	平均成员数/户
2007	2.60	0.3	35	13
2008	11.09	0.9	142	13
2009	24.64	2.5	392	16
2010	37.91	4.5	716	19

续表

年份	合作社总数/万家	注册资产/万亿元	成员数/万户	平均成员数/户
2011	52.17	7.2	1 196	23
2012	68.89	11.0	2 373	34
2013	98.24	18.9	2 951	30
2014	128.88	27.3	9 227	72
2015	153.11	32.3	10 090	66
2016	179.40	—	10 667	59
2017.07	193.30	—	11 243	58

资料来源：根据国家工商行政管理总局公布的统计数据汇总

在数量变化上，自 2007 年《中华人民共和国农民专业合作社法》实施以来，我国农民专业合作社快速发展。从 2007 年到 2017 年 7 月底，农民专业合作组织数量从 2.60 万家增加到 193.30 万家（2018 年已超过 200 万家）；单个合作社平均成员数从略大于 13 户增加到约 60 户；超过 1 亿户的农户加入了各类合作社，占全国农户总数的 46.8%。合作社成员数超过 100 户的合作社比例从 2008 年的 1.8% 上升至 2016 年的 3.8%。

在行业分布上，2017 年，种植业、畜牧业、服务业、林业、渔业和其他行业内的合作社数量占比分别为 53.2%、24.3%、8.1%、5.9%、3.4% 和 5.1%。其中，在所有种植业的合作社中，38.9% 为粮食合作社，18% 为蔬菜合作社。此外，有专门提供生产服务的合作社，如农机服务专业合作社；生产与加工相结合的专业合作社；以某一产业为主，兼顾关联产业活动的合作社等。

在类型特征上，主要存在三种类型的合作社。一是传统合作社。二是股份合作社。其包括土地股份合作社和其他要素入股的股份合作社。其中，土地股份合作社是以集体土地与农户承包地入股。截至 2015 年底，全国已有 8.52 万家土地股份合作社，占当年合作社总数的 6.4%。三是联合社。其包括专业合作与专业合作相联合的联合社，生产合作、供销合作、信用合作"三位一体"的联合社，专业合作与社区合作相联合的联合社等，这几年都得到了不同程度的发展。

在功能特征上，合作社除了为成员提供产销的基本服务外，还通过自身产权制度和治理结构的不断完善，不少农民合作社已成为集新型农业经营主体与传统农户于一体、生产与多种服务功能于一体的开放性载体和多功能、多形式的农业产业组织，逐步形成了参与主体多元、利益分配多样、管理决策灵活、农户与合作社分工清晰的农业新型双层经营和产业化经营的组织载体，并且在此基础上形成了以"公司（企业）+合作社+农户（成员）"为基本特征的农业产业组织体系。

三、SSCP 分析框架

基于在组织研究中最为广泛应用的产业组织理论和新制度经济学，本书构建了适合于本课题研究内容的"状态（situation）-结构（structure）-行为（conduct）-绩效（performance）"（SSCP）分析框架。SSCP分析框架形成于20世纪80年代，主要应用于产权经济学和产业组织学的研究，其基本含义为，在一定的市场和制度环境下，产生现实的市场和组织治理结构，并通过企业组织（行为人）的行为，实现预期理想的制度绩效。具体来说，这里的状态是指交易的初始状态（如产业与产品特性、技术状态、市场状况、资源条件、文化禀赋、制度环境等）；这里的结构是指制度的安排结构，涉及产权制度、合约制度、控制与交易制度等制度的安排结构，即形成一定的治理结构；这里的行为是指主体（组织与个人）的行为激励（如生产性行为激励、交易性行为激励、分配性行为激励、风险规避性行为激励等）；这里的绩效是指行为主体的组织（制度）的运行效率。这一分析范式（框架）的逻辑关系如下：在给定（外生性）的交易状态下，有多种交易制度可供选择与安排，但其中只有一种制度安排是与交易状态最适合的，它可以最大限度地降低总交易费用（包括市场交易费用和组织控制费用），与此同时，制度结构决定或影响交易主体（组织与个人）的行为，进而决定组织（制度）的绩效。

本节所建构的SSCP分析框架的重要意义在于：一是衡量某种产业组织体系的合理性或者选择合理的农业产业组织，首先要看这种组织是否是基于给定的状态（特性、属性）基础上的选择与安排。二是尽管交易状态对于单个的交易主体（组织与个人）而言，往往是给定的或者具有外生性，但这并不意味着状态总是一成不变的，政府行为、技术变革等状态的变动性和空间差异性，对组织的选择及其合理性评价带来了复杂性、动态性和挑战性。以上两点可以为我们科学解释农业产业组织与工业产业组织为什么存在差异性；解释不同产业组织，如股份制农业企业和农民合作社，为什么在市场中并存的局面；解释在学习其他国家（地区）的发展经验时，为什么应该借鉴而不能照搬。三是有利于我们理解不同的组织模式的激励机制和经营行为，如传统合作社往往是通过集体行动来实现规模经济和交易成本的节省，而农业龙头企业则往往倾向通过资本扩张或兼并来实现规模经济和交易成本的节省。

SSCP分析框架可以作为新制度经济学应用的一种分析范式，应用到本书的研究中，具体每一部分的研究内容如表6.3所示。值得指出的是，SSCP分析框架在实践应用中的优点是揭示制度合理安排的效率，而缺点是难以对制度安排的效率准确的定量，通常会采用比较的方法，即在给定技术状态下，对不同的制度安排所产生的交易费用变化和经营绩效变化进行比较,以确定一定的制度及其安排的效率。

表6.3 SSCP分析框架的应用

SSCP分析框架	主要内容与应用
状态	考察组织(主体)所在环境的初始状态,揭示组织与其所在环境的关系,包括组织与技术环境和制度环境的关系 技术环境是指资源条件、产业和产品特性、交易市场状态(市场的完全程度、市场竞争的激烈性及参与市场的交易成本)等 制度环境主要是指政府规制、政策法律、产权结构、文化禀赋等
结构	考察组织的治理结构及不同交易主体之间的正式和非正式契约关系,辨别不同的产业组织的治理结构模式及其差异,如家庭农场、农业龙头企业、农民合作社及这些产业组织相互连接的制度结构等
行为	考察组织(主体)的制度性行为和经营性行为,如生产性行为、交易性行为、分配性行为、风险规避性行为等,研判这些行为与组织制度结构的互动关系
绩效	在一定的技术与制度环境下,通过内生的制度安排和治理结构,以及相应的经营性行为,从而产生一定的组织绩效,主要包括一定技术条件下组织的交易费用和组织内部控制费用的变化、一定制度环境中不同产业组织的经营绩效的变化

第三节 农业产业组织体系创新的国际经验

随着农产品的竞争走向不同农产品供应链之间的竞争,降低市场交易成本,将农业全产业链的各个环节在不同程度上进行整合,实现一体化经营或纵向协作,成为现代农业产业组织创新的发展方向。畜牧业发展水平是一国现代农业发展程度的重要标志,以畜牧业高度发达的德国和丹麦为样本,以在两国畜牧业中占主导地位的生猪产业为例,对它们现代农业产业组织体系创新进行比较研究。研究发现,虽然两国都是生猪的主要生产国,但由于历史、经济、社会人文环境,以及农业条件、农民状况的差异,两国生猪产业组织体系分别形成了以多元化的组织发展模式为特征和以农民合作社为核心的产业组织体系。丹麦是以符合理论上的纵向一体化的或纵向协作的国际潮流模式为主,德国则是单一体系与多层体系并存,且各产业组织治理模式不尽相同,但由于严格遵循了市场导向法则,同样实现了组织的高效率和产品的国际竞争力,为我国农业产业组织体系模式创新提供了有益借鉴。

一、以多元化发展模式为特征的德国生猪产业组织体系

德国是生猪生产和消费大国,生猪产业在德国拥有举足轻重的地位。德国是

欧盟第一大生猪生产国。2014年，德国生猪存栏量为2 834万头，占欧盟27国生猪存栏总量的1/5（19.3%），猪肉总产量为550.7万 t，占欧盟27国猪肉总产量的 1/4[①]。理论上讲，生猪产业由于对上述价格波动的敏感性，应该表现出通过订单农业实现较强的农业产销一体化，同时家庭生猪养殖场也会有组成合作社以抵御市场风险的意愿。而事实上，德国生猪产业远未达到一体化的程度，甚至订单农业也并未在德国生猪产业聚集区域普及（Schulze et al., 2006a, 2006b）。同时德国生猪产业合作社所占市场份额在2000~2010年并没有呈现出很大变化，在2010年还不到20%（Kühl, 2012）。

（一）德国生猪产业组织体系的现状

德国的生猪产业的发展多年来遵循市场导向，家庭生猪养殖场数量减少，平均养殖规模则逐渐扩大，同时产业的区域集聚效应越来越明显。从事生猪生产、交易、加工、批发零售等产业链诸多环节中的各经营主体，呈现出组织形态多元化和多种治理模式并存的局面。

家庭生猪养殖场数量锐减，规模扩大，专业化程度提高。根据欧盟统计局（Eurostat）的统计数据，2004~2014 年，德国生猪年存栏量增长了 7.6%；而与此同时，德国家庭生猪养殖场数量却急剧减少，2014 年的数量仅为十年前的1/3。2015 年，德国约有 2.57 万个生猪养殖场，其中约 40%为德国生猪养殖联合会（Interessengemeinschaft der Schweinehalter Deutschlands e.V., ISN）的成员。此外，德国家庭生猪养殖场经历了专业化的过程，2000~2007 年，德国生猪产业的农场专业化水平从 15%增长到 33%，成为专业化速度最快的部门（Kühl, 2012）。

存在多种形式的生产者组织和交易商。由于历史的原因，在德国畜牧业中存在着两类相似的合作组织，一类是生产者所有型畜产品营销合作社，另一类是生产和营销协会。生产者所有型畜产品营销合作社的建立是基于德国《合作社法》所奉行的自我管理、自我负责、民主控制等合作制原则，其主要目的是共同销售活畜并组织活畜与畜产品的销售与运输。生产和营销协会又称为集体议价协会，是基于 1969 年德国颁布的《市场结构法》成立起来的组织。在反限制竞争行为方面，《市场结构法》为农业产业部门提供了特例。生产和营销协会不仅可以整合营销资源，共同销售活畜，组织被屠宰畜牧的销售与运输，同时也为改进农产品质量及统一产品标准和规格制定规则。生产和营销协会与家庭生猪养殖场的关系趋于紧密，其规模也愈发增大。

---

① 资料来源：欧盟统计局，网址（https://appsso.eurostat.ec.europa.eu/nui/show.do?dataset=apro_mt_lspig&lang=en）。

在德国，作为连接家庭生猪养殖场与加工企业的中介组织，除了上述所说的合作社和协会，还包括投资者所有型畜牧业农产品交易商。德国家庭生猪养殖场可以通过以下三种主要方式销售其农产品：第一种方式是与投资者所有型畜牧业农产品交易商交易。这些农产品交易商在德国大概有 3 000 家，采用这一交易方式的家庭生猪养殖场约占到所有家庭生猪养殖场总量的 42%。第二种方式是与生产者所有型畜产品营销合作社交易。目前德国约有 100 家这样的合作社，采用这一交易方式的家庭生猪养殖场约为所有家庭生猪养殖场总量的 25%。第三种方式是与生产和营销协会交易。德国共有约 60 家生产和营销协会隶属于畜牧业和肉类生产者协会联合会。采用这一交易方式的家庭生猪养殖场约占到家庭生猪养殖场总量的 25%。此外，有很小一部分家庭生猪养殖场（约占 8%）将其饲养的生猪直接销往屠宰场、专业的零售商或者自己屠宰并直接与消费者交易。

加工部门以中小企业为主，但大型企业占据市场主导地位。对生猪的加工包括屠宰和分割、包装等流程，在德国通常由 250 家大规模和中等规模的屠宰场、600 家分割加工企业和 2 300 家其他加工企业来完成。德国生猪加工企业仍以中小企业为主，特别是在德国南部和西南部地区，是以 1.6 万家针对当地市场的屠宰场和 2.7 万家连锁店为主，进行生猪屠宰、分割和加工的（Hortmann-Scholten，2011）。生猪加工的产业集聚也比较明显，德国前三大生猪加工企业所占有的市场份额在 2010 年超过了 50%[1]。德国前十大屠宰企业所采购的生猪数量，占全国市场交易生猪总数的 70%。在合作社的组织形式方面，德国以往的大型生猪产业合作社已经被荷兰的 Vion 集团收购，如今 Westfleisch 是德国唯一一个大型生猪产业合作社，2015 年，其销售额达到了 25.1 亿欧元，与 2009 年相比，增长了 33%[2]。

销售环节集聚效应显著。德国肉类产品的批发零售通过几种途径销售到消费者手中，主要包括超大超市（所售猪肉占猪肉销售总量的 19%）、超级市场（27%）、折扣商店（28%）、零售肉店和其他便利店（25%）等。与屠宰行业相比，德国生猪零售行业的集聚效应更为明显。在屠宰加工企业和零售商之间，交易价格是通过每周或每月的频繁价格协商制定的。每一个零售商都与数目不等的供应商建立固定联系，但由于零售部门市场力量强大，零售商往往会在这一产业链的定价环节中起到关键作用。

其他生产服务组织在传统核心服务功能之外，开始提供新的服务。德国农业拥有一套完整的生产服务体系，涉及从联邦到州和州级以下的地方、从公共部门

---

[1] 相关数据参考德国国际学生网络（international student network，ISN）（http://www.schweine.net/）。
[2] 它也是德国第三大农业合作社（前两大合作社分别在谷物和蔬果产业）。相关数据参见：http://westfleisch.de/en/press/press-releases/12062015-westfleisch-keeps-growing.html。

到混合型组织和私营服务部门等不同层级和类型的服务机构。近年来，私营服务部门和以"农业商会"为代表的混合型第三部门开始为家庭生猪养殖场提供专业化的服务，服务模式变得多元化。

(二) 德国生猪产业组织体系的特点

德国生猪产业组织体系表现出纵向一体化程度偏低，投资者所有型企业和生产者所有型企业并存、单层体系与双层体系并存、订单合作形式与非正式长期合作并存等多元化发展的特点。

纵向一体化程度低。在德国的生猪产业中，养殖场与加工企业之间的交易形式往往以单一的现货交易和非正视的长期合作关系为主（Schulze et al., 2006b）。与养殖场和屠宰加工企业之间的关系相比，德国生猪屠宰加工企业与零售企业开始向一体化方向发展，且在加工零售阶段，其合作关系日益密切。在过去20多年间，一些零售企业进入了生猪屠宰加工环节。由于一家零售企业往往有不止一家加工企业提供产品，因此，即使其彼此之间存在长期的订单关系，零售企业仍倾向在更换供应商或复议价格等方面保持灵活性。有时候，多家加工企业在不同地区为同一家零售企业提供产品，因此，供应商和零售商的关系在不同地区也呈现出差异。

投资者所有型企业和生产者所有型企业并存。德国有90%的生产者组织都是注册为生产者所有型畜产品营销合作社或生产和营销协会。有5%~6%的生产者组织是以合作社的形式登记的，其余的5%则是以有限责任公司的形式登记注册的（Kühl, 2012）。德国生猪产业组织体系主要是以生产者所有型畜产品营销合作社、生产和营销协会为代表的经济协会，在组织生产和营销中起主要作用，它们带动了家庭生猪养殖场与加工企业共同议价或者组织产品的运输，但是，与投资者所有型企业相比，这些生产者所有型企业并没有被大多数家庭生猪养殖场所选择，只有50%的养殖场通过这些企业销售产品（Hortmann-Scholten, 2011），而其他养殖场往往选择与投资者所有型企业合作。因此，在生猪交易过程中，投资者所有型企业和生产者所有型企业在连接家庭生猪养殖场上的作用不相上下。

单层体系与双层体系并存。德国生猪生产者与市场对接存在生产者组织模式、购买方驱动模式和中介机构驱动模式，而以政府、非政府组织和专业批发商等驱动的对接模式并不突出。其中，购买方驱动模式（又称单层体系模式）是指家庭生猪养殖场将其生猪直接交售给屠宰企业或直接与屠宰企业签订合同。在单层体系中，家庭生猪养殖场与屠宰加工企业主要存在两种合作形式——订单合作形式和非订单合作形式。德国前三大屠宰加工企业主要是与家庭生猪养殖场建立供销合作关系，家庭生猪养殖场与其直接交易的比例较高。合作社法人Westfleisch 与家庭生猪养殖场的产销合作比重远远高于德国前三大投资者所有型屠宰加工企业，76%直接来自家庭生猪养殖场，只有 1/5 来自其他生产者组织和交易商。生产者组织模式（又称双层体系模式）是指家庭生猪养殖场与畜牧业农产品交易商（同时包括投资者所有型交易商和生产者所有型交易商）合作，之后这些畜牧业农产品交易商再与屠宰加工企业交易。此外，有很少一部分对肉类专卖店等零售商、餐饮店进行直销。

订单合作形式与非正式的长期合作形式并存，以非正式的长期合作形式为主。"非合同性长期合作关系"这一模式是德国家庭生猪养殖场与屠宰加工企业关系的主导模式。例如，Schulze 等（2006a）的研究显示，只有19%的养殖场针对其全部或部分产品与屠宰加工企业签订了订单，81%的养殖场没有与屠宰加工企业签订过任何合同。而在这81%的养殖场中，只有15%的养殖场经常与不同的加工企业合作，而大部分养殖场（66%）很少变更合作对象。

（三）小结

在德国与欧盟农业结构调整的大背景下，德国生猪产业组织体系形成了与丹麦、美国等农业纵向一体化程度高的西方国家截然不同的发展模式，既没有形成产业组织一体化，合作社在产业组织体系中也并不占据主导地位，从事生猪生产、交易、加工、批发零售等产业链诸多环节的经营主体，在生产与市场对接的过程中，呈现出组织多元化和多种治理模式并存的局面，表现出"单层体系与双层体系并存""投资者所有型企业和生产者所有型企业并存""订单合作形式与非正式的长期合作形式并存、以非正式的长期合作形式为主"的特点，农业生产服务机构在组织议价等传统服务功能之外，开始提供与质量认证相关的新的服务，对保障家庭生猪养殖场产品质量和经济效益、促进生猪产业可持续发展起到了重要作用。

二、以农民合作社为核心的丹麦生猪产业组织体系创新

丹麦是一个养猪大国，目前丹麦约有 5 000 个专业化养猪场，出栏的生猪90%用于出口，每年出口的生猪总量都超过 3 000 万头，占全球猪肉贸易总额的23%。丹麦生猪产业规模化、标准化水平高，注重食品质量安全，在国际市场上竞争力极强，这与丹麦建立了以农民合作社为核心的农业产业组织体系密不可分。

（一）以农民合作社为核心的丹麦生猪产业组织体系

丹麦的农民合作社较为发达，在欧洲被誉为"合作王国"。在农业各主要产业中，均以合作社为主要载体，引领农户进入市场，其中生猪产业是典型代表。

丹麦形成了以合作社为核心、以家庭农场为基础、以各类协会和联合会为依托、以咨询服务机构为支撑的独特的生猪产业组织体系架构。其中，丹麦生猪产业组织体系的最高机构是丹麦农业理事会（Danish Agricultural Council），丹麦大型的合作社都是该理事会的会员。丹麦农业理事会作为一个民间组织，是农民政治利益和经济利益的代言人，不仅参与与农业相关的政策制定、立法、对外谈判，欧盟有关部门的决策和对策事务，还制定农产品出口战略，开拓国内外市场，在政府、议会中有一定的影响力。丹麦农民协会（The Association of Danish Farmers）、丹麦家庭农场联合会（The Federation of Danish Family Farms）、丹麦养猪和屠宰联合会（The Federation of Danish Pig Producers & Slaughterhouses）三大组织是丹麦农业理事会的支柱机构，形成了丹麦农业理事会的"伞形"架构。

丹麦所有农户都是丹麦农民协会或丹麦家庭农场联合会的会员。这两个农民组织性质相同，由于历史原因同时存在，承担着两个方面的职能：一是在政治上代表农民的利益，与政府和议会打交道；二是为农民提供专门的技术和职业技能培训，组织和扩大农产品出口。

丹麦养猪和屠宰联合会的前身为丹麦熏肉和肉制品委员会，是一个合作社性质的农民互助组织。该委员会负责种猪培育、生猪饲养、生猪屠宰、市场营销、检疫防疫、猪舍建设、动物福利等工作的组织间协调。由于丹麦养猪和屠宰联合会的特殊作用，丹麦所有的养猪农场、屠宰场及所属企业都是该联合会的成员。

丹麦农民合作社在与其他私营企业的竞争中逐渐发展，为了在竞争中获得更大优势，合作社不断合并，呈现出合作社数量减少但规模逐渐扩大的趋势（Knudsen and Hansen，2008）。20 世纪 60 年代，丹麦共有 62 家屠宰和加工合作社，而 2017 年的资料显示仅剩 2 家——丹麦皇冠（Danish Crown）和迪康（Tican），包揽了丹麦全国 98%的猪肉、牛肉的生产。

丹麦农业咨询服务中心（Danish Agricultural Advisory Service，National Center）是独立于政府和丹麦农业理事会的机构。该中心由丹麦农民协会和丹麦家庭农场联合会共同所有并派代表（农民）组成董事会，其主要职责是向地方咨询服务中心提供专业支持，并促进地方农业咨询服务中心与农业研发机构联系。

（二）以农民合作社为核心的丹麦生猪产业组织体系的制度特性

丹麦农业以家庭农场为基础，过去每个农户都需要独自将自己生产的农产品销售到市场上。当单个农场主销售产品时，私人工商企业为获取高额利润往往以低价收购农产品，形成了垄断农产品市场的局面。1897 年，丹麦农户成立了全国第一家屠宰合作社，目前丹麦生猪产业已经形成高度组织化的经营体系。合作社成为生猪产业中其他经营主体的连接点，供种、饲料、养殖、加工、营销各环节的经营主体都互相渗透、互为股东，真正联合成为利益共同体。

农民合作化。丹麦生猪产业组织体系的显著特征是自下而上的联合。家庭农场在自愿的基础上加入地方农业组织，同样在自愿的基础上，地方农业组织联合成区域甚至全国性组织。丹麦合作社执行宽进严出的成员资格原则，成员资格是开放的，凡是与合作社有购销关系并接受合作社的交易合约，利用合作社的设施、设备的个人，即可申请成为合作社成员，且无须入股。成员可以自愿退出合作社，但如果退出，其成本高昂，退社成员不仅会失去所占有的股份，而且不会退还其股金，同时必须要支付合作社净债务中的份额。丹麦合作社对内坚持限制资本报酬、惠顾者（patron）利润返还的原则，对外则按有限责任公司的方式运行。丹麦没有合作社法，合作社与其他所有制企业一样，受《商法》的约束。例如，丹麦皇冠屠宰合作社规定，成员必须把自己的全部产品都交给合作社销售，合作社有义务收购成员生产的产品，并进行加工和销售（包括出口），但坚持市场定价，不为成员承担价格风险。成员按照向合作社提供的农产品数量取得收入。合作社从盈余中提取一定比例用于支持合作社发展的公积金后，剩余的部分按成员上交农产品数量的比例给成员分红。丹麦合作社的所有基层社都实行"一人一票"的民主管理原则。合作社的最高权力机构为成员大会或成员代表大会。在成员大会或成员代表大会上，实行"一人一票"和"少数服从多数"的决策原则，但是，在地区性和全国性合作社的董事会选举中，基层和地方成员社的选票数以其营业额为依据。

生产标准化。标准化生产贯穿于丹麦生猪产业链，从生产加工到流通的每个环节都实施全过程监控。在猪种的选育和改良方面，丹麦全国建立起了高效的三级良种繁育体系，90%~95%的母猪采用人工授精的方法配种，配种所用精液全部由经过性能测定站测定的种公猪统一提供。在生猪饲养方面，丹麦法律严格禁止饲料中使用催长剂、荷尔蒙等激素类药物，限制使用抗生素类药物，以及其他对人体有害的药物或饲料添加剂，对允许使用的药物也有严格的规定。在猪肉加工方面，丹麦生猪屠宰场生产线的现代化程度相当高，每个生产工序及其产品流向的信息，都通过安装在生产线上的自动系统输入控制中心。每个屠宰场都设有实验室对送交的抽检样本进行经常性的化验，并由国家兽医部门派驻的卫生检疫人员对每条屠宰生产线上屠宰的生猪逐个进行严格检查后方能屠宰。此外，丹麦对从事生猪饲养具有严格的条件，具体包括：一是拥有自己的土地，农场主只能通过市场购买的方式获得农场土地且必须居住在该农场里（常青和张兔元，2010）；二是农场主必须在经过 9~10 年的初等教育以后，再在农学院完成三个阶段的学习并通过严格的全国统一考试获得"绿色证书"；三是每个猪场饲养的生猪数量最多不超过 4 500 头生产母猪或 15 000 头肉猪。

服务一体化。丹麦的农业服务体系由政府部门、合作社和私人机构三部分组成。其中，由各种农业合作社组成的服务体系在整个农业服务体系中占有最重要的地位。合作社不仅通过把分散的农场的经营活动纳入整个生猪产业组织体系，最大限度地发挥了整体效应和规模效应，而且利用协会、联合会这些农民互助组织，将生猪产业链的各个环节都有机连接起来，实现了生猪产业链上各经济主体之间的利益共享和风险共担，增强了产品的国际竞争力。

（三）小结

丹麦生猪产业组织体系的发展在连接农民与市场、提高农民市场地位、增加产品附加值和发展现代农业中发挥着举足轻重的作用。

1. 由合作社实现产业一体化经营

在丹麦，合作社的首要职责是满足成员需要。具体来说，就是合作社提供生产资料供应，农产品收购、加工、销售及信贷、保险和咨询等系列配套服务；农民通过合作社购买农业生产资料、出售各种农产品及借贷所需要的资金。合作社将农民与其他经济主体之间的交易内化为与合作社的交易，节约了农民进入市场的交易费用，增强了农民的市场话语权。丹麦合作社从保护成员的利益出发，延长产业增值链条，将中间成本环节留在产业链条内，使成员能够分享农产品加工和流通环节的增值收益。

2. 由行业组织和咨询机构提供系列服务

丹麦的农业服务体系由行业协会、合作社、政府、私人咨询机构组成，保证农民获得最新的生产和经营管理技术。合作社和行业协会是连接政府、农民与市场的纽带，在政治上代表农民的利益，在经济上为农民提供销售服务、技术指导、政策咨询、法律法规信息及组织协调扩大产品出口。丹麦的农业行业组织承担了政府的许多职能，如农业技术推广、产前产中产后服务、农民培训等。在农业服务体系中，丹麦政府的职能之所以比较"轻松"，主要是由于其社会化服务体系发达和完善。

3. 由政府提供必要的支持

在丹麦的农业服务体系中，政府参与的并不是很多。政府的主要职能是支持农业研究，重视咨询服务人员的再教育。虽然在农业服务体系中扮演着"小政府"的角色，但丹麦政府致力于建立高效、规范的农产品质量安全追溯体系，在保障农产品质量安全方面成效显著。

三、对中国农业现代产业组织建设的主要启示

（1）农业产业组织体系建设不存在单一模式，拥有国际竞争力是核心。从

德国和丹麦生猪产业组织体系创新的经验看，新制度经济学关于契约选择、交易方式、资产专用性等影响产业组织选择形式的理论分析主要是从节省交易费用的视角展开，但忽略了一国非经济的社会、文化等制度，如历史传统、农民偏好、政府偏好、意识形态等对产业组织体系的影响，如丹麦之所以形成以农民合作社为核心的生猪产业组织体系，与19世纪中后期到20世纪初期丹麦民间掀起的农民识字文化运动有关，推动了民主（democracy）和民族觉醒，形成了农民强大的政治势力（克拉德森，1982）。而德国是市场自由经济体系下的农民自我选择，由此形成了多元化模式。因此，现实中不存在一个统一的、理想的产业组织模式，即使在相同的市场交易条件和产品属性下，仍然存在不同而有效的治理模式，它意味着产业组织体系创新的核心是要形成国际竞争力，应当围绕培育产业的国际竞争力、发育完善的要素市场，而不是刻意追求某个特定的产业组织类型而展开。

（2）政府农业产业政策的核心是营造良好的竞争环境、提供公共物品、促进可持续发展，而不是倡导某种产业组织体系模式。无论是丹麦还是德国，在生猪产业组织模式形成中，政府都没有提倡某种特定的模式，而是让市场主体自我选择，发挥市场在资源配置中的决定性作用。政府的作用在于弥补市场失灵，提供正外部性强的公共物品，如农民教育、农业研究、农业推广服务等。目前，在强调农业多功能性、保护生物多样化、实现可持续发展的时代背景下，政府对农产品质量安全、动物福祉及农场环境状况强化约束，对生猪产业的发展表现出更大的影响。因此，政府对于我国农业的政策导向应从倡导某种农业产业化经营模式转向关注提供公共服务平台的建设和深化要素市场改革，营造公平（equity）竞争的环境，促进土地、金融、技术等市场的完善，引导绿色农业发展，把财政扶持的重点放在加大职业农民培育，促进农业科研创新与推广，强化农产品质量安全和生态环境保护，加速小农户向专业户的转型，改善中小型农田水利设施、土壤条件及鼓励地力培育等农业基础设施方面，而不是针对某类特定的市场主体进行扶持。要在有效发挥政府积极作用的同时，警惕政府失灵导致的市场扭曲。

（3）任何一种产业组织形式都是建立在合理的利益风险分担机制和完善的农业服务体系基础上。在利益总和既定的前提下，不同的产业组织将依据其所处的地位和所发挥的作用，对经济利益进行分配，因此，既要保证涉农企业的利益，也不能忽视农民合作社及分散农户的利益。德国之所以选择多元化的治理模式，是与德国生猪整体市场竞争紧密相连的，充分的市场竞争保障了农户与企业、合作社等主体都能够获得合理的利益，同时分担不同的市场风险；丹麦选择以农民合作社为核心的纵向一体化模式，与丹麦农民合作社发展悠久的历史相关，在市场竞争中处于弱势的农户通过组建合作社实现了利益最大化。无论是德国还是丹麦，都形成了与本国生猪产业组织相配套的农业服务体系。德国农业拥有一套完整的生产服务体系，涉及从联邦到州和州级以下的地方、从公共部门到混合型组织和私营服务部门等不同层级和类型的服务机构，为家庭生猪养殖场提供专业化的服务。丹麦形成了由行业协会、合作社、政府、私人咨询机构组成的农业服务体系，保证农民获得最新的生产和经营管理技术。可以看出，两国的生猪产业组织都是在不断发展完善过程中逐步建立了与之相适应的社会化服务体系。因此，我国农业产业组织在发展过程中，一方面，要注重在内部建立起合理的利益风险分担机制，另一方面，政府应鼓励公共部门、私营部门及其他各类服务主体探索创新农业社会化服务方式和手段。

第四节　中国农民合作社的制度特殊性及其地位

一、引言

截至2019年7月底，全国依法登记的农民合作社达220.7万家，辐射带动了全国近一半的农户[①]。2007年以来，在以《中华人民共和国农民专业合作社法》为核心的政策体系指导下，我国农民合作事业取得了长足发展，合作形式不断丰富，行业领域不断拓展，产业链条不断延伸，带动引领作用不断增强。然而，伴随着农民合作社的快速发展，不少问题始终没有得到有效解决。一方面，相当部分的合作社存在发展欠规范或不合意现象，如法定治理结构流于形式，财务管理制度不健全，甚至少数核心成员独大专权，以至于普通成员只能享受价格改进而难以分享二次返利、盈余分红等其他独特的组织收益，严重制约了合作社的健康发展。由此，不少学者判定国内绝大部分合作社是假的。例如，何秀荣曾坦言，"政策鼓励合作社，然后我们就冒出大堆合作社来，仔细一看大概80%以上的合作社是假的，所谓的合作社，它可能是另外的一个徒有虚名的，但没有实质性活动的组织"[②]。又如，邓衡山和王文烂（2014）研究指出，"中国大部分甚至是绝大部分合作社都不具有'所有者与惠顾者同一'的本质规定"，因此中国并不存在真正的农民合作社。

[①] 数据来自农业农村部新闻办公室：《11 部门联合印发意见 全面部署农民合作社规范提升行动》，农业农村部网站，http://www.moa.gov.cn/xw/zwdt/201909/t20190905_6327367.htm，2019-09-05。另注：自2013年中央一号文件开始，政府文件中纷纷以更具包容性的"农民合作社"一词替代了"农民专业合作社"，在实际解读中，农民合作社包含了专业合作社和股份合作社两大形态。因此，如无特殊指明，本书研究中的"合作社"在我国语境下即指中央文件所定名的内含专业合作与股份合作的"农民合作社"。

[②] 摘自何秀荣在"企业'下乡'的收获与困惑——企业与农村社区商业合作模式研讨会"的发言，北京，2010年6月10日（刘老石，2010）。

面对庞大的合作社基数和农村分工分业深化的基本背景，有学者指出，大农联合小农组建合作社的最初目的，部分是套取国家财政扶持资金。换言之，政府虽然乐于见到真正的合作社，但由于扶持资金有限，而大农事实上已经成长起来，扶持大农建立"假合作社"比建立普惠制的扶持机制或一个更严密的遴选机制，行政成本要低很多（仝志辉和温铁军，2009）。于是，部门权力结合下乡资本加上与少数乡村精英的合谋就构成了合作社制度异化的乡土逻辑（冯小，2014），"真合作社"在争夺外部扶持资源的过程中被无情挤压（张颖和任大鹏，2010）。在这一过程中，不可避免的是，小农自然逐渐被排斥，能人（大户）或企业主导的合作社成为合作社主流形式（苑鹏，2001；张晓山，2004；徐旭初，2005；潘劲，2011），而且这些（"假"）合作社形态又缺乏"去异化"的内在抑制机制（陈义媛，2017）。与此同时，在物质支持有限且缺乏有效监管的情况下，还会使原本的"真合作社"异化成伪合作社，因为为了独享政策扶持的好处，就必须异化成由少数人控制的伪合作社（邓衡山等，2016）。因此，"知假扶假"现象普遍化，作为意外性后果的合作社制度出现"名实分离"现象（熊万胜，2009）。

此外，随着城镇化的快速推进和农村劳动力的大量转移，农业规模化经营快速发展，农民对联合与合作的意愿更加强烈，对合作的内容、层次和形式的需求呈现出多样化的态势，在农民专业合作社之外，大量的新型农民合作社形态（如土地股份合作社、社区股份合作社、资金互助社、农业机械合作社、旅游合作社、劳务合作社、物业合作社等）纷纷涌现，合作社呈现泛化势头；而且，许多新型合作社的质性令人怀疑，"相当部分被当作合作社对待的'合作'组织均非合作社"（马彦丽和黄胜忠，2013）。

应当承认，当前绝大部分的合作社在规范化建设方面确实难以尽如人意，尤其是当兴办合作社成为一种任务（特别是作为地方政府"运动式"考核的任务）、一种时髦（特别是在全面脱贫攻坚背景下彰显"益贫偏好"的时髦）、一种手段（特别是可以比较轻松地套取政府直接财政扶持的手段及相关主体参与寻租的手段）时，人们面对的必然是类型繁杂、良莠难辨的"合作社丛林"（徐旭初，2012a）。诚然，"处于社会主义初级阶段的合作社在实践中必然呈现异质性和多样性的特点，它们只有在发展中才有可能逐步规范。关键是合作社朝什么方向发展"（张晓山，2009）。

基于以上现实背景，本书试图探讨这样三个涉及根本的问题：①中国的农民合作社是否特殊？②如果中国农民合作社的特殊性是既定的，那么为什么特殊？③这些"中国特色"的合作社还是不是合作社？

二、回归组织：农民合作社的构成要素

正如西蒙（1989）所言，"为了建立理论，特别是为了建立那些使我们能据之推理的理论，我们必须对现实进行简化。我们不是试图捕捉真实世界里的每一个复杂因素，而仅仅是抓住其中最重要的因素，并且注意防止使我们从理论中得出的那些推理超越理论本身对现实的近似界限"。因此，为了更好解析作为组织的农民合作社，我们必须回到关于组织的预假设。著名的钻石结构——组织模型指出，任何组织都包括技术、参与者、社会结构、目标及环境五个重要组成部分（图6.2）。而关于农民合作社，我们认为这五大要素也是缺一不可的。

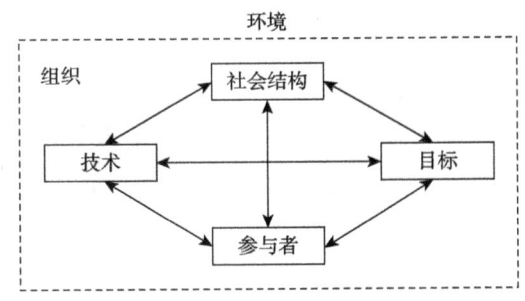

图6.2 钻石结构——组织模型

资料来源：Leavitt（1965）

（一）技术

所有组织都拥有为其使命和任务所用的技术，这些技术通常部分地植根于硬件设施，同时又包含参与者的知识和技能。环境不仅是投入的来源和产出的接收者，也是组织所使用的工作技术和工具的主要源泉。因此，应该重视作为内部要素的技术将组织与环境连接起来的程度（斯科特，2002）。

对于合作社而言，其组织技术体现在两方面：软技术与硬技术[①]。软技术体现在软性的文化或制度层面，主要是表征合作社本质规定性和价值基础的合作社组织理念、文化传统和制度安排。而硬技术则主要体现为包括标准化生产、统一购销、加工增值等合作社任务流程上的具体技术、工艺或规范。当前我国农民合作社在技术方面的问题是硬技术多、软技术少，当然，这与参与者结构（特别是核心成员）有关。由于旨在解决某些"关键性问题"的特殊技能或难以被替代的专业化职能是组织权力的重要来源之一（Crozier and Friedberg，1977），我们可将拥有特殊资源或技能的核心成员称为技术中继者（technique relais）。他们通

[①] 软硬技术的区分主要源自合作社与生俱来的双重属性（企业属性和共同体属性）——合作社的理想与旨趣更多的是共同体属性（或形态）的，而途径和手段则主要是企业属性（或形态）的。

常是合作社的驱动者,既代表合作社与部分外部环境(主要是市场环境和政策环境)打交道,又向合作社传递外部环境要求,引导构建相关技术规则,并促使合作社成员遵守这些规则。由此,他们通过自身的企业家才能、市场渠道、技术能力等既减少了环境的不确定性,也为自身提供了寻租和内部人控制的可能性。

(二)参与者

组织的参与者是指那些出于各种原因而为该组织做出贡献的个体(Barnard, 1938; Simon, 1945)。应该强调,组织的参与者首先是社会行动者,因为正是他们的努力、遵循或不顺从,构建和决定了组织的结构。换言之,社会结构规范着参与者,而参与者的行动同时也建构或组成了组织的社会结构。

成员自我服务和成员民主控制是合作社区别于投资者导向企业(IOFs[①])等其他商事组织的最本质特征,合作社成员对合作社的权利均来自其成员资格。因此,探讨合作社必须回到合作社成员,如徐建群(2016)所言,合作社只是一种生产经营的组织形式,本身的积累与建设并不是目的,存在的唯一目的是服务成员发展,成员的发展是合作社发展的根本动力所在,也是最终目标所在。

在理想状态下,合作社成员同质,包括个人资源禀赋、经营规模及出资占比等大体相同。然而,现实中,由于农民分化的先决结构背景,合作社成员也不可避免地出现了普通成员与核心成员的区隔。其中,我们尤其需要提及扮演驱动者(driver)角色的合作社核心成员。在家庭经营基础上,处于"天然"弱势地位的农民为了有效应对自然及市场风险并改善自身状况,产生了内在的合作需求。然而,"建立合作社的可能性不会自发地转变为现实性,没有合作社企业家就不会有合作社"(Röpke, 1992)。我们相信,任何组织都是结构性动力。作为驱动者的"合作社企业家"是关键要素(如经济资本、人力资本、社会资本等)的拥有者,他们承担了主要的合作风险和合作成本,并与其他成员共享合作利润,其更多地遵循旨在寻租(经济租)的合作策略(行为),而普通成员则选择了策略性依附或追从于核心成员。当然,普通成员的边缘性地位并不是因为他们缺乏合作意识,或者法制的缺失,而是由其在合作社中的结构性位置所决定的(陈义媛,2017)。

[①] IOFs 在学术界主要有两种指称,一是投资者导向企业(investor-oriented firms),二是投资者所有企业(investor-owned firms),两者使用频率相当,不过后者在国内学术界比较惯用。本书认为,IOFs 通常表示除合作社之外的所有商业类型,实质上,合作社成员同样也需要向合作社投入股本金,这也是成员必须要承担的对合作社的有限责任,所以成员本身也具有投资者身份,但合作社与其他商业类型的首要区别在于,合作社成员必须同时是合作社商业活动的惠顾者,而且其他商业类型没有这条硬性规定。所以,作为投资者导向企业的IOFs指称更具有针对性和包容性。

（三）社会结构

社会结构是指组织参与者关系的模式化和规范化，包括应然的规范结构和实然的行为结构两部分。其中，规范结构包括价值观、规章制度和角色期待（斯科特，2002）。对于合作社而言，其一，关于合作社的基本价值观，国际合作社联盟在 1995 年《关于合作社界定的声明》的背景文件中指出，"因为合作社的领导者和参与者已经深受传统的合作社信念体系的影响，因此，任何关于合作社价值的讨论都必须深刻关切适当的道德行为问题，以期达成一个关于合作社价值的虽然复杂但很有意义的全球性共识"。吴彬（2015）并据此提出了六大合作社价值理念，包括自助（self-help）、自担责任（self-responsibility）、民主、平等、公平及团结（solidarity）。其二，合作社最重要的规章制度无疑是章程。合作社章程是在法律法规和国家政策规定的框架内，由全体成员根据各自合作社的特点和发展目标制定的共同一致的意思表示，载明了合作社的组织和活动的基本准则。其三，一般认为，合作社成员的主要角色分别是惠顾者、所有者和控制者（controller）[①]，而理想的合作社，其成员角色期待必定是与此三大角色高度一致的。

然而，考察现实不难发现，在合作社实然的行为结构方面，合作社价值理念式微、合作社章程虚置、成员角色的不统一等现象较为普遍。例如，随着市场竞争的加剧，合作社对经济价值的追求日益凸显，经济价值超越了伦理价值成为合作社发展的源泉（张艳芳，2011）。为了体现合作社"民办、民管、民受益"的性质，《中华人民共和国农业专业合作社法》赋予合作社章程以较大的自由度，但现实中绝大部分合作社是照抄照搬国家出台的示范章程，出现了不理想的章程虚置现象（徐旭初，2012b）。此外，大量不规范发展的合作社已经形成包括内核成员、外核成员、股东成员、惠顾成员和带动成员等多层异质性成员结构（邵科和朱守银，2014）。

（四）目标

简言之，组织目标是指参与者力图通过其行为活动而达成的目的（斯科特，2002）。许多组织理论学者（如 Simon，1964；Barnard，1938；Clark and Wilson，1961）认为，不论对组织的参与者还是外部公众来说，目标都作为附属物的基础存在，是参与者认同和行为动机的来源。而且对组织如何获得合法性、吸引资源、找到利益联盟者等问题产生重要影响（斯科特，2002）。

根据国际合作社联盟的权威界定，"合作社是由自愿联合起来的人们通过其联

[①] 理论上，成员主要扮演着顾客、惠顾者、所有者和控制者四类角色（Coltrain et al.，2000；Barton，2004）。鉴于惠顾者在广义上就是一个固定的顾客，因此，在合作社语境下，"顾客"这个术语可以被内含于"惠顾者"。因此，合作社成员的主要角色分别是惠顾者、所有者和控制者。

合所有与民主控制的企业来满足它们共同的经济、社会和文化的需求与抱负的自治联合体"[①]。可见，合作社的核心目标是满足成员的需求，而这一需求可以是单纯的经济、社会、文化需求或它们的混合，但合作社绝非只是单纯的经济组织，其天然地具有满足成员在社交、受到尊重及自我实现等更高水平需求的功能。

然而，一方面，近几十年来，工商资本日益强大，市场经济几乎已成为全人类公认的一种经济运行机制，合作社日益面临以纵向协调为主要特征的纵向一体化与供应链管理趋势，合作社市场化发展已成大势。另一方面，随着合作社成员的异质性增强，作为驱动者及制度设计者的核心成员，其个人目标在很大程度上就内嵌于合作社的组织目标中。因此，在这种外部环境挤压和内部利益冲突的双重作用下，合作社的组织目标往往不得不发生"外向性扭曲"，放松"益贫性"（pro-poverty）的合作初衷，逐步从以成员利益为导向转向以市场需求为导向。

（五）环境

每个组织都存在于某一特定的并且必须适应的物质、科技、文化和社会环境中，没有一个组织是自给自足的，所有组织的存在都有赖于与其所处的更大体系的关系。而且，最好或最合适的组织结构依赖于正在开展的任务类型和组织面临的环境要求或条件（斯科特，2002）。

在 Cook（1995）看来，合作社从一开始就是一个作为抵御市场失灵的"防御性"（defensive in nature）应激组织。因此，"当市场环境是清晰的、安全的和持久的时，合作社也必然是相对稳定的"，问题在于"近二三十年来这个原本清晰的、舒适的世界已经改变"（Hendrike and Veerman，2004）。就外部环境而言，农业产业正处于具有深远意义的结构性变革中，迫使合作社必须尽快适应现代农业的市场需求转向；同时，就内部环境而言，随着合作社规模逐步扩大，成员异质性也会显著增大，导致成员的战略选择差异日益凸显，合作社的信任基础受到了极大冲击。另外，或许更为重要的是，合作社日益被政策环境及合法性需求所引导，承载越来越多的外在的制度性期待。因此，在中国，农民合作社必然面临一些中国特色的发展环境，总体而言，合作社发展处于结构嵌入（成员异质性）、市场嵌入（供应链时代）、制度嵌入（社会政治结构）、村社嵌入（村社传统）四重嵌入中，而这就意味着，中国农民合作社的发展机遇要严峻得多，面临约束要复杂得多，合作社企业家要稀缺得多，成员禀赋要参差得多，政府介入要频繁得多（徐旭初，2008）。

[①] 这一官方的合作社定义最初来自加拿大历史学者麦弗逊（MacPherson）博士于1995年9月在英国曼彻斯特举行的国际合作社联盟100周年大会上宣读并经大会表决通过的专题研究报告——《21世纪的合作社原则》（MacPherson，1995）。

综上，基于 Leavitt（1965）的钻石模型，回归农民合作社的基本组织特征，其理想的与现实的组织状态大致如表 6.4 所示。不难看出，始于环境条件的时空改变，作为舶来品的合作社在中国大地上明显有偏于经典合作社形态，包括技术（文化）、参与者（成员）、社会结构、目标和环境等组织要素均呈现出鲜明的中国本土特色。

表 6.4 农民合作社的基本组织特征

状态	环境	目标	参与者	技术	社会结构
应然状态	清晰、有序的业内竞争	成员导向，互助益贫	成员资格基本同质	突出软技术（共同体属性）	恪守价值观，基于章程设置机构制度，成员角色同一，民主控制
实然状态	复杂、强烈的技术环境和制度环境	市场导向，合作共赢	成员资格异质化，驱动者与制度设计者地位突出	突出硬技术（企业属性），技术中继者地位突出	现实主义，章程虚置，成员角色分化，少数人控制

三、本土特色：农民合作社的关键机制

如果承认中国农民合作社的特色形态是既定的，那么问题的关键就变成了对其何以可能的现实原因解读。时至今日，在确认中国农民合作社独特的嵌入式结构背景后，我们需要进一步说明究竟是什么具体的关键机制引致这样的特色形态；而且，必须高度重视其形成过程中的历史因素和制度因素，如邓宏图等（2014）指出的，"这两种因素的存在使农业合同选择在许多情况下更是一个政治经济学的权利与权力的配置过程，而不单纯或仅仅是新古典经济学所强调的资源配置过程"。我们认为，中国农民合作社旨在探寻兼具合宜性与合意性的发展路径背后，主要隐含着两大关键机制——先赋的产业化机制与引致的合法化机制。

（一）先赋的产业化机制

首先，在内部成员异质性的前提下，在面对外部供应链管理环境时，小农往往选择规避风险作为第一要务，所以合作社核心成员就成了风险（主要是市场风险）的主要承担者，而这种异质性的成员结构往往先赋地决定了合作社的产业化导向。其次，自市场化进程开始以来，中国的农业经济发展尤其是农业产业化进程业已呈现出与欧美国家大相径庭的路径①。可以认为，欧美国家的通常路径表现为农民先进行初级农产品购销层面上的横向联合，而后进行价值链的纵向延伸。因此，"西方国家农民都有合作社的传统，此乃实施农业一体化经营的重要

---

① 农业产业化，也可称为农业一体化，最早产生于 20 世纪 50 年代的美国，其基本含义是农业再生产中的产、供、销三方面业务的有机结合或综合，进而形成农工贸一体化经营（牛若峰，2002）。

条件。而农业一体化则更加提高了农民的组织化程度,在更大规模上走向创业或产业联合"(牛若峰,2002)。与之相反的是,中国则是在推行包干到户的家庭联产承包责任制十余年后,在 20 世纪 80 年代末先开始了农业产业化运动①,而后在 90 年代中后期才开始发展合作组织,直到 2007 年才正式出台法律全面引导和规制合作社发展,即先纵向联合,后发展合作社。

因此,中国农民合作社在发展过程中呈现出具有本土特色的"双重产业化"现象:一方面,合作社在外部主动或被动地逐步融入产业链/供应链,力图适应和实现纵向一体化;另一方面,合作社出现内部产业化现象,即核心成员与普通成员之间从一开始就建立了纵向的兼具要素合约、商品合约与关系合约的契约关系。在一定意义上,当前甚为普遍的大户带动型合作社实质上是(大户与小户之间的)合作制与(大户或核心成员之间的)合伙制的混合形态,有些大户与小户之间干脆就是一种带有合作制外衣的较稳定的市场合约关系。在这种有偏于经典模式的现实结构中,"看起来是上层农赚了中下层农的钱,但其背后的逻辑却是一种分利机制"(周娟,2017)。

不难想见,这种基于资源禀赋及政治社会条件的农业现代化的差异化起步方式和发展路径,必然会造成我国农民合作社发生方式及发展走向的独特性。而且,产业化机制驱使合作社依据不同的价值和目标在具体情境下选择成员,使得成员边界成为一个可伸缩的弹性范围(李琳琳和任大鹏,2014)。事实上,正是这种制度路径的历史性差异,使得中国农民合作社在起点就带有一层股份化或股份合作化的色彩,而且这层色彩在产业化越发达的地区越浓重。

当前国内普遍呈现的能人或企业带动的股份合作化的合作社发展模式,究其根本,是对异质性的成员结构及"先产业化、后合作化"独特制度路径的映射,无非是以产业化机制实现对市场效率的追求,意在节约交易费用。在这种先赋的产业化机制作用下,合作社的成员合作类型必然从传统的劳动、业务合作迅速走向资本、技术等要素合作。而且,在我国农产品供大于求的市场格局没有发生本质性变化的情况下,在农业产业化经营深入开展的今天,在农产品终端消费者需求多样化和农业技术深入发展的趋势下,核心成员主导的情况依然会在相当程度上沿袭下去,除非参与合作社的成员在资源禀赋上已呈现一定的同质性。

---

① 20 世纪 80 年代中后期,尤其在 1993 年,山东省率先提出实施农业产业化战略构想,特别其后在《人民日报》发表了《论农业产业化》的署名文章(1994 年 4 月 25 日)和社论(1995 年 12 月 11 日)之后,农业产业化很快便成为中国农村经济发展和理论研讨的热点。此后,农业产业化在其他经济较发达省份开始陆续出现,随后在全国各地被采用、推广和普及。经过 20 多年迅速发展,农业产业化在东部发达地区发展迅猛,其经营组织数量不断增加,组织形式日趋多样化。

(二)引致的合法化机制

理性的组织实践在本质上是制度性的。March 和 Simon(1958)很早就指出,受技术发展的影响,我们现在的生活环境已然不再是单纯的市场经济,更准确地说,应该是组织经济。作为一种深深嵌入社会政治结构中的经济组织,合作社的一项重要任务必然是获致(外部)合法性地位,以得到官方的关注、许可并争取资源输入。因此,合作社从一开始就不可避免地对政府相关部门产生强烈的依赖性,而这种依赖性与其说是源于在合作社企业家供给短缺条件下合作社寻求政府"准合作社企业家"的工具性组织行为(苑鹏,2001;徐旭初,2005),毋宁说是合作社长期处于合法性困境下的"合法化"努力的结果[①]。

稍加回顾,政府对合作社赋予的功能期待大致经历并涵盖了下列顺序:①农民专业合作社作为市场经济主体,在农村家庭承包经营基础上,统一采购、统一销售、统一服务,带领分散小农进入大市场、参与市场竞争。②为配合农业规模经营和农地流转,兴办土地股份合作社。这些合作社被视为现代农业规模化生产的经营主体,通过农户土地经营权入股,统一经营,合作发展,以获得规模效应。而这些合作社的新特点在于,农民成员其实与合作社并没有传统意义上的惠顾关系,只是以他们自己拥有的基本生产要素(如土地经营权)进行委托生产并进行投售。③突破合作社自我服务的边界,拓展和发挥农业社会化服务功能。大量农业机械合作社、植保合作社等社会化服务类合作社形态涌现出来。显然,这些合作社形态仅在成员内部具有一定的合作属性,而与服务对象之间属于市场交易关系,并非合作互助关系。④合作社形式已经不再局限于传统农业领域,而是被广泛地应用到大农业、农商业、一二三产业融合发展的范畴,旅游合作社、劳务合作社、物业合作社等多种合作社形态纷纷涌现。⑤将合作社形式运用到农村集体产权制度改革中,使之成为农村集体产权制度改革的有效实现形式。⑥合作社又被视为推进生产、供销、信用"三位一体"综合合作,打造为农服务大平台的核心力量。不难看出,其间,政府赋予合作社合法性的基本逻辑理论,鲜明地表现为从主体化到载体化的趋势,即从开始将合作社视为农业经济发展的经营主体,逐渐对其附加诸多外在的非效率的制度性期待,并以相应的政策环境加以引导(或诱导),进而使其日益成为农业农村经济社会发展的政策载体。

在这种从主体化到载体化的合法化机制的引致下,一方面,许多农民合作社为了获得合法性资源,积极追随着政府的政策导向,努力承担起一些符合政策期待的社会化生产、经营、服务功能,而这些功能有些未必是这些合作社能够或适

[①] 美国社会学家 Meyer 和 Rowan(1977)提出,社会认可的合法性基础包括文化制度、观念制度、社会期待等。这里所指的"合法性",就是农民合作社获得社会或政治力量承认、支持、参与的基础,而"合法化"是组织寻求合法性基础的过程。

宜承担的；另一方面，在农业农村的经济社会发展过程中涌现出来的一些新型社会化或组织化需求被纷纷冠以合作社名号，如土地股份合作社、社区股份合作社、农业机械合作社、旅游合作社、劳务合作社、物业合作社等，这些合作社虽然具有一定的合作属性，但往往在财产关系、治理结构及业务运营上都内在地显著带有股份化或股份合作化色彩，天然地缺乏制度规范性。

由上可知，中国农民分化和外部供应链环境的先产业化（纵向一体化）后合作化（横向一体化）的历史路径造成了中国农民合作社先赋的产业化机制，而这一机制的直接反映就表现为能人或企业主导型合作社的普遍化。与此同时，由于合作社自始至终亟须政府赋予其外部合法性，而政府又为合作社附丽了很多非效率的制度性期待，从而这种引致的合法化机制就使其呈现出显著的从主体化到载体化的本土特色。因此，以上两大关键机制是中国农民合作社在发展进程中呈现股份化色彩或股份合作制形态，以及出现名实不符和载体化现象的主要原因。

四、起点诠释：农民合作社的本质重构

到此，我们不禁要问，这些富于"中国特色"的合作社到底还是不是合作社呢？如果从经典的合作社本质规定性（所有者与惠顾者同一）来回答，以邓衡山为代表的部分学者的判断恐怕并没有错——中国几乎没有真正意义上的农民合作社（邓衡山和王文烂，2014；邓衡山等，2016）。然而，以经典观照现实并不是目的，我们应适当释放合作社的定义域，努力在合作社经典原则的可移植性与中国具体实践的本土性之间寻求平衡点。March 和 Simon（1958）发现，"每一个组织理论，都会不可避免地伴随着一种属于组织范围内的人类哲学，这种哲学是组织的成员必须要以这种或那种方式加以认真考虑"（李友梅，2001）。为此，我们需要回到合作社的制度本源，对其制度硬核进行重构。

（一）合作社的制度硬核重构

纵观国际合作社原则的流变过程，不难发现，其始终恪守着一些最为根本的原则，或称为质性规定，主要体现为"成员民主控制"、"资本报酬有限"和"按惠顾额返还盈余"三大核心原则，它们依次对应着合作社的控制权（或治理权）、所有权和收益权，以此确保合作社的组织底线。在 Barton（1989）看来，以上就是传统合作社的"硬核原则"（hard-core principles）[①]。当然，随着合作

[①] Barton（1989）指出，传统的合作社硬核原则包括：①成员民主投票（一人一票）（成员民主控制）；②成员资格平等；③在成本运行基础上按惠顾额分配盈余；④限制权益资本分红（资本报酬有限）。本书之所以未单列"成员资格平等"原则，是认为可以将这一原则视作"成员民主控制"内化的前提条件。

社的不断实践和发展,其质性规定不可避免地发生着漂移(黄祖辉和邵科,2009)。应瑞瑶(2004)对此有比较全面的总结,他指出现代合作社制度正逐步从入社退社自由向合作社成员资格不开放变化,从绝对的一人一票制向承认差别发展,从公共积累的不可分割性向产权的明晰化发展,从对资本报酬率的严格限制向外来资本实行按股分红方向发展,而社员管理合作社被拥有专业知识的职业经理所取代。因此,在中国语境下,我们亟须对合作社进行制度硬核的重新剖析和定义域的适度释放。

《晏子春秋·内篇杂下》有云:"橘生淮南则为橘,生于淮北则为枳,叶徒相似,其实味不同。所以然者何?水土异也。"从前述分析可以得出,基于中国特殊的国情,中国农民合作社的组织要素和现实形态明显有偏于经典合作社形态,发展路径和关键机制呈现出鲜明的中国本土特色。由于当前中国农民合作社发展仍然处于初级阶段,在吸纳西方合作社思想的基础上,考虑本土特点的"嫁接"相较恪守原则的"移栽"必然更具有生命力。而且,在这个初期阶段必须有我们本土自己的评定标准(刘老石,2010)。就本土实践而言,由现实情境倒逼而产生的《中华人民共和国农民专业合作社法》①,其在立法导向中着眼于合作社的激励兼容(默许企业家寻租和普通成员的策略性参与),允许合作社带有股份化印记,这就决定了其对于合作社只能是有限规制(徐旭初和吴彬,2017)。

事实上,无论是国际合作社联盟标准还是《中华人民共和国农民专业合作社法》标准,从总的发展趋势来看,合作社原则标准必定会随着整体环境的变化而变化,始终朝着有利于合作社发展并旨在不断增强其竞争力、凝聚力和吸引力的方向进行自我完善。正如国际合作社联盟在修订国际合作社原则时所强调的,"合作社原则并不是一个稳定的列表,而是按惯例应进行定期的重新审视;合作社原则只是赋予了一个框架,在其中,合作社可以有效地把握未来"②。

(二)合作社的定义域释放

自 2013 年中央一号文件开始,政府文件中便纷纷以更具包容性的"农民合作社"一词替代了"农民专业合作社"。不难看出,对于合作社提法的改变意味着政府开始倾向倡导发展多元化、多类型的合作社,尤其是将"股份合作社"并列于"专业合作社",以"农民合作社"统御二者。当面对农民专业合作社显著的股份化倾向和土地股份合作社、社区股份合作社及诸多农业机械合作社、旅游合作社、劳务合作社、物业合作社等新型合作社形态时,我们应如何解释其合作

---

① 包括 2017 年公示的《中华人民共和国农民专业合作社法(修订草案)》。

② ICA. Background Paper to the Statement on the Cooperative Identity. Jan. 8, 1996. 详见:http://www.uwcc.wisc.edu/icic/issues/prin/21-cent/background.html。

社属性?

一般认为,"所有者与惠顾者同一"是合作社的质性底线,但若根据这一标准,在现实中要找到所有的所有者都是惠顾者,而所有的惠顾者又都是所有者的合作社,几乎是不可能的;这也只是理想类型才有的特征(徐旭初,2005)。张晓山和苑鹏(1991)也指出,合作社企业中所有者、经营者与生产者的"三位一体",仅是某类型的合作社在一定发展阶段的产物,并非永久性的普遍现象,不能以此来定义合作社的本质。

就传统且主流的专业合作社(国际上多称为营销合作社或经销合作社)而言,在新的历史条件下,许多合作社的产权安排具有显著的分层性和分群性,呈现出程度各异的对质性底线的漂移现象。然而,关键是这些专业合作社是否已丧失合作社的本质属性?这就要视其偏离合作社质性程度而定[①]。不过,更深刻的问题是,对于土地股份合作社和社区股份合作社及农业机械合作社、旅游合作社、劳务合作社、物业合作社等新型合作社形态而言,其合作制(合作社)属性又该如何解释呢?究其关键,并不在于其股份化问题,而在于如何解释在这种股份合作形态中的成员"惠顾"问题[②]。换言之,如果(必须)认定它们是合作社[③],那么成员对合作社的惠顾体现在哪里?这也许是中国特色实践对国际合作社理论的最大挑战和贡献。

因此,我们或许应该创新地重新诠释合作社的"惠顾"概念,适度释放定义域。我们认为,任何经济组织都是基于某种基本生产要素建构,并进行所有权安排。与企业基于资本进行安排不同的是,合作社是基于惠顾进行安排,并且这种惠顾可能分为直接惠顾和间接惠顾[④],前者是指成员以其自己生产的产品(服务)进行投售(专业合作社就是如此),后者是指成员以其自己拥有的基本生产要素(如土地、资本)进行委托生产并进行投售。据此,或许可以认为合作社可分为业务惠顾型合作社与要素惠顾型合作社[⑤],前者是直接惠顾者(直接生产

[①] 事实上,合作社的质性程度因时、因地、因社而异,虽有一个大致的质性底线却又常常缺乏共识,所以难免莫衷一是、仁智各见。

[②] 张晓山(2017)也指出,在《中华人民共和国农民专业合作社法》的修订中,有两个问题应深入讨论,其一便是"没有交易额的合作社是否还能算作合作社?"

[③] 事实上,新型合作社形态大都在工商部门完成登记注册,取得了合作社法人资格。

[④] 目前,国际合作经济界并无此分法。而中国要解释股份合作制,可能必须进行此理论创新,否则,很难解释股份合作制组织的合作制属性。当然,本书从"惠顾"入手进行合作社本质规定性的重构,并不是认为可以不再坚持"按惠顾额返还盈余/二次返利"的制度硬核,而是认为我们应当创新地重新认识"惠顾"。

[⑤] 正如 Hansmann(1996)认为现代企业(股份公司)实际上是合作社的一种特殊表现形式,更准确地说是债权人合作社或资本合作社。在此意义上,现代企业(股份公司)就是一种极端的要素惠顾型合作社。实际上,Chaddad 和 Cook(2004)深受 Hansmann 的企业所有权理论影响,据此提出了目前较为公认的合作社产权类型的二叉树分析框架。

者)拥有并控制的组织,后者是间接惠顾者(要素拥有者)拥有并控制的组织。不过,后者与股份企业又有什么区别呢?是从事农业?当然不是;是公共财产?也不是,存在公共财产并不违背合作制,反而是经典合作制的重要特征。答案是民主控制,是基于"人本"的民主控制。换言之,合作社既然作为一种特殊的治理结构,其与另一种典型的治理结构——股份公司的根本性差异就表现在,合作社是"人本"(以成员为根本)的民主,而公司是"资本"(以资本为根本)的民主。具体而言,合作社的"人本"民主是基于人格的、建立在惠顾(使用)基础上的"人本"民主,这里的"人"特指的是惠顾者(使用者)。既然合作社的主要民主方式是直接民主,那么合作社的民主控制必然主要是"一人一票"的形式。在合作社的产权结构中,合作社的所有权决定合作社的治理权,而合作社的所有权又是由合作社的使用者成员资格,即惠顾权所决定的。在此意义上,合作社的所有权结构(或者说股权结构)就并非很重要,更核心的问题变成了成员资格——"谁是我们当中的一员?"及在此基础上的民主控制。

所以,如果我们要认定土地股份合作社及农业机械合作社、旅游合作社、劳务合作社、物业合作社等新型股份合作社的合作社性质,那么,惠顾者成员(包括直接惠顾者和间接惠顾者)对合作社实施民主控制的底线一定要守住,要严格限制外来资本的投票权。或许只有这样看,土地股份合作社及农业机械合作社、旅游合作社、劳务合作社、物业合作社等新型股份合作社的合作制(合作社)性质才是可以解释的[①]。

因此,基于对"惠顾"的重新诠释,可以看出,现在的合作社大多已从过去的以单要素合作(特别是劳动合作)为主走向了全要素合作(王曙光,2008)。杂糅了各种要素惠顾的合作社大多力图突破经典合作社的一些基本特征,成员关系更为紧密,持股未必均衡,决策也不太强调"一人一票",分配更是多以按股分红为主等,更多地带有股份制色彩。于是,可以认为,中国当前大多数运营正常的农民合作社是具有合作制属性,同时产业化和制度化色彩鲜明的股份合作制的改进型中间组织[②]。因此,虽然可以释放有关惠顾的定义域,但仍要坚守服务成员的基本宗旨和民主控制的组织底线。同时,在合作社的日常运营过程中,我们必须清楚,合作社的治理机构确实被虚置了?抑或只是普通成员进行的一种策略性授权?我们认为,其中确有治理结构被虚置的成分,但在很大程度上,在成员异质性的前提下,可能更体现为后者。

更进一步地看,股份合作制确实是中国特色社会主义制度创新,是中国近几

---

① 在此尤应指出,社区股份合作社或许应该单独加以讨论,因为其更多的是在集体所有制基础上的一种带有合作制色彩的经营方式变革,并非真正意义上的合作制或股份合作制。

② 至少在目前是改进型/过渡型,还未进入稳定态。

十年来市场化进程的历史产物,国际上少有此类问题。其根本原因在于中国农村集体经济的制度基础和市场经济的历史进程。前者要求共同共有,后者要求产权明晰;换言之,集体经济不仅不能丢,还要有效率地运行,因此,股份合作制或许正是集体所有制的一种有效实现形式,然而,在股份合作制内部始终存在着个体化与社会化之间的角力。

在中国特色的社会经济背景中,农业农村经济发展始终存在着以增进产权明晰程度为核心的个体化进程和以提高农民组织程度为核心的社会化进程;前者因集体经济制度基础而突出,后者因市场经济的历史进程而显著。依此视角,在中国农村集体经济的制度基础和市场经济的历史进程下,努力实现个体化与社会化相结合则是必然的了。

如此,我们不难看到:实质上,土地股份合作社是在个体化框架下实现社会化,而社区股份合作社则是在社会化框架下实现个体化,此两者的相似之处在于都带有或深或浅的集体制的基因和底色;至于农民专业合作社及农业机械合作社、旅游合作社、劳务合作社、物业合作社等新型股份合作社[①],由于它们是在家庭经营基础上进行组织和运营,与集体制没有太多的直接关联,实质上是在个体化框架下实现社会化,这也是土地股份合作社等与农民专业合作社密切相关的缘故。

同样,我们也不难看到,土地股份合作和社区股份合作,包括专业合作社股份化形态的发生和发展,都与市场化程度密切相关。市场化程度越高,股份合作的必要性和可能性则越大;反之,则越小。

只是,股份合作制的具体形式最终还是呈现为"合作社质性程度",而且,如果当前是改进型、非平衡态或短期常态,那么股份合作制是否是独立制度形态?其终态是什么?是否可逆?这些都还有所争议,也缺乏相关的立法政策规制,一切都在发展之中。

五、结论与启示

在我国农民合作社发展问题上,或许正如 Weick(1979)倡导的,"我们不应执着于实体性的概念,而应该接受从一个实体性的概念(组织)转变为一个过程性概念(组织化)"(斯科特,2006)。因此,为了能够更通透地看待众多合作社实践(特别是"真假"合作社现象),我们必须回到农业组织化的视角。农业组织化至少包括农业的合作化、产业化和社会化三方面。其一,合作化是指农户通过集体行动达致减工降本,实现规模经济效应,换言之,合作社的初衷是成

[①] 旅游合作社、劳务合作社等,由于具有显著的在地性,所以有时也与村社组织具有一些联系。

本运营，旨在省钱。其二，产业化即纵向一体化，是通过延长产业链、供应链或价值链来整合外部利益相关主体。其中关键是将产业化收益公平分配给合作社成员抑或由少数骨干成员独享。其三，社会化是指将价值链中原本由自身提供的具有共性的、非核心的，但内包不经济的农业生产环节或业务流程剥离出来外包给外部专业服务提供者来完成的经济活动。

我国绝大部分合作社同时杂糅了合作化、产业化和社会化的农业组织化功能，因此，这些合作社看起来并不"规范"。通常地，合作社较多地在农业投入品采购方面体现合作化功能，而在农产品销售方面常常表现出内部产业化关系；同时，合作社还可能部分外包生产环节或业务给其他社会化服务组织或者在满足成员自我服务基础上成为外包服务提供者，从而表现出社会化功能。至于为什么我国合作社不能同时规范地兼容合作化、产业化和社会化的功能内容，这需要归结于成员异质性、外部供应链压力、政府强势引导及村社文化传统等基础性因素，但无论如何，我们都不能因为一些合作社更多地发挥了（内部）产业化、（外部）社会化功能，就简单地斥之为"假合作社"，因为其实它们大多是有着或多或少的合作化功能的（徐旭初，2015）。而且，真假合作社的争论其实没有意义，应该留给合作社更多实践的空间（刘老石，2010）。张晓山（2009）也认为，大户或公司引领是现实的，专业农户的权益能否得到保障是合作社未来走向健康与否的试金石，而这必须由实践来检验。

不仅如此，自中华人民共和国成立以来，国家一直将合作社发展视为帮助实现其公共职能的重要政策工具之一[①]。毋庸讳言，在实用主义指导下，我国政府扶持合作社的初衷其实是将它们视为小微企业，希望借助它们带动当地农村经济社会的发展。因而，只要合作社确实具有一定的带动能力，即便不甚规范，与法律有些出入，政府也会采取策略性容忍的态度（吴彬，2014）。当然，合作社本身也具有某种天然的"益贫性"，可以成为政府实施各项"三农"扶持政策措施的有效组织媒介（吴彬和徐旭初，2009）。与此同时，面对农民合作社"重数轻质"的快速发展现实，为了加快构建新型农业经营体系、推进农业现代化进程，也为了维护成员合法权益、增强合作社发展内生动力，政府不断强调应把规范化建设摆在更加突出的位置，并开展了一系列的农民合作社示范社创建活动。然而，典范对非典范的"示范"作用更多地体现为典范通过或虚或实的仪式性活动获取资源的各种方式，而典范是否名实相符并不是非典范是否对其模仿的决定性因素，所以这种"示范"作用往往也难以符合制度设计者的本意（王敬培等，2014）。政府虽然意图兼顾实用化和规范（示范）化，但这两种政策导向之间天然存在一定的内在矛盾，由此强化了当前我国合作社名实不符、一实多名的

---

① 这一点在20世纪五六十年代我国的合作化运动及其后的人民公社运动中表现得淋漓尽致。

问题。

无论如何,当前我国大多数运营正常的农民合作社具有合作制属性,同时产业化和制度性色彩鲜明的股份合作制的改进型和过渡型中间组织,并非异化的或伪形的合作社[①],而是富有我国本土特色的创新形态。而且,从长远来看,这些富有本土实践特色的我国农民合作社将逐步从不稳定的中间组织形态走向稳定的组织形态。同时,可以预见,作为过程性概念的农民合作社将于乡村治理、社会经济、供应链管理、扶贫开发等广阔视野中进一步延展其独特的制度魅力和组织功能。

第五节 互联网发展对农业产业组织体系的影响

近年来,在一些发展中国家,尤其是在我国,随着网络基础设施的不断普及和信息产业的快速发展,开始出现基于互联网的数字红利往农村地区和农业领域快速扩散的新兴现象,互联网正在成为提升农户市场对接能力、改善农业产业组织体系的有力手段。在中国互联网加速与农户融合的背景下,有必要梳理并深化认识农业产业组织体系所逐渐发生的演变,归纳分析农户利用互联网对接市场的主要组织模式,准确把握互联网背景下农业产业组织体系的发展定位,推动互联网与农业产业组织体系共同良性发展。

一、中国互联网与农户的加速融合

从整个世界来看,中国互联网建设起步较晚,但发展速度惊人,很快便成为全球第一大互联网使用国,拥有最多的网民数量及最广的联网区域。2006~2010年这五年,是中国互联网普及率增长最快的时期,互联网普及率每年都上升五或六个百分点。截至2017年12月,中国网民规模达到7.72亿人,互联网普及率为55.8%,其中,农村网民规模为2.09亿人,占比27.1%,农村地区互联网普及率为35.4%[②];这是个体层面的数据,如果从家庭的角度看,只要有一个家庭成员对接互联网,我们就算这个家庭是互联网化的家庭,那么,90%以上的中国家庭,甚至几乎所有家庭,都可能已经互联网化。当互联网普及一定程度的时候,

---

① "伪形"是一个矿物学名词,是指一个矿坑中原有的矿石已被溶蚀殆尽,只剩下一个空壳,而当地层变化时,另一种矿质流了进来,居于该壳内,以致此矿的外形与内质截然不同。

② 数据来源:中国互联网络信息中心2018年1月发布的《第41次中国互联网络发展状况统计报告》,http://cnnic.cn/hlwfzyj/hlwxzbg/hlwtjbg/201803/P020180305409870339136.pdf。

由于有足够多的人使用互联网，那么，互联网的各种相关成果就会进入一个加速应用的阶段，从而对我们经济社会的方方面面产生深刻的影响，这样的一个发展阶段，中国人现在普遍称为"互联网+"发展阶段。

电子商务是互联网技术在商业贸易领域加以应用的产物，在中国，电子商务作为新兴业态迎来了前所未有的发展机遇和良好态势。2017年，中国网络零售额达到7.18万亿元，同比增长32.2%，对社会消费品零售总额增长的贡献率为37.9%；其中，农村地区实现网络零售额1.24万亿元，同比增长39.1%，农村网店数量达到985.6万家，同比增长20.7%，带动就业人数超过2 800万人[①]。在中国，已有大量的小农户借助第三方电子商务平台（如淘宝、京东）和网络社交媒体（如微信、微博）开展农产品网络销售。据估算，2017年中国农产品的网络零售交易额占整个农村网络零售额比重的20%，达到2 500亿元；中国农业农村部预测，2020年中国农产品网络零售交易额将达到8 000亿元[②]。目前中国拥有数千家涉农交易类的电商平台企业，其中，阿里巴巴占据了最大的市场份额。2016年，在阿里巴巴旗下的淘宝、天猫和1688三大平台上，完成农产品交易累计超过1 000亿元，同比增速超过40%[③]。在部分县域地区，电子商务以某种因地制宜的方式与当地的农产品相结合，取得了很好的效果，有力地推动了县域及以下地区的农业产业发展。以县域为单元寻找农业电子商务发展路径，很快成为关注的热点和学者们所选取的重要研究视角（Zeng et al.，2017）。此外，在个别农村地区，电子商务广泛地与当地生产特色农产品的农户有机融合，催生了一批主营大闸蟹、山核桃、花木、蜂蜜、苹果、茶叶、杂粮等农产品的电子商务专业村。在这些专业村中，相当数量的农户通过电子商务平台或者网络社交媒体实现与消费者的直接联系和线上交易，并借助快递企业的运输服务，将农产品发给消费者。部分地区的电子商务专业村甚至实现连片发展，汇聚了众多网商、快递企业、电商服务企业、供货商、配套用品生产商、培训机构、政府等主体，形成较大规模的电子商务集群现象。除了农户主动学习利用互联网开展农产品营销外，一些平台企业也在积极加快布局农村市场，试图通过电子商务服务站的形式帮助当地的农户将农产品顺利销往大都市。例如，阿里巴巴集团于2014年10月发布了"千县万村"计划，提出将在3~5年投资100亿元，建立1 000个县级运营中心和1万个村级服务站，构筑"县-村"两级的农村电子商务服务体系，一

---

① 数据来源：《人民日报》对中国商务部例行新闻发布会的报道《网络零售，拉着消费跑（聚焦高质量发展）》，http://finance.people.com.cn/n1/2018/0126/c1004-29787776.html。

② 数据来源：中国食品（农产品）安全电商研究院发布的《2018年中国农产品电商发展报告》，http://www.ebrun.com/20180320/ 268676.shtml。

③ 数据来源：阿里研究院与《电商参考》联合发布的《从"客厅革命"到"厨房革命"——阿里农产品电子商务白皮书（2016）》，https://www.sohu.com/a/138856580_749378。

方面打通"消费品下乡"的信息流和物流通道,另一方面探索"农产品上行"渠道,最终形成面向农民的互联网生态服务中心。此后,京东、苏宁易购、中国邮政等企业也陆续实施了类似的计划。截至2015年,农村电商服务站已覆盖中国1 000多个县、近25万个村点[①],为当地居民提供线上代买、代卖、代缴费等服务。

总而言之,随着中国互联网日益成为广泛的基础设施,互联网技术正在加速地与更多的农户有机融合,促进提升小农户对接大市场的能力,电子商务已经开始成为数字红利向农村地区和农业领域扩散的实现路径和重要形态。可以预料,在不久的将来,伴随中国城乡之间和地区之间互联网接入可及性差异的继续缩小,以及快递、金融、培训等配套产业的快速发展,互联网改善农户与市场的对接将成为更加普遍的现象。

二、互联网发展与农业产业组织体系演变

(一)原有农业产业组织体系的架构与痛点

在互联网得到普及和应用之前,农业产业组织体系的架构如图6.3所示,农户主要通过以下三类产业化主体去对接市场:批发商、合作组织和农业企业。

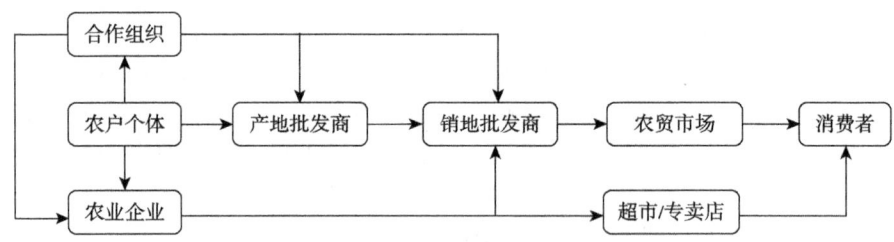

图6.3 前互联网时代的农业产业组织体系

1. 农户通过批发商对接市场

这是最早、也是痛点最多的产业组织模式。产地批发商向分散的农户收购农产品,然后将农产品输往产地批发市场,再经由销地批发市场或农贸市场,最后到达消费者手中。这种模式具有交易的规模效益,也有利于农业的专业化发展,但对农户而言,价格和交易的不确定性仍无法减少,农户也难以分享农产品加工、销售环节的利润。而且,在这种模式下,农产品交易的中间环节增加,加上中间商可以利用信息和区位的垄断优势,压低农产品收购价格、抬高销售价格,

---

① 数据来源:中国新闻网报道《商务部:农村电商已覆盖1000多个县近25万个村点》,https://www.sohu.com/a/58180117_119556。

获取高额利润,使农户和消费者利益易受损害(安玉发和张娣杰,2011;刘天军等,2013)。诸多中间环节的存在,产销主体之间的关系疏远,信息通常是不对称的,导致农户的生产往往脱离实际需求。

2. 农户通过成立合作组织对接市场

农户在自愿互助的基础上成立各种类型的合作经济组织,再由合作经济组织充当中介,一头为农户提供产前、产中或产后服务,另一头对接产地批发商、销地批发商或农业企业将产品运往市场。该模式的主要优点是农户与合作社是利益共同体,容易实现组织内部的专业化分工,进而农户可以从合作社得到多种内在化的采购、生产、营销、信息等方面的服务与收益,并提高农户进入市场或与产业相关主体谈判与交易的能力(郭红东,2011),但是,即便农户通过成立合作社对接市场,合作社在整个流通体系中的地位通常并不占据优势或握有较强的主动权,农产品流通的中间环节依然存在,到达消费者手中的产品价格并不实惠,产销之间的信息传递同样缓慢和较容易扭曲,合作社在获取市场信息、指导生产方面未必能够得到明显改善。

3. 农户通过农业企业对接市场

农业企业负责向农户提供良种和技术,与农户签订农产品回收协议,龙头企业收购农户提供的产品后,既可能对接销地批发商,也可能对接超市或专卖店。这种模式有利于促进农户获得新技术,解决农产品"卖难"问题,但是存在着局限性:一是公司与农户是两个不同的利益主体,两者关系比较脆弱,履约存在不确定性;二是公司控制着产业的关键环节,处于强势地位,而分散的农户在与公司谈判签订合同时,仍然处于弱势地位;三是依然存在部分中间环节(傅晨,2013;邓衡山和王文烂,2014)。

(二)互联网背景下农业产业组织体系的演变趋势

随着互联网的不断普及与加速应用,农业产业组织体系将逐渐发生演变,产生新的组织模式,如图6.4所示。互联网技术提供了一个实现产销主体跨地域直接对话且高度集聚的虚拟平台,这使得传统模式中联结产销两端的中间商的合法性机制受到巨大的冲击。在互联网平台和现代物流产业的支持下,部分农户可以实现与消费者之间的直接交易,部分农户则在合作组织的基础上利用互联网对接消费者,还有农户或合作组织通过与电商企业(包括平台企业和运营服务商)合作的方式实现间接利用互联网对接消费者。无论是哪一种情况,中间环节都将被最大限度地排除出农产品流通体系,整个农业产业组织体系变得扁平化,生产者与消费者之间的关系更加紧密,他们的行为信息也将实现数据化。

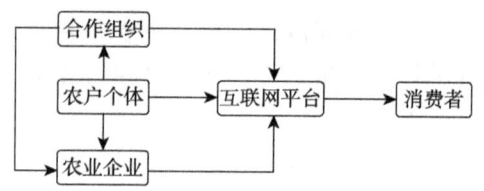

图 6.4 互联网背景下农业产业组织体系中的新现象

1. 组织体系扁平化

在前互联网时代，之所以农业产业组织体系中会存在中间环节和中间商，是由于时空的限制，生产者和消费者都是分散的，产销无法有效对接，只能依赖中间商来联结和传输。在以中间商为主导的产销对接体系中，农产品流通链条很长，中间环节多，包括田间收购、产地批发市场、销地一级批发市场、销地二级批发市场、社区农贸市场等，导致流通时间长、流通成本高、产品损耗大。在互联网时代，产销对接有了便捷的技术手段，一个必然的发展趋势是，传统模式中存在痛点的低效率流通环节将逐渐被排除出产销对接体系。在田间收购环节，中间商往往利用信息和区位的垄断优势，压低农产品收购价格，获取高额利润；对于农户而言，利用互联网开展电子商务可以有效填补其市场信息和销售渠道上的短板，改善自身的市场地位，摆脱产品被中间商低价收购的命运。产地和销地批发市场具有集散功能，但它们所产生的租金、税费和利润需要转嫁到农产品的批发价格中，抬高了到达消费者手中的最终价格；互联网平台同样可以发挥供需匹配的集散功能且交易双方可以直接输送农产品，无须到批发市场进行中转。中间环节的减少，意味着整个农业产业组织体系将趋于扁平化，既减少了整个体系运行的交易成本，也大幅提高了运行效率。

2. 产销关系紧密化

在传统的农产品流通模式中，农户与消费者通常是分离的，很多时候农户不知道自己生产的农产品最终卖到谁的手里，消费者也不知道所购买的产品是哪个农户生产的。由于中间环节多，市场上的需求信息很难通过中间流通环节及时有效地反馈给农户，信息传递的滞后性、失真性情况严重，加上地方市场分割严重，信息比较分散和不充分，甚至鱼目混珠，这不但无法指导生产，有时反而会产生误导，最终产品不能适销对路（杨志宏和翟印礼，2011）。通常，农户的生产决策主要看亲戚、看邻居、看上年，生产的模仿性和盲目性强，而计划性、科学性和稳定性差，不利于市场供求平衡和农民持续增收。而在互联网时代，生产者与消费者之间的关系将变得十分紧密。首先，以平台型电子商务为代表的互联网新经济广泛地赋予了消费者更多的且更易执行的权利，包括知情权、评论权、投诉举报权等，消费者对这些权利的应用过程其实也是一个输送信息给卖家的过程。例如，消费者在完成交易以后所进行的服务评价和发布评论，提供了宝贵的需求端信息给网商。其次，互联网使部分小农户开展农产品网上预售活动或私人定制农业成为现实，实现以需求为导向安排生产。最后，互联网可以实现农户和消费者之间的一对一互动，在反复的互动中，消费者可以了解到农户的生产过程、故事、理念和价值观等方面的信息，从而形成认同、信任和黏性，这既能提升消费者的回购率，又能促进消费者将产品推介给更多的消费者。

3. 行为信息数据化

在传统的模式中，各主体的行为信息缺乏有效记录，较难实现信息的集中化和对信息的深层分析及使用。而在互联网时代，线上交易行为信息都会得到记录，转化成数据，并得到应用。一方面，互联网使农业产业主体的生产经营行为信息数据化，可推进农产品质量可追溯体系的建设，提升生产和流通的透明度，促进农产品质量监督和食品安全；另一方面，大量买家和卖家突破时空限制，集聚在虚拟平台上，产生各种即时信息和过往记录，形成大数据，大数据的应用有助于网商快速获取到准确的市场信息，更好地引导农户的生产经营，避免盲目性（曾亿武等，2018）。此外，一个普遍的现实是，农户或合作组织通常很难在正规金融机构那里获得信贷支持；互联网使经济主体的行为信息数据化，形成网络信用，基于网络信用的互联网金融能够有效弥补正规金融体系将农户或合作组织隔离在外的缺陷，农户或合作组织可以凭借所经营网店的资质或其他网络信用评估结果在互联网平台上获得贷款。

三、互联网背景下农户对接市场的主要组织模式

（一）农户依托电商平台自主经营模式

近年来，一些农户以家庭经营的形式在第三方电子商务平台上开设网店实现与消费者的直接联系（图6.5）。这种模式主要出现在具有特色农业产业、基础设施和物流配套便利、农户创业创新氛围活跃的地区。网络市场能够全天候、跨地区运作，使市场竞争更加充分，只有安全、优质、有特色的农产品才能在同类产品的网络市场竞争中脱颖而出，获得消费者的青睐（曾亿武和郭红东，2016）。得益于当地独特的资源禀赋或自然条件，所生产的农产品具有特色和区域知名度，农户便可以借助互联网成功绕开中间商直接销售给外地消费者。第三方电商平台集聚了大量的顾客，这对电商农户而言，既带来了机遇，也带来了挑战。电商农户如果经营成功，不仅可以解决自身的农产品"卖难"问题，赚取比

传统模式更高的利润,还有机会在网络市场上塑造属于自己的品牌,并从其他农户手中收购更多的农产品,成为网络销售大户,实现大幅增收。此外,网络市场竞争充分,网店数量众多,同质化竞争和价格战十分激烈,这对电商农户的经营能力提出很高的要求,并且,随着时间的推移,在网店装修、用户引流、图片美工、推广促销等方面的投入费用也会越来越多(邵占鹏,2017)。

图 6.5 农户依托电商平台对接消费者

(二)农户依托社交平台自主经营模式

除了借助电商平台的自主经营模式外,在一些农村地区,一些农户通过在微信、微博等网络社交媒体上展示生产过程和产品信息,实现与消费者的直接联系(图 6.6)。这种基于移动互联网的空间,借助社交软件为工具、以人为中心、社交为纽带的新商业,被称为"微商"。与电商平台相比,社交平台的进入门槛更低,操作更加简单,产销双方之间的互动更加灵活和丰富,并且不需要像依托电商平台自主经营模式那样投入很多的网店装修和推广费用。农户通过微信和微博在朋友圈、粉丝群把产品的实时动态分享给用户好友,提升他们的信任度与黏性。基于社交平台,农户还有机会将线上顾客转化延伸到线下农家乐和农产品采摘体验中,或者开展私人定制农业(如果树认养)的新商业模式,但是,这种依托社交平台自主经营的模式同样需要具备一定的条件,除了产品质量好、物流条件便利外,还要求经营者的熟人关系圈子广,并掌握良好的传播技巧。例如,在最佳的时间点图文并茂或利用小视频在朋友圈展示产品;否则,即便使用了社交平台,农户的销售规模也很有限。有的地区具有丰富的乡村旅游资源,拥有较大的来访客流量,农户利用网络社交媒体与游客建立联系,而游客在旅游的过程中加深了对当地农业的了解和体验,形成感知和信任,这些为农户日后开展社群营销创造了条件。

图 6.6 农户依托社交平台对接消费者

(三)合作组织依托电商和社交平台自主经营模式

合作社是农户联合成立的互助性经济组织。截至 2016 年底,中国依法登记的农民合作社达 179.4 万家,入社农户占全国农户总数的 44.4%;其中,国家示范社达 8 000 家、县级以上各级示范社达 13.5 万家[①]。一些运行有序、良性发展的合作社经过长期的努力，实现农资采购、生产标准、质量检测、技术培训、产品包装、品牌设计、市场营销等方面的统一化，带领农户共享规模经济效益，提升市场竞争优势。由于在生产端和产品上打下了良好的基础，这些合作社具有直接利用互联网对接市场的转型潜力。从实践来看，合作社利用互联网对接市场的实现方式有两种：一种方式是合作社自己组建网络销售团队，负责在第三方电商平台上开设和经营合作社的专属网店，同时辅以社交平台的使用，网络销售团队成员既可能是来自本村的返乡青年，也可能是合作社从外地招聘进来；另一种方式是合作社与外部的专业服务商建立委托代理的合作关系，合作社只需专注于生产和线下的发货，而网店由专业服务商负责运营，当然网店的所有权是属于合作社的（图 6.7）。前者虽然网络销售团队是内部化的，交易成本相对较低，但会增加合作社内部的管理成本，而且通常会面临难以招揽到实力较强的专业人才的问题；后者由于专业服务商是独立主体并且是在外地的（通常是在大城市），谈判成本、磨合成本和不确定性较高，但好处是专业服务商的实力通常要比合作社自己组建的网络销售团队强大得多。

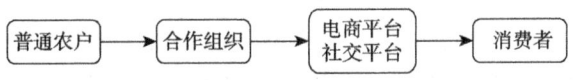

图 6.7　合作组织依托电商或社交平台对接消费者

（四）专业大户或合作组织与电商企业合作模式

在有的地方，农户以家庭或合作社为单位通过与电商平台企业或运营服务商建立供货的合作关系实现间接利用互联网对接市场，同样分享到一定程度的数字红利。这种模式适合于能够生产较大规模的优质农产品，但尚不具备直接利用互联网对接市场的意识、条件和能力的专业大户和合作组织，它们通过与第三方合作实现农产品上行是明智的选择。第三方合作者发挥自身专业优势，通过互联网平台信息采集、大数据分析、行业研判以后，形成以消费者需求为导向的精准信息流传递到生产端，引导供货给自己的专业大户和合作组织开展相应的标准化生产、严格的品控流程和统一规范的产品包装。在这种模式中，专业大户和合作组织虽然没有属于自己的互联网渠道直接销售产品给消费者，但是在第三方合作者的引导下，不仅规避了盲目生产还提升了综合生产能力，因而同样获益不少。与传统的"公司+农户"模式相同的是，专业大户或合作组织与第三方合作者属于不同的利益主体，双方之间同样会面临履约不确定性和谈判力量不对等的问题。

[①] 数据来源：中国网发布的《2016 年我国新型农业经营主体数量达 280 万个》，http://www.ccmb360.com/article/show.asp?id=445603。

从一些地方的实践来看,这种模式也可能会起到一种过渡的作用,为后期部分专业大户和合作组织直接利用互联网对接市场打下基础。专业大户和合作组织在与第三方合作的过程中不仅优化了生产,提升了产品质量和知名度,而且逐渐形成互联网思维;随着所在地支撑电子商务发展的配套条件不断成熟,其中的一些专业大户和合作组织可能会尝试自己直接利用互联网对接市场,当然,他们可能继续保持与第三方的合作关系,但他们的谈判能力和营利性得到了强化,模式如图6.8所示。

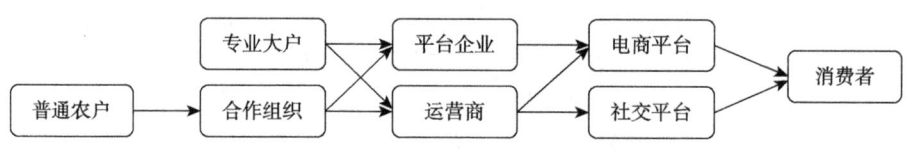

图6.8 专业大户或合作组织与电商企业合作对接消费者

(五)各模式比较分析

目前农户利用互联网对接市场的四种主要组织模式的基本特征如表6.5所示。从准入门槛的角度看,农户或合作组织依托电商平台和社交平台自主经营的准入门槛较低,这得益于一些具有包容性创新特点的网络社交媒体和电子商务平台不断被开发出来,为农户对接广阔的外部市场提供了机会和便利。以淘宝网为例,其具有准入门槛低、易操作性和使用客户多的特点,使大量的农户有机会进入网络市场试售,不少农户通过学习、改进和坚持,收获了一批属于自己的线上顾客,实现了增收(Leong et al., 2016)。还有农户由于生产的农产品颇受消费者喜爱,在微信、微博等网络社交媒体上被广泛传播,迅速走红,拥有了大量的直销客户。相比较而言,专业大户或合作组织与电商企业合作的组织模式的准入门槛要高得多,因为这种模式的销售对象以中高端消费者为主,并且电商企业会从众多的专业大户或合作组织中挑选出最佳的合作伙伴,它们对合作伙伴的综合生产能力要求比较高,一般的专业大户或合作组织达不到它们严格的标准。

表6.5 互联网背景下农户对接市场的主要组织模式比较

组织模式	准入门槛	农户利益	线上竞争压力	适用农户范围	实现显著增收的难度
农户依托电商平台自主经营	低	大	大	小	大
农户依托社交平台自主经营	低	大	小	大	大
合作组织依托电商和社交平台自主经营	低	大	中	大	中
专业大户或合作组织与电商企业合作	高	中	无	小	中

从农户利益的角度看,农户以家庭或合作组织为单位,依托电商平台和社交

平台自主经营的组织模式能够获得最大程度的数字红利，农户实现与消费者的直接连线，将传统的中间商全部排除出产销对接体系，并且可以及时获取有效信息。在专业大户或合作组织与电商企业合作模式中，专业大户或合作组织并没有自主利用互联网对接消费者，他们只是供货给电商企业，间接分享到一些数字红利，这其中包括中间环节减少所带来的部分增益及按照电商企业要求提高生产标准的增益；但是，专业大户或合作组织与第三方合作者属于不同的利益主体，双方之间同样会面临履约不确定性和谈判力量不对等的问题。

　　从线上竞争压力的角度看，农户依托电商平台自主经营面临的竞争压力最大，因为电商平台集聚了大量的卖家，在海量的网店中脱颖而出，对农户的能力、素质和资金等方面的要求都比较高，即便某个阶段经营良好，保持可持续发展的压力始终是巨大的；农户依托社交平台自主经营面临的竞争压力较小，一方面，农户无须投入网店装修和推广费用，另一方面，熟人关系圈子是属于每个农户自己的，具有专用性和绝缘性；合作组织依托电商和社交平台自主经营面临的竞争压力介于农户依托电商平台自主经营和农户依托社交平台自主经营之间，相较于农户单打独斗，合作组织可以发挥规模经济效应及"集中资源办事情"的优势；在专业大户或合作组织与电商企业合作的组织模式中，专业大户或合作组织只需专注于线下生产环节，完成供货，线上的竞争压力完全由电商企业承担。

　　从适用农户范围的角度看，农户依托电商平台自主经营虽然准入门槛低，但经营成功的难度较大，需要的投入和面临的风险较大，绝大多数农户并不适合采用该模式。从目前的实践来看，这种模式主要出现在具有特色农业产业、基础设施和物流配套方便、农户创业创新氛围活跃的地区，这些地区为数不多，并且，在这些地区的内部，实现大幅增收的农户是屈指可数的，部分农户小幅增收，部分农户亏损收场。农户依托社交平台自主经营的模式不仅准入门槛低、操作简单，而且无须资金投入，因而适用于多数农户。合作组织依托电商和社交平台自主经营同样适用于多数地区的农户，尤其是经营规模较小的农户；农户通过合作组织实现抱团，增强竞争优势，集中物力、人力和财力，可以显著提升电商平台经营的成功概率及社交平台的覆盖面和影响力。专业大户或合作组织与电商企业合作模式则仅仅适用于少数农户。

　　从实现显著增收的难度看，农户无论是依托电商平台还是社交平台实现显著增收的难度都是很大的。虽然依托社交平台的经营模式适用于多数农户，但是由于多数农户的非同行关系圈子并不大，他们依托社交平台实现直销的产品比例往往很低，只能充当传统销售渠道的一种辅助或补充手段，增收效果并不显著。相比较而言，合作组织依托电商和社交平台自主经营、专业大户或合作组织与电商企业合作这两种组织模式实现显著增收的难度有所下降，前者得益于规模经济效应的发挥及"集中资源办事情"的优势，后者得益于在与电商企业的合作过程中生产能力的提升和产品销路的拓展。

四、基于互联网建立以合作组织为核心的农业产业组织体系

（一）互联网发展没有削弱合作组织的原有优势

即便是在互联网时代，商业的本质没有发生任何变化。互联网只是提供新的创业途径、工具或者空间，农户与合作组织之间的差别性依然存在。与单个农户相比，合作组织始终具有规模经济效应及"集中资源办事情"的优势。另外，只要保证合作组织"所有者与惠顾者同一"的基本特征，合作组织享有数字红利，就等同于农户享有数字红利。

前文已述，多数农户依托电商平台或社交平台自主经营面临较大的压力或瓶颈，实现显著增收的难度大，真正收获成功的农户占少数。对于大多数地区，农户通过合作组织来完成网络销售是更为可行的方案。首先，合作组织在对接物流企业、电商服务商、农资网商等主体时比单个农户具有更强的市场地位和谈判力量。其次，合作组织能够整合资源，集中人力、物力和财力，发挥规模效应。例如，农户单独开网店需要分别付出各自的时间、精力和金钱，并且彼此之间会同质竞争，如果采用合作组织统一开网店的形式，则能够化零为整，形成合力，产生更好的效果。又如，合作组织在引进基于互联网的智能化生产、信息化管理系统及农产品质量可追溯体系等方面具有更强的可行性。再次，相较于小农户，合作组织不仅可以利用门槛较低的电商平台和社交平台进行销售，还可以入驻卖家级别更高的电商平台（如天猫、京东）及具有更高的概率参与到地方政府与电商专业团队户或平台企业合作打造的地方特色网络展馆或电商平台（如淘宝特色中国馆、赶街网）。最后，合作组织比农户更容易争取到政府的扶持，如物流成本上的补贴。

总而言之，合作组织依托电商和社交平台自主经营模式更具普遍意义和发展潜力，政府应鼓励和支持合作组织实现互联网化。即便一个地区由于条件的限制，合作组织尚无法依托电商和社交平台实现自主经营，但是，通过与电商企业合作间接分享数字红利也是一个不错的选择。考虑到交易成本，电商企业通常只会选择专业大户或合作组织进行合作，而不会直接对接分散的小农户。因此，对于大多数农户而言，无论是自主经营直接分享数字红利，还是与电商企业合作间接分享数字红利，都只有通过合作组织才能有效实现。我们主张：在互联网时代，中国要建立起以合作组织为核心的互联网化农业产业组织体系。

（二）互联网发展提升合作组织的服务能力和运行效率

互联网发展不但没有削弱合作组织的原有优势，还提升了合作组织的服务能力和运行效率。一般来说，合作组织的本质规定性是服务成员、民主控制（徐旭初，2012a）。合作组织被赋予的主要功能是为成员提供服务，面对外部市场的竞争和内部成员的需求，合作组织的服务能力显得至关重要（黄祖辉和邵科，2009；唐宗焜，2012；黄祖辉和高钰玲，2012）。国内外实践经验表明，农业合作组织可以向成员提供农资统一采购、农产品包装或精加工、农产品统一销售、技术和信息供应等服务，但是，在传统的商业环境中，农产品流通的中间环节依然存在，产销之间无法有效对接，合作组织在市场开拓、营销推广、获取信息、指导生产等方面的服务能力存在局限性。互联网的发展有助于压扁流通体系、减少中间环节，降低农资采购成本，促进产销互动、以销定产，形成数据化信息，实现需求信息有效及时地传递及大数据的分析和应用，合作组织同样能够享有这些数字红利，更好地为成员提供优质的服务。此外，互联网的发展能够促进合作组织内部运行效率的提升。互联网作为一种信息沟通技术，能够为合作组织的管理层同普通成员之间及成员与成员之间的交流互动提供便利，降低内部的信息搜集成本，提高内部的信息传递速度和准确率，增强成员的参与意识，促进合作组织的民主管理。

（三）基于互联网建立以合作组织为核心的农业产业组织体系的政策建议

第一，完善基础设施和物流体系。农村道路交通、网络通信和物流运输，是支撑农村电子商务发展的基础条件。一个地区的合作组织无论是直接还是间接利用互联网对接市场，道路、网络和物流都是必不可少的方面。政府要加强农村道路建设，提高道路硬化比例，实施关键村道巩固提升和毁损公路恢复工程；要加强网络设施建设，推进宽带、光纤、移动通信技术等基站建设，扩大有线宽带和无线网络的覆盖面；要建立布局合理、便捷通畅、快速衔接、运输安全的城乡物流体系，不断降低物流成本、提高运输效率、减少运输损耗；加大对冷链物流的建设力度，扩大冷链物流在农村地区的覆盖面，为生鲜电商发展提供保障。

第二，加强农产品标准化建设。网络市场的竞争更加充分和激烈，传播效应更大，只有性价比高且质量具有稳定性的农产品才能提供好的消费者体验。一个地区的合作组织无论是选择自主经营的直接方式还是选择与电商企业合作的间接方式，都只有加强农产品标准化建设，才可能切实享受到电子商务所带来的数字红利。政府要强化农产品标准的制定工作，包括农产品生产、加工、包装和投入品等环节的标准制定和完善；建立农产品标准化生产的激励机制，通过补贴、奖励、以奖代补等办法，鼓励开展农产品标准化生产；健全农产品质量监管体系，建立农产品质量追溯系统,强化投入品源头监管,严格落实农产品质量检测,推进农产品质量认证。

第三,加大对合作组织的扶持力度。对于多数地区来说,小农户通过合作组织来完成网络销售是更为可行的方案,合作组织可以发挥组织优势。即使在与第三方合作间接利用互联网对接市场的模式中,第三方合作者通常对接的是合作组织,甚至是合作社联合社,因为小农户分散且经营规模小,对接小农户的交易成本较高。政府要积极鼓励发展合作组织,引导和促进合作组织规范发展,加大对合作组织服务能力提升的扶持力度,充分发挥示范合作组织的示范带头作用,促进合作组织之间的交流合作,支持有条件的地方创建合作社联合社。鼓励和引导有意向的农村青年返乡加入合作组织,带领合作组织建立起专业的网络销售队伍。加快农村金融创新,在合作组织发展电子商务过程中给予更好的信贷支持。鼓励和支持合作组织运用信息手段提升内部运行效率,加强民主管理。鼓励和扶持合作组织在农产品标准化生产的基础上加强品牌建设,提高产品信誉和知名度。

第四,加强互联网知识宣传和技能培训。增进对互联网的理解和认知,形成互联网意识和思维,是合作组织利用互联网对接市场的重要前提。政府可通过多种途径和形式加强互联网知识宣传,推介成功典型案例,营造合作组织学习和使用互联网的良好氛围,举办互联网知识竞赛和互联网创业大赛。此外,加强互联网使用技能培训,也是促进合作组织利用互联网对接市场的重要途径。政府应建立面向专门、合作组织带头人和网络销售团队的互联网技能培训体系,分层次开设基础班、提高班和精英班,科学安排培训课程,重视培训质量和实效。

第五,引进电商专业服务力量。无论是合作组织直接利用互联网对接市场,还是与第三方合作间接利用互联网对接市场,都离不开电商专业服务力量的支持。政府可以积极创造条件将电商专业人才吸引入驻本地,一方面,政府可通过建立互联网产业园区、创造优越的办公环境,以及出台人才引进和招商优惠政策,增强对电商企业和专业人才的吸引力;另一方面,政府可考虑与互联网平台企业开展战略合作,推动本地合作组织与平台企业建立合作关系。

第六节 主要结论和政策建议

一、本章的主要结论

(1)农业产业组织可以从主体、制度、网络三个视角进行研究,不同视角所应用的理论和方法有所不同。从主体视角的研究一般是基于产业组织理论，从制度视角的研究则广泛应用新制度经济学理论和方法，从网络视角的研究往往基于管理学和社会资本理论进行讨论。因此，对于农业产业组织的研究，可以依据研究目的，从不同的视角、应用不同的理论框架进行分析。

（2）受历史、经济、社会人文环境的影响，以及农业条件、农民状况的差异，德国和丹麦两国生猪产业组织体系分别形成了以多元化的组织发展模式为特征和以农民合作社为核心的产业组织体系创新。丹麦是以符合理论上的纵向一体化或纵向协作的国际潮流模式为主，德国则是单一体系与多层体系并存，且各产业组织治理模式不尽相同，但由于严格遵循了市场导向法则，同样实现了组织的高效率和提高了产品的国际竞争力。也就是说，任何一种产业组织形式都是建立在合理的利益风险分担机制和完善的农业服务体系基础上，既要保证涉农企业的利益，也不能忽视农民合作社及分散农户的利益。

（3）与企业基于资本进行所有权安排不同，合作社是基于惠顾进行所有权安排，并且这种惠顾可以分为直接惠顾和间接惠顾。直接惠顾是指成员以其自己生产的产品（服务）进行投售（专业合作社就是如此），间接惠顾是指成员以其自己拥有的基本生产要素（如土地、资本）进行委托生产并进行投售。据此，或许可以认为合作社可分为业务惠顾型合作社与要素惠顾型合作社，前者是直接惠顾者（直接生产者）拥有并控制的组织，后者是间接惠顾者（要素拥有者）拥有并控制的组织。可以说，当前中国大多数运营正常的农民合作社或多或少地具有合作制属性，是产业化和制度性色彩鲜明的股份合作制的改进型（且为过渡型）中间组织，这些合作社并非异化的或伪形的合作社，而是富有中国本土特色的创新形态。

（4）中国互联网正加速地与农户相融合，互联网成为提升农户市场对接能力的重要手段。组织体系扁平化、产销关系紧密化和行为信息数据化是互联网背景下农业产业组织体系的演变趋势，原有架构中存在的痛点将逐渐得到解构和消除。从实践来看，农户利用互联网对接市场的组织模式主要有农户依托电商平台自主经营模式、农户依托社交平台自主经营模式、合作组织依托电商和社交平台自主经营模式及专业大户或合作组织与电商企业合作模式四种。总的来说，合作组织依托电商和社交平台自主经营模式更具普遍意义。互联网的发展不但没有削弱合作组织的原有优势，还有助于提升合作组织的服务能力和运行效率。

二、政策建议

基于本章的分析和结论，我们提出以下政策建议。

首先，政府对于中国农业的政策导向应从倡导某种农业产业化经营模式转向关注公共服务平台和深化要素市场改革，营造公平竞争的环境，促进土地、金融、技术等市场的完善，引导绿色农业发展，把财政扶持的重点放在加大职业农民培育、促进农业科研创新与推广、强化农产品质量安全和生态环境保护，加速小农户向专业户的转型，以及改善中小型农田水利设施、改善土壤条件、鼓励地力培育等农业基础设施等方面，而不是针对某类特定的市场主体进行扶持。要在有效发挥政府积极作用的同时，警惕政府失灵导致的市场扭曲。

其次，充分发挥农民合作社的载体性功能。尽管中国农民合作社看起来并不"规范"，但是只要农民合作社确实具有一定的带动能力，即便不甚规范，与法律有些出入，也应采取策略性容忍的态度，使农民合作社成为政府实施各项"三农"扶持政策措施的有效组织媒介，发挥农民合作社在乡村治理、社会经济、供应链管理、扶贫开发等领域的作用，进一步延展其独特的制度魅力和组织功能，支持有条件的地方创建合作社联合社和联合体。

最后，中国应逐渐建立基于互联网以合作组织为核心的农业产业组织体系，采取多种措施鼓励和扶持农民专业合作组织积极拥抱互联网经济。政府应在完善基础设施和物流体系、加强农产品标准化建设及加强互联网知识宣传和技能培训方面提供必要的支持；适当引导和促进农民合作社规范发展，充分发挥示范农民合作社的示范带头作用，促进农民合作社之间的交流合作；鼓励和引导有意向的农村青年返乡加入合作组织，带领合作组织建立起专业的网络销售队伍。

第七章 农地产权及相关要素市场发育研究

第一节 背景介绍

本章基于我国特殊的国情与农情，试图对我国工业化与城镇化背景下的农村土地及相关要素市场培育与改革进行综合研究。为了避免研究范围过于宽泛，本书聚集于现代农业发展问题，并着重研究农地经营权流转市场及相关要素市场的培育与改革问题。

一、研究背景与研究目的

学界对于农业要素市场的研究主要集中于三方面：一是农业要素市场化水平的测度（陈宗胜和陈胜，1999；钱忠好和牟燕，2012）；二是对农业要素市场发育影响因素及其效果的分析（胡初枝等，2008；张会萍等，2011）；三是对要素流动相互关系的研究（姚洋，1999；Kung and Lee，2001；田传浩和李明坤，2014）。梳理已有文献，大体能够发现有关农业要素市场发育的一个基本共识与主张：伴随着工业化与城镇化的快速推进，农村人口尤其是农业劳动力的非农转移所引发的人地关系变化，为我国的农地流转及土地要素的重新配置提供了契机，由此对"人动"带动"地动"进而对农地规模经营寄予厚望。加之我国政府不断强化的农地产权及由此带来的稳定性预期，也使得人们对农地承包经营权的信贷可获性充满信心。因此，由"人动"带动"地动"进而带来"钱动"，似乎成为我国农业要素市场发育的基本逻辑与必然趋势。

但问题是，由于我国特殊的人地关系及其农民对土地的特殊情感，我国的农地流转市场、农业劳动力的非农流转，均表现出一定的特殊性，从而有着不同的行为学意义。

第一,农户以农为生、以农为业、以地立命的生存状态及在位控制情结所导致的较高禀赋效应(endowment effect),决定了农地流转市场并非单纯的要素流动市场,而是一个具有身份特征的情感市场,隐含着重要的制度含义。

第二,尽管学界普遍将农业劳动力非农转移视为发育农地流转市场的前提条件,但大多将"人动"带动"地动"的逻辑过于简单化了。必须重视农业社会化服务市场在要素市场体系中的关联性作用及其所内含的分工经济本质。

第三,农业生产要素的相互替代或配置方式的调整,依赖于农户对要素相对价格及其潜在收益的有效反应,而一个不减弱的产权是农户做出有效反应的前提。基于农地产权、土地要素配置及其分工深化的逻辑,将有助于增进对农户行为响应与经济绩效的理解,并为传统小农融入现代农业发展进程提供重要政策启迪与制度创新空间。

二、研究框架和研究思路

研究框架可表达为"要素流动-产权细分-分工深化"。其中:①农地经营权流转市场的培育与改革,在遵循"维护所有权、稳定承包权、盘活经营权"的基本前提下,集中表现为农地经营权的产权运作。盘活农地经营权的关键在于产权的细分。②农业的发展,一个重要的逻辑线索是促进其分工深化。显然,没有农地经营权的产权细分,就不可能存在农业的分工深化。③在产权细分与分工深化的基础上,农业要素的流动及其市场化发育决定着农业规模经营的路径选择,并进一步决定着农户的要素配置行为(图7.1)。

其研究思路可归纳为"一个起点、三类逻辑"。

阐明农地流转市场的性质及其特殊性,是本章分析的逻辑起点。

在此基础上,一方面,构建农户联合决策行为模型,分析"人动、地动、钱动"三大要素的互动关系,并引入农业社会化服务的新要素,挖掘农业要素市场具有的互动而又相互消长的关系;另一方面,把真实世界中的交易费用和要素品质考虑进来,进一步阐明要素市场匹配中的契约逻辑。这些构成了本章要表达的"要素互动的契约逻辑"。

进一步地,引入产权细分与分工深化的分析视角,一方面基于"行为能力-要素匹配-规模农户"的分析线索,揭示从小农演化为规模农户的生成机理与要素匹配关系;另一方面构建"产权细分-分工深化-规模经营"的分析框架,揭示土地规模经营转向服务规模经营的理论机理。这是本章要表达的"要素匹配的分工逻辑"。

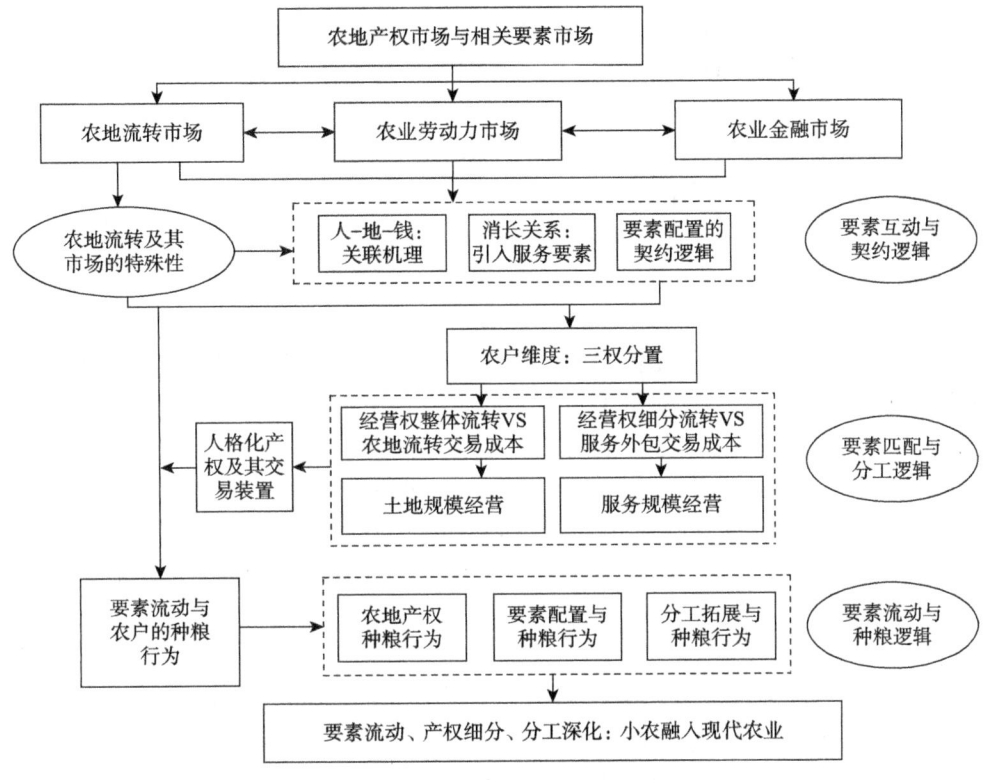

图 7.1 基本分析框架

从要素流动、产权细分到分工深化,必然影响到微观层面的农户的行为。为此,本章集中考察农地产权、要素流动与农业分工对农户种粮行为的影响,由此揭示小农融入社会化分工体系对中国粮食安全的宏观绩效所具有的重要意义。这是本章要表达的"要素流动的种粮逻辑"。

三、内容安排与主要创新点

(一)数据来源

除特别说明外,本章使用数据来源于本项目的专项农户问卷(统称为NSFC-71333004-2015)。项目组于 2015 年初通过分层聚类方法对农户进行了抽样问卷调查。其抽样过程是,首先,根据各省区市总人口、人均 GDP、耕地面积、耕地面积占国土面积比重、农业人口占总人口比重和农业产值占 GDP 比重 6 个指标进行聚类分析,并结合中国七大地理分区,抽取了 9 个省区(包括东部地区的辽宁、江苏和广东,中部地区的山西、河南和江西,西部地区的宁夏、四川和贵州）；其次，按上述6个指标对各省份的县（区、市）再进行聚类分析，在每个样本省份分别抽取6个样本县（合计54个），在每个样本县按经济发展水平高低抽取4个乡镇（在广东、江西各抽取10个样本乡镇）；再次，在每个样本乡镇随机抽取1个行政村，在每个行政村又随机抽取2个自然村；最后，在每个样本自然村随机挑选5户样本农户。共发放问卷2 880份，回收问卷2 838份，其中有效问卷2 704份，问卷有效率为95.28%。

（二）主要内容安排

本章分为6个部分。除本节的背景介绍外，第二至五节分别介绍本章研究的创新性成果。其中，创新成果1："农地流转及市场发育的特殊性"是本章的逻辑起点；创新成果2："农业要素市场的互动机理与契约逻辑"；创新成果3："农业分工、要素匹配与农业规模经营"；"创新成果4：产权制度、要素流动与中国粮食安全"，分别介绍前述的三大逻辑。第六节是本章的主要结论和政策建议。

（三）主要创新点

（1）引入行为经济学的禀赋效应理论与广受关注的不完全合约理论，一方面揭示农地产权的人格化特征及对农地流转市场发育的抑制性作用，另一方面阐明农地流转缔约中普遍存在的"放大"合约不完全性的特殊现象。

（2）将三大要素纳入同一个分析框架，可以发现：第一，非农就业转移、土地流转与资金借贷行为之间，并不存在一致的正向促进关系。第二，尽管农业劳动力非农转移促进了农地流转市场的发育，但农业社会化服务市场的发育则会对其产生抑制作用。第三，要素品质具有重要的制度意义。低质量土地和高能力农地承担者的要素组合与分成契约匹配，定额租约则适用于高质量土地和低能力农地承担者的要素组合。由此，农地契约选择具有明显的"情景依赖性"。

（3）农业规模经营与规模农户的生成的优先次序如下：农户的农地转入与规模的初始扩大，依赖于以土地产权明晰化、稳定化为前提的农地经营权流转市场的发育；进一步扩大经营规模，有赖于农业劳动力市场与生产性服务外包市场的发育；实现规模经营，则进一步取决于农业信贷市场的发育与完善。必须强调，以经营权流转为基础的农地规模经营，内生高昂的交易成本，而通过经营权细分及交易实现的农业服务规模经营，能够显著提升农业的外部规模经济性和分工效率。推进农业服务规模经营是我国农业适度规模经营发展的重要方向。此外，本书所关注的人格化财产及其交易问题，对于修正和拓展科斯定理有着重要的理论与实践价值。

（4）农地产权、要素配置、分工参与对农户种植结构的选择具有重要影响。第一，地权稳定性的改善、农业劳动力的非农转移、农地转入与经营规模的扩大、农业社会化服务市场的发育，均将强化农户种植结构调整的"趋粮化"。第二，在农业家庭经营逐步卷入分工经济的实践中，由农作物连片种植形成的横向专业化及对多个生产环节的服务需求所表达的市场容量，是农业出现纵向分工的决定因素；而纵向分工所形成的跨区作业服务，则能够对农业的时空布局产生溢出效应，进而降低交易费用，既扩展市场容量，又深化农业分工。这一研究的理论价值在于：将"斯密定理""杨格定理"与交易成本理论结合起来，将纵向分工理论与横向分工理论进行整合，能够深化对市场容量、分工深化、交易成本及其相互关联性的理解。

第二节 农地流转及市场发育的特殊性

一、理论线索

（一）禀赋效应：一个认识维度

早在1759年，亚当·斯密在《道德情操论》中通过把人们的行为归结于同情，来阐明具有利己主义本性的个人怎样控制他的感情或行为（斯密，2003）。他指出了一种现象：人们无论是心灵上的还是肉体上的痛苦，都是比愉快更具有刺激性的感情。Thaler（1980）由此提出了"禀赋效应"并将其定义如下：与得到某物品所愿意支付的金钱（willingness to pay，WTP）相比，个体出让该物品所要求得到的金钱（willingness to accept，WTA）通常更多，即指一旦某物品为其拥有，人们就倾向给予它更高的价值评价。Radin（1982）进一步将财产分为人格化财产和可替代财物。这意味着，对于产权主体来说，不同的产权客体是不一样的，人格化财产相较于可替代财物，具有更为显著的禀赋效应。

从农户角度来说，农户持有的承包地、宅基地是农户凭借其农村集体成员资格而取得的，具有强烈的身份性特征，表现为典型的人格化财产，相对于为了出售而持有的物品（如储藏的谷物），其禀赋效应会更高。在承包权与经营权分离的情形下，农地出租意味着对农地实际使用的控制权掌握在他人手中，并有可能导致土地质量、形状、用途等发生改变。当承包者重新收回经营权时，处置权的强度有可能已经弱化。如果存在事前预期，并且这种预期又是承包农户难以接受的，那势必会导致承包地对承包权主体的禀赋效应增强，交易必然受到抑制。

值得指出的是,已有的禀赋效应测度关注交易过程中"人-物"的关系,而忽视了不同交易主体之间("人-人")情景的差异。就同一物品即产权客体而言,面对不同的交易主体,产权主体的交易倾向是不同的。因此,同一个产权主体所拥有的物品,面对不同交易主体时的禀赋效应是有差异的(表7.1)。

表 7.1 交易情景与禀赋效应

分类		人-物	
		可替代财物	人格化财产
人-人	非熟人之间	纯市场交易	人格化物品的市场交易
	熟人之间	熟人间的物品交易	人格化物品在熟人间的交易

根据表 7.1,可以将交易情景分为四种类型。在新古典经济学传统中,关于市场性质及其机理的研究,大多是围绕"纯市场交易"情景展开的。即使是现代产权理论,亦忽视了人格化财产的交易性质问题。应该说,无论是对交易主体,还是对交易客体而言,并不存在一个统一的同质化市场。显然,农地产权作为人格化财产,相对易于在"熟人"之间交易;而在"非熟人"之间,因存在较高的禀赋效应,其交易则会受到抑制。由此可以得出的推论如下:强化可替代财物的产权强度,能够促进其市场化交易;强化人格化财产的产权强度,则可能抑制其市场化交易(罗必良,2014)。

(二)农地产权强化及其悖论

Alchian(1965)指出,所有定价问题都是产权问题。这意味着,产权是交易的前提,不减弱的产权能够获得较高的价值评价,能够有效生成价格并促进其交易。经典理论对现实的启发是,农地确权即农地产权界定格外重要,交易问题将因此自动解决。

然而,基于本项目的 NSFC-71333004-2015,有关农地确权的 2 704 份有效样本显示,农地确权并未明显促进土地流转(表 7.2):①在农地的实际转出中,与未确权农户相比,已确权农户的参与率并未明显提高,但转出农地的面积比例大幅降低,已确权农户获得的租金水平更高(提高 32.20%),流转期限则具有明显的短期化趋势;②从农地转出意愿来看,与未确权农户相比,尽管已确权农户的流转意愿有小幅提高,但其意愿转出租金大幅增加(提高 41.46%),意愿流转期限也并未显著延长。可见,农地确权在提升农户产权排他能力的同时,有可能因过高的租金门槛而加剧对经营权流转的抑制。可能的原因在于:第一,在村落集体中,农户凭借其天然的成员身份,是集体土地的"准所有者"。从"均权"到"均包",农地已经成为农民一种不可替代的人格化财产,而赋权的身份化(成员权)、确权的法律化(承包合同)、持有的长久化(长久承包权)更不断增强土地的"人格化财产"特征。第二,农村土地集体所有与家庭承包的制度安排,决定了土地经营权必然依附于承包权,而承包权来源于农民的集体组织成员身份权。任何进入农地经营的主体,都只有得到承包农户的同意才能实施经营权流转。因此,稳定土地承包关系并保持长久不变的政策,将强化农户承包的土地具有"产权身份垄断"的特性。第三,农地承包经营权在空间上的界定与确权,必然地对象化到每块具体的土地上(表现为宗地的"四至"地界),土地经营权的流转也必然地表现为具体宗地使用权的让渡。因此,农户所承包的具体地块就天然地具有"产权地理垄断"特征(罗必良,2016)。

表7.2 土地确权状况与农户农地转出行为的比较

指标		未确权农户	已确权农户
样本数/户		721	1 456
实际转出农地的农户比例		21.64%	22.25%
农户实际转出农地的面积比例		28.17%	13.09%
实际转出租金/元		397.56	525.59
实际转出期限	≤1年的比例	8.97%	13.27%
	>5年的比例	25.00%	22.84%
农户转出农地的意愿程度[1]		2.49	2.62
意愿转出租金/元		776.00	1 097.74
意愿转出期限	≤1年的比例	7.77%	11.13%
	>5年的比例	13.59%	16.90%

1)表示意愿程度,是样本农户按照1~5分对其参与土地流转的意愿强度进行赋值(5分表示"参与转出且转出期限在5年以上")

(三)合约理论与农地租约安排

本项目组的前期研究发现(罗必良等,2017),一方面,农地租约的完全性程度与租约期限的长短紧密关联,合约条款越完备,农户越可能签订长期租约;另一方面,更为普遍的事实是,农地租约不仅存在明显的不完全问题,而且表现为明显的短期化,并呈现"简单化"而加剧不完全性的现象。由此表明,在农地租约中,不仅存在剩余控制权界定不清或缺乏有效配置的问题,还存在"放大"合约不完全性的特殊现象。

经典合约理论认为（哈特，2011），一项均衡合约，应该是一项长期合约。有关合约的主流文献也论证了长期合约优于短期合约的观点（Cheung，1970；Masten and Crocker，1985）。然而，现实情形是不完全合约与短期合约普遍存在。Hart 和 Moore（2008）指出，最佳的契约形式是在保护权利感受的刚性与促进事后效率的灵活性之间进行权衡。问题是，一项不完全合约必然包含着机会主义的行为空间，从而可能诱导道德风险与逆向选择。

进一步言之，如果将通过不断续约所表达的长期合约，视为多个短期合约，那么，前期的合约选择是否会对后期的缔约行为产生影响呢？这显然是主流合约理论尚未重视的问题（Iossa and Rey，2009）。在信息不完全与机会主义背景下，合约期限的选择一定存在类似于信息不对称条件下产品市场中的"逆向选择"，从而导致短期合约"驱逐"长期合约的"柠檬市场"趋势。从长期来说，交易应该停止或者消失（或者说"合约期限"为零），但事实不是这样——即使是不完全的合约，也存在可持续的交易；即使短期合约普遍存在，机会主义行为也并未泛滥成灾。由此可以推断：①逆向选择，不完全合约会导致交易中断（回归"零合约"状态）；②通过对剩余控制权的产权配置，保障合约的执行（对不完全合约的治理）；③通过一套关联治理机制降低合约的复杂性，能够从"不完全合约"转向"口头合约"甚至"空合约"①（罗必良，2017）。

二、实证分析

（一）不同类型农户对土地经营权的禀赋效应

根据"禀赋效应"的定义，参照 Kahneman 等（1990）的经典实验，利用前述 2 704 个样本农户参与土地流转的意愿价格，测算禀赋效应（表 7.3）。

表 7.3　农户禀赋效应的测算结果

观察项	测度含义	样本量	禀赋效应	标准差	t 检验值
是否参与土地流转	是	895	1.201	2.759	−2.203**
	否	1 809	1.580	6.178	
人均承包农地面积/亩	≥1.804 7	650	1.341	0.945	−2.230**
	<1.804 7	2 054	1.845	9.815	

---

① 口头合约是指缔约当事人不用文字表达合约内容，而以口头意思表示方式达成的协议。传统合约理论认为，口头合约是一种古老和初级的合约形式，其不完全程度超过了书面合约。在"口头合约"中，如果交易双方达成交易的合约，其内容不仅没有任何文字的表达，甚至也不存在任何的语言意思表达，我们将这类没有规定任何具体交易条款的合约称为"空合约"。

续表

观察项	测度含义	样本量	禀赋效应	标准差	t 检验值
调查对象年龄/岁	≥60	447	2.431	11.325	2.171**
	<60	2 257	1.261	2.840	
经营目的	商业性经营	200	1.043	0.617	-2.691***
	自给性为主	1 888	1.430	5.961	
土地质量	≥6.38	1 079	1.729	12.178	0.179
	<6.38	1 589	1.670	4.131 4	
农地分散程度（块数）	≥5.08	822	1.764	5.271	0.291
	<5.08	1 846	1.662	9.432	
农地是否调整过	调整过	407	1.508	1.480	-0.487
	未调整过	2 261	1.727	9.074	
是否确权	未确权	721	1.090	2.468	-2.343**
	已确权	1 456	1.542	6.471	
在位控制权	比较关注	1 589	2.508	0.495	-1.063**
	不太关注	473	1.570	0.444	0.938**

、*分别表示在 5%、1%的水平（双侧）上有显著差异

注：①人均承包农地面积、土地质量（按肥力与灌溉条件进行打分赋值）及农地分散程度，均以样本均值作为分组标准。②在位控制权指农户是否关注或在意农地转出后如何被利用的问题。问卷采用"比较关注""一般""不太关注"的三级评价。回答此问项的样本合计为 2 568 个。其 t 检验值、"比较关注"是相对"一般"而言的，"不太关注"则是相对"比较关注"而言的。③由于部分样本农户未能回答所有问项，因此，每个观察项的样本量加总并不总是 2 704 个

由表 7.3 可以发现：①无论何种情形，农户的禀赋效应均高于 1，表明农户在土地流转中高估其拥有的经营权的价值是普遍现象。②农户承包的土地越是稀缺，农户越是从事自给性生产，务农者年龄越大，其禀赋效应越显著。③农地确权会显著强化农户的禀赋效应，这再一次验证了保护农户土地权益与土地流转抑制之间的悖论。④农户普遍关注土地流转中的在位控制问题。在 2 568 个样本农户中，回答"比较关注"该问题的农户占 61.88%，其禀赋效应高达 2.508；即使是回答"不太关注"的农户，其禀赋效应亦达 1.570。

（二）农户禀赋效应的差序格局

农户土地流转的对象一般包括亲友邻居、普通农户、家庭农场与生产大户、农业企业。问卷结果表明，农户更倾向于将土地流转给亲友邻居，其占全部意愿选择对象的比例高达 56.91%。采用与前文同样的测算方法，可以得到农户选择不同交易主体时的禀赋效应（表 7.4）。

表 7.4 农户禀赋效应的差序格局

指标	亲友邻居	普通农户	家庭农场或大户	农业企业	合计
样本数/户	2 125	540	757	312	3 734
选择占比	56.91%	14.46%	20.27%	8.36%	100.00%
禀赋效应	1.033	1.282	1.519	1.837	—

注：由于在问卷允许农户选择多个流转对象，故样本总数大于 2 704 个

观察表 7.4 可以进一步发现：①农户的禀赋效应依"亲友邻居—普通农户—家庭农场或大户—农业企业"的次序而逐个增强，表明农户对于不同的交易对象存在着禀赋效应的差序化特征。②对于亲友邻居而言，农户的禀赋效应较低（WTA/WTP 为 1.033）。一方面，亲友邻居之间的土地流转，并不是纯粹意义上的要素市场化交易，而是包含了地缘、亲缘在内的特殊的关系型交易；另一方面，考虑到农户对"在位控制权"的重视，亲友邻居基于其与转出农户长期交往而形成的"默契"与声誉机制，一般不会随意处置所转入的农地，从而能够为转出农户提供稳定预期[①]。

（三）农地租约短期化与"空合约"问题

农地流转并非是纯粹的要素市场，在相当程度上表达为关系型交易，缔约大多发生于"村落里的熟人"之间，并呈现依亲缘、地缘、业缘而依次下降的差序格局。此外，农地租约不仅存在明显的合约不完全问题，而且表现为明显的短期化，并呈现"简单化"而加剧不完全性的现象。不仅如此，我们还能够进一步观察到"空合约"现象。

1. 农地租约"短期化"倾向

尽管农户关于农地转出的预期涉及诸多因素，但是，未转出农地农户的事前认知与有转出行为农户的经验认知显然存在差异。为便于比较，可对农户做相应的分类：将尚未发生转出行为的农户称为"先验农户"，其流转意愿则称为"先验意愿"；将已经发生农地转出行为的农户称为"经验农户"，其流转意愿则称为"事后意愿"。结果表明：

第一，农户倾向选择短期租约（表 7.5）。一是在实际租约中，期限不确定具有普遍性，占比高达 36.64%；二是在所有的农户中，租约期限都具有显著的"短期"特征；三是与"经验农户"相比，"先验农户"的租约期限选择短期现象更为明显。

---

① 例如，农地抛荒往往会降低土地价值（变为野地或荒地，甚至难以复耕），因而农户将土地流转给值得信任的亲友邻居，使其有可能获得良好的"照看"。

表 7.5 "先验农户"与"经验农户"的租约期限对比（N=2 704）

合约期限	先验农户的意愿期限（N=2 090）		经验农户的实际期限（N=614）	
	样本数/份	占比	样本数/份	占比
期限不确定	812	38.85%	225	36.64%
≤3 年	785	37.56%	158	25.73%
>3~5 年	200	9.57%	77	12.54%
>5 年	293	14.02%	154	25.08%
合计	2 090	100.00%	614	100.00%

第二，"经验农户"的实际与意愿期限短期化（表 7.6）。一是在经验农户的事后意愿中，租约期限有进一步短期化的趋势，具体表现为租约期限为 5 年以上的租约比重减少。二是事后意愿中期限不确定的样本比例增加，并接近于事前农户的水平。在合约理论中，缔约决策的重点不仅在于是否签订合约，更关键的还在于合约的时间持续性问题。一个期限不确定的合约将比一个期限明确的短期合约，隐含着更为强烈的不稳定性预期。据此，可以判断农户农地流转"事后意愿"的"短期化"特征将更为显著。这意味着，农地租约期限存在类似于信息不对称条件下产品市场中的"逆向选择"，从而导致短期合约"驱逐"长期合约的趋势。

表 7.6 "经验农户"的合约期限选择比较（N=614）

合约期限	实际期限		事后意愿期限	
	样本数/份	占比	样本数/份	占比
期限不确定	225	36.64%	234	38.11%
≤3 年	158	25.73%	160	26.06%
>3~5 年	77	12.54%	79	12.87%
>5 年	154	25.08%	141	22.96%
合计	614	100.00%	614	100.00%

2. 农地租约的"空合约"问题

"空合约"是指交易双方进行交易，却并未约定任何具体条款的合约（"尽在不言中"）。可以发现，在农地流转中，不仅存在正式的书面合约，也存在无法通过第三方证实的口头合约，同时也普遍存在没有任何约定的"空合约"。表 7.7 显示，农地租约中的口头合约与空合约等非正式合约，在全部 614 个样本中的占比高达 54.07%。

表 7.7 农地租约中的合约类型（N=614）

合约类型	书面合约	口头合约	空合约	合计
份数	282	160	172	614
比重	45.93%	26.06%	28.01%	100.00%

空合约不仅表现为不签订任何形式的合约，还可以进一步表现为关于重要产权内容约定的缺位。由表 7.8 可以看出，在口头合约中，约定期限、未约定租金的合约占比为 11.88%，约定租金、未约定期限的合约占比为 20.62%，期限与租金均无约定的合约占比则为 16.25%。即使是正式的书面合约，约定租金、未约定期限的合约占比依然达到 13.82%。可见，即使是正式的书面合约，也存在着合约的不完全性；口头合约无疑也是普遍存在的现象；无任何权利界定的"空合约"，亦是广泛存在的现象。

表 7.8 农地转出租约的分类统计

合约类型	书面合约		口头合约	
	份数	比重	份数	比重
期限与租金均有约定	227	80.50%	82	51.25%
约定期限、未约定租金	9	3.19%	19	11.88%
约定租金、未约定期限	39	13.83%	33	20.63%
期限与租金均无约定	7	2.48%	26	16.25%
合计	282	100.00%	160	100.00%

三、进一步的讨论

第一，农地确权能够强化农户对土地的产权强度，但会进一步增强其身份权利与人格化财产特征，进而加大禀赋效应。因此，农地的人格化财产交易市场不同于一般的产权市场。

第二，农户的禀赋效应具有明显的状态依赖性。农户以农为生、以农为业、以地立命的生存状态及在位控制情结所导致的较高禀赋效应及其差序格局，成为土地流转的重要约束。由此，土地流转市场并不是单纯的要素流动市场，而是一个具有身份特征的情感市场；土地流转市场也并非一个纯粹的要素定价市场，而在相当程度上是一个关系型的"歧视性"市场。

第三，随着城镇化进程的加快，传统乡土社会的解体，加之外部力量的渗透与干预，中国乡村存在的关系合约及那些不言而喻的"空合约"将不断弱化甚至消亡。那么，是否要保护及如何保护"乡土中国"的制度遗产？这是值得思考的问题。乡土社会广泛存在的关系型交易与空合约,在非正式制度安排下能够自我实施,这实际上表达了微观治理的效率基因与秩序扩展。这或许是个两难的选择:一方面要推进农业现代化,另一方面更需要保护农村村庄内生的基于关系信任而自发形成的交易秩序。而后者对于维护中国这样的人口大国的稳定性来说,意义尤为重要。

可见,中国的农地流转有着特殊的市场逻辑。因此,推进土地流转市场的发育,既要考虑乡土社会人地关系的特殊性,又要提高流转交易的规范化与契约化程度。有必要寻找人格化财产的产权交易路径。

第三节 农业要素市场的互动机理与契约逻辑

中国农地产权流转市场的特殊性,决定了农业要素市场及其互动关系的特殊性。本节的重点在于:在宏观层面,将农地流转市场、资金信贷市场与农业劳动力市场纳入同一个分析框架分析其互动关系;在此基础上,引入农业生产性服务市场,进一步阐明要素市场之间的消长关系。在微观层面,将侧重于佃农理论的视角,揭示要素特性及其市场交易的契约选择逻辑。

一、理论线索

(一)线索之一:要素市场发育的互动关联机理

从理论上而言,生产过程是多种要素的相互配合、组合过程,也就是说,农户所面临的是多要素的联合决策及其市场参与问题,由农户经济系统内生决定。从这个意义上而言,要素决策之间本质上是相关关系,并非单向的因果关系。正是由于在模型处理及理论预设上存在这样或那样的问题,已有的大量研究成果并不足以支持一个确定的结论,形成了人动(地动)会"促进、不促进或抑制"地动(人动)的互为矛盾的观点,并难以达成共识。

本节尝试做如下处理:①将劳动力、土地和资金三大基本要素同时纳入农户联合决策行为模型中,将多要素配置行为予以内生化。②考虑到要素决策联立性所引致的内生性问题,针对所有被解释变量都是二元变量的情况,选用 MvProbit 模型进行验证分析。具体的研究思路及其框架见图 7.2。

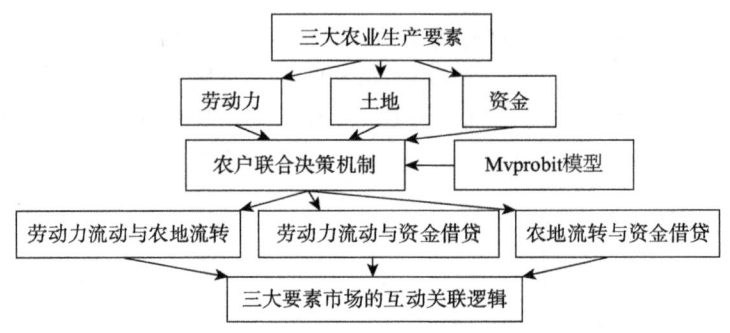

图 7.2 要素关联的分析框架图

(二) 线索之二：要素市场的互动及其消长关系

主流文献的基本判断是，稳定的农地产权、促进农业劳动力的非农转移，将有效促进农地流转。农业部农村经济体制与经营管理司（简称经管司）数据显示，中国农地流转率已从 2005 年的 4.5%上升至 2016 年的 35.1%。尽管成效显著，却具有逐渐式微的趋势。2005~2013 年，中国农地流转率的年均增长率为 24.33%，2014~2016 年则减弱为 7.45%。可见，主流文献所表达的逻辑关系并未得到实践的一致性证实。我们的判断是，农业要素市场在互动的过程中，可能存在此消彼长的特殊情形。因此，以"人动"带动"地动"的逻辑可能将问题简单化了；农地确权及其产权激励所表达的对促进农地流转市场的有效性可能被无意夸大了；随着农业社会化服务市场的发育，农业要素市场的互动关系将变得更为复杂。

为考察农业劳动力非农就业市场和农业社会化服务市场对农地流转市场的影响，我们构建了农户多要素市场配置的数理模型。依据农户要素配置的收益最大化原则设置如下目标函数和约束条件：

$$\text{Max}(p_1 Y + L_2 w + r A_2 - p_2 S) \qquad (7.1)$$

$$L_1 + L_2 = 1 \qquad (7.2)$$

$$A_1 + A_2 = 1 \qquad (7.3)$$

$$L_1 + \varphi S = u A_1 \qquad (7.4)$$

$$Y = A_1^\alpha (L_1 + \varphi S)^\beta \qquad (7.5)$$

式中，Y 表示农产品总产出；L_1 和 L_2 分别表示投入在农业部门和非农业部门中的劳动规模；A_1 和 A_2 分别表示农户自己经营的农地规模和出租的农地规模；S 表示农户购买的农业社会化服务规模且农户的劳动禀赋和农地禀赋均标准化为 1；p_1 和 p_2 分别表示农产品和农业社会化服务的单位价格；w 表示非农就业市场的单位劳动工资；r 表示单位农地的租赁价格；φ 表示单位社会化服务可以替代的劳动水平；u 表示经营单位农地需要的劳动投入且有 $\alpha+\beta=1$，即假定生产农产品的规模报酬不变。

将式（7.2）~式（7.5）代入式（7.1），并对 A_2 求偏导：

$$\frac{\partial I}{\partial A_2} \geq -p_1 u^\beta + w\frac{\partial L_2}{\partial A_2} + r - p_2\frac{\partial S}{\partial A_2} \quad (7.6)$$

将式（7.2）和式（7.3）代入式（7.4），并对 A_2 求偏导：

$$\frac{\partial L_2}{\partial A_2} = u + \varphi\frac{\partial S}{\partial A_2} \quad (7.7)$$

将式（7.7）代入式（7.6），处理可得

$$\left(w - \frac{p_2}{\varphi}\right)\frac{\partial L_2}{\partial A_2} \geq p_1 u^\beta - r - \frac{u p_2}{\varphi} \quad (7.8)$$

式（7.8）保证了出租农地会提高农户的家庭收入。很显然，如果农业社会化服务市场的参与约束不成立，那么式（7.8）变为 $(\partial A_2 / \partial L_2) = \left[w - (p_2/\varphi)\right] / \left[p_1 u^\beta - (u p_2/\varphi) - r\right]$。进一步，如果农地流转市场的参与约束成立，可以得出 $\partial A_2 / \partial L_2 \geq 0$；如果农业社会化服务市场的参与约束成立，那么式（7.8）变为

$$(\partial A_2 / \partial L_2) \leq \left[w - (p_2/\varphi)\right] / \left[p_1 u^\beta - (u p_2/\varphi) - r\right] \quad (7.9)$$

此时，如果农地流转市场的参与约束不成立，可以得出 $\partial A_2 / \partial L_2 \leq 0$。由此可知，当农业社会化服务市场的参与约束得到满足时，农地流转市场发育滞后，农业劳动力非农转移将造成农地流转市场的持续萎缩。

类似地，如果农业社会化服务市场和农地流转市场的参与约束同时成立，可以得出 $\partial A_2 / \partial S \leq 0$。

可见，农地流转市场并不是一个独立的市场。特别地，当农地流转市场和农业社会化服务市场的参与约束均成立时，农业社会化服务市场的发育会抑制农地流转市场的发育。

（三）线索之三：要素特性、资源配置及其契约逻辑

在农业要素市场体系中，每一要素市场组织均可视为一个相应的要素契约集合。因此，农业"三大市场"的一般均衡最终是"三大契约"相互关联的结果。而且，当这种市场一般均衡存在时，则说明农地租赁契约、农业劳动力契约和农业资本契约之间是两两相互关联的。就农地契约而言，基于佃农理论的分析背景，我们可以把地主视为农地转出者（农地出租农户）、佃农（农地承租者）视为农地转入者。那么，地主与佃农之间的地租选择关系其实是农地市场的契约选择问题。鉴于张五常（Cheung，1969）的佃农理论建立在要素同质的前提下，我们

将放松要素同质的假设条件，进一步考察要素品质差异对契约选择的影响。

1. 土地异质性与契约选择

一般来说，尽管一个佃农可以控制其自身的劳动投入 t，但最终产出水平仍然在相当程度上取决于土壤肥力、灌溉条件等因素（不考虑气候因素）。为便于讨论，我们将这些因素表达为土地的质量维度。于是，可分别用 h_H 表示高质量土地和 h_L 表示低质量土地（$h_L < h_H$），且 $h = h_H$ 的概率是 p，$h = h_L$ 的概率为 $(1-p)$。此处借助离散型概率分布函数 $F(p)$ 反映农业生产风险。

首先考虑土地所有者的契约选择策略。在定额租约安排下，不管土地质量如何，地主都获得大小为 $\bar{\pi}_F^l$ 的总地租数额，但在分成契约下，其租金收益与土地质量的高低有关，此时的期望租金为 $E\bar{\pi}_F^l = prq(h_H,t) + (1-p)rq(h_L,t)$。那么，当 $E\bar{\pi}_F^l = \bar{\pi}_F^l$ 时，便可得到地主的分成比例：

$$r = \frac{\bar{\pi}_F^l}{pq(h_H,t) + (1-p)q(h_L,t)} \tag{7.10}$$

据此，我们得到佃农在不同契约安排下的净收益函数：

分成契约下的净收益函数是

$$EN\pi_S^p = p(1-r)q(h_H,t) + (1-p)(1-r)q(h_L,t) \tag{7.11}$$

而定额租约下的收益则以分段函数形式出现：

$$\pi_S^p = \begin{cases} q(h_H,t) - \bar{\pi}_F^l, & p \\ q(h_L,t) - \bar{\pi}_F^l, & 1-p \end{cases} \tag{7.12}$$

其次比较在土地质量较高（$h = h_H, p \to 1$）时佃农的协约行为：

$$\begin{aligned}
E\pi_S^p - \pi_S^p &= (1-r)q(h_H,t) - \left[q(h_H,t) - \bar{\pi}_F^l\right] \\
&= \bar{\pi}_F^l - rq(h_H,t) \\
&= \bar{\pi}_F^l - \frac{\bar{\pi}_F^l q(h_H,t)}{pq(h_H,t) + (1-p)q(h_L,t)} \\
&= \frac{(1-p)\bar{\pi}_F^l \left[q(h_L,t) - q(h_H,t)\right]}{pq(h_H,t) + (1-p)q(h_L,t)} < 0
\end{aligned} \tag{7.13}$$

同理，当 $h = h_L, p \to 0$ 时，有 $E\pi_S^p - \pi_S^p > 0$。从而得到以下命题：

命题1 在低质量土地上，佃农选择分成契约；在高质量土地上，佃农选择定额租约。

由于这里假设地主对分成契约和定额租约是无差异的，所以 [（分成契约，分成契约）；$p \to 0$] 和 [（定额租约，定额租约）；$p \to 1$] 均是该博弈的两个贝叶斯纯策略纳什均衡解且达到帕累托最优。

2. 地主与异质性佃农的契约匹配博弈

进一步分析存在能力差异的佃农与地主之间的协约行为。假定存在两类行为能力不同的佃农向地主承租土地，分别是强能力佃农 t_H 和弱能力佃农 t_L。其中，$t=t_H$ 的概率为 X 且对应的收益为 π^p，反之为 $1-X$ 且相应的收益为 0。假设 X 在 $[0,1]$ 上密度函数为 $g(x)$、分布函数为 $G(x)$，并以连续型变量 x 来刻画风险。当佃农需要向地主上交的租金为 π^l 且地租率为 R 时，则佃农在"承租"与"不承租"两种策略的期望收益分别为

$$x\left[\pi^p-(1+R)\pi^l\right]+(1-x)\left[0-(1+R)\pi^l\right], 0$$

因此，存在一个临界点 $(\pi^p)^*=\dfrac{(1+R)\pi^l}{x}$。当且仅当 $\pi^p \geq (\pi^p)^*$ 时，佃农才会承租土地。该结论也意味着，存在一个关于强能力佃农出现的临界概率值 $(X)^*=\dfrac{(1+R)\pi^l}{(\pi^p)^*}$。由此，所有愿意承租土地的佃农的平均能力概率为

$$\bar{X}=\dfrac{\int_0^{x^*} xg(x)\mathrm{d}x}{\int_0^{x^*} g(x)\mathrm{d}x} \tag{7.14}$$

$$=\dfrac{\int_0^{x^*} xg(x)\mathrm{d}x}{G(x^*)}$$

所以有

$$\dfrac{\partial \bar{x}}{\partial R}=\dfrac{\dfrac{\pi^l}{R}x^*g(x^*)\int_0^{x^*}g(x)\mathrm{d}x-g(x^*)\dfrac{\pi^l}{R}\int_0^{x^*}xg(x)\mathrm{d}x}{\left[\int_0^{x^*}g(x)\mathrm{d}x\right]^2} \tag{7.15}$$

$$=\dfrac{\pi^l g(x^*)}{R\left[G(x^*)\right]^2}\int_0^{x^*}G(x)\mathrm{d}x>0$$

从该不等式可以得到：

命题 2 当佃农对于分成契约和定额租约无差异时：如果地租率较低，弱能力佃农才有可能承租土地，那么，地主将会倾向选择定额租约；如果地租率较高，高能力佃农才有可能承租土地，那么，地主将会倾向选择分成租约。由此，[（定额租约，定额租约）；$X \to X_L$] 和 [（分成契约，分成契约）；$X \to X_H$] 均是该博弈的两个贝叶斯混合策略纳什均衡解且达到帕累托最优。

二、实证分析

（一）实证分析1：农户多要素联合决策分析

基于线索 1 的理论框架，我们将农业劳动力、土地和资金三大基本生产要素流动及其配置行为同时纳入农户多要素联合决策分析模型中，实证考察农户的多要素联合投入决策机制，由此揭示三大要素市场发育的微观动力机制及其互动关联逻辑。

1. 数据来源

数据来源于前述的 NSFC-71333004-2015。考虑到本书研究的需要，在删除部分重要变量缺失值后，计量分析使用的样本农户为 2 082 个。

2. 变量选择与描述

具体各个变量赋值及基本情况见表7.9。

表 7.9　变量的定义与描述统计（$N=2\,082$）

变量名称	变量定义	赋值情况	均值	标准误	最小值	最大值
被解释变量	是否有非农转移	是=1；否=0	0.938	0.240	0	1
	是否转出农地	是=1；否=0	0.235	0.424	0	1
	是否转入农地	是=1；否=0	0.116	0.321	0	1
	是否资金借贷	是=1；否=0	0.187	0.390	0	1
要素报酬	农地租金	元	453.832	1 393.84	0	35 000
	非农就业类型	全部技能型=1；技能型为主=2；体力型为主=3；全部体力型=4	2.631	0.886	1	4
农业政策	农地确权	已确权=1；未确权=0	0.538	0.499	0	1
	种粮补贴	有=1；否=0	0.360	0.480	0	1
农地禀赋	农地肥力	很差=1；较差=2；一般=3；较好=4；很好=5	3.262	0.830	1	5
	承包地面积	亩	6.578	14.315	0	500
农户特征	家庭总人口	人	4.650	1.930	1	21
	家庭负担比	16岁以下及70岁以上人口占比	0.211	0.224	0	1
	妇女劳动力占比		0.448	0.177	0	1
	初中劳动力占比	初中学历劳动力占比	0.743	0.294	0	1
	农业收入占比		33.966%	31.500%	0	100.000%
	家庭总收入	1万元以下=1；1万~3万元=2；3万~5万元=3；5万~10万元=4；10万元及以上=5	2.709	1.124	1	5
	家到县城时间	小时	0.972	0.648	0.06	6

3. 模型选择与计量结果分析

考虑到要素决策联立性所引致的内生性问题，而且所有被解释变量都是 0，

1 二元变量,因此选择可同时处理多个二元选择模型的 MvProbit 模型(刘同山,2016)。

$$y_{im}^* = \boldsymbol{\beta}_m' X_{im} + \varepsilon_{im}, m=1,2,3,4 \tag{7.16}$$

$$y_{im} = \begin{cases} 1, & y_{im}^* > 0 \\ 0, & 其他 \end{cases} \tag{7.17}$$

式中,m 表示第 m 个方程;ε_{im} 表示服从均值为 0、方差为 1 的正态分布;在本书研究中,$m=4$,y_{i1} 表示农户劳动力是否发生非农转移;y_{i2} 表示农户是否转出农地;y_{i3} 表示农户是否转入农地;y_{i4} 表示农户是否发生资金借贷行为;X_{im} 表示模型的解释变量;$\boldsymbol{\beta}_m'$ 表示第 m 个方程的解释变量的系数矩阵。计量结果如表 7.10 所示。

表 7.10 三大要素流动联合决策的 MvProbit 模型估计结果

模型	是否有非农转移	是否转出农地	是否转入农地	是否资金贷款
流转租金	0.000(0.000)	0.000***(0.000)	−0.000***(0.000)	−0.000(0.000)
工作类型	−0.105***(0.036)	0.007(0.036)	0.005(0.043)	−0.022(0.037)
农地确权	−0.036(0.062)	−0.099(0.062)	−0.002(0.074)	0.194***(0.066)
种粮补贴	−0.085(0.064)	−0.144**(0.065)	0.047(0.077)	0.036(0.067)
农地肥力	0.116***(0.038)	0.126***(0.038)	−0.042(0.044)	−0.050(0.040)
承包地面积	−0.004**(0.002)	0.003(0.002 54)	0.003(0.002)	0.005***(0.002)
家庭总人口	0.194***(0.020)	−0.048***(0.018)	−0.001(0.021)	−0.007(0.018)
家庭负担比	−1.050***(0.143)	0.204(0.141)	−0.315*(0.180)	0.349**(0.147)
妇女劳动力占比	−0.287(0.175)	0.311*(0.174)	0.032(0.213)	0.090(0.186)
初中劳动力占比	−0.606***(0.109)	−0.072(0.106)	0.115(0.133)	−0.208*(0.111)
农业收入占比	−0.006***(0.001)	−0.002**(0.001)	0.005***(0.001)	0.004***(0.001)
家庭总收入	0.095***(0.030)	−0.001(0.029)	0.043(0.035)	0.134***(0.031)
家到县城时间	0.174***(0.051)	−0.043(0.049)	0.082(0.055)	0.016(0.050)
截距项	0.287(0.238)	−0.885***(0.237)	−1.356***(0.282)	−1.259***(0.246)
模型参数	最大似然估计=−3 880.419		Prob>chi2=0.000	
模型扰动项的两两相关系数	Atrho12	0.174***(0.040)		
	Atrho13	−0.034(0.047)		
	Atrho14	−0.085**(0.041)		
	Atrho23	−0.140***(0.049)		
	Atrho24	0.013(0.041)		
	Atrho34	0.192***(0.046)		

***、**、*分别表示在 1%、5%、10%的水平下显著

注:括号内为标准误

从表 7.10 可以得到的基本结论如下:

第一,农户劳动力非农转移与农地转出行为存在正向互动关系,这表明农户

劳动力非农转移与农地转出决策之间是正向互动关系,即劳动力非农转移促进农户农地转出,同时,农地转出亦可能促进劳动力非农转移。

第二,劳动力非农转移与农户资金借贷行为之间存在显著的负向抑制关系,这表明农户劳动力非农转移与资金借贷行为之间是负向的抑制关系,并非互相促进的关系。

第三,农地转入与资金借贷行为之间存在显著的正向互动关系,这表明农地流转市场与农业资金借贷市场发展之间存在联动性。

(二)实证分析2:要素市场发育的消长关系——引入农业生产性服务

为验证线索2的推论,本节利用26个省区市2006~2015年的省级面板数据进行实证分析。

1. 数据来源

数据主要来源于农业部农村经济体制与经营管理司编辑的《全国农村经营管理统计资料》(2006~2015年),同时使用《中国统计年鉴》(2006~2016年),以及《全国农产品成本收益资料汇编》(2006~2016年)。由于农业部农村经济体制与经营管理司在2005年之前没有公布全国农地流转率和农地流转规模的分省统计数据,所以本节使用2006~2015年的省级面板数据。

2. 变量选择与描述

因变量为农地流转率,用各省农户流转农地总面积占承包耕地总面积的比重进行刻画。主要自变量包括农业劳动力非农转移比例和农业机械化服务。变量定义与说明见表7.11。

表 7.11 变量定义与说明

变量	定义与说明	均值	标准差
农地流转率	各省农户流转农地总面积占承包耕地总面积的比重	0.167	0.128
农业劳动力非农转移比例	各省农村非农劳动力人数占农村总劳动力的比重	0.366	0.088
农业机械化服务	各省三种主粮每亩年均机械外包作业费用/元	225.592	125.667
农村户均人口	各省农村总人口与农村总户数的比值	3.577	0.624
农村户均农地规模	各省农户承包耕地总面积与农村总户数的比值/(亩/户)	6.713	5.793
第一产业产值占比	各省第一产业生产总值占GDP的比值	0.123	0.049
农地流转合同	农地流转中签订农地流转合同的总份数/份(对数)	13.194	1.205
农地承包合同	农地承包合同发放份数/份(对数)	15.879	0.956
农地承包经营权证书	农地承包经营权证书发放份数/份(对数)	15.624	0.845
时间趋势	以2006年为基准,以观测值所在年份减去2006	4.500	2.878
区域虚拟变量	26个省区市的区域虚拟变量	—	—

3. 模型选择

第一，给出农业劳动力非农转移影响农地流转的估计模型即式（7.18）、式（7.19）用于识别农业劳动力非农转移影响农地流转的时滞效应。

$$Y_{it} = a_0 + a_1 \text{lag}(T)\text{labormig}_{it} + \sum_{n=1} a_{2n}\text{CV}_{nit} + u_{it} + \varepsilon_{it} \quad (7.18)$$

$$Y_{it} = a_0 + a_1 \text{labormig}_{it} + a_2 \text{lag}(T_1)\text{labormig}_{it} + \sum_{n=1} a_{3n}\text{CV}_{nit} + u_{it} + \varepsilon_{it} \quad (7.19)$$

式中，Y_{it} 表示第 i 个省份 t 期的农地流转率；labormig$_{it}$ 表示第 i 个省份 t 期的农业劳动力非农转移比例；lag(T) 表示滞后期；考虑到本书研究样本量受限且估计结果的特征，T 的取值范围为 0~3；CV_{nit} 表示第 i 个省份 t 期的农村户均人口、农村户均农地规模、第一产业产值占比等控制变量；$a_0 \sim a_{3n}$ 表示待估计系数；u_{it} 表示个体异质性的截距项；ε_{it} 表示随个体与时间而改变的扰动项，假设 ε_{it} 独立同分布，且与 u_{it} 不相关。

第二，进一步引入农业机械化服务变量的不同滞后期。

$$Y_{it} = a_0 + a_1 \text{lag}(T)\text{service}_{it} + \sum_{n=1} a_{2n}\text{CV}_{nit} + u_{it} + \varepsilon_{it} \quad (7.20)$$

$$Y_{it} = a_0 + a_1 \text{service}_{it} + a_2 \text{lag}(T_1)\text{service}_{it} + \sum_{n=1} a_{3n}\text{CV}_{nit} + u_{it} + \varepsilon_{it} \quad (7.21)$$

式中，service$_{it}$ 表示第 i 个省份 t 期的农业机械化服务，其余变量和参数的定义与式（7.18）中一致。

第三，引入农业劳动力非农转移比例和农业机械化服务的交互项。

$$\begin{aligned} Y_{it} = &\ a_0 + a_1 \text{lag}(T)\text{labormig}_{it} + a_2 \text{lag}(T)\text{service}_{it} \\ &+ a_3 \text{lag}(T)\text{labormig}_{it} \times \text{lag}(T)\text{service}_{it} + \sum_{n=1} a_{4n}\text{CV}_{nit} + u_{it} + \varepsilon_{it} \end{aligned} \quad (7.22)$$

式中，lag(T)labormig$_{it}$ × lag(T)service$_{it}$ 表示当期或滞后期的农业劳动力非农转移比例和农业机械化服务的交互项。其余变量和参数的定义与式（7.18）和式（7.20）中一致。

4. 计量结果1：农业劳动力非农转移对农地流转的影响分析

表 7.12 给出了利用固定效应模型的估计结果（OLS-Fe）和利用随机效应模型的估计结果（OLS-Re），估计1到估计4中的农业劳动力非农转移变量分别为当期值、滞后一期、滞后二期和滞后三期。结果表明，农业劳动力非农转移比例越高，农地流转率越高。其原因是，随着非农产业的发展，农户从事农业生产的机会成本越来越高。

表 7.12　农业劳动力非农转移对农地流转的影响分析

变量	估计 1		估计 2		估计 3		估计 4	
	OLS-Fe	OLS-Re	OLS-Fe	OLS-Re	OLS-Fe	OLS-Re	OLS-Fe	OLS-Re
农业劳动力非农转移比例	0.390*** (0.146)	0.255*** (0.085)						
L1.农业劳动力非农转移比例			0.539*** (0.140)	0.334*** (0.088)				
L2.农业劳动力非农转移比例					0.699*** (0.129)	0.452*** (0.093)		
L3.农业劳动力非农转移比例							0.594*** (0.122)	0.459*** (0.094)
农村户均人口	−0.000 (0.005)	−0.003 (0.005)	−0.002 (0.005)	−0.006 (0.005)	−0.004 (0.005)	−0.008 (0.005)	−0.018*** (0.005)	−0.020*** (0.005)
农村户均农地规模	0.015** (0.007)	0.002 (0.001)	0.007 (0.007)	0.001 (0.002)	−0.004 (0.007)	0.000 (0.002)	−0.008 (0.007)	−0.001 (0.002)
第一产业产值占比	0.757*** (0.243)	−0.056 (0.148)	0.740*** (0.246)	0.010 (0.157)	0.774*** (0.249)	0.143 (0.175)	1.045*** (0.296)	0.336* (0.204)
农地流转合同（对数）	0.038*** (0.008)	0.054*** (0.006)	0.038*** (0.008)	0.061*** (0.008)	0.049*** (0.009)	0.067*** (0.009)	0.077*** (0.009)	0.086*** (0.009)
农地承包合同（对数）	−0.007* (0.005)	−0.006 (0.005)	−0.000 (0.005)	−0.004 (0.005)	−0.001 (0.005)	−0.004 (0.004)	−0.004 (0.004)	−0.003 (0.004)
农地承包经营权证书（对数）	−0.008 (0.014)	−0.016* (0.010)	−0.152** (0.063)	−0.034** (0.016)	−0.117** (0.058)	−0.042** (0.018)	−0.047 (0.0058)	−0.060*** (0.020)
时间趋势	0.022*** (0.002)	0.017*** (0.002)	0.021*** (0.002)	0.016*** (0.002)	0.017*** (0.003)	0.015*** (0.002)	0.015*** (0.003)	0.014*** (0.002)
区域虚拟变量	控制	未控制	控制	未控制	控制	未控制	控制	未控制
常数项	−0.534* (0.279)	−0.374** (0.155)	1.628* (0.953)	−0.217 (0.206)	0.998 (0.882)	−0.215 (0.237)	−0.333 (0.878)	−0.174 (0.263)
观测值	260	260	234	234	208	208	182	182
总 R^2	0.302	0.730	0.083	0.720	0.258	0.686	0.450	0.685
F 检验	20.22***		20.10***		25.42***		32.05***	
Hausman 检验	53.79***		57.10***		44.54***		28.91***	

***、**、*分别表示在 1%、5%、10%的水平下显著
注：括号内为标准误

从表 7.12 还可以发现，在估计 1 到估计 3 中，农业劳动力非农转移比例的估计系数是递增的，但到了估计 4，估计系数出现下降。这说明，农业劳动力非农转移的影响或许具有时滞效应，只有当农户的非农就业稳定后，他们才更有动力进行农地流转。

进一步地，为了判断农业劳动力非农转移的影响是否真的具有时滞效应，表 7.13 将农业劳动力非农转移比例变量的当期值分别与其滞后一期（估计 5）、滞后二期（估计 6）和滞后三期（估计 7）同时纳入模型估计。结果显示，农业劳动力非农转移比例当期值的估计系数均不显著，各滞后期的估计系数则显著为正。同时，仍然是以农业劳动力非农转移比例滞后二期的估计系数最大（估计 6）。这说明，农业劳动力非农转移虽然会促进农地流转，但这种促进作用是以

农业劳动力非农转移的稳定性为前提的且其影响具有时滞效应。

表 7.13 农业劳动力非农转移的跨时期影响机制分析

变量	估计 5	估计 6	估计 7
农业劳动力非农转移比例	-0.164（0.245）	-0.212（0.247）	-0.415（0.279）
L1.农业劳动力非农转移比例	0.571***（0.148）		
L2.农业劳动力非农转移比例		0.734***（0.135）	
L3.农业劳动力非农转移比例			0.594***（0.121）
控制变量	控制	控制	控制
常数项	1.668*（0.957）	1.086（0.889）	-0.081（0.891）
观测值	234	208	182
总 R^2	0.073	0.238	0.452
F 检验	19.55***	23.96***	30.91***

***、*分别表示在1%、10%的水平下显著
注：括号内为标准误

5. 计量结果 2：农业机械化服务对农地流转的影响分析

在表 7.14 中，估计 8 到估计 11 中的农业机械化服务分别为其当期值、滞后一期、滞后二期和滞后三期。结果表明：农业机械化服务的发育会抑制农地流转。参与农业社会化服务市场可以显著降低农户务农的机会成本，并释放更多的农业劳动力。实际上，以往农户在非农转移的过程中之所以会转出农地，是因为经营农地的劳动成本与经营收益之和显著低于农地租金，这显然会刺激农户"离农"或弃耕。

表 7.14 农业机械化服务对农地流转的影响分析

变量	估计 8		估计 9		估计 10		估计 11	
	OLS-Fe	OLS-Re	OLS-Fe	OLS-Re	OLS-Fe	OLS-Re	OLS-Fe	OLS-Re
农业机械化服务	-0.028***（0.012）	-0.009（0.009）						
L1.农业机械化服务			-0.043***（0.012）	-0.013（0.010）				
L2.农业机械化服务					-0.046***（0.012）	-0.016（0.010）		
L3.农业机械化服务							-0.045***（0.012）	-0.019*（0.010）
农村户均人口	-0.001（0.005）	-0.003（0.006）	-0.005（0.005）	-0.007（0.005）	-0.006（0.005）	-0.009（0.005）	-0.011**（0.005）	-0.016***（0.005）
农村户均农地规模	0.018**（0.007）	0.002*（0.001）	0.015**（0.007）	0.002（0.002）	0.008（0.007）	0.002（0.002）	0.006（0.007）	0.001（0.002）
第一产业产值占比	0.515**（0.247）	-0.134（0.151）	0.406*（0.253）	-0.107（0.161）	0.431*（0.262）	-0.046（0.180）	0.907***（0.303）	0.127（0.210）
农地流转合同（对数）	0.040***（0.008）	0.059***（0.006）	0.039***（0.008）	0.067***（0.008）	0.047***（0.009）	0.073***（0.009）	0.067***（0.010）	0.085***（0.009）
农地承包合同（对数）	-0.007（0.005）	-0.006（0.005）	0.003（0.005）	-0.004（0.005）	-0.001（0.005）	-0.004（0.005）	-0.003（0.004）	-0.003（0.004）

续表

变量	估计 8		估计 9		估计 10		估计 11	
	OLS-Fe	OLS-Re	OLS-Fe	OLS-Re	OLS-Fe	OLS-Re	OLS-Fe	OLS-Re
农地承包经营权证书（对数）	-0.006（0.014）	-0.012（0.010）	-0.184***（0.063）	-0.032*（0.017）	-0.147**（0.061）	-0.037**（0.019）	-0.077（0.059）	-0.044**（0.021）
时间趋势	0.028***（0.002）	0.020***（0.002）	0.031***（0.003）	0.020***（0.002）	0.031***（0.003）	0.021***（0.003）	0.030***（0.003）	0.022***（0.003）
区域虚拟变量	控制	未控制	控制	未控制	控制	未控制	控制	未控制
常数项	-0.307（0.280）	-0.344**（0.161）	2.430**（0.955）	-0.150（0.213）	1.830**（0.921）	-0.144（0.242）	0.492（0.895）	-0.176（0.271）
观测值	260	260	234	234	208	208	182	182
总 R^2	0.226	0.715	0.015	0.708	0.033	0.678	0.151	0.653
F 检验	19.46***		19.15***		22.33***		29.05***	
Hausman 检验	57.07***		64.31***		50.72***		38.77***	

***、**、*分别表示在 1%、5%、10%的水平下显著

注：括号内为标准误

表 7.15 进一步将农业机械化服务的当期值分别与其滞后一期、滞后二期和滞后三期同时纳入模型。结果显示，当农业机械化服务的当期值与其滞后一期、滞后二期同时被纳入模型进行估计时，当期值均不显著。如果当期值与滞后三期同时被纳入模型，二者均显著。可见，农业机械化服务对农地流转的抑制作用确实存在时滞效应，农户只有接受了至少两期的农业社会化服务后，他们才会减少农地转出规模。这也表明，农业社会化服务的发育确实缓解了农业劳动力约束，并使得小农进入农地流转市场的参与约束变得更为复杂。

表 7.15 农业机械化服务的跨时期影响机制分析

变量	估计 12	估计 13	估计 14
农业机械化服务	0.012（0.026）	-0.003（0.023）	-0.052**（0.024）
L1.农业机械化服务	-0.053**（0.024）		
L2.农业机械化服务		-0.044**（0.018）	
L3.农业机械化服务			-0.024*（0.015）
控制变量	控制	控制	控制
常数项	2.427**（0.957）	1.831**（0.924）	0.531（0.883）
观测值	234	208	182
总 R^2	0.015	0.033	0.106
F 检验	18.97***	21.77***	29.41***

***、**、*分别表示在 1%、5%、10%的水平下显著

注：括号内为标准误

6. 计量结果 3：农业劳动力非农转移与农业机械化服务交互项的影响分析

表7.16汇总了模型估计结果。结果表明：第一，与前述结果一致，农业劳动力非农转移和农业机械化服务的影响在滞后二期最为显著，再次论证了农业要素市场的互动具有时滞效应；第二，农业社会化服务的发育会显著抑制农业劳动力非农转移对农地流转的促进作用；第三，农业劳动力非农就业市场并不是孤立发挥作用的，其造成的农业劳动力刚性约束也会促进农业社会化服务市场的发育。显然，已有关于农业要素市场及其互动关系的研究，忽视了农户卷入分工及农业社会化服务市场所具有的重要作用。

表 7.16 农业机械化服务对农业劳动力非农转移的调节效应分析

变量	估计 15	估计 16	估计 17	估计 18
农业劳动力非农转移比例	0.387***（0.135）			
L1.农业劳动力非农转移比例		0.511***（0.130）		
L2.农业劳动力非农转移比例			0.627***（0.120）	
L3.农业劳动力非农转移比例				0.485***（0.114）
农业机械化服务	−0.000（0.012）			
L1.农业机械化服务		−0.018（0.013）		
L2.农业机械化服务			−0.022*（0.012）	
L3.农业机械化服务				−0.023**（0.011）
农业劳动力非农转移比例×农业机械化服务	0.395***（0.066）			
L1.农业劳动力非农转移比例×L1.农业机械化服务		0.286***（0.064）		
L2.农业劳动力非农转移比例×L2.农业机械化服务			0.234***（0.061）	
L3.农业劳动力非农转移比例×L3.农业机械化服务				0.209***（0.057）
农村户均人口	−0.002（0.005）	−0.005（0.004）	−0.004（0.004）	−0.015***（0.005）
农村户均农地规模	0.002（0.007）	−0.001（0.007）	−0.007（0.007）	−0.006（0.007）
第一产业产值占比	0.842***（0.231）	0.693***（0.237）	0.679***（0.236）	1.130***（0.274）
农地流转合同（对数）	0.041***（0.007）	0.038***（0.007）	0.048***（0.008）	0.075***（0.009）
农地承包合同（对数）	−0.007*（0.004）	−0.001（0.005）	−0.001（0.005）	−0.005（0.004）
农地承包经营权证书（对数）	0.024*（0.014）	−0.094（0.060）	−0.087（0.055）	−0.027（0.054）
时间趋势	0.022***（0.002）	0.023***（0.003）	0.021***（0.003）	0.020***（0.003）
区域虚拟变量	控制	控制	控制	控制
常数项	−0.842***（0.262）	0.985（0.900）	0.800（0.833）	−0.465（0.807）
观测值	260	234	208	182
总 R^2	0.497	0.259	0.307	0.390
F 检验	23.71***	23.49***	29.01***	36.33***

***、**、*分别表示在1%、5%、10%的水平下显著

注：括号内为标准误

（三）实证分析3：要素异质性与农地租约选择

根据理论线索3的讨论，鉴于分成契约下佃农的单位土地劳动投入均衡值小于定额租约或工资契约下的均衡值，可提出以下假说。

假说 1　随着 k 值的减少，土地租约会更多地表现为分成契约；反之，则为定额租约。

假说 2　随着要素异质性引起的风险增加，土地租约会更多地偏向于分成契约。

1. 数据来源

数据来源于卜凯（1936）对中国7个省2 866个农户的调查资料。

2. 变量选择与描述

具体变量如表7.17所示。

表7.17　变量的指标设计

变量	定义	预期符号
分成契约比例（TENANCY）	分成契约农家数/总农家数	
要素禀赋比例（k）	务农劳动力人数/作物种植面积	负号
区位虚拟变量（REGION）	中国北部取1，其他取0	不确定
劳动力差异性（WORKERSTD）	务农劳动力标准差（$\sqrt{\sum_{i=1}^{n}(t-\mathrm{Et})^2}$）	正号
土地差异性（LANDSTD）	种植面积标准差（$\sqrt{\sum_{i=1}^{n}(h-\mathrm{Eh})^2}$）	正号

注：Et 为劳动力数量的均值，Eh 为土地面积的均值

其统计描述如表7.18所示。

表7.18　主要变量的描述统计

变量名称	自举后的样本值 n	平均值	方差	最小值	最大值
分成契约比例	100.00	62.66	1 907.69	0	100.00
要素禀赋比例	100.00	0.72	2.98	0.07	2.04
区位虚拟变量	100.00	0.53	0.27	0	1.00
劳动力差异性	100.00	1.12	0.19	0.59	2.08
土地差异性	100.00	2.67	2.51	0.89	6.66

3. 模型选择与计量结果分析

分位数回归是对以古典条件均值模型为基础的最小二乘法的延伸，用多个分位函数来估计整体模型，不同的分位数回归采用各种相应的非对称权重进行残差最小化处理（Koenker and Bassett，1978）。基于该方法，本节将 TENANCY 作为被解释变量，建立如下分位数回归模型：

$$Q\left[\text{TENANCY}|X\right] = A_\tau + B_\tau^1 k + B_\tau^2 \text{REGION} + B_\tau^3 \text{REGION} \times k \\ + B_\tau^4 \text{WORKERSTD} + B_\tau^5 \text{LANDSTD} \quad (7.23)$$

对 TENANCY 在分位数 20%~80%采用自助抽样法（bootstrap method）做分位数回归，结果如表 7.19 所示。

表 7.19　自助抽样法下的分位数回归分析结果

分位数	常数项	k	REGION	$k \times$REGION	WORKERSTD	LANDSTD
0.20	104.637*** (1.344)	−2 824.662*** (38.181 15)	−45.175 77*** (3.315)	−9 047.911*** (610.779)	0.039 4*** (0.005)	−0.152 (0.384)
0.25	86.658*** (18.650)	−2 777.741*** (18.649 57)	−61.313** (20.111)	−5 076.901 (3 444.075)	0.150* (0.114)	0.190 (5.274)
0.30	86.658*** (12.096)	−2 777.741*** (520.100)	−61.313** (24.451)	−5 076.901 (4 193.972)	0.150** (0.054)	0.190 (4.023)
0.35	56.706** (18.423)	−1 902.297* (865.346)	−101.689** (40.458)	4 394.123 (5 603.182)	0.188** (0.061)	7.239 (6.712)
0.40	56.706*** (15.903)	−1 902.297** (663.539)	−101.689** (42.455)	4 394.123 (6 084.988)	0.188** (0.072)	7.240 (8.290)
0.45	56.706*** (16.280)	−1 902.297*** (511.883)	−101.689*** (26.079)	4 394.123 (3 993.113)	0.188* (0.098)	7.239 (5.024)
0.50	56.706** (18.581)	−1 902.297*** (511.883)	−101.689*** (28.291)	4 394.123 (4 360.16)	0.188 (0.134)	7.239 (6.010)
0.55	41.272** (21.504)	−2 054.626** (864.308)	−102.616** (48.393)	5 490.049 (8 248.770)	0.324** (0.081)	4.851 (8.623)
0.60	41.272** (13.769)	−2 054.626** (764.341)	−74.785 (42.969)	2 483.386** (7 991.656)	0.324** (0.120)	4.851 (7.918)
0.65	41.272* (17.588)	−2 054.626* (938.747)	−74.785 (41.130)	2 483.386 (7 505.947)	0.324 035* (0.119 555)	4.851 (9.910)
0.70	42.800* (19.469)	−2 370.586* (1 417.75)	−70.833 (54.504)	2 157.427 (8 970.642)	0.374 323* (0.119 162)	1.785 (7.892)
0.75	75.218*** (16.270)	−3 796.199* (1 226.35)	−92.306 (66.864)	2 676.961 (11 023.12)	0.360** (0.118)	0.393 (9.547)
0.80	78.411** (29.786)	−2 637.224 (35.709)	−72.797 (62.339)	−579.471 (16 410.08)	0.092 (0.178)	15.933 (12.654)

***、**、*分别表示在 1%、5%、10%的水平下显著

从表 7.19 可以观察分成契约比例分位数回归的结果：

第一，在分位数 0.20 上，k、REGION、$k \times$REGION 和 WORKERSTD 这四个因素的参数估计结果都在 95%置信区间以内，说明农地耕作的劳动密集程度、南北地区差异及劳动力的异质性是影响分成契约比例的主要因素。

第二，在分位数 0.25~0.55，k、REGION 和 WORKERSTD 这三个参数的估计结果都在 10%显著性水平下，说明大部分分成契约选择受农地耕作的劳动密集程度、南北地区差异及劳动力的异质性的影响。

第三，在高分位数 0.80，各参数均不显著，这是其他契约安排与分成契约的效率边界及临界值。

综上可以发现，k 和 WORKERSTD 这两个指标在大部分分位数水平段是影

响分成契约比重的重要因素，说明劳动力与土地要素品质及其差异在决定制度选择中起了至关重要的作用：一方面，k 反映的是劳动力和土地两种要素的比例大小，它与 TENANCY 呈负相关关系，即 k 越小，人们越普遍采用分成契约。这与本书研究的假说 1 相一致。另一方面，WORKERSTD 与 TENANCY 呈正相关关系，它代表了务农劳动力供给的可变化性，该值越大，一个风险规避的地主越愿意选择分成契约，同时，拥有部分土地剩余索取权和剩余控制权的佃农会选择分成契约以分散风险获得作为企业家能力的报酬，从而验证了假说 2。

三、进一步的讨论

首先，我们的研究表明，农业中的三大要素市场（土地、劳动力与资金）发育之间具有关联性特征，其中，劳动力非农转移与土地转出行为存在正相关关系，非农就业转移与资金借贷行为存在显著的负向抑制关系，农地转入与资金借贷行为存在显著的正向促进关系。

其次，利用 2006~2015 年中国省级面板数据，分析了农业劳动力非农就业、农业机械化服务与农地流转三大要素市场的互动机制。研究结果表明，农业劳动力非农转移会显著促进农地流转，但农业社会化服务市场的发育则会抑制农地流转。同时，二者的影响都具有时滞效应且以滞后二期最为显著。进一步的分析表明，农业社会化服务市场的发育会抑制农业劳动力非农转移对农地流转的促进作用且仍以滞后二期的抑制效果最为显著。这表明，仅仅依靠农业劳动力非农转移来推动农地流转，并不具有逻辑必然性与现实可行性。

最后，佃农理论是在要素同质的前提下得到的，若把它变为异质性要素假说，我们能够发现：在低质量土地上，佃农选择分成契约；在高质量土地上，佃农选择定额租约。佃农耕作能力低，地主选择定额租约；佃农耕作能力高，地主选择分成契约。此外，运用卜凯（1936）的数据得到的计量结果进一步表明，随着佃农的单位土地劳动投入比例的减少，土地租约会更多地偏向于分成契约；而且，随着要素异质性引起的风险增加，土地租约将较多地表现为分成契约。可见，要素流动特别是农地流转及其契约选择，具有情景依赖性。

第四节　农业分工、要素匹配与农业规模经营

在主流研究文献中，一度存在土地规模经营和服务规模经营的观点之争，但关于两类规模经营的研究往往是相互割裂的，而且忽视了规模经营的分工本质。

因而，本节侧重回答两个问题：农业规模经营发展的决定机制是什么？两类农业规模经营的触发条件和驱动因素是什么？

一、理论线索

（一）线索之一：从规模经济到分工经济

20 世纪 80 年代中期以来，基于我国农地"均包制"及其分散经营格局，强调通过农地的流转与集中来改善农业经营的规模经济性，成为基本的政策主张，但是，"农地规模决定论"的新古典思维存在明显的不足。

第一，投入要素的多样性及其配置问题。农业生产效率及其可能性边界，除了受土地要素的影响外，还受到其他生产要素的约束。如果单纯扩大农地经营规模，却不能同时保证资本、技术、企业家能力等相关要素的匹配，会导致土地规模的边际收益递减，土地规模扩张带来的好处则可能被抵消，产生"规模不一定经济"的现象。并且，规模经济是成本与收益（产出）的对比，而成本与收益高低对于不同农户或者行为主体来说是不同的。行为能力不同使得适度规模并不具有一致性与同质性。显然，已有文献夸大了农地规模扩大所表达的经济性。

第二，农地流转内含的交易成本。规模经济理论以生产要素的可分性、流动性与同质性为前提，隐含交易成本为零的假设，但农地产权的特殊性决定了其内含高昂的交易成本：①农业土地及其经营的立地条件，决定了地理上的不可移动性，农地的流转及其相对的集中面临技术约束。②在"三权分置"制度框架下，农地规模的形成依赖于多个小规模农户的经营权退出，面临着租赁成本、契约及其监督执行等交易成本的限制。一方面，转出农户对土地的"产权地理垄断"与"产权身份垄断"，导致交易双方的谈判地位不平等，容易产生事前交易成本；另一方面，流转双方在土地流转租约中的机会主义行为，将产生事中和事后交易成本。

第三，对规模效率生成机理解释乏力。对土地规模效率的追求源于新古典经济学，由其生产规模与生产成本的描述性分析所归纳出的规模经济理论，并不能解释报酬递增问题。首先，现象描述无法凸显规模与经济性之间的内在逻辑，难以阐明规模经济生成的根本原因；其次，以生产成本下降作为规模扩张目的的规模经济理论，与分工理论的报酬递增有着本质区别。例如，杨格（Young，1928）早已指出，规模经济可能伴随在经济增长和发展过程中，却不是经济增长与发展的根源，分工水平的高低才是经济增长的决定力量。规模经济的本质在于分工与专业化（贾根良，1996）。

基于上述分析，可以认为，改善农业规模经济性，必须从强调单一的土地要素转向注重多要素投入的均衡匹配、从仅关注生产成本拓展到同时考虑交易成本、从关注规模经济性的成本节约转向关注分工深化的报酬递增机制,从而寻求一种更具理论包容性的分析框架(图7.3)。

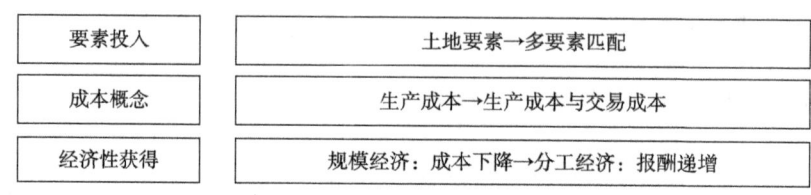

图 7.3　农业规模经营的分析范式

(二)线索之二:以产权细分、要素匹配与分工拓展

为便于分析,我们将农户家庭经营或家庭农场视为一个"企业"。康芒斯(2009)从两个方面理解企业的本质:一是从"人-物"关系出发,认为企业是利用资源的协同效应,从而将分散资源集结并向市场提供产品和服务,着重体现为生产决策属性;二是从"人-人"关系出发,认为企业是利用"权威"代替市场价格机制,对企业内各要素的所有者进行协调,即具有交易选择属性。为此,可以将农户的经营能力细分为生产经营能力与交易经营能力两个层面,前者倾向扩大农地经营规模(内部一体化,表达为土地要素的聚合),后者倾向参与社会化分工或生产性服务外包(外部市场化,表达为中间性服务产品的交易)。

假定农户是异质的,那么,在开放条件下农户出现分化所形成的演化逻辑如下:

第一,在家庭承包经营制度背景下,农地规模经营必然依赖于农地经营权的流转。对于农户而言,只有那些具有比较经营能力优势的农户,才可能走向农地的规模经营。显然,农户生产经营能力的差异及其分化,是农地流转及规模经营的前提条件。

第二,农业生产经营包含生产决策及多种农事活动。随着经营规模的扩大,如果所有的农事活动均由一个家庭经营主体独自处理,那么现场处理的复杂性及其多样性,必定超出农户的行为能力。从短期来看,农业生产的季节性决定着农业用工旺季与淡季的交替,势必引发时间上过剩与不足的结构性矛盾;从中长期来看,家庭人口与劳动力的变化,必然导致农户经营过程中劳动力需求与供给总量上的结构性问题。因此,随着农地经营规模的扩大,结构性矛盾将内生出农户的雇工经营与农业劳动力要素市场的发育。

第三,由于农业的经营特性,与农地规模经营相匹配的劳动要素配置隐含着高昂的交易成本。一是大量农业劳动力非农转移引发的农业雇工成本不断上升;二是农业季节性与劳动用工的不平衡性,会加剧农业雇工的不确定性与风险成本;三是农业的生命节律特性,必然导致劳动质量的监督困难,内生高昂的考核成本。因此,随着农地经营规模的扩大,通过采用机械替代劳动力以节省生产成本和交易成本,势必成为农户改善要素匹配效率的恰当选择。

第四,作为专用性资产的农机具投资,农业长周期性与生产环节的异质性所决定的较低利用频率,必将导致投资锁定与沉淀成本。所以,当家庭农场尚未达到足够的规模水平时,农户会倾向将资产专用性较高的生产活动卷入分工体系中,即通过购买生产性服务替代直接购买农机具,以降低生产费用并提高经营效率。

第五,如果农户的服务需求有限,不可能诱导专业化的服务供给(市场容量约束分工);当多个农户的服务外包需求达到一定规模时,具有比较交易经营能力优势的农户就可能成为专业化服务经营主体(市场容量促进分工);当专业化服务具有比较成本优势时,则能够诱导农户外包服务需求的扩大(分工反过来增进市场容量)[①]。由此可以判断,农户的生产经营能力及其组织管理成本是农户土地经营规模的决定因素,而农户的交易经营能力及其分工交易成本则是农户服务经营规模的决定因素。

可见,对于农业经营而言,通过流转土地以扩大农地规模经营或者通过购买生产性的外包服务,是两种相互关联的规模经营策略(图 7.4)。农户生产经营活动卷入外部分工及社会化分工网络的扩展,能够更显著地改善农业的外部分工经济与规模经济(Yang and Zhao, 1998)。因此,从土地规模经营转向服务规模经营是农业经营方式转型发展的重要路径。

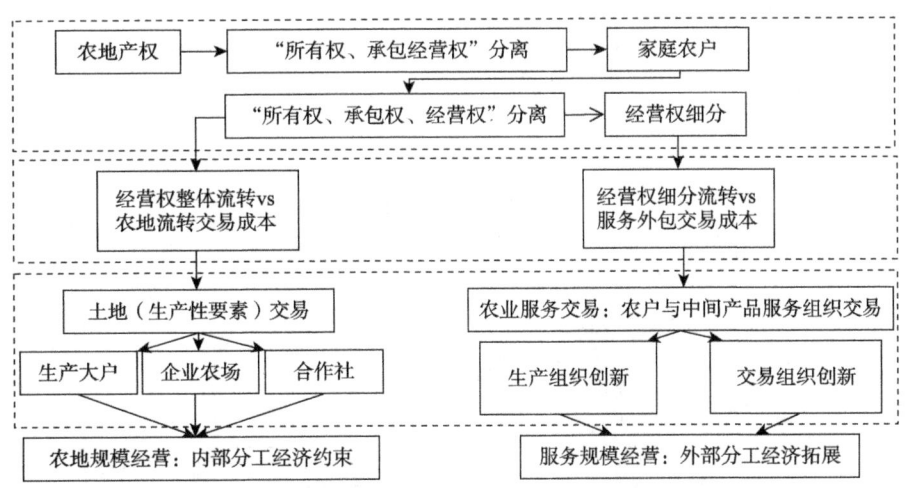

图 7.4 农地规模经营与服务规模经营

---

① 为了保证逻辑的一致性,这里仅仅从农户层面讨论生产性服务主体的内生机制,没有考虑其他服务主体。显然,扩展这一逻辑线索能够包含其他的经营主体。

二、实证分析

（一）实证分析1：土地规模经营的生成逻辑

为了阐明小农演化为规模农户的内在逻辑，我们对农户种植规模进行细分，以考察不同规模情景下的行为能力及其要素匹配特征，并由此揭示规模农户的生成机理与内在逻辑。

1. 数据与方法

数据来源于前述的NSFC-71333004-2015。有效样本为2 704个。

2. 变量设置与说明

被解释变量：农户经营规模。将经营规模在0~3亩的农户视为"超小规模农户"，经营规模在3~8亩的农户视为"小规模农户"，经营规模在8~15亩的农户视为"一般规模农户"，经营规模在15~20亩的农户视为"初步规模农户"，并进一步将"规模农户"分为20亩以上与30亩以上两种类型（表7.20）。将农户经营规模选择视为一个二分变量，对其分别赋值0-1变量。

表7.20 农户种植规模的样本分布

经营规模/亩	≤3	>3~8	>8~15	>15~20	>20	>30
农户类型	超小规模	小规模	一般规模	初步规模	较大规模	大规模
样本数/户	1 411	781	315	78	119	84
占比	52.18%	28.88%	11.65%	2.88%	4.40%	3.11%

核心解释变量为农户经营能力，可进一步细分为生产经营能力与交易经营能力两个层面。变量设置与说明见表7.21。

表7.21 解释变量与控制变量的设置与说明

	变量名称	测度题项	变量赋值	均值	标准差	最小值	最大值
解释变量	生产能力	生产能力	单产水平与周围其他农户相比	低=1；差不多=2；高=3	2.52	0.85	1.00	3.00
		雇工水平	A.自家；B.帮工与换工；C.请零工；D.雇请专业服务组织	A=1；B=2；C=3；D=4，将得分累加	1.56	1.59	0	10.00
		农机具投资	是否购买农机具	否=0；是=1	0.67	0.47	0	1.00
			农机具价值	净现值/万元	0.56	3.015	0	100.00
	交易能力	购买生产性服务	是否购买农业机械服务	否=0；是=1	0.25	0.43	1.00	0
		农业信贷	农业贷款额	没有=1；<1万元=2；1万~5万元=3；5万元及以上=4	1.41	0.89	1.00	4.00
		地权稳定性	土地是否调整	否=1；部分=2；全部=3	1.19	0.50	1.00	3.00
			土地是否确权	否=0；是=1	0.54	0.50	0	1.00

续表

	变量名称	测度题项	变量赋值	均值	标准差	最小值	最大值
控制变量	承包面积	承包耕地面积	实际数据/亩	7.14	20.53	0	680.00
	劳动力数量	家庭劳动力数量	实际数据/个	3.14	1.30	0	20.00
	地域特征	村庄所处的地形	山区=1；丘陵=2；平原=3	2.12	0.82	1.00	3.00

3. 计量结果分析

由于农户经营规模选择为二分变量，故采用 Probit 模型进行计量分析。农户规模类型及回归结果见表 7.22。

表 7.22 农户规模类型及回归结果

变量	模型Ⅰ 超小规模		模型Ⅱ 小规模		模型Ⅲ 一般规模		模型Ⅳ 初步规模		模型Ⅴ 较大规模		模型Ⅵ 大规模	
	系数β	边际效应	系数β	边际效应	系数β	边际效应	系数β	边际效应	系数β	边际效应	系数β	边际效应
单产水平	-0.338	-0.090***	0.220	0.070***	0.188	0.035***	0.063	0.004	0.121	0.007	0.073	0.003
雇工水平	-0.097	-0.026***	0.052	0.017***	0.053	0.010**	0.120	0.007***	0.041	0.002	0.006	0.002
农机服务	-0.227	-0.060**	0.228	0.072***	-0.157	-0.029	0.102	0.006	0.132	0.007	0.258	0.010
农机购买	-0.431	-0.114***	0.341	0.108***	-0.007	-0.001	0.418	0.025**	0.488	0.026***	0.591	0.024**
农机价值	-0.055	-0.014***	-0.017	-0.005	0.009	0.002	-0.022	-0.001	0.073	0.004***	0.063	0.003***
农业贷款	0.032	0.008	0.003	0.001	0.032	0.006	0.005	0.000 3	0.174	0.009**	0.185	0.007***
是否调整	0.265	0.070***	-0.141	-0.045***	0.044	0.008	0.120	0.007	0.004	0.000 2	-0.040	-0.002
是否确权	-0.069	-0.018	0.079	0.025	0.112	0.021*	-0.041	-0.002	0.117	0.006	0.160	0.006
承包面积	-0.192	-0.051***	-0.012	-0.004***	0.004	0.001***	0.004	0.000***	0.048	0.003***	0.042	0.002***
家庭劳动力	-0.051	-0.014**	0.066	0.018***	0.022	0.004	0.005	0.000 3	0.001	0.000	0.060	0.002
村庄地形	-0.095	-0.025***	0.073	0.023**	0.106	0.020***	0.188	0.011***	-0.004	-0.000 2	-0.079	-0.003
模型评价	R^2=0.351 8 LR chi2（8）= 1 317.05***		R^2=0.066 6 LR chi2（8）= 216.42***		R^2=0.043 3 LR chi2（8）= 84.27***		R^2=0.079 3 LR chi2（8）= 56.053***		R^2=0.421 6 LR chi2（8）= 411.52***		R^2=0.419 7 LR chi2（8）= 314.22***	

***、**、*分别表示在1%、5%、10%的水平下显著

表 7.22 说明，农户在不同的经营规模会呈现不同的要素匹配特征：

第一，一旦超越超小规模经营，具有生产经营比较优势的农户就会选择雇工经营、购买必要的农机具设备等固定资产或者与之相对应的社会化服务。其中，农业劳动力市场的发育与农业生产性服务市场的发育，是破解小规模经营格局、

诱导农户通过农地经营权市场扩大种植规模的必要条件。

第二，从小规模演变为一般规模与初步规模，农户会倾向以劳动替代农业资本及社会化服务。因此，农业劳动力市场的发育，是农户进行经营规模转型的前提条件。

第三，当农户经营规模较大时，农户对土地的资本投入就变得重要，且农业信贷市场的发育与农户贷款的可得性越发具有决定性作用。其中，通过农业信贷市场所诱导的投资增加及由此形成的资产专用性的提升，有助于推进规模农户的生成。

基于上述逻辑，可以发现农户在不同的经营规模水平，农业劳动力、生产性服务与农业信贷三大市场的参与程度，具有不同的匹配特征。

（二）实证分析2：服务规模经营的生成逻辑

为阐明农户生产活动外包形成的服务规模经营的发展机理，可构建"交易成本-行为能力-农户生产环节外包"的理论分析框架，实证分析农户生产环节外包行为的影响因素。

1. 数据与方法

数据来源：课题组于2013年在广东完成的分工问卷（含农户抽样调查和专家问卷调查）。农户问卷共发放3 000份，回收3 000份，有效问卷2 779份，有效率为92.63%。专家问卷数据源于对66个专家面对面访谈，主要是针对粮食、蔬菜等不同的产品特性进行评价，回收有效问卷66份。

根据外包行为是否发生的二元特点，采用Logistic回归分析模型进行分析。

2. 变量设置与说明

表7.23是交易特性、行为能力与外部环境指标的变量设置与说明。

表7.23 变量设置及其说明

解释变量		指标	赋值
交易特性	资产专用性	地理	土地细碎化程度	经营面积/地块数
		物资	农业机械专用程度	0=无农业机械；1=有农业机械可用于租赁；2=有农业机械仅自用
		人力	老龄化程度	老年劳动力/劳动力总人口
	异质性	技术服务考核难易度	1=不容易；2=一般；3=容易
	规模性	土地经营总规模	承包地面积+转入地面积-转出地面积
		土地经营总规模^2	土地经营总规模×土地经营总规模
		是否参与组织	0=不参与；1=参与

续表

解释变量		指标	赋值
行为能力	排他能力	政府有权征地	1=同意；2=不清楚；3=不同意
	处置能力	单产水平	1=较低；2=一般；3=较高
	交易能力	种养技术信息获取能力	种养技术信息获取渠道数
外部环境	农户横向专业化的区域匹配度	主要种植物是否匹配	若农户种植规模最大的作物与所在区域种植规模最大的作物不同，赋值为0。若相同，则分类赋值：农户最大作物面积占比超过所在区域该品种的面积占比，赋值为1；否则，计算农户与区域种植规模最大的作物面积占比的绝对差进行赋值
	交通地形状况	交通条件	1=较差；2=一般；3=较好
		平地占比	平整耕地占耕地总面积比重

为控制农产品品种特性对农户外包行为的影响，根据不同品种类型的交易特性，对应生成产品调节系数，对农户问卷数据进行调节（表7.24）。

表7.24 产品特性的调节系数

交易特性维度（农户问卷）	计算调节系数的问项（专家问卷）	调节系数（专家问卷）		
		只种粮食	只种蔬菜	两者兼种
物质资产专用性	投资用于其他用途的难度	3.410	3.600	3.505
人力资产专用性	农户退出经营的难度	2.303	2.111	2.210
地理资产专用性	机械作业对土地规模的要求	4.550	3.370	3.960
规模性	机械作业对土地规模的要求	4.550	3.370	3.960
异质性	面临的技术风险	3.390	3.560	3.475

3. 计量结果分析

按照威廉姆森分析范式推理分析，物质资产专用性越弱，交易异质性越低，规模性越小，农户越倾向选择"外包"购买方式；反之，物质资产专用性越强，交易异质性越高，规模性越大，农户越倾向将生产环节"内置"。从计量结果看（表7.25），大部分交易特性因素的影响结果证实了上述的理论推论，但存在部分变量影响与理论推理不一致的现象。

表7.25 农户生产环节外包回归模型结果

变量名称		模型1：任一环节是否外包回归	模型2：劳动密集环节是否外包回归	模型3：技术密集环节是否外包回归	模型4：外包程度回归
物质资产专用性	农业机械专用程度	0.177（0.165）	−0.363（0.190）*	0.066（0.165）	−0.031（0.132）
地理资产专用性	地块平均面积	0.236（0.160）	−0.039（0.171）	0.296（0.158）*	0.020（0.123）
人力资产专用性	老龄化程度	0.152（0.063）**	0.244（0.070）***	0.119（0.064）	0.139（0.051）***

续表

变量名称		模型1：任一环节是否外包回归	模型2：劳动密集环节是否外包回归	模型3：技术密集环节是否外包回归	模型4：外包程度回归
规模性	农地经营规模	0.226（0.051***）	0.223（0.055***）	0.172（0.050***）	0.068（0.025***）
	农地规模²	−0.017（0.005***）	−0.015（0.006**）	−0.013（0.005***）	−0.001（0.000**）
异质性	组织参与	0.398（0.108***）	0.305（0.118**）	0.422（0.108***）	0.284（0.087***）
	技术考核	1.107（0.207***）	0.741（0.234*）	1.127（0.208***）	0.669（0.161***）
交易能力	种养技术信息获取	0.208（0.058***）	0.121（0.066*）	0.215（0.058***）	0.198（0.046***）
处置能力	单产水平	0.144（0.051***）	0.359（0.062***）	0.145（0.052***）	0.162（0.040***）
排他能力	政府征地权利	0.032（0.056）	0.160（0.061***）	0.035（0.056）	0.115（0.045**）
外部环境	横向专业化区域匹配度	1.268（0.202***）	0.935（0.236***）	1.162（0.202***）	0.554（0.156***）
	交通与地形	0.071（0.019***）	0.079（0.022***）	0.070（0.019***）	0.037（0.015**）
回归结果评价		LR chi2（8）= 874.19*** df=12 Sig.=0.000	LR chi2（8）= 1 315.62*** df=12 Sig.=0.000	LR chi2（8）= 783.75*** df=12 Sig.=0.000	R^2=0.130 F=9.640***

***、**、*分别表示在1%、5%、10%的水平下显著

在模型1、模型2、模型3及模型4中，处置能力及交易能力均显著促进农户的生产环节外包行为。而农户排他能力只在模型2与模型4中起显著促进作用，在模型1及模型3中均不显著。进一步分析可知：①无论是劳动密集环节还是技术密集环节，处置能力及交易能力都能显著激励农户进行生产活动外包，这表明，农户农业生产的处置能力强，对要素资源处置有着良好的个人评价与决策能力，则农户将倾向集中经营其更具比较优势的生产环节，从而将其他环节外包；农户交易能力强，在外包交易谈判中处于优势地位，使得合作剩余不易被对方所侵占，将激励农户选择生产环节外包。②劳动密集环节的外包行为更显著地受农户排他能力的影响。可能的原因是，劳动密集环节对劳动细心、努力程度要求更高，只有农户具备较强的防止利益被侵蚀的排他能力时，才会选择分工外包。

在外部环境因素中，交通与地形、横向专业化区域匹配度在模型1、模型2、模型3及模型4均显著，可见：①交通与地形是影响农户分工外包行为的重要变量。越是平坦的地形与便利的交通条件，越能降低分工的空间地理协调成本，有助于外包行为的产生。这是由于地形交通条件直接影响了分工外包行为的空间可通达性及其交通运输成本，是决定具备纵向的工序分工空间可分离性的一个技术前提（Jones and Kierzkowski，2001）。②农户横向专业化区域匹配度是影响分工活动开展的重要环境变量。当农户专业化方向与其所在区域越趋向一致时，

表明服务需求在地域上的集中化,区域中个体所需外包服务的潜在市场广泛,市场容量大,配比性增强(McLaren,2003),使得农户搜寻和匹配特定生产活动服务的交易成本较低,从而激励农户的分工外包行为。

(三)规模经营案例分析:崇州农业共营制

我国农地产权的交易,本质上为农地经营权流转。由于不能满足农户对土地经营的在位控制,面临着严重的禀赋效应约束与契约不稳定问题[①]。对于如何解决人格化产权交易问题,并由此改善农业的规模经济与分工经济,四川崇州的农业共营制实践值得关注。

1. 背景说明

崇州市是隶属于四川省的县级市,是农业大县。2012 年,全市常住人口 67 万人,其中农村劳动力 36.95 万人,但外出劳动力高达 73.40%。随着农村劳动力外出流动,"地碎、人少、钱散、缺服务"格局不断加剧,"农业边缘化"问题越发严重。农业发展不仅要面对"谁来种地"的现实问题,更要面对"种怎样的地"和"地怎么种"的深层难题。为此,崇州市做出了多方面的探索。从早期诱导生产大户的农地流转,到随后引进农业龙头企业进行农地租赁经营与订单合作,以及鼓励农民土地合作社的自主经营,多种尝试均未取得预期效果。从 2010 年起,崇州"被逼着"进行新的探索,通过组建土地股份合作社,动员和聘请种田能手进行水稻生产经营,由此形成的"职业经理人"及其试验的成功,极大地鼓励了新的实践。

"崇州试验"的核心内容如下:以维护土地集体所有为前提,以盘活农地经营权为线索,推进土地股份合作社、农业职业经理人、社会化服务组织等多元主体的共同经营。其运作重点如下:第一,引导农户以土地经营权入股,成立土地股份合作社;第二,聘请种田能手担任职业经理人,负责农业生产经营管理;第三,扶持和培育生产性社会化服务体系,打造"一站式"的农业"服务超市"平台。随着职业经理人、合作社及服务组织等专业化、规模化与组织化运行机制的逐步完善,形成了"1+1+1"(土地股份合作社+职业经理人+农业综合服务)三位一体的农业共营制模式。

2. 土地规模经营:农地经营权入股与地权交易装置

崇州市运用农村土地承包经营权确权颁证的改革成果,按照农户入社自

[①] 依附于土地承包权的经营权出租,决定了一个基本事实,即农地租约具有显著的不完全性。其中,关于土地租约的终极控制权总是属于农户(如出租哪块地、出租多久,甚至是否提前终止租约等),而对土地的现场控制权通常属于土地承租者,剩余索取权甚至也是在两者之间分配的。所以,对于农地租约,并不是如哈特(Hart,1988)所说是一个简单的"剩余控制权"分配问题,而是涉及剩余控制权与剩余索取权的结构性安排问题。

愿、退社自由、利益共享、风险共担原则，引导农户以土地经营权折资折股，组建土地股份合作社。截至2016年底，全市组建土地股份合作社226个，入社面积31.6万亩（占全市耕地面积的61%），入社农户9.23万户（占全市农户的61%）。

通过农户农地经营权入股的方式组建土地股份合作社，可能是最具潜力的土地流转交易制度安排。崇州的土地股份合作社并不同于通常的自主经营的农业合作社，而是一种农地经营权交易的替代装置。这一交易装置既不是出于农业生产合作也不是出于产品销售的目的，而主要表达为农地经营权的集中机制；它既不涉及集体资产及其权益的分享也不谋求与社区经济组织的重叠，而是在于促使相邻农户土地形成连片的经营规模。其有效性在于，一方面，尊重了农民的人格化财产特性，保留了产权主体与产权客体的紧密联系，既保障了农地产权的稳定性，又规避了农地流转中普遍存在的禀赋效应抑制；另一方面，在降低农地流转交易成本的同时，促进农业的规模经营，改善了规模经济性。这意味着，从行为经济学视角来看，有保障和承诺的土地股份合作制能够在禀赋效应情景下改善产权交易效率。

3. 农业组织化经营：农业职业经理人与管理知识交易装置

如果单纯扩大农地经营规模，却不能同时保证资本、技术、管理等相关要素的匹配，土地规模扩张带来的好处则可能被抵消。因此，改善农业生产效率及其可能性边界，必须考虑多样化要素的投入匹配问题，其中，企业家能力是一个关键要素。

崇州试验的重要突破是，在组建土地股份合作社的同时，诱导了农业职业经理人企业家群体的形成。通过土地股份集中所形成的规模经济潜在获利空间，能够吸引农业职业经理人的竞争性进入以替代"内部人"控制，合作社由此成为农户经营权细分与企业家人力资本的迂回交易装置，一方面达成"企业家能力"与其经营规模的匹配，另一方面实现产权细分与分工深化的紧密结合。农地经营权进一步的产权细分，将决策控制权与经营管理权分离，使土地经营的决策控制权依然掌握在农户手中，确保了其经营主体地位。通过提供"管理知识"这种中间产品（服务）的企业家主体，改善了农业的知识分工与经营效率。具体来说：一是通过职业经理人市场的发育与竞争机制的形成，有效降低了合作社寻找有经营能力的代理主体的搜寻成本；二是多个职业经理人竞标准入机制，能够大大降低代理人进入的谈判、签约与接管成本；三是激励优秀职业经理人竞争性进入，化解了传统合作社面临的内部人控制与能人依赖的弊端。截至2016年底，崇州市培养农业职业经理人1 887人，具有初、中、高级资格证书者分别为338人、115人、19人，通过竞争上岗的有823人，初步建立起一支"有知识、懂技术、善经营、会管理"的竞争性职业经理人队伍。

4. 服务规模经营：生产环节外包与服务交易装置

产权细分及多种经营主体进入，无疑会增加交易成本。由此，盘活土地经营权还有赖于交易组织与交易方式的改进。崇州农业共营制通过农地经营权的进一步细分，形成农业经营的终极控制权、经营管理权、生产操作权的三重分离，将内部分工转换为市场分工与服务外包，诱导以提供"专业生产"为中间性产品（服务）的生产性主体，能够改善农业的技术分工与生产操作效率。具体而言，第一，降低交易成本。通过"服务超市"交易平台，能够有效降低服务交易的搜寻成本，改善服务价格的生成效率。尽管农业生产存在信息的不规则性，但专业化组织具有信息搜集与处理的比较优势；尽管存在服务质量的考核困难，但专业服务形成的资产专用性与服务市场的竞争，能够有效缓解监督成本问题。第二，稳定交易预期。一方面通过需求的集合，不仅化解了专业服务组织因"专用性投资"而被"要挟"的风险，并且能够提升扩大服务交易范围的规模经济性；另一方面通过供给的聚合，农户与合作社能够通过"服务超市"所形成的声誉机制获得优质服务，并分享服务主体由规模经济与分工经济所决定的优惠服务。第三，改善迂回投资。由于专业服务组织能够获得机械装备等方面的融资与专项补贴，化解了农户与合作社的投资约束，改善了农业的迂回经济效果。第四，促进农业技术进步。农业的技术受体由农户转为专业组织，有助于农业技术的自主创新。目前，崇州市已分片建立农业"服务超市"10 个，分别联结 225 人的科技推广队伍、22 个农业机械专业合作社或大户、生产资料供应商 15 家、植保专业服务组织 16 个、劳务合作社 6 个、工厂化育秧中心 2 个与育秧基地 25 个，服务范围遍布全市 25 个乡镇、231 个行政村，并带动了 4 800余人新型职业农民队伍的成长。

5. 双重规模经营发展的可持续性：三大交易装置的互动、竞争与自我执行

一是合作社之间的竞争。农业共营制的开放性，使得合作社的运营绩效与土地规模、企业家能力、社会化服务质量紧密相关。一方面，合作社的土地规模相对越大，通过竞争能够聘任的企业家能力越强，购买外包服务的成本越低，从而经营绩效越好；另一方面，经营绩效越高，对周边农户土地入股的吸引力越大，能够获得的规模经营优势越大。可见，多重竞争是改善合作社治理与绩效的重要机制。

二是职业经理人之间的竞争。职业经理人的企业家能力越强，能够代理优质合作社的可能性越大，能够获得低成本与高质量社会化服务的竞争力越高，越有利于获得财政与金融支持、推进品牌化经营与提高市场竞争力。职业经理人间的市场竞争及其评价，有助于优胜劣汰自我执行机制的形成。

三是专业服务组织的竞争。农业"服务超市"的构建,既降低了服务主体与经营主体之间的搜寻、判断与监督成本,又成为服务质量的有效评价机制。投资能力越强、专业化水平越高、服务质量越好、服务收费越合理,能够获得的服务规模、声誉效果、信贷支持及政策扶持的竞争力越大,从而为社会化服务的市场拓展与分工深化提供可持续发展的动力。

崇州农业共营制所探索的三大主体及其交易装置见图7.5。由此,将科斯定理从产权的生产制度结构拓展到产权的交易制度结构,有着重要的理论与现实意义。

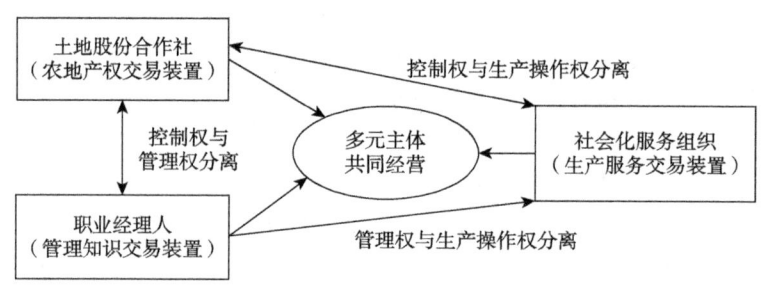

图 7.5 崇州模式运行机制图

三、进一步的讨论

第一,在"三权分置"基础上,农地经营权细分,促使农业经营的决策权、管理权和生产操作权的分离,将不同的权能匹配给具有比较优势的行为主体,形成产业链的纵向解构,可以促进农业服务规模经营发展。

第二,对于规模经营农户生产而言,生产经营能力是决定农户扩大经营规模的前置因素,而交易经营能力则是规模农户形成的决定因素;随着经营规模的扩大及规模经营的形成,农户的要素投入将发生相应的结构性转换,呈现出"以雇工缓解家庭劳动力约束—农业机械外包服务替代雇工—自购机械替代农业机械服务外包—以信贷投入契合规模经营"的匹配演化趋势。

第三,基于"交易成本-行为能力-农户生产环节外包"的分析框架表明,对农户生产环节的服务外包具有显著的抑制作用的变量为地理资产专用性、物质资产专用性及异质性;具有明显的促进作用的变量是人力资产专用性、农户组织化程度、排他能力、处置能力、交易能力及交通与地形、横向专业化区域匹配度等。

第四，崇州农业共营制所探索的土地股份合作社、职业经理人与社会化服务组织三大主体及其交易装置，通过将土地流转转换为土地经营权细分交易、企业家能力交易与农业生产性服务交易的匹配，拓展了农户获取"土地规模经济性"、"服务规模经济性"与"分工经济性"的空间，在一定程度上回答了"谁来种地"、"种怎样的地"和"地怎么种"的现实难题。

第五节　产权制度、要素流动与中国粮食安全

对于农村改革初期粮食产量的快速增长，学者们普遍将其归因于家庭联产承包责任制的实施（如 McMillan et al.，1989；Lin，1992）；而对于1984年之后粮食生产下滑和农业经济增长疲软，学者们则将其归因于农地产权内在激励的释放殆尽（如 Lin，1992；Ma，2013），但是，冀县卿和钱忠好（2010）对1978~2008年中国农业绩效增长的分析表明，与第一轮承包相比，第二轮承包时农地产权的完善对农户生产积极性的激励作用更大。何一鸣和罗必良（2010）则从产权管制的角度发现，农地产权管制放松会提高农业绩效。事实上，在经历前期粮食增长的反复徘徊之后，2003~2015年中国粮食实现了"十二连增"。这表明，在家庭承包及其小规模分散格局并未发生根本性变化的背景下，农业经济依然能够回归景气。由此推断，农地产权对粮食生产可能并不存在唯一的决定性影响，从而隐含着多重的决定机理。

本节将从农地产权、要素配置和农业分工三大理论线索出发，通过考察农户种植行为的情景依赖，识别中国种植结构的阶段性调整特征，进而探讨在制度约束和要素流动约束下，农业分工的发展将如何影响农户的种植行为，进而阐明中国粮食安全的内在生成机理。

一、理论线索

（一）线索之一：种粮行为的农地产权机理

农地产权通过影响生产要素的配置而影响农业绩效。我们分别考察在产权管制和产权管制放松两种情形下的种植结构调整，并进一步阐述农地产权与要素配置的内在关联。图 7.6 描述了农地产权管制和产权管制放松时农户调整种植结构的过程。

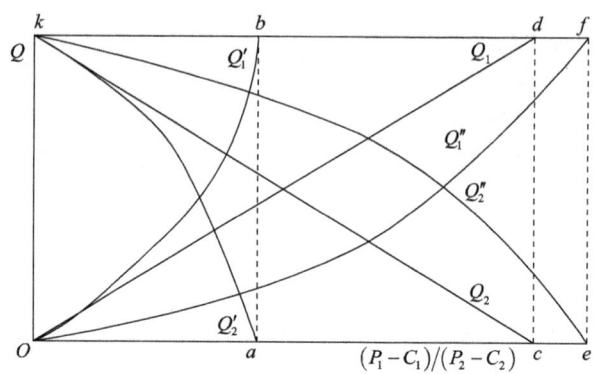

图 7.6 产权管制与产权管制放松下农作物产品净收益与种植结构

首先，考察产权管制下的种植结构。假定：①农地产权管制决定了农户只能种植粮食作物或经济作物；②粮食作物生产和经济作物生产不存在技术异质性。设定 Q^* 表示农户承包地总规模，P_1 和 P_2 分别为单位粮食作物和经济作物的价格。如果不考虑产权管制风险造成的市场不稳定状态，Q_1 和 Q_2 仅由 P_1-C_1 与 P_2-C_2 决定。当 $(P_1-C_1)/(P_2-C_2)>1$ 时，$Q_1=Q^*$，即农户将承包地全部用于种植粮食作物。如果考虑产权管制造成的产品市场风险 r_1 和 r_2（r_1 表示粮食作物产品市场风险，r_2 表示经济作物产品市场风险），那么，两类农作物产品价格比为 $(1-r_1)(P_1-C_1)/(1-r_2)(P_2-C_2)$。在这种情况下，如果经济作物的管制风险大于粮食作物，那么，Q_1 和 Q_2 将分别变为 Q_1' 和 Q_2'，即农户在 a 点之后就会将承包地全部用于种植粮食作物；如果粮食作物的产品市场风险大于经济作物，那么，Q_1 和 Q_2 将分别变为 Q_1'' 和 Q_2''，即农户在 e 点之后将承包地全部用于种植粮食作物。在 ab、cd 和 ef 三条虚线上，有 $(1-r_1)(P_1-C_1)=(1-r_2)(P_2-C_2)$，即经济作物和粮食作物的预期净收益相等，此时种植经济作物和粮食作物对农户的经营收益是无差异的。其实，从中国的经验可知，管制风险与农产品价格（受限制的农产品市场）是具有政策依赖性的。在 1978~1984 年、1985~1993 年和 1994~2003 年，粮食产品价格具有保护价的性质，但经济作物种植不仅受到粮食征购量和订购量的约束，其价格也被粮食产品挤压，并受到来自政策层面的"歧视"，形成了较大的价格管制风险，尤其是在 1978~1984 年，粮食作物更是占据了种植结构的主导地位。可以说，1978~1993 年国家对种植经济作物的管制较强，1993 年之后才逐渐放松。

其次，假定农地产权管制放松，即农户可以自由选择种植粮食作物和经济作物或在农业和非农行业配置资源，上述假设②仍成立。情形 1：如果 $P_1<C_1$ 和 $P_2<C_2$，农户的最优种植结构为 $Q_1=Q_2=0$，即家庭劳动力全部非农转移。情形 2：如果 $P_1>C_1$ 和 $P_2>C_2$，那么农户的最优种植结构取决于 (P_1-C_1) 与 (P_2-C_2)

的比值。Od 和 kc 曲线表示在不考虑农产品市场风险时粮食作物种植规模和经济作物种植规模的关系。当 $(P_1-C_1)/(P_2-C_2)>1$ 时，$Q_1=Q^*$。如果考虑农产品市场风险，农户的生产决策将取决于 $(1-r_1)(P_1-C_1)$ 与 $(1-r_2)(P_2-C_2)$ 的比值，但如果粮食作物产品的预期价格不稳定，即 $r_1>r_2$，那么，Od 曲线将转变为 Ob 曲线。而且，产权管制放松提高了劳动力的流动性，使得 C_1 和 C_2 不再只是生产成本，而更多地体现为农业生产的机会成本。因此，在农业部门与非农业部门中单位劳动力价格差距不断扩大的前提下，cd 曲线会向左平移。这样一来，种植结构也越可能被粮食作物主导。

（二）线索之二：种粮行为的要素配置机理

为了考察要素流动（农业劳动力与农地流转）对种植结构的影响并进行超边际分析，假定农业部门中有 M 个农户，他们生产和消费两种农产品，即粮食作物（x）和经济作物（y）。农户的生产决策包括：一是同时种植两种农作物；二是专业化种植一种农作物。

考虑到农产品的生产既需要投入劳动，又要投入土地，所以粮食作物和经济作物的生产函数可分别设置为

$$x^p = x + x^s = (\theta l_x - a)(ts_x - A) \quad (7.24)$$

$$y^p = y + y^s = (\theta l_y - b)(ts_y - B) \quad (7.25)$$

式中，x^p 和 y^p 分别表示经济作物和粮食作物的产量，且农户自己消费的农产品量满足 $x,y \geq 0$，市场供给量满足 $x^s,y^s \geq 0$；l_x 和 l_y 分别表示农户用于生产粮食作物和经济作物的劳动；s_x 和 s_y 分别表示用来种植粮食作物和经济作物的土地规模；θ 表示劳动投入效率；a 和 b 分别表示农户种植经济作物和粮食作物的技能学习和配置劳动时间等的成本；t 表示土地利用效率；A 和 B 表示种植两种农作物的土地成本（包括地租、由合约不稳定性带来的交易成本等）。

农户的土地规模约束为

$$s_x + s_y = s_0 \quad (7.26)$$

农户的劳动禀赋约束为

$$l_x + l_y = 1 \quad (7.27)$$

农户的效用函数设置为

$$U = (x + kx^d)(y + ky^d) \quad (7.28)$$

式中，x^d 和 y^d 分别表示农户对粮食作物和经济作物的需求量；k 表示交易效率系数，即扣除交易中损失的物品后，农户的有效购买量为 kx^d 和 ky^d。

假定农业部门与非农业部门存在工资差异且前者明显低于后者，那么农业劳

动力的非农转移将成为必然趋势。在此情境下，土地经营规模 s_0 的扩大一方面会使得农户的农业劳动力刚性约束持续增加，另一方面将促使农户购买社会化服务以释放家庭劳动力，于是，农户的种植行为将走向横向专业化。

假定 P_x 和 P_y 分别为粮食作物和经济作物的市场价格，且农户生产决策满足供需平衡，那么农户的预算约束可表示为

$$P_x x^s + P_y y^s = P_x x^d + P_y y^d \tag{7.29}$$

首先，考察农户专业化种植粮食作物（x/y），用于自己消费及销售，并购入经济作物用于消费（$x, x^s, y^d, l_x > 0$）。此时，农户效用最大化的目标函数可表示为

$$\text{Max}\, U = kxy^d \tag{7.30}$$

其约束条件为

$$x + x^s = (\theta l_x - a)(ts_x - A), s_x = s_0, l_x = 1, p_x x^s = p_y y^d \tag{7.31}$$

将约束条件代入目标函数，并由一阶条件 $\dfrac{\mathrm{d}U}{\mathrm{d}x^s} = 0$ 可得

$$x = x^s = \frac{(\theta - a)(ts_0 - A)}{2},\ y^d = \frac{p_x}{p_y}\frac{(\theta - a)(ts_0 - A)}{2} \tag{7.32}$$

从而有

$$U_{x/y} = k\frac{p_x}{p_y}\frac{(\theta - a)^2(ts_0 - A)^2}{4} \tag{7.33}$$

其次，同理可推出专业化种植经济作物（y/x）的效用为

$$U_{y/x} = k\frac{p_y}{p_x}\frac{(\theta - b)^2(ts_0 - B)^2}{4} \tag{7.34}$$

由 $U_{x/y} = U_{y/x}$ 可知，当粮食作物和经济作物的相对价格满足 $\dfrac{p_x}{p_y} = \dfrac{(\theta - b)(ts_0 - B)}{(\theta - a)(ts_0 - A)}$ 时，农户专业化生产粮食作物的效用为

$$U_{x/y} = \frac{k(\theta - a)(\theta - b)(ts_0 - A)(ts_0 - B)}{4} \tag{7.35}$$

根据分工出现的条件，即专业化种植的效用大于多样化种植的效用，可得农户从多样化种植走向专业化种植需要跨越的"门槛"为

$$k_0 = \frac{(\theta - a - b)^2(ts_0 - A - B)^2}{4(\theta - a)(\theta - b)(ts_0 - A)(ts_0 - B)} \tag{7.36}$$

即必须满足交易效率 $k > k_0$。而由 $\frac{\partial k_0}{\partial s_0} > 0$，$\frac{\partial k_0}{\partial t} > 0$ 和 $\frac{\partial k_0}{\partial \theta} > 0$ 可知，随着交易效率的改善，生产环节服务外包提高劳动利用效率、机械替代劳动提高土地利用效率等方式，均会使得扩大土地经营规模的农户倾向专业化种植。至于哪种作物会被专业化种植，取决于交易效率改善带来的经济效益与农作物价格的比较。当然，如果将分析情境置于封闭的农业部门且不存在农业社会化分工，那么 $k < k_0$ 会造成种植结构的多样化且农户更倾向种植经济价值更高的经济作物，由此势必造成种植结构的"非粮化"。反之，则呈现"趋粮化"行为。

（三）线索之三：种粮行为的农业分工机理

Federico（2005）基于对大量文献的梳理认为，农地经营规模向来不是决定农业增长绩效的关键要素。遗憾的是，关于农业分工问题的研究一直存在两种相互割裂的主张：一方面，鉴于农业活动的生命特性，部分文献强调家庭经营在农业生产活动中所具有的天然合理性与得天独厚的组织优势，从而忽视了家庭经营融入分工经济的必要性（中国农村发展问题研究组，1984）；另一方面，受到"斯密猜想"等理论假说的影响（斯密，2003；Schultz，1964），部分文献认为农业并不是一个具有显著规模经济性的产业，农业生产领域的分工深化有着与其产业特性相关的天然的内生性障碍，从而忽视农业家庭经营融入分工经济的可能性。

事实上，无论是农村产权制度的完善，还是农村要素市场流动，都使得小农户经营越发面临高昂的用工成本。在这种情形下，购买农业社会化服务不失为小农的重要选择。因此，前文在讨论农地流转和劳动力非农转移时，也是基于分工市场的逻辑展开的。虽然小农户具有参与农业分工的现实可能性，但农业分工与服务外包的形成并不是没有条件的。由于农户生产环节的分工外包具有典型的纵向分工特征，所以对于小农户来说，如果对生产环节的服务需求是离散的，社会化分工不可能产生。相反，只有多个农户对服务需求的聚合及由此形成的服务市场容量，才具有决定性的行为发生学意义。

农业领域的分工深化与服务外包的形成，既受市场容量的限制，又会反向促进市场容量的生成。具体而言，农户对任一环节的外包服务需求所形成的市场容量，既是农业纵向分工的前提条件（需求），也是农业纵向分工的结果（供给）。Dixit 和 Stiglitz（1977）发现，即使两国（或地区）的初始条件完全相同或者没有李嘉图所说的比较优势，但如果存在规模经济，两国（或地区）仍可以选择不同的专业，从而形成内生的（后天的）绝对优势。Krugman（1979）则进一步利用 D-S（Dixit-Stiglitz，迪克西斯-斯蒂格利茨）模型解释了为什么国际贸易主要发生在先天条件相近的发达国家之间，而不是主要发生于比较差异较大的发达国家与发展中国家之间，从而揭示了贸易依存度及规模经济所具有的意义。我们的追问是,"条件相近"所隐含的"规模经济"的本质是什么。这显然是"斯密定理"与"杨格定理"意义上的"市场规模"或"市场容量"。因此,规模经济来源于"条件相近"地区(国家)所选择的同方向的横向分工(区域连片布局)。

尽管"斯密定理"和"杨格定理"表明,分工与市场容量是相互关联且相互决定的,但问题是,农户对生产环节外包的服务需要,是否与外包服务的市场供给具有一致性呢?考虑到外包服务的供给具有资产专用性和投资迂回性的特征,从而隐含着生产服务的交易成本(科斯定理意义上的交易成本)。因此,如果农户对生产环节的外包需求所形成的市场规模有限,那么外包服务的供给主体是不可能出现的。由此可以推断,在农业领域,由于农地经营的不可移动与不可"叠加聚集"的特性,区域上的横向分工与专业化,将是纵向分工及其深化的内生要求。

二、实证分析

(一)实证分析1:农地产权对种植结构的影响分析

1. 数据来源

数据来源于前述的 NSFC-71333004-2015。有效问卷 2 704 份。其中,有粮食种植的农户为 2 338 个,有水稻种植的农户为 1 256 个。

2. 变量选择与描述

因变量包括是否种植粮食作物、是否种植经济作物、粮食播种面积占比和粮食亩产量。为了保证分析结果的一致性,将同时针对水稻种植样本农户进行考察。

在主要自变量中,农地产权满意度是依据农户对农地所有权、承包权和经营权满意度的熵权值来衡量(用熵权法对三类农地产权落实满意度进行赋权,然后再加总);粮食生产中的劳动用工和机械使用在问卷中按五级问项设计,本书将"一般"及以上水平赋值为 1,低于"一般"水平赋值为 0。此外,本书控制了农户的农地特征与流转行为及村庄特征。变量定义与描述见表 7.26。

表 7.26 变量定义与描述

变量	定义	均值	标准差	样本量
因变量				
是否种植粮食作物	未种植粮食作物=0;种植了粮食作物=1	0.772	0.419	2 704
是否种植经济作物	未种植经济作物=0;种植了经济作物=1	0.366	0.482	2 704
粮食播种面积占比	水稻播种面积占当年总播种面积的比重	0.771	0.280	1 256
粮食亩产量	每亩水稻产量/kg	496.818	144.922	1 256

续表

变量	定义	均值	标准差	样本量
主要自变量				
农地产权满意度	农户对农地所有权、承包权和经营权满意度的熵权值	0.696	0.100	2 704
纯务农劳动力占比	家庭纯务农劳动力占总劳动力的比重	0.336	0.334	2 704
兼业劳动力占比	家庭兼业劳动力占总劳动力的比重	0.286	0.338	2 704
粮食劳动用工量	小于一般水平=0；大于等于一般水平=1	0.652	0.476	2 088
粮食机械使用程度	小于一般水平=0；大于等于一般水平=1	0.598	0.490	2 088
农地特征与流转行为				
水田比重	当年实际经营水田面积占总经营面积的比重	0.471	0.436	2 388
是否转入农地	未转入农地=0；转入农地=1	0.121	0.326	2 704
是否转出农地	未转出农地=0；转出农地=1	0.227	0.419	2 704
村庄特征				
村庄地形	山区=1；丘陵=2；平原=3	2.120	0.816	2 704
村庄交通状况	很差=1；较差=2；一般=3；较好=4；很好=5	3.258	0.899	2 704
村庄位置	村庄距最近镇中心的距离/km	5.699	6.031	2 704
村庄经济水平	很高=1；比较高=2；中游=3；相对低=4；很低=5	3.035	0.772	2 704
粮食净利润	各省三种主粮（谷物、小麦、玉米）每亩净利润/元	335.180	548.648	2 704
水稻净利润	各省水稻亩均净利润/元	347.577	385.310	1 256
区域虚拟变量	各省区域虚拟变量			2 704

3. 模型选择与计量结果分析

首先，设立独立估计方程：

$$Y_i = a_0 + a_1 \text{landproperty}_i + a_2 \text{factor}_{1i} + a_3 \text{factor}_{2i} + \sum_{n=1} a_{4n} D_{ni} + \zeta_i \quad (7.37)$$

式中，Y_i 分别表示农户种植粮食作物或经济作物，以及粮食播种面积占比和粮食亩产量。landproperty$_i$ 表示农户的农地产权满意度。当 Y_i 表示农户种植粮食作物或经济作物时，factor$_{1i}$ 和 factor$_{2i}$ 分别表示纯务农劳动力占比和兼业劳动力占比；当 Y_i 表示粮食播种面积占比和粮食亩产量时，factor$_{1i}$ 和 factor$_{2i}$ 分别表示粮食生产中劳动用工量和机械使用程度。D_{ni} 表示第 i 个农户的农地特征、流转行为及其所处村庄的特征等自变量。a_0 表示常数项，$a_1 \sim a_{4n}$ 表示待估计系数，ζ_i 表示误差项。

其次，引入农地产权与要素配置的交叉变量对因变量分别进行估计，则有

$$Y_i = a_0 + a_1 \text{landproperty}_i + a_2 \text{factor}_i \times \text{landproperty}_i + \sum_{n=1} a_{3n} D_{ni} + \zeta_i \quad (7.38)$$

式中，factor$_i \times$ landproperty$_i$ 表示交互项。

计量结果如表 7.27 和表 7.28 所示。据此可以得出如下基本结论。

表 7.27 农地产权、要素配置对农业种植结构的影响

变量	是否种植粮食作物		是否种植经济作物		粮食播种面积占比		粮食亩产量	
	Probit 估计	IV 估计	Probit 估计	IV 估计	OLS 估计	IV 估计	OLS 估计	IV 估计
主要自变量								
农地产权满意度	−0.052 (0.064)	−1.412** (0.727)	0.054 (0.097)	−2.320*** (1.178)	0.066 (0.056)	−0.343 (0.381)	0.047 (0.090)	−0.664 (0.613)
纯务农劳动力占比	0.120*** (0.026)	0.130*** (0.028)	0.119*** (0.036)	0.136*** (0.041)				
兼业劳动力占比	0.115*** (0.025)	0.116*** (0.027)	0.090*** (0.034)	0.092** (0.039)				
粮食劳动用工量					−0.002 (0.012)	0.000 (0.012)	−0.017 (0.016)	−0.012 (0.017)
粮食机械使用程度					0.021** (0.011)	0.022** (0.012)	0.055*** (0.018)	0.057*** (0.018)
农地特征与流转行为								
水田比重	0.292*** (0.021)	0.295*** (0.023)	−0.244*** (0.025)	−0.238*** (0.029)	0.673*** (0.033)	0.681*** (0.035)	−0.004 (0.030)	0.009 (0.032)
是否转入农地	0.030* (0.017)	0.039** (0.019)	0.093*** (0.027)	0.109*** (0.032)	−0.059*** (0.017)	−0.058*** (0.017)	−0.006 (0.024)	22 120.004 (0.024)
是否转出农地	−0.095*** (0.021)	−0.088*** (0.023)	0.012 (0.026)	0.025 (0.031)	0.044** (0.019)	0.046** (0.020)	−0.001 (0.023)	0.001 (0.025)
村庄特征								
村庄地形(以"山区"为参照组)								
丘陵	−0.043** (0.019)	−0.059*** (0.023)	0.104*** (0.029)	0.076** (0.035)	−0.034** (0.014)	−0.035** (0.014)	0.045* (0.021)	0.043** (0.022)
平原	−0.096*** (0.020)	−0.122*** (0.025)	−0.024 (0.030)	−0.070* (0.040)	0.012 (0.019)	0.009 (0.019)	−0.049 (0.034)	−0.053 (0.036)
村庄交通状况(以"很差"为参照组)								
较差	−0.023 (0.032)	0.025 (0.045)	0.008 (0.055)	0.092 (0.079)	−0.017 (0.032)	−0.002 (0.038)	0.072 (0.060)	0.098 (0.065)
一般	−0.020 (0.029)	0.027 (0.042)	−0.001 (0.051)	0.081 (0.074)	−0.013 (0.031)	−0.002 (0.035)	0.148*** (0.054)	0.167*** (0.057)
较好	0.032 (0.031)	0.036 (0.051)	0.079 (0.053)	0.199** (0.086)	−0.034 (0.031)	−0.015 (0.041)	0.148*** (0.054)	0.180*** (0.062)
很好	−0.078** (0.040)	−0.009 (0.058)	0.131** (0.061)	0.251*** (0.095)	−0.003 (0.036)	0.016 (0.045)	0.175*** (0.059)	0.206*** (0.068)
村庄位置	−0.001 (0.001)	0.000 (0.001)	0.001 (0.002)	0.003 (0.002)	−0.001 (0.001)	−0.001 (0.001)	0.002 (0.002)	0.002 (0.002)
村庄经济水平(以"很高"为参照组)								
比较高	0.036 (0.048)	0.065 (0.053)	−0.090 (0.065)	−0.038 (0.083)	0.001 (0.024)	0.008 (0.027)	−0.068 (0.064)	−0.056 (0.071)
中游	0.029 (0.047)	0.025 (0.049)	−0.109* (0.062)	−0.116 (0.076)	0.007 (0.021)	0.005 (0.021)	−0.065 (0.062)	−0.069 (0.068)
相对低	0.072 (0.049)	0.085 (0.052)	−0.081 (0.066)	−0.058 (0.080)	−0.000 (0.026)	0.003 (0.026)	−0.076 (0.066)	−0.071 (0.072)
很低	0.065 (0.053)	0.074 (0.056)	−0.072 (0.076)	−0.055 (0.092)	−0.007 (0.031)	−0.010 (0.033)	−0.068 (0.074)	−0.073 (0.081)
粮食净利润	0.000 (0.000)	0.000** (0.000)	−0.000* (0.000)	−0.000* (0.000)				
水稻净利润					0.000 (0.000)	0.000 (0.000)	0.000*** (0.000)	0.000*** (0.000)

续表

变量	是否种植粮食作物		是否种植经济作物		粮食播种面积占比		粮食亩产量	
	Probit 估计	IV 估计	Probit 估计	IV 估计	OLS 估计	IV 估计	OLS 估计	IV 估计
区域虚拟变量	控制	控制	控制	控制	控制	控制	控制	控制
常数项	0.765*** (0.074)	0.165*** (0.478)	0.494*** (0.109)	2.038*** (0.774)	0.255*** (0.057)	2.611*** (0.808)	6.019*** (0.104)	5.320*** (1.156)
观测值	2 388	2 388	2 388	2 388	1 246	1 246	1 246	1 246

***、**、*分别表示在1%、5%、10%的水平下显著

注：括号内数字为稳健标准误；表中的 IV 估计分别为 IVProbit 估计和 2SLS 估计

表 7.28 不同要素配置下农地产权作用的差异

变量	是否种植粮食作物		是否种植经济作物		粮食播种面积占比		粮食亩产量	
农地产权满意度	-1.641** (0.755)	-1.473** (0.756)	-2.630** (1.265)	-1.910* (1.004)	-0.244 (0.582)	0.485 (0.347)	-0.633 (0.527)	-0.602 (0.424)
农地产权满意度×纯务农劳动力占比	0.108*** (0.035)		0.136** (0.054)					
农地产权满意度×兼业劳动力占比		0.045 (0.035)		0.016 (0.048)				
农地产权满意度×粮食劳动用工量					0.015 (0.018)		0.002 (0.025)	
农地产权满意度×粮食机械使用程度						0.020 (0.017)		0.060** (0.012)
控制变量	引入	引入	引入	引入	引入	引入	引入	引入
常数项	1.848*** (0.493)	1.776*** (0.463)	2.280*** (0.829)	1.858*** (0.664)	0.450 (0.372)	-0.012 (0.230)	6.456*** (0.351)	6.425*** (0.288)
观测值	2 388	2 388	2 388	2 388	1 246	1 246	1 246	1 246

***、**、*分别表示在1%、5%、10%的水平下显著

注：括号内数字为稳健标准误；考虑到表7.27中的估计结果已表明IV估计优于Probit估计和OLS估计，故仅汇报了IV估计的结果

第一，从要素配置的影响看，纯务农劳动力占比和兼业劳动力占比的提高均会激励农户种植粮食作物和经济作物，但纯务农种植经济作物的可能性要显著大于种植粮食作物的可能性。机械使用程度的增加则显著提高了粮食播种面积占比和粮食亩产量。

第二，农地产权稳定性的改善会抑制农户种植农作物，且对种植经济作物的抑制作用显著强于对种植粮食作物的抑制作用，但对降低粮食种植户的粮食播种面积的抑制作用不显著；随着农地产权管制的放松，纯务农劳动力占比越高的农户，务农收益最大化的动机会激励他们越倾向种植经济作物；兼业农户与"离农"农户具有相同的行为目标，即务农成本最小化，强化地权稳定性将诱导这两类农户更倾向种植粮食作物；随着机械使用程度的提高，农地产权稳定性的改善能够提高粮食生产绩效。

第三，农地产权满意度与要素配置交互项的模型估计结果表明，家庭劳动力

兼业化水平越高，他们与完全非农的农户在务农成本最小化的目标上就越一致，这会使得农地产权满意度的影响在农户兼业化和非农化两类情境中无显著差异。农地产权满意度与粮食劳动用工量交互项的估计结果不显著，表明农业劳动投入已不是决定粮食种植规模及增产的主要原因。粮食机械使用程度（尤其在参与分工进行服务外包的情形下）仅仅与农作物种类有关，而与地权稳定与否关系不大，由此导致交互项对粮食播种面积占比的影响不显著。

（二）实证分析2：要素流动对种植结构的影响分析

1. 数据来源

数据同样来源于 NSFC-71333004-2015 的 2 704 个农户样本。

2. 变量选择与描述

因变量为粮食播种面积。考虑到粮食作物的多样性，为了保证实证结果的一致性，采用水稻播种面积占农作物播种面积的比重来刻画农户的粮食种植行为。

主要自变量包括农业劳动力占比和农地转入。农地转入则从农户是否转入农地和农地转入率两个方面来刻画。另外，控制了农户非劳动力人口、农地特征、村庄农业种植结构和村庄的自然及经济，以及区域经济发展等特征。具体变量描述见表7.29。

表 7.29 变量定义与描述

变量	定义	均值	标准差
粮食播种面积	水稻播种面积占农作物播种面积的比重	0.772	0.419
农业劳动力占比	务农劳动力占总劳动力的比重	0.336	0.334
农地转入	测度1：农户是否转入农地，是=1，否=0	0.121	0.326
	测度2：农地转入率=（转入面积）/（转入面积+承包地面积）	0.073	0.207
16岁以下人数	家庭16岁以下人口占总人口比重	0.154	0.187
70岁以上人数	家庭70岁以上人口占总人口比重	0.056	0.149
农地肥力	很差=1；较差=2；一般=3；较好=4；很好=5	2.732	0.856
农地灌溉条件	很差=1；较差=2；一般=3；较好=4；很好=5	2.919	1.049
水田比重	水田面积占家庭承包地面积比重	0.501	0.432
水田块数	水田的块数	2.717	4.268
村庄粮食作物种植状况	村庄其他农户是否种植粮食作物的均值	0.856	0.222
村庄经济作物种植状况	村庄其他农户是否种植经济作物的均值	0.357	0.360
农地转出	转出农地=1，未转出农地=0	0.148	0.356
村庄经济水平	很高=1；比较高=2；中游=3；相对低=4；很低=5	3.053	0.775
村庄地形	山区=1；丘陵=2；平原=3	2.083	0.829
村庄位置	村庄距最近镇中心的距离/km	5.783	5.857
区域虚拟变量	各省的虚拟变量	—	—

3. 模型选择与计量结果分析

为考察农业生产要素对农户种植结构调整的影响，选择如下模型：

$$\text{agristructure}_i = a_0 + a_1 \text{factor}_i + \sum_{n=1} a_{2n} \text{CV}_{ni} + \xi_i \tag{7.39}$$

式中，agristructure_i 表示粮食播种面积占比；factor_i 表示劳动力和土地要素，factor_i 包括农业劳动力约束和农地转入状况；CV_{ni} 为控制变量，包括家庭人口、农地，以及村庄农业作物种植结构和村庄的自然及经济等特征；a_0 为常数项；a_1 和 a_2 为待估计系数；ξ_i 为误差项。

计量结果如表7.30所示。估计结果分为3类：①在农业劳动力占比影响粮食种植的模型估计（估计1）中，Hausman 检验的结果显示，该估计中未呈现显著的内生性问题，OLS 和 2SLS 的估计结果也未呈现显著差异。②在分别测度是否转入农地（估计2）与农地转入率（估计3）影响粮食种植的模型估计中，Hausman 检验显示存在内生性问题。③利用村庄层面其他农户是否转入农地和农地转入率的均值来作为农地转入变量的工具变量，不存在弱工具变量问题。④鉴于 2SLS 方法可以克服内生性问题，本节以该估计结果作为解释依据。

表7.30 农业劳动力占比、农地转入对粮食播种面积占比的影响

变量	估计1 OLS	估计1 2SLS	估计2 OLS	估计2 2SLS	估计3 OLS	估计3 2SLS
农业劳动力占比	-0.029* (0.016)	-0.090* (0.052)				
农地转入			-0.045*** (0.015)	0.161*** (0.072)	-0.041* (0.025)	0.505*** (0.178)
16岁以下人数	0.008 (0.029)	0.001 (0.029)	0.009 (0.029)	0.004 (0.031)	0.010 (0.029)	0.017 (0.035)
70岁以上人数	0.071** (0.036)	0.074** (0.036)	0.066* (0.036)	0.067* (0.038)	0.066* (0.036)	0.097** (0.044)
农地肥力（以"很差"为参照组）						
较差	-0.047** (0.023)	-0.046** (0.023)	-0.049** (0.023)	-0.042* (0.024)	-0.048** (0.023)	-0.049* (0.026)
一般	-0.049** (0.023)	-0.048** (0.023)	-0.052** (0.023)	-0.038 (0.024)	-0.051** (0.023)	-0.038 (0.026)
较好	-0.071** (0.028)	-0.066** (0.029)	-0.074*** (0.028)	-0.073** (0.030)	-0.073*** (0.028)	-0.076** (0.032)
很好	-0.032 (0.040)	-0.030 (0.039)	-0.032 (0.039)	-0.028 (0.041)	-0.031 (0.040)	-0.053 (0.046)
农地灌溉条件（以"很差"为参照组）						
较差	-0.035 (0.022)	-0.037* (0.022)	-0.034 (0.022)	-0.027 (0.023)	-0.036 (0.022)	-0.014 (0.026)
一般	-0.015 (0.022)	-0.016 (0.022)	-0.015 (0.022)	-0.020 (0.023)	-0.016 (0.022)	-0.007 (0.026)
较好	-0.041 (0.025)	-0.042* (0.025)	-0.041 (0.025)	-0.034 (0.027)	-0.042 (0.025)	-0.016 (0.030)

续表

变量		估计1		估计2		估计3	
		OLS	2SLS	OLS	2SLS	OLS	2SLS
	很好	−0.035 (0.032)	−0.031 (0.032)	−0.035 (0.032)	−0.036 (0.033)	−0.036 (0.032)	−0.033 (0.037)
	水田比重	0.065*** (0.019)	0.652*** (0.019)	0.065*** (0.020)	0.722*** (0.028)	0.651*** (0.020)	0.746*** (0.032)
	水田块数	−0.003** (0.001)	−0.002* (0.001)	−0.002* (0.001)	−0.006*** (0.002)	−0.002* (0.001)	−0.009*** (0.003)
	村庄粮食作物种植状况	0.031 (0.022)	0.034 (0.022)	0.028 (0.022)	0.028 (0.022)	0.029 (0.022)	0.038 (0.027)
	村庄经济作物种植状况	−0.108*** (0.015)	−0.108*** (0.015)	−0.107*** (0.015)	−0.107*** (0.015)	−0.108*** (0.015)	−0.110*** (0.018)
	农地转出	0.034** (0.015)	0.031* (0.016)	0.035** (0.015)	0.035** (0.015)	0.036** (0.015)	0.032* (0.019)
村庄经济水平（以"很高"为参照组）							
	比较高	−0.012 (0.038)	−0.018 (0.038)	−0.009 (0.038)	−0.009 (0.038)	−0.007 (0.038)	−0.030 (0.043)
	中游	−0.002 (0.036)	−0.006 (0.036)	−0.002 (0.036)	−0.002 (0.036)	0.000 (0.036)	−0.009 (0.040)
	相对低	−0.006 (0.038)	−0.008 (0.038)	−0.005 (0.038)	−0.005 (0.038)	−0.003 (0.038)	−0.033 (0.044)
	很低	−0.022 (0.049)	−0.026 (0.049)	−0.022 (0.049)	−0.022 (0.049)	−0.020 (0.049)	−0.037 (0.058)
村庄地形（以"山区"为参照组）							
	丘陵	−0.027* (0.015)	−0.027* (0.015)	−0.026* (0.015)	−0.026* (0.015)	−0.027* (0.015)	−0.032* (0.017)
	平原	−0.000 (0.019)	0.001 (0.019)	−0.001 (0.019)	−0.001 (0.001)	−0.000 (0.019)	−0.016 (0.024)
	村庄位置	−0.001 (0.001)	−0.001 (0.001)	−0.001 (0.001)	−0.001 (0.001)	−0.001 (0.001)	−0.000 (0.001)
	区域虚拟变量	已控制	已控制	已控制	已控制	已控制	已控制
	常数项	0.369*** (0.052)	0.396 (0.056)	0.370*** (0.044)	0.370*** (0.051)	0.361*** (0.051)	0.266*** (0.064)
	观测值	1 256	1 256	1 256	1 160	1 256	1 160
	弱工具变量检验	128.96***		58.94***		32.07***	
	Hausman检验	1.47		71.00***		75.59***	
	VIF	2.87		2.87		2.87	
	R^2	0.608 4	0.603 9	0.610 2	0.582 4	0.608 2	0.494 0

***、**、*分别表示在1%、5%、10%的水平下显著。

注：括号内数字为稳健标准误；估计2中的农地转入变量为是否转入农地，估计3中的农地转入变量为农地转入率。

计量结果表明：

第一，在估计1中，农业劳动力刚性约束越小，种植结构"非粮化"的可能性越高。显然，当农业劳动力非农转移规模较小时，农户的家庭收入将与农业劳动生产率的高低直接相关，而充分利用农业劳动力的方式除了扩大种植规模外，就是改变种植结构。很显然,经济作物的价格优势及其对劳动的密集需求特征,将诱导农户种植行为的"非粮化"。

第二,在估计 2 和估计 3 中,当仅考虑农地转入对粮食播种面积占比的影响时,农户农地转入率越高,他们的粮食播种面积占比也越高。这说明,农户转入农地并不会导致种植结构的"非粮化"。其原因是,随着农业劳动力的大规模转移,农业生产必然从劳动力过剩的阶段过渡到面临劳动力刚性约束的阶段。因此,劳动力刚性约束及其人工成本的提升,则会促使农户选择那些劳动需求强度与家庭农业劳动力规模相匹配的农作物,即粮食作物将是农户的占优选择。

第三,其余控制变量的影响方面,家庭中 70 岁以上人数越多,粮食播种面积占比越高。可见,随着农业劳动力的老龄化,农户将倾向种植劳动投入更少的粮食作物;上文使用了水稻播种面积占比来替代粮食播种面积占比,会使得水田占比与粮食播种面积占比呈正相关关系;村庄其他农户种植粮食作物的比例高,也会激励农户的种粮行为。农户转出农地则会促使农户倾向粮食生产(可能是要保障口粮)。其余变量的影响不显著。

(三)实证分析 3:农业分工与市场容量的互动机制分析

1. 数据来源

考虑到中国种植的小麦品种以冬小麦为主,其播种面积占全国小麦播种总面积的 92%以上,因此本节以中国冬小麦主产区为研究对象(以下简称为小麦主产区),其主要区域分布在河南省、山东省、安徽省、河北省、江苏省、湖北省、四川省、陕西省、山西省和重庆市,总计包括 10 个省市的 134 个地级市。数据来源于《中国统计年鉴》(2006~2016 年)和样本省市相应年度的统计年鉴。

2017 年本项目组对河南省 3 987 个样本农户的问卷表明,在农户的小麦生产环节中,分别有 94.24%的农户在整地环节、78.92%的农户在播种环节、97.32%的农户在收割环节雇用了机械服务。2004 年全国小麦的农业机械跨区收割面积为 1 201.15 万 hm^2,2013 年增加到 1 442.57 万 hm^2,10 年时间增加了 20.01%。因此,可以将农业机械总动力即农业机械化水平表达为农业服务外包的分工深化程度。

2. 变量选择与描述

表 7.31 为变量选择与说明。

表 7.31 变量选择与说明

符号	变量名	单位	指标说明
wheatarea	小麦播种面积	hm^2	各地级市小麦播种面积

续表

符号	变量名	单位	指标说明
fmp	农业机械总动力	万 kW·h	各地级市农业机械总动力
crain	年降水量	mm	各地级市年降水量
ctemp	年均气温	℃	各地级市年均气温
price	价格	元/kg	各地级市小麦价格
landcost	土地成本	元/亩	各地级市每亩小麦种植土地成本消耗
producost	生产成本	元/亩	各地级市每亩小麦种植生产成本消耗
labourcost	人工成本	元/亩	各地级市每亩小麦种植人工成本消耗
longitude	经度	度	各地级市地理中心的代表性经度
latitude	纬度	度	各地级市地理中心的代表性纬度
altitude	海拔高度	m	各地级市地理中心的代表性海拔高度

3. 模型选择与计量结果分析

为考察农业分工与种植业结构的互动关系，首先，考察农业机械总动力在空间上对小麦播种面积的影响，即分工如何影响市场容量；其次，考察小麦播种面积在空间上对农业机械总动力的影响，即市场容量如何影响分工。

$$\begin{aligned}
\ln(\text{wheatarea}_{it}) = & a_0 + \delta W \times \ln(\text{wheatarea}_{it}) + a_1 \ln(\text{fmp}_{it}) \\
& + a_2 \ln(\text{crain}_{it}) + a_3 \ln(\text{ctemp}_{it}) + a_4 \ln(\text{price}_{it}) \\
& + a_5 \ln(\text{landcost}_{it}) + a_6 \ln(\text{producost}_{it}) \\
& + a_7 \ln(\text{labourcost}_{it}) + \beta_1 W \times \ln(\text{fmp}_{it}) \\
& + \beta_2 W \times \ln(\text{crain}_{it}) + \beta_3 W \times \ln(\text{ctemp}_{it}) \\
& + \beta_4 W \times \ln(\text{price}_{it}) + \beta_5 W \times \ln(\text{landcost}_{it}) \\
& + \beta_6 W \times \ln(\text{producost}_{it}) + \beta_7 W \times \ln(\text{labourcost}_{it}) \\
& + u_i + \gamma_t + \varepsilon_{it}
\end{aligned} \quad (7.40)$$

$$\begin{aligned}
\ln(\text{fmp}_{it}) = & a_0 + \delta W \times \ln(\text{fmp}_{it}) + a_1 \ln(\text{wheatarea}_{it}) \\
& + a_2 \ln(\text{crain}_{it}) + a_3 \ln(\text{ctemp}_{it}) \\
& + a_4 \ln(\text{price}_{it}) + a_5 \ln(\text{landcost}_{it}) \\
& + a_6 \ln(\text{producost}_{it}) + a_7 \ln(\text{labourcost}_{it}) \\
& + \beta_1 W \times \ln(\text{wheatarea}_{it}) + \beta_2 W \times \ln(\text{crain}_{it}) \\
& + \beta_3 W \times \ln(\text{ctemp}_{it}) + \beta_4 W \times \ln(\text{price}_{it}) \\
& + \beta_5 W \times \ln(\text{landcost}_{it}) + \beta_6 W \times \ln(\text{producost}_{it}) \\
& + \beta_7 W \times \ln(\text{labourcost}_{it}) + u_i + \gamma_t + \varepsilon_{it}
\end{aligned} \quad (7.41)$$

式中，i 表示 134 个地级市（$i=1,2,\cdots,134$）；因变量 $\ln(\text{wheatarea}_{it})$ 表示 i 市在 t 年小麦播种面积的自然对数；$\ln(\text{fmp}_{it})$ 表示 i 市在 t 年农业机械总动力的自然对

数；W 表示空间权重向量，并采用邻接矩阵来测度空间权重。计量结果如表 7.32 和表 7.33 所示。

表 7.32　农业机械对小麦种植的直接效应、空间溢出效应和总效应

变量	直接效应		空间溢出效应		总效应	
	系数	t 值	系数	t 值	系数	t 值
ln(fmp)	0.284***	4.587	0.648***	3.031	0.932***	3.937
ln(crain)	0.056	1.084	−0.079	−0.661	−0.023	0.194
ln(ctemp)	−0.162	−0.826	0.167	0.328	0.005	0.009
ln(price)	−0.18	−1.134	0.112	0.723	0.004	0.034
ln(landcost)	0.212**	2.246	0.242*	1.688	0.454***	4.573
ln(producost)	−1.118**	−2.285	−1.656**	−2.364	−2.773***	−5.415
ln(labourcost)	0.795**	2.336	−0.074	−0.140	0.721*	1.776

***、**、*分别表示在 1%、5%、10%的水平下显著

表 7.33　小麦种植对农业机械的直接效应、空间溢出效应和总效应

变量	直接效应		空间溢出效应		总效应	
	系数	t 值	系数	t 值	系数	t 值
ln(wheatarea)	0.045***	3.962	0.029	1.088	0.074***	2.970
ln(crain)	0.056**	2.373	−0.073*	−1.818	−0.016	−0.465
ln(ctemp)	−0.142*	−1.665	0.096	0.621	−0.046	−0.300
ln(price)	0.064	1.438	−0.067	−1.069	−0.002	−0.062
ln(landcost)	−0.0326	−0.755	−0.077	−1.439	−0.109***	−3.771
ln(producost)	0.540**	2.280	0.822**	3.072	1.362***	11.304
ln(labourcost)	−0.257	−1.553	−0.958***	−5.012	−1.216***	−13.973

***、**、*分别表示在 1%、5%、10%的水平下显著

表 7.32 说明，农业机械对小麦种植面积具有显著的直接效应、空间溢出效应和总效应。这说明，农业机械化服务对小麦种植具有显著的空间溢出效应，即一个区域的农业机械化水平高，将会对本地区及其他区域小麦的种植规模产生显著的正向影响。

表 7.33 的估计结果表明，小麦播种面积对农业机械总动力具有显著的直接效应和总效应，但空间溢出效应不显著。

进一步利用"纬度-经度-生态高度"的比较分析框架进行空间溢出效应的计量（计量结果略），结果表明：①农业分工促进市场容量的扩展，主要是通过沿纬度路径的服务外包来表达的；②沿纬度扩大小麦播种面积尤其是形成连片种植，将有助于提高农业的分工经济性。

上述分析证明：①农业分工与市场容量具有相互关联性；②农业分工深化及

其跨区作业服务,能够进一步产生市场容量的空间溢出效应;③市场容量促进农业分工主要表现为区域性服务市场的发育,而农业分工促进市场容量的扩展则主要是通过纬度路径的跨区服务来诱导的。

在农业家庭经营逐步卷入分工经济的实践中,由农作物连片种植形成的横向专业化及对多个生产环节的服务需求所表达的市场容量,是农业出现纵向分工的决定因素;而纵向分工所形成的跨区作业服务,则对农业的时空布局产生空间溢出效应,进而降低交易费用,既扩展市场容量,又深化农业分工。鉴于农业的横向分工及区域专业化所表达的市场容量,是由众多分散农户种植行为对外包服务可获性的选择性响应,因此,推进农户生产的专业化、强化农业生产布局的连片化与组织化,特别是沿纬度扩大播种面积并改善农作物布局,有助于改善农业的分工经济性。

三、进一步的讨论

首先,我们的研究表明,产权管制放松更有益于粮食作物的种植。而且,产权管制放松更加激励那些进行非农转移的农户去种植粮食作物。一个重要的原因在于,粮食作物更容易进行机械作业,这会极大程度地释放家庭劳动力,从而实现农户务农成本的最小化。

其次,随着农村劳动力的非农转移,农户确实更倾向种植粮食作物。进一步考察农地流转对种植结构的影响,发现租入农地的农户更倾向种植粮食作物。实际上,无论是进行非农转移的农户,抑或租入农地的农户,他们均面临着农业劳动力的刚性约束,如果考虑雇工的高昂成本,选择种植更易于参与分工的农作物必然成为农户的理性选择。

最后,农业分工越发达,粮食种植的规模就会越大,而随着粮食种植规模的扩大,农业分工的深化程度就会越高,即市场容量决定分工。从空间溢出效应来看,优先发展农业服务市场则对农户的专业化种植行为有着更为重要的诱导作用。其实践意义是,提升农业的机械化水平,培育外包服务市场,能够有效诱导农户卷入分工,并将小农生产引入现代农业的发展轨道。其理论意义在于,将"斯密定理""杨格定理"与交易成本理论结合,将纵向分工理论与横向分工理论进行整合,能够深化对市场容量、分工深化、交易成本及其相互关联性的理解。

可以认为,中国的粮食安全有其内在的自我运行逻辑。当农地产权完善引发要素投入结构的变化和家庭内部分工模式的调整时,基于目标最大化的家庭决策将根据要素价格的部门差异,调整要素投入和种植结构。换言之,随着农村劳动力非农转移规模持续扩大，原先粮食生产的低效益劣势将向机械化程度高的比较成本优势转变。这样一来，卷入分工无论为了实现农户务农成本最小化，还是实现家庭收益最大化，都最终决定农户选择种植粮食作物。一旦中国的农业分工市场形成，农业的生产将逐渐专业化，这将促使粮食生产进入良性循环的轨道，从而在农户自发选择的层面提升中国粮食安全水平。

第六节 主要结论和政策建议

总结前文，可以得到如下结论及政策含义。

（1）土地流转有着特殊的市场逻辑。农户对土地的特殊情感及其禀赋效应，不仅对农地流转构成抑制，而且表现出普遍的关系型交易特征。因此，推进土地流转市场的发育，既要考虑乡土社会人地关系的特殊性，保护村庄内生的基于关系信任而自发形成的交易秩序，又要提高流转交易的规范化与契约化程度。其中，寻找人格化财产的产权交易路径尤为重要。

（2）农业家庭经营制度具有不可替代性。从农地的"三权分置"，到农地经营权的细分与盘活，进而到农业经营的分工深化，表达了家庭经营的现代适应性。理论界关于小农经济的讨论大多存在认识误区。无论是源于农业特性而主张家庭经营的天然合理性，还是基于分散化与小规模经营而认为小农经济已经过时，均忽视了小农参与社会化分工的可能性。必须强调，不能简单地将家庭经营视同于小农经营，因为它既可以通过扩大土地规模走向规模经营，也可以发挥其比较优势参与农业分工而成为现代农业发展的积极因素与重要组织资源。

（3）由"人动"带动"地动"进而带来"钱动"，并非中国农业要素市场发育的一致性路径。"人动"引发的农业劳动力弱质化、"地动"面临的禀赋效应及由农地确权带来的流转抑制加剧、农业信贷可获性面临的约束，意味着三大要素很难互动与匹配。因此，有必要从开放的视角来推进农业要素市场的发育。其中，由农业生产性服务市场发育所表达的迂回投资，能够直接替代农户投资及其信贷约束，并有助于规避农地流转及其内含的高昂交易成本；由农业企业家与新型职业农民队伍所表达的人力资本投资，有助于促进农业管理的精细化、知识化、专业化与职业化。因此，崇州农业共营制及其所探索的土地股份合作社、职业经理人与生产性"服务超市"三大主体及其交易装置，有着重要的理论与政策启迪。

（4）农地产权安排及其稳定性有助于促进农地流转，但对规模农户的形成并不具有决定意义。"农地规模经营"仅仅是实现农业规模经济的方式之一。不仅如此，农地流转所内含的高昂交易成本，决定了农地规模经济的有限性。应该说，已有研究夸大农地流转及其规模经营的有效性。推进农业规模经营，应该关注四个维度的路径拓展，即从强调单一的土地要素转向多要素投入的均衡匹配；从仅关注生产成本拓展到交易成本；从关注规模经济的成本节约转向关注分工深化的报酬递增机制；从农地规模经营拓展到农业服务规模经营的多样化选择。农业规模经营的本质，在于将中国"小而全"的农户纳入分工经济范围，形成报酬递增的分工深化机制。其中，以经营权的产权细分及其交易为基础的农业服务规模经营，既能满足农户土地的身份财产性的权益诉求，又能增加产权交易匹配组合的选择空间，更有利于显著提升农业的外部规模经济性和分工效率。

（5）确保国家粮食安全，把中国人的饭碗牢牢端在自己手中，是中国农业发展的基本战略目标。种植结构的"非粮化"是在农户劳动力滞留在农业中和农业社会化服务发育滞后的情况下出现的，具有严格的情境依赖特征，因此，不宜过度夸大要素流动与结构调整引发的"非粮化"问题。农村劳动力的非农转移、地权稳定性的提高及农业机械使用程度的增加，均会诱导农户更倾向种植粮食作物，从而表现出种植结构的"趋粮化"。事实上，农户具有良好的自我适应能力。一方面，农户有能力发现市场机会而主动进行要素匹配与农业种植结构调整，如通过增加粮食作物的种植比例，从而主动利用社会分工的经济性；另一方面，农户主动地进行种植结构的调整与生产的专业化（如扩大粮食种植规模），通过更多地使用农业机械以实现对劳动的替代，能够有效地促进农业分工的深化。

（6）已有关于农业要素市场及其互动关系的研究，忽视农户卷入分工及农业社会化服务市场所具有的重要作用。试图在农业劳动力非农转移过程中推动农地流转，并不具有政策选择的必然性。在农地、劳动力、信贷等要素发育的过程中，农业分工及其外包服务是尤为值得重视的要素市场。其政策含义如下：第一，将农业家庭经营卷入分工，需要鼓励农户的专业化种植，在此基础上培养不同生产环节的外包服务经营主体；第二，改善农业生产布局的组织化，支持农户参与横向分工与连片种植，形成同向专业化；第三，构建区域性、多种类、多中心的具有适度交易半径的各类农业生产性服务交易平台；第四，农地规模经营与服务规模经营是实现农业规模经营的两条并行不悖的路径，从土地规模经营转向服务规模经营是现阶段顺应中国农业经营方式转型发展的重要路径。

第四篇
中国现代农业发展的政策支持体系和改革取向

第八章　现代农业发展的国家政策支持体系研究

第一节　背景介绍

一、研究背景

改革开放以来，虽然我国农业农村发展取得巨大成就，但我国农业现代化滞后于工业化、信息化和城镇化，农业农村已成为我国加快推进"四化同步"建设的短板。新时期，我国农业农村现代化面临着新形势和新挑战。

首先，从农业要素投入的角度来看，传统要素使用成本上升，现代要素投入不足。随着城镇化进程的快速推进，农业耕地面积在不断减少，水资源与环境的约束在不断加剧。随着我国劳动力市场进入"刘易斯拐点"，劳动力从无限供给转为结构性短缺，劳动力成本迅速上升。我国农村金融体系仍不够健全，大量农村金融需求仍得不到满足。我国农业基础设施、农业科研与技术等现代生产要素的投入仍然不足。

其次，从农业生产经营的角度来看，小农户与大市场矛盾突出，农业支持不足。尽管随着农村剩余劳动力不断转移及农地流转规模的不断扩大，专业大户、家庭农场、农民合作社等新型农业经营主体数量也在增加，但是小规模农业经营仍是我国农业的基本格局。不仅小农户仍然长期大量存在，新型经营主体经营规模扩大也面临基础设施落后、资源配置成本高企、经营能力有限、市场风险加大、社会环境不佳等多种约束，难以充分发挥规模效益。在多种农业经营主体并存的情况下，当前农业产业经营体系与产业体系已经无法满足农业发展的需要，亟须进行重构和优化。从发达国家的经验来看，现代农业是高成本、高补贴的农业，虽然我国出台了种粮直补、农资综合补贴、农机具购置补贴和农作物良种补贴等补贴政策，但是补贴的力度不够、效率也不高，急需优化调整并提升。

再次，从农产品市场的角度来看，我国农产品流通效率不高，农产品价格波动加剧。与产业组织化程度较高的工业品相比，农产品流通效率较低，无法有效实现农业生产与市场之间的信息沟通，难以满足消费者食品消费多元化下对农产品生产的需求。新阶段农产品价格的影响机制愈加复杂，农产品价格波动日益加剧，农产品市场价格稳定机制不完善。

最后，从农产品贸易的角度来看，农产品国际竞争力下降，农产品进口对国内产业冲击增强。受国内资源的约束，要保障国内粮食安全必须要充分利用国际市场。近些年来，受到气候变化、石油矿物能源价格、生物质能源发展政策及金融投机资本等因素的影响，国际市场波动性、不确定性和异质性加剧，同时，随着国内生产成本的不断上升，国内外农业基础竞争力的差距进一步拉大，未来利用国际资源和市场来保障国内粮食安全的难度加大。面对复杂严峻的形势，要实现农业现代化，必须尽快建立一个既符合国际规则，又符合我国国情、具有我国特色的现代农业政策支持体系。

2004年以来，中共中央根据"多予、少取、放活"的基本方针，出台了一系列旨在强化农业基础地位、促进农民增收和推动农村经济社会协调发展的政策，经过不断的探索和实践，这些政策收到了明显成效。然而针对我国农业在新时期面临的新形势、新挑战，需要对我国农业政策支持体系进行进一步完善。

第一是增加支持的总量。在新时期，我国已经进入工业化中后期，工业反哺农业有了良好的财政基础。根据加入WTO的承诺，我国农业支持政策还有较大的增长空间。

第二是优化农业支持政策目标。长期以来，农业政策的基本目标在不断发展变化，由单一的粮食与农产品供应保障逐步发展到粮食增产、农业增效、农民增收再到可持续发展，目标指向已经包含产品目标、收入目标和竞争力目标。随着新时代乡村振兴战略的确立，我国农业政策已经发展成为综合的农业农村政策，统领"三农"工作，政策目标开始呈现多元化趋势，包括粮食安全保障、农民与农村发展、环境保护与可持续、农业农村多功能拓展等。

第三是优化支持结构。由农业偏向的支持政策向农业农村兼顾的支持政策转变，农业支持政策内部也需要机构优化。在今后相当长的时期内，农业资源对农业生产的约束日益增强，种粮比较效益持续降低，增加农民收入、调动农民生产积极性难度越来越大，首先要加大对农业生产、农业科技创新、农业基础设施建设的支持力度，同时加强对农业产业链全过程的支持。另外，现代农业发展对农村金融和农业保险的需求非常迫切，必须加大对农村政策性信贷和政策性保险服务的支持补贴。其次要向新型农业经营主体发展支持倾斜。随着农村青壮年劳动力的大量转移，农村经营主体结构发生了很大变化，今后新增资金要向家庭农场、种养大户、社会化服务组织和包括新型集体经济组织在内的合作经济组织等新型经营主体倾斜。

第四是调整支持政策工具，完善支持办法。针对目前农业支持政策出现的定位不清、支持政策之间不协调的问题，要增强政策的针对性，协调好价格支持、生产者补贴、一般服务支持等多种工具的组合运用，建立和完善调整机制，建立农业财政、金融、价格和贸易政策统筹协调机制，不断优化和组合支持政策，并建立农业政策绩效评估和定期评价制度，提高支持政策的绩效。

二、研究目的与研究内容

（一）研究目的

本章将总结我国农业政策支持体系建设的发展历程，运用国际上成熟的农业政策支持体系框架，对我国农业支持政策结构进行定量刻画，从价格支持、生产者补贴和一般服务支持等维度把握国际发达国家农业支持政策走向，对我国农业支持政策进行国际比较与总体评价，并对部分重点政策进行深入剖析。结合现代经济社会发展形势，以及我国现代农业发展的需要，研究我国农业支持政策发展方向、政策体系优化和政策措施的优先序，为完善我国农业政策支持体系提供政策参考。

（二）研究内容

1. 总体研究框架

本章综合运用农业经济学、国际贸易学、发展经济学、公共政策学等学科的基本理论、原理和方法，借鉴国外相关研究的最新成果，构建一个我国农业政策支持体系系统性理论分析框架。图 8.1 中价格支持、农业补贴、一般服务为本章研究重点关注的问题。

2. 具体研究内容

1）中国农业支持政策现状及分析框架构建

这一部分旨在厘清我国农业支持政策体系发展脉络。总结改革开放以来不同发展阶段我国农业支持政策的重点及其演化逻辑；梳理我国农业支持政策管理部门分工及其职能演化过程；采取 OECD 农业支持政策框架，梳理我国农业支持政策并估算我国农业支持资金规模和结构变化；构建合理的农产品价格支持

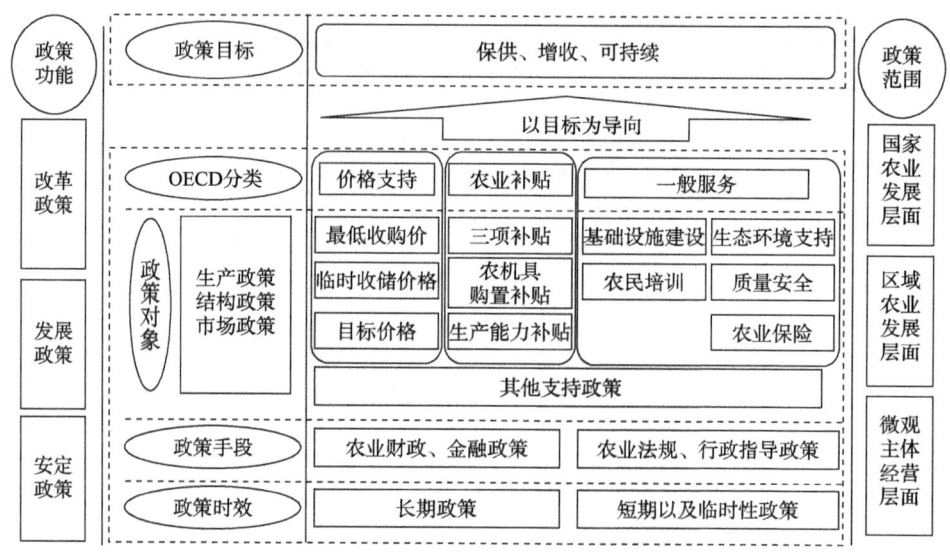

图 8.1 我国农业政策支持体系分析框架
三项补贴：粮食直补、良种补贴、农资综合补贴

政策分析框架。

2）农产品价格支持政策评估及优化

这一部分旨在评估我国农产品价格支持政策实施效果、存在的问题，以及相应的政策优化。在总结我国农产品价格支持政策演进过程的基础上，主要关注最低收购价、临时收储价格和目标价格制度改革的政策实施效果，尤其关注农产品最低收购价政策退出机制、农产品临时收储价格调整及其效应，探索农产品价格政策改革路径。

3）农业生产者补贴政策评估及优化

这一部分旨在评估我国农业生产者补贴政策的实施效果、存在的问题，以及相应的政策优化。在总结我国粮食直补、良种补贴、农资综合补贴、农机具购置补贴等农业生产者补贴政策演化的基础上，主要关注粮食直补、农资综合补贴、农机具购置补贴对农业生产和农民收入的影响，关注这些政策在实施中存在的问题，比较不同补贴政策的实施效果，提出相应的政策优化建议。

4）农业一般服务支持政策评估及优化

这一部分旨在评估我国农业一般服务支持政策的实施效果、存在的问题，以及相应的政策优化。在总结我国基础设施建设、农民培训、生态环境支持等一般服务支持政策演化的基础上，主要关注高标准农田建设、职业农民培训、生态环境等政策的实施效果、存在的问题，以及调整完善的政策优化建议。

5）农业政策支持体系的国际经验分析

这一部分旨在总结日本、韩国、美国、欧盟等国家和地区的农业政策支持体系发展经验，为我国农业支持政策优化完善提供参考。这里从支持政策项目、农业支持政策管理部门，以及农业支持政策资金规模等方面进行经验总结，归纳不同资源禀赋、不同经济发展水平国家的农业支持政策特征，以推演我国农业支持政策调整与优化方向。

6）农业支持政策设计及体系优化

这一部分旨于在比较不同政策的基础上，根据我国农业政策的目标指向，设计出合理有效的支持政策组合，并探索当前农业支持政策体系的优化路径。在对农产品价格支持、农业生产者补贴和农业一般服务支持政策效果评估的基础上进行比较分析，进而设计出最有利于实现政策目标的政策组合。以前瞻性模拟研究为基础，探索农业支持政策改革的有效路径。

第二节 中国农业支持政策变迁分析

一、中国农业支持政策变迁制度分析

（一）中国农业支持政策变迁历程

农业支持政策受到农业和非农业因素的影响，农业因素包括农业生产力与经营制度、农产品供求关系与市场制度等因素；非农业因素包括经济发展水平、工农利益关系、国家发展观念、国家经济体制等因素。因此，对农业支持政策演变的考察，可以从这些因素出发。在这个思想指导下，我们可以把已有代表性的文献分为以下三类。

第一类可以概括为利益与发展观念阶段论。朱四海（2005）认为，中华人民共和国成立以来的农业政策演变有两个基本线索，一是围绕国家利益与农民利益关系进行演变，农业政策的演变过程是一个利益的调整过程；二是透过政策调整、利益调整这一表象的执政者的发展理念和发展观，农业政策的演变是一个发展观的演变。相应地，中华人民共和国成立后到2005年的农业政策可以分为三个时期、四个阶段：一是传统时期（1953~1978年）：实行以"工农产品剪刀差"为主要特征的农业政策，奉行的是以工业化为中心、重工业优先发展的传统发展观。二是改革前期（1979~1993年）：实行以对城市居民价格补贴为主要内容的粮食补贴政策，奉行让一部分人、一部分地区先富起来，轻工业优先发展的非均衡发展观。三是改革后期（1994~2002年）：实行以农业保护为主要特征的农业政策，奉行经济社会共同进步、人与自然和谐共处的协调发展观。四是新时期（2003年开始）：实行以"取消农业税、反哺农业"为主要内容的农业政策，奉行以人为本，全面、协调、可持续的科学发展观。

第二类可以概括为经济体制阶段论。刘合光（2012）总结了中华人民共和国成立以来农业支持政策演变，按照对应的经济体制分为三个阶段，分别是"适应计划体制"阶段、"适应市场体制"阶段、"适应WTO规则"阶段，相应的时间节点是1978年改革开放和2001年加入WTO。不同的阶段，农业支持政策目标、内容、效果存在很大区别。在"适应计划体制"阶段，农业支持政策是为了农村公有制经济的建立和发展服务，农业服务于社会主义改造、社会主义建设、工业化积累和赶超型经济发展战略，具有计划性、被动性特点。在"适应市场体制"阶段，农业支持政策具有市场化、辅助性特点。政府对农业的支持投入有限，对农业的"取"大于"予"。在"适应WTO规则"阶段，我国农业支持政策具有反哺性、主导性、制度化特点，农业支持政策渐成体系。

第三类可以概括为农业发展阶段论。万宝瑞（2018）把改革开放40年的农业政策演变分为四个阶段，以1992年社会主义市场经济体制目标确立、1999年开始给农民减负、2012年底的十八大为节点。1978~1991年是从计划向市场转型期；1992~1998年是农村基本经营制度、农产品市场体系确立期；1999~2012年的农业政策以保护农业生产、支持农民增收、减轻农民负担和促进农业发展为主要特征；2013年以来是农业农村全面改革和支持时期。

基于上述的分析，本书根据政策背景、政策目标、政策手段等政策体制分析要素，将我国改革开放以来的农业支持政策阶段划分为三个阶段。

第一阶段是1978~2003年，政策环境是农产品总体面临供不应求状况，政策目标以"保供"为主。在政策工具中，价格政策主要是一系列的主要农产品计划价格管制，生产者补贴是以农业税为主的负面支持，一般服务支持是以农业综合开发、农业研发、检验检疫等为主的财政支持。

第二阶段是2004~2012年，政策环境是农民收入增长滞后，城乡收入存在一定的差距，政策目标是兼顾"保供、增收"。在政策工具中，价格政策主要是主要农产品的最低收购价和临时收储政策，生产者补贴一方面取消农业税，另一方面陆续出台粮食直补、良种补贴、农资综合补贴、农机具购置补贴等正面支持政策，一般服务支持更加丰富，涵盖良种推广示范、农业推广体系改革建设示范县项目、大型灌溉区连续配套建设与节水改造项目等。

第三阶段是2013年以来，政策环境是农产品供求结构性不平衡、农业竞争力不强、城乡仍然存在一定差距、生态环境压力大，政策目标为"保供、提效、增质、增收、可持续"。在政策工具中，价格政策由目标价格制度逐步替代临时收储政策，并通过降低最低收购价来减小市场扭曲带来的负面效应，生产者补贴政策在不断调整，以农业支持保护补贴或者耕地地力补贴代替粮食直补、良种补贴、农资综合补贴，并定向补贴新型农业经营主体，一般服务支持则以整合强化为主，并向农田基础设施、职业农民培训等领域倾斜。

（二）中国农业支持政策的特征

不同于欧美等国家和地区，中国经济社会取得的飞速发展与农业关系紧密，这也决定了中国农业本身具有较强的特殊性，而农业的本质特征也决定了中国农业国内支持政策的本质特征。

1. 中国农业支持是生计型支持

中国农业支持的目标对象是 6.7 亿生计型农业人口，而不是商业化的农场主。许多政策目标直接指向增加农民收入和改善农民生计。人均补贴水平还很低，2010 年农民人均获得的财政转移性收入为 453 元，仅为当年农民年均纯收入的 7.7%。此外，中国农业支持主要针对大宗农产品，目的是确保粮食安全和生计安全。中国特定产品支持仅针对关系粮食安全和农民生计的重要产品。而美国特定产品总量支持估计（aggregate measurement of support，AMS）除用于乳品、糖、小麦、大豆、牲畜、棉花和玉米外，2009 年还新增加葵花籽、菜籽油，以及果园、葡萄园和苗圃等果蔬类共计 25 种产品，范围非常广泛。

2. 中国农业支持是一种补偿性支持

中国二元经济结构特征显著，农业具有社会环境功能，这种功能具有正外部性和公益性，是以牺牲效率为代价的。因此，现阶段中国农业支持政策具有补偿性质，是对农业在二元结构下和特定阶段中为城镇化和工业化进程所作贡献和所牺牲的效率的弥补。

3. 中国农业支持不对国际贸易造成扭曲作用

这主要表现为两方面：一是从政策性质看，中国农业支持政策主要是绿箱政策和微量许可政策，对贸易没有或只有轻微扭曲作用；政策支持对象是生计型农民，按 WTO6.2 条款界定，中国的许多黄箱政策也不具有扭曲作用。二是从实际效果来看，中国农业支持政策重点是大宗农产品，而不是中国具有比较优势的蔬菜、水果等产品。中国在增加大宗农产品生产的同时，也逐步增加了大宗农产品进口，2011 年中国三大谷物全面净进口。加入 WTO 以来，中国由农产品净出口国转变为农产品净进口国，逆差额由 2005 年的 11.8 亿美元上升至 2010 年的 231.4 亿美元，增加 18.6 倍。

(三) 中国农业支持政策管理框架

中国农业支持政策庞杂且缺乏系统统计,难以直接入手。本书认为核算政府支持农业财政资金总量的逻辑起点在于明确中国有哪些部门涉及对农业的支持。在了解中国农业支持政策管理架构的基础上,找到支持政策的源头,才能够全面而准确地统计财政支农的资金总量。

2018 年机构改革之前,在中国,中央农村工作领导小组是中共中央领导农村工作、农业经济的议事协调机构,负责对农村、农业经济工作领域的重大问题做出决策,因此它是中国"三农"领域的最高决策机构,而政策的具体实施和财政资金的使用则由国务院组成部门及其下属机构完成。2013 年,中国进行了改革开放以来的第 6 次国务院政府机构改革,根据此次改革后的部门设置[①],本书对中央层面的涉农机构及相应职能进行整理,形成了中国农业支持政策管理框架(图 8.2)。目前,中国共有 15 个中央部门直接涉及对农业的支持,其中包括 11 个国务院组成部门(国家发展和改革委员会、财政部、农业部、教育部、科学技术部、人力资源和社会保障部、国土资源部、环境保护部、水利部、商务部和国家卫生和计划生育委员会)、3 个国务院直属机构(国家质量监督检验检疫总局、国家食品药品监督管理总局和国家林业局)和 1 个部委管理的国家局(国家粮食局,由国家发展和改革委员会管理)。围绕该框架图,本书对各部门和农业支持相关的职能做进一步的阐述。

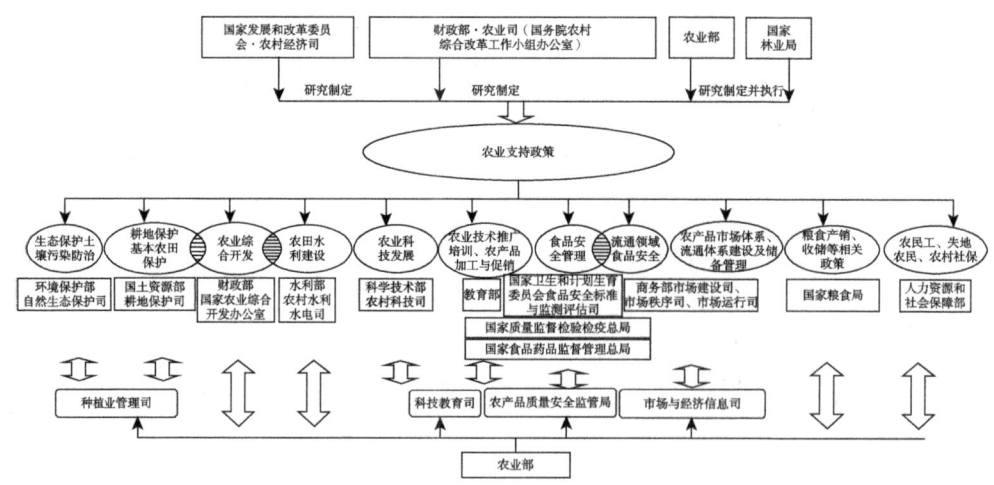

图 8.2 中国农业支持政策管理框架

资料来源:笔者根据各部委官方网站整理

---

① 具体的部门设置请参考国务院《国务院关于机构设置的通知》(国发〔2013〕14 号)及《国务院关于部委管理的国家局设置的通知》(国发〔2013〕15 号)。

如果谈广义的农业，涉及农林牧渔四个方面，中国有 4 个机构全面负责农业支持政策的研究制定和落实工作。其中农业部负责种植业、养殖业和渔业发展的支持政策，其政策覆盖范围很广；国家林业局主要负责林业发展的支持政策。除这两个完全是农口为主的部门以外，国家发展和改革委员会的农村经济司及财政部的农业司（国务院农村综合改革工作小组办公室）也直接负责农业支持政策的制定。前者偏重组织编制农业和农村经济发展等方面的中长期规划和年度指导性计划，重视农业的制度性建设；而后者在财政支农资金管理和分配上具有较大的话语权。

对于其他 11 个国务院组成部门，其职能更多是针对农业支持政策的某一个或几个方面，但有些部门之间的职能存在重合，不过各有侧重：①环境保护部的自然生态保护司负责生态保护、生物多样性、农村环境综合整治和农村土壤污染防治，制定生态保护和农村土壤污染防治政策、规划、法律、行政法规、部门规章、标准。②国土资源部的耕地保护司、财政部的国家农业综合开发办公室及水利部的农村水利水电司都针对我国农业基础设施建设和农业综合开发有相应的支持政策，只不过各有侧重。国土资源部侧重耕地保护和基本农田保护，财政部侧重中低产田改造和高标准农田的建设，而水利部侧重农田水利建设和农田灌溉排水工作，但对中国开展农业基础设施建设而言三部委之间的工作相辅相成，缺一不可。③科学技术部的农村科技司专门研究制定农业科技发展的相关支持政策，同时还要指导农业科技园区的有关工作。④教育部并没有直接分管农业相关工作的部门，但在教育部的财政支出中，农业技术推广培训及农产品加工与促销是重要的组成部分。⑤商务部的市场建设司、市场秩序司和市场运行司在农产品市场、流通体系建设及重要农产品储备管理上予以支持。国家粮食局作为国家发展和改革委员会管理的国家局，负责全国粮食的宏观调控，执行国家粮食产销、收储政策。⑥国家对农业的支持不仅仅体现在对农业本身，还体现在对农民的保障方面。人力资源和社会保障部针对农民工和失地农民有专门的政策，并重点关注农村养老保险政策。⑦在食品安全管理方面，涉及的机构最多，分别是国家卫生和计划生育委员会的食品安全标准与监测评估司、国家质量监督检验检疫总局、国家食品药品监督管理总局及商务部的市场秩序司，合计 4 个司局。国家卫生和计划生育委员会偏向食品安全标准的制定，国家质量监督检验检疫总局侧重出入境动植物检疫、进出口食品安全和认证认可、标准化等工作，国家食品药品监督管理总局侧重制定食品安全监督管理的法律法规并切实负责食品安全监管，而商务部主要负责食品流通过程中的安全工作尤其是追溯体系建设。从各部门的支农职能不难看出，中国的支农内容不仅仅限于农业本身，还涉及农村事务、农民生活、食品安全等多个方面，如果宽口径地谈论支农资金，可能会夸大对农业本身的支持。

从政策职能上看，以上 11 个国务院组成部门农业支持政策的职能设定和农业部相关司局的职能有相似之处。例如，农业部种植业管理司的职能和环境保护部、国土资源部在农业支持方面的职能有所对应；农业部科技教育司的职能和科学技术部、教育部在农业支持方面的职能有所对应；农业部监管司同样负责食品安全监管，不过其重点在初级的农产品上；农业部市场与经济信息司同样负责农产品的市场建设；等等。在某项具体政策的实施过程中，各部门之间是会形成合力还是各自为政、多头管理还很难说清，但已有学者研究发现，中国财政支农资金的管理体制并不完善（张韶华，2007）。

2018 年的中央和国家行政机构改革，加强了对农业支持政策的相关部门的整合。国家成立农业农村部，把原农业部除渔船检验和监管整理职责之外的部门都并入农业农村部，同时，把国家发展和改革委员会的农业投资项目、财政部的农业综合开发项目、国土资源部的农田整治项目、水利部的农田水利建设项目，也都并入农业农村部，并且农业农村部部长担任中央农村工作领导小组主任，对涉农部门进行了空前的合并调整，大大加强了农业农村部对农业支持政策的集中程度，随着中央和地方各级行政部门改革完善，将为新时代农业支持政策体系的优化调整提供重要的体制基础。

二、中国农业支持政策的量化方法

中国农业的特征决定了中国农业发展与农民生计、农村发展密不可分，农业支持政策与粮食安全、农村社会文化事业及农村基础设施建设等政策密不可分。中国用于"三农"的财政支出被统称为"财政支农"。"财政支农"政策涵盖的范围非常广泛，既包括对农业生产的支持和对农民收入的补贴，也包括用于农村科教文卫等社会事业发展的支出，还包括部分对大江大河的治理支出及对农村道路、林网、饮用水等基础设施建设的支出。在理论上可以比较容易地把 WTO《农业协议》界定的农业国内支持政策与其他"三农"政策严格区分开来，但在实践上比较困难，因为在"三农"支持政策下，许多政策和项目具有多种功能，许多综合支出也难以在不同政策类别间进行精准分摊。把"三农"支持政策等同于农业支持政策，将大大高估中国的农业支持水平。

（一）中国农业支持政策总体水平

中国农业为工业化和城镇化的发展做出了巨大贡献，不同的历史发展阶段，国家对农业的支持态度也不同。农业税取消后，中国农业尤其是粮食生产取得了辉煌的成就，国家对农业的支持政策起到了至关重要的作用，但是中国农业发展面临新的挑战，主要表现为农产品阶段性供过于求和供给不足并存。虽然过去长期实行城镇化、工业化优先战略，中国农业生产经营仍然面临小农生产方式的基本现实，虽然新型农业经营主体取得了较大发展，但面临很多困难。长期以来只追求农产品数量增长，忽视对乡村生态环境的重视，使得中国乡村生态环境问题日益突出，过度依靠资源投入的农业发展方式使得资源约束日益加剧。过去农业支持保护政策往往以问题为导向，忽视以目标为导向解决农业农村发展长期战略问题，中国农业保护支持政策体系仍在探索调整之中，缺乏完整的顶层设计。"三农"问题的解决离不开财政的支持，财政支农也是促进农业现代化的必要手段。

2015~2017年，根据OECD统计报告，中国农业政策支持水平较高，农业总支持水平占GDP的比重为2.3%，排在菲律宾的后面，位居世界第二（图8.3）。

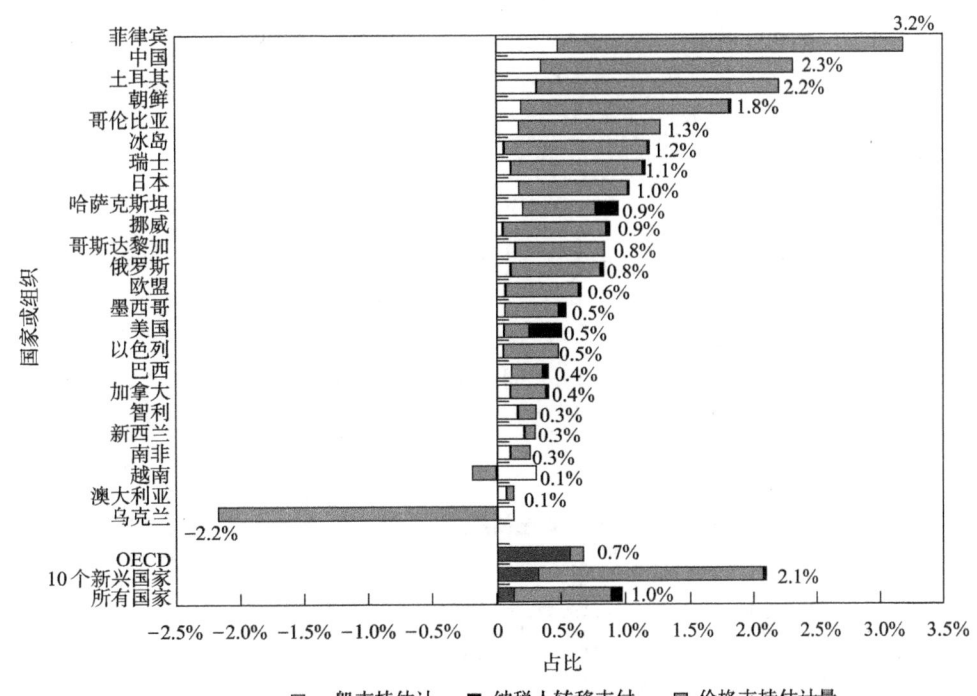

图8.3　2015~2017年主要国家或组织农业总支持占GDP比重变化图

资料来源：OECD农业支持数据库

在生产者支持方面（图8.4），2017年中国生产者支持占农民总收入的比重（14.02%）稍低于OECD国家平均水平，高于10个新兴国家的支持水平。

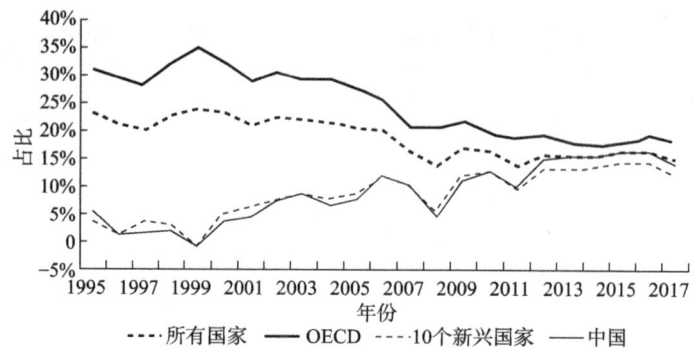

图 8.4 1995~2017 年主要国家生产者支持占农业总收入比重变化图
资料来源：OECD 农业支持数据库

在不同农产品之间，中国农业政策支持水平存在较大差异。图 8.5 显示，市场价格支持（market price support，MPS）依然占据总支持的主要内容，是单一商品转移（single commodity transfers，SCT）的主要政策选择。2014 年以来，基于产量的补贴持续增长，尤其是对棉花、大豆和玉米的补贴。除了鸡蛋生产者，其他农产品生产者均受益于高昂的价值转移和支持，占到 12%~52% 的商品收入。而 2015~2017 年，中国对棉花产品的价格支持占棉花产品收益的比重最高，超过了 52%，其次为糖、鲜奶，其中糖占 51%，鲜奶占 40% 左右；羊肉、禽肉、猪肉、牛肉和小牛肉的支持水平分别为 14.1%、13.3%、11.6% 和 13.0%，支持水平较高；油菜籽、大豆、水稻、玉米和小麦种植作物支持水平分别为 39.9%、21.4%、30.6%、25.4% 和 38.8%，种植作物支持水平相较肉类更高。而果蔬产品的价格支持相对较低，其中，对需要进口的水果蔬菜品种的价格支持为 12.9%。

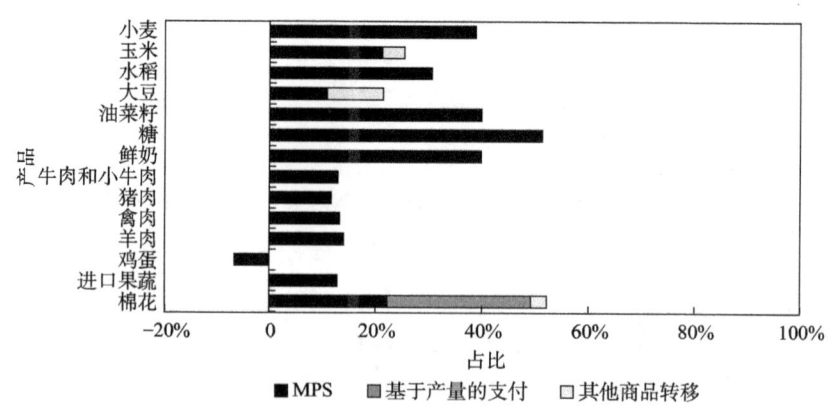

图 8.5 2015~2017 年中国不同品种 MPS 占农业总收入比重图
资料来源：OECD 农业支持数据库

在我国农业支持政策细分中，MPS 依然是主要支持手段，但是呈下降趋势（表 8.1），相反 2014 年以来基于种植面积补贴持续保持增长，在一般服务支持估计（general services support estimate，GSSE）中，公共收储支出、基础设施的新建与维护、农业知识与创新占据主要内容。

表 8.1　我国农业支持估计　　　　　　　单位：10^6 美元

指标	1995~1997 年	2015~2017 年	2015 年	2016 年	2017 年 ^{P}
农产品价值	239 511	1 385 814	1 391 103	1 369 369	1 396 971
MPS 产品价值所占份额	90.7	76.0	77.0	76.6	74.4
农产品消费价值	242 835	1 443 245	1 420 969	1 439 718	1 469 048
生产者支持估计	6 472	224 171	236 057	232 180	204 277
基于商品产量的补贴	2 013	167 510	180 241	172 116	150 173
MPS	2 013	163 029	175 862	167 801	145 425
基于产量的支付	0	4 480	4 378	4 315	4 747
基于投入要素使用的支付	3 832	23 335	25 566	23 375	21 064
基于可变投入要素使用的补贴	2 055	3 427	3 907	3 952	2 421
存在投入约束	0	0	0	0	0
基于固定资本形成	1 297	16 472	17 867	16 076	15 473
存在投入约束	0	0	0	0	0
基于农场服务	479	3 437	3 792	3 347	3 171
存在投入约束	0	0	0	0	0
基于当前的 A/AN/R/I，生产所需的付款	464	26 791	24 192	28 441	27 739
基于收款/收入	464	3 014	2 035	3 566	3 440
根据种植面积/动物数量	0	23 777	22 158	24 875	24 298
存在投入约束	0	0	0	0	0
基于非 A/AN/R/I 的付款，生产所需	0	0	0	0	0
基于非 A/AN/R/I，不需要生产的付款	164	4 164	3 439	5 576	3 477
可变支付率	0	0	0	0	0
商品例外	0	0	0	0	0
固定支付率	164	4 164	3 439	5 576	3 477
商品例外	0	0	0	0	0
基于非商品标准的付款	0	2 372	2 618	2 672	1 825
基于长期资源休养	0	2 372	2 618	2 672	1 825

续表

指标	1995~1997年	2015~2017年	2015年	2016年	2017年 P
基于特定的非商品产出	0	0	0	0	0
基于其他非商品标准	0	0	0	0	0
其他补贴	0	0	0	0	0
价格支持估计量的百分比	2.7%	15.5%	16.3%	16.2%	14.0%
生产者 NPC（coeff.）	1.00	1.14	1.15	1.14	1.11
生产者 NAC（coeff.）	1.03	1.18	1.19	1.19	1.16
一般服务支持估计	5 530	39 365	45 319	37 738	35 038
农业知识与创新系统	450	8 444	9 023	8 372	7 936
检查与控制	265	1 984	2 212	1 978	1 762
基础设施发展与维护	1 292	10 162	11 020	9 949	9 516
市场营销与促销	0	536	632	457	518
公共收储成本	3 523	18 239	22 431	16 981	15 305
其他	0	0	0	0	0
一般服务支持占TSE比重	45.1%	14.9%	16.1%	14.0%	14.6%
消费者支出估计	-2 193	-159 897	-172 608	-166 882	-140 200
消费者转移给生产者	-526	-151 282	-165 740	-158 945	-129 162
其他消费者转移	-1 191	-17 996	-20 256	-18 919	-14 813
由纳税人转移给消费者	252	0	0	0	0
超额饲料成本	-727	9 382	13 388	10 983	3 774
消费者支持的百分比	-0.9%	-11.1%	-12.1%	-11.6%	-9.5%
消费者 NPC（coeff.）	1.01	1.13	1.15	1.14	1.11
消费者 NAC（coeff.）	1.01	1.12	1.14	1.13	1.11
总支持估计	12 254	263 536	281 376	269 918	239 315
消费者转移	1 717	169 278	185 997	177 864	143 974
纳税人转移	11 728	112 254	115 635	110 973	110 153
预算收入	-1 191	-17 996	-20 256	-18 919	-14 813
TSE 占 GDP 的比重	1.4	2.3	2.6	2.4	2.0
GDP 平减指数（1995~1997=100）	100	182	178	180	187
汇率（national currency per USD）	8.34	6.56	6.28	6.64	6.76

注：P 是指预测的数据；NPC 表示名义保护系数（nominal protection coefficient）；NAC 表示名义补贴系数（nominal assistance coefficient）；TSE 表示农业支持总量（total support estimate）

资料来源：OECD 农业支持数据库

（二）中国农业支持政策种类及结构

21世纪以来，在彻底取消农业税、农业特产税、牧业税、屠宰税的基础上，在加强一般性公共服务的同时，逐步建立和完善了以四项补贴为核心的强农惠农政策，先后制定了稻谷、小麦的最低收购价制度及玉米、大豆、油菜籽等产品的临时收储政策，形成了与中国加入WTO承诺和WTO规则保持一致的农业支持政策体系，但是随着这一体系持续运行逐渐暴露出诸多问题。我国农业发展面临产品品质不高、农业经营规模不大、环境与生态压力大、支持政策效率不高等方面的问题，我国农业支持政策面临新的转型压力。十八大以来，政府在原有农业支持政策体系基础上对农业支持政策进行调整和改革，包括改革和调整农业补贴政策、建立以市场为导向的农产品价格形成机制、改革收储政策等。

1. 四项补贴政策

种粮直补。种粮直补政策于2004年开始实施，采取直接支付（direct payment, DP）的方式，大多省区市按照农村税费改革时核定的计税土地面积发放，与粮食实际种植面积等并无关联。2008年以来，补贴总额和补贴标准几乎不再调整，补贴总额一直维持在151亿元的水平。从实际操作看，种粮直补政策属于绿箱中不挂钩的直接支付措施。

农资综合补贴。农资综合补贴政策的目的是减少农资涨价对农民的影响，给予农民购买柴油、化肥、农药和农膜等农业生产资料补贴。实际操作中，各地在核定标准的基础上，采取了通过银行卡直接支付的方式。2006~2010年，农资综合补贴资金分别为120亿元、276亿元、716亿元、795亿元和835亿元。在2015年向WTO的通报中，农资综合补贴列为非特定产品AMS支持，但实际上越来越演化为不挂钩的收入支持。

农机具购置补贴。全国总体上继续执行30%的补贴比例。单机补贴最高不超过5万元，个别机械最高补贴可达12万元。补贴方式采用差价补贴，农民在购机时，只交纳扣除补贴金额后的差价款即可提货，补贴资金由财政部门统一与供货方结算。2004~2009年，中央财政累计安排农机具购置补贴资金达199.7亿元，带动地方投入71.9亿元。2010年预算安排154.9亿元。农机具购置补贴是投入品补贴措施，属于黄箱支持中的非特定产品AMS支持。

农作物良种补贴。农作物良种补贴的支付方式有直接补贴和差价购买两种。2009年起，水稻、小麦、玉米、棉花在全国实行良种补贴全覆盖；大豆在辽宁、吉林、黑龙江和内蒙古4省区实行良种补贴全覆盖；油菜籽在江苏、浙江、安徽等10个主产省及河南信阳、陕西汉中和安康地区实行全覆盖；青稞在四川、云南、西藏、甘肃和青海等省区的藏区实行全覆盖。2009年农作物良种补贴为192亿元，2010年预算安排达194亿元。通报中，农作物良种补贴政策属于黄箱支持中的特定产品AMS支持，但部分专家认为，农作物良种补贴政策是为鼓励农民使用优良农作物品种，加快优质良种推广步伐，具有农业技术推广性质的政策，可归入绿箱政策。

2016年4月财政部、农业部印发了《关于全面推开农业"三项补贴"改革工作的通知》，将农作物良种补贴、种粮农民直接补贴和农资综合补贴合并为农业支持保护补贴，政策目标是支持耕地地力保护和粮食适度规模经营。首先，支持耕地地力保护。三项补贴的对象原则上为拥有耕地承包权的种地农民。鼓励各地创新方式方法，以绿色生态为导向，提高农作物秸秆综合利用水平，引导农民综合采取秸秆还田、深松整地、减少化肥农药用量、施用有机肥等措施，切实加强农业生态资源保护，自觉提升耕地地力。其次，促进粮食适度规模经营。支持对象重点向种粮大户、家庭农场、农民合作社和农业社会化服务组织等新型经营主体倾斜，体现"谁多种粮食，就优先支持谁"的原则。

2. 粮食最低收购价政策

为保护种粮农民利益、保证粮食市场供应和保障国家粮食安全，国家对稻谷和小麦实施最低收购价政策。在最低收购价适用期间（一般为收获期），当粮食市场价格低于最低收购价格时，政策执行单位在相关产区按照最低收购价格挂牌收购农民交售的新粮；当市场价格高于最低收购价格时，则不启动或及时退出最低收购价格。2005年首次在南方籼稻产区启动该政策，截至2010年12月10日，累计收购3 617万t。小麦自2006年开始连续5年在主产区实施最低收购价政策，累计收购17 491万t。该政策对农产品市场价格进行了干预，因此是MPS措施，属于黄箱支持中的特定产品AMS支持。

2014年11月，财政部印发《关于大豆目标价格补贴的指导意见》，实施大豆目标价格改革，政府在东北三省（辽宁、吉林、黑龙江）和内蒙古进行大豆目标价格改革试点。大豆目标价格补贴是指在大豆价格主要由市场形成的基础上，国家事先确定能够保障农民获得基本收益的大豆目标价格，当大豆实际市场价格低于目标价格时，国家对农民进行补贴，当市场价格高于目标价格时，不启动补贴。2017年3月，政府在东北三省和内蒙古调整大豆目标价格政策，实行"市场化收购+补贴"机制，按照"市场化收购+生产者补贴"对大豆进行支持。

3. 临时收储政策

临时收储政策始于2008年，目的是在农产品价格大幅波动情况下，避免价格过低对农民收入和市场稳定造成严重影响。此政策与出于粮食安全目的储备相配合，覆盖稻谷、玉米、大豆、油菜籽、食糖、猪肉6个产品。由于这些产品中有的市场开放度高、进口量大，有的相对于产量的收储能力有限，临时收储政策实际的价格干预作用微小，主要起到了粮食安全储备作用。

粮油产品临时收储。中国从 2008 年开始对一些大宗农产品实施临时收储政策，目的是保障国内市场稳定和有效供给。2008~2009 年，累计收购稻谷 1 366 万 t、玉米 4 066 万 t、大豆 533 万 t、油菜籽 556 万 t。国家委托部分中央直属企业和地方企业，按照不低于国家确定的临时收储价格收购，企业自行销售，自负盈亏。粮油临时收储价格由国家根据市场价格而定，由执行主体负责收购和销售。中央仅支付"国家粮油储备利息费用及差价补贴"，因此是具有绿箱性质的为食物安全目的的公共储备措施。

食糖临时收储。主要目的是确保国内食糖市场稳定和有效供给。2005 年以后中国多次通过公开竞价方式收购白砂糖。2008 年临时收储价格为 3 500 元/t，第 1 批和第 2 批收储数量分别为 30 万 t 和 20 万 t；2009 年收储价格为 3 300 元/t，第 1 批和第 2 批收储数量分别为 50 万 t 和 30 万 t。中国收储糖的价格是当时的市场实际价格，且中共中央仅支付"国家储备糖利息费用补贴"，是具有绿箱属性的为食物安全目的的公共储备措施。

猪肉临时收储。2008 年，国内生猪价格大幅下跌，使得养猪农户利益损失巨大，引起社会广泛重视。由于中央全部的储备能力不到 100 万 t，寄希望于地方商业收储发挥更大作用。政府采取银行贷款、财政贴息等方式鼓励企业收储。中央猪肉储备由政府制订和下达储备计划，猪肉商业储备由储备企业自负盈亏，财政负责贷款利息费用补贴等，因此是具有绿箱性质的为食物安全目的的公共储备措施。

2015 年 10 月，政府出台《中共中央国务院关于推进价格机制改革的若干意见》，提出完善农产品价格形成机制。注重发挥市场形成价格的作用。改革完善玉米收储制度。2016 年，政府在内蒙古和东北三省按照"市场定价、价补分离"的原则，将以往的玉米临时收储政策调整为"市场化收购+补贴"的机制。玉米价格由市场形成，供求关系依靠市场调节，生产者随行就市出售玉米，鼓励各类市场主体自主入市收购。同时，政府实施玉米生产者补贴政策，对玉米生产者给予一定的直接补贴，保障玉米种植者的基本收益。

4. 广义的农业支持政策

除了对农业的直接支持，中国广义的农业支持政策中仍有较大部分是对农村和农民的支持，虽然该部分和农业并不直接相关，但"三农"之间的联动性使得这项支出对中国农业的发展有重要的意义。中国对农村、农民的财政支出包括八个大项，主要涉及教育、社会保障、医疗、节能环保、农林水、住房保障等几个方面。其中，对农林水、农村社保（新农保）和农村医疗（新农合）的财政支出是最多的，2010~2015 年，三项支出合计占全国对农村和农民财政支持总量的比重一直都在 80%以上，至 2015 年已接近 90%。在农林水支出方面，农村综合改革的财政支出分量最重，6 年的时间翻了一番多，2015 年已超过了 1 400 亿元，此外国家在农村扶贫上有较大的投入。农林水支出中对农村和农民的财政支持总量占全国对农村和农民财政支持总量的比重始终在 30%以上。新农合应该是单项支出最大的子项目，6 年时间增加了近两倍，2015 年已超过 3 000 亿元；新农保的资金总量虽然没有新农合多，但其增长的速度较快，6 年翻了近 6 番，这足以看出国家对新农保和新农合的重视程度。除这三项主要的支出外，国家对农村教育、电网建设、环境保护、住房等方面投入也较多且后两项的支出总量呈现明显的上升趋势。在所有的支出项目中，只有农村电网建设的资金是以中央本级为主，占到全部资金的 80%以上。

三、财政部、WTO 和 OECD 框架下的农业支持水平测度

我们虽然采用了 OECD 框架下的统计口径分析了中国农业支持政策水平及其结构变化特征，但是，我们应该注意到农业支持政策水平的测量并不是一件容易的事情，之所以采用 OECD 的口径，是因为这个口径是迄今为止国别之间最可比较的测量方法。除了 OECD 框架下的统计口径，还有 WTO 的统计口径和各国财政部的统计口径。表 8.2 为这三种统计口径的比较。

表 8.2　财政部、WTO 和 OECD 框架下的农业支持水平比较

指标	优点	缺点	关系
财政部	数据权威可靠；数据公布较快	难以进行跨国比较；难以判断对农业的实际支持；难以区分对资源配置的扭曲	为 OECD 和 WTO 数据中的农业补贴、一般服务支持和绿箱政策数据提供基础数据
OECD	可以进行跨国比较；可以估计政策及非政策因素对农业的综合支持结果，以及对资源扭曲的综合效应；数据更新快	严格的"一价定律"假设；政策与非政策因素难以分离；外推法的局限	财政部数据+农产品国内外差价与产量数据
WTO	可以进行跨国比较；可以判断政策带来的资源配置扭曲程度	计算方法并不统一；政策属性认定存在争议；数据更新慢	财政部数据+有实际价格干预农产品的国内价格与基准价格、产量与收购量数据

资料来源：笔者整理

从表 8.2 可以看出，如果没有财政部公布的数据，OECD 和 WTO 数据就无法统计，只能估计；由于各国的经济活动和财政制度的差异，财政部的统计口径差别很大，因此，财政部数据是难以用于国际比较的。同时，由于财政部数据仅仅反映财政支出，而不能反映其支出的影响，故无法用于政策效应比较，尤其是对经济活动可能影响的判断。由于 WTO 数据会直接影响到各国农业政策评价，关系到一国是否遵守 WTO 规则，故这个数据容易受到政治因素的影响，其中对绿

箱、黄箱政策的界定也存在争议。相比之下，OECD 数据虽然有国际影响，但是对一个政策并没有直接约束作用且数据由第三方提供，在国际农业支持政策比较中具有一定的现实意义。

不过，我们也要清楚 OECD 数据存在的一些局限性。本书把 OECD 框架对农业支持政策估计方法存在的问题归结为以下几个脱离现实的假定，分别是不考虑国内外交易成本、不考虑产品品质、不考虑货币因素、不考虑净进口关税效应、不考虑突发事件的影响。下面将分析现实中这些因素的影响及其在 OECD 数据中可能的误导。一是国内交易成本效应，即国内外交易成本的波动都会影响国内外农产品价差（这是影响 MPS 的重要因素），因此可能的误导是对农业基础设施的改善引起的交易成本下降，这应该是对农业的支持，但是在 OECD 数据中则表现为国内外价差的减少，在国内价格高于国际价格的情况下，降低了农业支持水平。二是国际交易成本效应，即国际海运成本会影响农产品运输成本和边境价格，进而影响国内外价差，这样导致的误导是一个农业支持政策虽然没有变化，但是国际油价下跌引起的边境价格下降，在 OECD 数据中会表现为农业支持水平的提高。三是品质效应，即国内产品和进口产品因为品质有差异，会影响国内外价差，因此，进口更高品质且更高价的农产品，在 OECD 数据中会表现为农业支持水平的下降。四是货币效应，即国内货币供应量变化引起物价和汇率的变化，会影响国内外价差，因此，一个国家本币升值会降低以本币计算的边境价格，在 OECD 数据中会表现为农业支持水平的提高。五是净进口关税效应，即产品从净出口变为净进口，使得进口关税发挥作用，会影响国内外价格，因此，某些农产品由净进口变为净出口，在 OECD 数据中会表现为农业支持水平的提高。六是突发效应，即战争、灾害、经济危机等突发事件引起的农产品国际价格大幅波动，会影响国内外价差变化，因此，即使一国农业政策不发生任何变化，突发事件引起的国际农产品价格也会下跌，会导致在 OECD 数据中显示农业支持水平提高。综上分析，我们看到国内外价差对 OECD 数据的影响很大，影响国际农产品价格的非农业政策因素，都会引起农业支持水平的变化。

WTO 框架下的农业支持水平统计则避免了 OECD 数据存在的上述问题。WTO 数据中，国内外价差是以本币标价的当年价格与参考价格之差，而参考价格是在一国加入 WTO 时就确定的且以本币标价，并且只考虑有实际价格支持政策的品种。因此，汇率变动并不影响价差，但是会影响进口规模，进而影响国内保护价格收购量。突发事件引起的国际农产品价格波动并不影响价差，但是会影响进口规模。从净出口国变为净进口国，外部参考价格由基期离岸价格转变为基期到岸价格，外部参考价格上升。品质效应、国内国际交易成本效应也都不存在，但是，WTO 框架存在对 MPS 产品选取、补贴政策属性判断等方面的争议且公布时间严重滞后。作为国家之间的法律效应指标，WTO 数据应该是政策制定者最为关注的。

根据 Klaus 和 Josling（2014）的比较分析框架，本书利用中国 2010 年 OECD 数据和 WTO 数据进行对比，见表 8.3。

表 8.3　WTO 与 OECD 框架比较：以中国 2010 年数据为例　单位：×10^6 元

政策类型	OECD/WTO	AMS 市场价格支持	AMS 非豁免直接补贴	绿箱支持	两者差异	合计
A1	MPS	1 433			680 057	681 490
A2	产出补贴					0
B1	可变投入品使用		11 188			11 188
B2	固定资本形成		16 736	41 204		57 940
B3	农场服务			18 267		18 267
C	当前 A/An/R/I，生产要求		93 862	23 908		117 770
D	非当前 A/An/R/I，生产要求					0
E	非当前 A/An/R/I，无生产要求			10 205		10 205
F	非商品标准			23 699		23 699
G	其他补贴					0
H	研发支持			19 633		19 633
I	农业教育			22 998		22 998
J	检验检疫			10 507		10 507
K	基础设施建设与维护			43 525		43 525
L	市场营销与促销			3 359		3 359
M	公共储备成本			46 643		46 643
N	其他一般服务支持					0
Q1	从纳税者向消费者的商品转移支付					0
Q2	从纳税者向消费者的非商品转移支付					0
两者差异			−650	270 686		
WTO 数据合计		1 433	121 136	534 632	680 057	1 067 222

表 8.3 显示，OECD 和 WTO 框架中的 MPS 数据只有 14.33 亿元是一致的，OECD 框架中另外 6 814.9 亿元的 MPS 在 WTO 框架中并不存在，而这个数据恰恰是按照 OECD 口径计算中国农业支持水平提高的主要原因。WTO 框架中的绿箱数据中，有近一半（2 706.86 亿元）在 OECD 框架中并不存在，这里面主要包括促进农民增收等系列与农业没有直接关系的指标。由于对生产者补贴归属绿箱还是黄箱的判断存在差异，WTO 框架的非豁免直接补贴与 OECD 的生产者补贴数据并不完全一致，这是 OECD 数据与 WTO 数据不能直接比较的又一个重要原因。因此，Klaus 和 Josling（2014）指出，在进行比较分析时，一定要理解具体政策的实际内容，而不能仅仅从名称来判断。

四、乡村振兴战略下的农业支持政策优化设计

十九大提出乡村振兴战略[①]，以实现农业农村现代化。因此，直观地看，农业支持政策不能仅仅停留在产业政策层面，而要与区域政策、福利政策和环境政策等结合起来。考虑到乡村振兴战略在我国"三农"工作中的重要纲领地位，农业支持政策应该在乡村振兴战略的目标下进行优化，具体包括以下几个方面。

第一，农业支持政策要从问题导向转为目标导向。从过去的农业支持政策的变迁可以看出，不管是最低收购价政策、农业补贴政策，还是农业基础设施等一般服务支持政策，都是问题导向的，政策由现实问题的出现而出台，也由问题的解决或者转移而停止或者调整，并且不同政策之间缺乏耦合，政策系统性不强。在新时代乡村振兴战略指引下，农业支持政策需要改变问题导向为目标导向，按照乡村振兴战略目标要求，多予少取放活、越来越突出市场机制，科学设计出既符合国情又不违反国际规则的政策支持体系，提高农业竞争力和附加值，促进农业农村可持续发展，实现乡村振兴。

第二，农业支持政策要从生产环节扩大到产前、产中、产后等全产业链。乡村振兴战略要求产业兴旺的主要方式是农村一二三产业融合，需要通过产前、产后来带动产中、带动农民。因此，农业支持政策需要在支持农业生产的基础上，进一步加大对产前的科研、土地、农业基础设施、金融、保险、劳动等多方面的支持，也要进一步加强对产后加工、流通环节的支持，尤其是加强对粮食作物产后干燥处理环节的支持，以及果蔬园艺作物产后商品化处理环节的支持，进一步加强对农产品流通市场、农产品品牌和农产品电子商务中公共产品属性领域提供

[①] 习近平. 决胜全面建成小康社会 夺取新时代中国特色社会主义伟大胜利——在中国共产党第十九次全国代表大会上的报告[R]. http://cpc.people.com.cn/19th/n1/2017/1027/c414395-29613458.html?from=groupmessage&isappinstalled=0，2017-10-28.

的支持。

第三，农业支持政策要对小农支持。乡村振兴战略的实施虽然有政府部门、企业、社会团体等参与，但是其主体是农民，是千家万户的小农。农业支持政策虽然要照顾到农业企业等规模化经营主体，但是重心是支持小农。一方面，支持小农经营；另一方面，支持以小农为主体建立的合作经营和集体经营。为了不扭曲企业经营激励，对企业等规模化经营主体应该采取一次性支持，之后则是公平的市场竞争。为了避免给市场带来扭曲，对小农的支持应该利用市场化的手段，即通过提供公共产品和保险的手段，关注农业经营中的公共产品，利用保险产品来降低小农的经营风险和收入风险，政府要把有限的财政资金用于有公共属性的公共产品上面。

第四，农业支持政策需要扩展到农业农村支持政策。乡村振兴战略要求乡村生态宜居、乡风文明、治理有效，可见乡村振兴的主战场是农村，从发达国家的经验来看，农业支持政策和农村支持（发展）政策是密不可分的。因此，仅有农业支持政策是不够的，还需要农村支持政策，支持乡村生态环境建设、提供乡村公共产品、完善乡村治理、提升乡村文化建设，以及缩小城乡居民差距的农村居民福利政策。从 WTO 农业支持分类来看，农村支持政策大多属于绿箱政策，不受 WTO 规则约束，因此有很大的政策空间。

第三节 中国粮食价格支持政策分析

一、中国粮食价格支持政策变迁分析

农业是国家的根本，农民是国家的根基，农民的稳定关系到我国的长久发展，农产品价格的高低是衡量农民收入的重要标准。我国颁布的中央一号文件连续多年聚焦"三农"，中共中央把"推进农业供给侧结构性改革"作为农业农村工作的主线。从 2004 年国务院颁布的 17 号文开始，国家放开粮食市场，对稻谷、小麦实行最低收购价，即在这两种作物播种之前，中央公布收获时的最低收购价，在收获后按照该价格敞开收购。粮食实行托市购销，标志着我国农产品价格购销两头全面放开，形成了一套新的农产品市场调控体系。为应对国际农产品市场价格大幅下降的冲击，2008 年起对玉米、大豆、油菜籽等农产品实行临时收储政策。

总的来看，自 2004 年实施最低收购价政策以来，扭转了 2000~2003 年粮食总产量连续 4 年下滑的局面，2004 年我国粮食产量突破 10 000 亿斤（1 斤=

0.5kg)大关,比 2003 年增长了 23%,并出现了从 2004 年起粮食生产已连续 11 年增产的喜人局面,2015 年达到 12 428.7 亿斤。最低收购价的制定初衷是提高我国粮食的产量,满足我国日益增长的粮食需求,所以在最初几年粮食的大增产达到了政策制定的目的,即粮食呈现出稳步发展的态势,提高了粮食综合生产能力。国家库存越来越充裕,掌握了充足的优质粮源,奠定了宏观调控坚实的物质基础,大大增强国家在粮食市场供求方面的宏观调控能力。而在经济社会的不断发展过程中,国家越来越看重粮食发展的效益问题,由粮食的基本数量追求发展到了数量、品种、质量的多方位追求。因此,我国提出了农业领域的供给侧结构性改革,追求的是提高农业供给体系质量和效率,保证农产品供给数量充足、品种和质量契合消费者需要,进而真正形成结构合理、保障有力的农产品有效供给。

此外,长期的"托市收购"带来多方面的不利影响。连续多年实施的价格支持政策干扰了市场价格形成机制,扰乱了市场的资源配置机制,部分农产品供需结构严重失衡,且持续上升的农产品支持价格导致国内价格高于国际市场价格,产生了国内外农产品价格倒挂的现象,严重削弱了我国农产品国际竞争力(黄季焜等,2015;仇焕广等,2015)。我国农产品价格面对国内农业生产成本提高、政策效率损失严重等危机的同时,还受到国际进口农产品价格下跌、国际汇率变动等因素影响。最低收购价和临时收储这两项"托市"政策无疑对保护农民利益和稳定市场起到了重要作用(贺伟,2010;王士海和李先德,2013),但多年的"托市"政策干扰了市场的价格形成机制,削弱了农产品的市场竞争力(徐志刚等,2010)。不断抬高的农产品价格也提高了下游加工业的生产成本,不少加工企业出现开工不足和工人失业现象(徐志刚等,2010;贺伟,2010),农产品价格政策面临国际市场价格的压力而难以为继(黄季焜,2014),种种原因促使我国原有的农产品价格的相关政策不能保障农产品市场的稳定运行。

(一)国内外农产品的价格倒挂及波动

2015 年之前的十多年间,一方面,我国农产品国内价格普遍低于进口到岸完税价格,有提价的空间;另一方面,国内外农产品价格走势基本一致且价差基本控制在10%之内。因此,一直采取不断提高粮食最低收购价和重要农产品临时收储价政策,并以此促进农业增产、农民增收。2008~2015 年,我国的农产品成本以平均每年 10%的速度上升,2008 年以来,我国主要粮食最低收购价一直呈现只升不降"刚性"上升趋势。而国外农产品的价格水平日趋下降和国内最低收购价不断提高,国内外农产品的内在价差越拉越大,人民币持续升值、我国粮食生产连年丰收、国际市场农产品价格不断下降,导致国内农产品价格与国际农产品价格出现倒挂现象,国内农产品出口愈发困难。

1. 国际农产品价格变动趋势及原因

2007~2016 年，国际农产品价格变化可分成 4 个阶段（图 8.6）：一是暴涨期，指 2007 年初至 2008 年中期，主要农产品价格迅速攀升至最高点；二是暴跌期，指 2008 年中期至 2009 年初，农产品市场价格呈现"断崖式"下跌；三是反弹期，指 2009 年初至 2011 年，国际农产品价格触底反弹；四是下行期，指 2011~2016 年，价格呈现波动下行趋势。

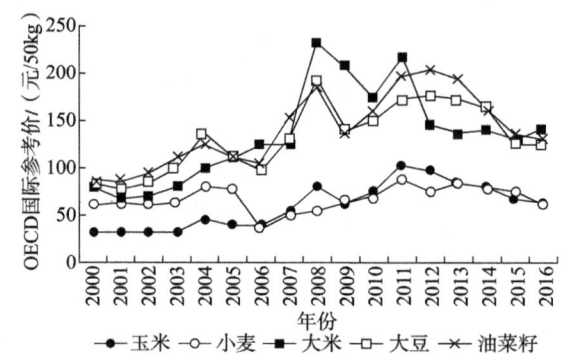

图 8.6　2000~2016 年玉米、小麦、大米、大豆、油菜籽 OECD 国际参考价
资料来源：OECD 农业政策数据库

本书根据 OECD 中各主要农产品数据库的数据整理得到图 8.6，即 OECD 国际参考价的走势，具体表现如下：以国际农产品价格走势图判断，在 2008 年、2011 年皆出现高峰，2004~2011 年，玉米、小麦、大米、大豆、油菜籽的价格涨幅分别为 145.82%、20.32%、292.25%、95.66%、186.34%、2011~2016 年，国际农产品价格呈现下降且波动幅度变小的趋势，5 年间的跌幅分别为玉米 145.08%、小麦 57.02%、大米 9.11%、大豆 209.29%、油菜籽 294.29%。国际主要农产品价格在 2003~2016 年经历了两次较大波峰。第一次是 2007~2008 年，第二次是 2010~2012 年。可见，国际农产品价格经历先上升后下降最终趋于稳定的态势。

2007 年初至 2008 年中期价格暴涨主要受供需失衡、原油价格高位运行、投机资本炒作、农业生产资料成本上涨等因素影响。2008 年下半年国际金融危机爆发导致国际主要农产品价格进入短暂调整周期，美元指数大幅攀升。美元升值导致以美元结算的国际大宗商品价格随之下跌。2008 年 12 月美元指数平均值较 7 月上涨 14.4%，助推农产品价格"断崖式"下跌。

2008 年国际金融危机后，全球经济缓慢复苏，经历了两年的调整恢复，石油价格平稳上升，在各国支持政策的推动下，生物能源又进入快速发展时期。2010 年美国生物乙醇产量高达 130 亿加仑，消费玉米 1.2 亿 t，占同期世界玉米消费总量的 64%。在美国量化宽松政策和低利率政策的影响下，美元贬值加剧，导致了以美元结算的国际农产品价格上涨。

2014 年，在全球经济增速放缓、欧债危机加剧、国际农产品市场需求低迷、美元大幅度升值等综合因素影响下，主要农产品价格较之前一年明显回落，并一直保持下降态势。在全球经济一体化趋势加强的形势下，国际农产品价格波动，一国的经济影响尤为显著。

2. 国内外农产品价格的倒挂形势

据农业部市场与经济信息司监测，玉米、大米和小麦分别于 2013 年 6 月和 7 月开始出现持续性价格倒挂，已经持续性顶破第一层"天花板"，分时点也已顶破第二层"天花板"，配额内 1%关税到岸税后价持续高于国内市场价。一方面，国际农产品价格在 2008 年前一直呈上升趋势，但 2008~2011 年出现了短期上升，之后一直保持下降状态。另一方面，稻谷、小麦和大豆这三种农产品国内平均价格在 2010 年开始超过国际市场的离岸价格，到 2013 年已经全面超过配额内进口农产品的完税价格。2008~2016 年，早籼稻、中晚籼稻、粳稻、混合麦的最低收购价分别提高了 77.33%、81.58%、96.20%、68.57%。将已有的 2000~2016 年 OECD 的国内农产品生产价格与 OECD 国际参考价相减，得到国内外农产品的价差，这里选取的农产品是油菜籽、大豆、大米、小麦、玉米，绘制成图 8.7。可以清晰地看出：一是整体上 5 种农产品的国内外价差变动走向基本一致；二是具体到每个时段来看，2000~2007 年及 2008~2011 年两个时段，价差呈现整体上升趋势且国内农产品价格大都高于国际农产品价格，2007~2008 年，价差大幅降低为负值，说明国内农产品的生产价格低于 OECD 国际参考价，2010~2011 年，国内外价差同样降低但降低幅度小于 2007~2008 年的时段，2011 年之后，国内外价差大幅度上升。国内外农产品价格倒挂的现象不容小觑。

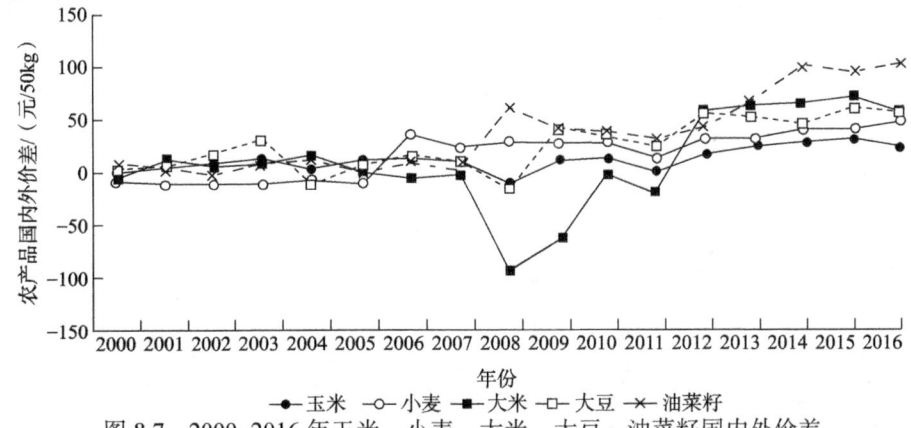

图 8.7　2000~2016 年玉米、小麦、大米、大豆、油菜籽国内外价差
资料来源：笔者整理

2004~2016 年，我国玉米、小麦、大米、大豆、油菜籽的国内生产价格分别增长了 75.40%、47.12%、70.84%、44.97%、70.98%，OECD 国际参考价分别增长了 38.29%、-24.01%、40.27%、-7.94%、4.56%。生产价格的提升提高了农民生产粮食的积极性，即促进了我国粮食的增收增产，保障了农民利益，促进了农产品市场的稳定运行，为我国国民经济发展奠定了坚实的基础。然而数据的对比不难发现，同一农产品的国内价格增长幅度远远小于 OECD 国际参考价、小麦大豆的国内价格变动方向甚至与 OECD 国际参考价变动方向相反。

临时收储政策始自 2007 年，初衷是对主产区玉米、大豆、棉花、食糖、油菜籽种植进行鼓励，保证国家粮食安全。但是，在国内农产品价格上升和国际粮食价格下降的双重作用下，加速形成了国内外农产品价格倒挂的现象。

(二) 国内农产品库存剧增及国家财政支出压力增大

最低收购价的持续上涨直接提高了农民种粮的积极性，农民种粮积极性的提高增加了粮食的产量及供给。按照经济学原理，供给适应整个价格变化规律，这一季的产量决定着下一季的价格，农产品的产量总是在最低收购价的波动中慢慢向前推进。然而，这个价格机制出来后，市场在惜售，农民会考虑春节前卖或者不卖，与此同时，一些加工企业、贸易商对农产品价格的走向没有一个很好的预期，是导致市场扭曲的主要原因。农产品价格和市场销售之间存在滞后效应；过高的收储价格抑制了需求，政策性价格高于市场价格，因此，每年的最低收购价的提价直接促成了粮食的大量增产，大量粮食进入国库，粮食只进不出。库存消费比是本期期末库存与本期消费量的比值，即库存消费比=本期期末库存/本期消费量。库存消费比下降，则表示供小于求，上升则表示供给充足。以玉米为例，2011 年之后，包括玉米在内的国际农产品价格大幅跳水，而中国玉米收储价格却逐年提升，使得国内库存不断堆积，玉米出现严重供给过剩，2008~2010 年，玉米库存消费比由 2008 年临时收储执行后一年内下降了约 8 个百分点，后两年基本维持不变，2010~2015 年玉米库存消费比不断增长，2015 年的库存消费比达到了历史最高值 129.583% (表 8.4)。我国玉米总供给从 2008 年的 2.043 8 亿 t，迅速提升到 2016 年的 4.684 9 亿 t。

表 8.4 玉米供需平衡表

年份	进口量/万 t	总供给/万 t	总消费/万 t	期末库存/万 t	库存消费比
2005	6	18 027	13 607	4 420	32.48%
2006	2	18 970	15 075	3 895	25.84%
2007	4	19 129	15 288	3 841	25.12%
2008	5	20 438	15 912	4 526	28.44%

续表

年份	进口量/万 t	总供给/万 t	总消费/万 t	期末库存/万 t	库存消费比
2009	130	21 052.7	17 420.1	3 632.6	20.85%
2010	100	21 457.6	17 985.0	3 472.6	19.31%
2011	522	23 272.9	17 988.0	5 284.9	29.38%
2012	275	26 957.2	19 518.0	7 439.18	38.114 5%
2013	327	30 662.0	18 762.6	11 899.5	63.421 2%
2014	552	35 193.2	17 761.3	17 431.9	98.145 7%
2015	317.42	42 749.4	18 620.4	24 128.9	129.583%
2016	220	46 849.0	21 110.0	25 738.9	121.928%

资料来源：布瑞克数据库

随着收购量的增加，大量粮食入库引起库存量积压，导致粮食保管费用增加、收购费用的财政补贴及高价收购又低价出库产生亏损、库存霉变的粮食潜亏给财政造成巨大压力。市场机构估计，截至2016年2月底，仅玉米品种的政策粮库存已达2.5亿t之巨，每年仅利息和仓储费用就高达500亿元，其中存储时间超过或即将超过3年的库存达7 000万t，面临陈化质变和存储安全等极大风险[①]。

二、粮食最低收购价政策效应分析

由于玉米是在农业供给侧结构性改革中去库存压力最大的粮食，故本书对玉米价格改革做政策效应分析。首先构建中国玉米市场局部均衡模型，模拟政策因素对玉米种植面积、供给和价格的影响。由于近十年中国几乎不出口玉米，无法有效构建玉米出口函数，故以下分析假定未来出口量仍保持为零。模型主要分为供给、需求、价格及进口等几个部分。总供给由玉米播种面积和单产等因素决定；需求包括深加工用、饲用、食用和种用需求量；价格由需求决定；进口量由国内外玉米市场价格决定；供需和库存变化满足市场出清原则。限于篇幅，这里只给出政策方案设定及其影响分析。

（一）政策模拟方案的基本设定

本书主要从玉米总库存和财政支出变化的角度，审视不同玉米生产支持政策

---

① 孙利荣. 东北临储玉米 2.5 亿吨陈化风险大 建议拍卖[N]. 中国青年网，http://news.youth.cn/gn/201603/t20160310_7726382.htm，2016-03-10.

的实施效果和问题。为了排除其他因素对玉米库存的影响，假定轮换玉米全部采用同品种等量轮换，在当期总储备规模不变的前提下实现轮换。玉米财政支出分为补贴支出、仓储支出和陈化粮处理损益三部分，补贴支出包括玉米良种补贴支出和亩均玉米生产者补贴支出；仓储支出由本年总库存量乘以单位收储成本获得，根据国务院发展研究中心程国强研究员的报告，中国玉米单位收储成本为252元/t，包括收购手续费50元/t，做囤费70元/t，保管费92元/t，资金利息100元/t；陈化粮处理损益由陈化粮轮换、陈化粮处理过程中过去收储价和当前销售价的价差导致：若过去收储价较高，价差为正，产生损失；若过去收储价较低，价差为负，产生盈利。除此以外，本书模拟了三种不同的改革政策，分别预测在不同政策影响下未来玉米供求、总库存和财政支出的变化，从而评价其政策效果。具体政策设定包括以下几个方面。

（1）恒定生产者补贴方案（以下简称方案一）：进口存在720万t的配额限制，一旦年末玉米总库存量低于总需求量的14%~18%（联合国粮食及农业组织标准），则下一年不再对配额外玉米征收高额关税，以进口量解决下一年供给不足的问题；本书选取国家粮油信息中心的数据，其根据2016年8月9日中央财政拨付的玉米生产者补贴资金，其中内蒙古自治区66.2515亿元、辽宁省45.7788亿元、吉林省72.6306亿元、黑龙江省115.7251亿元，而2016年东北三省及内蒙古自治区玉米播种面积为1 423.5万hm^2，在扣除10%的统筹资金后，计算得到实际补贴四省区平均为126元/亩，加上平均10元/亩的玉米良种补贴，合计为平均136元/亩。同时假定补贴政策对全国玉米种植产生同样的影响。

（2）递减生产者补贴方案（以下简称方案二）：《关于建立玉米生产者补贴制度的实施意见》提到，实际生产者补贴标准会根据上一年的种粮收益和种植面积进行微调，以达到减少财政负担、抛去财政包袱和调整种植结构的目标。由于实际文件中并未提及如何调整补贴标准，故方案二假设2016年的补贴标准为136元/亩，之后补贴标准逐年减少10元/亩，直到2027年实际补贴标准降为26元/亩。其他假设与方案一相同。

（3）直接收入补贴方案（以下简称方案三）：尽管临时收储政策的改革细则已经出台，但是生产者补贴和直接收入补贴的作用机制不完全相同，直接收入补贴重点是补偿调整种植结构地区的所有农户，生产者补贴重点是补偿种玉米的农户。而且，根据张照新和陈金强（2007）的研究结果，甄别非目标农户会大大增加政策的操作成本。因此方案三假设自2017年开始实行彻底价补分离的直接收入补贴，保持每年投入300亿元不变，财政支出不再和玉米价格挂钩。其他假设与方案一相同。

（二）预测结果与讨论

本书将模型参数及设定的外生数据值代入模型进行预测，并根据三个方案的供给、需求、供需关系及库存变化、价格及进口、财政支出五个部分进行综合比较。

1. 供给

到 2027 年玉米播种面积可能比 2014 年增加 91.4 万 hm^2，玉米单产在自然灾害维持正常频率的情形下，受生产投入、科技要素投入的增加及玉米低产田减少的影响，单产仍会有 10.239% 的增长。整体上，2027 年中国将比 2014 年增产 1 836 万 t 玉米。而《"镰刀弯"地区玉米结构调整规划（2016—2020 年）》提出，力争到 2020 年，"镰刀弯"地区玉米种植面积稳定在 1 亿亩，比目前减少 5 000 万亩以上，即 333.3 万 hm^2，折合减少玉米产量 2 100 万 t，该方案的玉米种植面积减少幅度没有达到改革预期。

到 2027 年玉米播种面积为 2014 年总播种面积的 93.41%，减少了 306.5 万 hm^2，调整种植结构的政策目的基本达到；玉米单产变动幅度和方案一类似，因此 2027 年玉米总供给量将比方案一少 2 200 万 t。

2016 年施行生产者补贴方案，完全价补分离的直接收入补贴方案在 2017 年实行。而农民生产决策又受前一年市场的影响，在 2017 年玉米播种面积减少的前提下，2018 年玉米播种面积又将大幅下降，到 2027 年玉米播种面积仍然比 2014 年少 663.2 万 hm^2，因此玉米国内总供给量比方案一少 4 173 万 t。

2. 需求

在方案一的预测中，中国玉米总需求量将持续增长，2027 年玉米总消费比 2014 年增加 8 898 万 t：食用需求量减少 201 万 t；种用需求量增加 3 万 t；深加工需求量增加 3 055 万 t，是增长最快的需求途径；饲用需求量增加 6 041 万 t，是最主要的需求途径。此时，本书的预测需求量低于现有的预测，主要是因为本书假设的国民经济、城镇化增长速率更低，加工业、饲料业玉米需求量的增长幅度低于现有预测。由于设定的政策只影响玉米供给，而种用玉米需求量占总需求量的比例较低，因此三个方案对需求量的预测结果接近一致。

3. 供需关系及库存变化

按照方案一的预测，见图 8.8，2020 年之前中国玉米需求持续低于总供给。尽管受到进口和抛售国家库存的影响，国家玉米总库存量仍然持续增加，收储压力逐年上升，到 2020 年底总库存量达到历史最高，之后收储压力逐年下降。到 2027 年末总库存量为 1.6 亿 t，仅为 2015 年末 2.5 亿 t 库存量的 64%，部分实现"去库存"目标，但是在玉米深加工和饲用产业不断发展的背景下，2027 年之后的中国玉米市场将维持供小于求的局面。

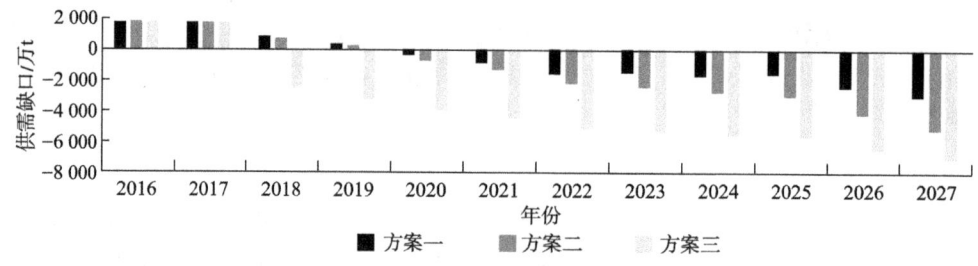

图 8.8 不同政策的供需缺口对比

在方案二的预测中，见图 8.9，自 2020 年起，玉米总需求量开始超过当年国内总供给，之后国家玉米总库存量逐年下降。到 2027 年底总库存降为 0.69 亿 t，仅为 2015 年 2.5 亿 t 库存量的 27.6%，已完成"去库存"的政策目标，仓储和粮食物流压力将得到缓解，但是如果不限制玉米深加工和饲用产业的发展，2027 年之后的中国玉米市场将维持供小于求的局面，未来玉米自给率将难以维持在 95%以上。

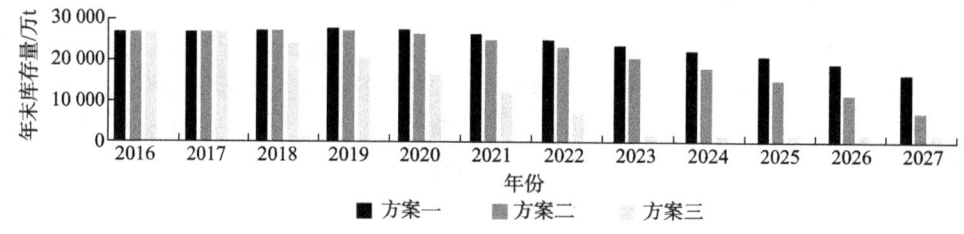

图 8.9 不同政策的年末库存量对比

按照方案三的预测，2018 年开始国内玉米总需求大于总供给，供需缺口逐年扩大，玉米总库存量不断减小。到 2024 年末总库存仅有 0.14 亿 t，不足当年需求量的 18%。如果不减少需求，只能通过增加进口以填补供需缺口。在该方案下，2024 年玉米进口量可能就达到 5 775 万 t，2027 年玉米进口量甚至可能达到 7 324 万 t，中国粮食自给率将降为 76%，大量进口玉米不仅影响世界玉米市场，还会影响中国粮食市场的稳定和粮食安全。

由于本书是以玉米总供给量持续增长时期为基础进行计算，模型参数在预测玉米需求时可能不能较好反映总供给下降的影响，故存在高估未来玉米总需求的可能性。尽管三个方案都可以实现"去库存"目标，但是方案三会产生严重的供需缺口，使中国玉米产业严重依赖国际市场。而方案一和方案二的 2027 年末玉米总库存量分别为当年需求量的 68%和 48%，如果要达到 40%的美国粮食储备标准，方案二可能更适合。

4. 价格及进口

在方案一的预测中,失去了临时收储价格的托市作用,玉米市场价格会在 2016 年、2017 年降低至 1 600 元/t 左右,低于当时 1 800 元/t 的国际市场价格。届时低价玉米可能刺激玉米深加工和饲料产业迅速扩张,大量增加的玉米需求量将导致玉米市场价格在 2018 年开始返升,到 2021 年国内市场价格又开始高于国际市场价格,2026 年国内市场价格重新回到 2 000 元/t 的高位。方案二和方案三对玉米价格的预测结果和方案一类似。

根据方案一的预测结果,深加工业出于盈利需要,会逐年增加进口量,所以 2026 年中国玉米进口量为 565 万 t,超过 2015 年的 473 万 t,到 2027 年国内外价格差距扩大,中国玉米进口量达到 720 万 t 的配额上限。如果未来玉米市场价格继续保持高水平,进口量将继续维持高位。而在方案三的预测中,2023 年的玉米进口量还是 191 万 t,到 2024 年由于严重的供需缺口,玉米进口量将骤增到 5 775 万 t,并将继续保持高速增长。

5. 财政支出

按照方案一,2016 年的财政负担达到 2 201 亿元:其中对玉米生产者的补贴仅为 413 亿元,到 2027 年生产者补贴支出为 416 亿元;仓储支出完全取决于当年玉米库存量,2016 年仓储支出 675 亿元,到 2027 年降至 447 亿元;轮换损益在 2016 年和 2017 年必须用当年产出的低价玉米置换过去高价收储的玉米,分别产生了 1 072 亿元和 693 亿元的财政损失,但在之后的十年里,轮换、销售库存玉米将存在盈利。总体而言,由于出售、轮换陈化粮的盈利及收储压力减小,到 2027 年中国玉米财政支出降至 757 亿元,低于 2015 年的 2 823 亿元和 2016 年的 2 201 亿元,实现减轻财政负担的目标。

如果施行方案二,到 2027 年生产者补贴支出为 92 亿元;仓储支出不断下降,到 2026 年减少为 233 亿元;陈化粮处理损益受制于更少的库存量,在同样预测期里产生的总盈利不如方案一。总体而言,到 2027 年中国玉米财政支出降至 269 亿元,远远低于 2015 年和 2016 年的财政支出,国家财政允许进一步调整。

按照方案三,2027 年补贴支出减少到 345 亿元,其中 300 亿元是恒定的农户收入补贴;由于几乎没有玉米库存,到 2027 年仓储支出快速减少到 37.77 亿元,陈化粮处理盈利接近 0。如果不考虑恒定的 300 亿元农户收入补贴,到 2027 年中国玉米财政支出只有 74 亿元,但是进口玉米数量日益扩大,成本必将转嫁给普通消费者。

中国实施任何农产品补贴政策,都需要符合 WTO 规定。现阶段中国对玉米的黄箱支持水平不能超过玉米总产值的 8.5%,在实际操作过程中,生产者补贴额度占用黄箱额度,直接收入补贴额度不占用黄箱额度。例如,2013 年中国玉米产值为 5 559 亿元，当年中国对玉米的黄箱支持水平上限为 472.52 亿元，其中良种补贴支出 78.63 亿元，价格支持政策占用 76.54 亿元，合计占用 155.17 亿元的黄箱额度，与上限相比仍存在 317.35 亿元的额度没有使用。因此，朱满德和程国强（2015）认为，现阶段中国黄箱支持水平远未达到 WTO 规定的上限。一旦按照本书设定的方案实施玉米收储改革，方案一每年占用的额度维持在 400 亿元左右；方案二每年占用的额度会从 2017 年的 359 亿元骤降至 2027 年的 92 亿元；方案三中仅玉米良种补贴每年会占用黄箱额度 45 亿元左右。而三个方案的预测结果均从侧面显示，未来中国玉米产值会逐年上升，据此判定占用的黄箱额度均低于 WTO 的配额上限，符合规定。

三个方案的总财政支出差距如表 8.5 所示。方案一和方案二相比，总财政支出多 2 076 亿元，补贴支出多 1 617 亿元，仓储支出多 615 亿元，陈化粮处理损失少 156 亿元。在玉米价格稳步回升的背景下，每年轮换、销售陈化粮的盈利额取决于库存量，但是这些盈利难以弥补仓储支出、补贴支出的增加，所以方案二的财政负担更低。方案三和方案二相比，每年都要恒定支出 300 亿元与玉米种植无关的收入补贴，总财政支出少 682 亿元，补贴支出多花费 1 160 亿元，仓储支出少 2 446 亿元，陈化粮处理损失多 604 亿元。如果单纯比较玉米相关的总财政支出，不考虑其他政策实施成本的情况下，方案三财政负担最低，但是，由于该方案无法全面衡量大量进口玉米对国民经济造成的损失，故实施方案二或许是减少财政负担比较稳妥的选择。

表 8.5 不同方案总财政支出对比（2016~2027 年） 单位：亿元

方案	总财政支出	补贴支出	仓储支出	陈化粮处理损失
方案一	11 502	4 238	6 718	545
方案二	9 426	2 621	6 103	701
方案三	8 744	3 781	3 657	1 305

注：以上数据已经换算到 2016 年的价格水平；陈化粮处理损益为负，说明存在盈利

三、粮食最低收购价改革思路

中国粮食价格改革的外部条件在不断改善，内部条件则需要通过加快新型农业经营体系构建等措施降低粮食生产成本，提高粮食生产竞争力。

粮食价格改革难度受到国内外粮食价差影响。价差越大，改革难度越高。国内外价差受到国际粮食价格、国际能源价格、人民币汇率、国内粮食生产成本等因素的影响。从国际粮食价格变化趋势来看，目前仍处于较低点。根据美国农业部 2017 年 11 月的研究分析，2018 年全球小麦与稻谷产量相比 2017 年有小幅下降，而全球需求仍在上升，因此，2018 年全球小麦和稻谷价格将缓慢上涨。国

际小麦和稻谷价格上涨有利于降低价格改革成本。从国际能源价格变化趋势来看，2016~2017年来国际原油价格有所回升。根据国际能源署等国际机构的判断，2018年国际原油价格将进一步提高，这将抬高国际粮食价格，并通过增加运输成本而提高粮食进口到岸完税后成本，进而缩小国内外粮食价差。在美国经济复苏和一系列产业支持政策刺激，以及美国联邦储备系统加息政策预期下，美元将进一步升值，这将在客观上缩小国内外粮食价差。在农地适度规模经营、农业机械化应用、农业社会化服务建设和农业科技推广共同作用下，国内粮食生产的物质与服务成本将下降，但是，随着土地流转带来的土地租金显性化，以及劳动雇用引起的劳动力成本显性化，粮食生产成本不降反升。非农土地价格和非农劳动报酬的上升，进一步增加了粮食生产的机会成本。

相比玉米加工的多样性，小麦和稻谷的加工途径有限，去库存难度要比玉米大，其价格改革也不可一蹴而就。针对中国当前的粮食产销形势，我们认为要以"逐步退出、量能分治、市场定价、价补分离、脱钩补贴"的思路来理顺粮食价格形成机制。

第一，粮食最低收购价改革应该采取两步走策略，逐步退出。第一步，在国内外粮食价差仍较大的情况下，逐步降低粮食最低收购价，同时，提高对农业经营者的收入补贴，并加快新型农业经营体系构建。第二步，当国内外价格基本趋于一致时，取消粮食最低收购价，完善农业经营者收入保险与粮食价格保险体系。

第二，要以补贴产能替代补贴产量。在农地"三权分置"改革下，要以经营权作为补贴对象，而不是承包权。这个改变对于非流转户没有影响。对于土地转入户，接受补贴既可以感受到国家的优惠政策，也可以激励他们去保护产能。虽然农地租金会反映补贴对象的变化，但是应对土地流出户利益变化不大。

第三，逐步提高耕地地力保护补贴水平。建议把之前用于粮食最低收购价的财政资金，扣除最优粮食储备经费之后，全部用于增加耕地地力保护补贴。

第四节　中国农业补贴政策分析

一、中国农业补贴政策变迁分析

粮食补贴政策起初是针对生产大米、小麦和玉米的农户。该政策包括四个部分：直接补贴、农资综合补贴、良种补贴和农机具购置补贴，而后面三种补贴被认为与粮食产量有关。基于最初设想，直接补贴有望提高农民的收入；农资综合补贴可以弥补高生产成本，如燃料和化肥价格的上升；良种补贴和农机具购置补贴分别是为了鼓励农户采用高品质的种子和提高生产效率。

表 8.6 报告了 2004~2012 年稳定增长的粮食补贴总额及构成。农资综合补贴的实施方案是 2006 年开始的，但在 2007 年之后已经超过其他三种补贴。虽然良种补贴和农机具购置补贴初始的强度不同，但最终都增长到 220 亿元左右。同为刺激粮食生产的补贴政策，中国的预算已经远超过其他国家，如洪都拉斯、墨西哥、马拉维、尼加拉瓜（Handa and Davis，2006；Dorward and Chirwa，2011）。就每单位面积的补贴强度而言，中国户均在 2012 年得到的补贴额为 95 元/亩，这相当于 92 美元/英亩（1 英亩≈4 046.856 m²），它比一个拥有相同耕地面积的典型美国农民能得到的补贴更多。

表 8.6　粮食补贴结构（2004~2012 年）　　　　单位：亿元

补贴项目	2004 年	2005 年	2006 年	2007 年	2008 年	2009 年	2010 年	2011 年	2012 年
直接补贴	116	132	142	150	151	151	151	151	151
农资综合补贴	0	0	120	276	716	795	835	893	1 078
良种补贴	28	38	40	67	121	199	204	220	224
农机具购置补贴	1	3	6	20	40	130	155	175	215
合计	145	173	308	513	1 028	1 275	1 345	1 439	1 668

资料来源：中国财政部

四种补贴的支付方式也不尽相同。目前，除了农机具购置补贴，其他的补贴直接拨入农户的银行账户，但是，大部分农户不能分辨三种补贴单独数额，主要原因是银行没有提供具体信息。另外，农机具购置补贴只针对购买中型或者大型设备的农户且 30%~50%的价格补贴直接体现在设备价格减免上。因此，领取农机具购置补贴的农户通常都知道补贴数额。同时，只有一小部分拥有较大的种植面积或者以提供农业机械服务为目的的农户才会申请农机具购置补贴。此外，农机具购置补贴发放的方式与其他三种补贴不同，这给研究相应影响机制带来巨大挑战。因此，除农机具购置补贴外的三种现金补贴是本书研究的重点，严格来说，粮食补贴通过三个环节到达农户手中：第一步，国务院根据粮食生产的地区差异来确定每年的补贴预算。第二步，省财政厅根据区域粮食生产划分中央的预算。第三步，地方财政部门根据各项条例将补贴分发给农户。在 2007 年，财政部声明，补贴标准可依据以下任何一条：①20 世纪末农户所拥有的承包土地总量；②实际播种面积；③通常年份应纳税粮食产量（虽然 2003 年农业税已经被取消）。

但是，以上三种现金补贴并不是根据粮食产量进行补贴的。大量的调查已经表明中国的粮食补贴依据并不是现期的粮食生产或者产量，而是与过去的产量或者承包土地有关（Tian and Meng，2010；Huang et al.，2011），且以后者最为常见。不选择标准②的主要原因是，如果当地政府根据粮食实际播种面积来分拨补贴款项，数量庞大的小农户将会导致巨额的行政管理费用。因此，大部分地区选择标准①和标准③。与此同时，粮食补贴主要以收入形式发放，而并非直接与农户现期要素投入决策挂钩。另外，2003年农业税的取消迫使政府通过合并乡村政府来削减行政费用，但是标准②需要当地政府投入更多的资源来完成补贴发放工作。总而言之，粮食补贴发放的标准需要考虑有限的地方政府资源约束。更为重要的是，鉴于20世纪80年代的土地重新分配导致大部分农户拥有承包土地的状况，标准①和标准③似乎是最为合适的解决方式，每个农户都能获得补贴。20世纪90年代以来承包土地并未调整，每单位土地面积的补贴水平在2004~2015年由于国家补贴预算的增长稳步上升。例如，江苏省直接补贴和农资综合补贴从2011年的89元/亩上涨到2012年的101.5元/亩。另外，标准①和标准③并不直接与生产相关，在所有市场完全竞争条件下，三种生产补贴不会扭曲生产者的生产决定。

如表8.6所示，三种现金补贴（包括直接补贴、农资综合补贴及农机具购置补贴）是我们研究的重点。基于以上对实施程序的分析，粮食补贴通过转移支付为农户提供了流动性，这对面临信贷市场不健全的农户来说是十分重要的。与此同时，相较于提供信贷，粮食补贴极大地降低了无法偿还的风险。大量的研究证明，提供信贷渠道可以提高农民的经济福利（Feder et al.，1990；Rozelle et al.，1999；Simtowe and Zeller，2006；Uchida et al.，2009；Dong et al.，2010；Kokoye et al.，2013）。因此，只要粮食补贴缓解了农户的流动性约束，该政策就会有助于农户调整他们的作物生产结构并导致种植面积发生变化。有关文献表明这个推论同样适用于中国（Feder et al.，1990；Rozelle et al.，1999；Dong and Featherstone，2006）。

二、粮食直补政策效应分析

为了评价粮食补贴对于粮食生产的促进作用，在介绍评估方法之前必须简单讨论一下中国的农村土地租赁市场性质。大量研究表明，农村土地流转市场总体上不是完全竞争的（Rozelle et al.，1999；Nyberg and Rozelle，1999；Uchida et al.，2009），并且土地租赁市场交易限制通常会增加交易成本（Deininger and Jin，2005）。另外，农户一般不愿意进行土地流转，因为村领导会认为他们没有耕种意愿，进而可能收回他们的承包地。无论如何，关于土地市场的最新进展表明，在大部分地区这些言论已经过时。我们的数据表明，在观察期内，31%的农户租入或者租出自己的土地。因此，在接下来的观察中，农村土地市场状况必须加以控制以识别粮食补贴政策的作用。本书主要使用农业农村部农村经济研究中心的面板数据。

表 8.7 报告了粮食补贴对粮食种植面积影响的基本估计结果。数据包含每户生产决策人的信息，由于在整个观测期农户决策者不一定是同一个人，所以农户决策者的特征，如年龄、受教育程度、性别都被包含在结果中。

表 8.7 粮食补贴对粮食种植面积影响的基本估计结果

指标	因变量：粮食种植面积				
	（1）	（2）	（3）	（4）	（5）
政策					
粮食补贴/×10³元	1.580 7** (0.526 2)	0.021 1 (0.419 7)	1.572 3** (0.528 0)	1.576 2** (0.528 3)	1.849 9** (−0.644 2)
产出&投入市场					
粮食收益/（×10³/亩）	0.303 4** (0.114 8)	0.206 1** (0.061 1)	0.313 2** (0.118 1)	0.213 1 (0.112 6)	0.332 5 (−0.133 2)
非粮食作物收益/（×10³/亩）	0.091 2 (0.082 2)	0.349 1*** (0.055 2)	0.093 2 (0.081 9)	0.047 9 (0.085 7)	0.101 4 (−0.1)
非农劳动力占比	−0.568 0* (0.293 8)	0.660 0** (0.229 0)	−0.574 8* (0.293 4)	−0.617 4* (0.293 2)	−0.867 4* (−0.395)
家庭特征					
决策者年龄	0.007 8 (0.015 8)	0.013 4 (0.008 8)	0.008 5 (0.015 9)	0.000 6 (0.017 0)	0.011 1 (−0.018 1)
决策者受教育水平	0.041 7 (0.040 7)	0.032 4 (0.021 1)	0.043 3 (0.040 7)	0.034 6 (0.041 2)	0.065 4 (0.051 1)
决策者性别	0.144 4 (0.336 5)	0.058 0 (0.146 3)	0.134 1 (0.336 9)	0.138 5 (0.340 7)	0.116 5 (−0.427 2)
农业劳动力数量	0.202 0** (0.067 0)	0.038 1 (0.046 4)	0.200 4** (0.066 8)	0.205 0** (0.067 0)	0.222 4** (−0.080 4)
存款&现金&贷款/×10³元	0.001 2** (0.000 5)	0.000 2 (0.000 2)	0.001 2** (0.000 5)	0.001 1** (0.000 5)	0.002 5** (−0.001 1)
土地市场					
土地租金/（×10³/亩）	−0.121 1* (0.054 5)		−0.142 8** (0.054 3)	−0.133 4* (0.055 6)	−0.183 1** (−0.074 7)
承包土地数量/亩	0.000 4 (0.000 5)		0.000 4 (0.000 5)	0.000 4 (0.000 5)	0.003 1 (−0.005 9)
承租耕作土地数量/亩	0.500 2*** (0.126 0)		0.500 3*** (0.126 0)	0.500 2*** (0.126 1)	0.615 2*** (−0.123 8)
总耕作土地数量/亩		0.714 5*** (0.062 7)			
有土地租入租出的家庭占村庄总户数比例			0.803 0 (0.776 2)	0.845 9 (0.787 4)	1.088 3 (−1.088 8)
2010 年为哑变量				0.173 4** (0.063 6)	
2011 年为哑变量				0.165 7* (0.073 2)	

续表

指标	因变量：粮食种植面积				
	（1）	（2）	（3）	（4）	（5）
常数	2.691 7* (1.040 5)	−2.090 6** (0.715 5)	2.552 1* (1.076 2)	3.127 1** (1.128 0)	3.667 6** (−1.259)
R^2	0.208 2	0.608 9	0.208 4	0.209 3	0.257 1
样本数	13 796	13 796	13 796	13 796	10 406

***、**、*分别表示在1%、5%、10%的水平下显著

注：括号内为标准差

模型设定（1）、（2）和（3）针对当地不同的土地市场假设。本书用在农户所在村庄里有土地交易的农户所占百分比代表当地土地市场条件。笔者相信利用这个比例是合理的，因为土地租赁市场运作良好的村庄比土地租赁市场运作不好的村庄土地出租或租入的次数高。在设定（1）中，为使我们的估计与 Huang 等（2011）的研究有可比性，笔者以承包耕地面积与租入耕地面积作为解释变量。主要的估计结果是粮食补贴对粮食种植面积有明显的正向影响。具体来说，每户补贴1 000元会增加粮食种植面积1.5亩。这个估计与 Huang 等（2011b）的研究结果不一致，他们的结论是粮食补贴不会影响生产粮食的土地需求。设定（2）假设没有土地市场存在，决定分配生产粮食或非粮食作物的是总耕地面积。在这种不太符合实际的设定中，我们没有发现粮食补贴能影响粮食播种面积。设定（3）是首选，因为我们的估计结合了土地租赁市场。这种设定取得了类似设定（1）的结果，特别是发现粮食补贴对粮食种植面积有不可忽视的正向影响。另一个潜在的问题是固定效应模型无法消除其他不能受控制的时变因素的影响，因此，设定（4）加入了年份虚拟变量。然而，在设定（3）和（4）之间我们没有发现粮食补贴对粮食种植面积的影响存在显著差别。在设定（5）中，我们还报告了只使用粮食生产者的估计结果。总的来说，在使用部分样本情况下，与设定（1）和（3）的各级结果类似，设定（5）估计的粮食补贴影响略高于其他两种设定。

在以上分析中本书研究使用总体样本发现粮食补贴促进了粮食种植面积的增加。然而，对于农户的流动性约束的假设却无法直接验证。事实上，我们更关心农户的流动性条件是如何影响粮食补贴政策和相关的土地利用的。在本节中，将讨论如何估计粮食补贴对种植方式及与流动性约束相关的生活支出有异质性影响。我们发现，对农业成本占收入比例高的农户来说，粮食补贴政策对于种植面积的影响在统计上是显著的（表8.8第4列）。然而，不受流动性约束的农户，我们定义他们为农业成本占收入不到15%的农民，却没有因为补贴而分配更多土地用于粮食生产。使用15%将样本分为了受流动性约束和无约束的组略显主观，表8.8提供了按照10%和20%的另外两个分组临界值分析。然而，补贴对粮食种植面积的影响对于

不同的分组方法是稳健的（表8.8的第2、4和6列）。笔者还注意到，当10%的比例被用来作为分组的依据时，受流动性约束的农户数量大于不受流动性约束的农户数量。这个研究也提示了潜在的受流动性约束的农户数量众多，同时也解释了表8.7中根据总样本的估计与Huang等（2011）的结果差异。因此，本书研究证明了受流动性约束的农户可能因为补贴而分配更多的土地用于粮食生产。

表8.8 粮食补贴对粮食种植面积的影响——基于不同的农业成本占收入的比例划分（2009~2011年）

指标	因变量：粮食种植面积（固定效应模型）					
	农业成本占收入10%		农业成本占收入15%		农业成本占收入20%	
	（1）	（2）	（3）	（4）	（5）	（6）
	≤10%	>10%	≤15%	>15%	≤20%	>20%
政策						
粮食补贴/×10³元	0.0828 (0.7656)	2.1075** (0.6498)	0.6618 (0.6605)	2.0617** (0.7346)	1.0121 (0.5921)	1.9606* (0.8556)
产出&投入市场						
粮食收益/（×10³元/亩）	-0.0128 (0.0847)	0.5990** (0.1872)	0.0128 (0.0890)	0.6439** (0.2153)	0.0850 (0.0885)	0.7370** (0.2437)
粮食生产成本/（×10³元/亩）	-1.9117*** (0.3454)	1.2088 (0.8703)	-1.6160*** (0.3398)	1.6807 (1.0531)	-0.8062** (0.3727)	1.7330 (1.3020)
非粮食作物收益/（×10³元/亩）	0.0902 (0.0645)	0.2330 (0.1606)	0.0976 (0.0642)	0.2915 (0.2095)	0.0640 (0.0713)	0.3733 (0.2748)
非粮食作物成本/（×10³元/亩）	-0.1057 (0.1539)	0.4348 (0.2257)	-0.1441 (0.1453)	0.5853* (0.2761)	-0.1570 (0.1377)	0.6867* (0.3237)
非农劳动力占比	-0.9919*** (0.2601)	-0.2399 (0.5133)	-0.7291** (0.2670)	-0.4736 (0.6456)	-0.8062** (0.2534)	-0.0819 (0.8161)
家庭特征						
决策者年龄	0.0043 (0.0146)	0.0114 (0.0234)	0.0003 (0.0167)	0.0196 (0.0280)	0.0178 (0.0151)	-0.0043 (0.0351)
决策者受教育水平	0.0094 (0.0259)	0.0933 (0.0772)	0.0299 (0.0342)	0.0956 (0.0975)	0.0253 (0.0349)	0.1123 (0.1115)
决策者性别	0.2319 (0.5381)	-0.0733 (0.3706)	0.3868 (0.4827)	-0.2780 (0.3745)	0.1512 (0.4103)	0.0174 (0.4762)
农业劳动力数量	0.1769* (0.0749)	0.1712 (0.0997)	0.2421** (0.0810)	0.0768 (0.1131)	0.2352** (0.0724)	0.0667 (0.1408)
存款&现金&贷款/×10³元	0.0001 (0.0003)	0.0036* (0.0015)	0.0002 (0.0003)	0.0039* (0.0015)	0.0006 (0.0004)	0.0031 (0.0016)
土地市场						
土地租金/（×10³元/亩）	0.0446 (0.0532)	-0.2805** (0.0850)	-0.0523 (0.0537)	-0.2893** (0.1036)	-0.1271* (0.0546)	-0.2537* (0.1144)
承包土地数量/亩	0.1206** (0.0360)	0 (0.0004)	0.0006 (0.0006)	0.0042 (0.0042)	0.0006 (0.0006)	-0.0021 (0.0044)
承租耕作土地数量/亩	0.0327 (0.0337)	0.6002*** (0.1223)	0.0591 (0.0527)	0.6021*** (0.1239)	0.1387 (0.1054)	0.6054*** (0.1301)
有土地租入租出的家庭占村庄总户数比例	-0.1330 (0.5798)	1.4756 (1.5377)	-0.2810 (0.7027)	2.6141 (1.9013)	0.3626 (0.7418)	1.5079 (2.1224)

续表

指标	因变量：粮食种植面积（固定效应模型）					
	农业成本占收入 10%		农业成本占收入 15%		农业成本占收入 20%	
	（1）	（2）	（3）	（4）	（5）	（6）
	≤10%	>10%	≤15%	>15%	≤20%	>20%
常数	1.992 7* (1.004 1)	2.826 7 (1.641 0)	2.729 5** (1.029 5)	2.552 6 (2.054 2)	2.271 1** (0.983 5)	3.132 1 (2.472 6)
R^2	0.046 8	0.280 9	0.022 7	0.301 6	0.028 7	0.332 7
样本数	6 456	7 340	8 251	5 545	9 682	4 114
家庭数量	2 902	3 050	3 668	2 284	4 269	1 683

***、**、*分别表示在 1%、5%、10%的水平下显著

注：括号内为标准差

如果信贷市场不健全，那么生产和消费就不能被分割。在一个农户模型中，农户可以粮食补贴带来的流动性支持其粮食生产或消费，影响的方向和强度取决于农户受流动性约束的程度。换句话说，粮食生产补贴对生产和消费的影响取决于不同活动的边际效应。如果一个农户资金有限，那么农户更愿意用额外的收入来调整农业用地，为的是提高总收入。当一个农户面临生存挑战时，增加消费会是首选。

如表 8.9 所示，粮食补贴对粮食种植面积、非粮食种植面积及生活开支的影响在面临不同程度的流动性约束农户之间是不同的。对于受流动性约束的农户来说，粮食补贴对于粮食种植面积有显著正向影响。然而，对于那些不受流动性约束的农户来说，影响则是不显著的。至于对非粮食种植面积的影响，我们并没有发现粮食补贴的显著作用。如表 8.9 所示，对比粮食生产和非粮食生产，模型估计也显示了在受流动性约束且有大面积耕地的农户中，他们更倾向扩大种植面积。一个原因可能是，越大的种植面积一般意味着越强的流动性需求，受流动性约束的农户倾向土地密集型的作物，如小麦、玉米和水稻。而非劳动密集型作物相较于其他投入，劳动力难以储存，因此需要充足的流动性以备随时所需。换句话说，劳动密集型作物对于受流动性约束的农户来说是更好的选择。在没有被报告的模型估计中，我们也选择了流动资产作为评判农户是否受流动性约束的指标，并得到了相似的结果。

表 8.9 粮食补贴对粮食种植面积、非粮食种植面积及生活开支的影响（2009~2011 年，固定效应模型）

指标	（1）粮食种植面积	（2）非粮食种植面积	（3）生活支出
农业成本占收入低[1)]×粮食补贴/×10³元	0.666 9 (0.658 8)	1.318 4 (1.158 8)	1.799 9 (1.151 5)
农业成本占收入高×粮食补贴/×10³元	2.216 6 (0.732 4)	0.245 1 (0.287 7)	0.596 4 (0.451 5)

续表

指标	（1）粮食种植面积	（2）非粮食种植面积	（3）生活支出
产出&投入市场			
粮食收益/（×10³元/亩）	0.314 8 （0.116 7）		
粮食生产成本/（×10³元/亩）	0.379 3 （0.582 7）		
粮食利润/（×10³元/亩）		−0.215 6 （0.078 0）	2.233 0 （0.468 5）
非粮食作物收益/（×10³元/亩）		−0.045 5 （0.048 4）	
非粮食作物成本/（×10³元/亩）		−0.329 7 （0.131 6）	
非粮食作物利润/（×10³元/亩）	0.088 0 （0.081 4）		
非农劳动力占比	−0.621 9 （0.291 6）	−1.184 1 （0.214 0）	2.980 7 （1.236 3）
家庭特征			
决策者年龄	0.008 7 （0.015 8）		
决策者受教育水平	0.041 7 （0.040 0）	−0.027 8 （0.020 7）	0.052 8 （0.112 7）
决策者性别	0.140 3 （0.340 5）	−0.089 5 （0.181 3）	2.696 1 （1.649 1）
人口数量			2.225 2 （0.250 9）
农业劳动力数量	0.199 3 （0.067 1）	0.060 5 （0.047 9）	0.336 0 （0.264 9）
存款&现金&贷款/×10³元	0.001 2 （0.000 5）	−0.000 1 （0.000 3）	0.002 6 （0.003 8）
土地市场			
土地租金/（×10³元/亩）	−0.133 0 （0.052 6）	0.028 1 （0.042 6）	−0.275 4 （0.400 2）
承包土地数量/亩	0.000 5 （0.000 5）	0.000 1 （0.000 4）	0.000 8 （0.002 7）
承租耕作土地数量/亩	0.497 8 （0.126 2）	0.037 0 （0.117 8）	0.019 2 （0.023 0）
有土地租入租出的家庭占村庄总户数比例	0.882 1 （0.770 9）	−0.981 4 （0.327 3）	3.518 7 （1.834 1）
常数	2.604 2 （2.604 2）	3.061 1 （3.061 1）	1.304 8 （1.304 8）
R^2	0.210 6	0.015 6	0.019 8
样本数	13 796	13 796	13 796

1）表示农业成本占收入的比例以15%为临界值

注：括号内为标准差

三、农机具购置补贴政策效应分析

持续增长的农机具购置财政投入提高了我国农业机械装备水平,加速了我国农业机械化的步伐,但是随着政府财政支出的不断扩大,掌握资金的使用效率及如何能够实现资金的高效使用显得尤为重要。衡量政策效率有两种不同的视角:一个是基于政策的成本和收益展开;另一个是基于政策投入产出转化率展开。目前学界尚缺乏对农机具购置补贴政策效率的科学评价,本章选取效率评价的第二个视角,测度农机具购置补贴政策的投入产出转化率。

(一)农机具购置补贴政策效率的测算

由于关于 DEA 的介绍已经十分成熟,所以本章不再用大的篇幅对其进行具体解释。需要说明的是,无论是 CCR 模型还是 BBC 模型,都可以从投入和产出两个导向进行效率的测算,投入导向反映在产出既定的条件下,各投入都可以缩减的程度;而产出导向反映在投入既定的条件下,各产出都可以增加的程度。在规模报酬不变的假设下,投入和产出导向的测算结果是相同的,但如果规模报酬可变,则需要进行区分。本章假设农机具购置补贴政策财政投入的规模报酬是变化的;同时就政府支出效率而言,我们往往更关注如何在财政投入既定的条件下增加产出,因此选择产出导向的 BCC 模型测算农机具购置补贴政策的效率。

本章的研究对象是 30 个省级政府[①],由于农机具购置补贴政策实施的时间是 2004 年,故选择的研究时期为 2004~2012 年。投入变量是农机具购置补贴政策的财政投入,既包括中央财政,也包括地方财政;产出变量是机耕、机播(种)、机收、秸秆还田四项农机作业的面积。之所以选择上述四项农机作业的面积作为产出变量,有两个方面的原因:第一个是农机具购置补贴政策的最终目标是促进农业机械的使用,同时对于农业生产而言有意义的是农机具作业量,而不是农机具数量,因此选择作业面积作为产出变量,而不是选择和农机具数量相关的变量,可以直接衡量农机具购置补贴政策财政投入转化为农业机械作业的效率;第二个是当前农机具购置补贴政策仍然主要是围绕保障国家粮食安全的目标展开的,其补贴的重点也是粮食耕、种、收和秸秆还田方面的机具,因此选择这四项农机具作业的面积作为产出变量具有合理性。农机具购置补贴政策财政投入的数据来源于历年的《中国农业机械工业年鉴》,四项农机具作业的面积的数据来源于历年《中国农业年鉴》。

---

① 不包括港澳台,同时由于对西藏自治区的统计存在很多缺失,故也不包括西藏。

（二）中国农机具购置补贴政策效率总体情况

图 8.10 展示了我国农机具购置补贴政策 2004~2012 年三种效率值的变化趋势：尽管综合技术效率不断提高，从 2004 年的 0.38 增长到 2012 年的 0.61，但仍处于相对较低的水平，这主要是由于纯技术效率的增长情况并不理想。购置补贴政策实施以来，纯技术效率一直在 0.6 上下波动，并没有发生特别明显的变化；相比较而言，规模效率已经处在较高的水平，2004~2007 年一直在不断增长，自 2008 年以后基本可以稳定在 0.9 以上。从总体上看，我国农机具购置补贴政策在管理上可能还存在某些缺陷，导致纯技术效率不高；但是投入的规模已经非常接近最优规模。

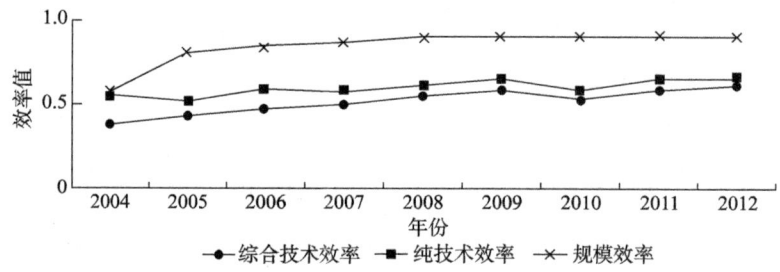

图 8.10　2004~2012 年我国农机具购置补贴政策平均效率

如果分粮食主产区和非主产区来看，能够发现两大区域在农机具购置补贴政策效率上的显著差异（图 8.11）。主产区的综合技术效率在政策开始实施的前三年增长幅度很大，之后在波动中继续上升，2012 年已经超过 0.76，高于全国平均水平。2004~2012 年主产区的纯技术效率呈现先增长后下降再增长的变化趋势，大体在 0.7~0.8 波动；规模效率自 2006 年开始就超过了 0.9，之后保持在 0.95 以上，几乎达到最优规模。

但是，粮食非主产区农机具购置补贴政策的效率情况并不理想。综合技术效率在 2008 年以前有所增长，但之后有下降趋势，从 2010 年开始又重新开始增长，2004~2012 年其效率值一直保持在 0.5 以下，低于全国平均水平，更远远低于主产区的水平。纯技术效率在 2005~2009 年有较为明显的增长趋势，但长期保持在 0.6 以下；规模效率自 2005 年后变化并不大，一直在 0.8~0.9，2012 年的水平是 0.88，虽然不及粮食主产区，但水平比较高。主产区和非主产区在农机具购置补贴政策效率上的差异是多方面的。

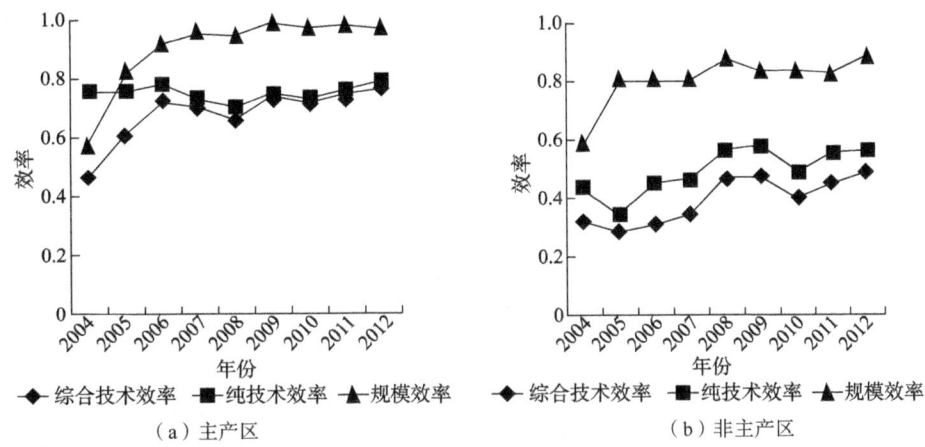

图 8.11　2004~2012 年我国粮食主产区和非主产区农机具购置补贴政策平均效率

（三）中国各省区市农机具购置补贴政策效率情况

为了说明各省区市在综合技术效率、纯技术效率和规模效率之间的差异，本书对 2004~2012 年各省区市三种效率的平均值进行比较。对于综合技术效率，有 12 个省区高于全国综合技术效率的平均值，其中 9 个是粮食主产省区。综合技术效率最高的 6 个省区，效率值均超过了 0.8，从高到低分别是河南、山东、河北、安徽、内蒙古和黑龙江，皆为我国的粮食主产省区，其中前 4 个省份的综合技术效率高于 0.9，以河南的 0.96 为最高。另外 3 个综合技术效率高于全国平均水平的粮食主产省是吉林、江苏和辽宁，3 个非主产省区为甘肃、山西和新疆。综合技术效率低于全国平均水平的 4 个粮食主产省分别是江西、湖南、湖北及四川，以四川的效率值最低，仅为 0.26，与河南相比差别很大。不难发现，综合技术效率较高的粮食主产省区多为平原地区，而江西、湖北、湖南和四川四省的地形以山区丘陵为主，因此农业机械化的难度相对较高，这在一定程度上影响了农机具购置补贴政策的效率。全国综合技术效率平均值最低的是贵州，各省区市综合技术效率之间的差异是非常大的。2004~2012 年各省区市农机具购置补贴政策综合技术效率平均值见图 8.12。

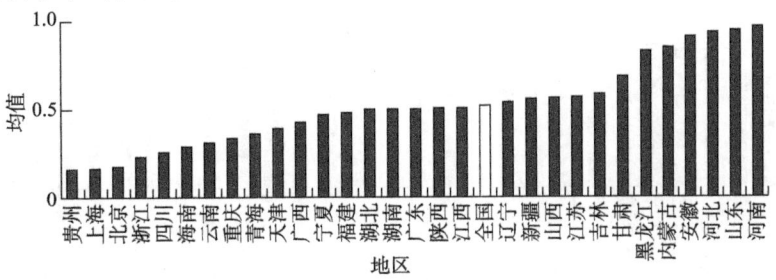

图 8.12　2004~2012 年各省区市农机具购置补贴政策综合技术效率平均值

各省区市纯技术效率之间的差异也相对较大,在分布上和综合技术效率略有不同。纯技术效率超过全国平均水平的省区市仍然是12个,但只有8个粮食主产省区,比综合技术效率少1个。其中7个排在纯技术效率的前七位,从高到低分别是山东、黑龙江、河南、河北、安徽、内蒙古和江苏;除内蒙古和江苏外,另外5个省份的纯技术效率值都超过了0.9,山东和黑龙江达到1.0,表示完全有效。4个纯技术效率高于全国平均水平的非粮食主产省区市是甘肃、青海、天津和宁夏。5个纯技术效率低于全国平均水平的粮食主产省,仍然是以四川的效率值最低(图8.13)。

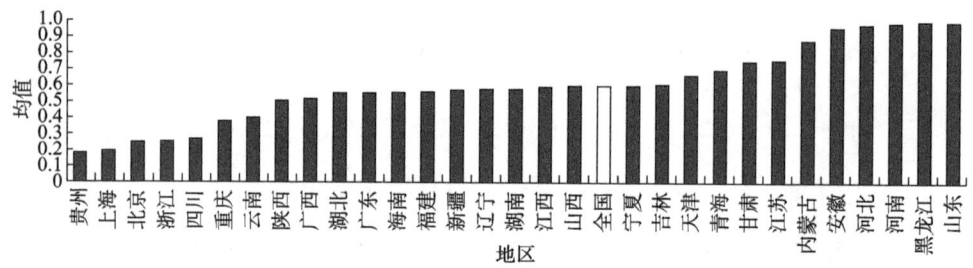

图8.13 2004~2012年各省区市农机具购置补贴政策纯技术效率平均值

各省区市规模效率之间的差异与综合技术效率和纯技术效率相比相对较小,最低的海南省也超过了0.5。除了海南、青海和天津外,其余27个省区市的规模效率都在0.7以上。高于和低于全国平均水平的省区市数量分布比较平均,分别为16个和14个,但是各省区市规模效率的排名结构显著异于综合技术效率及纯技术效率。在16个规模效率高于全国平均水平的省区市中,有11个是粮食主产省区,以河南、吉林、内蒙古、河北、山东和安徽排名比较靠前,但全国规模效率最高的两个省区是陕西和新疆,都是粮食非主产省区,效率值接近1.0。值得注意的是,综合技术效率和纯技术效率都低于全国平均水平的四个粮食主产省江西、湖南、湖北及四川的规模效率都高于全国平均水平;而黑龙江和江苏这两个综合技术效率和纯技术效率都高于全国平均水平的粮食主产省,其规模效率都低于全国平均水平,江苏更是排在倒数第五位(图8.14)。

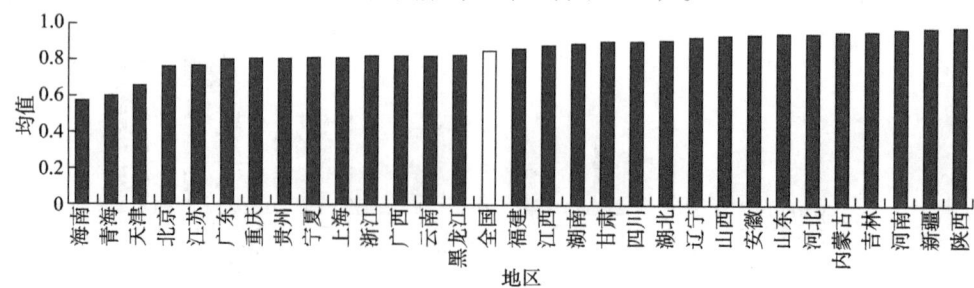

图8.14 2004~2012年各省区市农机具购置补贴政策规模效率平均值

综上分析，可以得到以下几个方面的认识。

第一，自 2004 年我国农机具购置补贴政策实施以来，政策的规模效率呈现快速增长并趋于稳定的趋势，这说明农机具购置补贴财政支出的扩张起到了显著的效果；但是纯技术效率变化不明显且水平低，暗示了我国农机具购置补贴政策在实施过程中可能存在管理等方面的缺陷，这也直接导致政策综合技术效率水平不高。

第二，粮食主产区和非主产区的农机具购置补贴政策效率存在显著差异，前者在综合技术效率、纯技术效率和规模效率上都要高于后者，且两地区的三大效率分别处于全国平均水平之上和之下。

第三，2004~2012 年各省区市的综合技术效率、纯技术效率和规模效率平均水平差别很大，其中高于全国平均水平的省区市以粮食主产省区为主，河南、山东、河北、内蒙古、安徽等主产省区的排名相对比较稳定。

第五节　中国农业一般服务支持政策分析

一、中国农业一般服务支持政策变迁分析

一般服务支持是 OECD 的农业支持政策分类，其内容实质上属于 WTO 规则下的绿箱政策，包括农业知识与创新、基础设施维护和发展、检验与控制、市场营销与推广等。农业一般服务支持不仅是美国、欧盟等发达国家和地区支持农业的重要方式，也是提高我国农业生产效率与竞争力的必然要求。改革开放以来，我国农业经历了不同的发展阶段，农业支持政策也进行了不断的调整，以增产为导向的农业支持政策体系正在向以竞争力为导向的政策体系转型。梳理我国农业一般服务支持政策的演化历程，把握其发展的规律和特征，对于探索现代农业发展的农业政策支持体系、增强我国农业国际竞争力具有重要意义。

二、高标准农田建设政策分析

（一）中国农田基础设施建设的现状和问题

农田基础设施建设涵盖的内容比较广泛，包括土地、设施、水电、生态等多个方面。因此，负责支持农田基础设施建设的中央部门也比较分散，包括国家发展和改革委员会、农业农村部、水利部、财政部、自然资源部等。其中，财政部

国家农业综合开发办公室负责土地治理项目，以中低产田改造为重点，建设旱涝保收、稳产高产的基本农田；自然资源部负责农田整治工作，通过土地平整、灌溉与排水、田间道路、农田防护与生态环境保护等，在提高农地生产力、改善生态环境的同时，增加耕地面积；农业农村部负责高产创建项目，包括普及测土配方施肥、推广优良品种、综合防控病虫草害、推进机械化生产和高产技术的运用等；水利部负责小型农田水利设施建设等。

农业部的测土施肥、品种改良和水利部的小型农田水利基础设施建设是单项措施改造，财政部国家农业综合开发办公室和自然资源部采取的是综合改造措施。与此同时，财政部国家农业综合开发办公室和自然资源部在农田基本建设方面也存在很多不同：①两个部门的具体目标不同。自然资源部的土地整治目标集农地整治、农村综合整治建设、生态环境整治建设于一体；财政部国家农业综合开发办公室的土地治理项目则以中低产田改造为重点，着重建设旱涝保收、稳产高产的高标准基本农田。②开展历史不同。自然资源部（原为国土资源部）开展土地整治至2018年有二十多年的历史；而财政部国家农业综合开发办公室的土地治理项目自1988年开始至2018年已有三十年的历史。③资金来源不同。自然资源部的资金主要是新增建设用地土地有偿使用费、用于土地开发的土地出让收入、耕地开垦费和土地复垦费；财政部国家农业综合开发办公室的资金主要源于财政预算资金，来源更稳定。④治理区域界定不同。自然资源部治理的区域往往与土地出让收入挂钩，土地出让收入多的地区治理资金也多，因而对一个区域无法连续多年投入；财政部国家农业综合开发办公室对治理区域有明确的界定，纳入开发的区域可以得到连续的投资。

从项目的投资来看，财政部国家农业综合开发办公室自1988年开展农田基本建设以来，投资金额逐年递增，1994年农田基本建设投资额为34.8亿元，2014年投资额已达到313.2亿元，其间累计投资39 613.8亿元。由于项目初期以中低产田改造为重点，故这期间大部分项目资金也投资在中低产田改造上。项目进行到中后期，政策越来越关注以生态环境为目标的小流域治理、土地沙化治理等，特别是2009年起项目又新增高标准农田示范工程，且2013年《全国高标准农田建设总体规划》中指出，到2020年，建成旱涝保收高标准农田8亿亩，项目资金相应地向其倾斜。

从项目的实施成果来看，农田基本建设通过灌溉、除涝、林网防护、机耕、改造中低产田和高标准农田这几个方面改善了我国的农业生产条件。项目实施后，累计改造中低产田44 640万亩，累计建造高标准农田5 770万亩，累计新增和改善灌溉面积、除涝面积、林网防护面积、机耕面积分别为44 460万亩、18 470万亩、24 640万亩、17 300万亩。1994~2000年，改造中低产田亩数总体呈现上升状态，但2000~2003年出现阶段式回落，2006年后改造中低产田亩数呈现逐年下降趋势，而高标准农田建设自 2009 年开展以来，建设亩数逐年上升。相应地，新增和改善灌溉、除涝、林网防护和机耕面积这些指标均在项目初期呈现递增趋势，项目中后期开始缓慢下降，这些趋势与上文提到的各时期项目资金投资重点有关。1994~2014 年各年农田基本建设投资额及完成情况见表 8.10。

表 8.10 1994~2014 年各年农田基本建设投资额及完成情况

时间	农田基本建设投资/亿元	增长率	改造中低产田/10^7 亩	增长率	高标准农田/10^7 亩	增长率
1994~1999 年	395.91	23.34%	13.82	12.78%	0	0
2000~2004 年	522.01	3.38%	11.75	-0.63%	0	0
2005~2009 年	832.68	14.64%	12.59	1.58%	0	0
2010~2014 年	1 577.48	9.29%	6.48	-28.43%	5.77	45.96%

时间	新增和改善灌溉面积/10^7 亩	增长率	新增和改善除涝面积/10^7 亩	增长率	新增林网防护面积/10^7 亩	增长率	新增机耕面积/10^7 亩	增长率
1994~1999 年	12.12	14.9%	6.16	9.42%	8.92	2.18%	8.8	59.2%
2000~2004 年	10.58	-4.88%	4.07	-7.51%	6.67	-3.81%	4.64	-25%
2005~2009 年	10.29	3.36%	3.97	5.22%	4.87	-1.19%	2.25	-4.44%
2010~2014 年	11.47	1.54%	4.27	1.35%	4.18	-5.68%	1.61	-8.02%

资料来源：1995~2015 年《中国财政年鉴》

从项目的地理分布来看，农田基本建设的重点在粮食主产区，13 个粮食主产区的农田基本建设投资额占总投资额的 64%，13 个粮食主产区中山东、江苏、安徽位于华东地区，湖南、河南、江西位于华中地区，辽宁、吉林、黑龙江位于东北地区，因此，分地区看，华东、华中、东北地区的农田基本建设投资占总投资的比重最大，分别为 22%、19%、16%。

虽然我国支持农田基础设施建设的政策脉络日渐清晰，投入也不断提高，并且取得了一定的成效，但是从整体上看，我国的农田基础设施建设仍很不完善。我国 20.25 亿亩耕地中，高产田的比重仍然较小，仅为 5.5 亿亩，而中低产田占 70%。即使是在江苏这样经济发达的农业大省，高标准农田的比重也不过 40%多。此外，农田基础设施建设的薄弱体现在对自然风险的抵抗能力差上，2012 年全国因旱涝灾害而绝收的土地面积接近 2 亿亩，要实现旱涝保收的目标依然严峻。农田基础设施建设财政投入的快速增长并没有从根本上解决我国面临的问题，这一方面说明农田基础设施建设并不能朝夕完成，可能需要进一步地增加投入；而另一方面则需要政府部门进行反思，政策的投资效率是否达到最优，是否还存在提高的空间。有学者对 1989~2010 年我国农业基础设施建设投资的效率进行测算，发现了明显的下降趋势（曾福生等，2014）。这说明虽然我国对农田基础设施的重视程度在不断提高且投入在进一步加大，但是投资效率并没有得到同步的提高。此外，各地区之间的投资效率存在很大的差异，东西部的投资效率差异还呈现出快速扩大的趋势。因此，提高农田基础设施建设的投资效率至关重要。农田基础设施建设的投资效率不高且有下降的趋势，可能存在以下三方面的原因。

1. 投资分散、重复建设且缺乏优先序设计

在我国涉及农田基础设施建设的中央部门有 5 个以上，到地方上部门可能更多。从某种意义上看，尽管大多数管理部门能够增加支持农田基础设施建设的资金总量，但是如果各部门的职能缺乏整合，则难以形成合力，使得建设资金无法集中，还容易出现重复投资。农田基础设施建设包含很多内容，但我国尚缺乏对不同环节难易程度的整体评估，导致无法确定建设的优先序。另外，中央和地方对农田基础设施建设的态度并不一致，中央对农田基础设施建设的重视并没有转化为地方开展农田基础设施建设的热情，各地开展的农田基础设施建设项目持续性不强，项目建设支离破碎，项目效果大打折扣。统筹协调机制的缺失是造成这一问题的重要原因，我国现在尚未形成一套针对农田基础设施建设自上而下的管理体系。此外，第三方评估机构的缺失加剧了该问题的严重程度。如果有健全的第三方机构评估体系，农田基础建设完成后便可以由它们进行评估验收，这对作为建设方的地方是一种强有力的约束，既能提高地方的重视程度，也能提高建设效率。

2. 农田基础设施的建设模式存在缺陷

这主要体现为当前农田基础设施的建设主要由政府主导，忽略了重要的利益关联者——农户和村民委员会。政府完全主导的农田基础设施建设可能存在以下问题：首先，这项工程涉及农户的切身利益，如果政府部门未能充分考虑农户的意愿，很有可能会造成农户的不配合；其次，该工程的投入成本很高，农户作为"被动受益者"而不承担任何成本是不合理的，政府承担所有成本又会给财政造成巨大压力；最后，村民委员会的民主决策机制及农户的积极性和创造性有助于解决该工程实施过程中的很多问题，尤其是农户之间利益调和的问题，农户角色的缺失则会给项目的开展带来难度。有学者通过对湖北省农户的调查研究发现，农户普遍关心农业基础设施建设，但参与意愿不强烈（罗小锋，2012）。这进一步说明，我国在开展农田基础设施建设的过程中，并没有充分调动农户的积极性，而这可能是投资效率不高的重要原因之一。

3. 缺乏合理的可持续性管理和维护机制

农田基础设施的建设并非短期内就可以完成，而是需要长期持续的投入；同时，建设完成的项目如果无法得到有效管理和维护，农田基础设施的可持续性利用能力就大打折扣。我国在农田基础设施的管理和维护上主要存在两个突出问

题：一个是城镇化带来的土地升值冲击了该工程的实施,这主要体现在城镇周边的农田基础设施建设上。由于城镇扩张的需要,城镇周边的农田有着极高的价值,地方往往更想征用这部分土地进行非农开发建设,以增加财政收入来源和自身业绩。一旦农田被征用,前期建设项目也随之被毁,城市建设和农田基础设施建设之间的矛盾日益突出。另一个是地方对农田基础设施的维护工作做得不够。首先是一些地方缺乏维护的理念,建设完成高标准农田只是为了完成上级目标,并未对维护工作进行相应部署。其次是维护主体责任不明,相关利益主体(政府和农户)到底该由谁来承担责任尚不明确,结果导致无人维护。

(二)发达国家和地区支持农田基础设施建设的经验及启示

国家加速对农田基础设施的建设并提高投资效率,既是农业现代化的需要,也是调整农业支持体系的需要。从世界范围看,OECD国家对农业的支持不仅仅是针对农业生产者的直接支持,对农业一般服务的支持也是其扶持农业的重要手段[1],而且相当一部分国家高度重视对农业基础设施建设的投入(表8.11)。日本、智利和韩国农业基础设施建设的投入超过了农业一般服务支持的40%,高于OECD所有国家的平均值,而日本更是高达84.3%。日本对农业基础设施建设的重视为该国实现农业现代化创造了极有利的条件。以色列、美国、澳大利亚、欧盟和新西兰等发达国家和地区对农业基础设施的建设也十分重视,农业基础设施建设投入比重均在20%以上。除OECD国家外,我国台湾地区也非常重视农业基础设施的建设,并在长期的实践中取得了良好的效果。

表8.11 2013年OECD部分国家基础设施投资比重

指标	日本	智利	韩国	以色列	美国	澳大利亚	欧盟	新西兰	OECD平均
一般服务	14.9%	49.0%	12.0%	19.9%	12.9%	51.1%	10.7%	76.1%	12.7%
基础设施	84.3%	51.6%	45.1%	31.6%	31.6%	29.0%	28.9%	22.5%	40.5%

注:第二行表示一般服务支持占农业总支持的比重;第三行表示基础设施建设投入占一般服务支持的比重
资料来源:*Agricultural Policy Monitoring and Evaluation* 2014:*OECD Countries*

东亚地区农业经营制度的相似性使得日本、韩国和我国台湾地区的农田基础设施建设经验对我国有重要的借鉴意义。总体上看,三个地区都通过制定法律法规来提高农田基础设施建设在农业发展中的战略地位。日本的《土地改良法》、韩国的"新村运动"及我国台湾地区的"农地重划计划"分别是三地农田基础设施建设的纲领性文件,为政府部门的财政支持提供了重要依据,也提出了严格要求。2013年和2014年,我国先后颁布实施《全国高标准农田建设总体规划》和

---

[1] 根据OECD最新调整,农业一般服务支持包括农业知识和创新体系建设、检验检疫和疫病防控、农业基础设施建设、营销和推广、公共储备、混合支持六个方面。

《高标准农田建设通则》，高标准农田建设已成为国家战略部署。在政策规划已经完善的前提条件下，政策的效果取决于落实情况，日本、韩国和我国台湾地区在提高农田基础设施建设效率方面的经验可以给予我国很多启示。

1. 政府顶层设计形成长效机制，各部门通力协作并长期坚持

为开展农田基础设施建设，日本政府于 1949 年出台《土地改良法》，并先后修改了 10 余次，该法律成为日本政府引导农户合作开展农地整理、土地改良和农田水利建设的纲领性文件。韩国从 20 世纪 70 年代在全国范围内开展"新村运动"，政府对农业的预算相比于 60 年代扩大了 4 倍左右。1970~1981 年，韩国政府投资了数千亿韩元的资金，加大了对农业基础设施的建设力度。我国台湾地区在"土地法"的基础上，从 20 世纪 50 年代末开始先后制订了十多个农地整理计划。在顶层设计的基础上，日本、韩国和我国台湾地区对农田基础设施建设的重视是自上而下的，每一级别政府各司其职，分工合理。日本实行中央、都道府县、市町村三级行政管理，由在市町村成立的土地改良区提出申请改良项目并层层上报，经批准后投资建设。我国台湾地区则是在各级政府成立专门负责高标准农田建设的部门，层层管理，落实到农地。而且，各地方在中央顶层设计的约束下能够长期坚持项目建设，让农田基础设施工程的效果得以充分发挥。

2. 通过农民自主申请开展项目建设，充分调动农民和自治组织的积极性

农田基础设施建设是一项公共工程，为了能够保证这一工程的顺利开展，日本、韩国和我国台湾地区并不是完全依靠行政力量，而是在尊重农民意愿的基础上，充分调动农民的积极性。日本的田地整理必须要由农民自发申请，15 户以上农户（每户拥有的耕地面积需在 0.1 hm² 以上）可联合申请成立覆盖一定区域范围的土地改良区，申请者与区域所在地的市町村政府协商确定改良事业内容，并征得该区域 2/3 以上农户同意后向都道府县提交申请报告，都道府县组织专家对设立申请进行审核（陈伟忠，2013）。在韩国，农田基础设施建设的组织者是农民自己推选出来的，在实施项目之前，政府提出若干计划，包括道路硬化、农田水利建设、农业用电改造等，农民根据这些计划进行自由讨论，选择最需要解决的项目，并推举一名项目建设的指导者。而我国台湾地区虽然并不是由农户自发申请，但是经政府核准的农地整理计划必须在农地整理区公示 30 天。若在公告期内，区域内有 2/3 以上的土地所有者反对，而且其所有的土地面积超过规划土地总面积一半以上，则需修订农地整理计划（刘宪法，2011）。不过在日本、韩国和我国台湾地区，一旦项目确定下来，土地整理区范围内的所有农户都必须无条件参与进来。

3. 政府和农民共同融资，并为农民提供优惠政策

作为一项公共事业，农田基础设施建设的投资主体应该是政府，但是完全依赖政府不仅加重了财政负担而且无法调动农民参与建设的积极性。因此日本、韩国和我国台湾地区都实行了政府和农民共同投资的方略，同时给农民投资提供优惠政策。在日本，农田基础设施建设经费以国家预算为主，但是农民要承担一定的费用，其负担额根据区域不同有所差别，农户负担占比在10%左右。为了缓解农民的资金负担，日本设立了农林渔业金融公库，为农民提供年息在5%左右的长期低息贷款（陈伟忠，2013）。同样，韩国政府给农民发放钢筋、水泥等，但其他的资金由农民自筹。我国台湾地区的农户也必须承担农田基础设施建设的工程费，在1963~1973年按工程费总额的50%，通过台湾土地银行给予农户贷款；其余的50%工程费，通过"保护自耕农基金"给予垫付。1973年以后，我国台湾地区将负担工程费的比例提高到2/3，农户负担工程费的比例降低至1/3。农户所负担的1/3工程费，由农户申请"保护自耕农基金"垫付来解决（刘宪法，2011）。

4. 建立政府农民双重管理和维护的机制，促进持续发展

政府和农民都是农田基础建设的利益相关者，在对农田管理和维护的过程中两者可以互相补充。政府的力量比较集中，能够开展大型的维修和维护工作，但是要政府去完全负责所有项目的日常管理和维护成本太高，实现的可能性几乎为零；而农户恰恰可以对农田基础设施进行日常简单的管理和维护工作，尤其是对小型项目。日本在农田管理和维护的问题上就充分发挥了农民自治组织的作用，实行土地改良区、地方水利调节团体、村落水利组合三级管理，这些组织都是农民自发组成的，负责对项目进行监督和维护。农户在生产过程中发现农田基础工程损坏、需要维修，可向土地改良区汇报，土地改良区会同地方对受益户申请情况进行确认，属一般维修则由土地改良区负责，较大规模维修则由地方统一实施（陈伟忠，2013）。发挥农民在管理和维护中的作用，实质上是和调动农民积极性并引导农民投资相一致的，农民参与到农田基础设施的建设中后就成了农田基础设施的建设主体和管理主体，这对农民进行自发农田基础设施管理和维护起到了促进作用。

（三）对中国农田基础设施建设的建议

为了实现农业现代化，落实"藏粮于地"战略，我国政府要更加重视对农田基础设施建设的投资，还要提高投资的效率。结合日本、韩国与我国台湾地区建设农田基础设施的经验，提出以下政策建议。

1. 建立统筹协调机制和项目建设长效机制，中央和地方齐力推进

日本、韩国都针对农田基础设施建设构建了一套统筹协调的运行机制，保障地方可以落实中央的计划。我国从中央到地方的各级政府都应该全力推进这项工作。在中央层面，可以成立一个统筹协调机构，厘清农田基础设施不同环节的优先序，根据国家总体规划整合各部门的项目和资金，进行集中投资，避免多头管理和重复建设。另外，为了保证地方将政策落实到位，中央可以将高标准农田的建设纳入对地方的考核体系中，加强地方推进该工程的激励。而地方各级部门应该有明确的分工，同级的不同部门应该相互协作并加强配合，集中力量开展农田基础设施建设工程。此外，应该建立第三方机构评估机制，约束地方的行为。

2. 与土地确权颁证工作相结合，充分发挥村民自治在农田基础设施建设中的作用

十八届三中全会以来，我国确定了土地承包权农民所有长期不变的原则，并在全国范围内开展土地确权颁证工作。农田基础设施建设涉及农民的土地承包权问题，事关农民的切身利益，必须要尊重农民意愿。土地确权颁证与农田基础设施建设相辅相成，我国台湾地区的成功就在于有效地将土地产权调整和农田基础设施结合在一起，因此这两项工作应该配合开展、互相补充。首先，必须让农民充分意识到农田基础设施建设的益处。其次，应该充分发挥村民自治的优势，一方面可以调动农民参与两项工程建设的积极性，另一方面可以通过非行政管理的方式解决项目开展过程中可能遇到的农民土地利益分配等问题。目前，我国农村中活跃的农民组织包括集体经济组织和合作经济组织，应该发挥这两大组织在广大农民中的领导带头作用，扩大这两大组织的职能并提高其水平；也可以成立专门负责农田基础设施建设的农民组织，形成自上而下的管理链条，可尝试由农民组织申请并开展农田基础设施的建设。日本、韩国和我国台湾地区的经验告诉我们，只有农民参与到这项建设中才能更高效地实现项目的目标。

3. 建设资金以政府为主导，辅以农民投资

农田基础设施建设的公共性要求资金的主要来源应该是政府，我国也应该如此。政府主导的投资模式并不意味着政府要完全承担建设的全部费用，与主张发挥村民自治在农田基础设施建设中的作用相适应的政策是鼓励或者要求农民自发进行投资。我国必须充分利用非政府资金才能扩大总的资金池，因此农民投资更不可少。日本、韩国和我国台湾地区成功的经验也证明了这条道路的可行性。我国农户数量众多，将农户的资金集中起来对于保障建设资金的充足意义重大。此外，农户投资后，会更加重视参与和管理农田基础设施建设，有利于工程的开展。同时，通过低息贷款或设立专项资金等方式缓解农户的资金负担。

4. 建立政府农民双重管理和维护的机制，促进持续发展

农田基础设施建设的效果是长期的，因此要用长远的目光去对待这项工程。首先，政府部门应该坚持对已经规划好的农田基础设施进行投资建设，不能轻易去中断甚至摧毁正在进行的项目，尤其在快速城镇化的背景下，不能让城镇的扩张成为农田基础设施建设的障碍。其次，政府应该主动去维护建设完成的项目，保障农田基础设施能够持续使用，并且应该根据农业经营体制的需要，进行适当的调整和改变。最后，要充分发挥农民在管理和维护农田基础设施中的作用。这一点与发挥农民的积极性相呼应，当农民真正参与到项目的建设中，并成为重要的投资主体后，他们自然会有对工程进行维护的动机。我国同样应该发挥农村自治组织的作用，最终建立政府和农民共同管理和维护的长效机制。

三、农民培训政策效应分析

我国政府高度重视农民工，尤其是新生代农民工结构性失业与低收入问题，2010 年中央一号文件明确要求采取有针对性的措施，着力解决新生代农民工问题。中央及各部委相继采取了一系列重大政策措施，大力开展农民工职业技能培训。由农业部牵头组织的"阳光工程"；由人力资源和社会保障部牵头组织的劳动力支撑就业计划；由教育部牵头组织的中等职业教育扩大招生计划；由科学技术部实施的"星火计划"及国务院扶贫开发领导小组办公室实施的"雨露计划"，这些职业技能培训项目大多以短期培训为重点，以实现农村劳动力科技文化素质总体上与我国现代化发展水平相适应为目标（韩俊等，2010）。因此，本书将分析职业技能培训对新生代农民工收入的影响。

在分析职业技能培训对新生代农民工收入影响时，一方面，由于职业技能培训是新生代农民工自我选择的结果，可能存在样本自我选择偏误问题；另一方面，由于收入不仅受到新生代农民工年龄、性别、受教育程度、健康状况等可观测因素的影响，还受到新生代农民工的社会关系、个人发展动机等不可观测因素的影响，如果忽略不可观测因素的影响，可能造成实证结果有偏。此外，职业技能培训作为提升人力资本的一种方式，它与正规教育一样，可以增加新生代农民工非农就业机会，提升收入水平（张照新和宋洪远，2002）。赵延东和王奋宇（2002）进一步指出，职业技能培训对农民工的重要性几乎不亚于正规教育。杨金风和史江涛（2006）认为，新生代农民工的文化素质更多地得益于正规教育，而技术素质则需要通过职业技能培训来提高。正规教育与职业技能培训在提高新生代农民工收入方面相辅相成，但是，对于不同受教育程度的新生代农民工，职

业技能培训的作用效果是否相同呢？如果作用效果不同，那么对哪些群体的作用更加明显呢？基于以上问题，本书将采用 PSM 方法，探讨职业技能培训对新生代农民工外出务工收入的影响，同时，进一步分析职业技能培训对不同教育程度新生代农民工收入增长影响的差异，为新生代农民工职业技能培训政策完善提供政策启示。

（一）研究方法

在农民工培训收入效应的定量研究中，周逸先和崔玉平（2001）采用描述性统计方法，比较了接受培训家庭与未接受培训家庭的人均年收入差异大约为 300 元；苏群和周春芳（2005）采用多元回归模型，通过设置虚拟变量，定量研究培训的收入效应。假设培训及其他控制变量与收入呈线性关系，那么，多元线性模型可以表示成如下形式：

$$Y_i = \gamma X_i + \delta T_i + \varepsilon_i \tag{8.1}$$

式中，Y_i 表示第 i 个农民工外出务工收入；T_i 表示第 i 个农民工培训状况，若接受培训为 1，否则为 0；γ 和 δ 为待估计的参数（或向量）；ε 为残差项。其中，培训的收入效应通过 δ 反映。Stefanides 和 Tauer（1999）与 Faltermeier 和 Abdulai（2009）分别指出，如果要通过 δ 精确测量培训的收入效应，那么，研究样本中，农民工培训与否必须是被随机安排的，但现实生活中，农民工培训与否是个体根据各种因素综合判断后做出的选择，是一种自我选择行为，甚至会受到一些无法观测因素的影响，如家庭的社会关系、个人的发展动机等。如果采用多元线性模型，一方面，样本存在选择性偏误；另一方面，无法观测因素将被包含在 ε 中，这就意味着 ε 与 T_i 相关，模型设置存在内生性问题，进而影响结论的有效性。解决样本自我选择偏误问题的标准方法是工具变量法和 Heckman 两步法。不过，Heckman 等（1998）、Dehejia 和 Wahba（2002）、Smith 和 Todd（2005）指出该方法具有严格的前提条件：回归方程必须是线性的；样本必须是异质的，即不存在收入相似但培训选择行为不同的个体。另外，Angrist 和 Krueger（2001）认为，在实证研究中挑选合适的工具变量的难度较大。

Rosenbaum 和 Rubin（1983）基于自然实验的想法，提出 PSM，并且首先在生物统计学中进行应用。James 和 Salvador（2004）认为 PSM 的缺陷是，计算倾向分时主要根据可观测变量，而不可观测变量同样可能影响培训选择行为，在实证分析中忽略不可观测变量可能造成匹配错误或者估计偏误。尽管如此，与 Heckman 两步法和工具变量法相比，PSM 解决了样本选择性偏误的问题。另外，Heckman 和 Vytlacil（2007）进一步指出，PSM 不需要对回归方程的形式及样本的分布进行假设，同时，也不需要对控制变量的外生性进行假定。对于

PSM 同样无法解决忽略不可观测变量而造成匹配错误或者估计偏误的问题，Ali 和 Abdulai（2010）认为，可以通过匹配以后的平衡性检验来弥补这个不足，如果匹配并没有显著降低不同选择行为个体的特征差异，那么，匹配的结果是失败的。Sianesi（2001）指出，可以通过比较匹配前后似然比检验的 p 值和 pseudo-R^2 值。匹配之后，似然比检验的 p 值在 10% 的置信水平上应该不显著，同时，pseudo-R^2 值应该降低。

PSM 是基于反事实的思想，将接受培训和未接受培训的新生代农民工分成两组，根据两组新生代农民工的特征进行打分，得分相近的新生代农民工配对成功。Rosenbaum 和 Rubin（1983）将倾向分定义为，在控制变量给定情况下，新生代农民工选择是否培训的条件概率：

$$p(X) \equiv \Pr(T=1|X) = E(T|X) \tag{8.2}$$

式中，T 代表培训与否，取值为 0 和 1；X 为其他控制变量构成的矩阵。如果每个接受培训的新生代农民工都可以通过代表个体特征的控制变量 X 进行定义，那么，同样可以通过由控制变量 X 计算而得的倾向分 $p(X)$ 进行识别。因此，新生代农民工培训的收入效应可以表示为

$$\begin{aligned}\tau &\equiv E\{Y_{1i} - Y_{0i}|T_i=1\} \\ &= E\left[E\{Y_{1i} - Y_{0i}|T_i=1, p(X_i)\}\right] \\ &= E\left[E\{Y_{1i}|T_i=1, p(X_i)\} - E\{Y_{0i}|T_i=0, p(X_i)\}|T_i=1\right]\end{aligned} \tag{8.3}$$

式中，τ 表示新生代农民工培训的收入效应；Y_{1i} 和 Y_{0i} 分别表示接受培训和未接受培训的新生代农民工的潜在工资。在对不同培训选择行为个体的倾向分进行匹配时，常用的方法为邻近匹配（nearest neighbors matching）法、半径匹配（radius matching）法和核匹配（kernel matching）法。其中，不同的方法还有不同的标准，邻近匹配法可以设置与邻近的一个或多个个体进行匹配；核匹配法可以设置不同的带宽（bandwidth）。

基于 PSM，王德文等（2008）、王海港等（2009）、张世伟和王广慧（2010）对我国农民工培训的收入效应进行了研究，但并未对模型的有效性进行检验，在一定程度上影响到最终结果的可靠性。张世伟和武娜（2013）借鉴 Horvitz-Thompson 的方法，根据一定标准删除部分样本，将倾向分控制在有效范围内，提高匹配的效率，但该方法有损害样本随机性的嫌疑。本书将在已有研究的基础上，采用 PSM 测算培训对新生代农民工务工收入的影响，重点通过似然比检验分析匹配的有效性问题，弥补以往研究的不足。

(二)变量选择及数据说明

1. 变量选择

王德文等(2008)与魏众(2004)已经证明作为人力资本重要组成部分的教育和健康状况对农民工的务工收入具有显著的影响。另外,新生代农民工的性别、年龄、户口类型、行业类型、雇用类型及所在地区等因素都有可能对其务工收入产生影响。本书将对这些可观测变量进行有效控制。各变量的设置及预期结果如下:教育状况用新生代农民工受教育年限表示,预期受教育年限越高,务工收入越高。健康状况采用新生代农民工自我认定的形式,分为优、良、中、差和丧失劳动能力五个等级,预期身体状况越好,务工收入越高。性别和年龄变量预期为较年长的男性新生代农民工更有可能外出务工并且获得较高的收入。户口类型用来区分那些在我国城镇化迅速发展的背景下,处在城市边缘被顺利市民化,但仍然从事农业生产的农民群体,预期他们比农业人口拥有更多外出务工的机会及获得更高收入的可能。行业类型和雇用类型同样会影响新生代农民工的务工收入,预期从事工业生产的新生代农民工收入相对较高;同时,具有稳定雇佣关系或自主经营的新生代农民工相对于打零工的新生代农民工将获得更高的收入。本书将行业分为农业、工业和服务业三个类型,设置两个虚拟变量;将雇用类型分为自主经营、稳定雇佣、打零工和其他类型,设置三个虚拟变量。另外,我国经济发展水平呈现东部沿海地区强、西部地区较弱的特点,在一定程度上可能影响新生代农民工的务工收入,本书按照国家统计局的口径,设置两个地区虚拟变量。关于新生代农民工的收入变量,考虑到很多新生代农民工并不存在稳定的雇佣关系,因此,以日平均工资来衡量他们的收入水平较为合理。笔者所选择的 12 个变量试图从各方面对可能影响新生代农民工收入的因素进行控制,从而提高倾向分的代表性与匹配的成功率。

2. 数据说明

本书研究实证部分所采用的数据来自全国农村固定观察点。全国农村固定观察点调查系统是 1984 年经中共中央书记处批准设立的,1986 年正式建立并运行至今,统计制度由国家统计局正式批准。目前全国农村固定观察点调查系统数据,包括除港澳台外的 31 个省(区、市),360 个行政村,23 000 个调查户。调查村主要根据分类抽样的方法确定,根据省(区、市)不同的村庄类型,区分山区、丘陵区和平原区;城郊区和非城郊区;富裕地区和贫困地区;农区、林区、牧区和渔区。在综合考虑各方面因素的基础上,每个省(区、市)都抽取 10 个样本村,每个村都抽取 70 个农户。笔者认为,该抽样方法比较科学和客观,所抽取的样本基本上代表了全国的情况。在具体应用中,本书使用全国农村固定观察点农户表中"家庭成员的构成及就业情况"的数据。2010年共调查了8万多农村人口的就业状况，本书在这部分样本中筛选了在 1980 年及以后出生且具有外出从业经历的个体，并删除无效样本，最终获得 6 704 个样本。充足的样本量为匹配的成功率及质量奠定了基础。

在 6 704 个外出务工样本中，有 774 个新生代农民工参加过非农职业技术培训，占样本总量的 11.5%，低于国家统计局公布的 2013 年的水平，也低于王海港等（2009）13%的调研结果。表 8.12 给出了培训组和未培训组收入及其他控制变量的差异性检验结果。从性别变量来看，外出务工人员中男性比重高于女性，并且，培训组中男性比重显著高于未培训组；年龄、受教育年限及健康状况显示，培训组中新生代农民工年龄相对较大、受教育程度相对较高且自我认定的身体状况较好。同时，接受过培训的新生代农民工从事农业的比重较低，从事工业和服务业的比重较高，被稳定雇用的比重较高，而打零工的比重较低。另外，中部地区新生代农民工接受过培训的比重更低，而西部地区则较高。

表 8.12 控制变量差异性检验结果

变量	未培训组	培训组	差异
性别（女=0；男=1）	0.636（0.006）	0.707（0.016）	−0.071***
年龄/年	26.497（0.061）	26.979（0.156）	−0.482***
户口（农业=0；非农=1）	0.052（0.003）	0.099（0.011）	−0.047***
受教育年限/年	9.087（0.033）	10.220（0.097）	−1.132***
健康状况（优=1；良=2；中=3；差=4；丧失劳动能力=5）	1.207（0.006）	1.173（0.015）	0.034**
从事农业相对于其他产业（其他=0；农业=1）	0.017（0.002）	0.006（0.003）	0.011**
从事服务业相对于其他产业（其他=0；服务业=1）	0.532（0.006）	0.536（0.018）	−0.004
自我经营相对于其他（其他=0；自我经营=1）	0.078（0.003）	0.087（0.010）	−0.008
稳定雇用相对于其他（其他=0；稳定雇用=1）	0.672（0.006）	0.760（0.015）	−0.088***
打零工相对于其他（其他=0；打零工=1）	0.212（0.005）	0.111（0.011）	0.101***
中部地区相对于其他地区（其他=0；中部地区=1）	0.392（0.006）	0.348（0.017）	0.045**
西部地区相对于其他地区（其他=0；西部地区=1）	0.289（0.006）	0.356（0.017）	−0.067***

***、**分别表示在1%、5%的水平下显著
注：括号中为标准误

（三）匹配质量检验及实证分析结果

PSM 主要分为两个步骤，首先采用概率模型计算培训组新生代农民工和未培训组新生代农民工的倾向分，其次根据倾向分进行匹配。为了保证匹配结果的稳定性，本书分别采用 Logit 和 Probit 两个概率模型计算倾向分。表 8.13 给出了两个模型回归的结果，模型的因变量是新生代农民工培训选择行为，1 表示接受

培训，0 表示未接受培训。表 8.13 的回归结果显示，性别、年龄、户籍、教育、行业类型及所在地区等变量均对新生代农民工是否选择培训产生显著影响，并且，各系数的符号与预期一致。其中，在 Probit 模型中，仅健康状况、从事服务业相对于其他行业及雇佣关系等变量未在 10%的置信水平上显著，两个模型的回归系数符号及显著性基本一致。

表 8.13 新生代农民工培训选择行为的影响因素分析

变量	Logit	Probit
性别	0.509***（0.068）	0.169***（0.044）
年龄	0.039***（0.118）	0.017**（0.004）
户籍	0.413***（0.118）	0.155**（0.083）
受教育年限	0.168***（0.012）	0.088***（0.009）
健康状况	−0.239*（0.145）	−0.077（0.052）
从事农业相对于其他产业	−0.839***（0.301）	−0.370*（0.221）
从事服务业相对于其他产业	0.044（0.064）	0.039（0.043）
自我经营相对于其他	0.313*（0.172）	0.048（0.124）
稳定雇佣相对于其他	0.255*（0.151）	0.019（0.105）
打零工相对于其他	−0.475***（0.166）	−0.330***（0.116）
中部地区相对于其他地区	0.412***（0.142）	0.112**（0.051）
西部地区相对于其他地区	0.391***（0.076）	0.271***（0.052）
常数项	−4.011***（0.241）	−2.609***（0.202）
伪最大似然比对数	−2 369.451	−2 282.696
沃得指数	235.95***	227.10***

***、**、*分别表示在 1%、5%、10%的水平下显著
注：括号中为标准误

根据表 8.14 中两个概率模型的回归结果，可以计算出接受培训组和未接受培训组中每个个体的倾向分。表 8.14 是根据两个概率模型回归结果计算的倾向分的描述性分析结果。从表 8.14 中可以看出，接受培训组中个体倾向分的取值范围不是未接受培训组倾向分取值范围的子集，最大值超过了上限。那么，在这种情况下，有可能很多样本匹配发生失败，所以，非常有必要对匹配的质量进行检验。

表 8.14 个体倾向分的描述性分析结果

模型	培训情况	样本数	均值	标准误	最小值	最大值
Logit	接受培训	774	0.147	0.071	0.023	0.452
	未接受培训	5 930	0.111	0.059	0.005	0.435
Probit	接受培训	774	0.147	0.070	0.022	0.436
	未接受培训	5 930	0.111	0.059	0.005	0.418

匹配质量的检验包括匹配前后各控制变量的检验及所有变量的综合检验。其中，各控制变量的检验标准是无论匹配前是否存在差异，匹配后应该没有显著差异；所有变量的综合检验标准是匹配后似然比检验的 p 值应该在10%的置信水平上不显著，同时，pseudo-R^2 值应该降低。本书为了提高结果的稳健性，分别采用两种方法四个模型进行匹配，每个模型均对应一种检验结果。表8.15为各控制变量匹配前后的差异性检验结果，表格中的数字是匹配前后接受培训组与未接受培训组各控制变量差异的百分数，其中，第二列为匹配前的差异，后四列为采用不同方法匹配后的差异。从整体上来看，匹配后各变量的差异性显著降低，并且大部分差异在统计意义上不显著，匹配质量较高。从不同匹配方法的比较来看，带宽为0.03的核匹配法与邻近5个单位的匹配方法较其他两种方法更好。此外，基于 Probit 模型匹配的差异性检验结果与表 8.15 中 Logit 模型差异不大，这里不再赘述。

表 8.15　各控制变量匹配前后的差异性检验结果

变量	匹配前	匹配后			
		NNM（1）	NNM（2）	KBM（1）	KBM（2）
性别	15.2***	-6.6	-5.8	0.5	1.6
年龄	10.7***	0.3	-2.7	0	0.8
户籍	18.0***	1.5	3.2	1.5	3.0
受教育年限	43.5***	0.7	2.6	3.1	6.4
健康状况	-7.9**	7.9*	7.2	-0.8	-1.1
从事农业相对于其他产业	-9.9**	3.6	1.7	0.6	0.1
从事服务业相对于其他产业	0.9	-3.9	-1.6	0	0.5
自我经营相对于其他	3.0	11.3**	9.2*	0.5	0.4
稳定雇佣相对于其他	19.6***	-6.3	-8.0*	-1.1	0.1
打零工相对于其他	-27.7***	-3.2	0.3	0.6	-0.9
中部地区相对于其他地区	-9.3**	1.6	-4.3	-1.9	-2.8
西部地区相对于其他地区	14.3***	0.6	3.5	1.4	3.0

***、**、*分别表示在1%、5%、10%的水平下显著

注：NNM: nearest neighbour matching，表示邻近匹配法，（1）表示匹配标准为邻近1个单位，（2）表示匹配标准为邻近 5 个单位；KBM: kernel matching，表示核匹配法，（1）表示带宽为 0.05，（2）表示带宽为 0.03

表 8.16 汇报了所有控制变量的总体检验结果，pseudo-R^2 值从匹配前的 0.048 下降为 0~0.007；似然比检验的 p 值从 231.55 下降为 0.61~14.97，并且对应的 p 值由在 1%的置信水平上显著到不显著；匹配后平均偏误也大大降低，降低幅度在 86.2%~95.9%。匹配前后相比，pseudo-R^2 值和平均偏误较大幅度的降低及似然比检验的 p 值由显著变为不显著，这些都充分说明倾向分匹配取得了成功。

表 8.16 匹配质量总体检验结果

匹配方法	概率模型	匹配前 pseudo-R^2	匹配后 pseudo-R^2	匹配前似然比检验值	匹配后似然比检验值	匹配前平均偏误	匹配后平均偏误	偏误降低比重
NNM（1）	Logit	0.048	0.007	231.55*** (p=0.000)	14.97 (p=0.243)	15.0	3.9	74.0%
	Probit	0.048	0.002	231.55*** (p=0.000)	4.38 (p=0.976)	15.0	2.6	82.7%
NNM（2）	Logit	0.048	0.005	231.55*** (p=0.000)	11.27 (p=0.506)	15.0	4.2	72.0%
	Probit	0.048	0.002	231.55*** (p=0.000)	4.70 (p=0.967)	15.0	3.0	80.0%
KBM（1）	Logit	0.048	0.000	231.55*** (p=0.000)	0.58 (p=1.000)	15.0	1.0	93.3%
	Probit	0.048	0.000	231.55*** (p=0.000)	0.61 (p=1.000)	15.0	1.1	92.7%
KBM（2）	Logit	0.048	0.001	231.55*** (p=0.000)	2.22 (p=0.999)	15.0	1.7	88.7%
	Probit	0.048	0.001	231.55*** (p=0.000)	2.19 (p=0.999)	15.0	1.8	88.0%

***表示在1%的水平下显著

注：NNM：表示邻近匹配法，（1）表示匹配标准为邻近1个单位，（2）表示匹配标准为邻近5个单位；KBM：表示核匹配法，（1）表示带宽为0.05，（2）表示带宽为0.03

以上的检验结果显示，本书研究的匹配质量较高，那么，基于该结果测算出的职业技能培训对新生代农民工收入的影响具有较高的可信度。在控制其他可能影响新生代农民工收入的可观测变量不存在显著差异的基础上，表8.17汇报了仅因为选择培训与否而导致的新生代农民工日平均工资的差异，该表采用邻近匹配法和核匹配法计算而得，同时，每种方法又分别使用两种不同的标准进行测算，以探讨结果的稳健性。从表8.17中可以看出，邻近1个单位匹配方法的结果并不显著，本书研究重点分析邻近5个单位匹配方法和核匹配法的计算结果。结果显示，2010年接受过职业技能培训的新生代农民工平均日工资为64.512元，在控制其他变量均相同的情况下，未接受培训的新生代农民工平均期望日工资在61.029~61.355元。那么，根据PSM的思想，以上两者之间的差额就是职业技能培训所导致的新生代农民工收入增长的部分，即2010年接受培训的新生代农民工每天都可以多获得3.157~3.483元。那么，月收入可以增加95~105元，增幅大约为5.9%[①]。这在一定程度上说明了我国启动的农民工培训项目有效提高了新生代农民工的收入水平。

表 8.17 职业技能培训对新生代农民工收入的影响

匹配方法	概率模型	接受培训的平均日工资/元	未接受培训的平均日工资/元	差额/元	标准误差	T值
NNM（1）	Logit	64.512	62.882	1.630	2.216	0.74
	Probit	64.512	61.563	2.950	2.236	1.32

[①] 国家统计局发布的《2011年我国农民工调查监测报告》显示，外出务工的月平均收入为1 690元。

续表

匹配方法	概率模型	接受培训的平均日工资/元	未接受培训的平均日工资/元	差额/元	标准误差	T值
NNM（2）	Logit	64.512	61.030	3.482**	1.601	2.17
	Probit	64.512	61.138	3.375**	1.633	2.07
KBM（1）	Logit	64.512	61.355	3.157**	1.264	2.15
	Probit	64.512	61.319	3.193**	1.467	2.18
KBM（2）	Logit	64.512	61.052	3.460**	1.463	2.36
	Probit	64.512	61.029	3.484**	1.462	2.38

**表示在5%的水平下显著

注：NNM：表示邻近匹配法，（1）表示匹配标准为邻近1个单位，（2）表示匹配标准为邻近5个单位；KBM：表示核匹配法，（1）表示带宽为0.05，（2）表示带宽为0.03

由于新生代农民工群体中有33.3%的人拥有高中及以上文化程度，有12.8%的人甚至拥有大专及以上学历，他们文化素质和专业技能本来就很高，那么，职业技能培训对他们的帮助可能不是很明显。本书研究将进一步验证职业技能培训对不同受教育程度群体收入的影响差异，进而为完善职业技能培训政策提供更多启示。按照新生代农民工受教育年限的差异，将其分为小学、初中、高中和大专及以上四个组，在控制其他影响因素的基础上，分别计算职业技能培训对不同组新生代农民工收入的影响。表8.18汇报了实证结果，该结果显示，职业技能培训显著提高了小学组和初中组新生代农民工的收入水平，而对高中组和大专及以上组的影响并不显著，并且，在小学组和初中组之间，职业技能培训对小学组新生代农民工收入的促进作用更大，日均工资增加10.592~11.215元，比初中组高3.813~5.956元。此外，本书从性别角度进一步分析了职业技能培训对新生代农民工收入的影响。实证结果显示，职业技能培训对新生代男性农民工收入具有显著的促进作用，而对新生代女性农民工收入并没有显著影响。因此，以上结果的政策含义是，未来我国职业技能培训的对象更多的应该是初中及以下学历的新生代农民工。

表8.18 职业技能培训对不同教育程度、不同性别新生代农民工收入的影响

指标		NNM（1）	NNM（2）	KBM（1）	KBM（2）
受教育程度	小学	6.759（9.661）	10.592*（5.573）	11.215**（5.040）	10.760**（4.984）
	初中	5.698*（3.177）	6.779***（2.206）	5.259**（2.089）	5.490**（2.086）
	高中	1.026（4.195）	−0.941（3.042）	−0.611（2.831）	−0.543（2.801）
	大专及以上	−5.212（6.075）	−1.276（4.560）	−2.083（4.314）	−1.550（4.251）
性别	女	−2.283（3.470）	−1.076（2.131）	−2.116（1.835）	−2.022（1.813）
	男	7.805***（2.481）	5.503**（2.072）	5.388***（1.910）	5.522***（1.895）

***、**、*分别表示在1%、5%、10%的水平下显著

注：NNM：表示邻近匹配方法，（1）表示匹配标准为邻近1个单位，（2）表示匹配标准为邻近5个单位；KBM：表示核匹配方法，（1）表示带宽为0.05，（2）表示带宽为0.03

（四）结论

21 世纪以来，我国劳动力的大规模流动，不仅为农业现代化发展创造了条件，也为城市经济增长做出了贡献，但新生代农民工结构性失业问题和低收入问题日益突出，引起了政府部门的高度关注，中央及有关部门启动了多个新生代农民工职业技能培训项目。在此背景下，本书采用全国农村固定观察点 2010 年 6 704 个有外出务工经历的新生代农民工数据，通过引入 PSM，纠正以往模型未能有效解决的样本自我选择偏误问题，测算职业技能培训对新生代农民工收入的影响。同时，针对以往文献在使用该方法时对匹配质量不做检验或检验不足的问题，尤其注重对匹配前后各变量的差异性及总体差异性的检验。检验结果表明，匹配之后接受培训组和未接受培训组各控制变量的差异性显著降低，总体检验的似然比检验的 p 值和平均偏误也大幅下降，匹配质量较高。在此基础上，根据各控制变量计算的倾向分对接受培训组和未接受培训组中的个体进行匹配比较发现，在保持个体其他控制变量相似的情况下，新生代农民工平均每天的工资因为职业技能培训而增加 3.157~3.483 元，每个月工资的增幅大约都为 5.9%，这说明我国实施的新生代农民工职业技能培训项目取得了较好的效果。此外，由于新生代农民工中具有高中及以上学历的比重较高，而这些人本来就具有较高的职业技能，所以，职业技能培训对其收入增长的促进作用可能不明显。本书研究的实证结果显示，职业技能培训主要对具有小学和初中学历的新生代农民工收入增长起到促进作用，并且前者收入增长的幅度更大。本书还尝试了不同的匹配方法和概率模型以分析结果的稳健性，结果显示，各种方法得出的结论基本一致。

根据以上研究结论，本书认为，在我国大力推进城镇化和农业现代化建设的同时，应该注重对农村剩余劳动力的职业技能培训，提升他们的专业技术素质与收入水平。同时，职业技能培训对象应该逐渐聚焦，从提高收入的视角，应该重点培训学历相对较低的新生代男性农民工，为他们提供更多的培训机会，实现剩余劳动力及时有效转移，进一步提高劳动力资源的配置效率。

四、绿色生态导向的政策效应分析

农村地区出现的农作物秸秆大面积焚烧现象，不仅造成了资源的极大浪费，而且对生态环境和人类生活带来了很大的负面影响。据估算，在一些极端污染事件中，秸秆焚烧对 $PM_{2.5}$ 的贡献有可能超过 45%（袁立明，2015）。这一问题也引起了政府的重视，相继出台了一系列的秸秆禁烧与综合利用支持政策，主要有以下几个方面。

（一）秸秆禁烧政策

1999 年国家出台了《秸秆禁烧和综合利用管理办法》，以法规的形式，明确了秸秆禁烧工作的重要性，主要有以下几点禁烧要求：一是在地方各级人民政府的统一领导下，各级环境保护行政主管部门会同农业等有关部门负责秸秆禁烧的监督管理，农业部门负责指导秸秆综合利用的实施工作。二是禁止在机场、交通干线、高压输电线路附近和省辖市（地）级人民政府划定的区域内焚烧秸秆；秸秆禁烧区范围：以机场为中心 15 公里为半径的区域；沿高速公路、铁路两侧各 2 公里和国道、省道公路干线两侧各 1 公里的地带。三是对违反规定在秸秆禁烧区内焚烧秸秆的，由当地环境保护行政主管部门责令其立即停烧，可以对直接责任人处以 20 元以下的罚款，造成重大大气污染事故，导致公私财产重大损失或者人身伤亡严重后果的，对有关责任人员依法追究刑事责任。

2007 年国家出台了《关于进一步加强秸秆综合利用禁止秸秆焚烧的紧急通知》，主要思想是继续坚持"疏""堵"结合，以"疏"为主的方针，提倡以综合利用方式缓解禁烧压力，也提出通过宣传培训、媒体舆论与监督，引导、教育农民群众，转变观念，采用综合利用措施处理秸秆。

2013 年国家发展和改革委员会、农业部、环境保护部共同出台《关于加强农作物秸秆综合利用和禁烧工作的通知》，落实了责任制：建立秸秆综合利用和禁烧目标责任制，并分解落实到相关部门，明确分工、落实责任，加强监管。落实目标任务，形成倒逼机制。加大对农作物收获及秸秆还田收集一体化农机的补贴力度；扩大秸秆养畜、保护耕作、秸秆代木、能源化利用支持规模；研究建立秸秆还田或打捆收集补助机制。

2015 年出台的《中华人民共和国大气污染防治法（修正案）》中明确指出：省、自治区、直辖市人民政府应当划定区域，禁止露天焚烧秸秆、落叶等产生烟尘污染的物质。违反本法规定，在人口集中地区对树木、花草喷洒剧毒、高毒农药，或者露天焚烧秸秆、落叶等产生烟尘污染的物质的，由县级以上地方人民政府确定的监督管理部门责令改正，并可以处五百元以上二千元以下的罚款。

（二）秸秆综合利用支持政策

1992 年国家开始实施秸秆养畜示范基地建设，使用农业综合开发资金进行扶持，举办培训班具体指导和帮助农牧民掌握科学饲养技术，金融部门安排农业政策性贷款，实现产加销产业化经营。

2008 年国务院办公厅出台《关于加快推进农作物秸秆综合利用的意见》，提出加大政策扶持力度：一是加大资金投入。对秸秆发电、秸秆气化、秸秆燃料乙醇制备技术以及秸秆收集贮运等关键技术和设备研发给予适当补助。将秸秆还田、青贮等相关机具纳入农机购置补贴范围。对秸秆还田、秸秆气化技术应用和生产秸秆固化成型燃料等给予适当资金支持。对秸秆综合利用企业和农机服务组织购置秸秆处理机械给予信贷支持。鼓励和引导社会资本投入。二是实施税收和价格优惠政策。把秸秆综合利用列入国家产业结构调整和资源综合利用鼓励与扶持的范围，针对秸秆综合利用的不同环节和不同用途，制定和完善相应的税收优惠政策。完善秸秆发电等可再生能源价格政策。

2015 年出台的《中华人民共和国大气污染防治法》提出对秸秆、落叶等进行肥料化、饲料化、能源化、工业原料化、食用菌基料化等综合利用，加大对秸秆还田、收集一体化农业机械的财政补贴力度。2015 年，因为秸秆禁烧情况还未杜绝、秸秆综合利用水平较低，国家又出台了《关于进一步加快推进农作物秸秆综合利用和禁烧工作的通知》，完善落实有利于秸秆利用的经济政策，财政投入方面：各地根据实际情况，统筹各方面资金加大秸秆有机肥、秸秆还田、秸秆养畜补贴力度，以及对秸秆综合利用项目给予支持。秸秆焚烧严重的地区，要加大财政性资金支持力度，用于秸秆综合利用和禁烧工作。税收方面：落实好秸秆综合利用税收优惠政策切实促进秸秆资源化利用。研究将符合条件的秸秆综合利用产品列入节能环保产品政府采购清单和资源综合利用产品目录。金融信贷方面：鼓励银行金融机构结合综合利用项目特点，创新金融产品和服务，按照风险可控、商业可持续原则，积极为秸秆收储和加工利用企业提供金融信贷支持。贯彻执行有利于秸秆利用的土地和用电政策。土地政策：秸秆收储设施用地、空闲地、废弃地等，原则上按临时用地管理，属于永久性占用的，按建设用地依法依规办理审批手续。电价方面：粮棉主产区和大气污染防治重点地区秸秆捡拾、打捆、切割、粉碎、压块等初加工用电纳入农业生产用电价格政策范围，降低秸秆初加工成本。开展秸秆综合利用教育培训。各地要强化秸秆禁烧和利用意识，在农业职业教育和新型职业农民培训中，加大秸秆综合利用实用技术推广和操作人员培训力度，提高技术普及率。充分发挥舆论导向宣传作用。各地要充分利用广播、电视、互联网等媒体开展秸秆利用和禁烧的专题系列报道，大力宣传秸秆综合利用重要意义、政策措施和典型经验以及露天焚烧的危害性。

2016 年，农业部和财政部出台《关于开展农作物秸秆综合利用试点 促进耕地质量提升工作的通知》，为了贯彻落实中央一号文件精神和中央关于加强生态文明建设的战略部署，中央财政继续支持耕地保护和质量提升工作，并选择部分地区重点开展农作物秸秆综合利用试点，推动地方进一步做好秸秆禁烧和综合利用工作，保护和提升耕地质量，实现"藏粮于地、藏粮于技"。

农业部为提升东北秸秆综合利用水平，印发了《东北地区秸秆处理行动方案》，推出一批政策，强化发展动能。推动政策落实。贯彻落实好国家发展改革委、财政部、农业部、环境保护部《关于进一步加快推进农作物秸秆综合利用和禁烧工作的通知》（发改环资〔2015〕2651号）要求，推动落实财政投入、税收优惠、金融信贷、用地、用电等政策。完善配套政策。各地结合实际情况，研究出台秸秆运输绿色通道、秸秆深加工享受农业用电价格、还田离田补贴等政策措施。培育新型主体。鼓励引导龙头企业、专业合作社、家庭农场、种养大户等新型经营主体，发展以秸秆为原料的生物有机肥、食用菌、成型燃料、生物炭、清洁制浆等新型产业。

虽然在政府禁烧政策的"强堵"和秸秆综合利用"广疏"的双重作用下，农作物秸秆综合利用和禁烧工作取得了积极进展，但秸秆处理问题仍未彻底解决。秸秆综合利用的方式有"五化"（秸秆肥料化利用、能源化利用、饲料化利用、工业原料化利用和基料化利用），而秸秆机械化还田的方式因其具备增加土壤肥力、改善土壤结构、促进农业可持续发展、避免秸秆焚烧的环境负外部性（王丽伟等，2015）等多重经济与生态效应，在秸秆综合利用中扮演着重要的角色，应是当今乃至今后秸秆资源综合利用的重要渠道。近几年秸秆机械化还田的实施效果也较为明显，如江苏省秸秆机械化还田面积从2007年的1 500万亩（占全省稻麦种植面积的比例不超过25%），增加至2017年的超过4 000万亩，秸秆机械化还田比例大幅增加。

我国秸秆机械化还田的推进是通过政府发放机械化还田补贴来实现的，也就是政府对采用秸秆机械化还田这种生产方式的农户付费。这种行为在国际上广泛的说法是生态补偿或生态服务付费（payments for ecological services，PES），即生态环境管理的市场化，将生态服务作为一种可交易的商品在需求方与供给方之间按照一定的方式进行合理的市场交易。它作为一种基于市场的有效的生态环境治理的方法，已经成为以美国为代表的一些国家治理生态环境问题的常见手段，其购买机制也已趋于成熟完善。根据所购买服务的不同及服务地区的差异等，生态服务付费的方式也表现出多样化的特点。我国的秸秆机械化还田补贴属于典型的生态服务付费的范畴，为此，笔者试从生态服务付费的视角对我国的秸秆机械化还田补贴政策进行探析，国外丰富的实践经验对于我们在这方面的探索具有积极的借鉴意义。

基于生态环境保护，实现农业可持续发展而在我国推广应用的秸秆机械化还田技术毫无疑问是一项生态环境友好型的技术。而对于秸秆还田的补贴亦可看作由政府对应用此项技术所带来的正向生态效应进行付费，是我国政府对生态服务进行付费的典型代表。根据补贴对象不同，我国的秸秆机械化还田补贴政策有两种模式：一种是直接补贴一定资金给按要求采用秸秆机械化还田的农户；另一种是补贴给按要求实施秸秆机械化还田的农机服务组织或农机户（农机服务组织或农机户作业收费时，在当地作业市场价格基础上扣除财政作业补助金额）。

两种模式的付费主体都是政府,付费的客体也很明确,就是秸秆机械化还田技术。两种模式下政府付费的流程基本相同,主要是由政府相关部门规定秸秆还田作业的标准及补贴金额,然后由农户(农机服务组织或农机户)自愿申请签订作业合同,经第三方核查单位对作业情况进行核查后,由县级政府按照核查的结果支付资金。其中第三方核查单位由政府通过向社会机构公开招标而选出。

两种生态服务付费方式的区别就在于向农户付费的方式中,是否选择秸秆机械化还田的方式由农户自愿申请,然后由农户自己去联系农机服务组织或农机户进行秸秆还田作业。而向农机服务组织和农机户付费的方式中,政府直接与农机服务组织签订合同,再由农机服务组织自行规划开展后续的秸秆还田作业。这两种政府对生态服务付费的模式不仅在形式上存在差异,其内在的付费机制也是截然不同的。

两种生态服务付费方式的内在机制。政府直接向采用秸秆机械化还田的农户付费的模式与国外普遍实施的政府向按要求实施秸秆机械化还田的农机服务组织或农机户付费的模式相似,是政府付费模式下对生态服务提供者最直接的激励,生态行为最易体现,但这种方式存在对农机服务组织高质量作业激励不足的问题。而向按要求实施秸秆机械化还田的农机服务组织或农机户付费的模式中,政府与农机服务组织直接签订作业合同。农机服务组织或农机户作业收费时,先在当地作业市场价格基础上扣除财政作业补助金额,待作业结束经第三方检查单位核查后再由财政部门付费给农机服务组织。这种方式看似是向农机服务组织付费,实质上还是补偿了提供生态服务的农户,但这种方式给予农机服务组织以直接的激励,农机服务组织在还田作业时更具主动性,发挥的作用更加突出,同时农机服务组织在还田作业的数量与质量上受到政府合同及第三方核查机制的约束,对农机服务组织提出了更高的要求。

付费对象不同引发利益相关方行为的不同。向农户付费的方式给予农户直接的激励,使农户倾向主动采用机械化还田的方式,当然其前提是政府付费的金额达到农户可接受的水平。这种方式下农户具有选择农机服务组织的主动权,对于农机服务组织的选择也多倾向农户的偏好或习惯。此外,受作业合同的制约,农户会更加注意还田作业的质量监督或者在选择农机服务组织时更加注重服务质量,以免造成自身利益的损失。向农机服务组织或农机户付费的方式,虽然其本质还是补偿了提供生态服务的农户,并没有给予农机服务组织资金上的支持,但这种方式赋予农机服务组织更大的选择和发挥空间,在利益最大化的驱使下,农机服务组织倾向提升组织内部的业务能力和服务质量。在这种方式下,农机服务组织受合同的制约,倾向高效、高质量作业,在如约完成作业任务上起决定性作用。农机服务组织的业务能力也成为影响农户选择机械化还田的因素之一。

两种付费方式下的秸秆还田效果。向农户付费的方式中,主要由农户自己选择农机服务组织，与之协商农机服务的具体时间与内容，这种情况下农户一般较为分散，农机服务组织的作业也很难集中连片开展，造成作业的低效率。在秸秆收获时间较为集中的情况下，整体还田作业的低效率更会被放大，而且服务组织高质量作业的激励不足，农户受合同制约，也会付出一定的监督成本。

向农机服务组织付费的方式中，农机服务组织在作业过程中起主导作用，较容易根据作业计划和作业时间统筹全局，做好规划安排，有利于秸秆还田作业的规模开展和整村推进，避免了小户分散作业产生的额外成本，而且农机服务组织受到作业合同的约束，具有高效、高质量作业的内在动力，农户也不用付出额外的监督成本。

第六节　国际农业支持政策经验分析

一、国际农业支持政策的比较制度分析

按照速水佑次郎和神门善久（2003），第二次世界大战以后国际上存在三种农业问题：第一种为发展中国家的粮食问题。在发展中国家的工业发展初期，政府为了工业产业的资本积累，对农业征税剥削，为工业等现代产业提供工资性商品，此类以亚非拉等国家为代表。第二种为发达国家农业调整问题，对农业资源投入过多导致资源错配的问题，此类国家以当下的美国和欧盟为代表。第三种为介于两者之间的中等收入国家的农村相对贫困问题。工业生产率相对农业生产率增长较快，农业比较优势下降，农民收入相对减少，政府面临的问题是如何实现廉价农产品供给并防止农民收入相对减少。

第一种和第二种农业问题，最典型的当属东亚国家中国和日本。在国家工业化发展初期，政府为了积累原始资金不得不向农业征税，汲取财政资金，为工业发展提供原料和资本。当工业化道路实现之后，国家拥有了雄厚的工业基础，实现稳定和强大的财政基础，对农业的支持和保护便会被提上日程，价格支持和直接补贴等各种支农政策得以实施，但是具有扭曲市场的价格支持政策会造成较多问题，如生产过剩和库存高企等问题，政府也会适时对农业支出政策进行改革以面对新形势下的农业农村新局面。关于日本的农业政策转变，速水佑次郎和神门善久（2003）、安德森和速水佑次郎（1996）提供了最为翔实的论证和规律性总结。日本的工业化进程相较中国更早一些，其在 19 世纪进行的明治维新，与多数发展中国家追求工业化道路采取的政策相似，在工业化初期为产业发展积累资本的源泉也是从农业开始，通过改革地税制度确立政府的财政基础，然后为产业

发展提供稳定财政收入来源,其改革是将按作物收成比例征收的实物税改成按土地价格征收的近代土地税制,改革结束时的19世纪80年代,地税收入已经占到政府总收入的70%,而且大多为农地征收而来,这些收入成为当时日本政府发展工业的重要原始资金。到明治中期,大多数地主自己耕种土地,随着工商业的发展,地主的地租收入大部分或投资于非农产业或用于子女教育费用,农业部门的人力和物资就转移到非农产业。由此可见,在日本的工业产业发展初期,农业为工业部门提供了大量资源,政府无疑在其中扮演关键性的推动作用。自然地,随着工业产业发展及农业比较优势下降,农业部门不得不依靠政策支持得以健康持续发展。第二次世界大战之前,随着工业发展进步,以大米市场为例,日本政府对其进行支持保护,一方面采取关税措施,限制数量,另一方面实施政府的直接采购支持米价。除此之外,日本政府采取财政支持农业措施,包括各种基础设施建设、整治清算农民债务等各种支持措施,这一阶段,尽管采取支持保护手段,但是力度相对较小。第二次世界大战之后,日本经历了一场快速的工业化进程,农业生产率增速低于快速增长的工业生产增速,农业比较优势的快速下降,使得日本政府通过设置进口壁垒及价格补贴和收入补贴加大对农业的支持和保护。日本政府于1942年颁布《粮食管理法》控制大米、小麦等农作物,从生产到消费实现政府控制,从价格和数量进行监管,长期实施的价格管制和贸易保护,使得大米国内价格远远高于国际价格,同时造成国内大米市场的生产过剩。大米的严重过剩及其导致的财政压力,宣布1942年《粮食管理法》的失败。面对新形势,日本政府开始将价格支持政策转向农业农村的基础设施投资。

为了快速工业化,我国在1953年对粮食实行统购统销制度,同时对农产品增加税收,为国家的工业化提供资金支持。1978年改革开放后,实行家庭联产承包责任制,提高农产品价格、给农业生产自主权、改革统购统销制度和开放农产品、劳动力及资本市场等一系列农村经济政策,但是对农业的征税措施直到2006年1月1日废止《中华人民共和国农业税条例》才停止。改革开放以来尤其是20世纪90年代以来,我国工业化进程速度惊人,这一阶段随着我国经济的快速发展,农业对工业的资源贡献任务基本完成。随着工业发展日益强大,依靠工业基础使得财政支农基础强大,对农业支持保护阶段来临。农业税废除的同时,支农惠农的系列农业支持政策逐步实施,包括稻谷、小麦的最低收购价制度及玉米、大豆、油菜籽等产品的临时收储政策,实施采取直接支付的方式的四项直接补贴,即种粮直补、农资综合补贴、农机具购置补贴和农作物良种补贴。当然价格支持及相关政策长期运行,逐渐暴露出诸多问题。例如,近些年我国农业发展面临产品品质不高、部分农产品生产过剩和生产不足并存、农产品库存高企、农业经营规模不大、环境与生态压力大、支持政策效率不高等方面的问题,新形势下政府应对农业支持补贴政策进行改革。

第三种农业问题是发达国家产业部门之间的资源错配导致的农业生产过剩，政府不得不采取价格支持、补贴等系列政策予以支持，维护农场主的收入稳定。尽管存在政府的支持补贴，但是生产过剩的幽灵还是时刻围绕在农业生产者身上。发达国家农业存在一个恶性循环，政府依靠生产控制与价格支持补贴维持农场主收入稳定，但是政策激励导致农业生产者生产更多粮食，生产过剩再次出现，农产品价格下降导致农场主再次收入下降，此时政府再次出手进行控制，稳定价格和补贴农场主。尽管随时间推移，农业支持政策代名词有所差异，但是只要发达国家产业之间资源错配的根源不改变，其农业生产过剩的结果就不会改变，政策的实质也不会改变，政府只得以财政转移的方式实现控制，不断以饮鸩止渴的方式重复政策。大萧条以来，美国的农业政策历史就是持续不断地与农业生产过剩斗争的历史。美国作为耕地资源丰富、人少地多、家庭规模化经营、农业资源禀赋丰富、农业生产率增长较快的国家，其农业政策的目标就在于控制过剩，确保农民收入稳定增长。1933年美国全面实施价格支持政策，生产技术进步使得农业生产量不断增加，对农业的价格支持不是鼓励生产而是限制生产，对于农民因消减种植面积或者屠宰牲畜的损失，政府予以补贴。此外，包括向学校、社区、贫困者提供食物，设立生产限额等各种限制措施。第二次世界大战后，随着生产技术不断进步，农业生产率不断提高，生产过剩问题如幽灵一般反复围绕在美国农业发展路径上，为了确保农民收入增长及与城市居民享有同等的生活水平，美国政府在严格的生产控制和更高水平价格补贴支持之间寻找平衡，实现增加农民收入和减少供给过剩的艰难平衡。1973~2018年，美国农业政策内容开始转向直接支付补贴和风险管理，主要为差额补贴和保险项目，市场化趋势明显，但是一旦农民收入出现波动，政府就会出台紧急措施，给予补贴，下一周期农业法案即采取更加保守的补贴和支持政策。

二、基于OECD数据的主要国际政策比较分析

由于资源禀赋、经济发展阶段、工农生产率差异，不同国家的农业支持政策差异较大。OECD成员多为发达经济体，其农业支持数据所反映的多是不同资源禀赋条件下，经济发展程度近似的农业支持现实。而对于中国、南非、俄罗斯、菲律宾、越南等快速发展的新兴国家，这些国家既有中等收入国家，也有发展经济体，其农业支持方式和强度与OECD国家存在差异，呈现有别于OECD国家的差异化内容，因此将这些国家的支持数据纳入分析中，我们可以得到一个相对全面的国际支持政策内容，一个涵盖发达经济体、中等收入国家及相对滞后发展经济体的国际农业支持政策实践。下面，我们将分析OECD国家及巴西、中国、哥

伦比亚、哥斯达黎加、哈萨克斯坦、菲律宾、俄罗斯、南非、乌克兰和越南在内的 10 个新兴国家的农业支持政策。

(一) OECD 国家农业支持政策总体结构及变化趋势

1. 农业总支持占 GDP 的比重呈现下降趋势

对于 OECD 国家总体而言，农业总支持占 GDP 的比重从 1986~1988 年的 2.8%下降到 1995~1997 年的 1.5%，到 2011~2013 年，该比重仅为 0.8%。而对于每一个国家，都表现了这样的趋势，这反映出农业部门在各国经济中的重要程度是不断下降的。从 TSE 的绝对量来看，并不是所有的国家都呈现出下降的趋势，即有些国家对农业的财政支持在提高。对于土耳其、韩国而言，农业总支持占 GDP 的比重仍然超过了 2%，日本及冰岛则超过了 1%（图 8.15）。

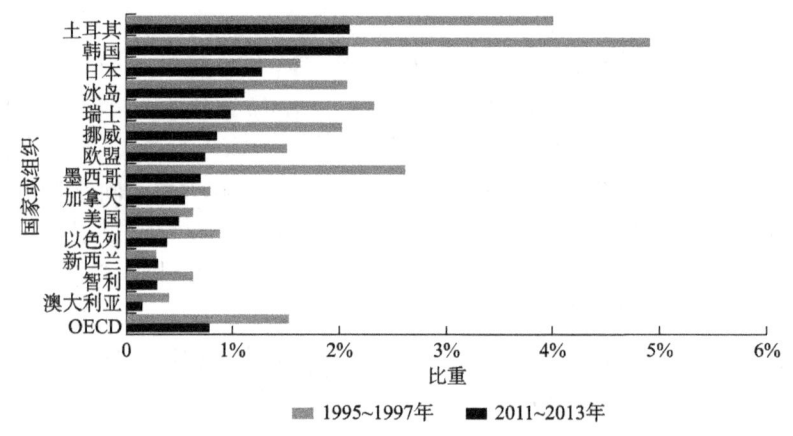

图 8.15　1995~1997 年及 2011~2013 年 OECD 国家农业总支持占 GDP 的比重变化
资料来源：OECD 官网

2. 生产者支持占农业总收入的比重呈现下降趋势

总体来看，生产者支持占农业总收入的比重呈现下降趋势。根据图 8.16，2011~2013 年，OECD 国家生产者支持占农业总收入的比重已经低于 20%，但是不同国家之间生产者支持占农业总收入的比重差异非常大，其中挪威、日本、瑞士、韩国、冰岛生产者支持占农业总收入的比重仍处于高位，均超过 40%，前四个国家更是超过了 50%。在 2013 年，各国生产者支持占农业总收入的比重变化趋势也有所差异。其中，部分国家出现下降，部分国家变化并不显著，但是韩国生产者支持占农业总收入的比重出现了较明显的上升。

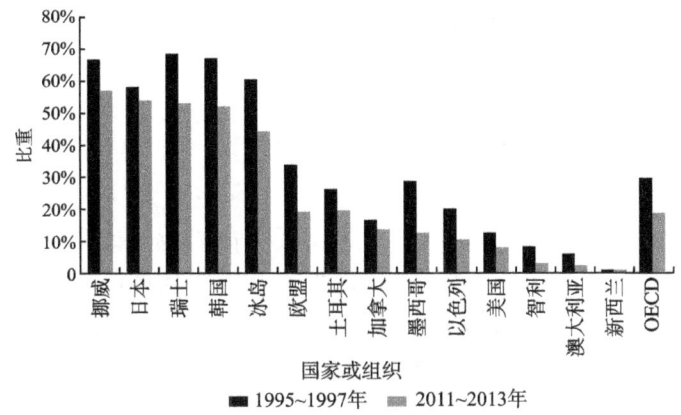

图 8.16　1995~1997 年及 2011~2013 年 OECD 国家生产者支持占农业总收入的比重变化
资料来源：OECD 官网

3. 生产者支持仍以基于产出的支持为主，但脱钩支付比例增高

根据 OECD 农业支持数据绘制出图 8.17，结果表明，尽管各国的生产者支持占农业总收入的比重总体上都有下降的趋势，但是各国的生产者支持的结构差异很大。日本、韩国、挪威、冰岛、瑞士等国仍然主要依靠基于产出的农业支持，这种支持主要是通过边境保护（关税、配额等）、国内价格支持或者按单位产出进行补贴的方式来实现，此类支持政策给生产和贸易带来的扭曲最大。从 OECD 的总体来看，基于产出的农业支持也占据了主要的份额，是各国农业支持政策的主要内容。

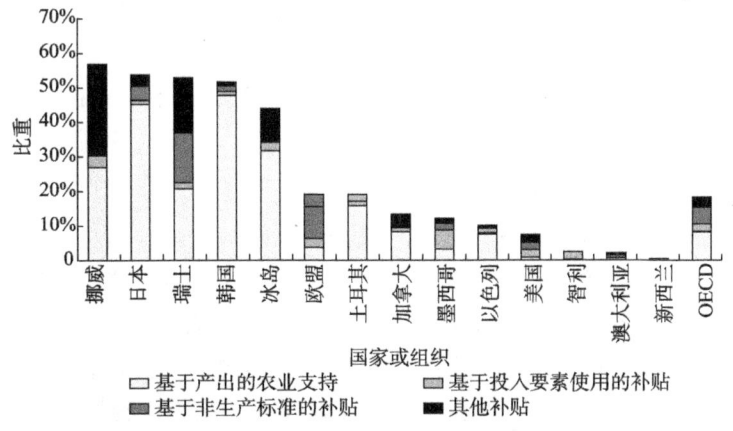

图 8.17　2011~2013 年 OECD 国家生产者支持结构图
资料来源：OECD 官网

尽管价格扭曲政策仍是农业支持政策的主要内容，但是当前 OECD 的农业支持政策也呈现出减少扭曲、使用脱钩支持的趋势。例如，欧盟的脱钩支付已经成为该地区生产者支持政策的最重要组成部分，使用脱钩支付的价格支持估计量比例超过了60%。此外，澳大利亚、瑞士、美国、挪威等国的脱钩支付有了巨大的发展，接近或者超过了全部价格支持估计量的50%。

不过，不同国家在脱钩支付政策的选择上存在较大的区别，欧盟和澳大利亚主要选取与当期投入数量、产量、收入等无关的农业支持政策，而美国、挪威主要选取与当期投入数量、收入无关的，但保障农民最低产量的农业支持政策，两者差异便在于是否与当期的生产有关、是否对产量有要求。1995~1997 年及 2011~2013 年 OECD 国家生产者支持结构变化图见图 8.18。

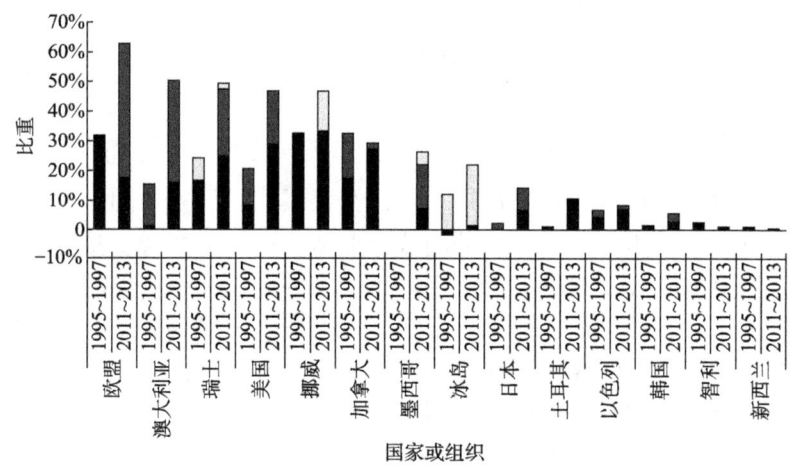

图 8.18　1995~1997 年及 2011~2013 年 OECD 国家生产者支持结构变化图
资料来源：OECD 官网

4. 农业综合服务支持的变化

OECD 国家总体的农业综合服务支持占 TSE 的比重从 1986~1988 年的 9%增长到了 1995~1997 年的 13.5%，但到 2011~2013 年又出现了部分下降，为 13%。各国对农业综合服务支持的重视程度还不够。农业综合服务支持占各国 GDP 的比重一般在 0.05%~0.15%，但新西兰、韩国、日本分别达到 0.21%、0.24%、0.20%。2011~2013 年 OECD 国家农业综合服务支持结构图见图 8.19。

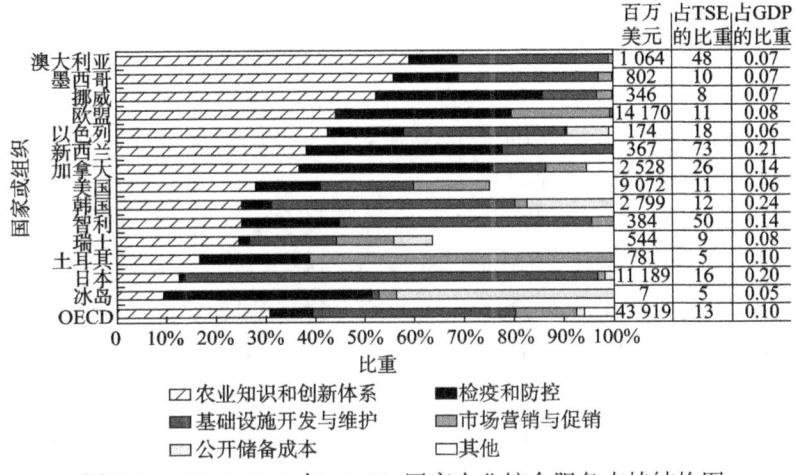

图 8.19　2011~2013 年 OECD 国家农业综合服务支持结构图
资料来源：OECD 官网

此外，各国在农业综合服务支持的结构上存在着较大的差异。例如，澳大利亚、墨西哥、挪威、欧盟及以色列对农业知识和创新体系最为重视；日本、韩国和智利更重视农业基础设施，尤其是灌溉设施的建设。

5. 消费者支持总体为负方向，即消费者通过缴税向生产者提供支持

根据 OECD 农业支持数据绘制图 8.20，结果显示，消费者支持总体为负，说明消费者承担了支持生产者的成本。对于 OECD 国家而言，只有美国对消费者的支持是正的，其他国家都为负。不过，各国对消费者的支持基本是在增加的。很多国家有对消费者的支持项目。例如，美国的国内食品援助计划（Domestic Food Aid Programmes）、欧盟的食品支持计划（Food Assistance Programmes）、韩国的牛奶消费补贴（Milk Consumption Subsidy）等。

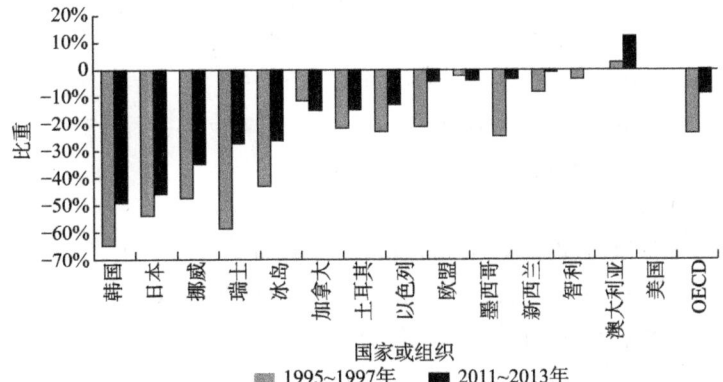

图 8.20　1995~1997 年及 2011~2013 年 OECD 国家消费者支持占消费总支出的比重变化
资料来源：OECD 官网

（二）美国农业政策支持水平及主要举措

1. 美国农业支持政策主要政策工具

2008年的《食物、储存和能源法案》（《2008年农业法案》）是2008~2013年农业政策的立法基础。一个新的农业法案——《2014年农业法案》于2014年2月7日颁布。其中，农作物的主要政策工具包括：直接支付、反周期支付（counter-cyclical payment，CCP）、平均作物收入选择（average crop revenue election，ACRE）和价格支持条款（通过对谷物、高地棉花、油料、花生和豆类的非救援市场贷款实现）。直接支付基于先决比例和历史产量，反周期支付基于现价和历史产量，平均作物收入选择基于种植面积和基准收益的移动平均值。

总体来看，环境政策成为美国下一阶段农业政策的重心，易受侵蚀的农田将越来越受到保护，可以适时进行长期休耕或将它们转变成湿地；同时，美国政府鼓励种植户、养殖户通过更为环境友好的方式从事农业种植或畜禽生产。此外，美国政府通过税收优惠、进口关税和消费需求引导不断促进乙醇工业发展。

《2014年农业法案》使得大宗商品项目发生重大变化，增加了新的农作物保险选项，简化了农地保护计划，修改了一些关于营养补充援助计划（原名：食品券计划）的规定，支持生物能源发展计划。该法案结束了基于历史生产的固定年度支付，在农作物保险中剔除了高地棉花，同时引入了一个新的乳制品保证金保险计划。

2. 美国农业支持政策具体措施

1）农产品受灾援助计划

粮食援助计划（Food Assistance Program，FAP）划拨5.5亿美元，用于补贴生产商2009年在过度潮湿或相关条件下造成大米、陆地棉、大豆和红薯的损失。生产商需证明自己在2009年的损失至少达到5%。针对符合条件的生产者，政府基于预先确定的付款率乘以生产者的种植面积，确定最终补贴额：长粒大米支付率31.93美元/英亩，中/短粒大米31.93美元/英亩，大豆15.62美元/英亩，红薯155.41美元/英亩，陆地棉17.70美元/英亩。

2）农作物保险

美国风险管理机构（Risk Management Agency，RMA）于2010年与保险公司就农作物保险重新谈判形成了新保险协议。新保险协议总体上维持了之前的协议所规定的管理和补贴结构，但政府通过限制具体行业可以接受的A&O（April & October，四月和十月）支付水平，剔除了以大宗商品飙升之后的价格为基础支付的可能性。在RMA提供的条款下，预计保险公司的平均长期回报率将降至

14.5%。RMA 还回到各州对风险更大的企业进行止损,从而为保险公司提供更多的保护。此外,新保险协议在 2010~2020 年将实现 60 亿美元的储蓄,其中 2/3 将用于联邦赤字融资,其余 1/3 将优先支持风险管理项目和保护计划。

3)环境保护计划

在环境保护方面,2010 年 5 月美国通过了转变激励计划(Transfer Incentive Program,TIP),其是在《2008 年农业法案》下的一个新计划,它鼓励退休或即将退休的农场经营者参与耕地保护计划(Conservation Reserve Program,CRP)。针对符合条件的农场主,TIP 要求退休或即将退休的农民和牧场主在 CRP 合同中进行土地登记,表示同意或允许农民和牧场主保护和改进土地并同意出售或长期租赁(至少 5 年)土地。截至 11 月 30 日,TIP 项目包含 372 份合约,涵盖面积超过 52 000 英亩,每年支付的租金近 500 万美元。

4)农村发展支持措施

在农村发展支持措施方面,美国通过制订区域创新计划,鼓励区域间通过协作方法来支持农村发展。它们重点援助美国农业部的六个重点领域,包括可再生能源、地区食品、宽带和其他基础设施建设等,以此来帮助企业家扩大市场、增加资本的可获得性和创新使用自然资源。

5)国内食品援助计划

在国内食品援助方面,美国《2008 年农业法案》试点健康激励措施,通过发放 2 000 万美元的资助,来观察参与者在激励下是否会增加健康食品的购买,这也就是营养补充援助计划。在该计划中,水果和蔬菜的购买成本下降近 1/3,旨在激励 7 500 户随机选择的营养补充援助计划家庭进行健康食品购买决策。此外,超过 4 亿美元的健康食品融资倡议渠道已经建立,该项目将推动农村和城市社区服务不足地区的杂货店建设。

6)可再生能源发展支持政策

在可再生能源方面,2012 年美国通过了《纳税人救助法案》,并在 2013 年初签署成为法律。2013 年 12 月 31 日,美国延长了对新能源 1.01 美元/加仑的税收抵免(生物柴油税收优惠 1.00 美元/加仑)。

(三)欧盟共同农业政策支持水平及主要举措

1. 欧盟共同农业政策结构

2014~2020 年,欧盟共同农业政策(Common Agriculture Policy,CAP)整体支持总额达 3 630 亿欧元(以 2011 年价格水平为基期),其中 2 780 亿欧元用于支柱 I 部分,85 亿欧元用于支柱 II 部分,并且每年分配额按 10%递减。欧盟共同农业政策结构图见图 8.21。

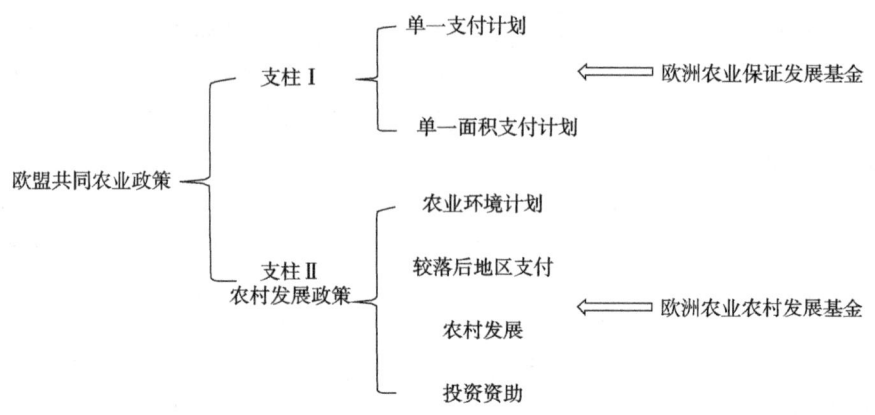

图 8.21 欧盟共同农业政策结构图

资料来源：课题组梳理

2013 年，欧盟共同农业政策总支持水平为 570 亿欧元，其中 72%用于支柱Ⅰ部分的农业支持项目，23%用于支柱Ⅱ部分，仍有 5%直接用作价格支持，见表 8.19。

表 8.19　2010~2013 年欧盟共同农业政策支持水平　　单位：亿欧元

类型	2010 年	2011 年	2012 年	2013 年
欧盟共同农业政策	568	548	580	570
支柱Ⅰ	70%	73%	71%	72%
支柱Ⅱ	23%	22%	23%	23%
价格支持	7%	5%	6%	5%

资料来源：OECD 官网

2. 两大支柱政策具体内容及发展方向

1）支柱Ⅰ部分农业支持政策

大多数支柱Ⅰ部分的农业支持政策涉及的支付都是与生产脱钩的直接支付。直接支付的特点是不再与生产挂钩，但与环境、食品安全、动植物健康和福利、农业条件等挂钩。其中单一支付计划往往基于历史参考，如历史模型、地区模型或者两者的混合；单一面积支付计划中欧盟成员国都享有统一的支付率；特定商品支付涉及水果、蔬菜、食糖等产品，一般参考历史水平，这一支付后续会被包括在 2015 年实行的基本支付（basic payment scheme，BPS）中。

支柱Ⅰ也会涉及价格支持政策。具体包括参考价格、干预价格和边境价格。其中，参考价格是价格体系的核心，大于或等于干预价格。对实施公共干预的谷物、肉类和乳制品等，依据欧盟最供不应求地区的市场价格确定。与原目标价格不同，参考价格生产指导性较弱，非价格上限，仅是计算农产品干预价格的依据。从实际销售价看，改革前接近目标价格，改革后多数高于参考价格。干预价格是农产品最低下浮价格，形成方式有三种：一是等于参考价格；二是参考价格的一定比例；三是通过招标形成。与之前根据欧盟最大产粮区法国奥尔姆生产成本与市场制定且低于目标价格 6%~9%区别非常明显。当市场价低于干预价格时，政府将以该价收购或给予农户差价补贴，保障最低收入。边境价格为非欧盟国家谷物、肉禽蛋、奶制品和糖类等运达欧盟边境的到岸价再加上进口税。由于实施关税高峰，边境价格通常大于参考价格和干预价格，其实质是建立一种保护性"闸门制度"，避免外部低价农产品倾销。与原门槛价格区别，进口税由欧盟在多边谈判中确定，而差价税则用门槛价格减去到岸价。

2）支柱Ⅱ部分农业支持政策

2007~2013 年，支柱Ⅱ主要包括三大轴心：提高农业、林业竞争力；改善环境和乡村；改善农村生活质量、鼓励农村经济发展多样性。其中，提高农业、林业竞争力部分主要涉及农业现代化、青年农民的支持、提前退休、生产者组织、提高农业产品和林业产品的附加值等。改善环境和乡村部分主要涉及农业环境友好、动物福利支付、保护生物多样性支付、非生产性创新支持等。改善农村生活质量、鼓励农村经济发展多样性部分主要涉及发展休闲农业、农村服务、村落保护等。

3）2014~2020 年欧盟《共同农业政策草案》

直接支付-基本支付计划：2013 年后，直接支付-基本支付计划代替 EU15 的单一支付计划和 EU12 的单一面积支付计划，但仍然会关注环境、动物福利和其他条例。根据欧盟委员会设想，在 2019 年初，所有成员国在国家或区域一级实施统一标准的直接支付。直接支付改革的重要内容如下："绿色"建议措施，强制要求各成员至少将直接支付-基本支付计划中的 30%与鼓励生产者实施有利于应对气候变化和环境保护的生产实践相挂钩。包括：保持永久性牧场；保持种植作物品种多样性，要求农户在其可耕地上至少种植 3 种作物，每种作物至少占总面积的 5%，最多不超过 70%；保持耕地至少有 7%的"生态重点区"，用于保留绿篱、树木、缓冲带、休耕地及自然景观特征等。自然限制区域，要求各成员国将直接支付的 5%用于支持存在自然限制的区域。年轻农民和小农户，要求各成员国将直接支出的 2%用于支持年轻农民（40 岁以下），年轻农民在他们进入该行业的最初 5 年内，将会得到直接支出最高 25%的额外支持。而种植面积低于 $3hm^2$ 的小农户，如参加 2014 年实施的欧盟小农户计划，将根据其农场具体规模，获得每年 500~1 000 欧元的固定支付。有选择性的特别商品支付，各成员国有权对特别商品提供有数量限制的直接支付，如果已经提供 0~5%的配套支付，则特别商品支付可达直接支付的 5%；如配套直接支付高于 5%，则特别商品支付最高达 10%。同时，如果成员国能证明其特别商品支付是公平有效的，可适当提高比例。交叉履行标准，欧盟农业补贴运行机制中，农民既要履行各成员国的农业生产标准，使耕地保持良好状态，也要"交叉"遵守欧盟关于环境、食品安全、动植物健康及福利的法规标准，若疏忽未履行，将削减补贴额度。直接支付最高限额，任何单一农场每年接受的最高支付限额为 30 万欧元。为消除法律上的漏洞，排除没有从事农业活动的直接支付申请者，欧盟委员会还严格界定"不活跃"农民，即土地位于适合放牧和种植区域，却未进行最基本生产活动的土地所有者。两大支柱之间的资助流动，成员国有权将直接支付账户（支柱 I）的 10%转向农村发展账户（支柱 II）。

农村发展政策：2014~2020 年支柱II发生变化，由先前的 3 个轴心扩展到 6 大轴心，具体包括：鼓励农林业与农村地区的知识转移和创新；增强现存所有类型农场和农业的竞争力；推进食物链组织和农业风险管理；恢复、保护和优化农林生态系统的发展；提高资源效率，支持农业、食品和林业向低碳、气候适应型经济的转变；推动农村地区的社会包容、减贫和经济发展。支柱II更加重视环境保护和应对气候变化，要求成员国将欧盟预算中农村发展基金的 30%用于该领域。

（四）日本农业政策支持水平及主要举措

1. 日本农业支持政策具体措施

1）价格支持政策

设置关税和关税配额，应用于主要的农产品，如水稻、小麦、大麦和奶制品。水稻的配额外关税为341日元/kg，配额是682 200 t。设置产出补贴，调整水稻生产计划，限制市场的供给，保持国内水稻的高价格，其规定 2010 年计划生产 813 万 t、2011 年 795 万 t、2012 年 793 万 t、2013 年 791 万 t、2014 年 765 万 t，同时建立水稻储备制度，2011 年开始，农林水产省（Ministry of Agriculture, Forestry and Fisheries, MAFF）需要在当前收获季节之前从国内市场买入 20 万 t 水稻，储备 5 年后以饲料或工业用粮卖出；此外，开展价格管制，目前仅在猪肉、牛肉和犊牛肉上存在管制价格，其他产品已经取消。

2）收入支持补贴

该政策开始于 2011 年，主要是针对水稻和高地作物。在水稻方面，主要依据当时的水稻生产面积开展补贴，面积主要由两部分组成：第一部分为 2018 年取消种植的，所有的水稻种植户都可以获得 15 000 日元/$0.1hm^2$ 的补贴，第二部分为水稻，主要依据当前的生产面积开展补贴。该政策的触发机制为当年平均的生产者价格低于 2006~2008 年连续三年的平均价格。针对高地作物，主要涉及面积补贴和产出补贴，面积补贴旨在让农户保持对土地的耕作，即为了保住农地，补贴标准是 20 000 日元/$0.1hm^2$；产出补贴主要用于抹平标准成本与销售价格之间的差异，这个销售价格需要考虑产品的质量差异及已经获得的面积补贴。

3）农业后继者支持政策

该政策主要给予新进入的年轻农业从业者支持。支持分为两个阶段，第一个是培训阶段（至多两年），第二个是初步运营阶段（至多五年）。针对符合条件的年轻人给予 150 万日元/年的补助。

与此同时，日本补助那些扩大种植面积及出租自己土地给核心农民（种田能手）的农户。对于前者，每增加 0.1hm^2 的土地，补助 20 000 日元；对于后者，出租自己的土地，最多可以获得 70 万日元/户的补助。

4）农业基础设施建设

财政支持农业基础设施建设，主要包括灌溉、排水设施及农田的平整。

5）丘陵山区农民直接支付项目

该项目的目的在于防止耕地被抛荒并且要确保农业的多功能性。

2. 日本农业支持政策的新变化

2013 年 11 月，日本颁布了一项新规划：创造农林渔业及地方社区活力计划。

1990 年以来的 20 多年日本的农业面临着巨大的挑战，农业总产值下降超过 30%（从 11.2 万亿日元到 8.2 万亿日元），农业收入下降超过 40%（从 4.9 万亿日元到 2.8 万亿日元），农业从业者的平均年龄增长了 7 岁（从 59 岁到 66 岁），抛荒土地的面积翻倍。

面对上述挑战，2014 年，日本提出要实现农业产业及团体的收入翻倍；食物出口翻倍，到 2020 年达到 1 万亿日元；新进入的年轻农民数量翻倍；将耕地的 80%集中到核心农民手中及让核心农户生产水稻的成本降低 40%等目标。

围绕该目标，日本在 2018 年 3 月前取消水稻生产配额，让政府部门提供更多的市场信息，以及对水稻供需的预测信息，让农民可以自主进行生产决策；同时下调补贴标准，从 2014 年开始，达到政府设定产量目标的水稻种植户，补贴从 15 000 日元/0.1hm^2 减为 7 500 日元/0.1hm^2，该补贴在 2018 年彻底取消；对高地作物农户的补贴从 2015 年开始瞄准核心农户，根据他们的种植面积予以发放；从 2015 年开始，收入补贴仅仅向核心农户发放，该补助与他们的多少无关，该补贴用于补偿农民收入损失的 90%，根据三年的平均收入计算得到；同时，促进农户种植多样化的补助也在探索，即帮助以前的水稻种植户改种其他作物。

与此同时，为了促进农业规模化生产，2014 年，在每个县都设立了专门机构用来加速农地的整合，扩大农业规模。这些机构从那些打算出租自己农地的农户手中租入农地，然后对租入的农地进行平整和建设升级，如完善农地的灌溉和排水设施，之后将土地出租给那些想要扩大自己生产面积的农户。

首先，从 OECD 主要国家的农业支持水平及政策演变可以看出，农业为弱质产业，各国仍十分重视对农业产业的支持。尽管 TSE 在 GDP 中所占比重有所下降,但是其绝对水平仍上升迅速。其次,各国农业支持政策正经历转型,其农业政策工具逐渐从使用挂钩支付向脱钩支付转变,支持政策对市场的扭曲程度逐渐减弱。最后,农业支持政策的重点逐渐由生产者支持向一般服务支持转变。这些转变对我国农业支持政策的转型具有重要的借鉴意义。

三、主要国家农业支持政策发展趋势分析

(一)OECD国家与新兴国家的农业总支持占GDP的比重呈现下降趋势

根据OECD农业支持数据绘制图8.22,结果显示,对于OECD国家而言,农业总支持占GDP的比重由1995~1997年的1.27%下降到2015~2017年的0.66%。在具体国家中,如美国农业总支持占GDP的比重由0.59%下降到0.5%。日本由1.55%下降到1.02%,韩国、澳大利亚、加拿大、以色列、欧盟、冰岛和瑞士均出现下降趋势。而新兴国家整体农业总支持占GDP的比重由1995~1997年的1.38%增长到2015~2017年的2.08%,其中中国农业总支持占GDP的比重由1995~1997年的1.44%增长到2015~2017年的2.29%,其他新兴国家农业总支持占GDP的比重大都呈现下降趋势,如俄罗斯由2.48%下降到0.83%,呈现下降趋势的国家还有越南、墨西哥、智利、土耳其、哥伦比亚、俄罗斯等。中国的增长较多,所以带动整体水平上涨。事实上,在所有国家中,包括OECD成员国、非OECD成员国和10个新兴国家在内的国家整体农业总支持占GDP的比重由1.25%下降到0.96%,体现了国际农业支持变化的一种趋势。

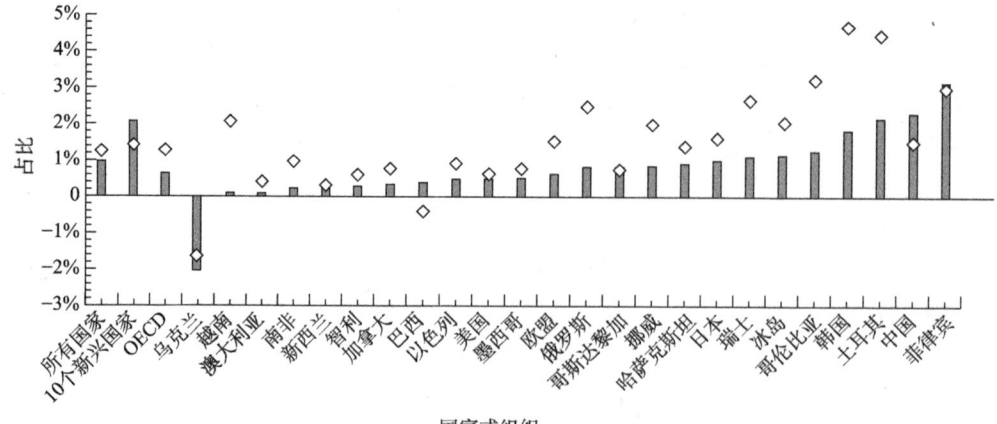

图8.22 农业总支持占GDP的比重

资料来源:OECD(2018)

（二）OECD 国家与新兴国家的生产者支持占农业总收入的比重均呈现下降趋势

总体来看，在 OECD 国家中，生产者支持占农业总收入的比重呈现下降趋势，1995~1997 年的生产者支持占农业总收入的比重明显高于 2015~2017 年的水平，其水平由 29.60%下降到 18.18%。根据 OECD 农业支持数据绘制图 8.23，结果显示，在个别国家和经济体中也呈现下降趋势，如欧盟生产者支持占农业总收入的比重由 1995~1997 年的 33.79%下降到 2015~2017 年的 19.34%，美国由 11.94%下降到 9.63%，日本由 56.63%下降到 46.0%，澳大利亚、加拿大、以色列、韩国、瑞士、挪威、冰岛等国家也存在大小不一的下降。相反，10 个新兴国家生产者支持占农业总收入的比重呈现上升趋势，2015~2017年生产者支持占农业总收入比重（13.51%）高于 1995~1997 年（2.94%）。在新兴国家中，生产者支持占农业总收入的比重有增有减，如中国由 2.65%上涨到 15.46%，墨西哥由 8.75%下降到 6.85%，哥斯达黎加由 3.96%上涨到 7.80%。其他减少的国家包括俄罗斯（由 17.87%下降到 13.31%）、哥伦比亚（由 23.99%下降到 13.08%）。而包括 OECD 成员国、非 OECD 成员国和 10 个新兴国家在内的所有国家的生产者支持占农业总收入的比重由 21.43%下降到 15.45%。

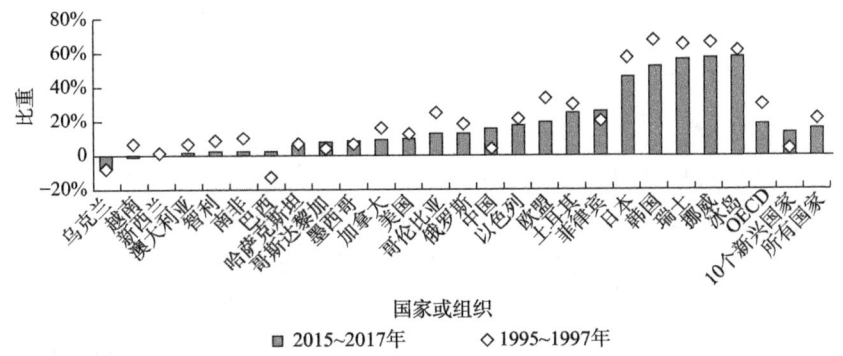

图 8.23　1995~1997 年及 2015~2017 年生产者支持占农业总收入的比重
资料来源：OECD（2018）

（三）OECD 国家生产者支持仍以基于产出的支持为主，但脱钩支付比例增高，新兴国家具有扭曲性的支持政策占比较高

总体上，从图 8.24 我们发现，OECD 国家生产者支持占农业总收入的比重呈下降趋势，2015~2017 年，在生产者支持占农业总收入的比重构成中具有扭曲性的支持仍占据重要地位，其中，基于产出的农业支持作为扭曲市场的支持方式在

OECD 国家中仍然占有重要地位，在生产者支持占农业总收入的比重中占据一半以上的比重，生产者支持占农业总收入的比重为 9.44%，其他支持比重为 8.75%。此类支持主要是通过边境保护（关税、配额等）、国内价格支持或者按单位产出进行补贴的方式来实现，这种支持政策给生产和贸易带来的扭曲最大。在生产者支持占农业总收入的比重中，日本和韩国的具有扭曲性的农业支持政策占比最高，分别为 39.40%和 47.62%。其他国家如瑞士、挪威、冰岛具有扭曲性的农业支持占比也很高，分别为 30.51%、32.84%和 45.49%。新兴国家具有扭曲性的农业支持占比也较高，为 10.23%，其他农业支持比重为 3.28%。具体到每一个国家，中国、俄罗斯、哥伦比亚、菲律宾等国的具有扭曲性的农业支持占比较高，分别为 11.81%、9.82%、11.31%和 25.41%。

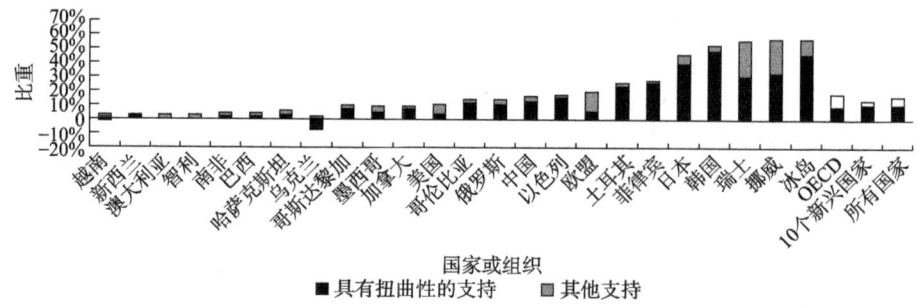

图 8.24　2015~2017 年生产者支持估计的组成

资料来源：OECD（2018）

虽然价格扭曲政策仍是农业支持政策的主要内容，但是当前 OECD 国家的农业支持政策也呈现出减少扭曲、使用脱钩支持的趋势，脱钩收入补贴成为主要补贴方式。根据 OECD 农业支持数据绘制图 8.25，结果显示，如欧盟的脱钩支付已经成为该地区生产者支持政策的最重要组成部分，使用脱钩支付的生产者支持比重超过了 60%。此外，澳大利亚、瑞士、美国、挪威等国的脱钩支付有了巨大的发展，接近或者超过全部生产者支持的 50%。新兴国家运用脱钩支付补贴的国家并不多，只有中国、墨西哥和土耳其等国存在脱钩支付补贴，而且补贴占比远不及发达国家。OECD 不同国家在脱钩支付政策的选择上存在较大的区别，如欧盟和澳大利亚主要选取与当期投入数量、产量、收入等无关的农业支持政策，而美国、挪威主要选取与当期投入数量、收入无关的，但保障农民最低产量的农业支持政策，两者差异便在于是否与当期的生产有关、是否对产量有要求。

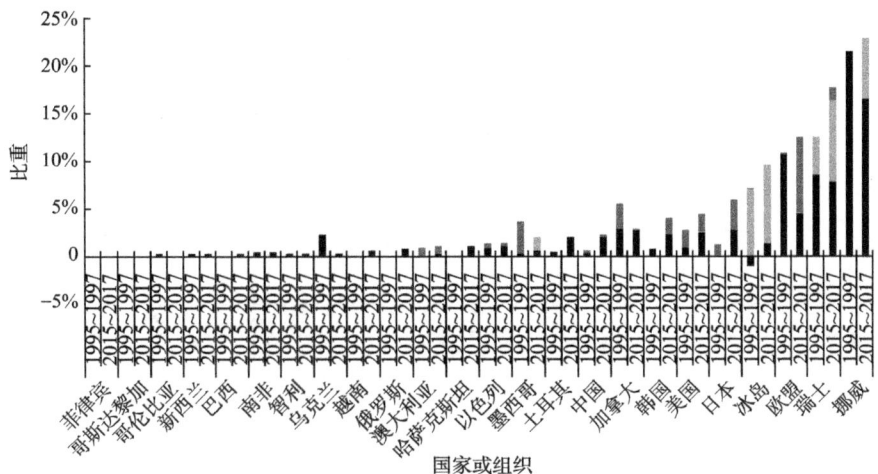

图 8.25　农业补贴构成
资料来源：OECD（2018）

（四）OECD 国家，一般服务支持占总支持的比重基本保持不变，新兴国家显著减少

根据 OECD 农业支持数据绘制图 8.26，结果显示，在 OECD 国家，一般服务支持占总支持的比重基本保持不变，只减少了约 1 个百分点，由 1995~1997 年的 13.61%下降到 2015~2017 年的 12.62%，体现了在 OECD 国家一般服务支持水平保持稳定，它们的基础设施、科研、技术推广及公共服务方面的建设已逐步实现，这在许多发达国家和经济体也得到体现。例如，美国、欧盟、新西兰及加拿大等国家和地区，其一般服务支持占总支持的比重并未出现较大幅度的变动。相比之下，10 个新兴国家的一般服务支持占总支持的比重下降很多，由 1995~1997 年的 51.1%下降到 2015~2017 年的 15.64%，这种份额缩减反映了新兴国家总支持增长较大且以生产者支持为主导，一般服务支持的增长多较为缓慢，因此其比重减少较多。在具体国家中，中国的下降幅度最大，由 1995~1997 年的 45.08%下降到 2015~2017 年的 14.91%，一方面中国生产者支持增长较大，而一般服务支持相对滞后，因此其占比相对下降。而由于新兴国家的比重下降较大，故在所有国家，一般服务支持占总支持的比重出现一定幅度的下降，由 1995~1997 年的 16.13%下降到 2015~2017 年的 13.93%。

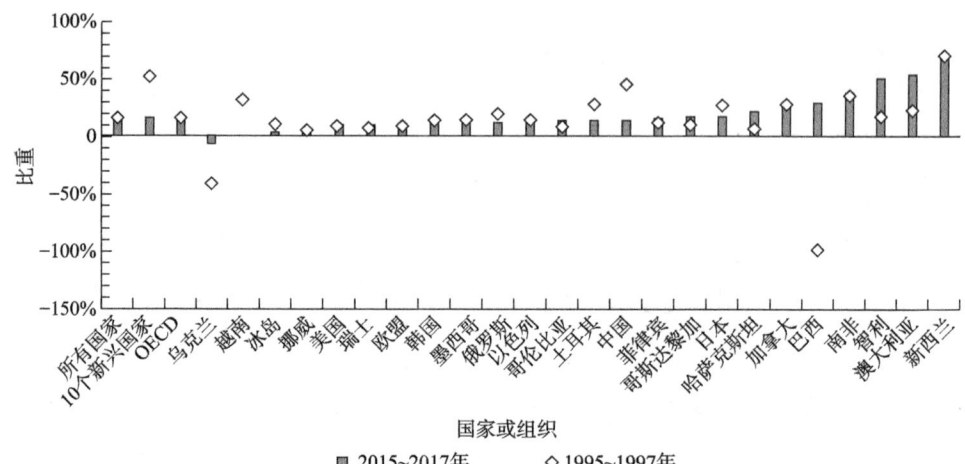

图 8.26 1995~1997 年及 2015~2017 年一般服务支持占总支持的比重
资料来源：OECD（2018）

从 2015~2017 年一般服务支持构成占比观察，见表 8.20。在 OECD 国家中，基础设施建设和农业知识与创新在一般服务支持中所占比重颇高，市场推广和检疫和防控次之，公共收储占比最少，仅为 1.3%。而 10 个新兴国家中，公共收储占比最高，达到 40.0%。其次才是基础设施建设、农业知识与创新、检疫与防控及市场推广。从具体国家观察，发达国家如美国，它的基础设施建设占比最高，达到 35.3%，其次是农业知识与创新，比重为 23.9%，然后是市场推广及检疫与防控，最后是公共收储，占比仅为 0.1%。欧盟则相对区别于美国，其农业知识与创新占比最高，达到 55.5%，其次是基础设施建设，占比为 20.2%。然后才是市场推广及检疫与防控，最后也是公共收储，占比仅为 0.4%。日本和韩国也是基础设施建设占比最高，分别为 85.2%和 51.9%，其次是农业知识与创新，占比不等。在新兴国家中，中国的例子较为特殊，其公共收储的占比最高，不仅高于 OECD 国家，也高于其他新兴国家，达到 46.3%，之后便是基础设施建设和农业知识与创新，分别是 25.9%和 21.5%，在市场推广及检疫与防控方面投入较少，占比分别为 1.4%和 5.0%。其他新兴国家，如墨西哥、哥伦比亚、土耳其、菲律宾、哥斯达黎加、巴西、南非、智利等国基本是基础设施建设或农业知识与创新占比最高，相反在公共收储方面投入很少，中国与之体现出较大区别，根源在于国家农业战略目标的差异，中国追求口粮绝对安全，投入巨大财政用于收储，确保粮食安全。

表 8.20 2015~2017 年一般服务支持构成占比

国家	一般服务支持占 TSE 比重	基础设施建设占一般服务支持比重	农业知识与创新占一般服务支持比重	市场推广占一般服务支持比重	检疫与防控占一般服务支持比重	公共收储占一般服务支持比重
所有国家	13.9%	34.8%	28.2%	5.4%	7.3%	22.1%
10 个新兴国家	15.6%	26.9%	25.3%	1.5%	5.6%	40.0%
OECD	12.6%	43.6%	31.5%	10.4%	9.3%	1.3%
乌克兰	-6.1%	2.6%	58.2%	0.7%	32.8%	1.7%
越南	0	77.5%	14.1%	0.2%	0.6%	7.6%
冰岛	4.3%	3.2%	9.9%	4.6%	47.9%	34.5%
挪威	4.8%	11.5%	60.6%	5.6%	22.3%	0
美国	10.1%	35.3%	23.9%	13.5%	13.1%	0.1%
瑞士	9.7%	11.9%	49.6%	8.5%	1.7%	5.5%
欧盟	10.3%	20.2%	55.5%	15.3%	8.4%	0.4%
韩国	10.6%	51.9%	28.8%	1.3%	8.1%	9.9%
墨西哥	11.2%	30.0%	53.9%	1.6%	14.5%	0
俄罗斯	11.9%	20.5%	33.9%	1.3%	17.5%	4.3%
以色列	12.0%	33.1%	43.6%	0.5%	13.2%	6.5%
哥伦比亚	14.0%	40.4%	46.8%	6.5%	6.3%	0
土耳其	14.2%	72.4%	5.4%	21.3%	1.0%	0
中国	14.9%	25.9%	21.5%	1.4%	5.0%	46.3%
菲律宾	16.2%	64.4%	19.6%	4.9%	3.0%	6.4%
哥斯达黎加	17.9%	38.9%	39.8%	1.5%	19.5%	0
日本	17.9%	85.2%	11.4%	1.1%	0.9%	1.4%
哈萨克斯坦	21.8%	36.8%	12.7%	1.3%	47.6%	0
加拿大	28.1%	10.6%	38.2%	8.8%	41.4%	0
巴西	29.0%	5.2%	87.6%	0.1%	1.1%	5.9%
南非	38.3%	34.4%	40.3%	8.2%	17.2%	0
智利	51.4%	55.5%	19.7%	4.0%	20.9%	0
澳大利亚	54.1%	38.4%	47.0%	2.4%	12.2%	0
新西兰	70.9%	16.2%	47.8%	0	36.0%	0

资料来源：OECD（2018）

（五）消费者支持总体为负方向，即消费者通过缴税向生产者提供支持

根据图 8.27 我们发现，无论是 OECD 国家还是新兴国家，消费者支持方向基本为负。消费者支持为负，说明消费者承担了支持生产者的成本。

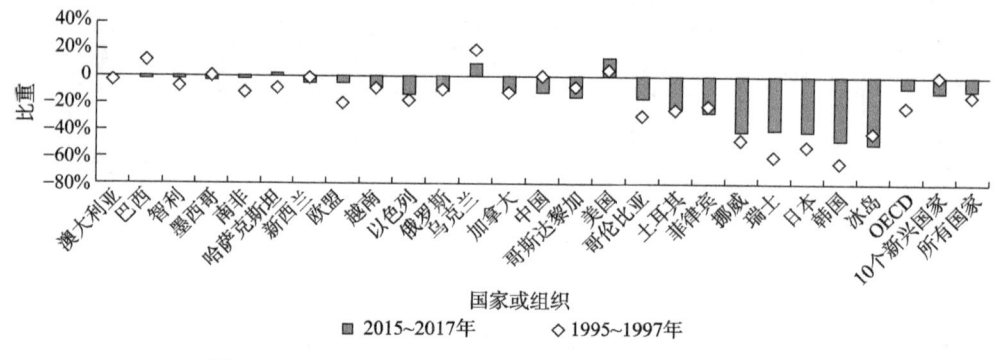

图 8.27　1995~1997 年及 2015~2017 年消费者支持估计

资料来源：OECD（2018）

第七节　新时代完善农业支持政策的政策建议

随着我国社会经济发展，结合考虑我国农业的弱质性及其正外部性，我国农业支持政策的总量仍应保持增长态势，但在 TSE 增长的过程中，我们也应根据国际农业支持政策的转型方向，调整我国农业支持政策的重心。在后续农业支持政策调整过程中，我们应明确向采用市场化的手段过渡，进一步减弱政策的扭曲效果，但对于我国农业中存在的特殊需要，仍应采取精准补贴。总结而言，在实施乡村振兴战略大背景下，我国农业支持政策未来可以下面几个方面为着力点。

一、加快推进农业科技体制机制创新，提高农业科技水平

为满足国家产业政策及农业农村现代化对农业科技的需求，发挥后发优势，加快推进我国农业科技创新，需要以去行政化为主线，加快推进农业科研机构和科研人员的资金配置去行政化，构建以公共产品属性为导向的资金配置方式和以成果为导向的考核激励方式，加快推进农业科研机构的合理分工，发挥不同科研机构的协同作用。

第一，加快推进农业科研机构资金配置的去行政化，构建以公共产品属性为导向的资金配置方式。改变科研资金投入以科研机构行政权力大小为依据的配置方式，按照科研活动的属性来配置资金。对具有公共产品性质的基础科研，政府应该集中财政资金重点支持，打破部门分割，避免重复建设。针对农业基础科研的跨学科性质，在研究投入中要加强与其他领域基础科研的协调整合。对于应用基础研究，应该根据产品的应用范围，由对应层级的公共财政投入来支持。对于

具有全国性应用价值的农业科技,需要中央财政负责投入;对于省级及以下区域有应用价值的农业科技,需要省级财政负责投入;针对跨省的区域性农业科技,需要中央财政和地方财政协调投入。

第二,加快推进农业科技人员资金配置的去行政化,构建以成果为导向的考核激励方式。改变科研经费按照科技人员行政级别大小分配的局面,要科学设立人才评价指标,根据不同类型农业科技研究实行差异化考核机制。要实行人员岗位竞争机制,定员定编,保障机构活力。应该给予基础研究人员宽松的科研环境,对其成果的考核以学术论文为导向,追求国际领先,而不需要专利和成果转化。对于应用基础研究,因为产品仍具有公共属性,政府按照计划出资并获得专利,其不需要考核科研人员的论文,而是考核他们专利技术的完成情况、技术推广应用情况;对于一般应用研究,应以企业研究为主,政府按照国家政策对部分技术以补贴或采购方式进行支持,对科研人员的考核完全以市场为导向。要注重个人评价与团队评价相结合,尊重和认可团队所有参与者的实际贡献。完善同行评议机制在项目支持和人才评价过程中的作用,打破科研"小圈子",让更多的科研人员有机会参与科研攻关项目,激发农业科技创新人才活力。

第三,加快推进不同农业科研机构合理分工,提高农业科研机构协同创新能力。从发达国家经验来看,一国内部不同农业科研机构设置既需要发挥单个机构的专业性,也要发挥不同机构之间的协同作用,这就需要对农业科技机构有一个合理分工。按照农业科研投入与产品属性,对相应的科研机构与平台进行改革,整合利用科技创新资源,推进农业科研体制创新。对基础性研究应尽量做到"少而精",集中在高校和一些科研院所完成,提高农业科技自主创新能力;其中,对于全国乃至全球公共产品性质的农业科研,需要组建平台集中力量攻关,对于具有区域性公共产品性质的农业科研,应该在主产区组建研发中心,以优化农业科技创新布局。地方农业科学院等广泛科研单位应聚焦应用型研究,抓住农业技术的市场需求,配置资源与开展研究。以县域为单位配置农业科技推广力量。高校与农业科学院系统应该有所分工,高校专注基础研究,农业科学院系统专注应用基础研究。一般应用研究由企业来做。

二、加快建立基于市场导向的农产品价格形成机制,优化资源配置

根据中共中央全面深化改革的精神,把完善市场作为资源配置基础性作用的机制。凡是能由市场形成价格的都交给市场,政府不进行不当干预。我国农产品价格支持政策应当坚持市场化改革取向与保护农民利益并重,采取"量能分治、市场定价、价补分离、脱钩补贴"的改革思路。

第一，要建立多层次的粮食安全保障体系，以保障国家粮食安全。在具体实施方面，可以价格为依托，将生产的粮食分为三种：第一种是等外粮（不合格粮），如2016年上半年江苏省小麦收购的情况，采取政府加保险的举措，通过保险的赔付部分补偿农民的种植成本，同时政府制定多个完善粮食收购政策，防止农民无法卖粮的困境。第二种是合格粮，通过国家政策以保成本的方式托底收购，可以继续实行最低收购价政策，只是应完善此政策的定位和形成机制，使它的价格水平不干扰市场价格水平，由此，这种情况下的保成本托底收购可以更好地缓解最低收购价扭曲市场价格的状况。第三种是优质粮，通过扶持政策，鼓励优质优价，培养品牌，解决市场对粮食需求结构不均衡的问题。对不同品质下的粮食制定不同的托底价格，形成差异化的最低收购价，能够起到鼓励农民生产优质粮的作用。

第二，坚持短期市场定价和长期政府调控相结合。应当充分贯彻国家农业供给侧结构性改革的大政方针，坚持农产品价格的市场定价，同时，合理发挥主观能动性。农产品价格宏观调控必须遵循农产品市场供求规律，允许价格在合理区间波动，关键是防止大起大落，注重农产品价格的长期稳定。在农产品供求趋紧的情况下，应保持农产品价格的适度上涨。"市场定价"，在保障农民利益的前提下，最大限度减少最低收购价政策对市场价格的影响，价格由市场的供求决定，农民随行就市卖粮，各类市场主体自主入市，粮食收购由过去的"政策市"变为"市场市"。与此同时，市场作为"看不见的手"，在市场配置中也有很大的局限性，长期内必须要对农产品进行适当的调控，当粮食出现短缺时，市场会立即做出反应，价格上涨，刺激生产者，潜在的生产能力就会变成现实，实现增产。

第三，完善配套政策体系，增强补贴政策合力。增加应对灾害的一系列补偿措施，结合期货市场的价格发现功能，推动棉花等大宗农产品向商业化、产业化方向发展。政府应通过保险、援助、贷款等多种形式降低农民的种植风险，同时提高违法成本，严厉惩罚骗保骗贷等行为。完善目标价格制定方式，制定更合理的目标价格。价格要有利于引导产业进步，并能主动应对国际贸易争端。在后续的改革试点工作推进中，各级政策部门应继续坚持协调机制，进一步加强沟通与协调，统一思想，增加各部门的共识，确保步调的一致，合力推进改革试点工作。与此同时，为保护农户利益需要对农户进行农产品的补贴，充分考虑农产品平均成本、农民收入保护目标、国内外市场价格、农产品生产规划及农产品竞争力的引导提高等多方面因素，制定合理价格。

三、探索完善农业保险制度，稳定农民收入

在构建市场导向的农产品价格形成机制的基础上，为避免农产品行情较大幅

度波动对农民收益带来的危险,我国可参照美国农业保险制度,探索设立符合我国国情的农业保险制度。针对不断扩大的农业经营规模,我国农业经营风险也在逐渐上升,应顺应市场需求,积极开发适应新型农业经营主体需求的保险品种,并探索开展重要农产品目标价格保险,以及收入保险、天气指数保险试点,支持地方发展特色优势农产品保险、渔业保险、设施农业保险。在此基础上,逐渐把农业保险作为支持农业的重要手段,扩大农业保险覆盖面、增加保险品种、提高风险保障水平,稳定农民收入。

第一,加快立法,使农业保险补贴法制化。针对我国农业保险立法不完善的情况,应当加快制定和出台相关农业保险法和政策性农业保险的实施细则。通过农业保险法的健全规范农业保险市场和经营方式,避免政府对于农业保险支持的低效和财政支持不连续的问题。具体的立法重点应包括:一是明确政策性农业保险的概念、原则、目标、承办保险范围、承办保险险种、经营体制;二是明确政策性农业保险的组织形式、承办保险机构形式和资质;三是明确政府在农业保险中的责任范围及相关主管部门;四是明确农业保险的监管原则、监管要点和监管程序;五是明确农业保险与商业保险之间的边界和关系。

第二,增加农业保险补贴方式,扩大农业保险补贴规模。首先,应当尝试农业保险经营费用的补贴。虽然容易使得保险公司获得额外利润,引起风险责任淡化和保险工作效率不高等问题,但是在进行管理费用补贴时,需要因地制宜,对不同地区政策性农业保险业务的费用有一定把握并以此实行差别费用补贴。其次,加强对农业保险的税收优惠。通过立法明确规定对农业保险业务在营业税和所得税方面实行一定的优惠政策,并且可将减免的税收费用转入巨灾风险准备金,用作未来的农业巨灾补偿。同时,也应通过立法明确对农业再保险业务提供税收优惠,如营业税和所得税的减免等。最后,加快财政支持的农业巨灾风险分散机制。尽快确立在保费补贴外建立单独预算的农业巨灾保险准备金和巨灾再保险保障体系。加快确定巨灾资金规模、筹集方式、政府与保险公司出资比例、基金适用范围等;同时政府应向提供农业再保险业务的保险公司提供一定额度的补贴,支持国内外保险公司在再保险业务上的沟通与合作。目前,我国农业保险比率虽已远超世界其他各国,但保险品种处于较少的状态。应适当增加财政补贴农业保险品种的范围,同时允许不同地区根据当地情况灵活地对补贴品种有所侧重和选择。

第三,结合强制投保和经济手段提高农业保险覆盖率。我国在发展农业保险的同时,应当在一定程度上进行强制性的投保措施,以增加我国农业保险的有效需求。另外,我国可以在农村金融组织不断健全和发展的基础上,建立农村农业信贷和农业保险的联动机制。例如,向参与农业保险的农户提供一定的信贷优惠政策,以调动农户投保积极性;将农业保险与其他农业支持政策相挂钩,即不参与农业保险的农户无法享受政府在其他方面的农业支持政策福利,从而有效提高农业保险的覆盖率。

四、加快推进农村一二三产业融合,提高农业竞争力

农村一二三产业融合是乡村振兴战略中实现产业兴旺的重点。

第一,完善利益联结机制,发挥农民主体作用。农民是农村一二三产业融合的主体,建立和完善农民与企业、合作社的利益联结机制,使农民通过农村一二三产业融合发展真正得到实惠,增加收入。引导合作社发展,鼓励龙头企业和合作社拓展营销市场,支持合作社及联社在城郊建立农产品直销店,支持合作社和农村集体经济组织开展农产品产地初加工和冷链仓储,增强合作社与龙头企业的利润创造能力;进一步完善订单带动、利润返还、股份合作等新型农业经营主体与农户的利益联结机制,以利益共享为基础,构建农村一二三产业融合发展模式。

第二,突出产品的差异化,通过建立品牌实现优质优价。引导推进农产品差异化建设,充分调动农民的智慧,注重发展和挖掘各地区的资源优势,因地制宜推出区域农产品品牌。加强对农产品品牌的保护,挖掘农产品品牌的历史、地理、传统、风俗等文化特征,寻找品牌传统文化与现代文化的结合点,实现农产品与消费者之间的情感沟通,形成农产品特色文化。建立农产品质量认证体系和品牌建设促进机构,开展农产品品牌推广活动,多层次、多渠道地展示农产品品牌形象,提高农产品品牌的知名度和美誉度。

第三,明确一二三产业融合重点,培育农村新业态。在农村一二三产业融合发展中,农业生产是产业融合发展的基本前提,发展农产品加工是融合发展的切入点,应推动农产品初加工、精深加工及综合利用加工协调发展。引导新型农业经营主体发展农产品电商,鼓励发展农业生产资料网上直销。挖掘乡村生态休闲、旅游观光、农耕体验、康体养生、教育科普、文化节庆等价值。扶持创意农业发展,推动农业产品符号化、品牌化、仪式化,创新应用科技、人文、节庆等创意元素,因地制宜发展农田艺术景观、农业主体公园、农业节庆活动和农业科技创意。鼓励社区支持农业众筹、个性化订制农业等新业态发展,开展农产品会员配送和集中配送服务。

第四,完善工商资本进入农业相关政策。划定工商资本进入农业的分类区域,出台工商资本投资农业的负面清单,鼓励和引导工商资本进入农村一二三产业融合互动的新品种研发,新技术推广,生产性服务,农产品加工、储藏、物流、销售、品牌建设等领域;秉承自由出入、规范经营的原则,强化工商资本进入农业的土地用途管制,制定有效的土地流转风险预防、控制和处置办法,探索

形成工商企业与农户之间长效、紧密、公平的利益联结机制。对农业企业采取一次性财政支持，而不是通过"戴帽子"方式给予长期支持而最终扭曲市场激励。

第五，实施农村一二三产业融合的扶持政策。加强农村一二三产业融合在村级层面的规划设计，在县市设立支持中心，指导农村一二三产业融合的农业品牌建设，促进加工和销售，补贴开发新产品，开拓优质农产品销路，对新开展加工销售所需设施设备进行补贴，给予资金支持农业生产者与流通加工业者合作开展一二三产业融合发展活动。

五、加强农村公共服务与生态环境建设，提高农民福利

在城乡融合中加大整合财政支农的方向和力度，为推进乡村振兴战略提供保障。由于乡村在非经济价值方面的公共品效应不断提升，所以不仅要扭转城镇偏向的财政政策，更要建立长期稳定的向乡村倾斜的财政制度。要建立城乡融合的公共财政制度，优化保障公共财政对乡村公共项目的支出。

第一，加强农村公共产品供给。进一步加强高标准农田建设和农业设施建设，完善农村生产基础设施，为乡村产业兴旺提供物质基础。提高乡村道路标准，完善水、电、灯、网等公共设施服务，加强乡村生活基础设施的建设，使农民生产变得高效便利。

第二，大力改善农村生态环境。提高对乡村环境整治的力度，为"绿水青山就是金山银山"提供物质激励，为乡村宜居环境提供财力保障。加强农业生态保护和修复。总体而言，农业支持政策应支持实施并完善农业环境突出问题治理总体规划；加大农业面源污染防治力度，支持实施化肥农药零增长行动，以及种养业废弃物资源化利用、无害化处理区域示范工程；支持探索实行耕地轮作休耕制度试点，通过轮作、休耕、退耕、替代种植等多种方式，对地下水漏斗区、重金属污染区、生态严重退化区开展综合治理；支持实施山水林田湖生态保护和修复工程，进行整体保护、系统修复、综合治理。

第三，提高农村居民福利。加强对乡村教育、医疗等基本公共事业和服务的投入，提高对乡村文化和体育等事业的支持力度，营造文明的乡风。把乡村工作经费纳入城市统一社区工作经费，保障乡村基层治理平台的有效运行。通过财政支持提高乡村居民的养老保险、医疗保险等社会保障水平，降低乡村社会风险，提高乡村生活富裕水平。

第九章 全书总结与未来研究展望

《现代农业发展战略与政策研究》汇集了"现代农业发展的政策研究"重点项目群取得的代表性成果，涉及 40 年中国农业发展与改革经验教训与政策取向和现代农业发展六大领域的政策研究，包括中国农产品供需与食物安全政策研究、中国农业科技创新体系与发展研究、气候变化背景下低碳农业发展研究、现代农业产业组织体系及创新研究、农地产权及相关要素市场发育研究、现代农业发展的国家政策支持体系研究。本书对系统了解中国农业发展改革的成就、经验和存在问题，理解农业发展改革历程和主要政策的实施效果，展望未来中国现代农业发展趋势和改革取向等都有重要的理论价值和实践借鉴意义。经过五年（2014~2018 年）的研究，现代农业发展的政策研究取得了一批原创性成果。

在研究思路方面，除了整个项目群注重各领域间相辅相成的关系外，各项目也强调本领域内研究的系统性。例如，中国农产品供需与食物安全政策研究从食物需求与生产供给、从农业生产到农产品市场、从国内到国外市场系统地分析了过去与未来中国农产品供需与食物安全问题；中国农业科技创新体系与发展研究系统分析了从农业研发到技术推广和采用农业科技创新的整个过程；气候变化背景下低碳农业发展研究从微观到宏观分析，并模拟了低碳农业发展面临的挑战、机遇和相关政策；现代农业产业组织体系及创新研究从多维视角、多种模式和国内外比较等方面系统分析了中国农民合作社的制度特殊性和未来现代农业产业组织的发展取向；农地产权及相关要素市场发育研究则按照"农地产权特性—要素市场发育—农业分工深化—农业转型发展"的逻辑线索对农地产权及相关要素市场发育开展系统的研究；现代农业发展的国家政策支持体系研究不但系统分析了中国农业支持政策的总体变迁过程，而且对农业主要支持政策的实施效果做了实证分析。

在研究方法上，各项研究都根据其实际问题，分别采用理论分析、实证研究或数理模型等方法开展研究。例如，在农产品供需与食物安全政策研究领域，在理论分析基础上构建了农业部门均衡和一般均衡模型，基于微观调研数据采用计量经济模型开展了一系列实证研究；在农业科技创新研究领域，构建了现代农业科技创新发展体系分析框架，采用计量经济模型实证分析了农业研发投资、技术推广和相关政策的影响；在低碳农业发展研究领域，采用多学科交叉的研究方法，通过田间实验和一般均衡模型等方法分析了气候变化对农业生产和温室气体排放的影响；在现代农业产业组织体系研究领域，结合不同类型农产品的技术特性，开展了定性与定量、理论与实证相结合的研究方法；在农地产权等生产要素市场研究领域，更加注重土地产权的理论分析和逻辑推理，在此基础上开展农地流转和农业社会化服务等实证研究；在农业发展国家政策支持研究领域，利用OECD的政策研究框架分析了中国的农业支持政策，并利用计量经济模型开展相关政策影响的实证分析。

2018年是十九大提出的乡村振兴战略开始实施之年，也是"现代农业发展的政策研究"项目群研究结束之年，本书基于研究结果提出的主要政策建议对落实乡村振兴战略具有重要的借鉴价值：

（1）在食物安全领域，从消费、生产和贸易等方面提出保障未来食物安全和现代农业发展的新思路，特别强调粮食安全概念要全面向食物安全概念转变，充分发挥政府公共职能和市场配置资源的作用，加速绿色高效高值农业发展；通过农村制度创新、农业技术创新、农产品市场改革和农业投入创新提高农业生产力；通过加强国际贸易等措施来保障我国食物安全和农业可持续发展。这些思路和政策建议对新时代保障国家食物安全和加快农业转型升级与供给侧结构性改革具有重要借鉴价值。

（2）在农业科技创新发展领域，提出了我国农业科技创新的整体思路与主要目标及重点领域，提出应在加大农业科研投入的同时改革农业科技体制，提高农业科技创新效率；强化对企业创新投入的激励效果，强化专利保护制度与体系的完善和专利执法力度；完善公益性农业技术服务制度和机制，满足广大农户对农业技术服务的需求；建设稳定的基层农业技术推广队伍，强化农业技术推广服务能力。这些政策建议对加快农业科技创新和推进农业现代化具有重要的参考价值。

（3）在低碳农业发展领域，提出要重视农业减排对气候变化的作用，成立低碳农业发展基金，制定补贴及投融资支持政策，促进农业减排；提高农民的低碳知识与节能意识，调动农民参与低碳农业发展的主动性；建立低碳技术推广体系，促进低碳技术推广与采用；创新化肥农药施用模式，探索农业补贴的交叉承诺机制，提高化肥农药利用率和减排效果。低碳农业发展的这些思路对促进现代农业的生态化、低碳化及绿色可持续发展有着重要的意义。

（4）在农业产业组织发展领域，提出小农户与各类产业组织将长期并存，强调各类农业产业组织之间的联合与合作；提出政府应深化要素市场改革，为现代农业产业组织发展创造良好的市场环境;要建立基于互联网以合作组织为中心的农业产业组织体系;要充分发挥农民合作社在发挥乡村治理、社会经济、供应链管理等方面的作用。这些思路和政策思考对乡村振兴战略中关于实现小农户和现代农业发展有机衔接及乡村治理等都具有重要借鉴价值。

(5)在农村土地等生产要素市场领域,提出推进土地流转市场发育,既要考虑乡土社会人地关系和基于关系信任而自发形成的交易秩序,又要提高流转交易规范化的发展思路;提出从农地经营权流转转向农地经营权的产权细分与盘活,通过分工深化扩展相关要素市场及其配置空间,实现农地经营权交易、农业服务交易与企业家能力交易的对接与匹配,促进新型农业经营体系转型。这些思路对在乡村振兴背景下进一步深化农地制度改革有重要的借鉴价值。

(6)在农业政策支持领域,提出加大农业政策支持力度,同时要调整政策支持结构,减少市场扭曲政策支持措施,加快建立基于市场导向的农产品价格形成机制;加快推进农业科技体制机制创新与投入,提高农业科技水平;完善农业保险制度,稳定农民收入;加快推进农村一二三产业融合,提高农业竞争力;加强农村公共服务与生态环境建设,提高农民福利。这些建议对在新时代建立和完善农业政策支持体系,促进产业兴旺有重要的政策含义。

当然,乡村振兴和农业现代化还存在一系列战略与政策问题需要继续深入研究。乡村振兴战略提出远景谋划,到2035年,乡村振兴取得决定性进展;到2050年,乡村全面振兴。为实现以上目标,中央出台了多项规划和政策;各地也相继公布了地方乡村振兴战略规划。但实现乡村振兴战略目标是长远之计,还需要继续深入研究各地农村转型的路径和规律,并探讨与不同转型路径和转型阶段相适应的制度安排、政策支持和投资重点。

参 考 文 献

安德森 K,速水佑次郎. 1996. 农业保护的政治经济学[M]. 蔡昉,杜志雄,等译. 天津:天津人民出版社.
安玉发,张娣杰. 2011. 告别"卖难"——农产品流通与营销实务[M]. 北京:中国农业出版社.
奥尔森 M. 1995. 集体行动的逻辑[M]. 陈郁,郭宇峰,李崇新译. 北京:生活·读书·新知三联书店.
卜凯. 1936. 中国农家经济[M]. 北京:商务印书馆.
蔡昉,杨涛. 2000. 城乡收入差距的政治经济学[J]. 中国社会科学,(4):11-22.
曹勇,赵莉,张阳,等. 2012. 高新技术企业专利管理与技术创新绩效关联的实证研究[J]. 管理世界(月刊),(6):182-183.
常青,张兔元. 2010. 丹麦农业合作社与农业现代化的基本经验[C]//中国农业经济学会 2010 年学术研讨会论文集. 中国农业经济学会.
陈强. 2010. 高级计量经济学及 Stata 应用[M]. 北京:高等教育出版社.
陈伟忠. 2013. 日本土地改良区的农田基础建设及其对中国的启示[J]. 世界农业,(12):22-27.
陈向东,王磊. 2007. 基于专利指标的中国区域创新的俱乐部收敛特征研究[J]. 中国软科学,(10):76-85.
陈义媛. 2017. 大户主导型合作社是合作社发展的初级形态吗?[J]. 南京农业大学学报(社会科学版),17(2):30-41.
陈永福. 2004. 中国食物供求与预测[M]. 北京:中国农业出版社.
陈宗胜,陈胜. 1999. 中国农业市场化进程测度[J]. 河北学刊,(2):3-8.
戴维斯 L E,诺斯 D C. 1994. 制度变迁的理论:概念与原因[C]//科斯 R,阿尔钦 A,诺斯 D C,等. 财产权利与制度变迁——产权学派与新制度学派译文集. 刘守英,等译. 上海:上海三联书店,上海人民出版社.
戴小勇,成力为. 2014. 财政补贴政策对企业研发投入的门槛效应[J]. 科研管理,35(6):68-76.

邓衡山, 王文烂. 2014. 合作社的本质规定与现实检视——中国到底有没有真正的农民合作社?[J]. 中国农村经济, （7）：15-26, 38.

邓衡山, 徐志刚, 应瑞瑶, 等. 2016. 真正的农民专业合作社为何在中国难寻?——一个框架性解释与经验事实[J]. 中国农村观察, （4）：72-83.

邓宏图, 王巍, 韩婷. 2014. 转型期农业合作社的现实与逻辑：来自山东寿光的经验观察[J]. 中国农村经济, （7）：27-38.

邓念国, 翁胜杨. 2012. "理性无知"抑或"路径闭锁"：农民公共服务需求表达欠缺原因及其对策[J]. 理论与改革, （5）：74-77.

范金, 赵彤, 周应恒. 2011. 企业研发费用税前加计扣除政策：依据及对策[J]. 科研管理, 32（5）：141-148.

方杰, 张敏强. 2012. 中介效应的点估计和区间估计：乘积分布法、非参数Bootstrap和MCMC法[J]. 心理学报, 44（10）：1408-1420.

冯海红, 曲婉, 李铭禄. 2015. 税收优惠政策有利于企业加大研发投入吗?[J]. 科学学研究, 33（5）：665-673.

冯小. 2014. 农民专业合作社制度异化的乡土逻辑——以"合作社包装下乡资本"为例[J]. 中国农村观察, （2）：2-8.

付明辉, 祁春节. 2016. 要素禀赋、技术进步偏向与农业全要素生产率增长——基于28个国家的比较分析[J]. 中国农村经济, （12）：76-90.

傅晨. 2013. 中国农业改革与发展前沿研究[M]. 北京：中国农业出版社.

郭红东. 2011. 中国农民专业合作社发展：理论与实证研究[M]. 杭州：浙江大学出版社.

国家发展和改革委员会应对气候变化司. 2014. 中国温室气体清单研究[M]. 北京：中国环境科学出版社.

国家统计局. 2000. 中国统计年鉴2000[M]. 北京：中国统计出版社.
国家统计局. 2001. 中国统计年鉴2001[M]. 北京：中国统计出版社.
国家统计局. 2002. 中国统计年鉴2002[M]. 北京：中国统计出版社.
国家统计局. 2003. 中国统计年鉴2003[M]. 北京：中国统计出版社.
国家统计局. 2004. 中国统计年鉴2004[M]. 北京：中国统计出版社.
国家统计局. 2005. 中国统计年鉴2005[M]. 北京：中国统计出版社.
国家统计局. 2006. 中国统计年鉴2006[M]. 北京：中国统计出版社.
国家统计局. 2007. 中国统计年鉴2007[M]. 北京：中国统计出版社.
国家统计局. 2008. 中国统计年鉴2008[M]. 北京：中国统计出版社.
国家统计局. 2009. 中国统计年鉴2009[M]. 北京：中国统计出版社.
国家统计局. 2010. 中国统计年鉴2010[M]. 北京：中国统计出版社.
国家统计局. 2011. 中国统计年鉴2011[M]. 北京：中国统计出版社.
国家统计局. 2012. 中国统计年鉴2012[M]. 北京：中国统计出版社.

国家统计局. 2013. 中国统计年鉴 2013[M]. 北京：中国统计出版社.
国家统计局. 2014. 中国统计年鉴 2014[M]. 北京：中国统计出版社.
国家统计局. 2015. 中国统计年鉴 2015[M]. 北京：中国统计出版社.
国家统计局. 2016. 中国统计年鉴 2016[M]. 北京：中国统计出版社.
国家统计局. 2017. 中国统计年鉴 2017[M]. 北京：中国统计出版社.
国家统计局. 2018. 中国统计年鉴 2018[M]. 北京：中国统计出版社.
国鲁来. 2001. 合作社制度及专业协会实践的制度经济学分析[J]. 中国农村观察，（4）：36-48.
哈特 O. 2011. 现代合约理论[M]. 易宪容，罗仲伟，徐彪译. 北京：中国社会科学出版社.
海关总署. 2012. 进出口贸易数据库[DB].
海关总署. 2018. 进出口贸易数据库[DB].
韩俊. 2003. 统筹城乡经济社会发展改变城乡二元结构[J]. 红旗文稿，（12）：14-18.
韩俊. 2014. 中国粮食安全与农业走出去战略研究[M]. 北京：中国发展出版社.
韩俊，汪志洪，崔传义，等. 2010. 农民工培训实态及其"十二五"时期的政策建议[J]. 改革，（9）：74-85.
何一鸣，罗必良. 2010. 产权管制、制度行为与经济绩效——来自中国农业经济体制转轨的证据（1958~2005 年）[J]. 中国农村经济，（10）：4-15.
贺伟. 2010. 我国粮食最低收购价政策的现状、问题及完善对策[J]. 宏观经济研究，（10）：32-36，43.
贺雪峰. 2015. 论土地资源与土地价值——当前土地制度改革的几个重大问题[J]. 国家行政学院学报，（3）：31-38.
洪炜杰，陈小知，胡新艳. 2016. 劳动力转移规模对农户农地流转行为的影响——基于门槛值的验证分析[J]. 农业技术经济，（11）：14-23.
胡初枝，黄贤金，张力军. 2008. 农户农地流转的福利经济效果分析——基于农户调查的分析[J]. 经济问题探索，（1）：184-186.
胡慧英，申红芳，廖西元，等. 2010. 农业科研机构科技创新能力的影响因素分析[J]. 科研管理，31（3）：78-88.
胡瑞法，黄季焜. 2011. 中国农业科研体系发展与改革：政策评估与建议[J]. 科学与社会，1（3）：16，34-40.
胡瑞法，李立秋. 2004. 农业技术推广的国际比较[J]. 科技导报，（1）：26-29.
胡瑞法，李立秋，张真和，等. 2006. 农户需求型技术推广机制示范研究[J]. 农业经济问题（月刊），（11）：50-56.
胡瑞法，梁勤，黄季焜. 2009. 中国私部门农业研发投资的现状和变化趋势[J]. 中国软科学，（7）：28-34.
胡瑞法，时宽玉，崔永伟，等. 2007. 中国农业科研投资变化及其与国际比较[J]. 中国软科学，（2）：53-58，65.

黄季焜. 2004. 中国的食物安全问题[J]. 中国农村经济，（10）：4-10.

黄季焜. 2014. 中国农业的过去和未来[J]. 管理世界（月刊），（3）：95-104，111.

黄季焜. 2017. 农业供给侧结构性改革的关键问题[J]. 中国乡村发现，（3）：36-39.

黄季焜. 2018. 四十年中国农业发展改革和未来政策选择[J]. 农业技术经济，（3）：4-15.

黄季焜，胡瑞法. 2002. 中国农业科技生产结构变化与政府的科研投资方向[J]. 华南农业大学学报（社会科学版），（1）：28-33.

黄季焜，胡瑞法，智华勇. 2009. 基层农业技术推广体系30年发展与改革：政策评估和建议[J]. 农业技术经济，（1）：4-11.

黄季焜，冀县卿. 2012. 农地使用权确权与农户对农地的长期投资[J]. 管理世界（月刊），（9）：76-81，99.

黄季焜，罗斯高. 1998. 迈向二十一世纪的中国粮食经济[M]. 北京：中国农业出版社.

黄季焜，陶然，徐志刚，等. 2008. 制度变迁和可持续发展——30年中国农业与农村[M]. 上海：格致出版社.

黄季焜，王丹，胡继亮. 2015. 对实施农产品目标价格政策的思考——基于新疆棉花目标价格改革试点的分析[J]. 中国农村经济，（5）：10-18.

黄季焜，王晓兵，智华勇，等. 2011. 粮食直补和农资综合补贴对农业生产的影响[J]. 农业技术经济，（1）：4-12.

黄季焜，杨军. 2014. 玉米科技进步及其对玉米和其他主要农产品的供需影响[J]. 农林经济管理学报，13（2）：117-123.

黄季焜，杨军，仇焕广. 2012. 新时期国家粮食安全战略和政策的思考[J]. 农业经济问题（月刊），（3）：4-8.

黄洁莉，汤佩，蒋占华. 2014. 税收优惠政策下农业企业研发投入、风险与收益——基于我国农业上市公司的实证检验[J]. 农业技术经济，（2）：120-128.

黄祖辉，高钰玲. 2012. 农民专业合作社服务功能的实现程度及其影响因素[J]. 中国农村经济，（7）：4-16.

黄祖辉，邵科. 2009. 合作社的本质规定性及其漂移[J]. 浙江大学学报（人文社会科学版），39（4）：11-16.

黄祖辉，邵科. 2010. 基于产品特性视角的农民专业合作社组织结构与运营绩效分析[J]. 学术交流，（7）：91-96.

冀县卿，黄季焜. 2013. 改革三十年农地使用权演变：国家政策与实际执行的对比分析[J]. 农业经济问题（月刊），（5）：27-32.

冀县卿，钱忠好. 2010. 中国农业增长的源泉：基于农地产权结构视角的分析[J]. 管理世界（月刊），（11）：68-75.

贾根良. 1996. 杨格定理与经济发展理论[J]. 经济社会体制比较，（2）：58-60.

康芒斯 J. 2009. 制度经济学·上[M]. 赵睿译. 北京：华夏出版社.

柯炳生. 2007. 我国粮食自给率与粮食贸易问题[J]. 农业展望, （4）: 3-6.

科斯 R H, 阿尔钦 A, 诺斯 D. 1994. 财产权利与制度变迁[M]. 刘守英, 等译. 上海：上海人民出版社.

克拉德森 P H. 1982. 丹麦的农业[M]. 北京：农业出版社.

旷宗仁, 章瑾, 左停. 2012. 中国农业科技创新投入产出分析[J]. 中国科技论坛, （7）: 132-136.

拉坦 V W. 1994. 诱致性制度变迁理论[C]//科斯 R, 阿尔钦 A, 诺斯 D C, 等. 财产权利与制度变迁——产权学派与新制度学派译文集. 刘守英, 等译. 上海：上海三联书店, 上海人民出版社.

李晨, 覃成林, 任建辉. 2017. 空间溢出、邻近性与区域创新[J]. 中国科技论坛, （1）: 47-52, 68.

李登旺, 仇焕广, 吕亚荣, 等. 2015. 欧美农业补贴政策改革的新动态及其对我国的启示[J]. 中国软科学, （8）: 12-21.

李谷成. 2014. 中国农业的绿色生产率革命：1978—2008 年[J]. 经济学（季刊）, 13（2）: 537-558.

李谷成, 范丽霞, 冯中朝. 2014. 资本积累、制度变迁与农业增长——对 1978~2011 年中国农业增长与资本存量的实证估计[J]. 管理世界, （5）: 67-79.

李琳琳, 任大鹏. 2014. 不稳定的边界——合作社成员边界游移现象的研究[J]. 东岳论丛, 35（4）: 93-98.

李强, 刘冬梅. 2011. 我国农业科研投入对农业增长的贡献研究——基于1995-2007年省级面板数据的实证分析[J]. 中国软科学, （7）: 42-49, 81.

李容容, 罗小锋, 薛龙飞. 2015. 种植大户对农业社会化服务组织的选择：营利性组织还是非营利性组织?[J]. 中国农村观察, （5）: 73-84.

李伟, 余翔, 蔡立胜. 2016. 政府科技投入、知识产权保护与企业研发投入[J]. 科学学研究, 34（3）: 357-365.

李义波. 2004. 农村居民公共产品需求偏好状况研究——对湖北省荆州市 J 镇的调查[J]. 南京农业大学学报（社会科学版）, 4（4）: 24-27, 38.

李友梅. 2001. 组织社会学及其决策分析[M]. 上海：上海大学出版社.

李长生, 肖向明, Frolking S, 等. 2003. 中国农田的温室气体排放[J]. 第四纪研究, 23（5）: 493-503.

李兆亮, 罗小锋, 张俊飚, 等. 2016. 中国农业科研投资结构的时空分异特征及其驱动因素[J]. 经济地理, 36（12）: 112-118.

李兆亮, 罗小锋, 张俊飚, 等. 2017. 中国不同类型农业 R&D 投入分布的动态演变及其影响因素分析[J]. 中国科技论坛, （1）: 144-149.

连玉君,王闻达,叶汝财. 2014. Hausman 检验统计量有效性的 Monte Carlo 模拟分析[J]. 数理统计与管理,33(5):830-841.

刘合光. 2012. 中国农业支持政策演变与农村发展[J].中国农业信息,(15):24-25.

刘老石. 2010. 合作社实践与本土评价标准[J]. 开放时代,(12):53-67.

刘圻,何钰,杨德伟. 2012. 研发支出加计扣除的实施效果——基于深市中小板上市公司的实证研究[J]. 宏观经济研究,(9):87-92.

刘强,杨万江. 2016. 农户行为视角下农业生产性服务对土地规模经营的影响[J]. 中国农业大学学报,21(9):188-197.

刘泉君. 2011. 低碳农业发展金融困境及对策探究[J]. 当代经济,(23):74-75.

刘书明. 2016. 多元合作公共服务供给理论与民族地区农民需求表达机制——基于甘肃省临夏回族自治州的实证研究[J]. 财政研究,(9):93-105.

刘天军,胡华平,朱玉春,等. 2013. 我国农产品现代流通体系机制创新研究[J]. 农业经济问题(月刊),34(8):20-25.

刘同山. 2016. 资产化与直接处置:农民宅基地退出意愿研究[J]. 经济经纬,33(6):42-47.

刘宪法. 2011. 台湾农地重划制度及其对中国大陆的启示[J]. 中国农村经济,(11):82-91.

刘义强. 2006. 建构农民需求导向的公共产品供给制度——基于一项全国农村公共产品需求问卷调查的分析[J]. 华中师范大学学报(人文社会科学版),45(2):15-23.

刘玉春,修长柏,刘志华. 2016. 农业科技投入增收效应的动态检验[J]. 科学管理研究,(4):80-83.

罗必良. 2014. 农地流转的市场逻辑——"产权强度-禀赋效应-交易装置"的分析线索及案例研究[J]. 南方经济,(5):1-24.

罗必良. 2016. 农地确权、交易含义与农业经营方式转型——科斯定理拓展与案例研究[J]. 中国农村经济,(11):2-16.

罗必良. 2017. 合约短期化与空合约假说——基于农地租约的经验证据[J]. 财经问题研究,(1):10-21.

罗必良,邹宝玲,何一鸣. 2017. 农地租约期限的"逆向选择"——基于 9 省份农户问卷的实证分析[J]. 农业技术经济,(1):4-17.

罗芳,王庆,张扬,等. 2014. 农村公共物品供给中需求表达的理论回顾与述评[J]. 浙江农业学报,26(3):837-844.

罗小锋. 2012. 农户参与农业基础设施建设的意愿及影响因素——基于湖北省 556 户农户的调查[J]. 中南财经政法大学学报,(3):29-34.

罗小锋,袁青. 2017. 新型城镇化与农业技术进步的时空耦合关系[J]. 华南农业大学学报(社会科学版),16(2):19-27.

马歇尔 A. 1997. 经济学原理[M]. 朱志泰译. 北京:商务印书馆.

马彦丽,黄胜忠. 2013. 农民专业合作社:理论研究中的泛化和实践中的异化[J]. 新疆农垦经济，（8）：7-12.

毛学峰，孔祥智，辛翔飞，等. 2012. 我国"十一五"时期农业科技成果转化现状与对策[J]. 中国科技论坛，（6）：126-132.

梅建明. 2002. 再论农地适度规模经营——兼评当前流行的"土地规模经营危害论"[J]. 中国农村经济，（9）：31-35.

米松华. 2013. 我国低碳现代农业发展研究——基于碳足迹核算和适用性低碳技术应用的视角[M]. 北京：中国农业出版社.

牛若峰. 2002. 当代农业产业一体化经营[M]. 南昌：江西人民出版社.

潘劲. 2011. 中国农民专业合作社：数据背后的解读[J]. 中国农村观察，（6）：2-11.

彭世彰，和玉璞，杨士红，等. 2013. 控制灌溉稻田的甲烷减排效果[J]. 农业工程学报，29（8）：100-107.

漆雁斌，王刚. 2013. 农业低碳发展：机制、困境、模式与制度设计[M]. 北京：中国农业出版社.

钱忠好，牟燕. 2012. 中国土地市场化水平：测度及分析[J]. 管理世界（月刊），（7）：67-75，95.

仇焕广，陈菲菲，李登旺，等. 2015. 农产品目标价格补贴政策效果评估[J]. 中国社会科学，12：3-92.

邵科，朱守银. 2014. 农民专业合作社发展的不良类型、成因与应对思路[J]. 农业经济与管理，（1）：35-41.

邵占鹏. 2017. 规则与资本的逻辑：淘宝村中农民网店的型塑机制[J]. 西北农林科技大学学报（社会科学版），17（4）：74-82.

斯科特 W R. 2002. 组织理论：理性、自然和开放系统[M]. 黄洋，等译. 北京：华夏出版社.

斯科特 W R. 2006. 对组织社会学50年来发展的反思[J]. 国外社会科学，（1）：7-14.

斯密 A. 2003. 道德情操论[M]. 蒋自强，钦北愚，等译. 北京：商务印书馆.

斯密 A. 2014. 国民财富的性质和原因的研究·上卷[M]. 郭大力，王亚南译. 北京：商务印书馆.

斯密德 A A. 1996. 财产、权力与公共选择[M]. 黄祖辉译. 上海：上海三联书店，上海人民出版社.

苏群，周春芳. 2005. 农民工人力资本对外出打工收入影响研究——江苏省的实证分析[J]. 农村经济，（7）：115-118.

速水佑次郎，神门善久. 2003. 农业经济论[M]. 沈金虎，周应恒，张玉林，等译. 北京：中国农业出版社.

孙生阳，孙艺夺，胡瑞法，等. 2018. 中国农技推广体系的现状、问题及政策研究[J]. 中国软科学，（6）：25-34.

唐宗焜. 2012. 合作社真谛[M]. 北京：知识产权出版社.

田传浩，李明坤. 2014. 土地市场发育对劳动力非农就业的影响：基于浙、鄂、陕经验[J]. 农业技术经济，（8）：11-24.

仝志辉，温铁军. 2009. 资本和部门下乡与小农户经济的组织化道路——兼对专业合作社道路提出质疑[J]. 开放时代，（4）：5-26.

涂圣伟. 2010. 农民主动接触、需求偏好表达与农村公共物品供给效率改进[J]. 农业技术经济，（3）：32-41.

万宝瑞. 2018. 农业发展四十年 政策保障是根本——学习系列中央一号文件体会[J]. 农村工作通讯，（10）：17-20.

万红斌. 2016. 农民利益表达研究综述[J]. 当代经济，（21）：114-115.

王德文，蔡昉，张国庆. 2008. 农村迁移劳动力就业与工资决定：教育与培训的重要性[J]. 经济学（季刊），7（4）：1131-1148.

王海港，黄少安，李琴，等. 2009. 职业技能培训对农村居民非农收入的影响[J]. 经济研究，（9）：128-139, 151.

王家年. 2008. 实现农村基本公共服务均等化的财政政策研究[J]. 农业经济，（10）：76-77.

王敬培，任大鹏，李晓聪. 2014. 典范逻辑：对一个农民专业合作示范社的追踪调研[J]. 西北农林科技大学学报（社会科学版），14（6）：51-56.

王丽伟，王川，王伟. 2015. 机械化秸秆还田技术推广现状与对策——以安徽省为例[J]. 安徽农业科学，（34）：293.

王林辉，袁礼. 2015. 要素丰裕度、技术进步偏向性与中国农业部门要素收入分配结构[J]. 东北师大学报（哲学社会科学版），（1）：70-80.

王士海，李先德. 2012. 粮食最低收购价政策托市效应研究[J]. 农业技术经济，（4）：105-111.

王士海，李先德. 2013. 中国政策性粮食竞价销售对市场价格有影响吗？——以小麦为例[J]. 中国农村经济，（2）：61-70, 95.

王曙光. 2008. 农民合作社的全要素合作、政府支持与可持续发展[J]. 农村经济，（11）：3-6.

魏众. 2004. 健康对非农就业及其工资决定的影响[J]. 经济研究，（2）：64-74.

温忠麟，叶宝娟. 2014. 中介效应分析：方法和模型发展[J]. 心理科学进展，22（5）：731-745.

吴彬. 2014. 农民专业合作社治理结构：理论与实证研究[D]. 浙江大学博士学位论文.

吴彬. 2015. 合作社是什么——基于对国际合作社定义、价值及原则的重新解读[J]. 中国农民合作社，（2）：70-72.

吴彬，徐旭初. 2009. 农民专业合作社的益贫性及其机制[J]. 农村经济，（3）：115-117.

吴丽丽，李谷成，周晓时. 2015. 要素禀赋变化与中国农业增长路径选择[J]. 中国人口·资源与环境，25（8）：144-152.

吴林海，彭宇文. 2013. 农业科技投入与农业经济增长的动态关联性研究[J]. 农业技术经济，（12）：87-93.

吴欣望, 陶世隆, 刘京军. 2006. 强化专利保护影响技术创新的实证分析[J]. 经济评论, (5): 53-58.

吴延兵. 2008. 自主研发、技术引进与生产率——基于中国地区工业的实证研究[J]. 经济研究, (8): 51-64.

西蒙 H. 1989. 现代决策理论的基石[M]. 杨砾, 徐立译. 北京: 北京经济学院出版社.

习近平. 2017. 决胜全面建成小康社会 夺取新时代中国特色社会主义伟大胜利——在中国共产党第十九次全国代表大会上的报告[M]. 北京: 人民出版社.

谢兰云. 2013. 中国省域 R&D 投入对经济增长作用途径的空间计量分析[J]. 中国软科学, (9): 37-47.

邢斐. 2009. 加强专利保护对我国创新活动影响的实证研究[J]. 科学学研究, (10): 1495-1499.

熊万胜. 2009. 合作社: 作为制度化进程的意外后果[J]. 社会学研究, (5): 83-109.

徐建群. 2016. 关于农民专业合作社社员建设的思考[J]. 农村经营管理, (9): 40-42.

徐旭初. 2005. 中国农民专业合作经济组织的制度分析[M]. 北京: 经济科学出版社.

徐旭初. 2008. 新情势下我国农民专业合作社的制度安排[J]. 农村经营管理, (11): 13-16.

徐旭初. 2012a. 农民专业合作社发展辨析: 一个基于国内文献的讨论[J]. 中国农村观察, (5): 2-12.

徐旭初. 2012b. 谈《农民专业合作社法》实施中的问题及相应的修法思考[J]. 中国合作经济, (7): 29-32.

徐旭初. 2014. 农民合作社发展中政府行为逻辑: 基于赋权理论视角的讨论[J]. 农业经济问题(月刊), (1): 19-29.

徐旭初. 2015. 谈谈合作社的真假: 合作化、产业化和社会化[J]. 中国农民合作社, (12): 37.

徐旭初, 吴彬. 2017.《农民专业合作社法》的规范化效应检视[J]. 东岳论丛, 38(1): 78-81.

徐志刚, 习银生, 张世煌. 2010. 2008/2009 年度国家玉米临时收储政策实施状况分析[J]. 农业经济问题, (3): 16-23.

许春明, 单晓光. 2008. 中国知识产权保护强度指标体系的构建及验证[J]. 科学学研究, 26(4): 715-723.

杨格 A, 贾根良. 1996. 报酬递增与经济进步[J]. 经济社会体制比较, (2): 52-57.

杨洪涛, 刘分佩, 左舒文. 2015. 研发费用加计扣除政策实施效果及影响因素分析——以上海民营科技企业为例[J]. 科技进步与对策, (6): 132-135.

杨金风, 史江涛. 2006. 人力资本对非农就业的影响: 文献综述[J]. 中国农村观察, (3): 74-79.

杨志宏, 翟印礼. 2011. 超市农产品供应链流通成本分析——以沈阳市蔬菜市场为例[J]. 农业经济问题, (2): 73-78.

姚林香，黄菊萍. 2014. 中部六省科技投入与创新能力比较[J]. 改革，（6）：105-112.

姚洋. 1999. 非农就业结构与土地租赁市场的发育[J]. 中国农村观察，（2）：18-23.

应瑞瑶. 2004. 论农业合作社的演进趋势与现代合作社的制度内核[J]. 南京社会科学，（1）：13-18.

袁立明. 2015. 秸秆焚烧的危害不止是雾霾[J]. 地球，（12）：18-20.

苑鹏. 2001. 中国农村市场化进程中的农民合作组织研究[J]. 中国社会科学，（6）：63-73.

曾福生，郭珍，高鸣. 2014. 中国农业基础设施投资效率及其收敛性分析——基于资源约束视角下的实证研究[J]. 管理世界（月刊），（8）：173-174.

曾亿武，郭红东. 2016. 农产品淘宝村形成机理：一个多案例研究[J]. 农业经济问题（月刊），（4）：39-48.

曾亿武，郭红东，金松青. 2018. 电子商务有益于农民增收吗？——来自江苏沭阳的证据[J]. 中国农村经济，（2）：49-64.

张会萍，倪全学，杨绍艳. 2011. 土地流转的影响因素分析——基于宁夏银北地区平罗县样本农户的调查[J]. 农村经济，（1）：17-20.

张杰. 2019. 中国专利增长之"谜"——来自地方政府政策激励视角的微观经验证据[J]. 武汉大学学报（哲学社会科学版），72（1）：85-103.

张杰，陈志远，杨连星，等. 2015. 中国创新补贴政策的绩效评估：理论与证据[J]. 经济研究，50（10）：4-17, 33.

张仁寿. 1999. 浙江农村经济变革的系统考察[M]. 杭州：浙江人民出版社.

张韶华. 2007. 财政支农资金管理行为若干问题分析[J]. 农村经济，（2）：50-52.

张世伟，王广慧. 2010. 培训对农民工收入的影响[J]. 人口与经济，（1）：34-38.

张世伟，武娜. 2013. 农民工培训的收入效应[J]. 财经科学，（12）：65-72.

张晓山. 2004. 促进以农产品生产专业户为主体的合作社的发展——以浙江省农民专业合作社的发展为例[J]. 中国农村经济，（11）：4-10.

张晓山. 2009. 农民专业合作社的发展趋势探析[J]. 管理世界，（5）：89-96.

张晓山. 2017. 理想与现实的碰撞：《农民专业合作社法》修订引发的思考[J]. 求索，（8）：16-24.

张晓山，苑鹏. 1991. 合作社基本原则及有关问题的比较研究[J]. 中国农村观察，（1）：1-10.

张艳芳. 2011. 论合作社价值追求的传承与超越——兼论合作社的制度构建[J]. 企业经济，（4）：184-186.

张颖，任大鹏. 2010. 论农民专业合作社的规范化——从合作社的真伪之辩谈起[J]. 农业经济问题（月刊），（4）：41-45.

张宇. 2011. 公共政策活动中非营利组织民意表达功能探析[J]. 贵州社会科学，（1）：48-52.

张照新，陈金强. 2007. 中国粮食补贴政策的框架、问题及政策建议[J]. 农业经济问题，28（7）：11-16.

张照新，宋洪远. 2002. 中国农村劳动力流动国际研讨会主要观点综述[J]. 中国农村观察，（1）：75-79.

张忠根. 2010. 农业经济学[M]. 杭州：浙江大学出版社.

赵延东，王奋宇. 2002. 城乡流动人口的经济地位获得及决定因素[J]. 中国人口科学，（4）：8-15.

赵芝俊，孙晓明，张社梅，等. 2005. 农业产业化经营促进区域科技创新能力建设评价方法探讨[J]. 农业技术经济，（3）：31-34.

赵芝俊，张社梅. 2005. 我国农业科研投资宏观经济效益分析[J]. 农业技术经济，（6）：41-47.

郑榕. 2006. 对所得税中两种R&D税收激励方式的评估[J]. 财贸经济，（9）：3-8.

中国农村发展问题研究组. 1984. 农村经济变革的系统考察[M]. 北京：中国社会科学出版社.

《中国农业技术推广体制改革研究》课题组. 2004. 中国农技推广：现状、问题及解决对策[J]. 管理世界（月刊），（5）：50-57，75.

钟甫宁. 2000. 农业政策学[M]. 北京：中国农业大学出版社.

钟祖昌. 2013. 研发投入及其溢出效应对省区经济增长的影响[J]. 科研管理，34（5）：64-72.

周娟. 2017. 农民分化结构下农民合作组织的建设?——韩国的经验与启示[J]. 农业经济问题，（5）：102-109.

周逸先，崔玉平. 2001. 农村劳动力受教育与就业及家庭收入的相关分析[J]. 中国农村经济，（4）：60-67.

朱满德，程国强. 2015. 中国农业的黄箱政策支持水平评估：源于WTO规则一致性[J]. 改革，（5）：58-66.

朱四海. 2005. 我国农业政策演变的两条基本线索[J]. 农业经济问题（月刊），（11）：9-15.

朱文珏，罗必良. 2016. 行为能力、要素匹配与规模农户生成——基于全国农户抽样调查的实证分析[J]. 学术研究，（8）：83-92.

Abdulai A, Ali A. 2010. The adoption of genetically modified cotton and poverty reduction in Pakistan[J]. Journal of Agricultural Economics, 61（1）：175-192.

Aigner D J, Chu S F. 1968. On estimating the industry production function[J]. The American Economic Review, 58（4）：826-839.

Alchian A A. 1965. Some economics of property rights[J]. IL Politico, 30（4）：816-829.

Alexander P, Paustian K, Smith P, et al. 2015. The economics of soil C sequestration and agricultural emissions abatement[J]. Soil, 1（4）：331-339.

Ali A, Abdulai A. 2010.The adoption of genetically modified cotton and poverty reduction in Pakistan[J]. Journal of Agricultural Economics, 61（1）：175-192.

Ali T, Huang J, Wang J, et al. 2017. Global footprints of water and land resources through China's food trade[J]. Global Food Security, 12：139-145.

Anderson T W, Hsiao C. 1981. Estimation of dynamic models with error components[J]. Journal of The American Statistical Association, 76: 598-606.

Angrist J D, Krueger A B. 2001. Instrumental variables and the search for identification: from supply and demand to natural experiments[J]. Journal of Economic Perspectives, 15 (4): 69-85.

Arrow K J. 1962. Economic Welfare and the Allocation of Resources for Invention[C]// Universities-National Bureau Committee for Economic Research, Committee on Economic Growth of the Social Science Research Council National Bureau of Economic Research—The Rate and Direction of Inventive Activity: Economic and Social Factors. Princeton: Princeton University Press: 609-626.

Asfaw A, von Braun J. 2004. Is consumption insured against illness? Evidence on vulnerability of households to health shocks in rural Ethiopia[J]. Economic Development & Cultural Change, 53 (1): 115-129.

Baltagi B H. 2008. Econometric Analysis of Panel Data[M]. 4th Ed. New York: Wiley.

Barnard C I. 1938. The Functions of the Executive[M]. Cambridge: Harvard University Press.

Barton D G. 1989. What is a cooperative? [C]//Cobia D W. Cooperatives in Agriculture. Upper Saddle River: Prentice-Hall: 1-20.

Barton D G. 2004. Agricultural cooperatives: an American economic and management perspective[R]. International Symposium on Institutional Arrangements and Legislative Issues of Farmer Cooperatives, Taizhou, Zhejiang.

Bentolila S, Ichino A. 2008. Unemployment and consumption near and far away from the Mediterranean[J]. Journal of Population Economics, 21 (2): 255-280.

Berthrong S T, Buckley D H, Drinkwater L E. 2013. Agricultural management and labile carbon additions affect soil microbial community structure and interact with carbon and nitrogen cycling[J]. Microbial Ecology, 66 (1): 158-170.

Bérubé C, Mohnen P. 2009. Are firms that received r&d subsidies more innovative?[J]. The Canadian Journal of Economics/Revue Canadienne D'économique, 42 (1): 206-225.

Binswanger H P, Ruttan V W. 1978. Induced Innovation: Technology, Institutions, and Development[M]. Baltimore: The Johns Hopkins University Press.

Burggraf C, Kuhn L, Zhao Q R, et al. 2015. Economic growth and nutrition transition: an empirical analysis comparing demand elasticities for foods in China and Russia[J]. Journal of Integrative Agriculture, 14 (6): 1008-1022.

Cameron A C, Gelbach J B, Miller D L. 2011. Robust inference with multiway clustering[J]. Journal of Business & Economic Statistics, 29 (2): 238-249.

Chaddad F, Cook M L. 2004. Understanding new cooperative models: an ownership-control rights typology[J]. Applied Economic Perspectives and Policy, 26 (3): 348-360.

Cheung S N S. 1969. The Theory of Share Tenancy[M]. Chicago: The University of Chicago Press.

Cheung S N S. 1970. The structure of a contract and the theory of a non-exclusive resource[J]. The Journal of Law & Economics, 13 (1): 49-70.

Ciais P, Reichstein M, Viovy N, et al. 2005. Europe-wide reduction in primary productivity caused by the heat and drought in 2003[J]. Nature, 437 (7058): 529-533.

Clark P B, Wilson J Q. 1961. Incentive systems: a theory of organizations[J]. Administrative Science Quarterly, 6 (2): 129-166.

Clausen T H. 2009. Do subsidies have positive impacts on R&D and innovation activities at the firm level?[J]. Structural Change & Economic Dynamics, 20 (4): 239-253.

Coe D T, Helpman E. 1995. International R&D spillovers[J]. European Economic Review, 39 (5): 859-887.

Coltrain D, Barton D G, Boland M. 2000. Differences between new generation cooperatives and traditional cooperatives[R]. Risk and Profit 2000 Conference, Manhattan, Kansas.

Connolly M. 2008. Here comes the rain again: weather and the intertemporal substitution of leisure[J]. Journal of Labor Economics, 26 (1): 73-100.

Cook M L. 1995. The future of U.S. agricultural cooperatives: a neo-institutional approach[J]. American Journal of Agricultural Economics, 77 (5): 1153-1159.

Corbera E. 2015. Valuing nature, paying for ecosystem services and realizing social justice: a response to matulis[J]. Ecological Economics, 110 (2): 154-157.

Crossman N D, Bryan B A, Summers D M. 2011. Carbon payments and low-cost conservation[J]. Conservation Biology, 25 (4): 835-845.

Crozier M, Friedberg E. 1977. L'acteur et Filesysteme[M]. Paris: Editions du Seuil.

Cunningham J J L, Gino F, Staats B R. 2014. Rainmakers: why bad weather means good productivity[J]. Journal of Applied Psychology, 99 (3): 504.

Czarnitzki D, Lopesbento C. 2014. Innovation subsidies: does the funding source matter for innovation intensity and performance? Empirical evidence from Germany[J]. Industry and Innovation, 21 (5): 380-409.

Czarnitzki D, Toole A A. 2011. Patent Protection, market uncertainty, and R&D investment[J]. The Review of Economics and Statistics, 93 (1): 147-159.

Davis B, Handa S, Arranz M R, et al. 2002. Conditionality and the impact of program design on household welfare: comparing the effects of two diverse cash transfer programs on the rural poor in Mexico[R]. Agricultural and Development Economics Division of the Food and Agriculture Organization of the United Nations Working Papers 02-10.

de Agostini P. 2014. The effect of food prices and household income on the British diet[R]. ISER

Working Paper Series.

Dehejia R H, Wahba S. 2002. Propensity score-matching methods for nonexperimental causal studies[J]. The Review of Economics and Statistics, 84（1）：151-161.

Deininger K, Jin S. 2005. The potential of land rental markets in the process of economic development: evidence from China[J]. Journal of Development Economics, 78（1）：241-270.

Deininger K, Jin S, Xia F, et al. 2014. Moving off the farm: land institutions to facilitate structural transformation and agricultural productivity growth in China[J]. World Development, 59：505-520.

Dixit A K, Stiglitz J E. 1977. Monopolistic competition and optimum product diversity[J]. American Economic Review, 67（3）：297-308.

Dong F, Featherstone A M. 2006. Technical and scale efficiencies for Chinese rural credit cooperatives: a bootstrapping approach in data envelopment analysis[J]. Journal of Chinese Economic and Business Studies, 4（1）：57-75.

Dong F, Lu J, Featherstone A M. 2010. Effects of credit constraints on productivity and rural household income in China[R]. Center for Agricultural and Rural Development（CARD）Working Paper, 507.

Dorward A, Chirwa E. 2011. The Malawi agricultural input subsidy programme: 2005/06 to 2008/09[J]. International Journal of Agricultural Sustainability, 9（1）：232-247.

Elisabetta I, Patrick R. 2014. Building reputation for contract renewal: implications for performance dynamics and contract duration[J]. Journal of the European Economic Association, 12（3）：549-574.

EY, Cambridge Econometrics Ltd and Arcadia International. 2014. The Economic Impact of Modern Retail on Choice and Innovation in the EU Food Sector: Case Studies Report[M]. Luxembourg: Publications Office of the European Union.

Faltermeier L, Abdulai A. 2009. The impact of water conservation and intensification technologies: empirical evidence for rice farmers in Ghana[J]. Agricultural Economics, 40（3）：365-379.

Fan C, Wei T. 2016. Effectiveness of integrated low-carbon technologies[J]. International Journal of Climate Change Strategies and Management, 8（5）：758-776.

Fan S, Wailes E J, Cramer G L. 1995, Household demand in rural China: a two-stage LES-AIDS model[J]. American Journal of Agricultural Economics, 77（1）：54-62.

FAO. 2002. World agriculture: towards 2015/2030. Summary report[R]. Rome.

Färe R, Grosskopf S, Noh D W, et al. 2005. Characteristics of a polluting technology: theory and practice[J]. Journal of Econometrics, 126（2）：469-492.

Färe R, Grosskopf S, Weber W L. 2006. Shadow prices and pollution costs in US agriculture[J].

Ecological Economics, 56 (1): 89-103.

Farley J, Costanza R. 2010. Payments for ecosystem services: from local to global[J]. Ecological Economics, 69 (11): 2060-2068.

Feder G, Lau L J, Lin J, et al. 1990. The relationship between credit and productivity in Chinese agriculture: a microeconomic model of disequilibrium[J]. American Journal of Agricultural Economics, 72 (5): 1151-1157.

Federico G. 2005. Feeding the World: An Economic History of Agriculture, 1800-2000[M]. Princeton: Princeton University Press.

Fließbach A, Mäder P. 2000. Microbial biomass and size-density fractions differ between soils of organic and conventional agricultural systems[J]. Soil Biology and Biochemistry, 32 (6): 757-768.

Foucherot C, Bellassen V. 2011. Carbon offset projects in the agricultural sector doctoral dissertation[R]. CDC Climat Research, Paris.

Fuglie K O, Heisey P W, King J L, et al. 2011. Research investments and market structure in the food processing, agricultural input, and biofuel industries worldwide: executive summary[J]. USDA-ERS Economic Research Report, (90): 34.

Fuglie K O, Toole A A. 2014. The evolving institutional structure of public and private agricultural research[J]. American Journal of Agricultural Economics, 96 (3): 862-883.

Gao L, Huang J, Rozelle S. 2012. Rental markets for cultivated land and agricultural investments in China[J]. Agricultural Economics, 43 (4): 391-403.

Gardner B L. 2004. The nature of the farm: contracts, risk, and organization in agriculture[J]. American Journal of Agricultural Economics, 86 (4): 1156-1157.

Gómez-Baggethun E, de Groot R, Lomas P L, et al. 2010. The history of ecosystem services in economic theory and practice: from early notions to markets and payment schemes[J]. Ecological Economics, 69 (6): 1209-1218.

González X, Jaumandreu J, Pazó C. 2005. Barriers to innovation and subsidy effectiveness[J]. The Rand Journal of Economics, 36 (4): 930-949.

Granovetter M S. 1985. Economic action and social structure: the problem of embeddedness[J]. American Journal of Sociology, 91 (3): 481-510.

Griliches Z. 1998. R&D and Productivity[M]. Chicago: University of Chicago Press.

Halinen A, Törnroos J A. 1988. The role of embeddedness in the evolution of business networks[J]. Scandinavian Journal of Management, 14 (3): 187-205.

Handa S, Davis B. 2006. The experience of conditional cash transfers in Latin America and the Caribbean[J]. Development Policy Review, 24 (5): 513-536.

Hansmann H B. 1996. The Ownership of Enterprise[M]. Cambridge: The Belknap Press.

Hart O. 1988. Incomplete contracts and the theory of the firm[J]. Journal of Law, Economics & Organization, 4（1）: 119-139.

Hart O, Moore J. 2008. Contracts as reference points[J]. The Quarterly Journal of Economics, 123（1）: 1-48.

Hayami Y, Ruttan V W. 1970. Agricultural productivity differences among countries[J]. The American Economic Review, 60（5）: 895-911.

Hayes A F. 2009. Beyond Baron and Kenny: statistical mediation analysis in the new millennium[J]. Communication Monographs, 76（4）: 408-420.

Heckman J J, Ichimura H, Smith J A, et al. 1998. Characterizing selection bias using experimental data[J]. Econometrica, 66（5）: 1017-1098.

Heckman J J, Navarro-Lozano S. 2004. Using matching, instrumental variables, and control functions to estimate economic choice models[J]. The Review of Economics and Statistics, 86（1）: 30-57.

Heckman J J, Vytlacil E J. 2007. Econometric evaluation of social programs, part II: using the marginal treatment effect to organize alternative econometric estimators to evaluate social programs, and to forecast their effects in new environments[J]. Handbook of Econometrics, 6: 4875-5143.

Hendrike G W J, Veerman C P. 2004. On the future of cooperatives: taking stock, looking ahead, restructuring agricultural cooperatives[R]. Amsterdam: Erasmus Research Institute of Management.

Hicks J R. 1932. The Theory of Wages[M]. London: Macmillan.

Hortmann-Scholten A. 2011. Germany's role in Pan-European trade[R]. A presentation to the EPP Congress, Münster, Germany, VEZG/Chamber of Agriculture, Lower Saxony.

Hou H, Peng S, Xu J, et al. 2012. Seasonal variations of CH_4 and N_2O emissions in response to water management of paddy fields located in southeast China[J]. Chemosphere, 89（7）: 884-892.

Houlcroft D J, Griliches Z. 1985. R&D, patents and productivity[J]. The Economic Journal, 95（379）: 818.

Hu A G Z, Jefferson G H, Guan X, et al. 2005. R&D and technology transfer: firm-level evidence from Chinese industry[J]. Review of Economics & Statistics, 87（4）: 780-786.

Hu R, Cai Y, Chen K Z, et al. 2012. Effects of inclusive public agricultural extension service: results from a policy reform experiment in western China[J]. China Economic Review, 23: 962-974.

Hu R, Yang Z, Kelly P, et al. 2009. Agricultural extension system reform and agent time allocation in China[J]. China Economic Review, 20: 303-315.

Huang J, Bouis H. 2001. Structural changes in the demand for food in Asia: empirical evidence from Taiwan[J]. Agricultural Economics, 26: 57-69.

Huang J, Ding J. 2016. Institutional innovation and policy support to facilitate small-scale farming transformation in China[J]. Agricultural Economics, 47（S1）: 227-237.

Huang J, Hu R, Rozelle S, et al. 2001. Small holders, transgenic varieties, and production efficiency: the case of cotton farmers in China[R]. Working Papers.

Huang J, Hu R, Rozelle S, et al. 2002. Transgenic varieties and productivity of smallholder cotton farmers in China[J]. Australian Journal of Agricultural and Resource Economics, 46（3）: 367-387.

Huang J, Rozelle S. 1996. Technological change: the rediscovery of the engine of productivity growth in China's rice economy[J]. Journal of Development Economics, 49（2）: 337-369.

Huang J, Rozelle S. 1998. Market development and food demand in rural China[J]. China Economic Review, 9（1）: 25-45.

Huang J, Rozelle S. 2006. The emergence of agricultural commodity markets in China[J]. China Economic Review, 17（3）: 266-280.

Huang J, Rozelle S, Chang M. 2004. Tracking distortions in agriculture: China and its accession to the World Trade Organization[J]. The World Bank Economic Review, 18（1）: 59-84.

Huang J, Rozelle S, Pray C, et al. 1993. Plant biotechnology in China[J]. Science, 262（5132）: 674-676.

Huang J, Wang X, Zhi H, et al. 2011. Subsidies and distortions in China's agriculture: evidence from producer-level data[J]. The Australian Journal of Agricultural and Resource Economics, 55（1）: 53-71.

Huang J, Wei W, Cui Q, et al. 2017. The prospects for China's food security and imports: will China starve the world via imports?[J]. Journal of Integrative Agriculture, 16（12）: 2933-2944.

Huang J, Wu Y, Zhi H, et al. 2008. Small holder income, food safety and producing, and marketing China's fruits[J]. Review of Agricultural Economics, 30（3）: 469-479.

Huang Y, Tang Y H. 2010. An estimate of greenhouse gas（N_2O and CO_2）mitigation potential under various scenarios of nitrogen use efficiency in Chinese croplands[J]. Global Change Biology, 16（1）: 2958-2970.

Huang Z, Liang Q. 2018. Agricultural industrial organizations and the role of farmer cooperatives in China since 1978: past and future[J]. China Agricultural Economic Review, 10（1）: 48-64.

Huang Z, Wu B, Xu X C, et al. 2016. Situation features and governance structure of farmer cooperatives in China: does initial situation matter?[J]. The Social Science Journal, 53（1）: 100-110.

Iacobucci D. 2012. Mediation analysis and categorical variables: the final frontier[J]. Journal of Consumer Psychology, 22(4): 582-594.

Iossa E, Rey P. 2009. Building reputation for contract renewal: implications for performance dynamics and contract duration[J]. Journal of the European Economic Association, 12(3): 549-574.

IPCC. 2006. 2006 IPCC guidelines for national greenhouse gas inventories[R]. IEA/OECD.

IPCC. 2012. Managing the Risks of Extreme Events and Disasters to Advance Climate Change Adaptation, Special Report of the Intergovernmental Panel on Climate Change[M]. Cambridge: Cambridge University Press.

Ishii S, Ikeda S, Minamisawa K, et al. 2011. Nitrogen cycling in rice paddy environments: past achievements and future challenges[J]. Microbes and Environments, 26(4): 282-292.

Islam A, Maitra P. 2012. Health shocks and consumption smoothing in rural households: does microcredit have a role to play?[J]. Journal of Development Economics, 97(2): 232-243.

James H, Salvador N L. 2004. Using matching, instrumental variables, and control functions to estimate economic choice models[J]. The Review of Economics and Statistics, 86(1): 30-57.

Jefferson G H, Huamao B, Guan X J, et al. 2006. R&D performance in Chinese industry[J]. Economics of Innovation & New Technology, 15(4~5): 345-366.

Jensen M C, Meckling W H. 1976. Theory of the firm: managerial behavior, agency costs and ownership structure[J]. Journal of Financial Economics, 3(4): 305-360.

Jin S, Ma H, Huang J, et al. 2010. Productivity, efficiency and technical change: measuring the performance of China's transforming agriculture[J]. Journal of Productivity Analysis, 33(3): 191-207.

Jones R W. 2010. Technical progress, price adjustments, and wages[J]. Review of International Economics, 8(3): 497-503.

Jones R W, Kierzkowski H. 2001. Horizontal Aspects of Vertical Fragmentation[M]. New York: Kluwer Academic Publishers.

Kahneman D, Knetsch J L, Thaler R H. 1990. Experimental test of the endowment effect and the coase theorem[J]. The Journal of Political Economy, 98(6): 1325-1348.

Kaldor D R. 1964. Transforming traditional agriculture[J]. Science, 144(3619): 688.

Keppler F, Hamilton J T G, Brac M, et al. 2006. Methane emissions from terrestrial plants under aerobic conditions[J]. Nature, 439(7073): 187-191.

Kim S Y, Pramanik P, Bodelier P L E, et al. 2014a. Cattle manure enhances methanogens diversity and methane emissions compared to swine manure under rice paddy[J]. PLoS One, 9: 1-18.

Kim S Y, Pramanik P, Gutierrez J, et al. 2014b. Comparison of methane emission characteristics in air-dried and composted cattle manure amended paddy soil during rice cultivation[J]. Agriculture, Ecosystems & Environment, 197 (12): 60-67.

Klaus M, Josling T E. 2014. Adding value to applied policy models: the case of the WTO and OECD support classification systems[J]. Modern Accounting and Auditing, 4: 460-478.

Knudsen D C, Hansen F. 2008. Restructuring in cooperatives: the example of the Danish pork processing industry 1968-2002[J]. The Professional Geographer, 60 (2): 270-284.

Koenker R, Bassett G, Jr. 1978. Regression quantiles[J]. Econometrica, 46 (1): 33-50.

Kögel-Knabner I, Amelung W, Cao Z, et al. 2010. Biogeochemistry of paddy soils[J]. Geoderma, 157 (1~2): 1-14.

Kokoye S E H, Tovignan D S, Yabi J A, et al. 2013. Econometric modeling of farm household land allocation in the municipality of Banikoara in northern Benin[J]. Land Use Policy, 34: 72-79.

Krugman P R. 1979. Increasing returns, monopolistic competition, and international trade[J]. Journal of International Economics, 9 (4): 469-479.

Kühl R. 2012. Support for Farmers' Cooperatives, Country Report Germany[M]. Wageningen: Wageningen UR.

Kung J K S, Lee F. 2001. So what if there is income inequality? The distributive consequence of nonfarm employment in rural China[J]. Economic Development & Cultural Change, 50 (1): 19-46.

Leavitt H J. 1965. Applied Organizational Change in Industry: Structural, Technological and Humanistic Approaches, Handbook of Organizations[M]. Chicago: Rand McNally.

Leong C, Pan S, Newell S, et al. 2016. The emergence of self-organizing e-commerce ecosystems in remote villages of China: a tale of digital empowerment for rural development[J]. MIS Quarterly, 40 (2): 475-484.

Lesage J, Pace R K. 2009. Introduction to Spatial Econometrics[M]. Boca Raton: CRC Press, Taylor & Francis Group.

Lesk C, Rowhani P, Ramankutty N. 2016. Influence of extreme weather disasters on global crop production[J]. Nature, 529 (7584): 84-87.

Li C. 2007. Quantifying greenhouse gas emissions from soils: scientific basis and modeling approach[J]. Soil Science and Plant Nutrition, 53 (4): 344-352.

Li C, Qiu J, Frolking S, et al. 2002. Reduced methane emissions from large-scale changes in water management of China's rice paddies during 1980-2000[J]. Geophysical Research Letters, 29 (10): 1-3.

Liesack W, Schnell S, Revsbech N P. 2000. Microbiology of flooded rice paddies[J]. FEMS Microbiology Reviews, 24 (5): 625-645.

Lin J Y. 1991. Prohibition of factor market exchanges and technological choice in Chinese agriculture[J]. Journal of Development Studies, 27（4）: 1-15.

Lin J Y. 1992. Rural reforms and agricultural growth in China[J]. American Economic Review, 82（1）: 34-51.

Liu H, Wahl T I, Seale J L, Jr, et al. 2015. Household composition, income, and food-away-from-home expenditure in urban China[J]. Food Policy, 51: 97-103.

Lobell D B, Schlenker W, Costa-Roberts J. 2011. Climate trends and global crop production since 1980[J]. Science, 333（6042）: 616-620.

Lu Y, Jenkins A, Ferrier R C, et al. 2015. Addressing China's grand challenge of achieving food security while ensuring environmental sustainability[J]. Science Advances, 1（1）: e1400039.

Ma H, Rae A N, Huang J, et al. 2004. Chinese animal product consumption in the 1990s[J]. Australian Journal of Agricultural Resource Economics, 48（4）: 569-590.

Ma X. 2013. Does tenure security matter? Rural household responses to land tenure reforms in northwest China[D]. PhD. Dissertation of Wageningen UR.

MacPherson I. 1995. Co-operative principles for the 21st century[R]. International Co-operative Alliance.

March J G, Simon H A. 1958. Organizations[M]. New York: John Wiley & Sons.

Masten S E, Crocker K J. 1985. Efficient adaptation in long-term contracts: take-or-pay provisions for natural gas[J]. The American Economic Review, 75（5）: 1083-1093.

McCalla A F. 2007. Feeding the world: an economic history of agriculture, 1800-2000[J]. American Journal of Agricultural Economics, 89（3）: 823-824.

McLaren L M. 2003. Anti-immigrant prejudice in Europe: contact, threat perception, and preferences for the exclusion of migrants[J]. Social Forces, 81（3）: 909-936.

McMillan J, Whalley J, Zhu L. 1989. The impact of China's economic reforms on agricultural productivity growth[J]. Journal of Political Economy, 97（4）: 781-807.

Mer J L, Roger P. 2001. Production, oxidation, emission and consumption of methane by soils: a review[J]. European Journal of Soil Biology, 37（1）: 25-50.

Meyer J W, Rowan B. 1977. Institutionalized organizations: formal structure as myth and ceremony[J]. American Journal of Sociology, 83（2）: 340-363.

Murty M N, Kumar S, Dhavala K K. 2007. Measuring environmental efficiency of industry: a case study of thermal power generation in India[J]. Environmental and Resource Economics, 38（1）: 31-50.

Newbery D M G, Cheung S N S. 1970. The theory of share tenancy[J]. Economic Journal, 80（319）: 689.

Norse D. 2012. Low carbon agriculture: objectives and policy pathways[J]. Environmental Development, 1 (1): 25-39.

Nyberg A J, Rozelle S. 1999. Accelerating China's Rural Transformation[M]. Washington: World Bank Publications.

OECD. 2018. Producer and consumer support estimates [DB]. OECD Agriculture Statistics.

OECD-FAO. 2012. Agricultural outlook 2012-2021[R]. Rome: OECD Publishing, FAO.

OECD-FAO. 2016. Agricultural outlook 2016-2025[R]. Rome: OECD Publishing, FAO.

Otsuka K, Liu Y, Yamauchi F. 2013. Factor endowments, wage growth, and changing food self-sufficiency: evidence from country-level panel data[J]. American Journal of Agricultural Economics, 95 (5): 1252-1258.

Otsuka K, Liu Y, Yamauchi F. 2016. The future of small farms in Asia[J]. Development Policy Review, 34 (3): 441-461.

Pachauri R K, Allen M R, Barros V R, et al. 2014. Climate Change 2014: Synthesis Report, Contribution of Working Groups I, II and III to the Fifth Assessment Report of the Intergovernmental Panel on Climate Change, IPCC[R]. Cambridge: Cambridge University Press.

Pakes A, Schankerman M. 1984. The rate of obsolescence of patents, research gestation lags, and the private rate of return to research resources[C]//Griliches Z. R&D, Patents, and Productivity. Chicago: University of Chicago Press: 73-88.

Pakes A G. 1987. Limit theorems for the population size of a birth and death process allowing catastrophes[J]. Journal of Mathematical Biology, 25 (3): 307-325.

Pathak H, Prasad S, Bhatia A, et al. 2003. Methane emission from rice-wheat cropping system in the Indo-Gangetic Plain in relation to irrigation, farmyard manure and dicyandiamide application[J]. Agriculture, Ecosystems & Environment, 97 (1~3): 309-316.

Paustian K, Babcock B A, Hatfield J, et al. 2004. Agricultural mitigation of greenhouse gases: science and policy options[R]. CAST (Council on Agricultural Science and Technology) Report, R141 2004, Ames, Iowa.

Porter J R, Semenov M A. 2005. Crop responses to climatic variation[J]. Philosophical Transactions of the Royal Society B-Biological Sciences, 360 (1463): 2021-2035.

Pray C E, Fuglie K O, Johnson D K N. 2007. Private agricultural research[J]. Handbook of Agricultural Economics, 3: 2605-2640.

Radin M J. 1982. Property and personhood[J]. Stanford Law Review, 34 (5): 957-1015.

Reed R, Lewin K. 1951. Field theory in social science[J]. American Catholic Sociological Review, 12 (2): 103.

Robert C, Ntzoufras I. 2012. Bayesian modeling using WinBUGS[J]. Chance, 25 (2): 60-61.

Romer P M. 1986. Increasing returns and long-run growth[J]. Journal of Political Economy, 94（5）：1002-1037.

Röpke J. 1992. Cooperative Entrepreneurship: Entrepreneurial Dynamics and Their Promotion in Self-help Organizations[M]. Marburg: Marburg Consult für Selbsthilfeförderung.

Rosenbaum P R, Rubin D B. 1983. The central role of the propensity score in observational studies for causal effects[J]. Biometrika, 70（1）：41-55.

Rozelle S, Park A, Huang J, et al. 2000. Bureaucrat to entrepreneur: the changing role of the state in China's grain economy[J]. Economic Development and Cultural Change, 48（2）：227-252.

Rozelle S, Taylor J E, DeBrauw A. 1999. Migration, remittances, and agricultural productivity in China[J]. American Economic Review, 89（2）：287-291.

Schlenker W, Roberts M J. 2009. Nonlinear temperature effects indicate severe damages to US crop yields under climate change[J]. Proceedings of the National Academy of Sciences, 106（37）：15594-15598.

Schultz T W. 1964. Transforming Traditional Agriculture[M]. New Haven: Yale University Press.

Schulze B, Spiller A, Theuvsen L. 2006a. More trust instead of more vertical integration in the German pork production? Empirical evidence and theoretical consideration[J]. 99th EAAE Seminar "Trust and Risk in Business Networks", Bonn, Germany.

Schulze B, Spiller A, Theuvsen L. 2006b. Vertical coordination in German pork production: towards more integration?[J]. 16th Annual World Forum and Symposium "Agribusiness, Food, Health, and Nutrition", IAMA Conference, Buenos Aires, Argentina.

Scott J C. 1977. The Moral Economy of the Peasant: Rebellion and Subsistence in Southeast Asia[M]. New Haven: Yale University Press.

Sheng Y, Ding P, Huang J K. 2019. The relationship between farm size and productivity in agriculture: evidence from maize production in northern China[J]. American Journal of Agricultural Economics, 101（3）：790-806.

Sianesi B. 2001. An evaluation of the active labor market programs in Sweden[J]. Review of Economics and Statistics, 86：133-155.

Simon H A. 1945. Administrative Behavior[M]. New York: MacMillan.

Simon H A. 1964. On the concept of organizational goal[J]. Administrative Science Quarterly, 9（1）：1-22.

Simtowe F, Zeller M. 2006. The impact of access to credit on the adoption of hybrid maize in Malawi: an empirical test of an agricultural household model under credit market failure[R]. Munich Personal RePec Archive (MPRA) Paper, No. 45.

Smith J A, Todd P E. 2005. Does matching overcome LaLonde's critique of nonexperimental estimators?[J]. Journal of Econometrics, 125 (1~2): 305-353.

Sproule-Jones M, Hart K D. 1973. A public-choice model of political participation[J]. Canadian Journal of Political Science, 6 (2): 175-194.

Stefanides Z, Tauer L W. 1999. The empirical impact of bovine somatotropin on a group of New York dairy farms[J]. American Journal of Agricultural Economics, 81 (1): 95-102.

Tadasse G, Algieri B, Kalkuhl M, et al. 2014. Drivers and triggers of international food price spikes and volatility[J]. Food Policy, (44): 117-128.

Taylor J E, Rozelle S, de brauw A. 1999. Migration, remittances, and agricultural productivity in China[J]. The American Economic Review, 89 (2): 287-291.

Thaler R. 1980. Toward a positive theory of consumer choice[J]. Journal of Economic Behavior & Organization, 1 (1): 39-60.

Thomas J C, Melkers J. 1999. Explaining citizen-initiated contacts with municipal bureaucrats[J]. Urban Affairs Review, 34 (5): 667-690.

Tian J, Meng J. 2010. An analysis of China food security policy[J]. Issues Agricultural Economy, (3): 11-15.

Tirole J. 1988. The Theory of Industrial Organization[M]. Cambridge: MIT Press.

Tofighi D, MacKinnon D P. 2011. Rmediation: an R package for mediation analysis confidence intervals[J]. Behavior Research Methods, 43 (3): 692-700.

Uchida E, Rozelle S, Xu J. 2009. Conservation payments, liquidity constraints, and off-farm labor: impact of the grain-for-green program on rural households in China[J]. American Journal of Agricultural Economics, 91 (1): 70-86.

USDA. 2012-2016. USDA agricultural projections to 2021-2025[R]. Washington.

Vatn A. 2010. An institutional analysis of payments for environmental services[J]. Ecological Economics, 69 (6): 1245-1252.

von Mises L. 1949. Human Action: A Treatise on Economics[M]. New Haven: Yale University Press.

Wahl P. 2009. Food Speculation: The Main Factor of the Price Bubble in 2008[M]. Berlin: World Economy, Ecology, and Development (WEED).

Wei C, Löschel A, Liu B. 2013. An empirical analysis of the CO_2 shadow price in Chinese thermal power enterprises[J]. Energy Economics, 40 (11): 22-31.

Weick K E. 1979. The Social Psychology of Organizing[M]. New York: McGraw-Hill.

Willenbockel D. 2012. Extreme weather events and crop price spikes in a changing climate: illustrative global simulation scenarios[R]. Oxfam Research Reports.

Williamson O E. 1981. The economics of organization: the transaction cost approach[J]. American Journal of Sociology, 87 (3): 548-577.

Wunder S, Engel S, Pagiola S. 2008. Taking stock: a comparative analysis of payments for environmental services programs in developed and developing countries[J]. Ecological Economics, 65 (4): 834-852.

Xing G X, Cao Y C, Shi S L, et al. 2002. Denitrification in underground saturated soil in a rice paddy region[J]. Soil Biology and Biochemistry, 34 (11): 1593-1598.

Yang X, Zhao Y. 1998. Edogenous transaction costs and evolution of division of labour[R]. Department of Economics, Monash University.

Young A A. 1928. Increasing returns and economic progress[J]. The Economic Journal, 38 (152): 527-542.

Ying Y, MacKinnon D P. 2009. Bayesian mediation analysis[J]. Psychological Methods, 14 (4): 301-322.

Zeng Y, Jia F, Wan L, et al. 2017. E-commerce in agri-food sector: a systematic literature review[J]. International Food and Agribusiness Management Review, 20 (4): 439-459.

Zhang F, Chen X, Vitousek P. 2013. Chinese agriculture: an experiment for the world[J]. Nature, 497 (7447): 33-35.

Zhang H, Yan C, Zhang Y. 2015. Effect of no tillage on carbon sequestration and carbon balance in farming ecosystem in dryland area of northern China[J]. Transactions of the Chinese Society of Agricultural Engineering, 31 (4): 240-247.

Zhao X, Lynch J G, Chen Q. 2010. Reconsidering Baron and Kenny: myths and truths about mediation analysis[J]. Journal of Consumer Research, 37 (2): 197-206.

Zhao X, Wang S, Xing G. 2014. Nitrification, acidification, and nitrogen leaching from subtropical cropland soils as affected by rice straw-based biochar: laboratory incubation and column leaching studies[J]. Journal of Soils and Sediments, 14 (3): 471-482.

Zukin D. 1990. Structures of Capital: The Social Organization of the Economy[M]. Cambridge: CUP Archive.

Zukin S, Dimaggio P J. 1990. Structures of Capital: The Social Organization of the Economy[M]. Cambridge: Cambridge University Press.